铁路科技图书出版基金资助出版

铁路桥梁可靠度设计

李铁夫　编著

中国铁道出版社

2006年·北京

内 容 简 介

本书系统地论述了结构可靠度理论基础及其在铁路桥梁科研、设计上的应用。内容包括：结构的不确定性、结构可靠度理论基础、荷载及组合、极限状态设计法、钢结构、混凝土结构、支座及墩台、地基基础的可靠度设计理论及应用，并简述了结构系统可靠度及动力可靠度概念，以及工程结构质量保证、质量控制和维护及既有桥梁结构的可靠度评估。

本书可供桥梁科研、设计、施工等相关人员学习参考。

图书在版编目(CIP)数据

铁路桥梁可靠度设计/李铁夫编著．—北京：中国铁道出版社，2006.6

ISBN 7-113-06895-2

Ⅰ．铁…　Ⅱ．李…　Ⅲ．铁路桥－桥梁结构－结构可靠性－设计　Ⅳ．U448.133-33

中国版本图书馆 CIP 数据核字(2006)第 004615 号

书　　名：铁路桥梁可靠度设计
作　　者：李铁夫　编著
出版发行：中国铁道出版社(100054，北京市宣武区右安门西街 8 号)
策划编辑：刘启山
责任编辑：李丽娟　刘红梅
印　　刷：北京盛兰兄弟印刷装订有限公司
开　　本：787×1092　1/16　印张：31　字数：778 千
版　　本：2006 年 6 月第 1 版　　2006 年 6 月第 1 次印刷
印　　数：1～1 000 册
书　　号：ISBN 7-113-06895-2/TU·825
定　　价：80.00 元

前　言

20世纪70年代，工程结构可靠度理论（或结构安全性理论）进入了飞速发展和应用阶段，结构设计理论从定值设计法（容许应力法）向概率极限状态设计法（多系数极限状态设计法）过渡。

国际标准化组织（ISO）首先提出《结构可靠性设计总原则》；欧洲国际混凝土委员会、欧洲结构协会等国际组织组成的结构安全度联合委员会（JCSS），编制了《结构统一标准规范的国际体系》。我国国家标准《工程结构可靠度设计统一标准》（GB 50153—92）、《铁路工程结构可靠度设计统一标准》（GB 50216—94）等相继颁布，成为我国工程结构设计、施工、管理等规范编制共同遵循的原则和标准。

铁道部1994年版《铁路主要技术政策》第44条规定，“结构设计应逐步采用可靠度理论”，2000年版第40条修订为，“结构设计研究采用可靠度理论”，表明采用结构可靠度理论已经成为铁道行业结构设计研究（首先是规范编制）的重要技术政策和原则。

以结构可靠度理论为基础的新桥规科研和编制工作，从1985年8月铁道部基建总局在吉林召开的“铁路工程结构可靠性科研工作会议”开始，在铁路工程建设“七五”科技发展规划中列入“结构可靠性理论的应用研究”科研课题28项，1993年3月由铁道部建设司、科技司主持完成了对34项科研课题的鉴定和验收工作，1994年4月开始新桥规的编制工作，经过铁路内外专家学者评审，于2000年12月完成《铁路桥涵设计规范》（荷载和抗力系数极限状态设计法）上册报批稿。

在新的可靠度桥规颁布试行之前编写本书，介绍结构可靠度理论在铁道行业的发展和展示科研成果，将会促进结构可靠度理论在铁道行业中的普及和应用，也是对铁道部领导及各研编单位、科研编制人员对结构可靠度理论在铁道行业中的发展所作出贡献的肯定和谢意，为促进结构可靠度理论在铁道结构研究、设计、施工、制造和管理各领域的进一步广泛应用奠定基础。

对方秦汉院士、潘际炎研究员、史玉新设计大师的推荐和指导表示感谢。

李铁夫

2004年6月　于天津

序

以结构可靠度理论为基础编制结构设计规范,已成为当今世界工程结构界的大趋势。铁道部2000年《铁路主要技术政策》第40条明确指出,"结构设计研究采用可靠度理论",表明采用结构可靠度理论已成为铁道行业编制结构设计规范的重要原则。当前,国内建筑行业结构设计规范已完全采用新理论,并进入第二轮的修编阶段。国家标准《工程结构可靠度设计统一标准》、《铁路工程结构可靠度设计统一标准》等已经成为我国各行业结构设计规范编制工作的总原则;国际标准ISO 2394:1998《结构可靠性总原则》为各国制定新标准提供了一个共同的基础。

《铁路桥梁可靠度设计》一书的出版,将全面阐述结构可靠度理论及其在铁路桥梁结构上的应用,介绍科研和规范编制的成果,以引起广大科研、设计、施工和运营管理科技人员的关注。在铁道行业中进一步推广应用可靠度理论,采用新理论编制的桥梁设计规范将会对桥梁结构的设计、施工、制造和质量控制等提出更高的要求。本书的出版将会起到承上启下的作用,我相信新理论、新技术、新材料、新结构将会在铁路桥梁建设中广泛应用,铁路桥梁建设的明天将更灿烂辉煌。

中国工程院院士 方秦汉

2004.10

目　录

1 结构工程中不定性的处理

1.1 引　言

人类在与自然界的生存斗争中不断积累成功和失败的经验，逐渐从感性到理性认识工程结构的建造规律。即使到了科学技术高度发达的今日，人们仍然在经验和理性交织中认知、改造、前进。例如人们对于风灾、地震等自然灾害的认知仍然在深化之中，因此在工程结构的研究设计中，确定性方法仍占主导地位，而实际结构的安全储备和破坏因素一般是不确知的。最初人们根据材料尺度和结构特征凭经验控制结构的安全性，直至19世纪中叶随着数据的积累，人们才开始尝试定量设计。1840年，英国皇家委员会规定各种房屋的安全系数为4，以考虑结构荷载和材料强度的不可认知性；而对铁路桥梁鉴于对其动荷载和材料强度具有更多的未知性，建议安全系数采用6。采用较大的安全系数表示了人们对于自然规律的认识能力具有很高的不可认知性，并不代表结构的绝对安全性。目前桥梁结构安全系数虽然为2，但其结构的安全性与19世纪时安全系数为6时可能是相当的。

现在人们普遍认识到应该以结构对于人类生命安全性所造成的风险作为结构安全和性能的度量，该风险可以用结构破坏概率测度，即在可接受的结构风险水平（破坏概率）上保证结构在设计使用期内能够满足预期的功能，以此为结构设计建造的目标，达到安全、经济的要求，并以此制定规范，把经验和理论统一在一致的安全水准上。

1.1.1 结构风险水平

工程技术人员试图用两种方法设计一个可以接受的结构风险水平（破坏概率）。一是根据现行法规或工程经验的校准方法去选择，这建立在对以往工程安全度的良好判断之上，由于以往工程结构设计安全度的不一致，其变化幅度可在10的量级上，或是由于法规之间安全度水平的差异以及对现行法规规定的安全度是否合适的判断经验和数据不足，因此需要批判地研究现行法规的风险水平，这就是研究选择一个能为人们所接受的破坏概率，一种平均的概率水平（表1-1）。

表1-1　危险率的水平

危险率水平（每人每年）	可　接　受　性	控　制　措　施
10^{-3}	少见，对每个人都是不可接受的	立即行动起来减少灾难
10^{-4}	产生一种害怕的感觉	花钱控制造成危险的原因
10^{-5}	仍然需要考虑的危险	提出警告
10^{-6}	不是每个人都予以极大关注的	可能警惕，但听天由命

因此，在国际标准ISO 2394:1998《结构可靠性总原则》中对人的安全性作出了规定：采取

综合的个人死亡偶然率10^{-4}/年作为一个基准，则似乎可合理地采用10^{-6}/年值。

从经济观点出发，需要解决结构安全措施成本和失效后果间的平衡，目标是使总的结构使用期总成本为最小，即

$$C_{tot}(P_f)=C_b(P_f)+C_m(P_f)+\sum P_f C_f \longrightarrow \min$$

式中　C_{tot}——结构使用期总成本；

C_b——结构成本；

C_m——结构维护和拆除预期成本；

C_f——结构失效损失；

P_f——结构使用期失效概率。

求和式表示结构全部失效模式和荷载组合，因此问题成为以上式为目标函数和约束条件的约束优化问题。

1.1.2　结构规范

现行铁路桥涵设计规范采用定值设计的容许应力法：

$$S\leqslant\frac{R}{[K]}\quad 或\quad S\leqslant[\sigma]$$

式中　S——结构设计效应；

R——结构极限抗力(或材料极限强度)；

$[K]$——设计安全系数；

$[\sigma]$——结构容许应力。

这种单一安全系数往往造成只是材料强度安全系数的错觉，结构荷载(或效应)的安全系数应该分配多少是一个未知数，因此常常拿现行列车荷载(轴重)与设计列车荷载标准相比较，认为标准荷载储备不足。在荷载组合上往往将可同时出现的荷载(或效应)的最大值相叠加进行设计，在一些设计状况下设计可能太保守，而在另一些设计状况下可能安全度不足。

目前国际上通行的国际标准 ISO 2394:1998《结构可靠性总原则》为编制新规范提出总要求。要求各种结构和构件的设计、施工和维护要在设计使用寿命期内满足使用条件并且是经济的，即具有适当的可靠度。并根据结构的工作特性和重要性确定了设计使用寿命(表 1-2)。

表 1-2　设计使用寿命概念分类

类　别	概念设计使用寿命(年)	结　构　类　型
1	1～5	临时性结构，如施工设备、结构等
2	25	可替换的结构部分，如支座等
3	50	小型结构，如涵洞小跨桥梁等
4	100 或以上	结构复杂，修复困难的大跨度桥梁等

为保证结构在使用寿命期的耐久性，需要建立一整套的维护程序或在结构设计中考虑材料退化对结构耐久性的影响。

对于结构设计规范需根据对既有规范结构校准或确定的结构风险水准确定结构目标可靠指标β_{nom}，铁路桥梁结构根据校准和风险水准$P_f=10^{-6}$/年，确定$\beta_{nom}=4.7$为二级结构的目标可靠度，表 1-3 给出不同结构等级和极限状态β_{nom}的建议值。

表 1-3 铁路桥梁目标可靠指标 β_{nom} 建议值

极限状态及破坏类型		结构安全等级		
		一	二	三
正常使用极限状态		1.5～3.1		
疲劳极限状态		2.3～3.5		
最终(承载能力)极限状态	延性破坏(具有明显变形或其他预兆的破坏)	5.2	4.7	4.2
	脆性破坏(无明显变形或其他预兆的破坏)	5.5	5.2	4.7

结构目标可靠度水准是以对既有规范结构校准为依据的,其相应于规定的一组结构和抗力、荷载概率统计模型,因此应该认识到 β 值和相应的失效概率都是形式上的和概念上的数字,是作为规范研究和编制的一种发展协调一致的设计规则,因此校准中应该以一组最接近目标可靠指标 β_{nom} 的结构或构件为标准制定相应的结构分项系数。分项系数表达方式是目前国际上通行的一种实用表达方式,其分项安全度明确,易于为广大工程技术人员所应用,其实质上是一种基于概率的多系数极限状态设计法,结构分项系数表达模式为:

$$g\left(\gamma_f F_k, \frac{f_k}{\gamma_m}, a_k, C, \gamma_0, \gamma_d\right) \geqslant 0$$

式中 γ_f, F_k——荷载分项系数、标准值;

γ_m, f_k——材料分项系数、标准值;

a_k——结构尺寸标准值;

C——结构极限约束值;

γ_0——结构重要性系数;

γ_d——结构计算模型综合分项系数。

1.2 不 定 性

1.2.1 概 述

结构可靠性分析是研究结构工程设计、施工及维护中的不定性的合理处理和决策,不定性随着社会、科学技术的发展进步在不断减小,工程建设经验的积累使人们对不定性的认识更加深入,这种认识纳入设计规范便成为公共知识的基础,使得结构工程设计更为经济合理,但同时也提高了不定性在结构工程中的重要性,因而工程结构可靠性理论的研究应用必然成为当今工程结构建设的国际趋势。

工程结构不定性被认证为三类:

——固有的随机变异性和不定性;

——由于知识不足引起的不定性;

——统计的不定性。

(1)固有的随机变异性和不定性

这种不定性可以分为可能受到人类活动影响的各种不定性和不可能受到人类活动影响的不定性两类。第一类例如钢材或混凝土强度值、结构尺寸大小的不定性,这些不定性可采用较先进的生产和质量控制方法使其降低,但这种降低有时是以经济成本为代价的,因而有时不定性的水准需考虑经济效果选定。第二类例如风载、地震作用及土壤强度参数等,因而对于第二类不定性的认知程度便成为结构风险的重要因素,需要人们积累大量的数据资料去降低其不定性。

(2)由于知识不足引起的不定性

第一类例如荷载效应模型或抗力模型的不定性、量测误差等,可通过人们的经验积累和计算手段方法、试验工具的不断优化而予以降低。第二类例如对交通荷载的发展预测及其他自然因素的认识,通过研究分析活动来降低其不定性的可能性是有限的,这也需要人们不断累积经验和数据予以优化。

(3)统计的不定性

统计的不定性是与结构试验或观察数据的统计评估相结合的,其不定性源于:

——对不同统计总体缺乏认证和区分;

——有限的试验成果,使统计参数的估计产生各种不定性;

——对观察的因素忽略了其系统的变异性;

——统计资料过大的外推值;

——忽略了可能的相关性;

——描述各种不定性所采用的统计分布是局部的或非全部的统计特性。

各种统计不定性可以通过增加试验、观察和引用相关一致性数据予以降低。

1.2.2 不定性的系统估计和分析

结构抗力 R 和荷载效应 S 是各种随机变量的函数(例如抗力是材料强度、构件尺寸等的函数):

$$R = r(x_1, x_2, \cdots, x_n)$$

$$S = s(y_1, y_2, \cdots, y_m)$$

抗力和荷载效应的不定性可以用设计变量的基本变异性(变异系数 $\delta_{x_i}, \delta_{y_j}$)及估算和统计资料的误差所引起的不定性 Δ_{x_i} 和 Δ_{y_j} 估计。

独立随机变量 X_i 和 Y_j 可表示为:

$$X_i = N_{x_i} \hat{X}_i$$

$$Y_j = N_{y_j} \hat{Y}_j$$

式中 N_{x_i} 和 N_{y_j}——考虑不定性引进的修正系数,具有均值 1.0 和变异 Δ_{x_i} 和 Δ_{y_j};

$\hat{X}_i, \hat{Y}_j$——具有平均值 $\overline{X}_i$、$\overline{Y}_j$ 和变异系数($\delta_{x_i}, \delta_{y_j}$)的变量,可从资料估算。

X_i 和 Y_j 的总不定性为:

$$\Omega_{x_i} = \sqrt{\delta_{x_i}^2 + \Delta_{x_i}^2}$$

$$\Omega_{y_j} = \sqrt{\delta_{y_j}^2 + \Delta_{y_j}^2}$$

抗力和荷载效应函数 r 和 s 可表示为:

$$r = N_r \hat{r}(x_1, x_2, \cdots, x_n)$$

$$s = N_s \hat{s}(y_1, y_2, \cdots, y_m)$$

$\hat{r}$ 和 $\hat{s}$ 的任何误差由 N_r 和 N_s 补偿,则相应之变异可由 δ_r 和 δ_s 度量,误差估计不定性由 Δ_r 和

Δ_s 表示，则抗力和荷载效应 r 和 s 的总不定性为：

$$\Omega_r = \sqrt{\delta_r^2 + \Delta_r^2}$$

$$\Omega_s = \sqrt{\delta_s^2 + \Delta_s^2}$$

抗力可用其均值 u_R 和变异系数 Ω_R 表示（一般表达式）：

$$u_R \approx \bar{R} \approx \bar{r}(\bar{x}_1, \bar{x}_2, \cdots, \bar{x}_n)$$

$$\Omega_R^2 = \Omega_r^2 = \frac{1}{\bar{R}^2}\left[\sum_{i=1}^{n}\left(\frac{\partial r}{\partial x_i}\right)^2 \sigma_{x_i}^2 + \sum_{i \neq j}^{n}\sum^{n}\left(\frac{\partial r}{\partial x_i} \cdot \frac{\partial r}{\partial x_j}\right)\rho_{ij} \cdot \sigma_{x_i} \cdot \sigma_{x_j}\right]$$

对于不相关变量（$\rho_{ij}=0$）上式可简化为：

$$\Omega_R^2 = \Omega_r^2 = \frac{1}{\bar{R}^2}\left[\sum_{i=1}^{n}\left(\frac{\partial r}{\partial x_i}\right)^2 \sigma_{x_i}^2\right] = \frac{\sigma_r^2}{\bar{R}^2}$$

式中　$\bar{x}_1, \bar{x}_2, \cdots, \bar{x}_n$——随机变量 $x_1, x_2, \cdots, x_n$ 的均值；

σ_r——抗力函数标准差；

σ_{x_i}——变量 x_i 的标准差（$\sigma_{x_i} = \Omega_{x_i} \cdot \bar{x}_i$）。

同样荷载效应均值 u_s 及变异系数 Ω_s 可用类似方程表示。

下面以钢筋混凝土梁的弯曲和剪切分析作为算例。

配有受拉钢筋的钢筋混凝土梁受拉破坏的平均抗力方程为：

$$\bar{M}_T = \bar{A}_s \bar{f}_y \bar{d}\left(1 - \bar{\eta}\frac{\bar{A}_s}{\overline{bd}} \cdot \frac{\bar{f}_y}{\bar{f}_c}\right)$$

式中，$\bar{\eta}$ 为混凝土应力图形参数平均值。计算 M_T 的总不定性变异系数为：

$$\Omega_{M_T}^2 = \left(\frac{1-2\bar{\eta}g}{1-\bar{\eta}g}\right)^2(\Omega_{f_y}^2 + \Omega_{A_s}^2) + \left(\frac{\bar{\eta}g}{1-\bar{\eta}g}\right)^2(\Omega_{f_c}^2 + \Omega_b^2 + \Omega_\eta^2) + \left(\frac{1}{1-\bar{\eta}g}\right)^2\Omega_d^2 \qquad \text{(a)}$$

式中，$g = \frac{\bar{A}_s \bar{f}_y}{\overline{bd}\bar{f}_c} = \bar{\rho}\frac{\bar{f}_y}{\bar{f}_c}$，$\bar{\rho}$ 为平均配筋率。

每个变量的总不定性变异系数 Ω_{x_i} 可用基本变异系数 δ_{x_i} 和预估误差变异系数 Δ_{x_i} 计算，见表 1-4。

表 1-4　设计参数不定性计算

参　　数	预估平均值	基本变异 δ_{x_i}	预估误差变异 Δ_{x_i}	总不定性 Ω_{x_i}
f_y（标准值275 MN/m²）	328 MN/m²	0.09	0.12	0.15
f_c（标准值20 MN/m²）	24 MN/m²	0.12	0.18	0.21
A_s		0.02	0.03	0.036
b，h		0.04	0.02	0.045
d		0.07	0.05	0.086
受压区应力分布系数 β_1，β_3	$0.72f_c$	0.12	0.05	0.13
η	0.59	0.05	0.00	0.05
混凝限制应变 ε_{cu}	0.004	0.12	0.10	0.156

各变量变异对总不定性影响的敏感度可从式（a）中分析得出。对于低配筋率的截面，M_T 的不定性主要受 f_y、A_s 和 d 不定性的影响，而 f_c、b 和 η 为次要的，因此反映在对前三项的不

良施工质量将显著增加梁抗弯强度的变异，在梁的结构可靠度分析中可利用 f_y/f_c 的关系式把混凝土的 f_c 隐含在变量 f_y 之中以简化计算。

配有竖向箍筋的钢筋混凝土梁的抗剪力按桁架模拟方程给出：

$$V = V_c bd + \frac{d}{s} A_v f_y$$

上式中 b、d、s、A_v 及 f_y 的不定性与表 1-4 相同，表 1-5 中给出荷载效应的不定性。

表 1-5 荷载效应的不定性

荷　　载	预估平均值(N/m^2)	基本变异(δ_s)	预估中的误差 Δ_s	总不定性 Ω_s
恒　　载	4 790	0.06	0.12	0.13
活　　载	2 155	0.29	0.24	0.37

恒载和活载产生的综合荷载效应总不定性为：

$$\Omega_s = \frac{1}{1 - \frac{\overline{D}}{\overline{L}}} \left[\Omega_L^2 + \left(\frac{\overline{D}}{\overline{L}} \right)^2 \Omega_D^2 \right]^{1/2}$$

等效剪应力 V_c 可表示为：

$$V_c = \phi_1 V'_c + \varepsilon_1 \leqslant f_c^v \text{（限值）}$$

式中　ϕ_1——偏倚系数，均值 $\overline{\phi}_1 = 1.8$；

V'_c——剪应力标准值；均值 $\overline{V}'_c$，方差 σ_{vc}^2；

ε_1——零均值误差项，方差 $\sigma_{\varepsilon1}^2 = 0.095\overline{f}_c$。

平均等效剪应力为：

$$\overline{V}_c = \overline{\phi}_1 \overline{V}'_c \leqslant \overline{f}_c^v$$

方差为：

$$\sigma_{vc}^2 = \overline{\phi}_1^2 \sigma_{vc}^2 + \sigma_{\varepsilon1}^2$$

预估误差为：

$$\Delta_{vc}^2 = \Delta_{\phi1}^2 + \Delta_{v'c}^2$$

V_c 总不定性为：

$$\Omega_{vc}^2 = \frac{\sigma_{vc}^2}{\overline{V}_c} + \Delta_{vc}^2$$

对于总抗剪强度 V_T 也可与 V_c 同样处理。

$$V_T = \phi_2 V + \varepsilon_2$$

V_T 均值为：

$$\overline{V}_T = \overline{\phi}_2 \overline{V} = \overline{\phi}_2 \cdot \overline{V}_c \overline{b}\overline{d} \left(1 + \frac{1}{r_s} \right)$$

式中 r_s 为剪力设计参数，其值为 $r_s = \frac{V_{混凝土}}{V_{钢筋}} = \frac{\overline{V}_c \overline{b}\overline{d}}{\overline{d}/\overline{s} \cdot \overline{A}_V \overline{f}_y}$。

V_T 基本变异为：

$$\delta_{VT}^2 = \delta_V^2 + \frac{\sigma_{\varepsilon2}^2}{(\overline{\phi}_2 \overline{V})^2}$$

V_T 估计误差为：

$$\Delta_{VT}^2 = \Delta_{\phi2}^2 + \Delta_V^2$$

V_T 总不定性为：

$$\Omega_{VT}^2 = \delta_{VT}^2 + \Delta_{VT}^2$$

抗剪强度不定性随 r_s 的增加而增大，抗剪强度中变异比弯曲强度大，因此在梁结构中抗剪的可靠度较弯曲大一级，以考虑其破坏的脆性特征，混凝土质量控制对剪力不定性影响不明显，而所配箍筋数量对抗剪的安全性是敏感的，与梁弯曲可靠度计算同样可以 f_y/f_c 的形式，只考虑 f_y 作为独立变量，而将 f_c 隐含其中。

1.2.3　结构失效原因统计分析

通过对结构损坏原因的统计分析，可以使我们能够了解最经常出现的损坏原因并采取相应的质量保证措施，以对结构安全体系中的薄弱环节予以补救和排除，尽量把结构最小承载能力与在其使用期中出现的最大荷载效应比值的离散度，控制在较窄的范围，得到更经济和安全的结构体系。表 1-6 给出结构损坏原因和出现相对频率的统计。

表 1-6　结构损坏原因的相对频率

损坏原因		相对频率（%）	
主要的	1. 荷载效应过大	53	100
	2. 承载能力过小	47	
次要的	1. 设计缺陷	57	100
	2. 施工缺陷	37	
	3. 使用缺陷	4	
	4. 外来损害	2	
	5. 拆除缺陷	0	

所得出的最经常出现的主要损坏原因包括：一方面是荷载效应过大，即由于温度、混凝土收缩徐变，或由于不起作用的支承或变形缝使变形受阻；另一方面是由于混凝土强度过低、配筋过少及钢筋位置错误而造成的承载能力过小。次要原因中设计缺陷占主导，主要为细部设计不足，忽视了自应力、次应力或变形缝设置不当，对材料性能的错误估计及遗漏某些荷载组合情况等，因此不能把次要原因认为是第二位的原因。以设计缺陷为例：

——不好的或有缺陷的设计

(1)有缺陷的总体设计；

(2)有缺陷的局部设计；

(3)未经结构鉴定的设计；

(4)把建筑要求放在结构要求之上；

(5)使用条件限制了其他方案。

——不适当的体系

(1)机动体系；

(2)体系过柔；

(3)体系过刚。

——错误的计算假定

(1)错误的边界条件；

(2)错误的截面尺寸；

(3)对受力作用的错误估计。

以上的任何缺陷均可能导致结构或构件的损伤和失效。从采取减少缺陷的适当措施及划分安全措施考虑，对缺陷有以下分类：

(1)偶然缺陷——偶然的、单独的或以较多次数出现的荷载或承载力的不利极值，这些极值一般符合作为计算依据的条件，如材料检验条件、结构验收条件及使用条件。由于单独一项偶然缺陷达到一定量级或多个偶然小缺陷的集合可能构成结构损伤，偶然缺陷的数目及失效

概率 P_{f_1} 的大小可以通过所要求条件予以控制。

(2)系统缺陷——小的以正常误差形式持续不断出现的缺陷,这些缺陷的不利作用相互叠加容易导致结构损伤。系统缺陷的大小一般都能予以限制并在计算中考虑,其失效概率 P_{f_2} 比 P_{f_1} 小很多。

(3)由失误造成的缺陷——大多是个别的缺陷,由于工作人员能力不及而造成的,并在达到一定量值后导致结构损坏。其原因是多方面的,例如复杂性的工程、新技术,工作人员所受教育不足及对质量重视不够,工期紧、人力不足等等,这种缺陷造成的失效概率 P_{f_3} 可通过附加检查予以降低。

(4)由疏忽(大意)造成的缺陷——由于工作人员工作疏忽或重大疏忽造成的缺陷已成为结构损坏的直接原因,这种缺陷造成的结构失效概率 P_{f_4} 可看作是在短期内无法纠正的。

(5)不可避免的缺陷——出现新的、不为人所知的和无法预见的情况造成的缺陷,但这种缺陷所占比重及其造成的失效概率 P_{f_5} 一般是较小的。

一个结构的总失效概率 P_f 是由分失效概率 P_{f_i} 之和及同时出现的组合失效概率 $\Delta P_{f_{ij}}$、$\Delta P_{f_{ijk}}$ …共同组成的,组合失效概率 $\Delta P_{f_{ij}}$ …是若干项缺陷同时出现方能导致失效的概率与每一项均能导致失效的几项缺陷同时出现的概率之间的差值,例 $\Delta P_{f_{ij}} = \bar{P}_{f_{ij}} - P_{f_{ij}}$,当只考虑两类缺陷组合时,总失效概率 P_f 为:

$$P_f = \sum_{i=1}^{5}\left[P_{f_i} + \sum_{j=i+1}^{5}\Delta P_{f_{ij}}\right]$$

若要降低总失效,必须减小主要的分失效概率。事实说明,大部分结构损坏都是由失误缺陷造成的,因此通过联系实际的教育、经常性的培训,提高工作人员的责任感以及要求达到规定的检验次数,可使由于人为失误缺陷造成的结构损坏降低到规定的可接受的程度。

1.3 结构可靠性原则及安全检验

对承受已知或可预见类型荷载的结构可靠性关系到结构在其整个设计工作寿命期内的工作性能,包括施工中各连续阶段及寿命期的使用、维护和修理。

1.3.1 结构可靠度

国际标准 ISO 2394:1998《结构可靠性总原则》中把结构可靠性定义为:结构或结构元件满足设计工作寿命期内各种规定要求的能力。

从狭义上讲,结构可靠度是在规定的基准期内,结构满足各种规定的极限状态的概率。

结构寿命期是规划、制造和使用过程的总时段,寿命期始于各种要求的确定(规划)和终于毁坏,实用上也可指结构建造期始到结构失效(强度、变形、耐久性等降低到不能承受荷载作用)的总时段,例如对于桥梁或其他重要结构设计工作寿命为 100 年或以上。

基准期是结构可靠度计算分析时选定的评定荷载、材料性能等特征的基准时间。根据结构的重要性,基准期可以短于、等于、长于结构寿命期。在结构可靠性分析中,对于结构荷载要研究其在基准期内极值的概率分布。

设有一组相互独立服从同一原始分布 $F(x)$ 的随机变量 $X_1, X_2, \cdots, X_N$,其最大值

$$X_M = \max\{X_1, X_2, \cdots, X_N\}$$

也是一随机变量,其分布函数为:

$$F_{X_M}(X) = P\{X_M \leqslant x\} = P\{X_1 \leqslant x, X_2 \leqslant x, \cdots, X_N \leqslant x\}$$
$$= P\{X_1 \leqslant x\} P\{X_2 \leqslant x\} \cdots P\{X_N \leqslant x\} = [F(X)]^N$$

若原始分布 $F(X)$ 有密度函数 $\varphi(x)$,则最大值确切分布密度函数为:

$$\varphi_{X_M}(x) = F'_{X_M}(x) = N[F(x)]^{N-1}\varphi(x)$$

在同样的假设条件下,求最小项 $X_m = \min\{X_1, X_2, \cdots, X_N\}$ 的确切分布函数为:

$$F_{x_m}(x) = P\{X_m \leqslant x\} = 1 - P\{X_m > x\}$$
$$= 1 - P\{X_1 > x, X_2 > x, \cdots, X_N > x\}$$
$$= 1 - P\{X_1 > x\} P\{X_2 > X\} \cdots P\{X_N > x\}$$
$$= 1 - [1 - P\{X_1 \leqslant x\}][1 - P\{X_2 \leqslant x\}] \cdots [1 - P\{X_N \leqslant x\}]$$
$$= 1 - [1 - F(x)]^N$$

最小值密度函数为:

$$\varphi_{x_m}(x) = F'_{x_m}(x) = N\varphi(x)[1 - F(x)]^{N-1}$$

以上各式说明最大(小)值 X_M、X_m 的分布函数、密度函数为原始分布 $F(x)$、$\varphi(x)$ 的 N 次幂函数,若原始分布 $F(x)$、$\varphi(x)$ 为年极值分布时,N 即等于基准期,由年极值分布可以求得基准期的极值分布。

实际情况下原始分布 $F(x)$ 类型为指数分布,其密度函数 $\varphi(x)$ 可以无限延伸,例如指数分布、正态分布、对数正态分布等都属于指数分布,指数分布的极值分布仍然是指数型的。

重现期是荷载年最大值 X_M 超过某期望值 X_T 的平均发生一次的时间 T(年),则 T 称为 X_T 的重现期,X_T 叫做重现期 T 的期望值(平均值)。

设最大荷载分布函数为 $F(x)$,则对于某一给定值 X_N,荷载 X 的非超越概率为:

$$q = P(x \leqslant x_N) = F(x_N)$$

超越概率为:

$$p = 1 - q = 1 - F(x_N)$$

事件 $X \geqslant x_N$ 首次发生的年数为 N,则重现期 T 是 N 的期望值:

$$T = E(N) = \frac{1}{p}$$

即

$$T(x_T) = \frac{1}{1-q} = \frac{1}{1 - F(x_T)}$$

$$F(x_T) = 1 - \frac{1}{T(x_T)}$$

上式表示重现期与其期望值 x_T 的关系,若已知分布 $F(x_T)$ 则可求出对应于任意重现期的期望值,以极值Ⅰ型分布为例:

年极值分布函数:$F(x) = \exp\left[-\exp\left(-\frac{x-b}{a}\right)\right] \quad (a > 0)$

则

$$x_T = b - a\ln\left[-\ln\left(1 - \frac{1}{T}\right)\right] = b - a\ln[-\ln(1-p)]$$

若将 N 视为结构的设计基准期,则 N 年内 $x \leqslant x_T$ 的非超越概率为:

$$Q = q^N = \{F(x_T)\}^N = \left[1 - \frac{1}{T(x_T)}\right]^N$$

当 $T(x_T) > 10$ 年时，$$Q \approx \exp\left(-\frac{N}{T(x_T)}\right)$$

当设计基准期 $N = T(x_T)$ 时，$Q \approx e^{-1} = 0.368$

在设计基准期内超越概率为 $1 - Q = 0.632$，即当设计基准期等于平均重现期时，荷载的超越概率为 0.632。

极限状态表示超越该状态则结构不再满足设计的各种功能要求，可以用各种基本变量的函数表示（极限状态方程）：

$$g(X_1, X_2, \cdots, X_N) = 0$$

$g > 0$ 表示所希望的状态（不失效状态），$g < 0$ 表示不希望的状态（失效状态），对大多数最终极限状态和使用极限状态其失效概率为：

$$P_f = P[g(X) < 0]$$

失效概率 P_f 可用可靠指标 β 代替：

$$\beta = -\Phi^{-1}(P_f) \quad [\Phi^{-1}(\cdot)\text{为标准正态分布反函数}]$$

单个构件的可靠性由控制的失效模式决定，而多构件组成的体系可靠性需考虑其冗余度（不同承载途径）和多失效模式，其分析具有近似性，但由于体系失效后果的严重性，引起工程界的广泛注意和研究。

1.3.2 结构安全性检验

结构安全性检验从定值设计法（容许应力法）向概率设计法的过渡已成为国际结构工程发展的趋势。国际组织——结构安全度联合委员会对检验结构安全度给出了分类体系并确定了其主要区别，检验结构安全度分为两大类：近似概率法（水准 2 法）和全概率法（水准 3 法），而半概率法（水准 1 法）只是在概率设计法之前的一种过渡。

1. 半概率法——水准 1 法

该方法首先采用荷载效应 S 和抗力 R 的平均值计算结构中心安全系数 $\overline{K}$：

$$\overline{K} = \frac{\overline{R}}{\overline{S}}$$

可以称为一阶矩法（只考虑一阶矩平均值），其未能考虑荷载和抗力的变异性。

第二步发展为考虑荷载和抗力，用正态分布去拟合其实际分布，用考虑其变异性的二阶矩（均方差 σ_R、σ_S）得到的标准抗力 R_b 和标准荷载效应 S_b 计算标准安全系数 K_b：

$$K_b = \frac{R_b}{S_b} = \frac{\mu_R - \gamma_R \sigma_R}{\mu_S + \gamma_S \sigma_S}$$

半概率法的表达式为：

$$K_b(\mu_S + \gamma_S \sigma_S) \leqslant \mu_R - \gamma_R \sigma_R$$

式中荷载效应和抗力的统计参数 μ_S、σ_S、μ_R、σ_R 考虑概率分布，而 K_b 仍然带有经验性，不考虑破坏概率。

2. 近似概率法——水准 2 法

该方法目前为国际上通用且易为工程师们所接受的可靠度分析方法。

在结构可靠性分析中主要有二类问题：一是失效函数中所有变量 X 考虑为不随时间而变

化的随机变量问题，另一是与时间相关但可能转换为不随时间而变的随机变量问题。

(1)不随时间而变化的可靠性问题

若全部基本变量 X 可以考虑为不随时间而变化，则问题较为简单。失效概率 P_f 可以下式计算：

$$P_f = \int_{\text{失效域}} f_x(x)\mathrm{d}x$$

式中 $f_x(x)$——基本变量 X 的联合概率密度函数。

其失效域一般为 $g_{ij}(x) \leqslant 0$ 给出的包络域，j 是构件数，i 是失效模态数。

失效概率可由下列方法计算：

——近似分析法：FORM 法(First Order Reliability Method)或采用 FOSM 法(First Order Second Moment Method)表示；及 SORM 法(Second Order Reliability Method)；

——模拟法(蒙特卡洛模拟 Monte Carlo Simulation)；

——数值积分法。

FORM 法或 FOSM 法的失效面是以通过设计点 x^* 正切于极限状态面 $g(x)=0$ 的超平面近似的，$g(x)$ 可以用关于 x^* 的一阶泰勒级数展开式近似：

$$g(X_1, X_2, \cdots, X_n) \approx g(\bar{x}_1, \bar{x}_2, \cdots, \bar{x}_n) + \sum_i (X_i - \bar{x}_i) \left.\frac{\partial g}{\partial x_i}\right|_{x^*}$$

失效概率的一次近似是近似超平面外侧的概率集，即

$$P_f \approx P^{\mathrm{FORM}} = \Phi(-\beta)$$

这种近似法的一个有用的特征是具有不变的共同失效函数当量表达式，共同的当量表达式 $g(x)$ 给出相同的极限状态面。

在标准空间中，概率密度函数成为到原点距离平方的指数型函数，因此初始分布的概率积分位于最接近原点的区域。标准空间中最接近原点的失效面上的点用 x^* 表示，其命名为设计点或最可能失效点，可以计算其相应的失效概率。从原点到失效面的最小距离用 β 表示，其命名为一次可靠指标，其为约束优化问题的解：

$$\beta = \min|x|$$

目标函数 $\qquad g(x)=0$

可见，β 是设计点 x^* 的欧几里得模。

SORM 法(二次可靠性方法)以二次面取代 FORM 法中的失效面，即以 $g(x)$ 的二次泰勒级数定义或在顶点 x^* 以超曲面去适应 $g(x)=0$ 的主曲率，SORM 的近似概率 P_f 以二次面外侧的概率域给出：

$$\begin{aligned} g(X_1, X_2, \cdots, X_n) \approx\; & g(\bar{x}_1, \bar{x}_2, \cdots, \bar{x}_n) + \sum_i (X_i - \bar{x}_i) \left.\frac{\partial g}{\partial x_i}\right|_{x^*} \\ & + \sum_i \sum_j (X_i - \bar{x}_i)(X_j - \bar{x}_j) \left.\frac{\partial g}{\partial x_i}\frac{\partial g}{\partial x_j}\right|_{x^*} \end{aligned} \tag{a}$$

式(a)与 FORM 法相同，只要失效面 $g(x)=0$ 存在，二次面的 SORM 法对于所选失效函数 $g(x)$ 也是不变的。其结果变为用失效面的几何特性[即 x^* 的位置和 $g(x)=0$ 在 x^* 的主曲率]的二次面近似。

二次可靠指标定义为：

$$\beta^{\mathrm{SORM}} = -\Phi^{-1}(P_f^{\mathrm{SORM}})$$

图 1-1 示出了 FORM 法与 SORM 法二者之间的差异，作为一般结构可靠度分析，应用 FORM 法可以满足其近似精度和简明性。

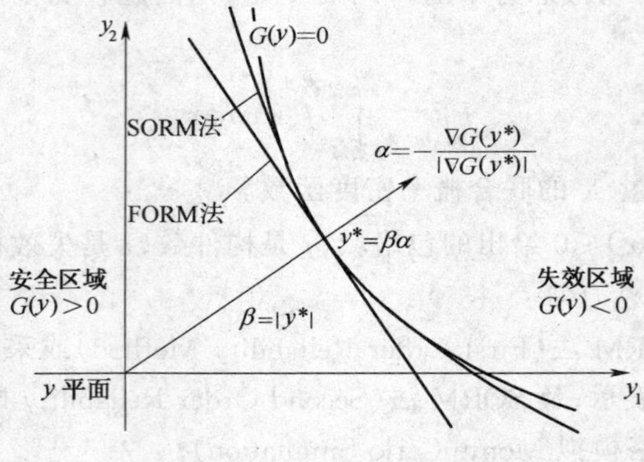

图 1-1 FORM/SORM 法近似图示

模拟法多直接应用蒙特卡洛模拟，其抽样密度取原始概率密度或重要性抽样技术，其密度（虚拟）函数靠近设计点。

在某些情况下，失效概率可以进行积分求解，当随机变量数 $n\leqslant5$ 时，可以方便地应用各种数值积分方法。

(2)由随时间变异转换为随机变量问题

下面讨论两类与时间相关的问题：

①超载（首次通过）失效。

②疲劳或其他累积失效。

时间相关性是由荷载和/或强度随时间的变异性引起的，与时间相关的量一般需用随机过程表示。

在首次通过失效的情况中，一个单一作用过程可以由一个随机变量基准期中期望最大值代替，若超过一个随机作用过程，应考虑其组合及在组合中的地位。

在累积失效情况中（疲劳、腐蚀等），其总的随时间变化的历程是重要的；在疲劳失效中，其失效函数可按材料试验 $S-N$ 曲线及 Miner 规则确定，在一给定时段内其将与时间无关。

在水准 2 法分析中可以采用设计值法和分项系数法两种简化法以代替直接概率法，但其在一定范围内所得到的设计，与直接概率统计法设计充分接近，校准法是达到这一目标的可信赖的方法。

a. 设计值法

假设考虑的极限状态，用各种作用、材料性能为一组的变量 $X_1,X_2,\cdots,X_n$ 的函数 $g(X_1,X_2,\cdots,X_n)$ 定义时，结构不失效状态为：

$$g(X_1,X_2,\cdots,X_n)\geqslant0$$

设计表达式可写成：

$$g(X_{1d},X_{2d},\cdots,X_{nd})\geqslant0$$

式中 $X_{1d},X_{2d},\cdots,X_{nd}$ 为变量 $X_1,X_2,\cdots,X_n$ 的设计值。

在 FORM 法中，变量 X_i 的设计值取决于：

X_i 变量的参数；

假设的分布模型；

对有关的极限状态和设计状况的目标可靠指标 β_{nom}；

根据 FORM 法计算，以系数 α_i 描述 X_i 达到极限状态时变异性的灵敏度。

对于任意一个变量的分布 $F(X_i)$，其设计值定义为：

$$F(x_{id}) = \Phi(-\alpha_i\beta_{nom})$$

若 X_i 假设服从正态分布，则

$$x_{id} = \bar{x}_i(1-\alpha_i\beta_{nom}V_i)$$

若服从对数正态分布，则

$$x_{id} = \xi_i\exp(-\alpha_i\beta_{nom}V_i)$$

式中

$$\begin{cases}\xi_i = \dfrac{\bar{x}_i}{\sqrt{1+V_i^2}}\\ \nu_i = \sqrt{\ln(1+V_i^2)}\end{cases}$$

当 $V_i \leqslant 0.25$ 时，$\xi_i \approx \bar{x}_i$，$\nu_i \approx V_i$。

若各随机变量是独立的，在 FORM 法分析中系数 α_i 具有下列性质：

$$-1 \leqslant \alpha_i \leqslant 1$$

$$\sum \alpha_i^2 = 1$$

α_i 值可从 FORM 法迭代计算中得到，但也可根据经验制定一组标准化 α_i 用于确定各设计值，表 1-7 中列出国际标准 ISO 2394:1998《结构可靠性总原则》中给定的标准化 α_i 值。

上表中平方和可能大于 1.0 作为一个保守的估计，同时要限制其误差，一般要求 $0.16 < \sigma_S/\sigma_R < 6.6$，以控制荷载（或效应）和抗力标准差之比值。“控制”变量由规范工作者和设计者经验来确定。

表 1-7 标准化的 α 值

X_i	α_i
控制抗力参数	0.8
其他抗力参数	0.4×0.8=0.32
控制荷载参数	−0.7
其他荷载参数	−0.4×0.7=−0.28

在设计规范中，设计值 x_d 是借助于变量标准值 x_k（或代表值）及一组分项安全系数和荷载组合系数引进的，在大多数情况下极限状态可表示为：

$$g(x_d) = R_d - S_d \geqslant 0$$

式中 S_d——荷载效应设计值，$S_d = S(F_d, a_d, Q_d, \cdots)$；

其中 F_d——荷载设计值，$F_d = \gamma_f F_k$ 或 $F_d = \gamma_f \psi_0 F_k$，

a_d——几何参数设计值，$a_d = a_{nom} \pm \Delta a$，

Q_d——模型不定性系数设计值，其一般用总模型不定性分项系数 γ_{sd} 和 γ_{Rd} 引入；

R_d——抗力设计值，$R_d = R(f_d, a_d, Q_d, \cdots)$；

其中 f_d——材料性能设计值，$f_d = f_k/\gamma_m$。

荷载效应和抗力表达式为：

$$S_d = \gamma_{sd} S(\gamma_f F_k, \gamma_f \psi_0 F_k, a_{nom} \pm \Delta a, \cdots)$$

$$R_d = \gamma_{Rd} R\left(\frac{F_k}{\gamma_m}, a_{nom} \pm \Delta a, \cdots\right)$$

为方便使用，常常把上式简化为：

$$S_d = S(\gamma_f F_K, a_{nom})$$

$$R_d = R\left(\frac{f_k}{\gamma_m}, a_{nom}\right) \quad 或 \quad R_d = \frac{1}{\gamma_R} R(f_k, a_{nom})$$

上式中 γ_f、γ_m 和 γ_R 应根据可靠度一致性原则确定，其实质上是一种综合分项系数。

b. 分项系数法

上文已经谈到基于设计值的分项系数表达式，本法与上述表达式一致，但其设计值中分项系数的确定不是采用经验的灵敏度系数 α_i，而是通过对既有规范设计的结构用 FORM 法校准得到的可靠度 β 来优化确定结构目标可靠指标 β_{nom}，计算确定相应参数之各分项系数 γ 值（或综合分项系数）和标准值，以此作为制定规范的基础，使结构构件设计接近同一的可靠度。

3. 全概率法——水准 3 法

对结构各种基本变量分别采用随机变量或随机过程的概率模型描述，通过较精确的计算方法求得结构的失效概率，以此作为设计安全度的度量：

$$P_f = P(R \leqslant S) \leqslant [P_f]$$

目前由于结构参数信息量不足，大量的普通结构采用上述水准 2 法制定的分项系数概率极限状态设计，其可靠度水准根据信息量和计算方法、施工质量的不断完善和提高可不断补充修定，使结构设计更加安全和经济，而对于特殊重要和复杂的结构，如核电站安全壳、超大跨度桥梁、建筑结构及飞机、航天飞机等可借助于大量的试验研究用水准 3 法的失效概率作为设计标准。

结构可靠性理论的发展应用是以科学技术的综合发展为前提条件的，还有大量的工作需要我们研究：

(1)对荷载、材料性能等统计资料的不断累积与统计分析，更合理地确定各种随机变量和过程的概率模型和统计参数，以及荷载效应组合的机理和概率特征；

(2)研究灾害作用（如地震、强风）下的结构安全度；

(3)研究结构正常使用极限状态耐久性的可靠性设计方法；

(4)研究材料与结构构件质量控制对结构可靠性的保证；

(5)研究多自由度体系首次超越破坏或疲劳损伤破坏的可靠度；

(6)研究结构体系的可靠度及应用；

(7)动力可靠性分析研究及应用；

(8)结构可靠性理论在设计、施工及运营养护等规范的实施。

2 结构可靠性理论基础

2.1 概率论基础

2.1.1 随机事件的概率

在随机事件意义下，一个事件 E 是能出现但不一定出现的一个试验结果（试验可以是一种观察或一种实验，它应满足一组条件并具有可重复性特征）。一定出现的事件是必然事件 S；永不出现的事件是不可能事件 ϕ。

概率的经典定义：若试验能在 n 个同等似然事件中得出结果，又若其中的 m 个事件有利于事件 E 的出现，则出现事件 E 的概率 $P(E)$ 是：

$$P(E)=\frac{m}{n}=\frac{\text{有利事件数}}{\text{可能事件数}}$$

因此概率具有特性：

$$0\leqslant P(E)\leqslant 1$$

对必然事件 S：

$$P(S)=1$$

对不可能事件 ϕ：

$$P(\phi)=0$$

一些互相排斥的事件之和的概率等于这些事件的概率之和。

$$P\left(\bigcup_{i=1}^{k} E_i\right)=\sum_{i=1}^{k} P(E_i)$$

若在有 n 种可能结果的一个试验中，事件 E_1 出现 m_1 次，事件 E_2 出现 m_2 次，但这两事件并不互相排斥，则估计式 $P(E_1+E_2)\leqslant P(E_1)+P(E_2)$ 成立，即两个不排斥事件和的概率小于或等于其概率的和，该定理同样可推广到多于两个事件的情况。

在事件 F 已经出现的假定下事件 E 出现的概率为条件概率 $P(E|F)$；两个事件 E 和 F 同时出现的概率 $P(EF)$ 是第一个事件 F 的概率 $P(F)$ 和事件 E 在 F 已经出现假定下的条件概率 $P(E|F)$ 的积。

$$P(EF)=P(F)\cdot P(E|F)$$

相互独立 n 个事件 $E_i(i=1,2,\cdots,n)$ 积的概率等于这些事件概率之积。

$$P\left(\bigcap_{i=1}^{n} E_i\right)=\prod_{i=1}^{n} P(E_i)$$

设事件 $F_i(i=1,2,\cdots,n)$ 形成一个完备系，又设 E 是另外一个事件，则事件 $E\cdot F_i$ 是两两互相排斥的，这些事件之和等于事件 E，则事件 E 的概率为无条件概率（全概率）。

$$P(E)=\bigcup_{i=1}^{n} P(EF_i)=\bigcup_{i=1}^{n} P(F_i)P(E|F_i)$$

2.1.2 随机变量的概率分布与数字特征

在工程结构可靠性理论中，“基本变量”代表物理量的一组规定变量部分，它表示各种作用与环境影响、材料性能、土壤性能和几何量的特征，当其根据经验或灵敏度的判断其不定性是重要的话，则它须作为一个随机变量来表示。随机变量完全由它们的概率密度和分布函数表征。

1. 离散随机变量 X

它们取有限个或至多可列无限个值 x_i，随机事件 x_i 为间断的，从而其概率 $P(x_i)$ 为间断量，概率函数与此间断量有关。图 2-1 表示离散随机变量的概率函数和分布函数。

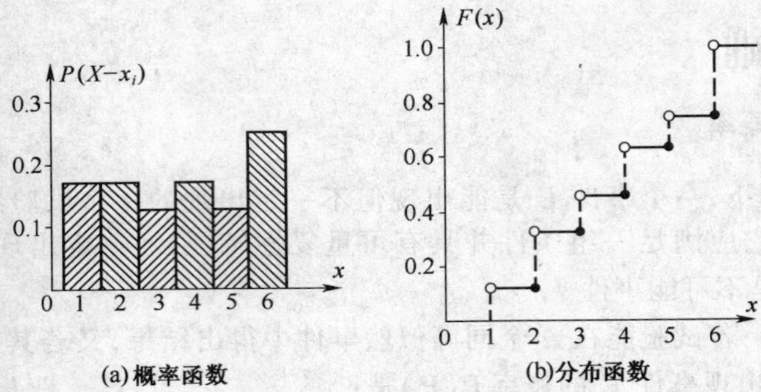

图 2-1 离散随机变量

一个离散随机变量可由概率函数完全地描述，从这些函数中，能计算出一些参数来表征随机变量。

一个离散随机变量 X 的均值 μ，是由其每一个可能值乘以相应概率的所有乘积之和得到，该均值不一定在离散随机变量 X 的值中出现。

$$E(x_i)=\mu=\bigcup_{i=1}^{n} x_i p_i$$

离散随机变量 X 的方差 σ^2 由其与均值的每一个偏差 $(x_i-\mu)$ 的平方乘以相应的概率的所有乘积之和得到。

$$\sigma^2=\bigcup_{i=1}^{n}(x_i-\mu)^2 p_i$$

2. 连续随机变量 X

对于一个连续随机变量 X，一个区间中的每一个值 x 是一个随机事件，它出现的概率为 0，但对每一个值 x，对应有概率密度或密度函数的一个值 $f(x)$。

图 2-2 给出连续随机变量的密度函数和分布函数。

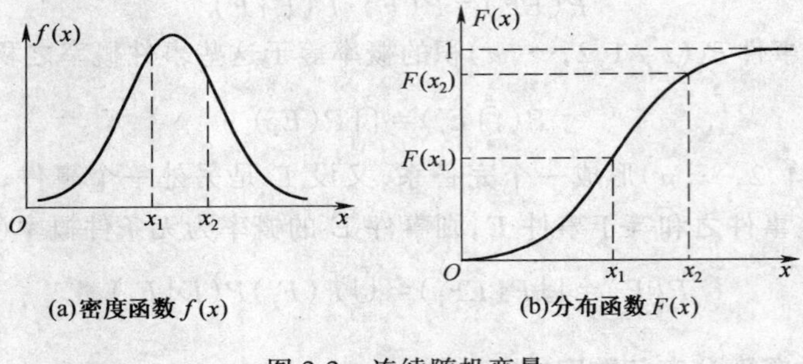

图 2-2 连续随机变量

对于一个连续随机变量 X，均值 μ 是由 x 乘以密度函数 $f(x)$ 的积，再从 $-\infty$ 到 $+\infty$ 积分得到。

$$E(x) = \mu = \int_{-\infty}^{+\infty} x f(x) \mathrm{d}x$$

连续随机变量 X 的方差 σ^2 由其与均值的偏差 $(x-\mu)$ 的平方乘以密度函数 $f(x)$ 的积，再从 $-\infty$ 到 $+\infty$ 的积分得到。

$$\sigma^2 = \int_{-\infty}^{+\infty} (x-\mu)^2 f(x) \mathrm{d}x$$

3. 随机变量的其他数字特征

(1)中位数

对任意随机变量 X,假如 $x_{0.5}$ 满足

$$P(X \leqslant x_{0.5}) \geqslant 0.5, \quad P(X \geqslant x_{0.5}) \geqslant 0.5$$

则称 $x_{0.5}$ 为随机变量 X 的中位数。

若随机变量 X 的分布函数 $F(x)$ 是连续的,则方程 $F(x)=0.5$ 的解就是 X 的中位数;若 $F(x)$ 是间断跳跃的,则直线 $y=\dfrac{1}{2}$ 与间断之间平行于 y 轴连线交点的横坐标即为 X 的中位数;若交点不唯一,就有多个中位数,见图 2-3 所示。

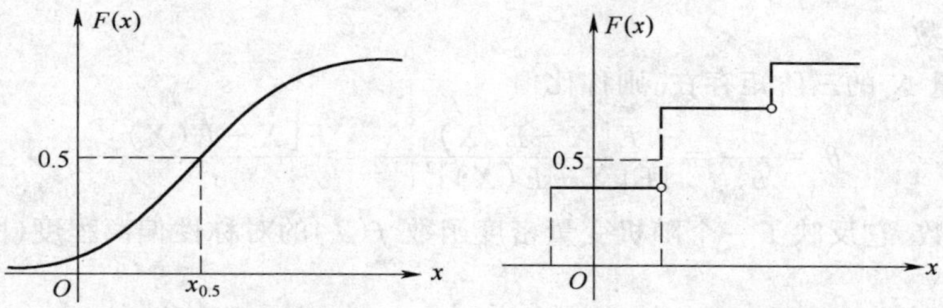

(a) $F(x)$ 为连续函数　　(b) $F(x)$ 为间断函数

图 2-3　中位数

若连续随机变量 X 的密度函数 $f(x)$ 关于直线 $x=a$ 对称,即 $f(a+x)=f(a-x)$,则 a 为此随机变量的中位数。

(2) α 分位数

设 X 是一个随机变量,对任意 $\alpha(0<\alpha<1)$,若 x_α 满足。

$$P(X \leqslant x_\alpha) \geqslant \alpha, \quad P(X \geqslant x_\alpha) \geqslant 1-\alpha$$

则称 x_α 为随机变量 X 的 α 分位数(或 α 分位点)。

若随机变量 X 是连续的,其密度函数为 $f(x)$,则其 α 分位数 x_α 是下面方程的解:

$$F(x_\alpha) = \int_{-\infty}^{x_\alpha} f(x) \mathrm{d}x = \alpha$$

若 $x'_\alpha(0<\alpha<1)$ 满足

$$P(X \geqslant x'_\alpha) = \int_{x'_\alpha}^{\infty} f(x) \mathrm{d}x = \alpha$$

则称 x'_α 为 X 的 α 上分位数,$x'_\alpha = x_{1-\alpha}$,见图 2-4。

(3)众数

若随机变量 X 是离散型的,则 X 最可能取的值称为 X 的众数;若随机变量 X 是连续型的,则使其密度函数 $f(x)$ 达到最大值的点称为 X 的众数。

随机变量的众数一定存在，但可不唯一。若连续型随机变量的密度函数关于直线 $x=a$ 对称，则其众数与中位数、数学期望重合。

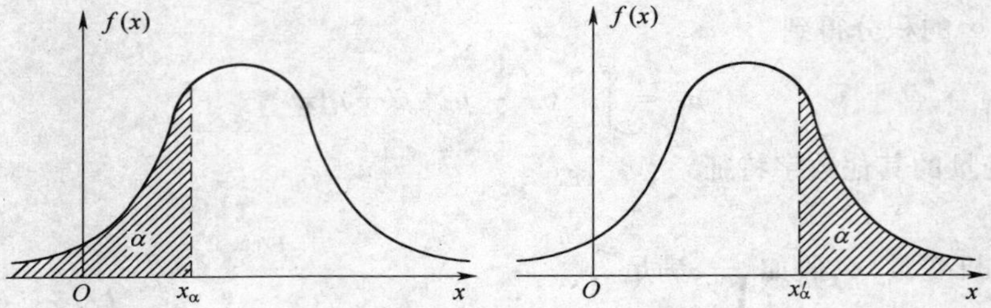

图 2-4　α 分位数

(4)变异系数

设随机变量 X 的数学期望 $E(X)$ 和方差 $D(X)$ 都存在，则称比值

$$V_x=\sqrt{\frac{D(X)}{E(X)}}=\frac{\sigma_x}{\mu_x}$$

为 X 的变异系数，它是一种计量随机变量取值分散程度的数字特征。

(5)偏度系数

设随机变量 X 的三阶矩存在，则称比值

$$\theta_x=\frac{v_3}{v_2^{3/2}}=\frac{E[X-E(X)]^3}{\{E[X-E(X)]^2\}^{3/2}}=\frac{E[X-E(X)]^3}{\sigma_x^3}$$

为 X 的偏度系数，它反映了一个随机变量密度函数 $f(x)$ 的对称性偏离程度(图 2-5)。

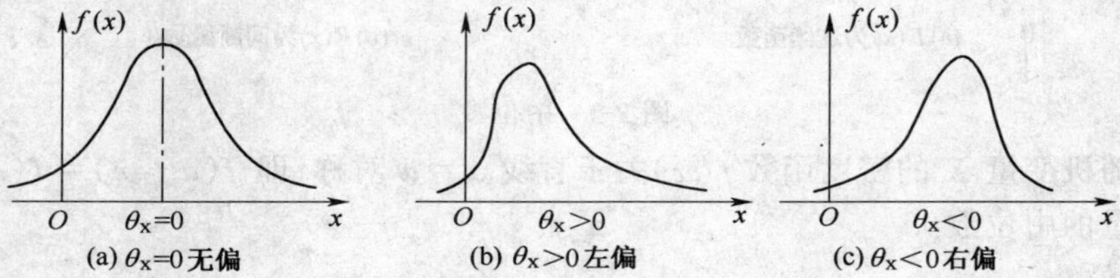

(a) $\theta_x=0$ 无偏　(b) $\theta_x>0$ 左偏　(c) $\theta_x<0$ 右偏

图 2-5　偏度系数

(6)峰度系数

设随机变量 X 的四阶矩存在，则称

$$E_X=\frac{v_4}{v_2^2}-3=\frac{E[X-E(X)]^4}{\sigma_x^4}-3$$

为 X 的峰度系数，它反映一个随机变量密度函数 $f(x)$ 的峰与具有相同方差的正态分布密度函数的峰相比的陡峭程度。正态分布 $E_X=0$，$E_X>0$ 表示峰陡峭；$E_X<0$ 表示峰平缓(图 2-6)。

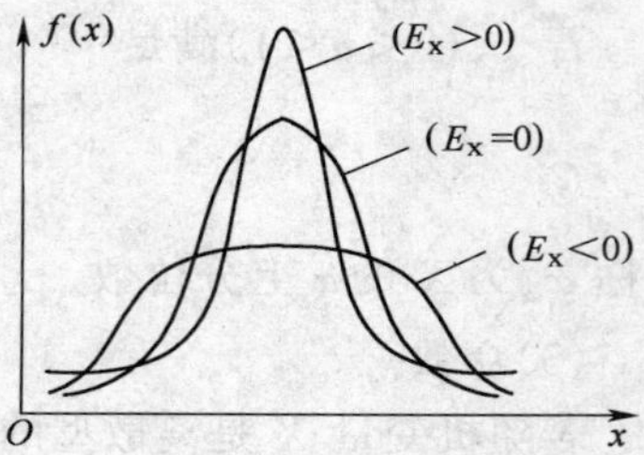

图 2-6　峰度系数

4. 随机变量线性函数的均值和方差

设一线性函数为

$$Y=a_0+\sum_{i=1}^{n}a_iX_i$$

式中　a_0、a_i——常数；

　　X_i——随机变量。

则 y 为随机变量,其均值和方差为

$$\mu_y = a_0 + \sum_{i=1}^{n} a_i \mu_{xi}$$

$$D_y = \sum_{i=1}^{n} a_i^2 D_{xi} + \sum_{i,j=1,i\neq j}^{n} a_i a_j \operatorname{cov}(X_i, X_j)$$

若 $X_i(i=1,2,\cdots,n)$彼此不相关,则

$$D_y = \sum_{i=1}^{n} a_i^2 D_{xi}$$

5. 随机变量的非线性函数的均值和方差

设 $y=\varphi(X_1,\cdots,X_n)$,式中 X_i 为随机变量,将 y 在点$(\mu_{x_1},\cdots,\mu_{x_n})$邻域展为 Taylor 级数,并保留线性项:

$$y \approx \varphi(\mu_{x_1},\cdots,\mu_{x_n}) + \sum_{i=1}^{n}\left(\frac{\partial \varphi}{\partial x_i}\right)_{\mu_x}(X_i - \mu_{xi})$$

则均值
$$\mu_y = \varphi(\mu_{x_1},\cdots,\mu_{x_n})$$

方差
$$D_y = \sum_{i=1}^{n}\left(\frac{\partial \varphi}{\partial x_i}\right)_{\mu_x}^2 D_{xi} + \sum_{i,j=1}^{n}\sum_{i\neq j}\left(\frac{\partial \varphi}{\partial x_i}\right)_{\mu_x}\left(\frac{\partial \varphi}{\partial x_i}\right)_{\mu_x}\operatorname{cov}(X_i, X_j)$$

若 $X_i(i=1,2,\cdots,n)$彼此不相关,则

$$D_y = \sum_{i=1}^{n}\left(\frac{\partial \varphi}{\partial x_i}\right)_{\mu_x}^2 D_{xi}$$

6. 特征函数

设 X 是一个随机变量,则称 e^{itx} 的数学期望

$$\varphi(t) = E(e^{itx}) = \begin{cases} \sum_{k=1}^{\infty} e^{itx_k} P(X = x_k), & \text{(离散型)} \\ \int_{-\infty}^{\infty} e^{itx} f(x)\mathrm{d}x, & \text{(连续型)} \end{cases}$$

为随机变量 X 的特征函数。任一随机变量的特征函数一定存在,且一般为复值函数;仅当随机变量 X 的分布是对称时,其特征函数才为实值函数。

例:泊松分布的特征函数为 $\varphi(t)=\exp[\lambda(e^{it}-1)]$

正态分布 $N(\mu,\sigma^2)$的特征函数为 $\varphi(t)=\exp(i\beta t-\sigma^2 t^2/2)$

(1)$\varphi(0)=1, |\varphi(t)|\leqslant 1, -\infty<t<\infty$;

(2)$\varphi(t)$在数轴上一致连续;

(3)设 X 为随机变量,a 与 b 为常数,则 $Y=aX+b$ 的特征函数为

$$\varphi_Y(t)=e^{ibt}\varphi_x(at)$$

(4)设$(X_1,X_2,\cdots,X_n)$是 n 维随机变量,则称

$$\varphi(t_1,t_2,\cdots,t_n) = E\left[\exp\left(i\sum_{j=1}^{n} t_j X_j\right)\right]$$

为 n 维随机变量的特征函数。

例:二维正态分布 $N(\mu_1,\mu_2,\sigma_1^2,\sigma_2^2,\rho)$的特征函数为

$$\varphi(t_1,t_2)=\exp\left[i\mu_1 t_1+i\mu_2 t_2-\frac{1}{2}(\sigma_1^2 t_1^2+2\sigma_1\sigma_2\rho t_1 t_2+\sigma_2^2 t_2^2)\right]$$

而 x_1 特征函数为：$$\varphi(t_1,0)=\exp\left(\mathrm{i}\mu_1 t_1-\frac{1}{2}\sigma_1^2 t_1^2\right)$$

2.1.3 极限定理

1. 随机变量序列的收敛

设$\{X_n,n\geqslant1\}$是概率空间上的随机变量序列：

(1)以概率 1 收敛

若 $P\{\lim\limits_{n\to\infty}X_n=X\}=1$，则称$\{X_n,n\geqslant1\}$以概率 1 收敛于 X，也称几乎必然收敛，记作

$$\lim_{n\to\infty}X_n=X$$

(2)依概率收敛

若对于任一正数 ε，都成立

$$\lim_{n\to\infty}P\{|X_n-X|\geqslant\varepsilon\}=0$$

则称$\{X_n,n\geqslant1\}$依概率收敛于 X。说明随机变量 X_n 与X 发生任意确定的正偏差的概率都随着 n 的无限增大而趋于 0。

(3)依分布收敛

设 F_n,F 分别表示随机变量X_n,X 的分布函数，若对于 F 的每一个连续点 x 都有

$$\lim_{n\to\infty}F_n(x)=F(x)$$

称 X_n 依分布收敛于X。

2. 概率不等式

(1)切比雪夫不等式

一个随机变量的均值和方差已经获得，但仍不能回答：对与均值 μ 的一个特定偏差其概率是多少？切比雪夫不等式给出该问题的一个简单估计。

设 X 为任一个随机变量，则对于任何 $\varepsilon>0$ 有

$$P(|X-E(X)|\geqslant\varepsilon)\leqslant\frac{\sigma^2}{\varepsilon^2}$$

上式给出随机变量 X 与其数学期望的绝对偏差小于ε 的概率上界；若令 $t=\varepsilon/\sigma$，则不等式为：

$$P(|X-E(X)|\geqslant t\sigma)\leqslant\frac{1}{t^2}$$

(2)柯尔莫戈洛夫不等式

设 $X_1,X_2,\cdots,X_n$ 为n 个相互独立的随机变量，且 $E(X_i)=0,D(X_i)=\sigma_i^2<+\infty,i=1,2,\cdots,n$，则对任意 $\varepsilon>0$ 有

$$P\left(\max_{1\leqslant i\leqslant n}|X_1+X_2+\cdots+X_i|>\varepsilon\right)\leqslant\frac{1}{\varepsilon^2}\sum_{i=1}^{n}\sigma_i^2$$

3. 大数定律

在实际问题中，概率接近于 0 或 1 的事件具有重要意义；大数定律是研究大量随机因素的平均效果与其数学期望有较大偏差的可能性愈来愈小的规律。

设 $X_1,X_2,\cdots,X_n$ 是一个随机变量序列，若对任意 $\varepsilon>0$ 有

$$\lim_{n\to\infty}P\left\{\left|\frac{1}{n}\sum_{i=1}^{n}X_i-\frac{1}{n}\sum_{i=1}^{n}E(X_i)\right|<\varepsilon\right\}=1$$

或
$$\lim_{n\to\infty} P\left\{\left|\frac{1}{n}\sum_{i=1}^{n} X_i - \frac{1}{n}\sum_{i=1}^{n} E(X_i)\right| \geqslant \varepsilon\right\} = 0$$
则称随机变量序列$\{X_n\}$服从大数定律。假如有
$$\lim_{n\to\infty} P\left\{\frac{1}{n}\sum_{i=1}^{n}[X_i - E(X_i)] = 0\right\} = 1$$
则称随机变量序列$\{X_n\}$服从强大数定律。

(1)切比雪夫大数定律

设 n 个两两相互独立的随机变量$X_1, X_2, \cdots, X_n$，其均值分别为 $\mu_1, \mu_2, \cdots, \mu_n$，方差全部小于 b^2，设 $A = (\mu_1 + \mu_2 + \cdots + \mu_n)/n$，则
$$P\left(\left|\frac{1}{n}\sum_{i=1}^{n} X_i - A\right| < \varepsilon\right) \geqslant 1 - \frac{b^2}{n\varepsilon^2}$$
即对于充分大的值 n，n 个两两独立随机变量均值的算术平均值A 与这些变量的算术平均值之差小于ε 的概率任意靠近 1。说明 n 次测量的均值要比任何单个测量来得可靠。

(2)柯尔莫戈洛夫强大数定律

设 $X_1, X_2, \cdots, X_n$ 是独立随机变量序列，每个随机变量的方差存在，且
$$\frac{1}{n^2}\sum_{i=1}^{n} D(X_i) < \infty$$
则此随机变量序列$\{X_n\}$服从强大数定律。

4. 中心极限定理

设 $X_1, X_2, \cdots, X_n$ 是独立随机变量序列，把前 n 个随机变量的算术平均标准化，
$$Y_n = \frac{\sum_{i=1}^{n} X_i - \sum_{i=1}^{n} E(X_i)}{\sqrt{\sum_{i=1}^{n} D(X_i)}}$$
假如对任何实数 x，均有
$$\lim_{n\to\infty} P(Y_n \leqslant x) = \frac{1}{\sqrt{2\pi}}\int_{-\infty}^{x} e^{-t^2/2}\,dt$$
则称随机变量序列$\{X_n\}$服从中心极限定理。中心极限定理研究的是标准化随机变量收敛于正态分布的条件。在实践中，一些现象受到许多相互独立的随机因素的影响，如果每个因素的影响都很微小，那么总的影响可以看作是服从正态分布的。

2.1.4 基本概率模型

基本随机变量的概率模型选择可分为两部分：选择合适的概率分布，用它来表征随机变量的不定性，然后选择这些分布的适当参数值。荷载和抗力参量需要作不同的处理，因为有些荷载一般是随时间变化的，应用随机过程模拟，但对于常用的结构，可靠度分析方法随机变量才是最合宜的模拟，即利用在可靠度所要求的基准期内的荷载极值分布来模拟是适宜的；当结构上同时作用两个或更多个随时间变化的荷载时，使用极值组合荷载或荷载效应的分布也是适宜的。

1. 随机变量概率分布

(1)泊松分布

若随机变量 X 可取一切非负整数,且

$$P(X=k)=\frac{\lambda^k}{k!}E^{-\lambda};\ k=0,1,2,\cdots$$

则称随机变量 X 服从泊松分布,记为 $P(\lambda)$,其中 $\lambda>0$ 为参数;泊松分布用来描述单位时间内某一特定事件在空间的某固定范围内出现次数的统计规律。

① 平均值: $\mu_x = E(X) = \sum_{i=0}^{\infty} iP(X=i) = \sum_{i=0}^{\infty}\frac{i\lambda^i}{i!}e^{-\lambda} = e^{-\lambda}\sum_{j=1}^{\infty}\frac{\lambda^j}{(j-1)!}$

$$= \lambda e^{-\lambda}\sum_{j=1}^{\infty}\frac{\lambda^{i-1}}{(j-1)!} = \lambda e^{-\lambda}e^{\lambda} = \lambda$$

方差 $D(X) = \sum_{i=0}^{\infty}[i-E(X)]^2 p_i = \sum_{i=0}^{\infty}[i-\lambda]^2\frac{\lambda^i}{i!}e^{-\lambda} = \lambda$

变异系数 $V_x=\delta_x=\frac{\sqrt{D(X)}}{E(X)}=\frac{\sqrt{\lambda}}{\lambda}=\frac{1}{\sqrt{\lambda}}$

②特征函数: $\varphi(t)=\exp[\lambda(e^{it}-1)]$

③若 $X_1,X_2,\cdots,X_n$ 是 n 个相互独立随机变量且 $X_k\sim P(\lambda_k)$, $k=1,2,\cdots,n$,则其和仍服从泊松分布,且 $X_1+X_2+\cdots X_n\sim P(\lambda_1+\lambda_2+\cdots+\lambda_n)$,称为可加性;反之,若独立随机变量之和服从泊松分布,则每一个被加项也服从泊松分布,称为无穷可分性。

④若随机变量 X 服从泊松分布 $P(\lambda)$,则

$$P(X\leqslant k)\approx\Phi\left(\frac{k+0.5-\lambda}{\sqrt{\lambda}}\right)$$

当 λ 充分大时,随机变量 $\sqrt{X}$ 的分布近似于正态分布 $N(\sqrt{\lambda},1/4)$,$\Phi(\cdot)$为标准正态分布函数。

⑤若 $X_1,X_2,\cdots,X_n$ 是独立同分布的随机变量序列,随机变量序列的出现率 ν 是参数为 λ 的泊松分布的随机变量,且诸 X_k 与 ν 独立,则 $X_1+X_2+\cdots+X_n$ 所服从的分布为复合泊松分布,其特征函数为:

$$\varphi(t)=\exp[\lambda(\varphi_1(t)-1)]$$

其中 $\varphi_1(t)$为 X_1 的特征函数,而其数学期望为:

$$E(X_1+X_2+\cdots+X_n)=E(X_1)E(\nu)$$

实践中,常碰到一种随机现象:构成现象的事件可以在任何时刻(或空间)出现,而在一给定的时间或空间间隔里,它可能出现多于一次。如在结构设计基准期内发生地震的次数,一座公路桥梁通过的机动车辆数,可选用泊松分布拟合。

(2)均匀分布

若随机变量 X 的密度函数为:

$$f(x)=\begin{cases}\frac{1}{b-a}, & a\leqslant x\leqslant b\\ 0, & x<a,x>b\end{cases}$$

则称随机变量 X 在区间 $[a,b]$ 上服从均匀分布,即 $X\sim R(a,b)$,a、b 为参数,且 $a<b$,记为 $R(a,b)$;均匀分布是用来描述在某个区间上具有等可能结果的随机试验的统计规律性(图 2-7)。

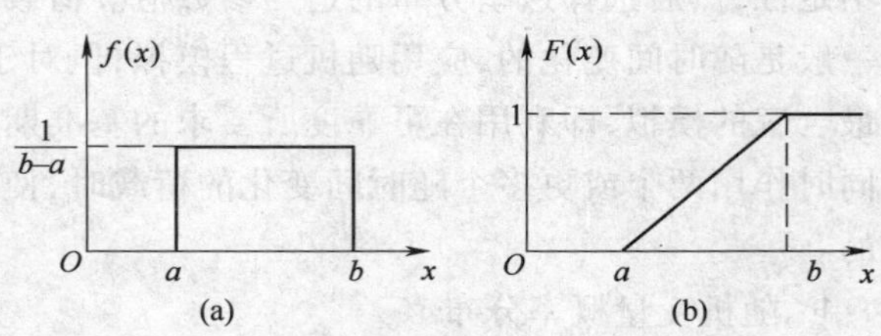

图 2-7 均匀分布

分布函数为：

$$F(x)=\int_{-\infty}^{x}f(t)\mathrm{d}t=\int_{a}^{x}\frac{1}{b-a}\mathrm{d}t=\frac{1}{b-a}\int_{a}^{\infty}\mathrm{d}t=\begin{cases}0, & x\leqslant a\\ \dfrac{x-a}{b-a}, & a<x<b\\ 1, & x\geqslant b\end{cases}$$

① 平均值：

$$\mu_x=E(X)=\frac{(b-a)(b+a)}{2(b-a)}$$

方差

$$D(X)=\int_{-\infty}^{\infty}[X-E(X)]^2f(x)\mathrm{d}x=\int_{a}^{b}\left(x-\frac{a+b}{2}\right)^2\frac{\mathrm{d}x}{b-a}=\frac{(b-a)^2}{12}$$

标准差

$$\sigma_x=\sqrt{D(X)}=\frac{b-a}{2\sqrt{3}}$$

变异系数

$$V_x=\delta_x=\frac{\sigma_x}{\mu_x}=\frac{b-a}{\sqrt{3}(b+a)}$$

②特征函数：

$$\varphi(t)=\frac{1}{b-a}\cdot\frac{\mathrm{e}^{\mathrm{i}tb}-\mathrm{e}^{\mathrm{i}ta}}{\mathrm{i}t}$$

③若随机变量 $X\sim R(a,b)$，则其线性变换 $Y=\dfrac{x-a}{b-a}\sim R(0,1)$；

④若随机变量 X 的分布函数 $F(x)$ 为连续函数，则 $F(X)\sim R(0,1)$，即均匀分布在蒙特卡洛法中广泛应用。

(3)指数分布

若随机变量 X 的密度函数为

$$f(x)=\begin{cases}\lambda\mathrm{e}^{-\lambda x}, & x\geqslant 0\\ 0, & x<0\end{cases}$$

则称随机变量 X 服从指数分布，$\lambda>0$ 为参数，记为 $E(\lambda)$，见图 2-8。

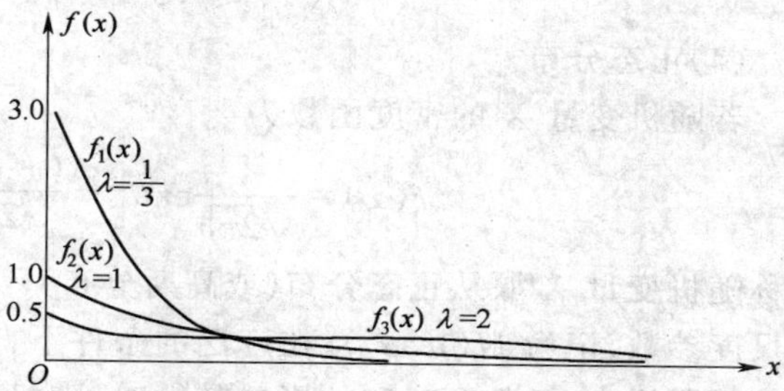

图 2-8 指数分布

分布函数为：

$$F(x)=\begin{cases}1-\mathrm{e}^{-\lambda x}, & x\geqslant 0\\ 0, & x<0\end{cases}$$

①平均值：

$$\mu_x=E(X)=\frac{1}{\lambda}$$

方差

$$D(X)=\int_{-\infty}^{\infty}[x-E(X)]^2f(x)\mathrm{d}x=\int_{0}^{\infty}\left[x-\frac{1}{\lambda}\right]^2\lambda\mathrm{e}^{-\lambda x}\mathrm{d}x=\frac{1}{\lambda^2}$$

标准差

$$\sigma_x=\sqrt{D(X)}=\frac{1}{\lambda}，即\ \sigma_x=\mu_x$$

变异系数

$$V_x=\delta_x=1$$

②特征函数：

$$\varphi(t)=\frac{\lambda}{\lambda-\mathrm{i}t}=\left(1-\frac{\mathrm{i}t}{\lambda}\right)^{-1}$$

③指数分布具有无记忆性，若随机变量 X 服从指数分布，则对任意非负实数 t 与 s，有

$$P(X>t+s\,|\,X>s)=P(X>t)$$

反之，若 X 为仅取非负实数的非退化随机变量，并具有无记忆性，则 X 一定服从指数分布。

④指数分布与泊松过程间关系：若事件按泊松过程出现，那么在事件第一次出现以前的时

间下具有指数分布，$T_1>t$ 表示在时间 t 内没有事件出现，则

$$P(T_1>t)=P(X_t=0)=\mathrm{e}^{-\lambda}=\mathrm{e}^{-\nu t}$$

若 T_1 为重现时间或两次事件相继出现间的时间，T_1 的分布函数为

$$F_{T_1}(t)=P(T_1\leqslant t)=1-\mathrm{e}^{-\nu t}$$

密度函数：

$$f_{T_1}(t)=\frac{\mathrm{d}F}{\mathrm{d}t}=\nu\mathrm{e}^{-\nu t},\qquad t\geqslant 0$$

若 ν 是常数（与 t 无关），T_1 的平均值为：$\mu_{T_1}=\dfrac{1}{\nu}$，即简单泊松过程的重现期为$\dfrac{1}{\nu}$。

例：某地地震历史记载在 1836～1961 年间，曾发生 16 次烈度Ⅵ度及以上地震，则在今后两年内发生同样地震的概率是多少？

高烈度地震出现服从泊松过程，则每年出现次数为

$$\nu=\frac{16}{125}=0.128\ 次/年$$

则

$$P(T_1\leqslant 2\ 年)=1-\mathrm{e}^{-0.128\times 2}=0.226$$

该地区出现Ⅵ度地震重现期为

$$E(T_1)=\frac{1}{\nu}=\frac{1}{0.128}=7.8\ 年$$

在 7.8 年重现期内发生高烈度地震的概率是

$$P(T_1\leqslant 7.8\ 年)=1-\mathrm{e}^{-0.128\times 7.8}=0.632$$

(4)正态分布

若随机变量 X 的密度函数为

$$f(x)=\frac{1}{\sqrt{2\pi}\sigma}\exp\left[-\frac{(x-\mu)^2}{2\sigma^2}\right],\quad -\infty<x<\infty$$

则称随机变量 X 服从正态分布（或高斯分布）；μ、σ 为其参数，$-\infty<\mu<\infty$ 为位置参数，$\sigma>0$ 为尺度参数，记为 $N(\mu,\sigma^2)$；在广泛的条件下，当被加项数无限增大，且每项对和的影响甚微时，随机变量和的分布为渐近正态分布，见图 2-9。

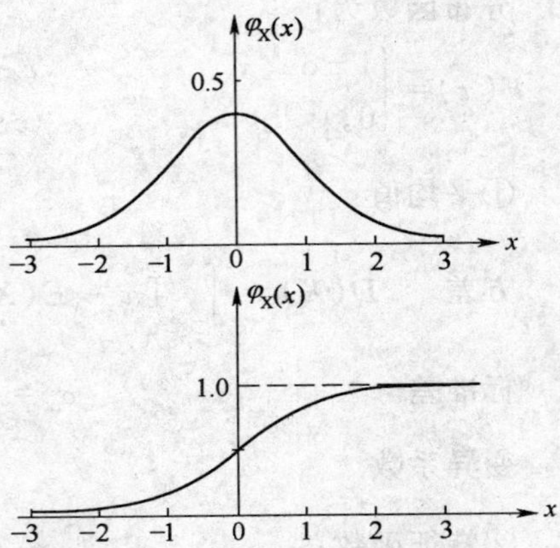

图 2-9 正态分布

分布函数为：

$$F(x)=P(X\leqslant x)=\frac{1}{\sqrt{2\pi}\sigma}\int_{-\infty}^{x}\mathrm{e}^{-\frac{1}{2}\left(\frac{t-\mu}{\sigma}\right)^2}\mathrm{d}t$$

①$E(X)=\mu,D(X)=\sigma^2;V_x=\delta_x=\dfrac{\sigma}{\mu}$。

②偏度系数：$\theta_x=0$，峰度系数 $E_x=0$。

③特征函数：$\varphi(t)=\exp\left\{\mathrm{i}\mu t-\dfrac{t^2\sigma^2}{2}\right\}$。

④若随机变量 $X\sim N(\mu,\sigma^2)$，则标准化随机变量 $X^*=(X-\mu)/\sigma\sim N(0,1)$ 为标准正态分布函数：

$$\Phi(x)=\frac{1}{\sqrt{2\pi}}\int_{-\infty}^{x}\mathrm{e}^{-t^2/2}\mathrm{d}t$$

⑤若随机变量 $X\sim N(\mu,\sigma^2)$，则有

$$P(a<X<b)=\Phi\left(\frac{b-\mu}{\sigma}\right)-\Phi\left(\frac{a-\mu}{\sigma}\right)$$

$$P(|X-\mu|\geqslant k\sigma)=\begin{cases}0.317\,5, k=1\\0.045\,5, k=2\\0.002\,7, k=3\end{cases}$$

$k=3$ 即 3σ 法则，在处理工程结构材料性能或荷载观测数据时，3σ 原则为剔除异常值的原则。

⑥正态分布的可加性：

若随机变量 $X_1,X_2,\cdots,X_n$ 相互独立且 $X_k\sim N(\mu_k,\sigma_k^2)$，$k=1,2,\cdots,n$，则其和 $(X_1+X_2+\cdots+X_n)\sim N(\mu_1+\mu_2+\cdots+\mu_n,\sigma_1{}^2+\sigma_2{}^2+\cdots+\sigma_n^2)$，更一般地，对任意实数 $C_1,C_2,\cdots,C_n$，其线性组合 $(C_1X_1+C_2X_2+\cdots+C_nX_n)\sim N\left(\sum_{k=1}^{n}C_k\mu_k\sum_{i=1}^{n}\sum_{j=1}^{n}C_iC_j\mathrm{cov}(X_i,X_j)\right)$。

⑦正态分布的无穷可分性：若两独立随机变量之和服从正态分布，则其每一个被加项也都服从正态分布。

(5)对数正态分布

若随机变量 X 的密度函数为：

$$f(x)=\begin{cases}\dfrac{1}{\sqrt{2\pi}\xi x}\exp\left[\dfrac{-(\ln x-\lambda)^2}{2\xi^2}\right], & x>0\\0, & x\leqslant 0\end{cases}$$

则称随机变量 X 服从对数正态分布，记为 $LN(\mu,\sigma^2)$；

分布函数为：

$$F(x)=P(X\leqslant x)=\frac{1}{\sqrt{2\pi}\xi}\int_0^x\frac{1}{t}\mathrm{e}^{-\frac{1}{2}\left(\frac{\ln t-\lambda}{\xi}\right)}\mathrm{d}t$$

式中 $\lambda=E(\ln X)$，$\xi=\sqrt{D(\ln X)}$ 为 $\ln X$ 的均值和标准差；图 2-10 示出不同 ξ 时的密度函数。

与一个对数正态变量有关的各种概率也可用标准正态分布概率确定。

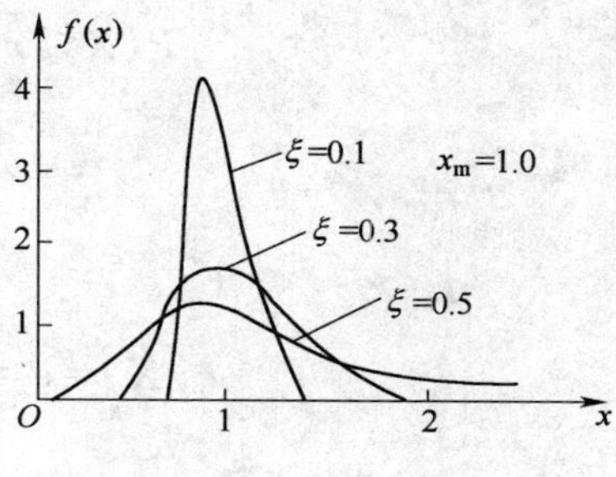

图 2-10 对数正态分布

X 在区间 $(a,b]$ 取值的概率为

$$P(a<X\leqslant b)=\int_a^b\frac{1}{\sqrt{2\pi}\xi x}\exp\left[-\frac{1}{2}\left(\frac{\ln x-\lambda}{\xi}\right)^2\right]\mathrm{d}x$$

令 $$s=\frac{\ln x-\lambda}{\xi},\quad \mathrm{d}x=x\sigma\mathrm{d}s$$

$$P(a<X\leqslant b)=\frac{1}{\sqrt{2\pi}}\int_{(\ln a-\lambda)/\xi}^{(\ln b-\lambda)/\xi}\mathrm{e}^{-\frac{1}{2}s^2}\mathrm{d}x=\Phi\left(\frac{\ln b-\lambda}{\xi}\right)-\Phi\left(\frac{\ln a-\lambda}{\xi}\right)$$

由于计算对数正态变量的概率比较简便，且随机变量值总是正的，因此对于变量值肯定为正值的情况下，对数正态分布可能是有用的；例如材料的强度和疲劳寿命等等。

对数正态分布参数 λ、ξ 与正态分布系数 μ、σ 间的关系：

令 $Y=\ln X\sim N(\lambda,\xi)$，则 $X=\mathrm{e}^y$

$$\mu=E(X)=E(\mathrm{e}^y)=\frac{1}{\sqrt{2\pi}\xi}\int_{-\infty}^{\infty}\mathrm{e}^y\exp\left[-\frac{1}{2}\left(\frac{y-\lambda}{\xi}\right)^2\right]\mathrm{d}y$$

$$= \frac{1}{\sqrt{2\pi}\xi}\int_{-\infty}^{\infty} \exp\left[y - \frac{1}{2}\left(\frac{y-\lambda}{\xi}\right)^2\right]dy$$

$$= \left\{\frac{1}{\sqrt{2\pi}\xi}\int_{-\infty}^{\infty} \exp\left[-\frac{1}{2}\left(\frac{y-(\lambda+\xi^2)}{\xi}\right)^2\right]dy\right\} \times \exp\left(\lambda + \frac{1}{2}\xi^2\right)$$

上式方括号中为正态密度函数 $N(\lambda+\xi^2,\xi)$。

$$\mu = \exp\left(\lambda + \frac{1}{2}\xi^2\right)$$

$$\lambda = \ln\mu - \frac{1}{2}\xi^2$$

$$E(X^2) = \frac{1}{\sqrt{2\pi}\xi}\int_{-\infty}^{\infty} e^{2y}\exp\left[-\frac{1}{2}\left(\frac{y-\lambda}{\xi}\right)^2\right]dy$$

$$= \frac{1}{\sqrt{2\pi}\xi}\int_{-\infty}^{\infty} \exp\left\{-\frac{1}{2\xi^2}\times[y^2 - 2(\lambda+2\xi^2)y + \lambda^2]\right\}dy$$

$$= \left\{\frac{1}{\sqrt{2\pi}\xi}\int_{-\infty}^{\infty} \exp\left[-\frac{1}{2}\left(\frac{y-(\lambda+2\xi^2)}{\xi}\right)^2 dy\right]\right\}\exp[2(\lambda+\xi^2)]$$

$$= \exp[2(\lambda+\xi^2)]$$

$$D(X) = E(X^2) - \mu^2 = \exp[2(\lambda+\xi^2)] - \exp\left[2\left(\lambda + \frac{1}{2}\xi^2\right)\right] = \mu^2(e^{\xi^2} - 1) = \sigma^2$$

$$\xi^2 = \ln\left(1 + \frac{\sigma^2}{\mu^2}\right)$$

若 σ/μ 值较小，$\ln\left(1+\frac{\sigma^2}{\mu^2}\right)\approx\sigma^2/\mu^2$，

$$\xi^2 \approx \sigma^2/\mu^2$$

$\xi = \sigma/\mu = V_x = \delta_x$ 即对数正态标准差等于其变异系数。

若 X_m 为对数正态分布中位数，

$$P(X \leqslant x_m) = 0.5, \quad 或 \quad \Phi\left(\frac{\ln x_m - \lambda}{\xi}\right) = 0.5$$

$$\frac{\ln x_m - \lambda}{\xi} = \Phi^{-1}(0.5) = 0$$

$$\lambda = \ln X_m$$

$$X_m = e^{\lambda} = e^{\ln\mu - \frac{1}{2}\xi^2} = e^{\ln\mu - \frac{1}{2}\ln\left(1+\frac{\sigma^2}{\mu^2}\right)} = e^{\ln\frac{\mu}{(1+\delta_x^2)^{\frac{1}{2}}}}$$

$$X_m = \frac{\mu}{\sqrt{1+\delta_x^2}}$$

即对数正态变量的中位数总是小于其均值。

(6)极值分布

设 $\{X_n\}$ 为独立同分布连续型随机变量序列，其分布函数为 $F_X(x)$，前 n 个随机变量的最大值与最小值为：

$$X_M = \max(X_1, X_2, \cdots, X_n)$$

$$X_m = \min(X_1, X_2, \cdots, X_n)$$

当 $F_X(x)$ 已知时可以写出 X_M、X_m 的精确分布；当 $F_X(x)$ 未知时，X_M、X_m 在 $n\to\infty$ 时的渐近分布为极值分布。极值分布具有广泛的应用，在大型工程设计中，需要对一些带有严重破

坏性的自然灾害进行充分估计,例如桥梁设计中的地震作用,风载等的极值量都可用各种极值分布描述其统计规律性,在可靠性理论应用中也具有重要作用。

①确切分布

随机变量序列 $X_1,\cdots,X_n$ 相互独立且其概率分布同原始变量分布,即

$$F_{X_1}(x)=F_{X_2}(x)=\cdots=F_{X_n}(x)=F_X(x)$$

最大值 X_M 的概率分布函数为:

$$\begin{aligned}F_{X_M}(x)&=P(X_M<x)\\&=P(X_1\leqslant x,X_2\leqslant x,\cdots,X_n\leqslant x)=P(X_1\leqslant x)P(X_2\leqslant x)\cdots P(X_n\leqslant x)\\&=[F_X(x)]^n\end{aligned}$$

若原始分布 $F_X(x)$ 且有密度函数 $f_X(x)$,X_M 的确切密度函数为

$$f_{X_M}(x)=\partial F_{X_M}(x)/\partial x=n[F_x(x)]^{n-1}f_X(x)$$

由上可见,当 x 为给定值时,随着 n 的增加,$F_{X_M}(x)$和 $f_{X_M}(x)$图随 n 的增加而向右移;即随抽样数 n 的增加,出现大值的概率要增加,而由 $F_{X_M}(x)$表示的不大于 x 的概率则降低。

同理,对于最小值 X_m 的确切分布函数为:

$$\begin{aligned}F_{X_m}(x)&=P(X_m\leqslant x)=1-P(X_m>x)=1-P(X_1>x,X_2>x,\cdots,X_n>x)\\&=1-P(X_1>x)P(X_2>x)\cdots P(X_n>x)\\&=1-[1-P(X_1\leqslant x)][1-P(X_2\leqslant x)]\cdots[1-P(X_n\leqslant x)]\\&=1-[1-F(x)]^n\end{aligned}$$

最小值 X_m 密度函数为:

$$f_{X_m}(x)=F'_{X_m}(x)=nf_X(x)[1-F_X(x)]^{n-1}$$

随着 n 的增加,函数 $F_{X_m}(x)$、$f_{X_m}(x)$图将向左移动;即随抽样数目的增多,出现小值的概率增加。

例:服从标准正态分布的原始变量 X 的密度函数及分布函数为

$$f_X(x)=\frac{1}{\sqrt{2\pi}}\exp\left(-\frac{1}{2}x^2\right)$$

$$F_X(x)=\frac{1}{\sqrt{2\pi}}\int_{-\infty}^{x}\exp\left(-\frac{1}{2}t^2\right)\mathrm{d}t=\Phi(x)$$

则容量为 n 的样本最大值服从:

$$\begin{cases}F_{X_M}(x)=[\Phi(x)]^n\\ f_{X_M}(x)=\dfrac{n}{\sqrt{2\pi}}[\Phi(x)]^{n-1}\exp\left(-\dfrac{1}{2}x^2\right)\end{cases}$$

同理最小值服从:

$$\begin{cases}F_{X_m}(x)=1-[1-\Phi(x)]^n\\ f_{X_m}(x)=\dfrac{n}{\sqrt{2\pi}}[1-\Phi(x)]^{n-1}\exp\left(-\dfrac{1}{2}x^2\right)\end{cases}$$

以上各式中分布函数需数值积分求解,图 2-11 示出标准正态原始分布的 X_M 和 X_m 的分布和密度函数。

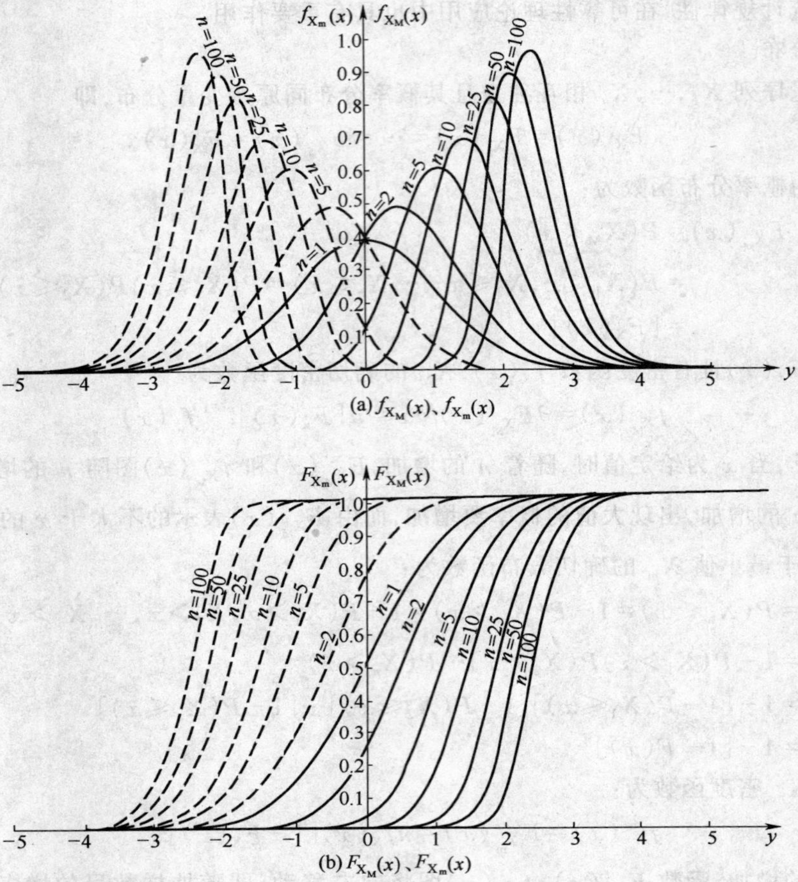

图 2-11 标准正态原始分布的 X_M、X_m 的分布和密度函数

②渐近极值分布

首先考虑原始变量 X 最大值的极值分布，定义转换随机变量为：

$$\xi_M = n[1-F_X(X_M)] = g(x), X_M = F_X^{-1}\left(1-\frac{\xi}{n}\right)$$

则

$$\begin{aligned} F_{\xi_M}(\xi) &= P(\xi_M \leqslant \xi) = P\{n[1-F_X(X_M)] \leqslant \xi\} \\ &= P\left[F_X(X_M) > 1-\frac{\xi}{n}\right] = P\left[X_M > F_X^{-1}\left(1-\frac{\xi}{n}\right)\right] \\ &= 1 - F_{X_M}\left[f_X^{-1}\left(1-\frac{\xi}{n}\right)\right] \\ &= 1 - \left\{F_X\left[F_X^{-1}\left(1-\frac{\xi}{n}\right)\right]\right\}^n \\ &= 1 - \left(1-\frac{\xi}{n}\right)^n \end{aligned}$$

当 $n \to \infty$ 时，

$$\lim_{n\to\infty} n\ln\left(1-\frac{\xi}{n}\right) = \lim_{n\to\infty}\frac{\ln\left(1-\frac{\xi}{n}\right)}{1/n} = \xi$$

则

$$\lim_{n\to\infty}\left(1-\frac{\xi}{n}\right)^n = e^{-\xi}$$

$$\begin{cases} F_{\xi_M}(\xi) = 1 - e^{-\xi} \\ f_{\xi_M}(\xi) = e^{-\xi} \end{cases}$$

当 X_M 增加时，ξ_M 减小，则

$$P(X_M \leqslant x) = P[\xi_M > g(x)]$$

极值分布函数：

$$F_{X_M}(x) = 1 - F_{\xi_M}[g(x)] = \exp[-g(x)]$$

密度函数：

$$f_{X_M}(x) = \frac{dg(x)}{dx}\exp[-g(x)]$$

例：考虑具有标准正态分布的原始变量

$$\begin{cases} f_X(x) = \dfrac{1}{\sqrt{2\pi}}e^{-(1/2)x^2}, & -\infty < x < \infty \\ F_X(x) = \dfrac{1}{\sqrt{2\pi}}\displaystyle\int_{-\infty}^{x} e^{-(1/2)t^2}dt \end{cases}$$

其转换变量为

$$\xi_M = \frac{n}{\sqrt{2\pi}}\int_{X_M}^{\infty} e^{-(1/2)t^2}dt$$

分部积分得到：

$$\xi_M = \frac{n}{\sqrt{2\pi}} \cdot \frac{1}{X_M} e^{-(1/2)X_M^2}[1 + o(1/X_M^2)]$$

式中，$o(1/X_M^2)$ 考虑为 $(1/X_M^2)$ 阶项，Cramer(1946 年)给出下面渐近解，当 $n \to \infty$ 时：

$$X_M = \left[\sqrt{2\ln n} - \frac{\ln\ln n + \ln 4\pi}{2\sqrt{2\ln n}}\right] - \frac{\ln\xi_M}{(\sqrt{2\ln n})} = [u_M] - \frac{\ln\xi_M}{(\alpha_M)}$$

$$\xi_M = e^{-\alpha_M(X_M - u_M)}$$

则

$$\begin{cases} F_{X_M}(x) = \exp[-e^{-\alpha_M(X_M - u_M)}] \\ f_{X_M}(x) = \alpha_M e^{-\alpha_M(X - u_M)}\exp[-e^{-\alpha_M(X - u_M)}] \end{cases}$$

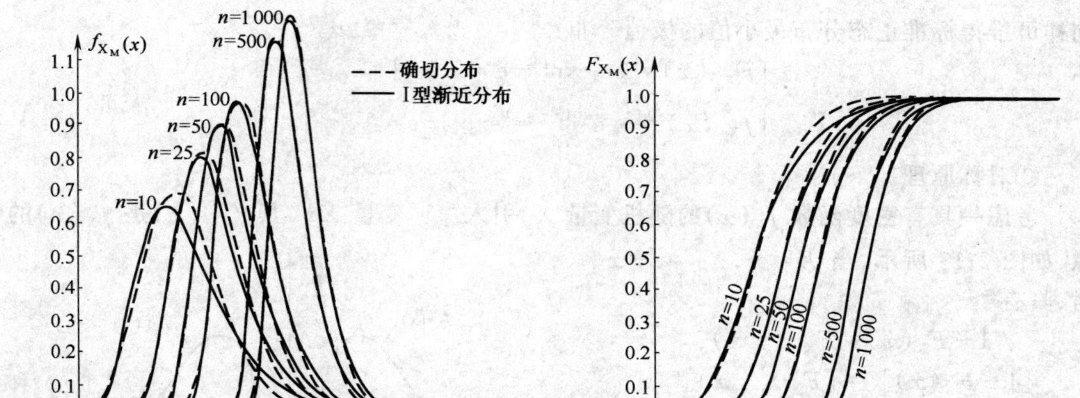

图 2-12 具有正态原始分布的最大值确切和渐近分布

上式为重指数型分布，由图 2-12 可见 X_M 的分布收敛于 I 型渐近分布。

上述对标准正态分布 $N(0,1)$ 的结果可推广到具有一般正态分布 $N(\mu,\sigma^2)$ 原始变量极值分布。若 X 服从 $N(\mu,\sigma^2)$，则 $(X-\mu)/\sigma$ 服从 $N(0,1)$，则 $(X-\mu)/\sigma$ 的最大值渐近分布具有上述重指数分布和参数 u_M 和 α_M。

现设 X'_M 是具有原始正态变量 X 的最大值，则

$$X_M = \frac{X'_M - \mu}{\sigma}$$

是 $(X-\mu)/\sigma$ 的最大值，则 X'_M 的分布为：

$$\begin{aligned} F_{X'_M}(x') &= F_{X_M}\left(\frac{x'-\mu}{\sigma}\right) \\ &= \exp\{-e^{-\alpha_M[(x'-\mu)/\sigma - u_M]}\} = \exp\{-e^{(-\alpha_M/\sigma)(x'-\mu-\sigma u_M)}\} \end{aligned}$$

X'_M 也是重指数型分布，其参数为：

$$\begin{cases} u'_M = \sigma u_M + \mu \\ \alpha'_M = \alpha_M/\sigma \end{cases}$$

同样，可以定义原始变量 X 最小值的转换变量：

$$\xi_m = nF_X(x_m)$$

$$\begin{aligned} f_{\xi_m}(\xi) &= P(\xi_m \leqslant \xi) = P[nF_X(x_m) \leqslant \xi] \\ &= P\left[x_m \leqslant F_X^{-1}\left(\frac{\xi}{n}\right)\right] = F_{X_m}\left[F_X^{-1}\left(\frac{\xi}{n}\right)\right] \\ &= 1 - \left\{1 - f_X\left[F_X^{-1}\left(\frac{\xi}{n}\right)\right]\right\}^n = 1 - \left(1 - \frac{\xi}{n}\right)^n \end{aligned}$$

当 $n \to \infty$ 时，

$$\begin{cases} F_{\xi_m}(\xi) = 1 - e^{-\xi} \\ f_{\xi_m}(\xi) = e^{-\xi} \end{cases}$$

当 ξ_m 增加时，X_m 也增加，

$$\begin{cases} F_{X_m}(x) = F_{\xi_m}[g(x)] = 1 - \exp[-g(x)] \\ f_{X_m}(x) = \dfrac{dg(x)}{dx}\exp[-g(x)] \end{cases}$$

同样可推得标准正态分布最小值的极值分布：

$$\begin{cases} F_{X_m}(x) = 1 - \exp[-e^{\alpha_m(x-u_m)}] \\ f_{X_m}(x) = \alpha_m e^{\alpha_m(x-u_m)}\exp[-e^{\alpha_m(x-u_m)}] \end{cases}$$

③对称原理

考虑一具有密度函数 $f_X(x)$ 的随机变量 X，引入“负”变量 X^*，其 $f_{X^*}(x)$ 是 $f_X(x)$ 的镜像，如图 2-13 所示，当 $X=x$，$X^*=-x$ 时，具有

$$1 - F_X(x) = F_{X^*}(-x)$$

$$[1 - F_X(x)]^n = [F_{X^*}(-x)]^n$$

上述方程的两侧为变量 X 最小值的“剩余”函数和变量 X^* 最大值的分布函数，即

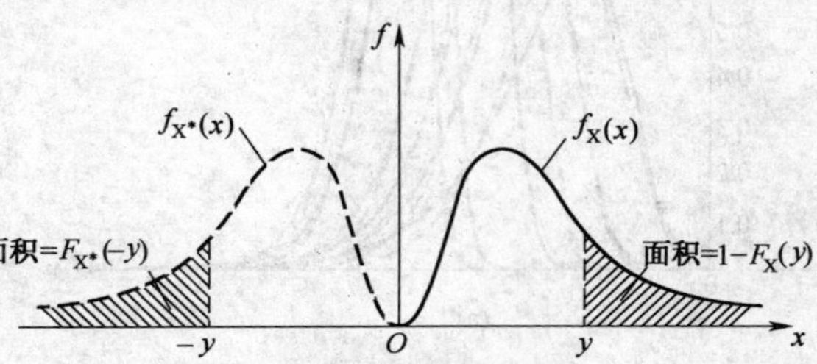

图 2-13 对称原理

$$1-F_{X_m}(x)=F_{X_M^*}(-x)$$

$$f_{X_m}(x)=f_{X_M^*}(-x)$$

由对称原理,变量 X 最小值的“剩余”函数可从其负最大值的分布函数得到。

例:标准正态变量最大值的渐近分布为:

$$F_{X_M}(x)=\exp[-e^{-\alpha_M(x-u_M)}]$$

应用对称原理,可得到相同标准正态变量最小值的渐近分布:

$$1-F_{X_m}(x)=F_{X_M^*}(-x)$$

$$=\exp[-e^{-\alpha_M(-x-u_M)}]=\exp[-e^{\alpha_m(x-u_m)}]$$

式中 $\alpha_m=\alpha_M,u_m=-u_M$。

④三种渐近式

由上述分析可观察到:对于大的 n 值,极值的渐近分布趋向收敛于一定的极限形式,特别是重指数形式或两种不同的单指数形式,Gumbel(1958)划分其为Ⅰ、Ⅱ、Ⅲ型渐近形式。

Ⅰ型:重指数形式,$\exp[-e^{-A(n)x}]$;

Ⅱ型:指数形式,$\exp[-A(n)/x^k]$;

Ⅲ型:具有上界 ω 的指数形式,$\exp[-A(n)(\omega-x)^k]$。

由于随机变量的极值与其概率密度函数的尾部是密切相关的,其极值(最大或最小)的分布函数收敛于特定的极限形式,因此,将很大程度依赖于在极值方向原始分布的尾部特性;当极值原始分布具有指数衰减型尾部(在极值方向)时将渐近收敛于Ⅰ型极限型式;当初始变量具有多项式尾部衰减时,其极值将收敛于Ⅱ型渐近形式;若极值是有限的,即最大值具有有限上界,或最小值具有有限下界,则相应的极值分布将收敛于Ⅲ型渐近式(对于大的 n 值)。

a.Ⅰ型渐近式

极大值分布的Ⅰ型渐近式的累积分布函数(CDF)定义为:

$$F_{X_M}(x)=\exp[-e^{-\alpha_M(x-u_M)}]$$

式中 u_M——原始变量 X 的特征最大值(位置参数);

α_M——X_M 离差的倒数(尺度参数)。

相应的概率密度函数(PDF)为:

$$f_{X_M}(x)=\alpha_M e^{-\alpha_M(x-u_m)}\exp[-e^{-\alpha_M(x-u_M)}]$$

对于具有“指数尾部”的原始变量 X 的最小值的Ⅰ型渐近式的 CDF 和 PDF 为:

$$F_{X_m}(x)=1-\exp[-e^{\alpha_m(x-u_m)}]$$

$$f_{X_m}(x)=\alpha_m e^{\alpha_m(x-u_m)}\exp[-e^{\alpha_m(x-u_m)}]$$

式中 u_m——原始变量 X 的特征最小值;

α_m——X_m 离差的倒数。

特征最大值 u_M 是可能最大值中心位置的一个适宜值。原始变量 X 的样本量 n 中,样本值大于 x 的期望数是 $n[1-F_X(x)]$。特征最大值 u_M 被定义为:对于在原始众数 X 的样本量 n 中的特定值 X,样本值大于 u_M 的期望数为1,即

$$n[1-F_X(u_M)]=1.0$$

或

$$F_X(u_M)=1-\frac{1}{n}$$

换言之，u_M 是具有 $1/n$ 超越概率的 X 值(见图 2-14)；由样本量 n 的最大值服从分布

$$F_{X_M}(u_M)=\left(1-\frac{1}{n}\right)^n$$

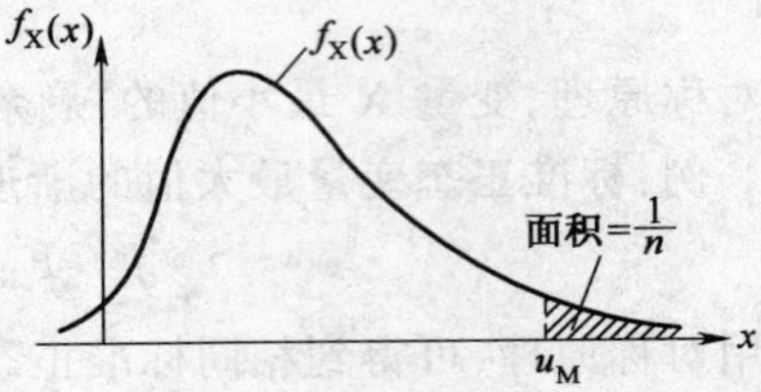

图 2-14 特征最大值 u_M 的定义

得 $$\ln F_{X_M}(u_M)=n\ln\left(1-\frac{1}{n}\right)=\frac{\ln\left(1-\frac{1}{n}\right)}{1/n}$$

当 $n\to\infty$ 时， $$\lim_{n\to\infty}\frac{\ln\left(1-\frac{1}{n}\right)}{1/n}=-1$$

对于大的 n， $F_{X_M}(u_M)=e^{-1}\approx 0.368$

$$P(X_M>u_M)\approx 0.632$$

其意味着样本量 n 中可能最大值的众数中约 37% 小于 u_M 或 63% 大于 u_M。

同样，特征最小值 u_m 可定义为：

$$nF_X(u_m)=1$$

或 $$F_X(u_m)=\frac{1}{n}$$

样本量 n 的最小值服从分布：

$$F_{X_m}(u_m)=1-\left(1-\frac{1}{n}\right)^n$$

对于大的 n 值， $F_{X_m}(u_m)=1-e^{-1}\approx 0.632$

其意味着在 X 可能最小值众数中约有 63% 小于 u_m。

特征极值 u_M 和 u_m 也可称为极值变量 X_M 和 X_m 的众值(即最或然值)。

极值分布的渐近形式基本上与原始分布的确切形式无关，其只与极值方向的原始 PDF 的尾部有关，而Ⅰ型渐近分布以及Ⅱ型、Ⅲ型的参数 u 和 α 与 X 的原始分布相关。

b. Ⅱ型渐近式

具有多项式尾部(在相应的极值方向)的原始分布极值渐近收敛于Ⅱ型渐近式；对于最大值，Ⅱ型渐近 CDF(累积分布函数)、PDF(概率密度函数)为：

$$F_{X_M}(x)=\exp\left[-\left(\frac{\nu_M}{x}\right)^k\right]$$

$$f_{X_M}(x)=\frac{k}{\nu_M}\left(\frac{\nu_M}{x}\right)^{k+1}\exp\left[-\left(\frac{\nu_M}{x}\right)^k\right]$$

式中 ν_M——原始变量 X 的特征最大值；

k——形状参数；$1/k$ 是离差的量度。

ν_M 与 u_M 以相同方式定义，对原始变量 X：

$$F_X(\nu_M)=1-\frac{1}{n}$$

即 ν_M 等于 X_M 的最或然值(众值)或 $\nu_M=\tilde{x}_M$。

具有多项式尾部的原始分布在极值方向为无限，对于大的 x 正值：

$$\lim_{x\to\infty}x^k[1-F_X(x)]=a$$

式中 $k>0$，a 为正常数，$a=\frac{1}{n}\nu_M^k$；$F_X(x)=1-\frac{1}{n}\left(\frac{\nu_M}{x}\right)^k$。

则最大值的分布为

$$F_{X_M}(x)=\left[1-\frac{1}{n}\left(\frac{\nu_M}{x}\right)^k\right]^n$$

将上式展为 binomial 级数，对于大的 n，$x\to\infty$ 时：

$$F_{X_M}(x)=\exp\left[-\left(\frac{\nu_M}{x}\right)^k\right]$$

上式即Ⅱ型渐近式，证明了具有多项式尾部的原始分布的最大值分布收敛于Ⅱ型渐近式（对于大的 n）。

Ⅰ型和Ⅱ型渐近式可以作对数转换。

设 Y_M 为具有参数 ν_M 和 k 的Ⅱ型渐近分布，则可导出 $X_M=\ln Y_M$ 的分布。

$$Y_M=e^{x_M}$$

X_M 的分布为

$$F_{X_M}(x)=F_{Y_M}(e^x)=\exp\left[-\left(\frac{\nu_M}{e^x}\right)^k\right]$$

若定义：$\nu_M=e^{u_M}$，$k=\alpha_M$，X_M 的 CDF 成为

最小值Ⅱ型渐近式： $F_{X_M}(x)=\exp[-e^{-\alpha_M(x-u_M)}]$

应用对称原理，得到最小值Ⅱ型渐近式为：

$$F_{X_m}(x)=1-\exp\left[-\left(\frac{\nu_M}{x}\right)^k\right]\;;\; x\leqslant 0,\nu_m>0$$

$$f_{X_m}(x)=\frac{k}{\nu_m}\left(\frac{\nu_M}{x}\right)^{k+1}\exp\left[-\left(\frac{\nu_M}{x}\right)^k\right]$$

式中，参数 ν_m 为原始变量 X 的特征最小值，k 是形状参数；$1/k$ 是离差的度量。

由定义：

$$F_X(\nu_m)=\frac{1}{n}$$

ν_m 等于 X_m 的众数，$\nu_m=\tilde{x}_m$。

对数转换：

若 Y_m 是具有参数 ν_m 和 k 的Ⅱ型渐近分布，则 $\ln Y_m$ 是具有参数 $u_m=\ln\nu_m$ 和 $\alpha_m=k$ 的Ⅰ型渐近分布。

Ⅱ型最大值的标准极值变量为

$$S=\alpha_M(X_M-u_M)=k(\ln Y_M-\ln\nu_M)=k\ln(Y_M/\nu_M)$$

Y_M 的累积概率为

$$F_{Y_M}(y)=F_S\left(k\ln\frac{y}{\nu_M}\right)$$

Y_M 的 t 阶矩为

$$E(y_M^t)=\nu_M^t E[e^{(t/k)s}]=\nu_M^t G_S(t/k)$$

式中 $G_s(t/k)$ 为 S 的生成函数 $\Gamma(1-t/k)$。

$$E(y_M^t)=\nu_M^t\Gamma(1-t/k)$$

可见只有 $t<k$，k 阶矩存在。

Y_M 的均值为 $$\mu_{Y_M}=\nu_M\Gamma\left(1-\frac{1}{k}\right)$$

Y_M 的方差为 $$\sigma_{Y_M}^2=\nu_M^2\left[\Gamma\left(1-\frac{2}{k}\right)-\Gamma^2\left(1-\frac{1}{k}\right)\right]$$

变异系数由下式给出： $$1+\delta_{Y_M}^2=\Gamma\left(1-\frac{2}{k}\right)\bigg/\Gamma^2\left(1-\frac{1}{k}\right)$$

变异系数与参数 k 之间的关系见图 2-15。

由图 2-15 知，当已知 δ_{Y_M} 时可估计出 $1/k$，反之亦然；在 $1/k=\frac{1}{2},\frac{3}{2},\cdots$ 处 $(1+\delta_{Y_M}^2)\to\infty$。

同样，可以导出最小变量 Y_m 的各阶矩：

$$E(Y_m^t)=\nu_m^t\Gamma(1-t/k)$$

Y_m 的均值和方差为

$$\mu_{Y_m}=\nu_m\Gamma\left(1-\frac{1}{k}\right)$$

$$\sigma_{Y_m}^2=\nu_m^2\left[\Gamma\left(1-\frac{2}{k}\right)-\Gamma^2\left(1-\frac{1}{k}\right)\right]$$

Y_m 与 Y_M 的变异系数相同：$\delta_{Y_m}=\delta_{Y_M}$。

c. Ⅲ型渐近式

Ⅰ型和Ⅱ型渐近分布是具有在极值方向无限的原始分布的极值分布；而Ⅲ型渐近式描述的是具有有限上界或下界值的原始分布的极限分布，即在最大值情况 $F_X(\omega)=1.0$；而在最小值情况 $F_X(\varepsilon)=0$，ω 为 X 的上界值，ε 为下界值。

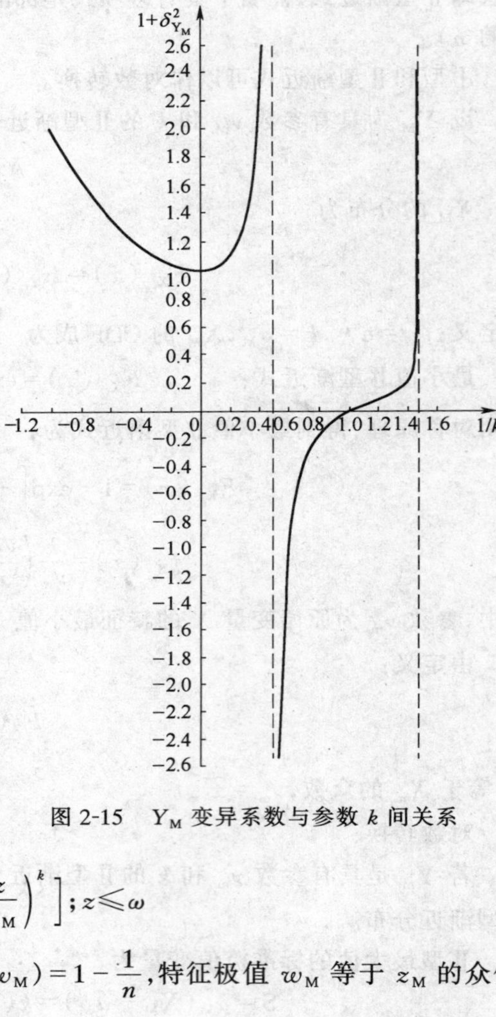

图 2-15 Y_M 变异系数与参数 k 间关系

对于最大值，Ⅲ型渐近 CDF 和 PDF 为：

$$F_{Z_M}(z)=\exp\left[-\left(\frac{\omega-z}{\omega-w_M}\right)^k\right],z\leqslant\omega$$

$$f_{Z_M}(z)=\frac{k}{\omega-w_M}\left(\frac{\omega-z}{\omega-w_M}\right)^{k-1}\exp\left[-\left(\frac{\omega-z}{\omega-w_M}\right)^k\right];z\leqslant\omega$$

式中，参数 w_M 为 Z 的特征最大值，定义为：$F_Z(w_M)=1-\frac{1}{n}$，特征极值 w_M 等于 z_M 的众值：$w_M=\tilde{z}_M$；k 是形状参数，$1/k$ 是 z_M 离差的度量。

极限原始分布可表达为

$$F_Z(z)=1-\frac{1}{n}\left(\frac{\omega-z}{\omega-w_M}\right)^k$$

式中，ω 为 Z 的上极限值，$F_Z(\omega)=1.0$。

Z 的最大值 CDF 为

$$F_{Z_M}(z)=\left[1-\frac{1}{n}\left(\frac{\omega-z}{\omega-w_M}\right)^k\right]^n$$

上式展开为 binomial 级数，Z 的最大值服从：

$$F_{Z_M}(z)=\exp\left[-\left(\frac{\omega-z}{\omega-w_M}\right)^k\right]$$

由对称原理,具有下极限 ε 的原始分布的最小值Ⅲ型渐近分布为:

$$F_{Z_m}(z)=1-\exp\left[-\left(\frac{z-\varepsilon}{w_m-\varepsilon}\right)^k\right],z\geqslant\varepsilon$$

$$f_{Z_m}(z)=\frac{k}{w_m-\varepsilon}\left(\frac{z-\varepsilon}{w_m-\varepsilon}\right)^{k-1}\exp\left[-\left(\frac{z-\varepsilon}{w_m-\varepsilon}\right)^k\right],z\geqslant\varepsilon$$

式中,参数 w_m 是特征最小值,定义为:$F_Z(w_m)=\dfrac{1}{n}$,特征值 w_m 等于 z_m 的众值:$w_m=\tilde{z}_m$;k 是形状参数,而 $1/k$ 是 Z_m 离差的度量。

Ⅲ型渐近式与Ⅰ型渐近式可以相互转换。

设
$$X_M=a-\ln\left(\frac{\omega-Z_M}{w-w_M}\right)$$

$$Z_M=\omega-(\omega-w_M)e^{-(X_M-a)}$$

若 Z_M 的分布是具有参数 ω、w_M 和 k 的最大值Ⅲ型渐近式,则 X_M 的分布服从

$$F_{X_M}(x)=\exp\left\{-\left[\frac{\omega-\omega+(\omega-w_M)e^{-(x-a)}}{\omega-w_M}\right]^k\right\}=\exp[-e^{-k(x-a)}]$$

即 X_M 是具有参数 $u_M=a$ 和 $\alpha_M=k$ 的Ⅰ型渐近分布。

同样,若极值变量 Z_m 是具有参数 ε、w_m、k 的最小值Ⅲ型渐近分布,则变量

$$X_m=a-\ln\left(\frac{Z_m-\varepsilon}{w_m-\varepsilon}\right)$$

是具有参数 $u_m=a$ 和 $\alpha_m=k$ 的最小值Ⅰ型渐近分布。

X_m 和 Z_m 间同样可以定义标准Ⅲ型极值变量。对于Ⅲ型最大值:

$$S=\alpha_M(X_M-u_M)=k\left[a-\ln\left(\frac{\omega-Z_M}{\omega-w_M}\right)-a\right]=-k\ln\left(\frac{\omega-Z_M}{\omega-w_M}\right)$$

Z_M 的累积概率分布为:

$$F_{Z_M}(z)=F_S\left[-k\ln\left(\frac{\omega-z}{\omega-w_M}\right)\right]$$

同样,对于最小值标准Ⅲ型极值变量为

$$S=-k\ln\left(\frac{z_m-\varepsilon}{w_m-\varepsilon}\right)$$

$$F_{Z_m}(x)=1-F_S\left[-k\ln\left(\frac{z-\varepsilon}{w_m-\varepsilon}\right)\right]$$

矩和矩生成函数:

$$\frac{\omega-Z_M}{\omega-w_M}=e^{-s/k}$$

$$(\omega-Z_M)=(\omega-w_M)e^{-s/k}$$

两侧取期望,得到

$$\begin{aligned}E(\omega-Z_M)^t&=(\omega-w_M)^tE(e^{-ts/k})=(\omega-w_M)^tG_s(-t/k)\\&=(\omega-w_M)^t\Gamma(1+t/k)\end{aligned}$$

上式给出$(\omega-Z_M)$的 t 阶矩,可得到相应 Z_M 的矩,Z_M 的均值为:

$$\mu_{Z_M}=\omega-(\omega-w_M)\Gamma(1+1/k)$$

Z_M 的方差为

$$E(\omega-Z_M)^2=(\omega-w_M)^2\Gamma(1+2/k)$$

$$\sigma^2_{Z_M}=\mathrm{Var}(\omega-Z_M)=(\omega-w_M)^2[\Gamma(1+2/k)-\Gamma^2(1+1/k)]$$

由 μ_{Z_M} 和 $\sigma^2_{Z_M}$ 得到关系式

$$1+\left(\frac{\sigma_{Z_M}}{\omega-\mu_{Z_M}}\right)^2=\frac{\Gamma(1+2/k)}{\Gamma^2(1+1/k)}$$

图 2-16 为 $1/k$ 的函数关系，$1/k$ 是离差的度量。对于最小值Ⅲ型渐近分布可得到

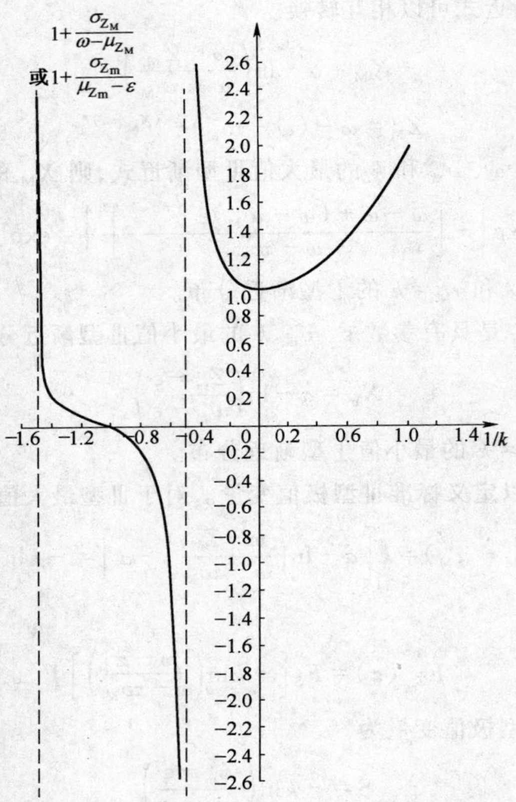

图 2-16 Z_M、Z_m 的均值和变异与参数 k 间的关系

$$E(Z_m-\varepsilon)^t=(w_M-\varepsilon)^tE(e^{-ts/k})=(w_m-\varepsilon)^tG_S(-t/k)=(w_m-\varepsilon)^t\Gamma(1+t/k)$$

Z_m 的均值和方差为：

$$\mu_{Z_m}=\varepsilon+(w_m-\varepsilon)\Gamma(1+1/k)$$

$$\sigma^2_{Z_m}=\mathrm{Var}(Z_m-\varepsilon)=(w_m-\varepsilon)^2\left[\Gamma\left(1+\frac{2}{k}\right)-\Gamma^2\left(1+\frac{1}{k}\right)\right]$$

则
$$1+\left(\frac{\sigma_{Z_m}}{\mu_{Z_m}-\varepsilon}\right)^2=\frac{\Gamma(1+2/k)}{\Gamma(1+1/k)}$$

当 $\varepsilon=0$ 时，σ_{Z_m}/μ_{Zm} 是变异系数 δ_{Z_m}；此时图 2-16 中示出变异系数 δ_{Z_m} 和 $1/k$ 间的关系。

⑤收敛准则

当 $n\to\infty$ 时，极值根据原始分布(在极值方向)的尾部性质可收敛于一类或另一类极值分布的渐近式。有时，原始分布的尾部性质是显而易见的，则不存在哪种渐近式为合适的问题。而有些情况，其尾部性质不明显则存在极值分布的极限式问题，数学准则可有效地予以解决。

⑥稳定假设

极值分布的渐近式存在是基于在线性转换下概率分布的形式不变的前提下，因此一个原始变量 X 的最大值分布可以 X 的线性函数表达：

$$[F_X(x)]^n = F_X(a_n x + b_n)$$

式中 a_n 和 b_n 是 n 的函数。

上式称为稳定假设，当 $n\to\infty$ 时，该结论适用于 $F_X(x)$ 的所有可能的极限形式。

根据满足上式的函数 a_n 和 b_n 可以导出函数 $F_X(x)$ 的不同极限形式；不论样本量 n 大小(例 n 可小到 2)，极值原始分布的形式将具有三种渐近式的分布形式；若原始分布是三种渐近式之一，则其极值分布也将为相同的渐近式。

例如，若 X 具有原始分布：

$$F_X(x) = \exp[-e^{-\alpha(x-u)}]$$

则对任意样本量 n，其最大值的 CDF 为：

$$F_{X_M}(x) = \exp[-n e^{-\alpha(x-u)}] = \exp\{-e^{-\alpha[x-(u+\ln n/\alpha)]}\}$$

表明最大值 X_M 的分布具有与原始变量 X 相同的分布形状，只不过是其分布向右移动了 $(\ln n/\alpha)$，见图 2-17。

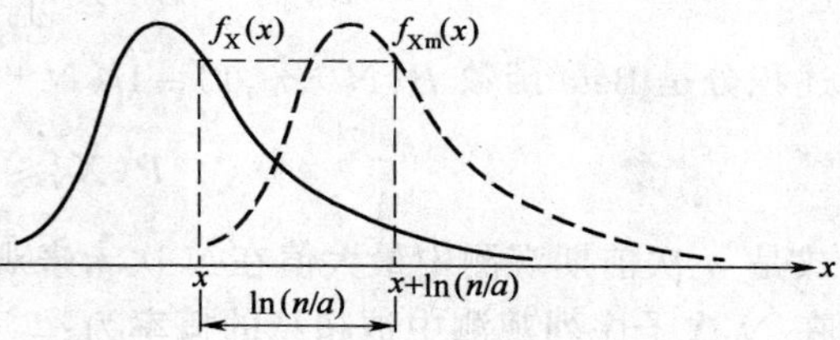

图 2-17 具有Ⅰ型渐近分布最大值的 PDF

X_M 的参数与 X 的关系为

$$\alpha_M = \alpha$$

$$u_M = u + \frac{\ln n}{\alpha}$$

X_M 相应的均值和标准差为

$$\sigma_{X_M} = \sigma_x$$

$$\mu_{X_M} = u + \frac{\ln n}{\alpha} + \frac{r}{\alpha_M} = \mu_x + \frac{\ln n}{\alpha} = \mu_x\left(1 + \frac{\sqrt{6}}{\pi}\delta_x \ln n\right)$$

同样，若原始分布是Ⅱ型渐近分布，则

$$F_x(x) = \exp\left[-\left(\frac{v}{x}\right)^k\right]$$

对于 X 的任意样本量 n 最大值的 CDF 为

$$F_{X_M}(x) = \exp\left[-n\left(\frac{v}{x}\right)^k\right] = \exp\left[-\left(\frac{v}{x/n^{1/k}}\right)^k\right]$$

说明 X_M 的分布具有与原始分布相同的Ⅱ型渐近式分布，只是原始变量值 $X=x$ 被 $x' = n^{1/k}x$ 代替。

若原始分布为具有上限 ω 的Ⅲ型渐近式分布：

$$F_X(x) = \exp\left[-\left(\frac{\omega - x}{\omega - w}\right)^k\right]$$

则 X 最大值的 CDF 为

$$F_{x_M}(x)=\exp\left[-n\left(\frac{\omega-x}{\omega-w}\right)^k\right]=\exp\left\{-\left[\frac{(\omega-z)n^{1/k}}{(\omega-w)}\right]^k\right\}$$

其也为与原始分布相同的Ⅲ型渐近分布,只是$(\omega-x)$被$(\omega-z)n^{1/k}$所代替。

因此,根据稳定假设,具有任一类渐近式分布的原始变量的极值 CDF 具有相同的渐近形式,简言之,一种渐近形式的极值分布仍保持相同的渐近形式。

⑦超越概率

与极值相联系的一些重要问题是预测未来对已有观测极值的超越,即预测所处的概率位置。这种问题在很多工程应用领域存在,包括预测极值自然灾害。可见超越概率可能与概率分布函数无关,即任意分布(Distribution-Free)。

a. 任意分布概率估计

若 Y_n 是前期观测中的最大,即 $Y_n=\max(X_1,X_2,\cdots,X_n)$,则小于 Y_n 的有 $n-1$ 个值,假设其为统计独立,Y_n 是相同集 X 中 n 个观测值中最大的概率为

$$P[\max(X_1,X_2,\cdots,X_n)=Y_n]=\binom{n}{n-1}[F_X(Y_n)]^{n-1}\mathrm{d}F_X(Y_n)$$

现令 X_N 是 N 子序列观测中的最大,则对于所给 Y 值:

$$P(X_N\leqslant Y)=[F_X(Y)]^N$$

对于 n 次前期观测中最大的任意 Y_n,组合上述二个方程得到:

$$P(X_N\leqslant Y_n)=n\int_0^1[F_X(Y_n)]^{N+n-1}\mathrm{d}F_X(Y_n)$$

上述积分是 Beta 函数 $B(N+n,1)=1/(N+n)$,

$$P(X_N\leqslant Y_n)=\frac{n}{N+n}$$

上式是 n 次前期观测中最大值在N次未来观测中不被超越的概率;反之,该前期观测中最大值在 N 次子序列观测中被超越的概率为:

$$P(X_N>Y_n)=\frac{N}{N+n}$$

上述问题可扩展到更一般的问题:确定在 N 次未来观测中第 k 位值 Y_k 被超越 r 次的概率。

b. 按概率分布的概率估计

在许多工程状况,前期观测的分布函数对未来观测的分布可能是很有用的,因此对于所需超越概率的更精确的估计可以根据已知的分布信息确定。

若 X 是具有分布函数$F_X(x)$的原始变量(或集),则 X 样本量 n 中最大值的 CDF 为:

$$F_{X_M}(x)=[F_X(x)]^n$$

当 X 的原始分布为Ⅰ型渐近分布时:

$$F_X(x)=\exp[-\mathrm{e}^{-\alpha(x-u)}]$$

则 X 样本量n 中最大值分布为:

$$F_{X_M}(x)=\exp[-n\mathrm{e}^{-\alpha(x-u)}]=\exp[-\mathrm{e}^{-\alpha(x-u-\ln n/\alpha)}]$$

若 Y_n 是n 个先期观测$(X_1,X_2,\cdots,X_n)$序列的观测最大值,则

$$Y_n=\max(X_1,X_2,\cdots,X_n)$$

对此唯一的样本量 n，有

$$F_X(Y_n)=1-\frac{1}{n}$$

其对 u_M 的最佳平均值估计是 Y_n。

在 N 个未来观测中，其最大值分布为

$$F_{X_N}(x)=[F_X(x)]^N=\{[F_X(x)]^n\}^{N/n}=\exp\left[-\frac{N}{n}e^{-\alpha(x-y_n)}\right]$$
$$=\exp[-e^{-\alpha(x-y_n-\ln(N/n)/\alpha)}]$$

表明 $F_{X_N}(x)$ 也是Ⅰ型渐近分布，其参数为

$$\alpha_N=\alpha$$
$$u_N=Y_n+\frac{\ln(N/n)}{\alpha}$$

上式给出了 N 次未来观测中最大值的分布，此时，N 次未来观测中最大值超越 n 个样本值中先期最大观测值 Y_n 的概率为

$$P(X_N>Y_n)=1-\exp[-e^{-\alpha(y_n-y_n(1/\alpha)\ln(N/n))}]=1-e^{-N/n}$$

2.2 时间序列和随机过程

在结构设计中，基本变量引入时间参数，当时间参数为离散的随机现象可以用时间序列概率模型描述；当时间参数为连续的随机现象可以用随机过程概率模型描述。

2.2.1 时间序列模型

凡是用离散时间参数（$t=0,1,2,\cdots$）的一族随机变量 $\{X_t;t=0,1,2,\cdots\}$ 描述的随机现象，称之为时间序列模型，在时间 $t=k$ 的一个观测可用 $X_t=X_k$ 表述；随着时间的推移（$t=0,1,2,\cdots$）的一个数列 $\{X_t;t=0,1,2,\cdots\}$ 为时间序列的一个样本实现。相应的概率分布 $\{F(x,t);t=0,1,2,\cdots\}$ 为时间序列 $\{X_t;t=0,1,2,\cdots\}$ 的一维分布；当 $t_i\neq t_j$ 的一族二维联合分布 $\{F(x_i,x_j;t_i,t_j;t_i,t_j=0,1,2,\cdots)\}$ 为时间序列 $\{X_t;t=0,1,2,\cdots\}$ 的二维分布；相应对于 $t_1,t_2,\cdots,t_n$ 可得到时间序列 $\{X_t;t=0,1,2,\cdots\}$ 的 n 维分布。

1. 时间序列模型的统计参数

(1)平均值函数

对任意给定的时间 $t=t_0$，若相应随机变量的平均值 $E[X_{t0}]=\mu_{t0}$ 存在，则数列 $\{\mu_t,t=0,1,2,\cdots\}$ 为时间序列的平均值函数：

$$\mu_t=E[X_t]\;;\quad t=0,1,2,\cdots$$

(2)协方差函数

对任意给定的两个时间 t_i,t_j 相应之随机变量 X_{ti},X_{tj} 的协方差：$\mathrm{cov}[X_{ti},X_{tj}]$ 存在，则两变量 t_i,t_j 的协方差函数为：

$$B(t_i,t_j)=E[X_{ti}-E[X_{ti}]][X_{tj}-E[X_{tj}]];\quad t_i,t_j=0,1,2,\cdots$$

当 $t_i=t_j=t$ 时 $B(t,t)=E[X_t-E[X_t]]^2$ 为时间序列的方差函数：

$$\{D(t)=B(t,t);\quad t=0,1,2,\cdots\}$$

(3)相关函数

相关函数$\{r(t_i,t_j);t_i,t_j=0,1,2,\cdots\}$是时间序列内任意两随机变量$X_{ti}$,$X_{tj}$间相互关系的数量特征,其为:

$$r(t_i,t_j)=\frac{B(t_i,t_j)}{\sqrt{D(t_i)D(t_j)}};\quad t_i,t_j=0,1,2,\cdots$$

2. 时间序列分布律

(1)独立正态时间序列分布律

若对任意 n 个时间 $t_1,t_2,\cdots,t_n$,满足:

$$F(x_1,x_2,\cdots,x_n;t_1,t_2,\cdots,t_n)=F(x_1;t_1)F(x_2;t_2)\cdots F(x_n;t_n)$$

则其满足独立性原理,时间序列任意 n 维分布都可以用一维分布表示。

$$F(x_1,x_2,\cdots,x_n;t_1,t_2,\cdots,t_n)=\frac{1}{(2\pi)^{n/2}\sigma_1\sigma_2\cdots\sigma_n}\cdot\int_{-\infty}^{x_1}\int_{-\infty}^{x_2}\cdots\int_{-\infty}^{x_n}e^{-\frac{1}{2}\sum_{i=1}^{n}\left(\frac{t_i-\mu_i}{\sigma_i}\right)^2}dt_1dt_2\cdots dt_n$$

(2)平稳二项时间序列

设$\{X_t;t=1,2,\cdots,N\}$为一时间有限的非负时间序列,若满足:

$$P(X_t=\xi_t>0)=p,P(X_t=0)=1-p=q$$

$\{\xi_t;t=1,2,\cdots,N\}$服从同一分布 $F(x;t)=P(\xi_t\leqslant x)=F(x)$,则称其为平稳二项时间序列,其一维分布为:

$$\begin{aligned}F(x;t)&=P(X_t\leqslant x)=pP(\xi_t\leqslant x)+qP(X_t=0\leqslant x)\\&=pF(x)+q=1-p[1-F(x)]\end{aligned}$$

若对任意 t 成立,其 N 维分布为:

$$\begin{aligned}F(x_1,x_2,\cdots,x_N;t_1,t_2,\cdots,t_N)=&\{1-p[1-F(x_1)]\}\{1-p[1-F(X_2)]\}\\&\cdots\{1-p[1-F(x_N)]\}\end{aligned}$$

2.2.2 随机过程模型

凡是用连续时间参数 t 的随机变量族$\{X(t),t\in(a,b)\}$描述的随机现象可用随机过程概率模型描述:在时间域(a,b)内时刻 $t=t_0$ 的随机变量 $X(t_0)$叫随机过程在 t_0 处的截口,其分布函数 $F(x,t_0)$为截口分布或任意时点分布;在整个时间域(a,b)内的一次连续观测的数值函数 $h(t)\{t\in(a,b)\}$叫随机过程的样本函数。

在工程结构可靠性分析中,随机过程$\{X(t),t\in(a,b)\}$的时间域(a,b)一般取结构设计基准期$[0,T]$,即随机过程$\{X(t),t\in[0,T]\}$。

对任意 n 个时刻 $t_1,t_2,\cdots,t_n$,相应 n 个截口 $X(t_1),(t_2),\cdots,X(t_n)$的 n 维联合分布函数族$\{F(x_1,x_2,\cdots,x_n;t_1,t_2,\cdots,t_n);t_1,t_2,\cdots,t_n\in(a,b)\}$叫做随机过程$\{X(t),t\in(a,b)\}$的 n 维分布。

1. 随机过程模型的统计参数

(1)平均值函数

对任意时刻 t_0,若随机变量 $X(t_0)$的平均值 $\mu(t_0)=E[X(t_0)]$存在,是一个与 t_0 有关的常数;若对任何 $t\in(a,b)$,$\mu(t)=E[X(t)]$都存在,则平均值函数为:$\mu(t)=E[X(t)]$,$t\in$

(a,b),也可看作随机过程全体样本函数$\{h(t),t\in(a,b)\}$的平均。

(2)协方差函数

随机过程$\{X(t),t\in(a,b)\}$的协方差函数为:

$$B(s,t)=E[X(s)-\mu(s)][X(t)-\mu(t)];\quad s,t\in(a,b)$$

当 $t=s$ 时,$B(t,t)=E[X(t)-\mu(t)]^2$ 为随机过程的方差函数,用 $D(t)$表示,即 $D(t)=B(t,t),t\in(a,b)$。

(3)相关函数

随机过程$\{X(t),t\in(a,b)\}$的相关函数为:

$$r(s,t)=\frac{B(s,t)}{\sqrt{D(t)D(s)}}\qquad t,s\in(a,b)$$

2. 随机过程分布律

(1)泊松过程

若随机过程$\{X(t),t\geqslant0\}$满足:$X(0)=0$(即初值为零);对任意正整数 $n\geqslant1$ 及 $0=t_0<t_1<t_2<\cdots<t_n$,$X(t_0)$,$X(t_1)-X(t_0)$,$X(t_2)-X(t_1)$,$\cdots$,$X(t_n)-X(t_n-1)$为相互独立的随机变量;对任意 $0\leqslant s\leqslant t$,$X(t)-X(s)$服从参数为 $\lambda(t-s)$的泊松分布($\lambda>0$ 为常数),则称$\{X(t),t\geqslant0\}$为泊松过程。

泊松过程的平均值函数:

$$\mu(t)=E[X(t)]=\sum_{k=0}^{\infty}kP[X(t)=k]=\sum_{k=0}^{\infty}k\frac{(\lambda t)^k}{k!}\mathrm{e}^{-\lambda t}=\mathrm{e}^{-\lambda t}\lambda t\sum_{j=0}^{\infty}\frac{(\lambda t)^j}{j!}$$
$$=\lambda t\mathrm{e}^{-\lambda t}\mathrm{e}^{\lambda t}=\lambda t$$

泊松过程的协方差函数:

$$B(s,t)=\lambda\min(s,t)=\begin{cases}\lambda s,s\leqslant t\\ \lambda t,s>t\end{cases}$$

方差函数:$B(t,t)=D(t)=\lambda t$

相关函数:
$$r(s,t)=\frac{B(s,t)}{\sqrt{D(s)D(t)}}\cdot\frac{\lambda\min(s,t)}{\lambda\sqrt{st}}=\begin{cases}\sqrt{s/t},\ s<t\\ \sqrt{t/s},\ s>t\\ 1\qquad,\ s=t\end{cases}$$

(2)泊松方波过程

若随机过程$\{X(t),t\geqslant0\}$满足:

①$\{t_i;i=0,1,2,\cdots\}$为$[0,\infty]$内的示性函数:

$$I_{\tau i}(t)=\begin{cases}0\quad,t\notin\tau_i\\ 1\quad,t\in\tau_i\end{cases}\qquad i=0,1,2,\cdots$$

②$\{\xi_i;i=0,1,2,\cdots\}$为一独立同分布时间序列;

③$\{N(t),t\geqslant0\}$为泊松过程;

④对任意 $t\geqslant0$,$N(t)$与$\{\xi_i\}$互相独立,且

$$X(t)=\sum_{i=0}^{N(t)}\xi_iI_{\tau i}(t)$$

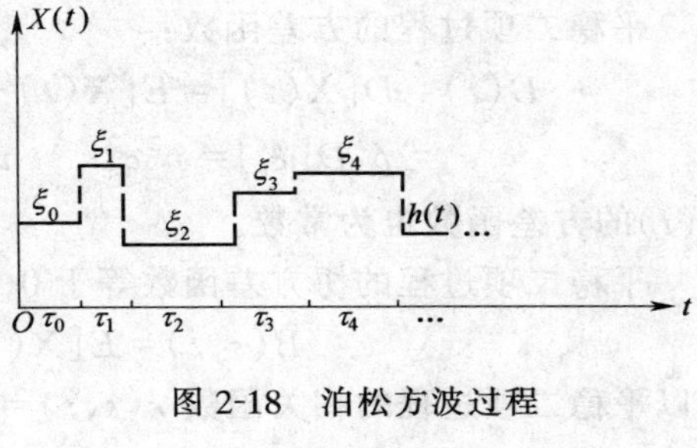

图 2-18 泊松方波过程

称随机过程$\{X(t),t\geqslant0\}$为泊松方波过程(图 2-18)。

(3)滤过泊松过程

随机过程$\{X(t),t\geqslant 0\}$具有：

$X(t)=\sum_{k=0}^{N(t)}\omega(t,\tau_k,\xi_k)$的形式为滤过泊松过程；式中$\omega(t,\tau_k,\xi_k)$为响应函数(三变量连续函数)；在工程结构荷载中经常采用，且

$$\omega(t,\tau_k,\xi_k)=\begin{cases}\xi_k, & t\in\tau_k\\ 0, & t\notin\tau_k\end{cases}\qquad k=0,1,2,\cdots$$

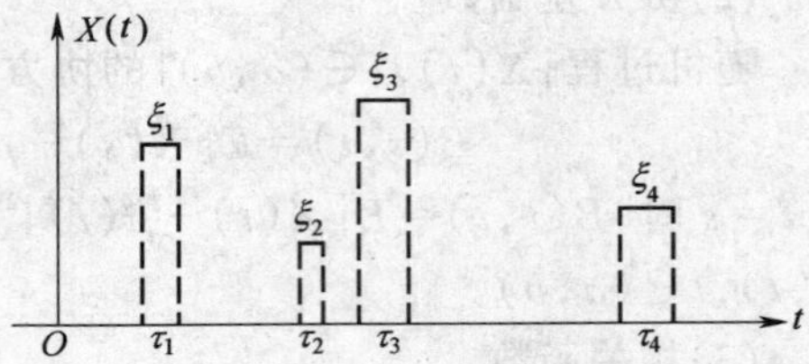

图 2-19　滤过泊松过程

滤过泊松过程为(图 2-19)：

$$X(t)=\sum_{k=0}^{N(t)}\xi_k I_{\tau_k}(t)\qquad t\geqslant 0$$

(4)平稳二项过程

若非负随机过程$\{X(t),t\in(a,b)\}$满足：

①时间区间(a,b)划分为N个相等时段$\tau_1,\tau_2,\cdots,\tau_N$；

②对任给时间$t\in\tau_i(i=1,2,\cdots,N)$：

$$P[X(t)=\xi_i>0]=p\quad,\quad P[X(t)=0]=1-p=q$$

③$\xi_1,\xi_2,\cdots,\xi_N$服从同一分布，且相互独立；则称为平稳二项过程(图 2-20)。

若$X(t)$在每一小时段τ_i上取值均大于零时，即$p=1$，随机过程$X(t)$的样本函数示于图 2-21。

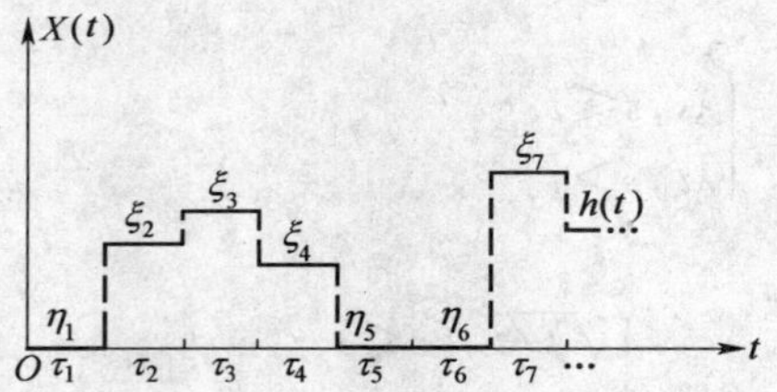

图 2-20　平稳二项随机过程

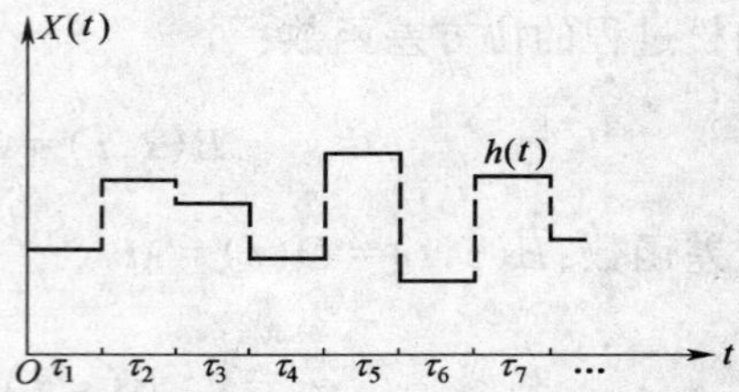

图 2-21　$p=1$时平稳二项随机过程

平稳二项过程的平均值函数：

$$\begin{aligned}\mu(t)=E[X(t)]&=E\{\xi_i P[X(t)=\xi_i>0]+0\cdot P[X(t)=0]\}\\&=E[\xi_i p]=pE[\xi_i]=p\mu_\xi\qquad t\in(a,b)\end{aligned}$$

则$\mu(t)=p\mu_\xi$与时间t无关，为常数。

平稳二项过程的方差函数：

$$\begin{aligned}D(t)=D[X(t)]&=E[X(t)-\mu(t)]^2=E[\xi_i p-\mu_\xi p]^2=p^2E[\xi_i-\mu_\xi]^2\\&=p^2D[\xi_i]=p^2\sigma_\xi^2\qquad t\in(a,b)\end{aligned}$$

$X(t)$的方差函数也为常数。

平稳二项过程的协方差函数等于0，即

$$B(s,t)=E[X(s)-\mu(s)][X(t)-\mu(t)]=0$$

所以平稳二项过程的相关函数$r(s,t)=0$。

2.2.3 各态历经定理

在工程结构可靠性分析中，对于时间序列或随机过程，往往只能得到一个样本函数或截口分布，要获得过程的统计参数或统计特征，需要各态历经理论去解决这类问题。

设 μ 和 $B(\tau)$ 分别为平稳时间序列或随机过程 $X(t)$ 的平均值和协方差函数，使

$$\lim_{n\to\infty}\frac{1}{n+1}\sum_{i=0}^{n}X_i^{(0)}=\mu \quad 或 \quad \lim_{T\to\infty}\frac{1}{T}\int_0^T X_i^{(0)}(t)\mathrm{d}t=\mu$$

成立的充分必要条件是：

$$\lim_{n\to\infty}\sum_{\tau=-n}^{n}\left(1-\frac{|\tau|}{n+1}\right)B(\tau)=0 \quad 或 \quad \lim_{T\to\infty}\int_{-T}^{T}\left(1-\frac{|\tau|}{T}\right)B(\tau)\mathrm{d}\tau=0$$

当协方差函数 $B(\tau)$ 满足上述充要条件时，平稳时间序列 $\{X_t, t=1,2,\cdots\}$ 的平均值可通过一个样本 $\{X_t^{(0)}, t=0,1,2,\cdots\}$ 予以估计：

$$\mu=E[X_t]\approx\frac{1}{n+1}\sum_{i=0}^{n}X_i^{(0)}=\overline{\mu}$$

所以截口 X_{t0} 的平均值 $\mu=E[X_{t0}]$ 可以通过一个样本 $\{X_t^{(0)}, t=1,2,\cdots\}$ 的算术平均值估算。

而对于平稳随机过程，当 $\{h(t), t\geqslant 0\}$ 为 $\{X(t), t\geqslant 0\}$ 的一个样本函数时，可应用下述近似公式计算：

$$\mu=E[X(t)]\approx\frac{1}{T}\int_0^T h(t)\mathrm{d}t$$

$$B(\tau)=E[X(t+\tau)X(t)]\approx\frac{1}{T}\int_0^T h(t+\tau)h(t)\mathrm{d}t$$

2.2.4 随机过程的最大(小)值及概率分布

随机过程 $\{X(t), t\in[0,T]\}$ 在时间域 $[0,T]$ 内的最大值 X_{M} 的分布，是指随机变量 $X_{\mathrm{M}}=\max\limits_{0\leqslant t\leqslant T}X(t)$ 的概率分布：

$$F_{X_{\mathrm{M}}}(x)=P(X_{\mathrm{M}}\leqslant x)=P(\max_{0\leqslant t\leqslant T}X(t)\leqslant x)$$

1. 平稳二项随机过程最大值的概率分布

若随机过程 $\{X(t), t\in[0,T]\}$ 为平稳二项过程，其截口分布为 $F(x)$，其最大值 $\max\limits_{0\leqslant t\leqslant T}X(t)=X_{\mathrm{M}}$ 的概率分布为：

$$\begin{aligned}F_{X_{\mathrm{M}}}(x)&=P(X_{\mathrm{M}}\leqslant x)=P(\max_{0\leqslant t\leqslant T}X(t)\leqslant x)=P(X(t)\leqslant x, t\in\tau_1)P(X(t)\leqslant x, t\in\tau_2)\cdots\\&\quad P(X(t)\leqslant x, t\in\tau_N)=[pF(x)+(1-p)][pF(x)+(1-p)]\cdots\\&\quad [pF(x)+(1-p)]=\{1-p[1-F(x)]\}^N\end{aligned}$$

式中 $N=T/\tau$ 为总时段数。

当 $X(t)$ 在每一时段 τ 上都不等于零时，即 $p=1$，

$$F_{X_{\mathrm{M}}}(x)=P(X_{\mathrm{M}}\leqslant x)=\{1-p[1-F(x)]\}^N=\{1-[1-F(x)]\}^N=[F(x)]^N$$

(1)截口分布 $F(x)$ 为Ⅰ型渐近极值分布

$$F(x)=\mathrm{e}^{-\mathrm{e}^{-\alpha(x-u)}}$$

平稳二项过程 $\{X(t), t\in[0,T]\}$ 的最大值 X_M 的分布为($p=1$)

$$F_{X_{\mathrm{M}}}(x)=[F(x)]^N=[\exp\{-\exp[-\alpha(x-u)]\}]^N=[\exp\{-\exp[-\alpha(x-u)]N\}]$$

$$=\exp\left\{-\exp\left[-\alpha\left(x-u-\frac{\ln N}{\alpha}\right)\right]\right\}=\exp\{-\exp[-\alpha_M(x-u_M)]\}$$

式中，$u_M=u+\dfrac{\ln N}{\alpha}$，$N$ 为总时段数。说明当平稳二项过程在每一小时段 τ 上均不为零时，其在设计基准期$[0,T]$内的最大值分布仍是Ⅰ型渐近极值分布，其尺度参数不变，$\alpha_M=\alpha$，位置参数为：$u_M=u+\dfrac{\ln N}{\alpha}$，$X_M$ 的平均值为：

$$\mu_M=E[X_M]=u_M+\frac{0.577\,2}{\alpha_M}=u+\frac{\ln N+0.577\,2}{\alpha}$$

X_M 的标准差为

$$\sigma_M=\sqrt{D[X_M]}=\frac{1.282\,6}{\alpha_M}=\frac{1.282\,6}{\alpha}$$

(2)截口分布为正态分布

$$F(x)=\frac{1}{\sqrt{2\pi}\sigma}\int_{-\infty}^{x}\mathrm{e}^{-\frac{1}{2}\left(\frac{t-\mu}{\sigma}\right)^2}\mathrm{d}t$$

在 $p=1$ 情况下，X_M 的分布为

$$F_{X_M}(x)=P(X_M\leqslant x)=[F(n)]^N=\left[\Phi\left(\frac{x-\mu}{\sigma}\right)\right]^N$$

(3)截口分布 $F(x)$为对数正态分布

$$F(x)=\frac{1}{\sqrt{2\pi}\sigma}\int_{0}^{x}\frac{1}{t}\mathrm{e}^{-\frac{1}{2}\left(\frac{\ln t-\mu}{\sigma}\right)^2}\mathrm{d}t$$

作变量替换：$y=\ln x$

$$G(y)=P(Y=y)=P(\ln x\leqslant y)=P(X\leqslant \mathrm{e}^y)=F(\mathrm{e}^y)$$

$$=\frac{1}{\sqrt{2\pi}\sigma}\int_{-\infty}^{\mathrm{e}^y}\frac{1}{\mathrm{e}^y}\mathrm{e}^{-\frac{1}{2}\left(\frac{y-\mu}{\sigma}\right)^2}\mathrm{e}^y\mathrm{d}y=\frac{1}{\sqrt{2\pi}\sigma}\int_{-\infty}^{y}\mathrm{e}^{-\frac{1}{2}\left(\frac{z-\mu}{\sigma}\right)^2}\mathrm{d}z$$

最大值 X_M 的分布，在 $p=1$ 时：

$$F_{X_M}(x)=[F(x)]^N=[G(y)]^N=\left[\Phi\left(\frac{\ln x-\mu}{\sigma}\right)\right]^N$$

式中 $\mu>0$、$\sigma>0$ 为对数正态分布参数。

(4)平稳二项过程 $p<1$ 时(每一小时段取值不一定都大于零)

在截口分布的尾部 $1-F(x)$充分小，即 $1-F(x)\approx0$ 时，最大值 X_M 的分布可近似计算：

$$F_{X_M}(x)=\{1-p[1-F(x)]\}^N\approx\{\mathrm{e}^{-p[1-F(x)]}\}^N=\{\mathrm{e}^{-[1-F(x)]}\}^{pN}$$

$$\approx\{1-[1-F(x)]\}^{pN}=[F(x)]^{pN}=[F(x)]^r$$

式中 $r=pN$ 为平稳二项过程在小时段上取值不为零的次数，因 $0<p<1$，所以 $r<N$。

2. 泊松方波过程最大值的概率分布

已知泊松方波过程：

$$X(t)=\sum_{i=0}^{N(t)}\xi_i I_{\tau i}(t)\qquad t\geqslant0$$

式中$\{\xi_i;i=0,1,2,\cdots\}$为独立同分布于 $F(x)$的时间序列，$\{N(t),t\geqslant0\}$为泊松过程，考察$\{X(t),t\in[0,T]\}$的最大值 X_M 的分布：

$$F_{X_M}(x)=P(X_M<x)=P(\max_{0\leqslant t\leqslant T}X(t)\leqslant x)$$

$$= \sum_{k=0}^{\infty}[F(x)]^{k+1}\frac{[\lambda T]^k}{k!}e^{-\lambda T} = e^{-\lambda T}F(x)\sum_{k=0}^{\infty}\frac{[\lambda TF(x)]^k}{k!}$$

$$= e^{-\lambda T}F(x)e^{\lambda TF(x)} = F(x)e^{-\lambda T[1-F(x)]}$$

当截口分布尾部 $1-F(x)$ 足够小,即 $1-F(x)\approx 0$ 时近似公式为:

$$F_X(x)=F(x)e^{-\lambda T[1-F(x)]}=F(x)\{e^{-[1-F(x)]}\}^{\lambda T}\approx F(x)\{1-[1-F(x)]\}^{\lambda T}$$

$$=[F(x)]^{\lambda T+1}$$

当截口分布为I型极值分布时:$F(x)=e^{-\alpha(x-u)}$,分布参数 α 比较小时,分布尾部 $1-F(x)$ 当 x 较大时接近于零,此时泊松方波过程的最大值 X_M 的分布为:

$$F_{X_M}(x)\approx[F(x)]^{\lambda T+1}=[\exp\{-\exp[-\alpha(x-u)]\}]^{\lambda T+1}$$

$$=\exp\left\{-\exp\left[-\alpha\left(x-u-\frac{\ln(\lambda T+1)}{\alpha}\right)\right]\right\}=\exp\{-\exp[-\alpha(x-u_M)]\}$$

位置参数 $u_M=u+\dfrac{\ln(\lambda T+1)}{\alpha}$。

3. 滤过泊松过程的最大值概率分布

以 $\omega(t,\tau_i,\xi_i)=\begin{cases}\xi_i, t\in\tau_i\\ 0, t\notin\tau_i\end{cases}$ 为响应函数的滤过泊松过程:

$$X(t) = \sum_{i=0}^{N(t)}\xi_i I_{\tau i}(t) \quad t\geqslant 0, \xi_0 = 0$$

$\{X(t),t\in[0,T]\}$ 在设计基准期 $[0,T]$ 内最大值 $X_M=\max\limits_{0\leqslant t\leqslant T}X(t)$ 的分布为

$$F_{X_M}(x) = P(X_M\leqslant x) = \sum_{i=0}^{\infty}[F(x)]^i\frac{[\lambda T]^i}{i!}e^{-\lambda T} = e^{-\lambda T}\sum_{i=0}^{\infty}\frac{[\lambda TF(x)]^i}{i!}$$

$$= e^{-\lambda T}e^{\lambda TF(x)} = e^{-\lambda T[1-F(x)]} \qquad x\geqslant 0$$

$$F_{X_M}(x)=\begin{cases}e^{-\lambda T[1-F(x)]}, & x\geqslant 0\\ 0, & x<0\end{cases}$$

当截口分布尾部 $1-F(x)\approx 0$ 时,近似公式为:

$$F_{X_M}(x)=e^{-\lambda T[1-F(x)]}=\{e^{-[1-F(x)]}\}^{\lambda T}\approx\{1-[1-F(x)]\}^{\lambda T}$$

$$=[F(x)]^{\lambda T}, \quad x\geqslant 0$$

$$F_{X_M}(x)\approx\begin{cases}[F(x)]^{\lambda T}, & x\geqslant 0\\ 0, & x<0\end{cases}$$

4. 穿越问题

随机过程 $\{X(t)\}$ 在区间 $[t_1,t_2]$ 上的一个实现 $x(t)$ 对规定门槛 $\xi(t)$ 的穿越率是研究荷载过程及其组合等的有效方法。

穿越问题中常用矩形脉冲过程的概率密度和分布函数为

$$\begin{cases}f_s(x)=(1-q)\delta(x)+qf_x(x)\\ F_s(x)=(1-q)H(x)+qF_x(x)\end{cases}$$

式中,$H(x)$ 是 Heaviside 阶梯函数:

$$H(x)=\begin{cases}0, & 当\ x<0\\ \dfrac{1}{2}, & 当\ x=0\\ 1, & 当\ x>0\end{cases}$$

$\delta(x)$是狄拉克 δ 函数,定义为

$$\delta(x)=\lim_{\varepsilon\to 0}\frac{1}{\sqrt{2\pi}\varepsilon}e^{-\frac{1}{2}\left(\frac{x}{\varepsilon}\right)^2}$$

对随机过程$\{X(t)\}$和门槛 $\xi(t)$定义一新随机过程:

$$Y(t)=H[X(t)-\xi]$$

或

$$Y(t)=\begin{cases}0, & 当\ x(t)<\xi\\ \frac{1}{2}, & 当\ x(t)=\xi\\ 1, & 当\ x(t)>\xi\end{cases}$$

$\{Y(t)\}$的导数过程$\{\dot{Y}(t)\}$为

$$\dot{Y}(t)=\dot{X}(t)\delta[X(t)-\xi]$$

对于随机过程$\{X(t)\}$的实现 $x(t)$,过程$\{Y(t)\}$和$\{\dot{Y}(t)\}$的相应实现 $y(t)$和$\dot{y}(t)$分别示于图 2-22。

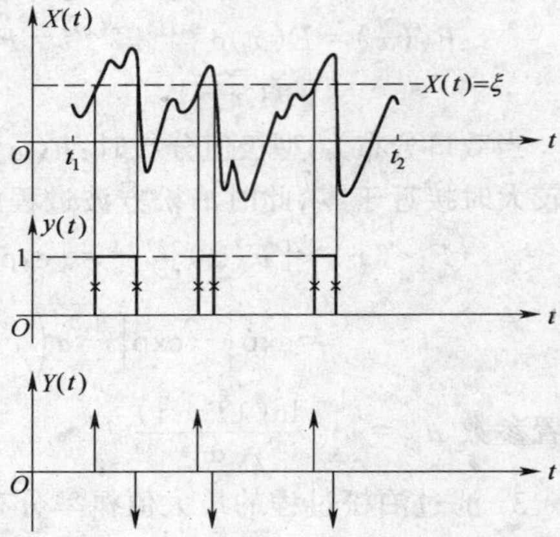

图 2-22 随机过程的实现

正单位脉冲对应于对门槛的正穿,而负单位脉冲对应于对门槛的负穿。

在时间区间$[t_1,t_2]$上单位脉冲的个数即为穿越门槛的总次数:

$$n(\xi,t_1,t_2)=\int_{t_1}^{t_2}|\dot{y}(t)|\mathrm{d}t=\int_{t_1}^{t_2}|\dot{x}(t)|\delta[x(t)-\xi]\mathrm{d}t$$

上式可计算随机过程$\{X(t)\}$的任意实现 $x(t)$穿越门槛 ξ 的次数 $n(\xi,t_1,t_2)$,所有实现穿越次数 n 的集合$N(\xi,t_1,t_2)$作为随机变量,则穿越的平均数为

$$\begin{aligned}E[N(\xi,t_1,t_2)]&=\int_{t_1}^{t_2}E[|\dot{X}(t)|\delta(X(t)-\xi)]\mathrm{d}t\\&=\int_{t_1}^{t_2}\int_{-\infty}^{\infty}\int_{-\infty}^{\infty}|\dot{x}|\delta(x-\xi)f_{X\dot{X}}(x,\dot{x};t)\mathrm{d}x\,\mathrm{d}\dot{x}\,\mathrm{d}t\\&=\int_{t_1}^{t_2}\int_{-\infty}^{\infty}|\dot{x}|f_{X\dot{X}}(\xi,\dot{x};t)\,\mathrm{d}\dot{x}\mathrm{d}t\end{aligned}$$

式中,$f_{X\dot{X}}$是随机过程$\{X(t)\}$和$\{\dot{X}(t)\}$的联合密度函数。

考虑每单位时间内的穿率 N',则

$$N(\xi,t_1,t_2)=\int_{t_1}^{t_2}N'(\xi,t)\mathrm{d}t$$

$$E[N'(\xi,t)]=\int_{-\infty}^{\infty}|\dot{x}|f_{X\dot{X}}(\xi,\dot{x};t)\mathrm{d}\dot{x}=\int_{-\infty}^{\infty}|\dot{x}|f_{X\dot{X}}(\xi,\dot{x})\mathrm{d}\dot{x}=K(\xi)$$

每单位时间内的平均穿率 $E[N'(\xi,t)]$与时间 t 无关;在时间区间$[t_1,t_2]$内平均穿越总次数为:

$$E[N(\xi,t_1,t_2)]=K(\xi)(t_2-t_1)$$

对于平稳随机过程,假定任意的正穿都继之以负穿,则

$$E[N'_+(\xi)]=E[N_-(\xi)]=\frac{1}{2}E[N'(\xi)]$$

对于正穿$\dot{x}>0$,则 $$E[N'_+(\xi)]=\int_0^{\infty}\dot{x}\,f_{X\dot{X}}(\xi,\dot{x})\mathrm{d}\dot{x}$$

例:设$\{X(t)\}$为零均值的平稳正态过程,其联合密度函数$f_{X\dot{X}}$为

$$f_{\{X\}\{\dot{X}\}}(x,\dot{x})=\frac{1}{2\pi\sigma_x\sigma_{\dot{x}}}\mathrm{e}^{-\frac{1}{2\sigma}\left(\frac{\varepsilon^2}{\sigma_x^2}+\frac{\dot{x}^2}{\sigma_{\dot{x}}^2}\right)}$$

$$E[N'_+(\xi)]=\int_0^{\infty}\dot{x}\,f_{X\dot{X}}(\xi,\dot{x})\mathrm{d}\dot{x}=\frac{1}{2\pi}\frac{\sigma_{\dot{x}}}{\sigma_x}\mathrm{e}^{-\frac{\varepsilon^2}{2\sigma_x^2}}$$

当门槛$\xi=0$时,平均正零穿率为

$$E[N'_+(0)]=\frac{1}{2\pi}\frac{\sigma_{\dot{x}}}{\sigma_x}$$

5. 峰值分布(Rayleigh 分布)

当随机过程$\{\dot{X}(t)\}$有零穿时,$\{X(t)\}$会出现波峰或波谷($\{X(t)\}$的极值),$\{\dot{X}(t)\}$的零穿次数等于$\{X(t)\}$的极值个数。

当$\{X(t)\}$为窄带正态过程时,每单位时间穿越门槛$\xi(\xi>0)$的峰的平均个数,近似等于对门槛ξ的平均正穿率$E[N'_+(\xi)]$;每单位时间峰的平均总数等于平均正零穿率$E[N'_+(0)]$,所以每单位时间穿过ξ的峰的相对平均数为:

$$\alpha=\frac{E[N'_+(\xi)]}{E[N'_+(0)]}=\mathrm{e}^{-\frac{\xi^2}{2\sigma_x^2}}$$

对窄带过程,$\alpha\approx1.0$。

峰值大小的分布函数$F_R(\xi)(\xi>0)$为

$$F_R(\xi)=1-\mathrm{e}^{-\frac{\xi^2}{2\sigma_x^2}}\qquad 0\leqslant\xi<\infty$$

峰值密度函数$f_R(\xi)$为

$$f_R(\xi)=\frac{\xi}{\sigma_x^2}\mathrm{e}^{-\frac{\xi^2}{2\sigma_x^2}}\qquad 0\leqslant\xi<\infty$$

当α在0~1之间时,峰值的密度函数$f_R(\xi)$为

$$f_R(\xi)=\frac{1}{\sqrt{2\pi}}\frac{\sqrt{1-\alpha^2}}{\sigma_x}\mathrm{e}^{-\frac{\xi^2}{2\sigma_x^2(1-\alpha^2)}}+\frac{\alpha\xi}{2\sigma_x^2}\left[1+\mathrm{erf}\left(\frac{\xi}{\sigma_x}\left(\frac{2}{\alpha^2}-2\right)^{-\frac{1}{2}}\right)\right]\mathrm{e}^{-\frac{\xi^2}{2\sigma_x^2}}$$

其中误差函数 erf 定义为 $$\mathrm{erf}(x)=\frac{2}{\sqrt{\pi}}\int_0^x\mathrm{e}^{-t^2}\mathrm{d}t$$

当$\alpha\approx0$时,$f_R(\xi)\approx\frac{1}{\sqrt{2\pi}\sigma_x}\mathrm{e}^{-\frac{\xi^2}{2\sigma_x^2}}$,$-\infty<\xi<\infty$近似于正态分布。

2.3 统计分析

工程结构设计中的各种基本变量的内在规律、概率分布及其参数事先是未知的,需要作大量周密的调查研究、观测、实验、测量等手段,去获得和占有统计数据和资料,通过数据整理,分析,综合,去估计推断其符合实际的规律性,因此,占有正确的资料和统计分析是结构可靠度设计的基础。

2.3.1 随机样本

在一个统计问题中，所研究对象的全体称为总体，其中每一个基本单位称为个体。在实际工作中，人们所关心的研究对象 X 的规律随着抽取的个体不同而变化，因而 X 是一个随机变量，因此随机变量 X 的所有可能值的全体为总体，每一个可能值为个体，随机变量 X 的概率分布为总体分布 $F(x)$。

一般总是从总体中按一定法则抽取若干个体进行观察，以获得关于总体的信息，称为抽样；所抽取的 n 个个体称为容量为 n 的样本：$x_1, x_2, \cdots, x_n$ 一列数称为样本值或观测值——样本的实现。

1. 抽样方法

简单随机抽样法，避免人为的主观因素，样本总体中每一个个体有同等的机会被抽取；可以采用抽签法或使用随机数表抽取。

简单随机抽样法的抽样误差可按下述公式计算：

$$\varepsilon_N = \sqrt{\sum_{i=1}^{n}(X_\mathrm{i} - \overline{X})^2 / N(N-1)}$$

式中，N 为样本容量；$\overline{X} = \dfrac{1}{N}\sum_{i=0}^{n} X_\mathrm{i}$ 为样本平均值；该公式按样本平均值的标准差作为抽样误差。

$$\varepsilon_\mathrm{p} = \sqrt{Pq/(N-1)}$$

式中，P 为抽样百分率，$q = 1 - P$，N 为样本容量，该公式按抽样百分率的标准差作的抽样误差。

这种抽样法可采取将母体分成若干部分，以每一部分按随机抽样法抽取若干个个体，联合组成一个样本——分部随机抽样法。也可系统地把总体分成与要抽取的个体数目相同的若干部分，从每一部分抽取一个个体，联合组成一个样本——系统抽样法。也可根据总体的一些主要特征，把总体分成若干层次，从各层次按一定比例抽取个体，联合组成一个样本——分层抽样法。

群体抽样法：将总体分成若干群，以群体为单位进行抽样，取到的那一个群即为一个样本，样本容量即为该群体中个体的数目。该方法适用于群与群之间差异比较小的研究对象，但抽样误差较大，其百分率误差按下式计算：

$$\varepsilon_\mathrm{p} = \sqrt{\frac{1}{N-1}\sum_{i=1}^{N}\left[\frac{m_i}{\overline{m}}(P_i - P)\right]^2}$$

式中，N 为群的数目；m_i 为第 i 群的个体数；$\overline{m} = \dfrac{1}{N}\sum_{i=1}^{N} m_i$，$P_i$ 为第 i 群的百分率；P 为总体百分率。

2. 数据整理

对于抽样个体中的异常值作出判断，是否属于总体？对于 n 个数据，若该值落在区间$[\overline{x} - 4s, \overline{x} + 4s]$之外，则可将其视为异常值而剔除，在计算样本均值和标准差 s 时，不得使用被怀疑为异常值的数据。

对正态分布 $\mu \pm 4\sigma$（4σ 原则）区间包括了正态随机变量 99.99% 的值。

3. 绘制直方图

对抽样数据剔除异常值后，可用直方图对总体的概率分布作粗略的估计。

频数直方图：将样本观测值 $x_1, x_2, \cdots, x_n$ 进行分组（通常以平均每组数据不少于 5 个），计算每组中数据的个数（频数），在直角坐标系中绘制直方图，横坐标为样本取值范围，纵坐标为在该范围数据的频数，见图 2-23。

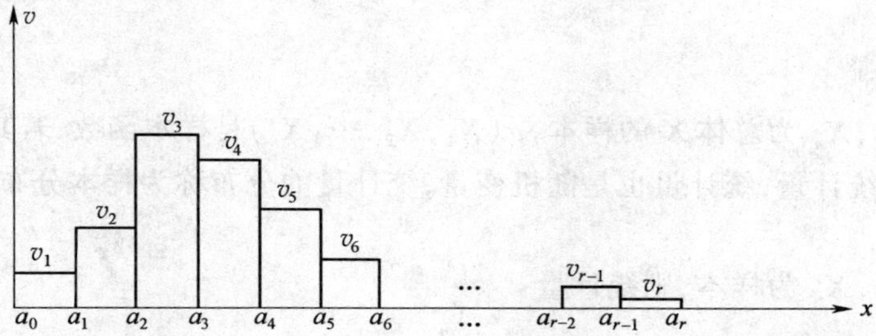

图 2-23　频数直方图例

频率直方图：将样本数据频数改为频率，再以频率除以组区间长度作为纵坐标，频率直方图的总面积等于 1（图 2-24）。由该直方图顶端中心点连成的曲线将与该样本的理论密度函数曲线具有类似的概率性质，据此选择合适的概率分布。

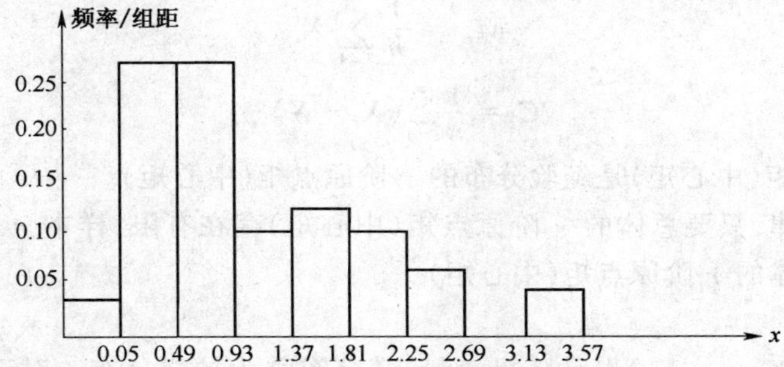

图 2-24　频率直方图例

4．样本经验分布函数

设样本观察值为 $x_1, x_2, \cdots, x_n$，将其按大小顺序排列：$x_{(1)} \leqslant x_{(2)} \leqslant \cdots \leqslant x_{(n)}$，则称函数：

$$F_n(x)=\begin{cases}0, & x<x_{(1)}\\ \dfrac{k}{n}, & x_{(k)}\leqslant x<x_{(k+1)}\\ 1, & x\geqslant x_{(n)}\end{cases}$$

为经验分布函数。它是以相同的概率 $1/n$ 取 n 个值 $x_1, x_2, \cdots, x_n$ 的离散型分布函数。对不同的样本值 $x_1, x_2, \cdots, x_n$ 将得到不同的 $F_n(x)$，所以对于 x 的每一个数值，$F_n(x)$ 是一个随机变量。

设 $F(x)$ 是总体分布函数，$F_n(x)$ 是经验分布函数，则当 $n \to \infty$ 时，$F_n(x)$ 以概率 1 关于 x 一致地收敛于 $F(x)$，即

$$P\left(\lim_{n\to\infty}\sup_{-\infty<x<\infty}|F_n(x)-F(x)|=0\right)=1$$

有时利用示性函数

$$I\{X(i)\leqslant x\}=\begin{cases}1, & X(i)\leqslant x\\0, & X(i)>x\end{cases}$$

样本函数成为

$$F_n(x)=\frac{1}{n}\sum_{i=1}^{n}I\{X(i)\leqslant x\}$$

2.3.2 统计量

设 $X_1,X_2,\cdots,X_n$ 为总体 X 的样本，$g(X_1,X_2,\cdots,X_n)$是样本函数，若其不含任何未知参数，则称其为一个统计量，统计量也是随机变量，统计量的分布称为样本分布。

1. 样本矩

设 $X_1,X_2,\cdots,X_n$ 为样本，则统计量：

样本平均值
$$\overline{X}=\frac{1}{n}\sum_{i=1}^{n}X_i$$

方差
$$\sigma_n^2=\frac{1}{n}\sum_{i=1}^{n}(X_i-\overline{X})^2$$

或
$$s^2=\frac{1}{n-1}\sum_{i=1}^{n}(X_i-\overline{X})^2$$

r 阶原点矩
$$M_r=\frac{1}{n}\sum_{i=1}^{n}X_i^r$$

r 阶中心矩
$$C_r=\frac{1}{n}\sum_{i=1}^{n}(X_i-\overline{X})^r$$

样本 r 阶原点矩(中心矩)是经验分布的 r 阶原点矩(中心矩)。

根据强大数定律，只要总体的 r 阶原点矩(中心矩)存在有限，样本 r 阶原点矩(中心矩)几乎处处收敛于总体的 r 阶原点矩(中心矩)。

2. 抽样分布

统计量 $g(X_1,X_2,\cdots,X_n)$也是随机变量，其分布称为抽样分布。对于每一个自然数 n，$g(X_1,X_2,\cdots,X_n)$的分布称为精确分布；当样本容量 n 无限增大时，统计量 $g(X_1,X_2,\cdots,X_n)$的极限分布称为渐近分布，用于大样本问题的统计推断。

(1)顺序统计量的分布

设总体 X 有密度函数$f(x)$，从 X 中抽取容量为N 的一个随机样本，则其第 i 个顺序统计量$X_{(i)}$的密度函数为：

$$f_{X(i)}(x)=\frac{N!}{(i-1)!\ (N-i)!}[F(x)]^{i-1}[1-F(x)]^{N-i}f(x),\qquad 1\leqslant i\leqslant N$$

当 $i=1$ 时，$X_{(1)}$是顺序统计量的最小者，其密度函数和分布函数为

$$f_{X_{(1)}}(x)=\frac{N!}{(N-1)!}[F(x)]^0[1-F(x)]^{N-1}f(x)$$

$$\begin{aligned}F_{X_{(1)}}(x)&=\int_{-\infty}^{x}f_{X(1)}(u)\mathrm{d}u=N\int_{-\infty}^{x}[1-F(u)]^{N-1}f(u)\mathrm{d}u\\&=-N\int_{-\infty}^{x}[1-F(u)]^{N-1}\mathrm{d}[1-F(u)]\\&=-[1-F(x)]^N+1=1-[1-F(x)]^N\end{aligned}$$

上式即为随机变量 X 最小值的概率分布。

当 $i=N$ 时，$X_{(N)}$ 是顺序统计量的最大者，其密度函数和分布函数为：

$$f_{X_{(N)}}(x)=\frac{N!}{(N-1)!\ 0!}[F(x)]^{N-1}f(x)=N[F(x)]^{N-1}f(x)$$

$$f_{X_{(N)}}(x)=\int_{-\infty}^{x}f_{X_{(N)}}(u)\mathrm{d}u=N\int_{-\infty}^{x}[F(u)]^{N-1}f(u)\mathrm{d}u$$

$$=N\int_{-\infty}^{x}[F(u)]^{N-1}\mathrm{d}F(u)=[F(x)]^{N}$$

上式即为随机变量 X 的最大值概率分布。

(2)正态样本统计量的分布

设样本 $X_1,X_2,\cdots,X_n$ 来自于总体 $X\sim N(\mu,\sigma^2)$，则样本平均值 $\overline{X}=\frac{1}{n}\sum_{i=1}^{n}X_i$ 服从正态分布 $N(\mu,\sigma^2/n)$。

互相独立的正态随机变量的线性组合仍为正态随机变量，且

$$E[\overline{X}]=E\left[\frac{1}{n}\sum_{i=1}^{n}X_i\right]=\frac{1}{n}\sum_{i=1}^{n}E[X_i]=\frac{1}{n}\sum_{i=1}^{n}\mu=\frac{n\mu}{n}=\mu$$

$$D[\overline{X}]=D\left[\frac{1}{n}\sum_{i=1}^{n}X_i\right]=\frac{1}{n^2}\sum_{i=1}^{n}D[X_i]=\frac{1}{n^2}\sum_{i=1}^{n}\sigma^2=\frac{n\sigma^2}{n^2}=\frac{\sigma^2}{n}$$

即

$$\overline{X}\sim N\left(\mu,\frac{\sigma^2}{n}\right)$$

样本方差

$$s^2=\frac{1}{n-1}\sum_{i=1}^{n}(X_i-\overline{X})^2$$

$$\frac{(N-1)s^2}{\sigma^2}=\frac{\sum_{i=1}^{n}(X_i-\overline{X})^2}{\sigma^2}\sim\chi^2_{n-1}$$

服从以 $n-1$ 为参数的 χ^2_{n-1} 分布。

统计量 $\frac{\overline{X}-\mu}{s/\sqrt{n}}$ 服从以 $n-1$ 为参数的 t 分布。

2.3.3 参数估计

参数点估计：设总体 X 的分布函数为 $F(x,\theta)$，其中 θ 为未知参数，以样本 $X_1,X_2,\cdots,X_n$ 的统计量 T 作为 θ 的估计 $\hat{\theta}=T$；若 $x_1,x_2,\cdots,x_n$ 是一组样本值，则由其确定的 T 便是 θ 的点估计。

1. 矩法

矩法是用样本各阶矩估计总体相应矩的一种参数估计方法，经常被用来估计总体的平均值和方差等。

(1)平均值估计

总体的平均值 $\mu=E[X]$ 是一阶原点矩。对 X 作抽样观测 $X_1,X_2,\cdots,X_n$ 的分布函数为：

$$F_n(x)=\frac{1}{n}\sum_{i=1}^{n}I\{X_{(i)}\leqslant x\}$$

用以替代总体 X 的分布函数 $F(x)$；样本一阶原点矩：

$$\sum_{i=1}^{n}X_iP(X=X_i)=\sum_{i=1}^{n}X_i[F_n(X_{(i+1)})-F_n(X_{(i)})]=\sum_{i=1}^{n}X_i\frac{1}{n}=\frac{1}{n}\sum_{i=1}^{n}X_i$$

上式样本的平均值用以估计总体的平均值：

$$\hat{\mu} = \frac{1}{n}\sum_{i=1}^{n} X_i = \overline{X}$$

(2)方差估计

用样本的二阶中心矩

$$\sum_{i=1}^{n}[X_i - \hat{\mu}]^2 P(X = X_i) = \sum_{i=1}^{n}[X_i - \overline{X}]^2[F_n(X_{i+1}) - F_n(X_{(i)})]$$
$$= \frac{1}{n}\sum_{i=1}^{n}[X_{(i)} - \overline{X}]^2$$

作为总体 X 的方差估计：

$$\hat{\sigma}_2 = \hat{D}[X] = \frac{1}{n}\sum_{i=1}^{n}[X_i - \overline{X}]^2$$

(3)k 阶中心矩与 k 阶原点矩估计

$$\hat{\mu}_k = \hat{E}\{X - E[X]\}^k = \frac{1}{n}\sum_{i=1}^{n}\{X_i - \overline{X}\}^k$$

$$\hat{\nu}_k = E[X]^k = \frac{1}{n}\sum X_i^k$$

(4)变异系数估计

总体的变异系数可由其平均值和方差的矩法估计计算：

$$\hat{s} = \frac{\hat{\sigma}}{\hat{\mu}} = \sqrt{\frac{1}{n}\sum_{i=1}^{n}(X_i - \overline{X})^2}\bigg/\frac{1}{n}\sum_{i=1}^{n}X_i = \sqrt{n\sum_{i=1}^{n}(X_i - \overline{X})^2}\bigg/\sum_{i=1}^{n}X_i$$

(5)相关系数估计

当研究两个总体 X、Y 统计相关关系时，可分别对 X、Y 进行抽样观测，由获得的两个样本 $X_1, X_2, \cdots, X_n$ 和 $Y_1, Y_2, \cdots, Y_n$，估计 X 与 Y 的协方差：

$$\hat{\mathrm{cov}}[X, Y] = \frac{1}{n}\sum_{i=1}^{n}(X_i - \overline{X})(Y_i - \overline{Y})$$

再估计两总体 X, Y 的相关系数：

$$\hat{\gamma} = \frac{\hat{\mathrm{cov}}[X, Y]}{\sqrt{\hat{D}[X]\cdot\hat{D}[Y]}} = \frac{\frac{1}{n}\sum_{i=1}^{n}(X_i - \overline{X})(Y_i - \overline{Y})}{\sqrt{\frac{1}{n^2}\sum_{i=1}^{n}(X_i - \overline{X})^2\sum_{i=1}^{n}(Y_i - \overline{Y})^2}}$$

$$= \frac{\sum_{i=1}^{n}(X_i - \overline{X})(Y_i - \overline{Y})}{\sqrt{\sum_{i=1}^{n}(X_i - \overline{X})^2\sum_{i=1}^{n}(Y_i - \overline{Y})^2}}$$

(6)常用分布参数的矩法估计

①正态分布 $N(\mu, \sigma^2)$参数 μ, σ 的矩法估计

$$\hat{\mu} = \overline{x} = \frac{1}{n}\sum_{i=1}^{n}X_i \quad ; \quad \hat{\sigma} = \sqrt{\frac{1}{n}\sum_{i=1}^{n}(X_i - \overline{X})^2}$$

②对数正态分布 $F(x) = \frac{1}{\sqrt{2\pi}\sigma}\int_0^x \frac{1}{u}\mathrm{e}^{-\frac{1}{2}\left(\frac{\ln u - \mu}{\sigma}\right)^2}\mathrm{d}u$ 的参数 μ、σ^2 矩法估计

$$\hat{\mu} = \ln \frac{\sqrt{n}\,\overline{X}^2}{\sqrt{\sum_{i=1}^{n} X_i^2}} \quad ; \quad \hat{\sigma}^2 = \ln\left[\frac{\sum_{i=1}^{n} X_i^2}{n\,\overline{X}^2}\right]$$

③Ⅰ型渐近极值分布 $F(x)=e^{-e^{-\alpha(x-u)}}$ 的参数 α、u 的矩法估计

$$\hat{\alpha} = \frac{\pi}{\sqrt{6}\,\hat{\sigma}_n} = \frac{1.282\,6}{\sqrt{\frac{1}{n}\sum_{i=1}^{n}(X_i-\overline{X})^2}} \quad ; \quad \hat{u} = \hat{\mu} - \frac{C_1}{\hat{\alpha}} = \overline{X} - \frac{0.577\,2}{\hat{\alpha}}$$

2. 极大似然估计法

设总体 X 的密度函数为 $f(x;\theta_1,\cdots,\theta_r)$ 或概率分布函数 $F(x;\theta_1,\cdots,\theta_r)$，其中 $\theta_1,\cdots,\theta_r$ 为未知参数，$x=(x_1,\cdots,x_n)$ 为样本值，称函数：

$$L(x;\theta_1,\cdots,\theta_r) = \prod_{i=1}^{n} f(x;\theta_1,\cdots,\theta_r)$$

或

$$L(x;\theta_1,\cdots,\theta_r) = \prod_{i=1}^{n} F(x;\theta_1,\cdots,\theta_r)$$

为似然函数；若 $L(x;\hat{\theta}_1,\cdots,\hat{\theta}_r) = \max\limits_{\theta_1,\cdots,\theta_r} L(x;\theta_1,\cdots,\theta_r)$ 则称 $\hat{\theta}_1,\cdots,\hat{\theta}_r$ 为参数 $\theta_1,\cdots,\theta_r$ 的极大似然估计。

当 L 可微时，极大似然估计 $\hat{\theta}_1,\cdots,\hat{\theta}_r$ 必满足下面似然方程：

$$\frac{\partial L}{\partial \theta_k} = 0, \qquad k=1,2,\cdots,r$$

由于 $\ln(\cdot)$ 是其变元的单调增加函数，所以 $\ln L$ 与 L 有共同的极大值点，则以 $\ln L$ 替代 L 的对数似然方程为：

$$\frac{\partial \ln L}{\partial \theta_k} = 0, \qquad k=1,2,\cdots,r$$

应用极大似然估计，必须知道总体分布类型。

例：设总体 $X \sim N(\mu,\sigma^2)$，其中分布参数 μ,σ^2 未知，求 μ 和 σ^2 的极大似然估计。

先从总体 X 中抽取样本 $X_1,X_2,\cdots,X_n$，建立似然函数：

$$\begin{aligned} L(\theta;X) &= L(\mu,\sigma^2;X_1,X_2,\cdots,X_n) \\ &= \frac{1}{[2\pi\sigma^2]^{n/2}} \exp\left\{-\frac{1}{2\sigma^2}\sum_{i=1}^{n}(X_i-\mu)^2\right\} \end{aligned}$$

分别对 μ、σ^2 求偏导得似然方程组：

$$\frac{\partial}{\partial \mu}\ln L(\theta,x) = \frac{1}{\sigma^2}\sum_{i=1}^{n}(X_i-\mu) = 0$$

$$\frac{\partial}{\partial \sigma^2}\ln L(\theta,x) = \frac{1}{2[\sigma^2]^2}\sum_{i=1}^{n}(X_i-\mu)^2 - \frac{n}{2\sigma^2} = 0$$

求解第一式得参数 μ 的估计：

$$\sum_{i=1}^{n}(X_i-\mu) = \sum_{i=1}^{n} X_i - n\mu = 0$$

$$\hat{\mu} = \frac{1}{n}\sum_{i=1}^{n} X_i = \overline{X}$$

代入第二式得
$$\frac{1}{2\sigma^4}\sum_{i=1}^{n}(X_i-\overline{X})^2=\frac{n}{2\sigma^2}$$
$$\hat{\sigma}^2=\frac{1}{n}\sum_{i=1}^{n}(X_i-\overline{X})^2=\sigma_n^2$$
可见 μ、σ^2 的极大似然估计分别为样本的平均值和方差。

3. 参数区间估计

在某些统计问题中，要求对参数作另一种方式估计，例要求知道某个区间包含未知参数的可能性大小；至少有一个端点是随机变量的区间称为随机区间。

设 $X_1,\cdots,X_n$ 是总体 X 的样本，θ 是总体分布的未知参数，它属于参数空间 Θ。$T_1(X_1,\cdots,X_n)$与 $T_2(X_1,\cdots,X_n)$是满足 $T_1\leqslant T_2$ 的两个统计量，如对于给定的 $\alpha(0<\alpha<1)$，关系式
$$P(T_1<\theta<T_2)\geqslant 1-\alpha \qquad \text{对于一切 } \theta\in\Theta$$
成立，则称随机区间(T_1,T_2)为 θ 的置信区间，而称 $1-\alpha$ 为置信水平。

若统计量 $T(X_1,\cdots,X_n)$使得对于一切 $\theta\in\Theta$：
$$P(T<\theta)\geqslant 1-\alpha,\text{或 } P(\theta<T)\geqslant 1-\alpha$$
则称 T 为 θ 的单侧置信限，前者为置信下限，后者为置信上限。

(1)正态总体均值的区间估计

设总体 $X\sim N(\mu,\sigma^2)$，总体方差 σ^2 已知，则均值 μ 的置信水平为 $1-\alpha$ 的置信区间为：
$$\left(\overline{X}-\frac{\sigma}{\sqrt{n}}z_\alpha,\overline{X}+\frac{\sigma}{\sqrt{n}}z_\alpha\right)$$
其中$\overline{X}=\frac{1}{n}\sum_{i=1}^{n}X_i$ 为样本均值；n 为样本容量；z_α 为正态分布的双侧 α 分位值。

设总体 $X\sim N(\mu,\sigma^2)$，总体方差 σ^2 未知，则总体均值 μ 的置信水平为 $1\sim\alpha$ 的置信区间为：
$$\left(\overline{X}-\frac{s^*}{\sqrt{n}}t_\alpha(n-1),\overline{X}+\frac{s^*}{\sqrt{n}}t_\alpha(n-1)\right)$$
其中 $s^{*2}=\frac{1}{n-1}\sum_{i=1}^{n}(X_i-\overline{X})^2$ 为总体的样本无偏方差，$t_n(n-1)$为 t 分布的双侧 α 分位数。

(2)正态总体方差的区间估计

当 μ 已知时，σ^2 的置信水平为 $1-\alpha$ 的置信区间为：
$$\left[\frac{\sum_{i=1}^{n}(X_i-\mu)^2}{\chi^2_{\alpha/2}(n)},\frac{\sum_{i=1}^{n}(X_i-\mu)^2}{\chi^2_{1-\alpha/2}(n)}\right]$$
其中 $\chi^2_\alpha(n)$ 为 χ^2 分布的上侧 α 分位数，σ 的置信水平为 $1-\alpha$ 的置信区间为：
$$\left[\sqrt{\frac{\sum_{i=1}^{n}(X_i-\mu)^2}{\chi^2_{\alpha/2}(n)}},\sqrt{\frac{\sum_{i=1}^{n}(X_i-\mu)^2}{\chi^2_{1-\alpha/2}(n)}}\right]$$
当 μ 未知时，σ^2 置信水平为 $1-\alpha$ 的置信区间为：
$$\left(\frac{(n-1)s^{*2}}{\chi^2_{\alpha/2}(n-1)},\frac{(n-1)s^{*2}}{\chi^2_{1-\alpha/2}(n-1)}\right)$$

2.3.4 假设检验

在实际问题中，首先对未知总体提出某种假设，然后抽取样本，利用样本所提供的关于总

体的信息，对假设的正确性作出判断，在统计学中称之为假设检验。

1. 显著性检验

若目的是为判断某一统计假设是否成立，而不同时研究其他假设，这类检验问题称为显著性检验。

例：设总体 $X \sim N(\theta,1)$，其中 θ 为未知参数，要检验假设 $H:\theta=0$。

设 $X_1,\cdots,X_n$ 为来自总体的 X 的样本，$\overline{X}=\dfrac{1}{n}\sum\limits_{i=1}^{n}X_i$ 是 θ 的充分统计量；当 H 成立时，$\overline{X}$ 的分布为 $N\left(0,\dfrac{1}{n}\right)$，这时 $|\overline{X}|$ 以较大的概率在 0 附近取值，而取比较大的值的可能性很小，即"$|\overline{X}|$ 取较大的值"是一个"小概率事件"。若根据样本值 $x_1,\cdots,x_n$ 求得的 $|\overline{X}|$ 比较大，即小概率事件发生了，将怀疑假设 H 的正确性，认为 $\theta\neq 0$。

这种小概率事件发生时便否定假设称为统计反证法。规定小概率的方法是给定一个临界概率 $\alpha(0<\alpha<1)$，凡不超过 α 的概率称为小概率，α 称为显著水平。但有时当 H 成立时，小概率事件仍可能发生，为使把这类误判的可能性小于 α，要求 α 不要太大，一般 α 取为 0.01，0.05，0.10 等，要根据具体情况确定。

2. 正态总体均值的检验

单个总体——μ 检验。

设总体 $X \sim N(\mu,\sigma^2)$，且 σ^2 已知，对于给定的显著水平 α，检验假设 $H:\mu=\mu$。

当假设 H 成立时，$\overline{X}\sim N\left(\mu_0,\dfrac{\sigma^2}{n}\right)$，则

$$P\left\{\left|\frac{\overline{H}-\mu_0}{\sigma}\sqrt{n}\right|>Z_\alpha\right\}=\alpha \quad 或 \quad P\left(|\overline{X}-\mu_0|>Z_\alpha\frac{\sigma}{\sqrt{n}}\right)=\alpha$$

其中 Z_α 是标准正态分布的双侧 α 分位数；则假设 H 在显著水平 α 下的拒绝域为

$$W=\left\{(x_1,\cdots,x_n)\,\middle|\,|\overline{X}-\mu_0|>Z_\alpha\frac{\sigma}{\sqrt{n}}\right\}$$

其中 $|\overline{X}|$ 为样本均值，其值为 $\dfrac{1}{n}\sum\limits_{i=1}^{n}X_i$。

当 $|\overline{X}-\mu_0|>Z_\alpha\dfrac{\sigma}{\sqrt{n}}$ 时，便否定假设 H，这种利用正态分布的检验称为 u 检验。

例：某标准产品 $\mu_0=1.50$ mm，从某检验段中任取 10 个产品，检测结果为：1.50，1.49，1.50，1.51，1.49，1.51，1.51，1.50，1.50，1.51。

该产品总体 $X\sim N(\mu,0.005^2)$，问该段生产正常否？（显著水平 $\alpha=0.05$）

检验假设为 $H:\mu=\mu_0$；由样本 $\overline{x}=1.502$ mm，$Z_\alpha=1.96$，有

$|\overline{X}-\mu_0|=0.02<Z_\alpha\dfrac{\sigma}{\sqrt{n}}=0.03$，所以不否定假设 $H:\mu=\mu_0$，生产正常。

3. 正态总体方差检验

(1)单个总体——χ^2 检验

设总体 $X\sim N(\mu,\sigma^2)$，检验假设 $H:\sigma^2=\sigma_0^2$。用 s^{*2} 表示样本无偏方差，则当假设 H 成立时，

$$\frac{(n-1)s^{*2}}{\sigma_0^2}\sim\chi^2(n-1)$$

设显著水平为 α，$\chi^2(n-1)$分布上侧 $\alpha/2$ 和 $1-\alpha/2$ 分位数分别为$\chi^2_{\alpha/2}(n-1)$或$\chi^2_{1-\alpha/2}(n-1)$，若

$$s^{*2} > \frac{\sigma_0^2}{n-1}\chi^2_{\alpha/2}(n-1) \quad 或 \quad s^{*2} < \frac{\sigma_0^2}{n-1}\chi^2_{1-\alpha/2}(n-1)$$

则否定假设 H。

(2)两个总体——F 检验

设总体 $X_1 \sim N(\mu_1, \sigma_1^2)$，$X_2 \sim N(\mu_2, \sigma_2^2)$，检验假设 $H: \sigma_1^2 = \sigma_2^2$。用 s_1^{*2} 和 s_2^{*2} 分别表示两个总体容量为 n_1 和 n_2 的独立样本的样本无偏方差，则当假设 H 成立时，

$$F = \frac{s_1^{*2}}{s_2^{*2}} \sim F(n_1-1, n_2-1)$$

设显著水平为 α，$F_{\alpha/2}(n_1-1, n_2-1)$与 $F_{1-\alpha/2}(n_1-1, n_2-1)$分别为 F 分布的上侧$\alpha/2$ 和 $1-\alpha/2$ 分位数，若

$F > F_{\alpha/2}(n_1-1, n_2-1)$与 $F < F_{1-\alpha/2}(n_1-1, n_2-1) = \dfrac{1}{F_{\alpha/2}(n_1-1, n_2-1)}$，则否定假设 H。

例：设有两组来自正态总体 X、Y 的数据，$n_1=32$，$n_2=34$ 检验两个总体是否有显著差异？

两个样本的均值为
$$\begin{cases} \overline{X} = \dfrac{1}{n_1}\displaystyle\sum_{i=1}^{n_1} X_i = 0.773\ 75 \\ \overline{Y} = \dfrac{1}{n_2}\displaystyle\sum_{i=1}^{n_2} Y_i = 0.753\ 53 \end{cases}$$

方差为
$$\begin{cases} s_{n_1}^{*2} = \dfrac{1}{32-1}\displaystyle\sum_{i=1}^{32}(X_i - 0.773\ 75)^2 = 0.596\ 8 \\ s_{n_2}^{*2} = \dfrac{1}{34-1}\displaystyle\sum_{i=1}^{34}(Y_i - 0.753\ 53)^2 = 0.524\ 48 \end{cases}$$

统计量 F 的观测值为 $$F_0 = \frac{s_{n1}^*}{s_{n2}^*} = \frac{0.596\ 8}{0.524\ 8} = 1.137$$

显著水平 $\alpha = 0.05$，$\nu_1 = 32-1 = 31$，$\nu_2 = 34-1 = 33$，$F_{0.05}(31,33) = 1.69 \approx 1.84$

$$F_0 = 1.137 < F_{0.05}(31,33) = 1.69 \approx 1.84$$

不拒绝原假设的判断，两个总体无显著差异。

4. 拟合优度检验

在工程实践中，设计基本变量的统计规律往往事先是未知的，经过长期观测资料的累积，可以形成一种概念上的推测，这种经验性的推测检验，需进行观测数据的统计假设检验以作出判断，下面为非参数检验，即根据样本检验假设 $H: F \in F_0$。

(1)χ^2检验

适合于大样本容量应用，其统计量建立在实际观测频数与理论频数的比较基础上。

检验假设 $H: X \sim F(x)$。设 $X_1, \cdots, X_n$ 是总体 X 的样本，将$(-\infty, \infty)$分成 k 个区间：$(a_{i-1}, a_i]$，$i=1,2,\cdots,k$，当 $i=k$ 时为开区间(a_{k-1}, a_k)。用 f_i 表示$(a_{i-1}, a_i]$中包含 $X_1, \cdots, X_n$ 的实际频数；若 $F(x) = F_0(x)$为一已知分布函数，令

$$p_i = P(a_{i-1} < X \leqslant a_i) = F_0(a_i) - F_0(a_{i-1})$$

np_i 为理论频数；当假设 H 成立时，理论频数 np_i 与实际频数 f_i 相差不大，用统计量

$$\chi^2 = \sum_{i=1}^{k} \frac{(f_i - np_i)^2}{np_i}$$

检验假设 H：当 $n \to \infty$ 时，χ^2 渐近地服从 $\chi^2(k-1)$；于是当 n 较大时（$n \geqslant 50$），对于给定的显著水平 α，若 $\chi^2 > \chi_\alpha(k-1)$（为 $\chi^2(k-1)$ 的上侧 α 分位数），则否定 H。

若 $F(x)$ 含有 r 个未知参数，则应先将这些参数用其极大似然估计代替，然后计算 χ^2，用 $\chi^2_\alpha(k-r-1)$ 代替 $\chi^2{}_\alpha(k-1)$，当

$$\chi^2 > \chi^2{}_\alpha(k-r-1)$$

时，便否定假设 H。

在实际应用中，区间划分时应使理论频数至少保证 $np_i \geqslant 5$。

例：某种材料含量 $X(\%)$，现有 120 个采集数据，设检验假设 H：总体 X 服从正态分布（$\alpha = 0.05$）。

数据最大值、最小值及极差为：

$$\max_{1 \leqslant i \leqslant 120}\{x_i\} = 0.95, \qquad \min_{1 \leqslant i \leqslant 120}\{x_i\} = 0.64$$

$$\Delta = \max\{x_i\} - \min\{x_i\} = 0.31$$

若将数据分为 10 组，$k = 10$，组距为 $d = 0.031$。求出每个组区间的组中值：$x_i^* = \dfrac{a_{i-1} + a_i}{2}$，$i = 1, 2, \cdots, k$ 及实际频数 f_i，列于表 2-1。

表 2-1 某材料采集数据统计分析表（一）

序 号	组 区 间	组 中 值	实 际 频 数	
1	[0.640,0.671]	0.655 5	2	6
2	[0.671,0.702]	0.686 5	0	
3	[0.702,0.733]	0.717 5	4	
4	[0.733,0.764]	0.748 5	10	
5	[0.764,0.795]	0.779 5	34	
6	[0.795,0.826]	0.810 5	39	
7	[0.826,0.857]	0.841 5	20	
8	[0.857,0.888]	0.872 5	7	11
9	[0.888,0.919]	0.903 5	3	
10	[0.919,0.950]	0.934 5	1	

求出总体均值 μ 及标准差 σ 的估计：

$$\hat{\mu} = \frac{1}{n}\sum_{i=1}^{k} x_i^* \cdot f_i = 0.803$$

$$\hat{\sigma} = \sqrt{\frac{1}{n-1}\sum_{i=1}^{k}(x_i^* - \hat{\mu})^2 f_i} = 0.044 \qquad n = \sum_{i=1}^{k} f_i = 120$$

按式 $$p_i = F_0(a_i) - F_0(a_{i-1}) = \Phi\left(\frac{a_i - \hat{\mu}}{\hat{\sigma}}\right) - \Phi\left(\frac{a_{i-1} - \hat{\mu}}{\hat{\sigma}}\right)$$

计算事件$\{a_{i-1} < X < a_i\}$发生频率 p_i，$\Phi(\cdot)$为标准正态分布 $N(0,1)$，进而计算理论频数 np_i 及 $\chi^2 = \sum_{i=1}^{n} \frac{(f_i - np_i)^2}{np_i}$ 列于表 2-2。

表 2-2 某材料采集数据统计分析表(二)

序 号	组 区 间	组 频 数	np_i	$\frac{(f_i - np_i)^2}{np_i}$
1,2,3	$(-\infty,\cdots,0.733)$	6	6.717	0.077
4	(0.733,0.764)	10	16.020	2.262
5	(0.764,0.795)	35	28.704	0.977
6	(0.795,0.826)	39	32.388	1.350
7	(0.826,0.857)	20	23.064	0.407
8,9,10	$(0.857,\cdots,\infty)$	11	13.116	0.341

$\chi^2 = 5.414 < \chi^2_{0.05}(6-2-1) = 7.815$(将 $f_i < 5$ 的组合并后 $k=6$，二个参数 μ,σ 需估计，$r=2$)。

所以不能否定假设 H，即可认为总体 $X \sim N(0.803, 0.044^2)$。

(2)柯尔莫哥洛夫检验及斯米尔诺夫检验(K—S 检验)

K—S 检验的统计量是建立在样本分布与理论分布函数值的比较上，属于经验分布函数检验法的一种。

①K 检验

检验假设 H：总体 X 的分布为 $F_0(x)$，设 $F_0(x)$ 连续，$F_n(x)$ 为经验分布函数，令

$$D_n = \sup_{-\infty \leqslant x \leqslant \infty} \{ | F_0(x) - F_n(x) | \}$$

当 H 成立时，统计量 $\sqrt{n}D_n$ 的极限分布函数为：

$$Q(u) = \begin{cases} \sum_{k=-\infty}^{\infty} (-1)^k \exp(-2k^2u^2), & u > 0 \\ 0 & , u \leqslant 0 \end{cases}$$

对于给定的显著水平 α，当 $D_n > D_n(\alpha)$ 时，便否定 H。

②S 检验

检验假设 H：总体 X_1 与 X_2 的分布相同，设此二总体的分布函数连续，而 $F_{n_1}(x)$ 与 $F_{n_2}(x)$ 是分别来自这两个总体的独立样本的经验分布函数，当 H 成立时，统计量

$$D_{n_1,n_2} = \sup_{-\infty \leqslant x \leqslant \infty} \{ | F_{n_1}(x) - F_{n_2}(x) | \}$$

与 $\sqrt{n}\left(n \text{ 值为} \frac{n_1 n_2}{n_1 + n_2}\right)$ 的乘积 $\sqrt{n}D_{n_1,n_2}$ 的极限分布为：

$$Q(u) = \begin{cases} \sum_{k=-\infty}^{\infty} (-1)^k \exp(-2k^2u), & u > 0 \\ 0 & , u \leqslant 0 \end{cases}$$

对于给定的显著水平 α，可得 S 检验临界值 u_α，当 $\sqrt{n}D_{n_1,n_2} > u_\alpha$ 时，便否定 H。

2.3.5 相关分析

相关分析是处理随机变量间统计相关关系的一种统计分析方法，常称为回归问题。

1. 一元线性回归

研究两个变量间统计相关关系叫一元回归问题,其中最简单的是线性回归。

设有两个变量 X、Y,对其进行 n 次观测,可得 n 对数据$(x_1,y_1),(x_2,y_2),\cdots,(x_n,y_n)$,现拟合一个 Y 关于 X 的线性函数 $Y=a+bX$,使均方误差

$$\varepsilon = \sum_{i=1}^{n}[y_i-(a+bx_i)]^2$$

为最小,则应满足:

$$\begin{cases}\dfrac{\partial\varepsilon}{\partial a}=\dfrac{\partial}{\partial a}\left\{\sum\limits_{i=1}^{n}[y_i-(a+bx_i)]^2\right\}=0\\ \dfrac{\partial\varepsilon}{\partial b}=\dfrac{\partial}{\partial b}\left\{\sum\limits_{i=1}^{n}[y_i-(a+bx_i)]^2\right\}=0\end{cases}$$

求得方程组:

$$\begin{cases}\overline{Y}-a-b\overline{X}=0\\ \sum\limits_{i=1}^{n}x_iy_i-na\overline{X}-b\sum\limits_{i=1}^{n}x_i^2=0\end{cases}$$

求解方程组得到待定系数 a、b:

$$\begin{cases}a=\overline{Y}-b\overline{X}=\overline{Y}-\dfrac{\sum\limits_{i=1}^{n}(x_i-\overline{X})(y_i-\overline{Y})}{\sum\limits_{i=1}^{n}(x_i-\overline{X})^2}\overline{X}\\ b=\dfrac{\sum\limits_{i=1}^{n}(x_i-\overline{X})(y_i-\overline{Y})}{\sum\limits_{i=1}^{n}(x_i-\overline{X})^2}\end{cases}$$

由此得到以 b 为斜率,a 为截距的线性函数称为线性回归方程。

$$\hat{Y}=a+bZ$$

2. 非线性回归的线性化

在实际问题中,会遇到两变量间明显非线性关系,需进行线性变换。

(1)指数曲线方程:$Y=a\cdot b^X$,$a>0,b>0$

可以通过变换:$\begin{cases}X'=X\\Y'=\lg Y\end{cases}$ 线性化,线性方程:

$$Y'=\lg a+\lg bX=A+BX'$$

(2)幂函数曲线方程:$Y=aX^b$,$a>0$,b 为常数

作变换:$\begin{cases}X'=\lg X\\Y'=\lg Y\end{cases}$

线性方程: $Y'=\lg a+b\lg X=A+bX'$

(3)双曲线函数方程: $Y=a+\dfrac{b}{X}$ 或 $\dfrac{1}{Y}=a+bX$

作变换: $\begin{cases}X'=\dfrac{1}{X}\\Y'=Y\end{cases}$ 或 $\begin{cases}X'=X\\Y'=\dfrac{1}{Y}\end{cases}$

线性方程: $Y'=a+bX'$ 或 $Y'=a+bX'$

(4)单对数函数方程：$Y = a + b\lg X$

作变换：$\begin{cases} X' = \lg X \\ Y' = Y \end{cases}$

(5)双对数函数方程：$\lg Y = a + b\lg X$

作变换：$\begin{cases} X' = \lg X \\ Y' = \lg Y \end{cases}$

3. 多元线性回归

研究多于两个变量之间关系时，一种最简单的相关关系是线性回归关系，即

$$Y = a_0 + a_1 X_1 + a_2 X_2 + \cdots + a_k X_k$$

由均方误差最小求解：

$$\varepsilon = \sum_{j=1}^{n} [Y_j - (a_0 + a_1 X_{1_j} + a_2 X_{2_j} + \cdots + a_k X_{k_j})]^2$$

$$\text{由}\begin{cases} \dfrac{\partial \varepsilon}{\partial a_0} = 0 \\ \dfrac{\partial \varepsilon}{\partial a_1} = 0 \\ \vdots \\ \dfrac{\partial \varepsilon}{\partial a_k} = 0 \end{cases} \quad \text{求得 } a_i = \frac{\sum_{j=1}^{k}(X_{ij} - \overline{X}_i)(Y_j - \overline{Y})}{\sum_{j=1}^{n}(X_{ij} - X_i)^2} \quad (i = 1,2,\cdots,k)$$

$$\text{则} \quad \begin{cases} a_0 = \overline{Y} - \sum_{i=1}^{k} a_i \overline{X}_i \\ \overline{X}_i = \dfrac{1}{n}\sum_{j=1}^{n} X_{ij} \quad (i = 1,2,\cdots,k) \\ \overline{Y} = \dfrac{1}{n}\sum_{j=1}^{n} Y_j \end{cases}$$

求多元线性回归问题，抽样观测得 n 组数据$(x_{11}, x_{21}, \cdots, x_{k1}, y_1)$，$(x_{12}, x_{22}, \cdots, x_{k2}, y_2)$，$\cdots$，$(x_{1n}, x_{2n}, \cdots, x_{kn}, y_n)$→求各变量样本均值 $\overline{X}_i$，$\overline{Y}$→计算回归系数 a_i，a_0→多元线性回归方程 $Y = a_0 + a_1 X_1 + a_2 X_2 + \cdots + a_k X_k$。

2.3.6 贝叶斯方法

设 X 为观测样本，其概率密度为 $f(x|\theta)$，需要利用样本对未知参数作出某种推断。在抽样得到样本 X 之前，我们对 θ 已具备先验知识，这种先验知识能以 θ 的一个概率分布形式表达出来，该概率分布为 θ 的先验分布，其密度函数为 $\xi(\theta)$。得到样本 X 后，可计算出在给定 X 之下，θ 的条件分布 $\xi(\theta|x)$，该分布称为 θ 的后验分布，X 与 θ 的联合密度为 $f(x|\theta)\xi(\theta)$，后验分布的密度函数为：

$$\xi(\theta \mid x) = \frac{f(x \mid \theta)\xi(\theta)}{\int_{\Theta} f(x \mid \theta)\xi(\theta)d\theta}$$

其中 Θ 为 θ 的取值范围，称为参数空间，上式即为贝叶斯公式。对于离散随机变量情形，上式中积分可理解为：$\sum_{i=1}^{\infty} f(x \mid \theta_i)\xi(\theta_i)$。

样本分布为正态分布 $N(\theta,1)$，先验分布为 $N(\theta,\sigma^2)$，σ^2 未知，θ 的贝叶斯估计为

$$\delta_\sigma(x)=\frac{\sigma^2}{1+\sigma^2}X$$

用历史样本 $X_1,\cdots,X_n$ 估计 σ^2，X 的边缘分布服从 $N(0,1+\sigma^2)$，用矩法估计 σ^2，得

$$\sigma_n^2=\begin{cases}\dfrac{1}{n}\sum\limits_{i=1}^{n}X_i^2-1, & 若\dfrac{1}{n}\sum\limits_{i=1}^{n}X_i^2\geqslant 1\\ 0, & 其他\end{cases}$$

从而得到 θ 的一个经验贝叶斯估计：

$$\delta_n=\frac{\sigma_n^2}{1+\sigma_n^2}X=\frac{\sum X_i^2-n}{\sum X_i^2}$$

其贝叶斯风险为

$$R_\sigma(\delta_n\mid X_1,\cdots,X_n)=\left[\sigma^2+(\sigma_n^2)^2\right]\Big/(1+\sigma_n^2)^2$$

全面贝叶斯风险为

$$R_\sigma(\delta_n)=\frac{E_n\left[\sigma^2+(\sigma_n^2)^2\right]}{(1+\sigma_n^2)^2}$$

由大数定律：$\sigma_n^2\to\sigma^2$ 且

$$0\leqslant\left[\sigma^2+(\sigma_n^2)^2\right]\Big/(1+\sigma_n^2)^2\leqslant\sigma^2+1$$

则

$$\lim_{n\to\infty}R_\sigma(\delta_n)=\frac{\sigma^2}{1+\sigma^2}$$

即贝叶斯估计的贝叶斯风险。所以，在 $F=\{N(0,\sigma^2);\sigma>0\}$ 之下，δ_n 为 θ 的渐近最优经验贝叶斯估计。

2.4 计算模型

在结构可靠性分析中，计算模型根据相关作用和环境影响描述结构及其性能和所考虑的极限状态。各种模型根据其主要决定因素建立，而忽略其次要因素进行简化。

常用模型，为作用模型；结构模型(与各种作用效应相关)；抗力模型(给出结构在各种作用效应下的各种抗力)。

对于研究一个完整结构体系的总体稳定或平衡问题，或各种作用荷载与结构反应间的相互作用，需要作出更细致的划分。

对结构模型要考虑结构动态与静态反应，弹性与非弹性(塑性反应)，几何线性与几何非线性反应，与时间无关和与时间相关的性能(如徐变等)。

对抗力模型可以根据计算要求更细地划分为局部强度模型、构件强度模型和体系强度模型，瞬时强度模型和包括累积效应的模型(如疲劳、累积变形，耐久性等)。

要选择与某一设计状况相适应的模型，取决于荷载的特征，材料性能和结构的几何形状等。

计算模型的确定首先取决于控制作用与作用效应间及作用效应与抗力间关系的各种假设的试验定量验证。

2.4.1 模型类别

1. 作用(荷载)模型

一个完整的作用(荷载)模型应描述作用(荷载)的主要性能,如作用的大小、位置、方向、持续期等;有时,还需考虑不同性能间的相互关系和影响以及各种作用和结构反应间的相互作用关系。

作用(荷载)F 一般可根据其要素用模型化函数表达:$F=\varphi(F_0,w)$,式中 $\varphi(\cdot)$为相应分布函数表达式;F_0 为基本变量,可为随机变量,或随机过程,考虑空间和时间相关变异性,且一般与结构无关;w 为结构其他性能表达,为随机或非随机变量。

设计中所要求的作用(荷载)模型细节,取决于要进行分析的类型,在与时间无关或累积效应的静态分析中,主要按不同的状况考虑发生在设计基准期内作用(荷载)的最大值或最小值。

对于动态性能,重要的结构需要一个比较细致的过程描述;动态作用模型须较准确地描述作用(荷载)随时间的变异性,才能较细致和精确地给出合理的计算结果;动态作用(荷载)的描述可以时间为主或以频率为主给出,选择与计算分析较为方便的一种描述;对作用(荷载)随时间变化的各种不定性,可以根据所描述作用(荷载)的特征选用具有一定随机变数的非随机函数或随机过程,各种随机过程往往都是分段平稳的。

动态作用可以转化成等效的静态作用进行分析。

在许多情况下,作用参数的选择并不能常常使分析结果处于安全一侧,因此,若作用参数不能较准确的描述的话,有必要对有关作用模型按不同的假设进行计算分析,以选择较好的模型描述。

若一个作用对结构的疲劳起控制作用,应按照应力波动的完整历程、一组应力循环历程和其相应的循环数来描述作用效应(局部应力)。

2. 描述结构几何性能的模型

结构一般可用一个包括一维单元(梁、柱、索、拱等)、二维单元(板、墙、壳等)和三维单元的模型描述。

模型中的几何量一般是指名义值,即在图纸、说明书中给出的设计值;实际结构的几何量与其名义值一般是不相同的,即结构具有几何不完整度;若结构性能对这种几何不完整度敏感,则在模型中必须考虑这些不完整度。

在许多情况下,结构的变形会引起几何量的名义值产生显著变异,若这些变形对结构性能有显著影响,应和几何不完整度一样在结构模型中予以考虑,这些变形效应一般指几何非线性或二阶效应。

3. 描述材料性能和静态反应的模型

根据结构计算的目的和类型,在设计计算中需对有关的各种作用(荷载)效应和变形(或应变)之间的相互关系作出一定的假设。弹性理论常被用于结构在各种作用(荷载)效应下结构性能被限制于弹性范围或弹性理论被认为是一个保守的近似方法的情况;结构的某些局部区域假设完全产生塑性状态表示结构达到其极限的状态;对于脆性失效和由于结构整体(或局部)失稳情况应用塑性理论确定结构的承载能力时应慎重。

作用效应模型和抗力模型应用于设计计算中,两种模型在原则上应该是彼此相互一致的,当与该原则不一致时,特别是对二阶或非线性效应情况,应采取专门的预防措施。

4. 动态反应模型

在多数情况,结构动态反应是由作用(荷载)的大小、位置或方向急剧变化所引起的,有时由于结构构件的刚度或抗力的突变,也可能产生动态性能。

动态分析可按时域或频域进行，荷载及结构动态反应将涉及到结构设计基准期中极限状态的超越概率。

结构性能可能是与时间相关或与时间无关的，其效应分析均应包含在完整的概率统计分析中。

动态分析模型包括刚度模型、阻尼模型、惯性模型。

刚度模型基本上与静态分析一样，应考虑由于作用(荷载)循环重复导致结构刚度的退化和降低及动态影响引起的刚度增大；对非线性材料模型，其应变率取决于屈服强度的增长。

惯性力是由结构质量、非结构质量和周围流质、空气或土壤附加质量的加速度造成的。附加质量的影响产生于结构与其环境的相互作用，在动态分析中应考虑这些不同质量的影响。

阻尼是由许多不同类型的机理造成的结果，主要的机理是材料阻尼(例如从弹性性能或从塑性材料性能产生)；由于连接中摩擦作用所引起的阻尼；由于非结构构件引起的阻尼；几何形状阻尼；土壤中材料阻尼；空气动力和流体动力的阻尼。

在实际设计中，大多数情况可以进行简化，最常用的方法是计算其准静态反应并乘以动态放大系数，该系数是控制固有频率与其相关阻尼的函数。

5. 疲劳模型

若结构上作用的荷载使结构构件或细节产生疲劳，则必须验证结构疲劳的可靠性，计算结构疲劳抗力的模型与结构材料类型密切相关，该模型取决于由经验得到的抗力和荷载循环数之间的关系或断裂力学原理，对于结构构件疲劳损伤要注意其检查和维护效应。

在承受脉动作用的结构中，当荷载水准显著地低于正常期望的失效荷载水准即可能产生疲劳失效；若疲劳失效是由裂缝扩展引起的话，其失效机制包括三个阶段。

初始阶段——裂缝形成。

裂缝扩展阶段——在每个荷载循环周期发生稳定的裂缝扩展。

失效阶段——由于脆性断裂或延性撕裂所引起的不稳定的裂缝扩展，或由于一般屈服使横截面缩小而破坏。

在裂缝扩展阶段，出现变形较大的塑性区，经过相对较少的循环周期后即发生失效，其机制称为低周疲劳；当塑性区较小时，其失效机制称为高周疲劳，铁路桥梁钢结构属于高周疲劳。

对于结构疲劳分析有两种方法 S—N 曲线方法、断裂力学方法。

(1)S—N 曲线法

S—N 曲线法组合了疲劳机制的所有三个阶段且完全是以试验为依据的。一定数量的试件承受了一系列恒定振幅荷载多次循环直至失效，绘出以应力幅 S 与相对应的失效时循环数 N 的 S—N 曲线，该曲线可为平均应力水准或为平均应力 $\pm\beta\sigma$ 水准。对于结构上可变振幅荷载采用损伤累积规则，最常用的为 Palmgren—Miner 线性损伤规则。根据 Miner 规则其疲劳失效发生在：

$$\sum\frac{n_i}{N_i}\geqslant D_c$$

式中 n_i——在应力幅水准 S_i 下施加的荷载循环数；

N_i——在应力幅水准 S_i 下失效时的荷载循环数；

D_c——疲劳损伤比的临界值。

应力幅 S_i 假设包括局部应力集中的效应，例如焊接端头。

为求得对应于每一应力幅水准 S_i 的循环数 n_i，可采用雨流计数方法或其他方法；Miner 规则不考虑顺序连续效应，在理想的情况下临界值 $D_c=1.0$，但一般它取决于荷载历程、环境情况和材料类型。

(2)断裂力学法

在断裂力学法中,对三个不同阶段采用不同的模型。

①裂缝初始阶段:局部应变法模型,主要用于小薄板结构;在许多应用中该阶段往往被忽略。

②裂缝扩展阶段:在许多情况中由裂缝增长模型控制,其中经过时间 t 后的裂缝尺寸 a_t 是初始裂缝尺寸 a_0、局部名义应力历程 $\sigma(\tau)$和疲劳抗力 R_f 的函数,R_f 取决于局部材料性能和几何形状。

$$a_t = f[a_0, \sigma(\tau), R_f] \qquad (0<\tau<t)$$

在大多数裂缝扩展模型中,应力历程 $\sigma(\tau)$被转化为循环的顺序,除考虑裂缝长度外,也需考虑裂缝高度和宽度。

③失效阶段:采用临界尺寸的概念,每个应力水准 $\sigma(\tau)$可与一个临界裂缝尺寸 $a_{crit,t}$ 相结合,要考虑所有可能失效模式。若 $a_t > a_{crit,t}$,则一个应力等于 $\sigma(\tau)$将会导致失效。疲劳失效的极限状态函数可表示为

$$g(X) = \min_{0<t<T}(a_{crit,t} - a_t)$$

或保守地表示为

$$g(X) = \min_{0<t<T}(a_{crit,t}) - \max_{0<t<T}(a_t)$$

最小(最大)应取自总的设计工作寿命期 T(图 2-25)。

疲劳安全性模式取决于分析的类型。在以累积损伤与 $S-N$ 线相结合情况中,其验证规则表示如下:

$$\sum \frac{n_i}{N_i} < \frac{D_c}{r_d}$$

$$N_i = N_i\left(\gamma_{Ff} S_i, \frac{R_{fk}}{\gamma_{Mf}}\right)$$

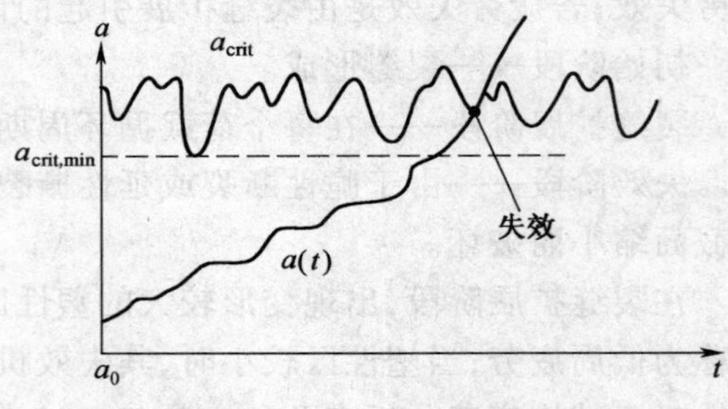

图 2-25 疲劳失效极限状态例

式中 n_i, S_i——荷载历程的最佳估计;

R_{fk}——疲劳抗力特征值;

γ_{Ff}——涉及荷载模型各种不定性的分项系数;

γ_{Mf}——涉及材料模型各种不定性的分项系数;

γ_d——涉及累积损伤规则,设计工作寿命和失效后果各种不定性的分项系数。

断裂力学法验证规则可表示为:

$$a_{crit}\left\{\gamma_{F1} S_k, \frac{R_k}{\gamma_{m_1}}\right\} > a_T\left\{a_{0k}\gamma_{F2} S(\tau)\frac{R_{fk}}{\gamma_{m_2}}\right\}$$

式中 S_k——由特征荷载或荷载循环引起的荷载效应;

R_k——与温度相关的特征强度性能(断裂韧性、屈服强度);

a_{0k}——特征初始裂缝尺寸;

$S(\tau)$——荷载历程的最佳估计;

R_{fk}——材料性能的各种特征值;

γ——各种分项系数;

T——设计工作寿命。

各种分项系数的水准取决于:随机变量的各种不定性和灵敏度;结构的损伤公差,开裂结构不同荷载路径的差异;检查间隔时间和裂缝探测概率;有效修理的能力。

2.4.2 模型不定性

计算模型各相关变量之间是基于物理上和经验上的关系,其一般为随机变量的函数:

$$Y=f(X_1,X_2,\cdots,X_n)$$

式中 Y——预测模型;

$f(\cdot)$——模型函数关系式;

X_n——基本随机变量。

模型函数 $f(\cdot)$在一个特定的试验中,X_i 值是已知的话,则模型 Y 可预测无误;在大多数情况下,由于缺乏有关知识或为使用方便过多地简化模型,模型是不完整和不确切的,试验的实际结果 Y'可表示为:

$$Y'=f'(X_1,\cdots,X_n;\theta_1,\cdots,\theta_m)$$

θ_i 涉及到各种预测参数,包括模型不定性,以随机变量对待;其统计性能大多数情况可从试验或观察中分析得出。抗力模型各种参数的平均值原则上以计算模型准确预测的试验结果的平均数计算确定。

在大多数情况中,为设计目的所作的各种模型假定与实际结构的各种条件不完全一致,因此应考虑评估模型不定性。

2.4.3 基于试验模型的设计

有时没有足够的数据和经验建立合理的计算模型时,可以建立试验模型,该模型应与计算模型具有相一致的极限状态和荷载条件及同样的可靠性。

试验前,应尽可能首先建立一个计算模型,包含各种变量的相关范围和试验中需评定的未知参数和量,在试验中进行直接或间接地量测。对试验结果的评定若与经验不一致时,应找出其偏差的各种影响因素。

1. 范围

基于试验模型的设计是为确定各结构构件和材料抗力各种性能设计值的一种方法。即以各试验数据的统计评估为依据,与概率统计设计和分项系数设计的概念相一致。其应用范围包括:因缺乏足够的理论模型或数据而不能按照实用规范给定资料进行处理的各种情况;一般应用于计算的数据不能正常地反映实际环境的特定情况;一个直接的极限状态验算有可能给出比较经济的方案时;新设计公式的推导和建立。

2. 一般原理

为制定一个相关的试验方案,各种试验应预先有一个定性的初始分析找出所考虑构件性能可能处于的临界区域,须对所考虑的极限状态给出一个明确的定义。试验构件的尺寸和生产工艺条件要与生产的构件组一致;试验程序不仅限于注意最终结果,对与极限状态被超越相关联的各种机制和边界条件也应予以充分重视。从试验推导设计值所采用的方法应考虑试验数量有限,试验评估应考虑已有分析模型的基础上进行或采取直接评估的方法。

3. 实际与试验条件间差异的考虑

试验时各种条件与实际环境中结构有所不同，应考虑以合适的换算关系或修正系数来处理。换算系数应在一般结构理论和/或经验的基础上由试验或理论分析确定，有时还可参照已有的经验确定。对换算系数的各种影响因素包括：尺寸效应；时间效应（一般地各种试验是在短期加载下进行的，而实际结构的一些性能取决于长期效应）；试验单元的边界条件；影响材料性能的气象条件与环境；制造工艺条件对结构性能的影响。

4. 计划

各种试验实施之前应提出试验计划，其涉及以下各种因素：

(1)试验所要求的各种参数和有效范围；

(2)对可能影响试验结构极限状态下的全部性能和条件的描述（如几何参数及其公差、材料性能、制作程序影响的各参数、比例影响、环境条件等）；

(3)失效模式和/或具有相应变量的分析模型；

(4)试验实施之前，对每个试件的相关性能量测；

(5)与试件各种性能相关的规程；

(6)试件的数目和取样程序；

(7)试验中关于加载和环境条件的规程，加载途径选择要能与实际构件的应用范围相一致；

(8)试验布置的适用性；

(9)观测点和观测记录方法。

5. 试验结果的直接评估

假定结构构件的抗力或材料强度是直接地由试验来评定；若采用的各种结果与概率设计法相联系，则各种试验数据可用以更新和校正抗力统计参数的预定先验分布。

若采用分项系数模式进行评估，则可采用可靠度经典方法或贝叶斯法，或同时采用两种方法，对两种方法结果进行比较分析和论证采用合理的结果。

(1)可靠度经典方法

设计抗力模式为：

$$R_{\mathrm{d}}=\frac{R_{\mathrm{k,est}}}{\gamma_{\mathrm{m}}}\cdot\frac{\overline{\eta}}{\gamma_{\mathrm{Rd}}}$$

式中 $R_{\mathrm{k,est}}$——抗力下限特征值 R_{k} 的估计值，由试验统计确定；

γ_{m}——材料分项系数；

$\overline{\eta}$——换算系数或修正系数的平均值；

γ_{Rd}——模型不定性系数。

分项系数 γ_{m} 可根据材料的常用值和所考虑的失效模型确定。

模型不定性系数 γ_{Rd} 包含着试验条件与实际条件之间差异的随机性，γ_{Rd} 由研究者根据试验目的、极限状态的各种要求、失效模式和关于生产与制造条件等资料确定，一般情况下，$\gamma_{\mathrm{Rd}}\geqslant1.0$。

下限特征值 $R_{\mathrm{k,est}}$ 由试验结果估算，考虑置信度至少为 0.75；在缺乏其他资料时，可假定为正态分布的 0.05 分位值。估算的特征值为：

$$R_{\mathrm{k,est}}=m_{\mathrm{R}}-k_{\mathrm{s}}s_{\mathrm{R}}$$

式中 m_{R}——样本平均值；

s_R——样本标准差；

k_s——取决于样本大小的系数。

k_s 值取决于试验数目 n 和选定的置信度。有时分布的标准差 σ_R 已知，则为：

$$R_{k,est} = m_R - k_\sigma \sigma_R$$

表 2-3 及表 2-4 给出分位数为 0.10，0.05 和 0.01，置信度为 0.75 时的 k_s 和 k_σ 值，可以参照应用。

表 2-3 k_s 值；σ_R 未知（置信度 = 0.75）

分位数	试验次数 n							
P	3	4	6	8	10	20	30	100	∞
0.10	2.50	2.13	1.86	1.74	1.67	1.53	1.47	1.38	1.28
0.05	3.15	2.68	2.34	2.19	2.10	1.93	1.87	1.76	1.64
0.01	4.40	3.73	3.24	3.04	2.93	2.70	2.61	2.46	2.33

表 2-4 k_σ 值；σ_R 已知（置信度 = 0.75）

分位数	试验次数 n								
P	3	4	6	8	10	20	30	100	∞
0.10	1.67	1.62	1.56	1.52	1.50	1.43	1.40	1.35	1.28
0.05	2.03	1.98	1.92	1.88	1.86	1.79	1.77	1.71	1.64
0.01	2.72	2.66	2.60	2.56	2.54	2.48	2.45	2.39	2.33

（2）贝叶斯（Bayesian）法

在贝叶斯法中，其设计值可直接由样本数据估算：

$$R_d = \eta_d \left[m_R - t_{vd} S_R \sqrt{\left(1 + \frac{1}{n}\right)} \right]$$

式中 m_R——样本平均值；

S_R——样本标准差；

t_{vd}——t 分布的系数（见下表 2-5）；

n——试验数目；

η_d——换算系数的设计值。

表 2-5 t_{vd} 值

		自由度 $\nu = n - 1$								
β_R	$\Phi(-\beta_R)$	1	2	3	5	7	10	20	30	∞
1.28	0.10	3.08	1.89	1.64	1.48	1.42	1.37	1.33	1.31	1.28
1.64	0.05	6.31	2.92	2.35	2.02	1.89	1.81	1.72	1.70	1.64
2.33	0.01	—	6.97	4.54	3.37	3.00	2.76	2.53	2.46	2.33
2.58	0.005	—	—	5.84	4.03	3.50	3.17	2.84	2.75	2.58
3.08	0.001	—	—	—	5.89	4.78	4.14	3.55	3.38	3.09

上式是以 R 的一个正态分布和未提供先验分布的标准差和平均值为依据的。若已知标

准差,可用分布标准差 σ_R 代替样本标准差 s_R,并取自由度 $\nu=\infty$ 选取 $t_{\nu d}$;贝叶斯法对观察的标准差 σ_R 很敏感,可以为已知标准差选择一个适当的先验分布。

2.5 结构构件可靠度分析

结构可靠性是指结构在规定的时间内,在规定的条件下,完成预定功能(或性能)的能力。"规定的时间"一般指结构的设计基准期或既有结构的剩余寿命期;"规定的条件"包括设计状态、施工安装条件、运营环境及养护维修等条件;"预定功能"一般指结构在各种设计状态下,在设计荷载作用下,结构强度、变形,稳定和疲劳等的工作性能和耐久性。

在结构可靠度分析中,基本假定前提条件为:

(1)结构承受的各种作用(荷载)对结构的效应以非负随机变量 S 或非负随机过程 $\{S(t),t\in[0,T]\}$ 为概率模型;

(2)结构抗力以非负随机变量 R 或非负随机过程 $\{R(t),t\in[0,T]\}$ 为概率模型;

(3)当结构效应 S 不超过抗力 R,即 $S\leqslant R$ 结构认为是可靠的;当 $S>R$ 时结构为失效或破坏。

工程结构或构件的抗力是结构材料的力学性能和几何参数的函数,结构作用效应是荷载、外加变形或约束变形等对结构产生的效应。

结构基本变量根据其变化特征可选择随机变量模型或随机过程模型。

结构功能用结构功能函数描述,是设计基本变量的函数。设 $X_i\ (i=1,2,\cdots,n)$ 为结构某功能中的基本变量,则结构功能函数为:

$$Z=g(X_1,\cdots,X_n)$$

结构功能函数也可表示为作用效应 S 和结构抗力 R 的函数:

$$Z=g(R,S)=R-S$$

结构功能的三种状态为:

$$\begin{cases} Z>0 & \text{期望状态(或可靠状态)} \\ Z=0 & \text{极限状态} \\ Z<0 & \text{不期望状态(或失效状态)} \end{cases}$$

因此结构极限状态是结构可靠或失效的临界状态,是判别结构是否满足预定功能要求的标志。

2.5.1 结构可靠性模型

根据结构效应和抗力采用的不同概率模型将结构可靠性模型分为三种基本形式。

1. 随机变量可靠性模型

当作用效应 S 和抗力 R 的所有设计基本变量 $X_{S_i}\ (i=1,2,\cdots,n)$ 和 $X_{R_j}\ (j=1,2,\cdots,m)$ 均选用随机变量概率模型时:

$$\begin{cases} S=S(X_{S_1},X_{S_2},\cdots,X_{S_n}) \\ R=R(X_{R_1},X_{R_2},\cdots,X_{R_m}) \end{cases}$$

则结构功能函数:

$$Z=R-S=R(X_{R_1},X_{R_2},\cdots,X_{R_m})-S(X_{S_1},X_{S_2},\cdots,X_{S_m})$$

$$=g(X_1,X_2,\cdots,X_N),\quad N=m+n$$

也为一随机变量,则称为随机变量可靠性模型,其不涉及时间参数 t,为静态模型,结构可靠度分析基本上采用随机变量模型。

2. 半随机过程可靠性模型

当结构作用效应和抗力所包含的设计基本变量中,至少有一个基本变量选用随机过程模型,即

$$S(t)=S(X_{S_1},\cdots,X_{S_i}(t),\cdots,X_{S_n})\qquad t\in[0,T]$$

或

$$R(t)=R(X_{R_1},\cdots,X_{R_j}(t),\cdots,X_{R_m})\qquad t\in[0,T]$$

则结构功能函数表达式为

$$Z(t)=R-S(t)\quad,\quad t\in[0,T]$$

或

$$Z(t)=R(t)-S\quad,\quad t\in[0,T]$$

以上两种情况,功能函数$\{Z(t),t\in[0,T]\}$都是随机过程,而 S 或 R 只有一种为随机过程,称为半随机过程可靠性模型。

3. 全随机过程可靠性模型

当结构荷载效应和抗力所含设计基本变量中,各自至少有一个变量是随机过程,即

$$R(t)=R(X_{R_1},\cdots,X_{R_j}(t),\cdots,X_{R_m})\qquad t\in[0,T]$$

$$S(t)=S(X_{S_1},\cdots,X_{S_i}(t),\cdots,X_{S_n})\qquad t\in[0,T]$$

功能函数

$$Z(t)=R(t)-S(t)\qquad t\in[0,T]$$

也是随机过程,称为全随机过程可靠性模型。

2.5.2 结构可靠度均值一次二阶矩法

设随机变量 $Z=g(X_1,X_2,\cdots,X_n)$为结构功能函数,则

$$P_r=P(Z>0)=P[g(X_1,X_2,\cdots,X_n)>0]$$

为结构可靠概率。

而$P_f=P(Z<0)=P[g(X_1,X_2,\cdots,X_n)<0]$为结构失效概率;

$P_e=P(Z=0)=P[g(X_1,X_2,\cdots,X_n)=0]=0$ 为结构极限状态。

结构三种状态"$Z>0$"、"$Z=0$"、"$Z<0$"是互不相容事件,则

$$P(Z>0)+P(Z=0)+P(Z<0)=P_r+P_e+P_f=P_r+P_f=1$$

所以结构失效概率:

$$P_f=1-P_r$$

或结构可靠概率:

$$P_r=1-P_f$$

在静态模型下,结构抗力 R 和荷载效应 S 均为随机变量的函数,功能函数可表示为

$$Z=g(R,S)=R-S$$

若 P、S 的二阶矩存在,即

$$E[R^2]<\infty,\quad E[S^2]<\infty$$

则

$$\mu_Z=E(Z)=E[R-S]=\mu_R-\mu_S$$

$$\sigma_Z^2=D[Z]=E[R-S]^2-(E[R-S])^2=\sigma_R^2+\sigma_S^2-2\mathrm{cov}(R,S)$$

对 Z 作标准变换:

$$Z'=\frac{Z-\mu_Z}{\sigma_Z}\sim F_{Z'}(x)$$

$$P_f=P(Z<0)=P\left(\frac{Z-\mu_Z}{\sigma_Z}<-\frac{\mu_Z}{\sigma_Z}\right)=P\left(Z'<-\frac{\mu_Z}{\sigma_Z}\right)=F'_Z\left(-\frac{\mu_Z}{\sigma_Z}\right)$$

$$= F'_Z\left[-\frac{\mu_R-\mu_S}{\sqrt{\sigma_R^2+\sigma_S^2-2\mathrm{cov}(R,S)}}\right]$$

根据结构可靠指标定义：

$$\beta=\frac{\mu_Z}{\sigma_Z}=\frac{\mu_R-\mu_S}{\sqrt{\sigma_R^2+\sigma_S^2-2\mathrm{cov}(R,S)}}$$

$$P_f=F_{Z'}\left(-\frac{\mu_Z}{\sigma_Z}\right)=F_{Z'}(-\beta)$$

$$F_{Z'}^{-1}(P_f)=F_{Z'}^{-1}[P_{Z'}(-\beta)]=-\beta$$

$$\beta=-F_{Z'}^{-1}(P_f)=-F_{Z'}^{-1}(1-P_r)$$

当 R、S 互相独立时，$\mathrm{cov}(R,S)=0$，

则

$$\beta=\frac{\mu_R-\mu_S}{\sqrt{\sigma_R^2+\sigma_S^2}}$$

传统结构设计的中心安全系数 K 可表示为

$$K=\frac{\mu_R(\text{平均强度})}{\mu_S(\text{平均荷载效应})}$$

K 只由 R、S 的一阶原点矩 μ_R、μ_S 确定，只涉及 μ_R、μ_S 的相对位置，不能体现材料强度和荷载离散性对结构可靠性的影响(见图 2-26)。

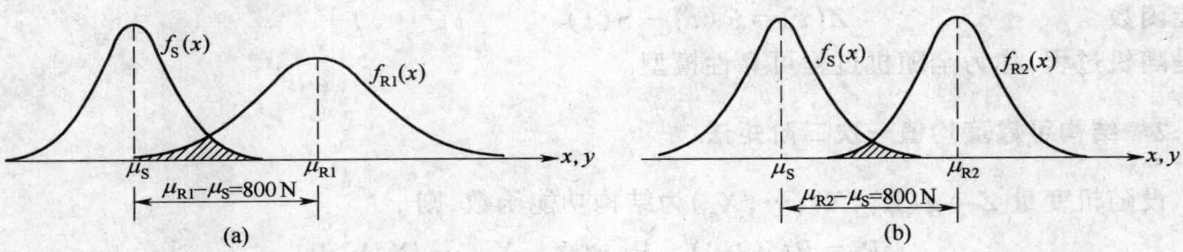

图 2-26 二阶矩对可靠度的影响

1. 指数——指数模式

设结构荷载效应 S 服从指数分布：

$$F(x)=\begin{cases}1-e^{-\lambda_S x} & x\geqslant 0\\ 0 & x<0\end{cases}$$

结构抗力也服从指数分布：

$$G(x)=\begin{cases}1-e^{-\lambda_R x} & x\geqslant 0\\ 0 & x<0\end{cases}$$

R、S 互相独立，则结构可靠度为

$$P_r=\int_{-\infty}^{\infty}F(x)g(x)\mathrm{d}x=\int_0^{\infty}(1-e^{-\lambda_S x})\lambda_R e^{-\lambda_R x}dx$$

$$=\lambda_R\left[\int_0^{\infty}e^{-\lambda_R x}\mathrm{d}x-\int_0^{\infty}e^{-(\lambda_R+\lambda_S)x}\mathrm{d}x\right]=1-\frac{\lambda_R}{\lambda_R+\lambda_S}=\frac{\lambda_S}{\lambda_S+\lambda_R}$$

$$=\frac{1/\mu_S}{1/\mu_S+1/\mu_R}=\frac{\mu_R}{\mu_R+\mu_S}$$

2. 正态——正态模式

设 $S\sim N(\mu_S,\sigma_S^2)$，$R\sim N(\mu_R,\sigma_R^2)$，且 R、S 互相独立，则结构可靠度为

$$P_r = P(R \geqslant S) = P\left\{\frac{R - S - (\mu_R - \mu_S)}{\sqrt{\sigma_R^2 + \sigma_S^2}} \geqslant -\frac{\mu_R - \mu_S}{\sqrt{\sigma_R^2 + \sigma_S^2}}\right\} = 1 - \Phi\left(-\frac{\mu_R - \mu_S}{\sqrt{\sigma_R^2 + \sigma_S^2}}\right)$$

$$= \Phi\left(\frac{\mu_R - \mu_S}{\sqrt{\sigma_R^2 + \sigma_S^2}}\right) = \Phi\left(\frac{\mu_Z}{\sigma_Z}\right) = \Phi(\beta)$$

结构失效概率： $P_f = 1 - P_r = 1 - \Phi(\beta)$

3. 对数正态——对数正态模式

设 $S \sim LN(m_S, \sigma_S)$，$R \sim LN(m_R, \sigma_R)$，且 R，S 互相独立，则结构功能函数 $Z = R - S > 0$ 等价于 $\frac{R}{S} > 1$，两边取自然对数：$\ln\frac{R}{S} = \ln R - \ln S > \ln 1 = 0$

$$S' = \ln S \sim N(\mu_{S'}, \sigma_{S'}^2), \quad R' = \ln R \sim N(\mu_{R'}, \sigma_{R'}^2)$$

$Z' = R' - S' = \ln R - \ln S$ 为正态—正态模式，其可靠度为：

$$P_r = \Phi\left(-\frac{\mu_{R'} - \mu_{S'}}{\sqrt{\sigma_{R'}^2 + \sigma_{S'}^2}}\right) = \Phi\left(\frac{\mu_{\ln R} - \mu_{\ln S}}{\sqrt{\sigma_{\ln R}^2 + \sigma_{\ln S}^2}}\right) = \Phi\left(\frac{\ln\frac{\mu_R}{\sqrt{1 + \delta_R^2}} - \ln\frac{\mu_S}{\sqrt{1 + \delta_S^2}}}{\sqrt{\ln(1 + \delta_R^2) + \ln(1 + \delta_S^2)}}\right)$$

$$= \Phi\left(\frac{\ln\frac{\mu_R}{\mu_S}\left[\frac{1 + \delta_S^2}{1 + \delta_R^2}\right]^{1/2}}{\sqrt{\ln(1 + \delta_R^2)(1 + \delta_S^2)}}\right) = \Phi(\beta)$$

4. Ⅰ型渐近极大值——Ⅰ型渐近极大值模式

设 S 服从Ⅰ型极大值分布：

$$F(x) = e^{-e^{-\frac{x - u_S}{\alpha_R}}} \qquad -\infty < x < \infty$$

R 也服从Ⅰ型极大值分布，其密度函数为

$$g(x) = \frac{1}{\alpha_R} e^{-e^{-\frac{x - u_R}{\alpha_R}}} \cdot e^{-\frac{x - u_R}{\alpha_R}} \qquad -\infty < x < \infty$$

且 R，S 互相独立，结构可靠度为

$$P_r = \int_{-\infty}^{\infty} F(x) g(x) \mathrm{d}x = \frac{1}{\alpha_R}\int_{-\infty}^{\infty} e^{-\frac{x - u_R}{\alpha_S}} \exp\left\{\exp\left[-\frac{x - u_R}{\alpha_R}\right] - \exp\left[-\frac{x - u_S}{\alpha_S}\right]\right\} \mathrm{d}x$$

$$= \int_0^{\infty} e^{-y} \exp\left\{-\exp\left[\frac{\alpha_R}{\alpha_S}\left(\ln y - \frac{u_R - u_S}{\alpha_R}\right)\right]\right\} \mathrm{d}y$$

式中 $y = e^{-\frac{x - u_R}{\alpha_R}}$，$\mathrm{d}y = \frac{1}{\alpha_R} e^{-\frac{x - u_R}{\alpha_R}} \mathrm{d}x$，$x = u_R - \alpha_R \ln y$

上式可靠度计算需要数值积分。

5. 指数——正态模式

设结构荷载效应 S 服从指数分布，其密度函数为

$$f(x) = \lambda_S e^{-\lambda_S x}, \qquad x \geqslant 0$$

结构抗力 R 服从正态分布 $N(\mu_R, \sigma_R^2)$，R、S 互相独立，结构可靠度为

$$P_r = \int_{-\infty}^{\infty} F(x) g(x) \mathrm{d}x = \int_0^{\infty} [1 - e^{-\lambda_s x}] \frac{1}{\sqrt{2\pi}\sigma_R} e^{-\frac{1}{2}\left(\frac{x - \mu_R}{\sigma_R}\right)^2} \mathrm{d}x$$

$$= \Phi\left(\frac{\mu_R}{\sigma_R}\right) - \Phi\left(\frac{\mu_R - \lambda_S \sigma_R^2}{\sigma_R}\right) \exp\left[-\frac{1}{2}(2\mu_R \lambda_S - \lambda_S^2 \sigma_R^2)\right]$$

式中 $\Phi(\cdot)$为标准正态分布函数。

6. 正态——指数模式

设结构荷载效应 $S\sim N(\mu_S,\sigma_S^2)$，结构抗力 R 服从指数分布

$$G(x)=\begin{cases}1-e^{-\lambda_R x} & x\geqslant 0\\ 0 & x<0\end{cases}$$

R,S 互相独立，结构可靠度为

$$P_r=\left[1-\Phi\left(\frac{\mu_S}{\sigma_S}\right)\right]+\Phi\left(\frac{\mu_S-\lambda_R\sigma_S^2}{\sigma_S}\right)\left\{\exp\left[-\frac{1}{2}(2\mu_S\lambda_R-\lambda_R^2\sigma_S^2)\right]\right\}$$

7. 极大值Ⅰ型——正态模式

设荷载效应 S 服从极大值分布：

$$F(x)=e^{-e^{-\frac{x-u_S}{\alpha_S}}}\qquad -\infty<x<\infty$$

结构抗力 $R\sim N(\mu_R,\sigma_R^2)$，$R,S$ 互相独立，结构可靠度为

$$P_r=\int_{-\infty}^{\infty}F(x)g(x)\mathrm{d}x=\int_{-\infty}^{\infty}\left\{\exp\left[-\exp\left(-\frac{x-u_S}{\alpha_S}\right)\right]\right\}\times\frac{1}{\sqrt{2\pi}\sigma_R}e^{-\frac{1}{2}\left(\frac{x-\mu_R}{\sigma_R}\right)^2}\mathrm{d}x$$

$$=\frac{1}{\sqrt{2\pi}}\int_{-\infty}^{\infty}\left\{\exp\left[-\exp\left(-\frac{\sigma_R y+\mu_R-u_S}{\alpha_S}\right)\right]\right\}e^{-\frac{y^2}{2}}\mathrm{d}y$$

式中

$$y=\frac{x-\mu_R}{\sigma_R},\quad \mathrm{d}y=\frac{\mathrm{d}x}{\sigma_R}$$

以上各种模式结构可靠度的计算，只有在较简单的模式下，才可直接计算，其他需要数值积分计算，因此目前广泛采用 FORM 法(First Order Reliability Method)。首先将结构构件功能函数 $Z=g(X_1,\cdots,X_n)$在 μ_{X_i} 处展为 Taylor 级数，保留线性项，再利用一次二阶矩法计算结构构件可靠度指标。

设结构构件功能函数为：

$$Z=g(X_1,\cdots,X_n)$$

式中 $X_i(i=1,2,\cdots,n)$为独立随机变量。

利用随机变量函数线性化法则，将功能函数在 $X_i(i=1,2,\cdots,n)$的均值点 $\mu_{x_i}(i=1,2,\cdots,n)$展为 Taylor 级数，仅保留线性项：

$$Z\approx g(\mu_{x_1},\cdots,\mu_{x_n})+\sum_{i=1}^{n}\left.\frac{\partial g}{\partial X_i}\right|_{\mu_X}(X_i-\mu_{X_i})$$

则 Z 的均值和标准差为

$$\mu_Z=\varphi(\mu_{X_1},\cdots,\mu_{X_n})=g(\mu_{X_1},\cdots,\mu_{X_n})$$

$$\sigma_Z=\sum_{i=1}^{n}\left(\frac{\partial\varphi}{\partial X_i}\right)^2_{\mu_X}D_{X_i}=\left[\sum_{i=1}^{n}\left(\left.\frac{\partial g}{\partial X_i}\right|_{\mu_X}\sigma_{X_i}\right)^2\right]^{1/2}$$

结构构件的可靠度指标为

$$\beta=\frac{\mu_Z}{\sigma_Z}=\frac{g(\mu_{X_1},\cdots,\mu_{X_n})}{\left[\sum_{i=1}^{n}\left(\left.\frac{\partial g}{\partial X_i}\right|_{\mu_X}\sigma_{X_i}\right)^2\right]^{1/2}}$$

例：已知荷载 $F=100$ kN，材料强度：$\mu_{fc}=22\ \mathrm{N/mm^2}$，$\sigma_{fc}=5\ \mathrm{N/mm^2}$，截面尺寸 $\mu_b=$

300 mm，$\sigma_b = 6$ mm。

结构承载能力极限状态方程为：

$$Z = g(f_c, b) = b^2 f_c - F = 0$$

$$Z \approx (\mu_b^2 \mu_{fc} - F) + 2\mu_b \mu_{fc}(b - \mu_b) + \mu_b^2 (f_c - \mu_{fc})$$
$$= 2\mu_b \mu_{fc} b + \mu_b^2 f_c - 406 \times 10^4$$

$$\mu_Z = g(\mu_{fc}, \mu_b) = \mu_b^2 \mu_{fc} - F = 300^2 \times 22 - 10 \times 10^4 = 198 \times 10^4 - 10 \times 10^4 = 188 \times 10^4$$

$$\sigma_Z = \sqrt{(\mu_b^2 \sigma_{fc})^2 + (2\mu_b \mu_{fc} \sigma_b)^2} = \sqrt{(300^2 \times 5)^2 + (2 \times 300 \times 22 \times 6)^2} = 49.2 \times 10^4$$

$$\beta = \frac{\mu_Z}{\sigma_Z} = \frac{188 \times 10^4}{49.2 \times 10^4} = 3.82$$

若极限状态方程取为

$$Z = f_c - \frac{F}{b_2} = 0$$

$$Z \approx f_c + 0.007\,4b - 3.31$$

$$\mu_Z = 20.89\ , \quad \sigma_Z \approx 5.00\ , \quad \beta = \frac{\mu_Z}{\sigma_Z} = 4.178$$

上例中，相同的构件采用不同的功能函数得出的 β 约相差约 10% 左右，说明以基本随机变量均值点作为功能函数线性化点求可靠度指标 β 将产生一定误差。

2.5.3 结构可靠度设计验算点一次二阶矩法

1. 结构设计验算点

在标准正态坐标系中，结构的极限状态曲面上距原点最近的点称为结构设计验算点，用 $P^*(x_1^*, \cdots; x_n^*)$ 表示，图 2-27 所示为线性极限状态方程情况，设计验算点 P^* 即为直线 $\hat{O}P^*$ 与极限状态直线的垂直交点，在标准正态坐标系中，P^* 的坐标为：

$$\begin{cases} \hat{S}^* = \beta\cos\theta_S \\ \hat{R}^* = \beta\cos\theta_R \end{cases}$$

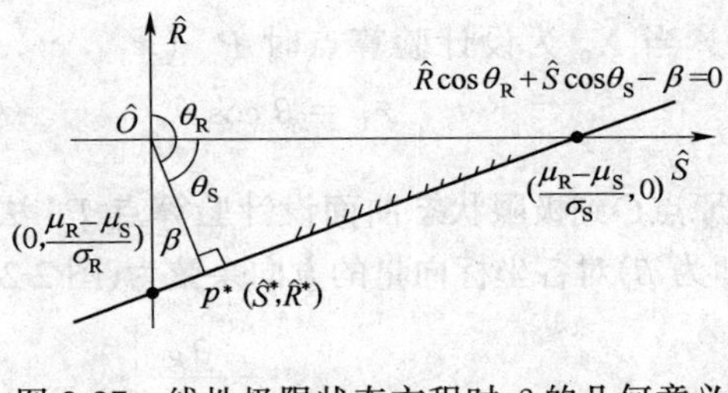

图 2-27　线性极限状态方程时 β 的几何意义

换算回原始坐标系SOR中：

$$\begin{cases} R^* = \mu_R + \beta\cos\theta_R \sigma_R \\ S^* = \mu_S + \beta\cos\theta_S \sigma_S \end{cases}$$

式中，可靠度指标 β 为由原点 $\hat{Q}$ 到极限状态直线的法线距离 $\hat{Q}P^*$，即由原点 $\hat{Q}$ 到极限状态直线的最短距离。

对结构极限状态方程为由若干相互独立正态变量构成的非线性方程情况：

$$Z = g(X_1, \cdots, X_n) = 0$$

对 X_i 进行标准正态变换：

$$\hat{X}_i = \frac{X_i - \mu_{x_i}}{\sigma_{x_i}}, \quad X_i = \hat{X}_i \sigma_{x_i} + \mu_{x_i}$$

则

$$Z = g(\hat{X}_1 \sigma_{x_1} + \mu_{x_1} + \cdots + \hat{X}_n \sigma_{x_n} + \mu_{x_n}) = 0$$

设上述极限状态曲面为单曲面，在曲面上任取一点 $\hat{X}_0\,(\hat{X}_{01},\cdots,\hat{X}_{0n})$，在 $\hat{X}_0$ 将上式展成 Taylor级数，保留线性项，则

$$Z \approx g\left(\hat{X}_{01}\sigma_{x_1}+\mu_{x_1},\cdots,\hat{X}_{0n}\sigma_{x_n}+\mu_{x_n}\right)+\sum_{i=1}^{n}\left.\frac{\partial g}{\partial \hat{X}_i}\right|_{\hat{x}_0}(\hat{X}_i-\hat{X}_{01})=0$$

由于 $\hat{X}_0$位于极限状态曲面上，

$$g\left(\hat{X}_{01}\sigma_{x_1}+\mu_{x_1},\cdots,\hat{X}_{0n}\sigma_{x_n}+\mu_{x_n}\right)=0$$

则

$$\sum_{i=1}^{n}\left.\frac{\partial g}{\partial \hat{X}_i}\right|_{\hat{x}_0}\hat{X}_i-\sum_{i=1}^{n}\left.\frac{\partial g}{\partial \hat{X}_i}\right|_{\hat{x}_0}\hat{X}_{0i}=0$$

将上式转换为法线方程，用法线因子 —— $\left[\sum_{i=1}^{n}\left(\left.\frac{\partial g}{\partial \hat{X}_i}\right|_{\hat{x}_0}\right)^2\right]^{1/2}$ 除上式，

$$\frac{\sum_{i=1}^{n}\left.\frac{\partial g}{\partial \hat{X}_i}\right|_{\hat{x}_0}\hat{X}_i}{\left[\sum_{i=1}^{n}\left(\left.\frac{\partial g}{\partial \hat{X}_i}\right|_{\hat{x}_0}\right)^2\right]^{1/2}}-\frac{\sum_{i=1}^{n}\left.\frac{\partial g}{\partial \hat{X}_i}\right|_{\hat{x}_0}\hat{X}_{0i}}{\left[\sum_{i=1}^{n}\left(\left.\frac{\partial g}{\partial \hat{X}_i}\right|_{\hat{x}_i}\right)^2\right]^{1/2}}=0$$

上式即为极限状态曲面在点 $\hat{X}_0$ 处切平面的标准法线方程，极限状态曲线在 $\hat{X}_0$ 处存在无穷多切平面，即具有无穷多 β_0(β 近似值)，其中只有 $\min|\beta_0|$应为曲面上最可能失效点，为 β 的最佳近似值 β_m，即 β_m 为标准正态坐标系中原点 $\hat{O}$到极限状态曲面的最短距离。

当 $\hat{X}_0$ 为设计验算点时 $P^*\,(\hat{x}_1^*,\cdots,\hat{x}_n^*)$，其坐标为：

$$\hat{x}_1^*=\beta\cos\theta_{\hat{x}_1}$$

从原点$\hat{O}$到极限状态曲面设计验算点 P^* 法线长度 $\hat{O}P^*$(即为 β)对各坐标向量的方向余弦为(图 2-28)：

$$\cos\theta_{\hat{x}_1}=\frac{-\left.\frac{\partial g}{\partial \hat{X}_i}\right|_{P^*}}{\left[\sum_{i=1}^{n}\left(\left.\frac{\partial g}{\partial \hat{X}_i}\right|_{P^*}\right)^2\right]^{1/2}}$$

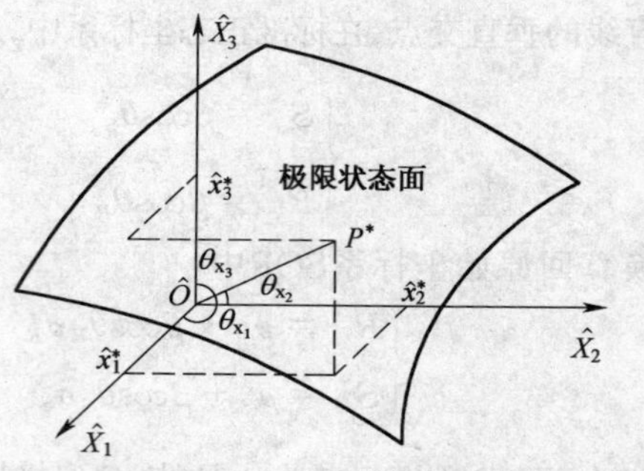

图 2-28 曲面极限状态方程 β 的几何意义

在原始坐标系中：

$$\begin{cases}\cos\theta_{x_i}=\dfrac{-\left.\dfrac{\partial g}{\partial \hat{X}_i}\right|_{P^*}\sigma_{x_i}}{\left[\sum_{i=1}^{n}\left(\left.\dfrac{\partial g}{\partial \hat{X}_i}\right|_{P^*}\cdot\sigma_{x_i}\right)^2\right]^{1/2}}\\ X_i^*=\mu_{x_i}+\beta\cos\theta_{x_i}\sigma_{x_i}\end{cases}$$

2. 设计验算点一次二阶矩法

设结构构件的功能函数在设计验算点 $P^*(x_1^*,\cdots,x_n^*)$展为Taylor级数，保留线性项：

$$Z \approx g(x_1^*,\cdots,x_n^*) + \sum_{i=1}^{n} \left.\frac{\partial g}{\partial X_i}\right|_{P^*} (X_i - x_i^*)$$

功能函数 Z 的均值和标准差为

$$\begin{cases} \mu_Z = g(x_1^*,\cdots,x_n^*) + \sum\limits_{i=1}^{n} \left.\dfrac{\partial g}{\partial X_i}\right|_{P^*} (\mu_{x_i} - x_i^*) \\ \sigma_z = \left[\sum\limits_{i=1}^{n} \left(\left.\dfrac{\partial g}{\partial \hat{X}_i}\right|_{P^*} \cdot \sigma_{x_i}\right)^2\right]^{1/2} \end{cases}$$

结构构件可靠度指标为

$$\beta = \frac{\mu_Z}{\sigma_Z} = \frac{g(x_1^*,\cdots,x_n^*) + \sum\limits_{i=1}^{n} \left.\dfrac{\partial g}{\partial X_i}\right|_{P^*} (\mu_{x_i} - x_i^*)}{\left[\sum\limits_{i=1}^{n} \left(\left.\dfrac{\partial g}{\partial X_i}\right|_{P^*} \sigma_{x_i}\right)^2\right]^{1/2}}$$

由于设计验算点 P^* 坐标未知，只有采用迭代法用上式计算 β^*，当二次计算之 $|\beta_k^* - \beta_{k-1}^*| \leqslant \varepsilon$ 时，$\beta_k^* \approx \beta$，计算框图见图 2-29。

例：某结构承载力极限状态方程为 $Z = b^2 f_c - P = 0$，轴压荷载 $P = 100$ kN，材料受压强度均值 $\mu_{fc} = 22\ \text{N/mm}^2$，标准差 $\sigma_{fc} = 5\ \text{N/mm}^2$，截面尺寸均值 $\mu_b = 300$ mm，标准差 $\sigma_b = 6\ \text{N/mm}^2$，求可靠度指标 β？

解 $$\left.\frac{\partial Z}{\partial b}\right|_{P^*} = 2b^*, \quad \left.\frac{\partial Z}{\partial f_c}\right|_{P^*} = (b^*)^2$$

在设计验算点线性化后极限状态方程为

$$Z \approx (b^{*2} f_c^* - P) + 2b^* f_c^* (b - b^*) + b^{*2}(f_c - f_c^*) = 0$$

先取 $K = 1,\quad b^* = \mu_b = 300,\quad f_c^* = \mu_{fc} = 22$

计算：$\cos\theta_b = -0.173\,3,\quad \cos\theta_{fc} = -0.984\,9$

可靠指标 $\beta_1 = 4.114\,5$

新设计验算点 P^* 计算：

$$b^* = 300 - 6 \times 4.114\,5 \times 0.173\,3 = 295.720\,8$$

$$f_c^* = 22 - 5 \times 4.114\,5 \times 0.984\,9 = 1.738\,7$$

迭代求解 β，设 $\varepsilon = \Delta\beta = 0.01$，则

$$K = 2,\ b^* = 299.646\,0,\ f_c^* = 1.097\,3,\ \beta_2 = 4.180\,9,\ |\Delta\beta| = 0.066\,4 > \varepsilon$$

$$K = 3,\ b^* = 299.779\,7,\ f_c^* = 1.112\,8,\ \beta_3 = 4.177\,6,\ |\Delta\beta| = 0.033\,3 < \varepsilon$$

最后结构承载能力可靠度指标 $\beta = 4.177\,6$。

3.JC 方法

当结构构件功能函数由独立、任意分布基本随机变量构成时，结构可靠度指标计算采用国际安全度联合委员会推荐的方法——JC 法。

JC 法对非正态基本随机变量作当量正态化处理，将其转换为等效正态随机变量，然后再利用验算点一次二阶矩法计算结构可靠度指标，因此该法也称为当量正态法或分位值法。

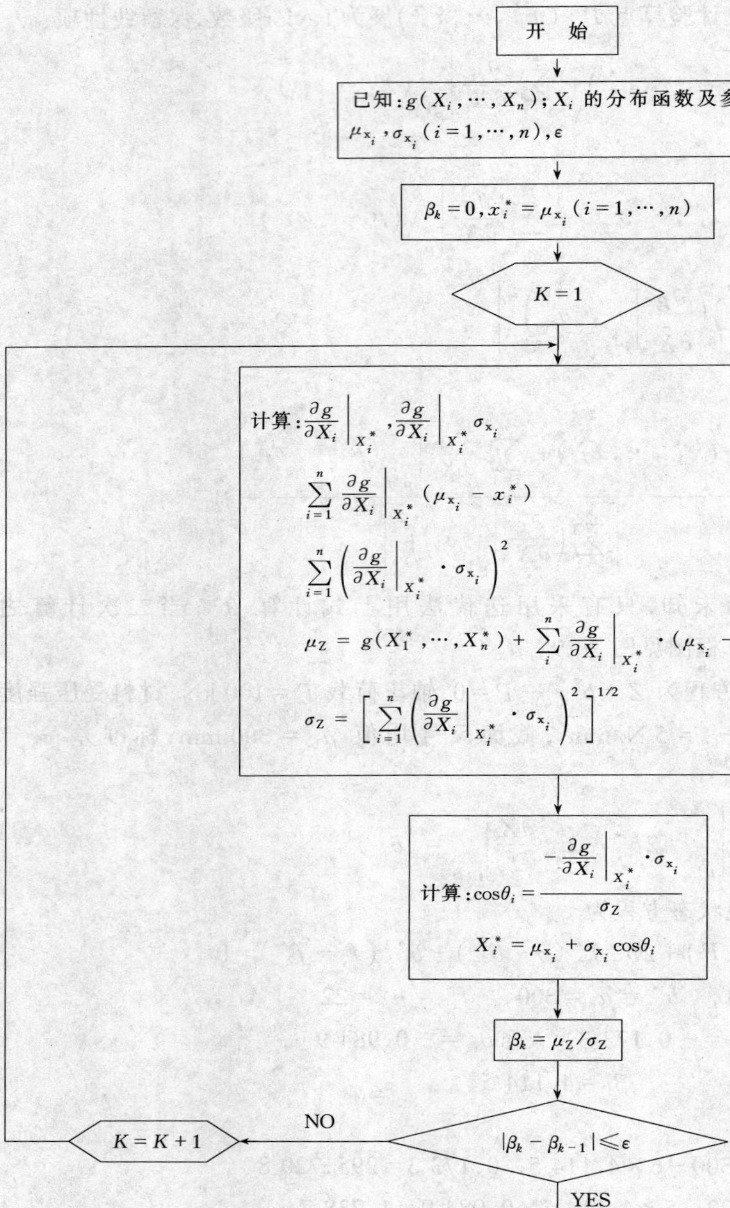

图 2-29 计算框图

结构可靠度的计算与各基本随机变量分布密度函数在设计验算点的尾部特征有关，因此，对于非正态连续型随机变量在点 X^* 处正态化需满足：

正态变量 X' 的分布函数在 X^* 处的值 $F_{X'}(X^*)$ 与非正态变量 X 的分布函数在 X^* 处的值 $F_X(X^*)$ 相等，即 $F_{X'}(X^*)=F_X(X^*)$；

正态变量 X' 的密度函数在 X^* 处的值 $f_{X'}(X^*)$ 与非正态变量 X 的密度函数在 X^* 处的值 $f_X(X^*)$ 相等，即 $f_{X'}(X^*)=f_X(X^*)$；

正态变量 X' 称为非正态变量 X 相对于 X^* 处的当量正态变量，见图 2-30。

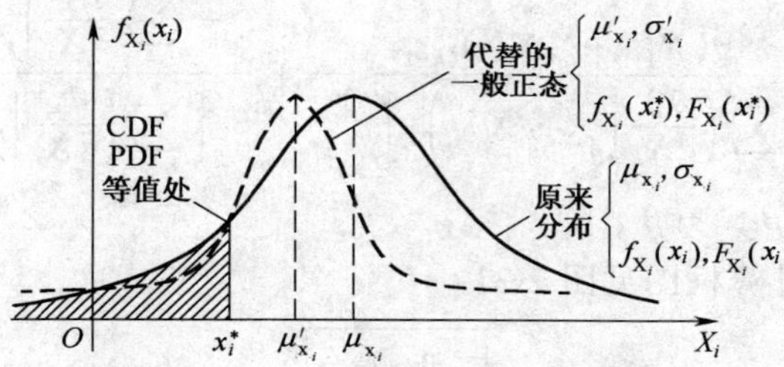

图 2-30 当量正态化转换

当量正态变量 X' 的均值和标准差：

$$F_X(X^*) = \int_{-\infty}^{X^*} f_X(x)\mathrm{d}x = \int_{-\infty}^{X^*} f_{X'}(x)\mathrm{d}x = \Phi\left(\frac{X^* - \mu_{x'}}{\sigma_{x'}}\right) = \Phi(\beta_{x'})$$

$$\frac{X^* - \mu_{x'}}{\sigma_{x'}} = \Phi^{-1}[F_X(X^*)], \quad \beta_{x'} = \Phi^{-1}[F_x(X^*)]$$

$$\begin{matrix} \mu_{x'} = X^* - \Phi^{-1}[F_X(X^*)]\sigma_{x'} \\ \text{验算点分位值：} X^* = F_X^{-1}[\Phi(\beta_{x'})] \end{matrix}, \quad \begin{cases} \dfrac{X^* - \mu_{x'}}{\sigma_{x'}} = \beta_{x'} \\ X^* = \mu_{x'} + \beta_{x'}\sigma_{x'} \\ X'^* = \sigma_{x'} \end{cases}$$

验算点分位导数：

$$X'^* = \frac{\mathrm{d}}{\mathrm{d}\beta_{x'}} F_x^{-1}[\Phi(\beta_{x'})]$$

$$f_X(X^*) = \frac{1}{\sqrt{2\pi}\sigma_{x'}}\exp\left\{-\frac{(X^* - \mu_{x'})^2}{2\sigma_{x'}^2}\right\} = \frac{1}{\sqrt{2\pi}}\exp\left\{-\frac{(X^* - \mu_{x'})^2/\sigma_{x'}^2}{2}\right\}\cdot\frac{1}{\sigma_{x'}}$$

$$= f_{X'}\left(\frac{X^* - \mu_{x'}}{\sigma_{x'}}\right)\cdot\frac{1}{\sigma_{x'}} = \frac{1}{\sigma_{x'}} f_{X'}\{\Phi^{-1}[F_X(X^*)]\}$$

$$\sigma_{x'} = f_{X'}\{\Phi^{-1}[F_X(X^*)]\}/f_X(X^*) = X^{*'}$$

上面推导可看出分位值法更简洁直观。

对于结构极限状态功能函数：

$$Z = g(X_1, X_2, \cdots, X_n)$$

$$\mu_Z = g(X_1^*, \cdots, X_n) + \sum_{i=1}^{n} \frac{\partial g}{\partial X_i}\bigg|_{P^*}(\mu_{x'} - X^*)$$

$$= g(X_1^*, \cdots, X_n) - \sum_{i=1}^{n} \frac{\partial g}{\partial X_i}\bigg|_{P^*} \frac{X^* - \mu_{x'}}{\sigma_{x'}}\cdot\sigma_{x'}$$

$$= g(X_1^*, \cdots, X_n) - \sum_{i=1}^{n} \frac{\partial g}{\partial X_i}\bigg|_{P^*}\cdot\beta_{x'}\cdot\sigma_{x'}$$

$$\sigma_Z = \left[\sum_{i=1}^{n}\left(\frac{\partial g}{\partial X_i}\bigg|_{P^*}\cdot\sigma_{x'}\right)^2\right]^{1/2} = \left[\sum_{i=1}^{n}\left(\frac{\partial g}{\partial X_i}\bigg|_{P^*}\cdot X^{*'}\right)^2\right]^{1/2}$$

可靠指标 $$\beta_{(k)} = \frac{\mu_Z}{\sigma_Z} = \left\{\frac{g(x_1^*, \cdots, x_n^*) - \sum_{i=1}^{n}\frac{\partial g}{\partial X_i}\bigg|_{P^*}\cdot\sigma_{x'}\cdot\beta_{x'}}{\left[\sum_{i=1}^{n}\left(\frac{\partial g}{\partial X_i}\bigg|_{P^*}\cdot\sigma_{x'}\right)^2\right]^{1/2}}\right\}_{(k-1)}$$

$$= \frac{g(X_1^*,\cdots,X_n^*)_{(k-1)}}{\left[\sum_{i=1}^{n}\left(\frac{\partial g}{\partial X_i}\bigg|_{P^*}\cdot X^{*'}\right)^2\right]^{1/2}_{(k-1)}} + \frac{-\sum_{i=1}^{n}\frac{\partial g}{\partial X_i}\bigg|_{P^*}\cdot X^{*'}\cdot\beta_{x'}}{\left[\sum_{i=1}^{n}\left(\frac{\partial g}{\partial X_i}\bigg|_{P^*}\cdot X^{*'}\right)^2\right]^{1/2}}$$

$$= \Delta\beta_{(k)} + \beta_{(k-1)}$$

当 $\Delta\beta_{(k)}\leqslant\varepsilon$ 时 $\beta\approx\beta_{(k)}$，计算框图见图 2-31。

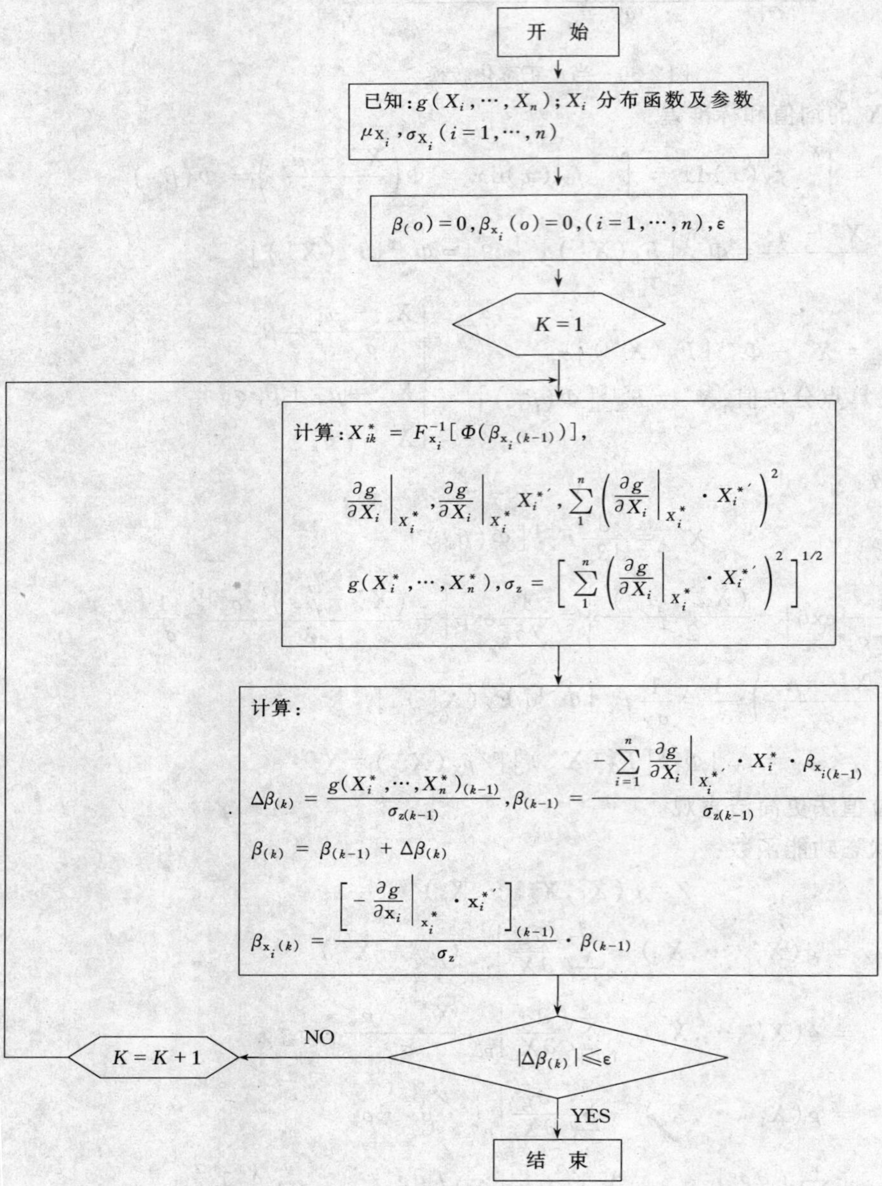

图 2-31 计算框图

具有正态分布、对数正态分布、极值Ⅰ型分布等常用概率分布的随机变量 X_i 的分位值 X_i^* 和分位导数 $X_i^{*'}$ 计算公式见表 2-6。

表 2-6　几种分布类型的分位值和分位导数

分布类型	分位值 X_i^*	分位导数 $X_i^{*'}$
正态分布	$\overline{X}_i+\beta_{x_i}\sigma_i$	σ_i
对数正态分布	$\dfrac{\overline{X}_i}{\sqrt{1+\delta_i^2}}\exp\left[\beta_{x_i}\sqrt{\ln(1+\delta_i^2)}\right]$	$X_i^*\sqrt{\ln(1+\delta_i^2)}$
极值Ⅰ型分布(近似式)	$\beta_{x_i}\geqslant 0$ $\overline{X}_i[1-0.164\ 29\delta_i+0.707\ 12\delta_i\beta_{x_i}+0.310\ 20\delta_i\beta_{x_i}^2]$	$\overline{X}_i[0.707\ 12\delta_i+0.620\ 40\delta_i\beta_{x_i}]$
	$\beta_{x_i}\leqslant 0$ $\overline{X}_i[1-0.164\ 29\delta_i+0.796\ 04\delta_i\beta_{x_i}+0.067\ 22\delta_i\beta_{x_i}^2]$	$\overline{X}_i[0.796\ 04\delta_i+0.134\ 44\delta_i\beta_{x_i}]$

表中：$\overline{X}_i$——平均值；σ_i——标准差；δ_i——变异系数。

例：结构极限状态方程为：

$$Z=R-D-L=0$$

其中：R 为对数正态分布，均值$\overline{R}=21.52$，变异系数 $\delta_R=0.12$，标准差 $\sigma_R=0.119\ 6$；D 为正态分布，均值$\overline{D}=10.0$，$\delta_R=0.09$，$\sigma_R=0.9$；L 为极值Ⅰ型分布，均值$\overline{L}=2.13$，$\delta_L=0.26$。

用 JC 法计算结构可靠指标 β。

解：由结构极限状态方程

$$\frac{\partial Z}{\partial R}=+1;\quad \frac{\partial Z}{\partial D}=-1;\quad \frac{\partial Z}{\partial L}=-1$$

由表 2-6 计算分位值和分位导数公式：

$$R^*=21.37\exp(0.119\ 6\beta_R),\quad R^{*'}=0.119\ 6R^*$$

$$D^*=10.0+0.9\beta_D\quad,\quad D^{*'}=0.9$$

$$L^*=2.03\ 900+0.391\ 60\beta_L+0.171\ 79\beta_L^2,\quad L^{*'}=0.391\ 60+0.343\ 58\beta_L$$

计算得　$-\dfrac{\partial Z}{\partial R}\cdot R^{*'}=-0.119\ 6R^*$；　$-\dfrac{\partial Z}{\partial D}\cdot D^{*'}=0.90$

$$-\frac{\partial Z}{\partial L}\cdot L^{*'}=0.391\ 60+0.343\ 58\beta_L$$

迭代计算求 β 表格见表 2-7，计算结果，3 次迭代，$|\Delta\beta|\leqslant 0.05$，$\beta\approx 3.94$。

表 2-7　迭代计算求 $\boldsymbol{\beta}$ 的过程

	R	D	L	σ_Z	$Z=g(X_i)$	$\Delta\beta$	β
分布类型及参数	LN：$\overline{R}=21.52$，$\delta_R=0.12$，$\sigma_R=0.119\ 6$	N：$\overline{D}=10.0$ $\delta_D=0.09$，$\sigma_D=0.9$	EXI：$\overline{L}=2.13$，$\delta_L=0.26$				
X_i^*	$21.37\times\exp(0.119\ 6\beta_R)$	$10.0+0.9\beta_D$	$2.039\ 00+0.391\ 60\beta_L+0.171\ 79\beta_L^2$	$\left[\Sigma\left(\dfrac{\partial Z}{\partial X_i}\cdot X_i^{*'}\right)^2\right]^{1/2}$	$R-D-L$	$\dfrac{g(X_i^*)}{\sigma_Z}$	$\beta_{(k)}=\beta_{(k-1)}+\Delta\beta_{(k)}$
$-\dfrac{\partial Z}{\partial R}X_i^{*'}$	$-0.119\ 6R^*$	0.90	$0.391\ 60+0.343\ 58\beta_L$				

续上表

		R	D	L	σ_Z	$Z=g(X_i)$	$\Delta\beta$	β
1	β_{x_i}	0	0	0	2.738	9.39	3.429 5	3.429 5
	X_i^*	21.37	10.00	2.039 0				
	$-\frac{\partial Z}{\partial X_i}X_i^{*\prime}$	-2.556	0.900	0.391 6				
2	β_{x_i}	-3.201 5	1.127 3	0.490 5	2.039 9	1.284 8	0.629 8	4.059 3
	X_i^*	14.596 1	11.010 2	2.272 4				
	$-\frac{\partial Z}{\partial X_i}X_i^{*\prime}$	-1.742 8	0.900	0.560 1				
3	β_{x_i}	-3.468 1	1.791 0	1.114 6	2.108 9	-0.186 3	-0.088 3	3.971
	X_i^*	14.114 5	11.611 9	2.688 9				
	$-\frac{\partial Z}{\partial X_i}X_i^{*\prime}$	-1.742 8	0.900	0.774 6				
4	β_{x_i}	-3.281 6	1.694 7	1.458 6	2.111 1	-0.068	-0.032 2	3.939
	X_i^*	14.432 9	11.525 2	2.975 7				
	$-\frac{\partial Z}{\partial X_i}X_i^{*\prime}$	-1.688 1	0.900	0.892 8				

2.5.4 SORM 法(Second - Order Reliability Method)

本方法采用在设计验算点的二次曲面来近似结构极限状态曲面求得结构可靠指标(或失效概率),以提高计算精度。

1.ESORM 法(Emprical SORM)

设结构功能函数为 $F(\boldsymbol{U})$,$\boldsymbol{U}$ 为标准正态随机向量,其各分量为独立标准正态随机变量。在设计验算点 u^* 将 $F(\boldsymbol{U})$按 Taylor 级数展开,保留二次项,得 $F(\boldsymbol{U})$的二次近似式:

$$F(\boldsymbol{U})=\boldsymbol{\alpha}^{\mathrm{T}}\boldsymbol{u}^*-\boldsymbol{\alpha}^{\mathrm{T}}\boldsymbol{U}+\frac{1}{2}(\boldsymbol{U}-\boldsymbol{u}^*)^{\mathrm{T}}\frac{\nabla^2F(\boldsymbol{u}^*)}{|\nabla F(\boldsymbol{u}^*)|}(\boldsymbol{U}-\boldsymbol{u}^*)$$

式中
$$\boldsymbol{\alpha}=-\frac{\nabla F(\boldsymbol{u}^*)}{|\nabla F(\boldsymbol{u}^*)|},\quad \nabla F(\boldsymbol{u}^*)=\left\{\frac{\partial F}{\partial U_1}\bigg|_{u^*},\cdots,\frac{\partial F}{\partial U_n}\bigg|_{u^*}\right\}^{\mathrm{T}}$$

$$\nabla^2F(\boldsymbol{u}^*)=\begin{bmatrix}\frac{\partial^2F}{\partial U_1^2}\bigg|_{u^*} & \cdots & \frac{\partial^2F}{\partial U_1\partial U_n}\bigg|_{u^*}\\ \vdots & & \\ \frac{\partial^2F}{\partial U_n\partial U_1}\bigg|_{u^*} & \cdots & \frac{\partial^2F}{\partial U_n^2}\bigg|_{u^*}\end{bmatrix}$$

$$|\nabla F(\boldsymbol{u}^*)|=\left[\sum_{i=1}^{n}\left(\frac{\partial F}{\partial U_i}\bigg|_{u^*}\right)^2\right]^{1/2};\quad B=\frac{\nabla^2F(\boldsymbol{u}^*)}{|\nabla F(\boldsymbol{u}^*)|}$$

$\beta_{\mathrm{F}}=\boldsymbol{\alpha}^{\mathrm{T}}u^*$,为结构一次可靠指标(FORM 法)。

在设计验算点处采用直径为 $2R$ 的旋转抛物面拟合极限状态曲面:

$$F'(X)=-(X_n-\beta_{\mathrm{F}})+\frac{1}{2R}\sum_{j=1}^{n-1}X_j^2$$

平均主曲率半径 R 为：

$$R=\frac{n-1}{K_s}=\frac{n-1}{\sum_{j=1}^{n}b_{jj}-\boldsymbol{\alpha}^{\mathrm{T}}\boldsymbol{B}\alpha}$$

式中 n——随机变量数目；

$X_j(j=1,\cdots,n)$——独立、标准正态随机变量；

b_{jj}——矩阵 $\boldsymbol{B}$ 的对角线元素，$j=1,\cdots,n-1$。

近似曲面 $F'(x)$ 中第一项为标准正态变量，第二项 $\sum_{j=1}^{n-1}X_j^2$ 为服从自由度为 $n-1$ 的中心 χ^2 分布，结构失效概率可表示为

$$p_{\mathrm{f}}=\int_0^{\infty}\Phi\left(\frac{t}{2R}-\beta_F\right)f_{x_{n-1}^2}(t)\mathrm{d}t,\quad \text{可得到}\quad \beta_F=-\Phi(p_{\mathrm{f}})$$

2.PFSORM 法(Point－Fitting SORM)

本法利用设计验算点邻域的一组点确定二次曲面拟合结构极限状态曲面，再以此二次曲面采用上述 ESORM 法求算结构二次可靠指标 β_{S}。

设结构功能函数为 $G(U')$，U' 为任意分布相关随机向量，可将 $G(U')$ 变换为 $F(U)$，U 为标准正态随机向量，其各分量为独立标准正态变量，拟合 $F(U)$ 的二次曲面为

$$F'(U)=a_0+\sum_{j=1}^{n}r_jU_j+\sum_{j=1}^{n}\lambda_jU_j^2$$

式中 a_0,r_j,λ_j——待定系数。

令结构设计验算点为 u^*，根据 u^* 在 $U_j(j=1,\cdots,n)$ 轴上取两个点(拟合点)：

$$\begin{cases}(U^{*\prime},u_j^*-\delta),(U^{*\prime},u_j^*+\delta)\\ U^{*\prime}=\{u_k^*;k=1,\cdots,n;j\ \text{除外}\}\end{cases}$$

δ 为 u^* 到拟合点距离，一般可取 0.1～0.5。

在拟合点及设计验算点处，令 $G(U')=F'(U)$，可确定待定系数 a_0,r_j,λ_j，则 $F'(U)$ 确定，可用 ESORM 法求结构可靠指标 β_{S}。

矩阵 $\boldsymbol{B}$ 及 K_{S} 等可用下式计算：

$$\begin{cases}\boldsymbol{B}=\dfrac{2}{|\nabla F'(u^*)|}\begin{bmatrix}\lambda_1 & & 0\\ & \ddots & \\ 0 & & \lambda_n\end{bmatrix}\\ K_{\mathrm{S}}=\dfrac{2}{|\nabla F'(u^*)|}\sum\limits_{j=1}^{n}\lambda_j\left[1-\dfrac{1}{|\nabla F'(u^*)|^2}(r_j+2\lambda_ju_{*j})^2\right]\\ |\nabla F'(u^*)|=\sqrt{\sum\limits_{j=1}^{n}(r_j+2\lambda_ju_j^*)^2}\\ R=\dfrac{n-1}{K_{\mathrm{S}}}\end{cases}$$

2.5.5 数值积分法

本法可适用于具有多种特殊分布的随机变量及复杂的非线性极限状态方程。其将极限状态方程中的连续型随机变量近似地用离散型随机变量替换，用数值积分方法计算结构失效概

率及相应之可靠指标。

设结构极限状态方程为

$$Z=g(X_1,X_2,\cdots,X_i,\cdots,X_n)\geqslant 0$$

当结构功能函数的概率分布 $F_Z(z)$ 为 $F_Z(0)$ 时结构失效，则结构失效概率为

$$P_f = F_Z(0) = \int f_{X_1}(x_1)f_{X_2}(x_2)\cdots f_{X_n}(x_n)\mathrm{d}x_1\cdots\mathrm{d}x_n$$

当结构极限状态方程用随机变量 X_n 的显函数表示时：

$$X_n\geqslant\theta(X_1,X_2,\cdots,X_i,\cdots,X_{n-1})$$

或

$$X_n\leqslant\theta(X_1,X_2,\cdots,X_i,\cdots,X_{n-1})$$

则结构失效概率 P_f 为

$$P_f = \int_{-\infty}^{+\infty}\cdots\int_{-\infty}^{+\infty} f_{X_1}(x_1)\cdot f_{X_2}(X_2)\cdots f_{X_{n-1}}(x_{n-1})F_{X_n}(x_n)\mathrm{d}x_1\cdots\mathrm{d}x_{n-1}$$

或

$$P_f = \int_{-\infty}^{+\infty}\cdots\int_{-\infty}^{+\infty} f_{X_1}(x_1)\cdot f_{X_2}(x_2)\cdots f_{X_{n-1}}(x_{n-1})\left[1-F_{X_n}(x_n)\right]\mathrm{d}x\cdots\mathrm{d}x_{n-1}$$

上两式可用等步长梯形公式数值积分求解。一般情况下，随机变量积分区间的下限取为0或一较小概率分位值(如分位概率取为 10^{-8})，上限取一较大概率分位值(如 $1-10^{-8}$)，当随机变量具有上下限时，可作为积分区间的上下限。积分步长可选为 $\frac{1}{2}\sigma_{x_i}$ 或更小的值。

结构失效概率的数值积分表达式为：

当 $X_n\geqslant\theta(X_1,X_2,\cdots,X_i,\cdots,X_{n-1})$ 时：

$$P_f = \prod_{i=1}^{n-1}\Delta X_i\sum_{j_{x1}}\cdots\sum_{j_{x_{n-1}}}\left\{\prod_{i=1}^{n-1}f_{X_i}(x_{ijxi})F_{X_n}(X_{nj})\right\}$$

当 $X_n\leqslant\theta(X_1,X_2,\cdots,X_i,\cdots,X_{n-1})$ 时：

$$P_f = \prod_{i=1}^{n-1}\Delta X_i\sum_{j_{x_1}}\cdots\sum_{j_{x_{n-1}}}\left\{\prod_{i=1}^{n-1}f_{X_i}(x_{ij_{x_i}})(1-F_{X_n}(X_{nj}))\right\}$$

式中 ΔX_i——随机变量 $X_i(i=1,\cdots,n-1)$ 的积分步长；

$j_{X_1},\cdots,j_{X_{n-1}}$——离散化随机变量 $X_i(i=1,\cdots,n-1)$ 的序列数。

相应结构可靠指标为

$$\beta=\Phi^{-1}(1-P_f)$$

当结构极限状态方程仅有二个随机变量 X_1,X_2 时，则 $X_2\geqslant\theta(x_1)$

$$P_f = \Delta X_1\sum_j\left\{f_{X_1}(x_{1j})\cdot F_{X_2}\left[\theta(X_{2j})\right]\right\}$$

当结构极限状态方程有三个随机变量 X_1,X_2,X_3 时，则 $X_3\leqslant\theta(X_1,X_2)$

$$P_f = \Delta X_1\Delta X_2\sum_{j_{x_1}}\sum_{j_{x_2}}\left\{f_{X_1}\left(x_{1j_{x_1}}\right)f_{X_2}\left(x_{2j_{x_2}}\right)\cdot\left[1-F_{X_3}\left(x_{1j_{x_1}},x_{2j_{x_2}}\right)\right]\right\}$$

常用概率分布函数 $F(x)$ 和密度函数 $f(x)$ 的数值计算式：

(1)正态分布

正态分布随机变量的均值为 $\bar{X}$，标准差为 σ，令 $t=\frac{X-\bar{X}}{\sigma}$，则

$$\varphi(t)=\frac{1}{\sqrt{2\pi}\sigma}\mathrm{e}^{-\frac{t^2}{2}}$$

$$\Phi(t)=1-\frac{1}{\sqrt{2\pi\sigma}}e^{-\frac{t^2}{2}}(0.319\ 381\ 530P-0.356\ 563\ 782P^2+1.781\ 477\ 937P^3-1.821\ 255\ 978P^4+1.330\ 274\ 429P^5)$$

$$P=\frac{1}{1+0.231\ 641\ 9t}$$

近似公式：

$$\Phi(t)\approx 1-\frac{1}{2}\left(1+\sum_{i=1}^{4}a_it^i\right)^{-4}\qquad(t\geqslant 0)$$

$$\Phi(t)\approx \frac{1}{2}\left(1+\sum_{i=1}^{4}a_i|t|^i\right)^{-4}\qquad(t<0)$$

式中 $a_1=0.196\ 854$；$a_2=0.115\ 194$；$a_3=0.000\ 344$；$a_4=0.019\ 527$。

(2)对数正态分布

对数正态随机变量 X 的均值为 $\bar{X}$，变异系数为 δ，令 $t=\frac{\ln X-\mu}{\sigma}$

$$\sigma=\sqrt{\ln(1+\delta^2)},\mu=\ln\left(\frac{\bar{X}}{\sqrt{1+\delta^2}}\right)$$

$$\varphi(t)=\frac{1}{\sqrt{2\pi}\sigma t}e^{-\frac{t^2}{2}}$$

$$\Phi(t)=\Phi\left(\frac{\ln X-\mu}{\sigma}\right)=1-\frac{1}{\sqrt{2\pi}}e^{-\frac{t^2}{2}}(a_1P+a_2P^2+a_3P^3+a_4P^4)$$

$a_i(i=1\sim4)$及 P 同上述正态分布。

2.5.6 Monte—Carlo 法

Monte—Carlo 法亦称随机模拟(Random Simulation)，为求解工程技术中一个复杂的问题，首先需建立概率模型或随机过程，使其参数等于问题的解；然后通过对模型或过程的观察或抽样试验计算所求参数的统计特征，最后给出问题所求解的近似值；解的精度可用估计值的标准差表示。

设所要求的量 I 是随机变量 ξ 的数学期望 $E(\xi)$，对 ξ 进行 N 次重复抽样，产生相互独立的 ξ 值序列 $\xi_1,\xi_2,\cdots,\xi_n$，计算其均值：

$$\bar{\xi}_N=\frac{1}{N}\sum_{n=1}^{N}\xi_n$$

根据强大数定理：$P(\lim\limits_{N\to\infty}\bar{\xi}_N=I)=1$，所以当 N 充分大时，$\bar{\xi}_N\approx E(\xi)=I$ 即可以用 $\bar{\xi}_N$ 作为所求量 x 的估计值。

最简单的求解时模拟一个发生概率为 p 的随机事件 A，考虑一随机变量 ξ，若在一次试验中事件 A 出现，则取 $\xi=1$；若 A 不出现，则 $\xi=0$；令 $q=1-p$，则随机变量 ξ 的数学期望 $E(\xi)=1\cdot p+0=p$，即一次试验中 A 出现的概率，ξ 的方差为 $E(\xi-E(\xi))^2=p-p^2=pq$；设在 N 次试验中 A 出现 ν 次，则频数 ν 也是随机变量，其数学期望 $E(\nu)=Np$，方差 $\sigma^2(\nu)=Npq$，令 $\bar{p}=\nu/N$ 表示观察频率，按强大数定理，当 N 充分大时，$\bar{p}=\frac{\nu}{N}\approx E(\xi)=p$ 成立的概率为 1，说明频率收敛于概率，样本方差为：$\sigma^2(\bar{p})=\frac{\bar{p}(1-\bar{p})}{N-1}$ 作为理论方差的估计值。

根据中心极限定理，对任何 $\lambda_a>0$ 有

$$P\left(|\bar{\xi}_N - I| < \frac{\lambda_\alpha \sigma}{\sqrt{N}}\right) \approx \frac{2}{\sqrt{2\pi}}\int_0^{\lambda_\alpha} e^{-\frac{t^2}{2}} dt = 1-\alpha$$

表明不等式 $|\bar{\xi}_N - I| < \frac{\lambda_\alpha \sigma}{\sqrt{N}}$ 近似地以概率 $1-\alpha$ 成立。当 α 很小时，α 称为显著水平，$1-\alpha$ 称为置信水平，若 $\sigma \neq 0$ 则 MC 法的误差 ε 为

$$\varepsilon = \frac{\lambda_\alpha \sigma}{\sqrt{N}}$$

α 与 λ_α 的数值关系见表 2-8。

表 2-8　α 与 λ_α 的数值

α	λ_α	α	λ_α
0.000 063	4	0.50	0.674 5
0.002 7	3	0.05	1.960 0
0.045 5	2	0.02	1.326 3
0.317 3	1	0.01	2.575 8

设结构构件功能函数为

$$Z = g(X_1, \cdots, X_n)$$

对 $X_i (i=1,\cdots,n)$ 进行 N 次随机抽样，可求得 N 个 Z_j 值 $(j=1,\cdots,N)$，其中 $Z_j<0$ 者表示结构失效，在 N 个 Z_j 值中存在 N_f 个 $Z_j<0$，则结构失效概率可近似为

$$P_f \approx \frac{N_f}{N}$$

或根据 N 次随机抽样后得到的 N 个 Z_j 值求得 $\bar{Z}$ 的近似值为

$$\begin{cases} \bar{Z} = \dfrac{1}{N}\sum\limits_{j=1}^{N} g_j(X_1,\cdots,X_n) \approx E(Z) = I \\ \sigma_Z^2 = E(Z^2) - [E(X)]^2 = \dfrac{\sum Z_j^2}{N} - \bar{Z}^2 \end{cases}$$

1. 随机抽样数 N 的确定

设结构失效函数为

$$I[g(X_1,\cdots,X_n)] = \begin{cases} 0 & 若\ g(X_1,\cdots,X_n) \geqslant 0 \\ 1 & 若\ g(X_1,\cdots,X_n) < 0 \end{cases}$$

结构构件失效频率为

$$\hat{p}_f = \frac{1}{N}\sum_{j=1}^{N} I[g_j(X_1,\cdots,X_n)]$$

其均值和方差为

$$u_{\hat{p}_f} = p_f, \quad \sigma_{\hat{p}_f}^2 = \frac{p_f(1-p_f)}{N}$$

抽样方差为

$$\hat{\sigma}^2 = \frac{\hat{p}_f(1-\hat{p}_f)}{N}$$

则

$$P\left\{|\hat{p}_f - p_f| \leqslant \frac{\lambda_\alpha \sigma_{p_f}}{\sqrt{N}}\right\} = 1-\alpha$$

$$|\hat{p}_f - p_f| \leqslant \frac{\lambda_\alpha}{\sqrt{N}}\sqrt{\frac{\hat{p}_f(1-\hat{p}_f)}{N}} = \frac{\lambda_\alpha}{N}\sqrt{\hat{p}_f(1-\hat{p}_f)}$$

若采用相对误差为 ε：

$$\varepsilon = \frac{|\hat{p}_f - p_f|}{\hat{p}_f} \leqslant \frac{\lambda_\alpha}{N}\sqrt{\frac{1-\hat{p}_f}{\hat{p}_f}} \approx \frac{\lambda_\alpha}{N}\sqrt{\frac{1}{\hat{p}_f}}$$

$$N = \frac{\lambda_\alpha}{\varepsilon\sqrt{\hat{p}_f}}$$

设结构功能函数为

$$Z=g(X_1,\cdots,X_n)$$

$$P\left(|\hat{\xi}_N-I|<\frac{\lambda_\alpha\sigma}{\sqrt{N}}\right)=1-\alpha$$

$$\varepsilon'=|\overline{\beta}-\beta|<\frac{\lambda_\alpha}{\sqrt{N}},\quad 则\quad N=\left(\frac{\lambda_\alpha}{\varepsilon'}\right)^2$$

当 $\lambda_\alpha=3$ 时，$\Phi(\lambda)=0.997\ 3$，$\lambda_\alpha=2$，$\Phi(\lambda)=0.954\ 5$，两种方法模拟次数 N 与误差 ε 列于表 2-9。

表 2-9 模拟次数 N 与误差 ε

模拟次数 N	$\overline{\beta}$ 模拟误差 ε'		$\hat{p}_f$ 模拟相对误差 ξ（$\hat{p}_f=10^{-4}$）	
	$\lambda_\alpha=3$	$\lambda_\alpha=2$	$\lambda_\alpha=3$	$\lambda_\alpha=2$
100	0.300 0	0.200 0	—	—
500	0.134 2	0.089 4	—	0.40
1 000	0.094 9	0.063 2	0.30	0.20
3 000	0.054 8	0.036 5	0.10	0.067
5 000	0.042 4	0.028 3	0.06	0.04
10 000	0.030 0	0.020 0	0.03	0.02

两种方式相比用 $\overline{\beta}$ 模拟可以减少模拟次数。

2. 伪随机数的产生

(1)均匀分布随机数模拟(计算机字长为 32 位)

素数模 $M=2^{31}-1$ 的乘同余法：

$$x_{n+1}=\lambda x_n(\mathrm{mod}\ M=2^{31}-1)$$

式中 M——模数；

λ——算子，取 $\lambda=7^5$ 时经随机性检验，为几个最好数值之一；

x_{n+1}——取 λx_n 整除以 M 后的余数；

x_0——为起始值，可以是任意小于 M 的正整数。

由上式可得出 $(1,2,\cdots,M)$ 间均匀分布随机数列，将每一数除以 M，可得到均匀分布于 $(0,1)$ 的随机数列；用 $U(0,1)$ 或 $(u_1,u_2,\cdots)$ 表示。

(2)独立随机变量模拟(反函数法)

设结构构件功能函数为

$$Z=g(X_1,\cdots,X_n)$$

对 $X_i(i=1,\cdots,n)$ 产生 $(0,1)$ 间均匀分布随机数 $\mu_i^j(i=1,\cdots,n;j=1,\cdots,N)$ 并检验其均匀性和独立性。

设 X_i 的分布函数为 $F_{X_i}(x)$，$(0,1)$ 上均匀分布随机变量 U 的分布函数为

$$F_U(u)=u$$

令
$$F_U(u_i)=F_{X_i}(x_i)\quad,\quad x_i=F_{X_i}^{-1}(u_i)$$
$$x_i^j=F_{X_i}^{-1}(u_i^j)$$

若 X_i 服从标准正态分布:均匀分布随机数 $U(0,1)$ 中按 $u_1,u_2,\cdots$ 次序,每两个(u_i^j,u_{i+1}^{j+1})一对依次求得(x_i^j,x_{i+1}^{j+1}):

$$\begin{cases}x_i^j=(-2\ln u_i^j)^{1/2}\cdot\sin(2\pi u_i^{j+1})\\ x_i^{j+1}=(-2\ln u_i^j)^{1/2}\cdot\cos(2\pi u_i^{j+1})\end{cases}\qquad(i=1,3,5,\cdots)$$

若 X_i 服从对数正态分布,均值为 m_{x_i},标准差为 σ_{x_i},变异系数为 δ_{x_i},$Y_i=\ln X_i$ 为正态分布,则

$$\sigma_{Y_i}=[\ln(1+\delta_{x_i}^2)]^{1/2},\quad m_{Y_i}=\ln\left[\frac{m_{x_i}}{(1+\delta_{x_i}^2)^{1/2}}\right]$$

由 Y_i 产生随机数 Y_i^j,Y_i^{j+1},则

$$\begin{cases}X_i^j=\exp(Y_i^j)\\ X_i^{j+1}=\exp(Y_i^{j+1})\end{cases}$$

若 X_i 服从极值Ⅰ型分布,则

$$F_{X_i}(x_i)=\exp\{-\exp[-\alpha(X_i-k)]\}$$

则
$$X_i^j=k-\frac{1}{\alpha}\ln(-\ln u_i^j)$$

由 $\alpha=1.282\,5/\sigma_{x_i}$,$k=m_{x_i}-0.450\sigma_{x_i}$ 代入上式得

$$x_i^j=m_{x_i}-0.45\sigma_{x_i}-0.779\,7\sigma_{x_i}\ln(-\ln u_i^j)$$

2.6 荷载组合(荷载效应组合)

2.6.1 结构上的作用

工程结构在其工作寿命期内要承受自重、车辆活载、人群等使用荷载,也可能同时承受风、地震、温度等自然力的作用,使结构产生应力、变形、裂缝等效应,因此把使结构产生应力与变形等的各种外部影响统称为作用(action);把直接施加在结构上的集中力或分布力称为直接作用,习惯上称之为荷载(load);把引起结构外加变形和约束变形的原因称为间接作用,因此作用与荷载有着性质上的区别,为考虑工程界的习惯称呼仍可统称为"荷载",但对间接作用应称为作用,如温度作用、地震作用等。

作用于工程结构上的荷载(作用)主要以按随时间的变异分类(按《ISO 2394:1998 结构可靠性总原则》标准)。

1. 永久作用(荷载)(Permanent action)

在整个给定的设计基准期内几乎是连续施加的作用,且其量值随时间的变异与其平均值相比较是小的;其变异仅仅是属于一个方向的且可以导向某些限值的作用。

(1)结构自重(在施工的某些阶段,质量的某些部分可能不计);

(2)结构的附加重量,包括永久性模板和固定件;

(3)土压力(由土壤最终质量对结构所施加的力);

(4)结构最终施工模式所外加的变形;

(5)由混凝土收缩和由焊接所形成的作用;
(6)水压力(由适当的水位所形成的作用);
(7)由支座沉陷和矿采空区沉陷所形成的作用;
(8)预加力。

2. 可变作用(Variable action)

其量值随时间的变异与其平均值相比较既是不能忽略的,且有变化的作用。

(1)各种外加荷载;
(2)施工某阶段结构自重的一部分;
(3)施工(安装)荷载;
(4)所有可动荷载及其效应;
(5)风荷载;
(6)雪荷载;
(7)冰荷载作用;
(8)地震作用(在使用极限状态时的作用);
(9)适当水位的可变水平作用效应;
(10)温度作用;
(11)波浪荷载。

3. 偶然作用(accidental action)

对给定的结构设计基准期内出现显著作用的可能性很小,且持续期很短的作用。

(1)碰撞;
(2)爆炸;
(3)地基土的沉陷;
(4)不经常发生地区的飓风;
(5)地震作用(在最终极限状态时的作用);
(6)火灾;
(7)极度腐蚀。

2.6.2 荷载的概率模型

在结构可靠度荷载研究中,常取两类荷载概率模型:永久荷载用随机变量作概率模型,可变荷载及偶然荷载则用随机过程作概率模型。国际结构安全度联合委员会(JCSS)推荐采用平稳二项随机过程。

1. 平稳二项随机过程的数学含义

(1)设给定样本空间 Ω 和时间集 T,对于每个 $t\in T$ 随机变量 $X(t)$ 存在,则随机变量族 $\{X(t),t\in T\}$ 为随机过程;

(2)对随机过程 $\{X(t),t\in T\}$,若存在 $E[X(t)]=\mu_X$(常数);$E[X(t)X(t+\tau)]=R_X(\tau)$,则 $\{X(t)\}$ 为广义平稳过程;

(3)设 $\{X(t),t\in[0,T]\}$ 为一平稳随机过程,且满足:

①对于 $\xi=0.1,\cdots,r$,有

$$P\{[X(t)=\xi>0]\}=p \quad , \quad P[X(t)=0]=1-p=q$$

②在不同时段 $\tau_i = t_{i+1} - t_i, \left(\tau = \frac{T}{r}\right), (i=0,1,\cdots,r)$；$X(t)(t\in\tau_i)$服从同一分布；

③$X(t),(t\in\tau_i)(i=0,1,\cdots,r)$相互独立，则称$\{X(t)\}$为平稳二项过程。

平稳二项过程的平均值函数：

$$\mu(t)=E[X(t)]=E\{\xi_i P[X(t)=\xi_i>0]+0\cdot P[X(t)=0]\}=E(\xi_i p)=pE(\xi_i)=p\mu_\xi$$

$\mu(t)$与时间无关，为一常数。

平稳二项过程的方差函数：

$$D(t)=D[X(t)]=E[X(t)-\mu(t)]^2=E(\xi_i p-\mu_\xi p)^2$$
$$=p^2E(\xi_i-\mu_\xi)^2=p^2D(\xi_i)=p^2\sigma_\xi^2$$

式中 σ_ξ^2 为 ξ_i 的方差，$X(t)$的方差函数也为常数。

平稳二项过程的协方差函数等于0，即

$$B(s,t)=E[X(s)-\mu(s)][X(t)-\mu(t)]=0$$

所以相关函数 $\gamma(s,t)=0$。

2. 平稳二项随机过程模型

$\{Q(t),t\in[0,T]\}$为平稳二项随机过程：

(1)结构设计基准期为 T；

(2)设 $Q(t)\geqslant0$，在$[0,T]$上划分为 r 个相等时段$\tau=T/r$：在每个时段 τ_i 上，任意时点分布 $F_{\mathrm{T}i}(x)=F_i(x)=P\{Q(t)\leqslant x,\in[0,T]\}$；

(3)$P[Q(t)>0,t\in\tau_i]=p$，$P[Q(t)=0,t\in\tau_i]=1-p=q$；

(4)$X(t)$在不同时段上的出现和集度相互独立，任意时点分布为

$$F_{\tau i}(x)=P[Q(t)\leqslant x,t\in\tau_i]=P[0<(t)<x,t\in\tau_i]+$$
$$P[Q(t)=0,t\in\tau_i]=P[0<Q(t),t\in\tau_i]P\{Q(t)\leqslant x,t\in(0,T]\}+P[Q(t)=0,t\in\tau_i]$$
$$=p\cdot F_i(x)+(1-p)\cdot1=1-p[1-F_i(x)]$$

在结构可靠度近似分析中，须将荷载随机过程模型转换为随机变量模型，即取设计基准期$[0,T]$内荷载最大值分布作为荷载随机变量分布。

$$F_{\mathrm{M}}(x)=P[Q_m\leqslant x]=P[\max_{[0,T]}Q(t)\leqslant x]$$
$$=P[Q(t)\leqslant x,t\in\tau_1]P[Q(t)\leqslant x,t\in\tau_2]\cdots P[Q(t)\leqslant x,t\in\tau_r]$$
$$=\prod_{i=1}^{r}P\{Q_i(t)\leqslant x\}=\prod_{i=1}^{r}F_{\tau_i}(x)=[F_{\tau_i}(x)]^r$$
$$=\{1-p[1-F_i(x)]\}^r$$

对于每一时段上必然出现的荷载，$p=1$，$Q(t)>0$ 在$[0,T]$上出现的次数 $m=pr=r$，上式简化为：

$$F_{\mathrm{M}}(x)=[F_i(x)]^m \qquad (x\geqslant0)$$

对于一些非持续性的活荷载，$Q(t)>0$ 的概率 $p\neq1$，但当 $1-F_i(x)$充分小时，利用近似公式：$e^{-x}\approx1-X(|X|$很小)，

$$F_{\mathrm{M}}(x)=\{1-p(1-F_i(x))\}^r\approx\{e^{-p[1-F_i(x)]}\}^r$$
$$=\{e^{-[1-F_i(x)]}\}^{pr}=\{1-[1-F_i(x)]\}^{pr}=[F_{\tau i}(x)]^{pr}\approx[F_{\tau i}(X)]^m \qquad (x\geqslant0)$$

上式表明，平稳二项随机过程$\{Q(t),t\in[0,T]\}$在$[0,T]$上的最大值概率分布 $F_{\mathrm{M}}(x)$是任意时点分布 $F_{\tau i}(x)$的 m 次方。

3. 永久荷载

永久荷载随机变量$\{G(t)=G,t\in[0,T]\}$在设计基准期内持续出现，$p=1$，荷载持续时间$\tau=T$，时段数$r=T/\tau=1$，$m=p\cdot r=1$，因此，永久荷载变量设计基准期最大值概率分布$F_{iM}(x)$与其任意时间分布$F_i(x)$相同，即$F_{iM}(x)=F_{G1}(x)$（图 2-32），例结构自重。

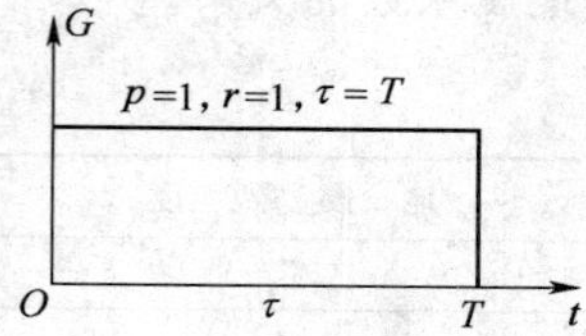

图 2-32　永久荷载概率模型

对于铁路线路上部建筑及设备等附加恒载，可按结构上部建筑大修周期作为时段数，例如：$\tau=10$，$r=T/10$，$m=p\cdot r=\dfrac{T}{10}$，则附加恒载的设计基准期最大值分布$F_{G_2m}(x)=[F_{G_2}(x)]^{T/10}$，当设计基准期$T=100$年时，$F_{G_1M}(x)=[F_{G_2}(x)]^{10}$，$r=10$（图 2-33）。

4. 可变荷载

可变荷载在设计基准期内平均出现次数多，持续时间短，从实用出发，可以偏于安全地取某时段荷载最大值作统计对象，例如，列车活载以天为统计时段，即$\tau=1$天，$T=100$年，则时段数$r=\dfrac{T}{\tau}=36\ 500$，$p\approx1$，$F_{iM}(x)=\{F_i(x)\}^{36\ 500}$（图 2-34）。

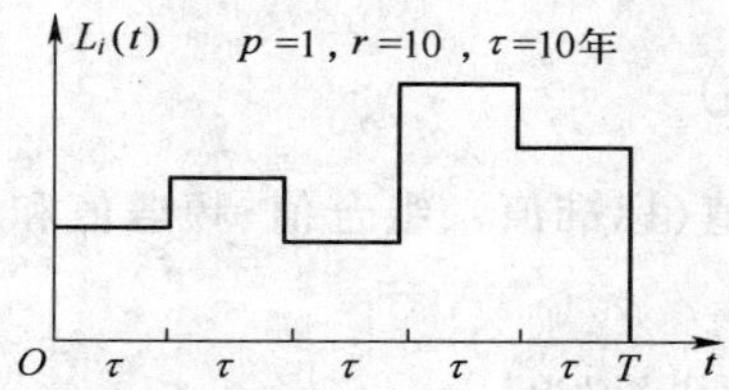

图 2-33　附加恒载概率模型

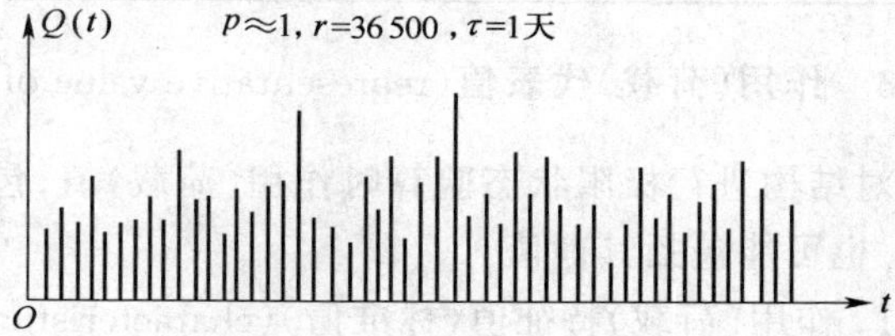

图 2-34　列车活载概率模型

例，风载以年为时段，$\tau=1$年，$T=100$年，则$r=\dfrac{T}{\tau}=100$，$p\approx1$，$F_{WM}(x)=[F_W(x)]^{100}$（图 2-35）。

5. 偶然荷载

在结构设计基准期内出现的可能性很小，且作用持续时间短暂；其效应可用脉冲过程模拟，水平地震系数概率分布可用极值Ⅱ型模拟：

$$F_E(H)=\exp[-(\alpha H_0/H)^k]$$

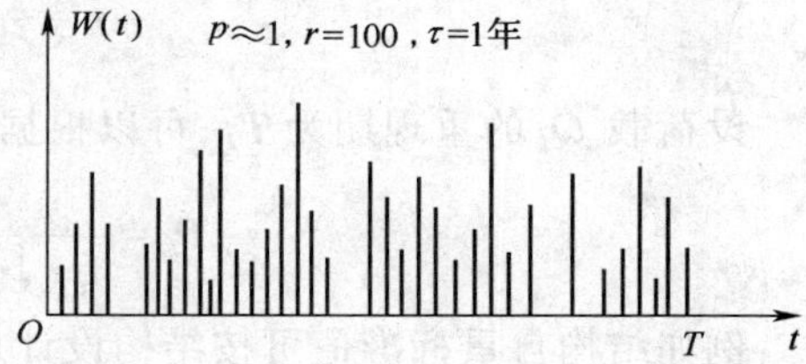

图 2-35　风载概率模型

式中　H——水平地震系数；

H_0——基本烈度所对应水平地震系数；

α——系数，基准期为 50 年时为 0.385，100 年为 0.517；

k——形状系数为 2.35。

根据统计资料，表 2-10 给出地震烈度与平均出现率λ_E、平均周期T'的关系。

工程结构抗震设计时，地震系数与地震烈度设防标准相关，国际上（包括我国）一般以一个地区 50 年超越概率为 10% 的烈度为基本烈度；地震使用极限状态时采用 50 年超越概率为 63%（众值）烈度为设计烈度；地震最终极限状态则采用 50 年超越概率为 2% 的烈度为设计烈度，以保证结构“小震不坏，大震不倒”的抗震设计原则，表 2-11 列出相应超越概率地震烈度与水平地震系数的关系。

表 2-10 地震烈度与 λ_E、T'的对照表

地震烈度	λ_E(次数/年)	T'
5°	4.18	87.3(天)
6°	0.57	1.8(年)
7°	0.076	13.2(年)
8°	0.010	100(年)
9°	0.0014	720(年)

表 2-11 超越地震烈度与水平地震系数

规范基本烈度 50 年超越概率 10%	地震烈度	6°	7°	8°	9°	10°
	水平地震系数	0.063	0.125	0.250	0.50	1.00
50 年超越概率 2%	地震烈度	7°	8°	9°	10°	—
	水平地震系数	0.128	0.23	0.507	1.01	—
50 年超越概率 63%	地震烈度	—	5.6°	6.6°	7.6°	—
	水平地震系数	—	0.048	0.096	0.193	—

2.6.3 作用(荷载)代表值(representative value of an action)

对结构进行极限状态验算时作用(荷载)值,包括特征值(标准值)、组合值、频遇值和准永久值,也可能包括其他值。

1. 作用(荷载)特征值(标准值)(characteristic value of an action)

标准值可以是在统计的基础上选定,也可在工程经验基础上选定,或是物理约束上选定。

荷载标准值是在设计基准期内结构上可能出现的最大荷载值,是进行结构设计时采用的荷载基本代表值。

荷载标准值可以按一定概率取设计基准期内荷载最大值概率分布 $F_M(x)$的某一分位值:

$$F_M(Q_k)=p_k$$

设荷载 Q_k 的重现期为 T_k,可以根据 T_k 与 p_k 的关系确定荷载标准值:

$$T_k=\frac{1}{1-[F_M(Q_k)]^{1/T}}=\frac{1}{1-p_k^{1/T}}$$

例如结构自重标准值可按结构设计尺寸与材料标准重度计算得出,因此可取 $p_k=0.5$ 即平均值作为其标准值,可以根据作用效应的不利情况乘以大于 1 或小于 1 的系数。

例:列车活载标准值可以选用规范的标准值,其分位值为 $p_k=F_M(Q_k)$;当活载为最小值产生不利效应时,可采用$[0,T]$内最小值概率分布 $F_m(x)$的相应分位值:$p'_k=F_m(Q_k)$。

2. 频遇值(frequent value)

是在统计基础上决定的,在设计基准中其被超越的总持续时间为一较小值,例 0.05,0.1;或其被超越的频率限制在一给定值。因此频遇值是在$[0,T]$内在结构上时而出现的较大荷载值,它用于结构正常使用极限状态的短期效应组合中。

按可变荷载超越频遇值的持续期$\frac{T_1}{T}\leqslant 0.05$ 或 0.1 确定;按可变荷载超越频遇值的次数

或平均上跨阈率 ν_x 不超过限制值$[\nu]$确定：$\nu_x \leqslant [\nu]$。

3. 准永久值(quasi—permanent value)

在统计基础上决定的，在$[0,T]$内被超越的总持期达0.5，即$\frac{T_2}{T}=0.5$；

准永久值用于正常使用极限状态时长期效应组合中，作为铁路桥梁结构可以不考虑准永久值的组合。

4. 组合值(combination value)

在统计基础上的选定值，使由于荷载组合所生的效应值的超越概率近似地与仅考虑单一作用时相同。各种作用组合的基本原则是：

(1)一个作用被选为控制作用，以其标准值 Q_{1k} 引入；

(2)第二个被引入的作用是一个折减的组合值 $\Psi_{02}Q_{2k}$，$\Psi_{02}\leqslant 1$；

(3)被引入的第三个作用是具有进一步折减的组合值 $\Psi_{03}Q_{3k}$，$\Psi_{03}\leqslant\Psi_{02}$；

从而组合系数是顺序引入的：$\Psi_{01}=1$，$\Psi_{01}\geqslant\Psi_{02}\geqslant\Psi_{03}\geqslant\cdots$，在实际结构可靠度分析中作用的组合系数 $\Psi_{0i}(i=1,\cdots,n)$可综合考虑在荷载分项安全系数 γ_{Q_i} 之内，在规定的目标可靠指标 β_{nom}之下综合分项系数其含义和应用更明确。

2.6.4 荷载效应组合

荷载作用在结构或构件上，在结构中产生的应力、内力、变形等称为荷载效应，由于荷载的随机性，荷载效应也具有随机性；对于线弹性结构，荷载与荷载效应间呈线性或近似线性关系：

$$S=C_Q Q$$

式中 C_Q——荷载效应系数，可以作为常量。

因此荷载效应可以认为与荷载具有相同的分布特征，若荷载 Q 的分布函数 $F_Q(x)$已知，则荷载效应 S 的分布函数为

$$F_S(x)=P(S\leqslant x)=P(C_Q Q\leqslant x)=\begin{cases}P\left(Q\leqslant\dfrac{x}{C_Q}\right), C_Q>0\\ P\left(Q\geqslant\dfrac{x}{C_Q}\right), C_Q<0\end{cases}$$

即

$$F_S(x)=\begin{cases}F_Q\left(\dfrac{x}{C_Q}\right), C_Q>0\\ 1-F_Q\left(\dfrac{x}{C_Q}\right), C_Q<0\end{cases}$$

有时，荷载与荷载效应不呈线性关系，可以用函数关系表示 $S=S(Q)$，仍然从荷载 Q 的概率分布律入手去寻求荷载效应 S 的分布律。

荷载(荷载效应)组合，可以认为是在基准期 T 内估算随机过程之和通过给定门槛(极限状态限值)的概率。设两个荷载(荷载效应)平稳且独立的随机过程$\{X_1(t),t\in[0,T]\}$和$\{X_2(t),t\in[0,T]\}$，两种过程的组合为：在基准期$[0,T]$内，过程

$$[X(t)]=[X_1(t)+X_2(t)]$$

大于门槛 $X(t)=\xi$ 的概率为：

$$P\{\max X(t)>\xi,t\in[0,T]\}=P[X(0)>\xi]+P[N'_+(\xi)\geqslant 1]$$

$$= P(X(0) > \xi) + \sum_{n=1}^{\infty} n \cdot P(N'_+(\xi) = n)$$

$$= P_0 + \nu(\xi) T$$

$$= P_0 + \int_0^T \nu(\xi, t) \mathrm{d}t$$

通常 $P_0 \leqslant \nu(\xi) T$，

$$P\{\max X(t) > \xi, t \in [0, T]\} \approx \nu(\xi) T$$

$$1 - F_{X_M}(\xi) \approx \nu(\xi) \cdot T$$

$$F_{X_M}(\xi) \approx 1 - \nu(\xi) \cdot T$$

上式表示求组合过程〔$x(t)$〕的最大值分布函数 $F_{XM}[\xi]$问题转化为确定[$X(t)$]的上穿率 $\nu(\xi)$问题，Rice 给出上穿率计算公式：

$$\nu(\xi) = E[N'_+(\xi)] = \int_0^{\infty} \dot{x} f_{X\dot{X}}(\xi, \dot{x}) \mathrm{d}\dot{x}$$

式中　$f_{X\dot{X}}$——过程$\{X(t)\}$及其导数过程$\{\dot{X}(t)\}$的联合密度函数，通过卷积计算。

由于上式计算的困难，导得 $\nu(\xi)$的上限作为近似式：

$$\nu(\xi) = \int_{-\infty}^{\infty} \nu_{X_1}(x) f_{X_2}(\xi - x) \mathrm{d}x + \int_{-\infty}^{\infty} \nu_{X_2}(\xi - x) f_{X_1}(x) \mathrm{d}x$$

式中　$\nu_{X_1}(x)$、$\nu_{X_2}(\xi - x)$——过程$\{X_1\}$、$\{X_2\}$的上穿率。

上式可用一阶可靠度分析方法完成。

Wen.Y.K 给出两个同时发生的脉冲过程和的最大值分布的近似式

$$F_{S_M}(r, t) \approx \exp(-t\{\lambda_1[1 - F_{X_1}(r)] + \lambda_2[1 - F_{X_2}(r)] + \lambda_{12}[1 - F_{X_{12}}(r)]\})$$

$$\approx \exp(-\xi, t)$$

式中 $\lambda_{12} = \lambda_1 \lambda_2 (\mu_{d_1} + \mu_{d_2}) = \dfrac{1}{\mu_{d_{12}}}$，为两荷载同时出现的平均出现率；$\lambda_i$为荷载 Q_i 在单位时间平均出现的次数；μ_{di}为荷载 Q_i 每次出现的持续时间平均值。

在结构可靠度分析中须将荷载效应随机过程 $S(t)$转换为随机变量：

$$S_M = \max_{[0,T]} S(t) = \max_{[0,T]} \sum_{i=1}^{n} S_i(t)$$

式中　S_M——在时域$[0, T]$内 $S(t)$的最大值，为随机变量。

因此荷载效应组合问题实质上为确定综合荷载效应最大值 S_M的概率分布。上式的含义是将各荷载效应随机过程叠加求其在时间域$[0, T]$内的极值分布。在以往经验式设计中综合荷载效应(数值)表达为：

$$S_M = \sum_{i=1}^{n} \max S_i = \max S_1 + \max S_2 + \cdots + \max S_n$$

是规范规定的所有参与组合的荷载效应最大值的叠加，显然二者具有本质的区别。

下面介绍三种在工程结构可靠度分析中近似荷载效应组合模型，即JCSS组合模型和J.C.Turkstra组合模型及以泊松过程作荷载模型的Wen氏组合模型。

1. JCSS组合模型

基本假设：

(1)荷载$\{Q_i(t),t\in[0,T]\}$,$(i=1,2,\cdots,n)$为$[0,T]$内等时段平稳二项随机过程；

(2)荷载效应 $S_i(t)$与荷载 $Q_i(t)$为线性或近似线性关系：

$$S_i(t)=C_Q Q_i(t)$$

(3)设计基准期为 T(铁路桥梁采用 $T=100$ 年)；

(4)只考虑在$[0,T]$内可能相遇的各种可变荷载参与组合；

(5)当一种荷载取设计基准期最大荷载或时段最大荷载时,其他参与组合的荷载仅在该最大荷载持续段内取相对最大荷载或取任意时点荷载。

设 n 种荷载参与组合,第 i 种荷载 $Q_i(t)$在设计基准期 T 内的总时段数为 r_i,按 r_i 大小顺序排列 $r_1\leqslant r_2\leqslant\cdots\leqslant r_n$,取任一种荷载 $Q_i(t)$设计基准期内的最大荷载效应 $\max\limits_{t\in[0,T]} S_i(t)$与其他各种相应时段荷载效应最大值$\max\limits_{t\in\tau_j}S_j(t)$组合,共有 n 种相对最大荷载效应组合值 S_{M_j} $(j=1,2,\cdots,n)$,

$$\begin{cases}S_{M_1}=\max\limits_{t\in[0,T]}S_1(t)+\max\limits_{t\in\tau_1}S_2(t)+\max\limits_{t\in\tau_2}S_3(t)+\cdots+\max\limits_{t\in\tau_{n-1}}S_n(t)\\ S_{M_2}=S_1(t_0)+\max\limits_{t\in[0,T]}S_2(t)+\max\limits_{t\in\tau_2}S_3(t)+\cdots+\max\limits_{t\in\tau_{n-1}}S_n(t)\\ \vdots\\ S_{M_n}=S_1(t_0)+S_2(t_0)+S_3(t_0)+\cdots+\max\limits_{t\in[0,T]}S_n(t)\end{cases}$$

式中 $S_i(t_0)$——第 i 种荷载效应$S_i(t)$任意时点随机变量；

τ_i——第 i 种荷载效应的持续时段长度,其值为 $\tau_i=\dfrac{T}{r_i}$；

$\max\limits_{i=1\sim n}S_{M_i}=S_M$,为控制荷载效应组合。

组合荷载效应 S_{M_j} 的分布函数：

S_{M_j}为n项随机变量之和,式中 $\max\limits_{t\in[0,T]}S_j(t)$及 $\max\limits_{t\in T_{i-1}}S_i(t)(i>j)$的分布函数为:$[F_{S_j}(x)]^{r_j}$,$[F_{S_i}(x)]^{r_i/r_{i-1}}$则当 S_{M_j} 的n个随机变量相互独立,可得 S_{M_j} 的分布函数$F_{S_{M_j}}(x)$为：

$$\begin{cases}F_{S_{M_1}}(x)=[F_{S_1}(x)]^{r_1}*[F_{S_2}(x)]^{r_2/r_1}*\cdots*[F_{S_n}(x)]^{r_n/r_{n-1}}\\ F_{S_{M_2}}(x)=F_{S_1}(x)*[F_{S_2}(x)]^{r_2}*[F_{S_3}(x)]^{r_3/r_2}*\cdots*[F_{S_n}(x)]^{r_n/r_{n-1}}\\ \vdots\\ F_{S_{M_n}}(x)=F_{S_1}(x)*F_{S_2}(x)*\cdots*[F_{S_n}(x)]^{r_n}\end{cases}$$

式中 $*$——卷积运算。

实际上上述各种荷载效应组合根据结构可靠度分析方法可求得在 $S_{M_j}(j=1,\cdots,n)$作用下结构可靠指标 $\beta_j(j=1,\cdots,n)$,其中 $\min\limits_{j=1\sim n}\beta_j=\beta_{con}$为结构控制可靠指标,计算中各种荷载抗力分位值与标准值之比即为综合分项安全系数。

以三种荷载效应组合为例(组合示意图见图 2-36)：

$$\begin{cases}S_{M_1}=\max\limits_{t\in[0,T]}S_1(t)+\max\limits_{t\in\tau_1}S_2(t)+\max\limits_{t\in\tau_2}S_3(t)\\ S_{M_2}=S_1(t_0)+\max\limits_{t\in[0,T]}S_2(t)+\max\limits_{t\in\tau_2}S_3(t)\\ S_{M_3}=S_1(t)+S_2(t)+\max\limits_{t\in[0,T]}S_3(t)\end{cases}$$

目前,在荷载组合中假设荷载在各次出现之间,出现时刻、集度和给定荷载的持续时间都是随机独立的,实际上一些变量间可以是相关的。荷载的相关性主要区分为荷载内部或两荷载间的相关性,根据Wen.Y.K的研究并为Mokto—Carlo模拟所验证结果表明:

①荷载内部持续时间与集度间的相关性,对处于高门槛水平的使用荷载组合最大值的超越概率只产生一个微弱的增量;

②荷载内部集度依赖性和堆积出现,在高门槛时对超越概率影响不大;

③荷载重叠率对于两个荷载间出现的堆积极为敏感;

④两个荷载间的集度相关性在高门槛水平时是重要的,因此在荷载组合中,可以不考虑荷载内部出现和集度的相关性,而只研究两个荷载间出现的堆积和集度相关性。

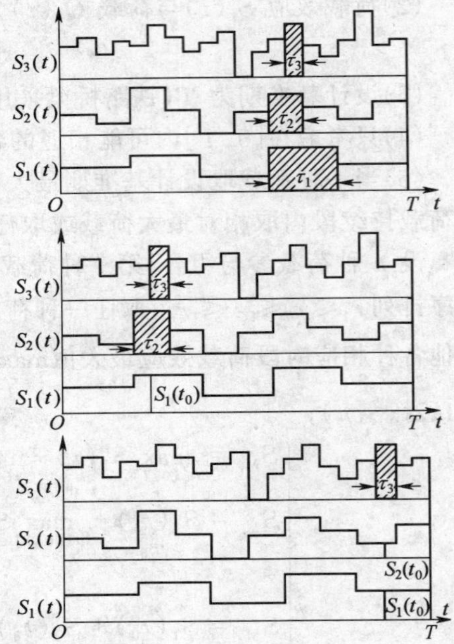

图 2-36 三种荷载效应组合示意图

例如:铁路列车静活载 Q_1,考虑其动力影响为$(1+\mu)Q_1$;列车离心力 $F_C = CQ_1$,列车横向摇摆力为 $T = fQ_1$(轴重),列车制动力 $P = pQ_1$,这些力完全与静活载 Q_1 相关,因此在组合中可视为与 Q_1 相关的同类荷载,其量值随 Q_1 变化而变化;除此之外,铁路桥跨结构上的可变荷载,如风载、温度作用等与列车活载是相互独立的。列车活载时段以天计(以天最大值为统计),每天出现率 $\lambda_1 = 1$,持续时间 $\mu_{d_1} = 45$ s;风荷载时段以年计(以年最大值为统计),则每天出现率为 $\lambda_2 = 1/365$,持续时间 $\mu_{d_2} = 10$ min $= 600$ s;则两荷载重叠率近似为:

$$\nu_{12} = \lambda_1 \lambda_2 (\mu_{d_1} + \mu_{d_2}) = 1 \times 1/365 \times \left(\frac{45 + 600}{24 \times 3\,600}\right) = 0.000\,02 \approx 1/5\text{ 万}$$

,可认为两荷载是相互独立的,且最大值重叠率很小。

两随机变量 X 与 Y 的相关性可用相关系数度量:

$$\rho = \frac{\text{cov}(X, Y)}{\sigma_X \cdot \sigma_Y} = \frac{E[(X - \mu_X)(Y - \mu_Y)]}{\sigma_X \cdot \sigma_Y}$$

根据一组 X, Y 的观测值,相关系数估计为:

$$\hat{p} = \frac{1}{n-1} \cdot \frac{\sum_1^n (X_i - \overline{X})(Y_i - \overline{Y})}{s_X \cdot s_Y} = \frac{1}{n-1} \cdot \frac{\sum_1^n X_i Y_i - \overline{XY}}{s_X \cdot s_Y}$$

式中,$\overline{X}$,$\overline{Y}$及 s_X,s_Y 为 X, Y 样本的均值和标准差。

例:对铁路桥跨结构,考虑列车活载与风载的组合,对于混凝土桥由于线上及设备附加恒载要考虑以大修周期 $t = 10$ 年为变化时段:$r_{G_2} = 10$,$\tau_{G_2} = 10$ 年;列车活载:$\tau_{Q_1} = 1$ 天,$r_{Q_1} = 3\,600$;风载:$\tau_W = 1$ 年,$\gamma_W = 100$ 则最大控制组合为:

$$S_M = \max_{t \in [0, T]} \{S(G_1) + S(G_2) + S[(1+\mu)Q_1, C, T] + S(W)\}$$

对于混凝土梁:

$$\begin{cases} S_{M_1}=S(G_1)+S(G_{2\max,T})+S(W_{\max,10})+S[(1+\mu)Q_{1,\max,365},C,T] \\ S_{M_2}=S(G_1)+S(G_{2,任意})+S(W_{\max,T})+S[(1+\mu)Q_{1,\max,365},C,T] \\ S_{M_3}=S(G_1)+S(G_{2,任意})+S(W_{任意})+S[(1+\mu)Q_{1,\max,T},C,T] \end{cases}$$

用卷积形式表示之：

$$\begin{cases} F_{M_1}(x)=[F_{G_2}(x)]^{10}*[F_W(x)]^{10}*[F_{Q_1}(x)]^{3\,650} \\ F_{M_2}(x)=F_{G_2}(x)*[F_W(x)]^{100}*[F_{Q_1}(x)]^{365} \\ F_{M_3}(x)=F_{G_2}(x)*F_W(x)*[F_{Q_1}(x)]^{36\,500} \end{cases}$$

对于钢结构：

$$\begin{cases} S_{M_1}=\sum_{i=1}^{2}S(G_i)+S(W_{\max,T})+S[(1+\mu)Q_{1,\max,365},C,T] \\ S_{M_2}=\sum_{i=1}^{2}S(G_i)+S(W_{任意})+S[(1+\mu)Q_{1,\max,T},C,T] \end{cases}$$

卷积形式为：

$$\begin{cases} F_{M_1}=[F_W(x)]^{100}*[F_{Q_1}(x)]^{365} \\ F_{M_2}=[F_W(x)]*[F_{Q_1}(x)]^{36\,500} \end{cases}$$

表 2-12 及表 2-13 分别列出 $L_P=16$ m普通钢筋混凝土梁(曲线)弯曲和 $L_P=64$ m栓焊钢桁梁下弦杆 JCSS 组合计算结果，计算采用结构可靠度分析分位值法计算程序。

表 2-12 $L_P=16$ m普通钢筋混凝土梁(曲线)JCSS 组合计算算例

组　合	S_{M_1}		S_{M_2}		S_{M_3}	
β	5.98		6.41		6.28	
抗力荷载 \ 验算点 X_i^*	β_{x_i}	X_i^*	β_{x_i}	X_i^*	β_{x_i}	X_i^*
钢筋应力 f_S(N/cm²)	−5.637	19 784.2	−6.010	18 720.5	−5.922	18 972.0
有效高度 h_0(cm)	−1.264	173.23	−1.276	173.17	−1.274	173.18
结构恒载 G_1(N/cm)	1.579×10^{-1}	289.7	1.686×10^{-1}	289.8	1.661×10^{-1}	289.8
附加恒载 G_2(N/cm)	7.803×10^{-1}	277.0	1.212	247.6	1.194	247.0
动力系数 $1+\mu$	6.408×10^{-1}	1.289	6.24×10^{-1}	1.288	6.737×10^{-1}	1.290
列车活载 Q_1(N/cm)	1.078	603.2	1.051	550.5	7.908×10^{-1}	603.3
离心力率 C	1.788×10^{-1}	1.071×10^{-1}	1.742×10^{-1}	1.071×10^{-1}	1.88×10^{-1}	1.073×10^{-1}
风载 W(N/cm)	3.994×10^{-1}	63.4	5.497×10^{-1}	90.9	3.538×10^{-1}	37.2
横向摇摆力 F_T(N/cm)	7.65×10^{-2}	20.9	8.17×10^{-2}	20.95	8.044×10^{-2}	20.95

表 2-13 $L_P=64$ m栓焊钢桁梁跨中下弦杆 JCSS 组合计算算例

组合	S_{M_1}		S_{M_2}	
β	5.81		6.63	
抗力荷载 \ 验算点 X_1^*	β_{x_i}	X_i^*	β_{x_i}	X_i^*
应力 $f_S(N/cm^2)$	-4.666	23 181.3	-4.314	23 993.1
净面积 $A_C(cm^2)$	-9.756×10^{-1}	186.29	-8.992×10^{-1}	186.58
恒载轴力 N_{G_1}(N)	7.035×10^{-2}	539 729.1	-6.034×10^{-2}	539 668.0
N_{G_2}(N)	5.570×10^{-2}	109 369.0	4.777×10^{-2}	109 330.7
$1+\mu$	1.113	1.188	9.664×10^{-1}	1.181
N_{Q_1}(N)	1.406	2 011 329.6	8.573×10^{-1}	2 033 943.3
偏心 C	—	0.1	—	0.1
风载 N_W(N)	2.760	1 141 351.9	4.768	1 287 465.0
N_T(N)	2.214×10^{-1}	132 251.3	1.899×10^{-1}	131 646.3

2. Turkstra 组合模型

设结构上作用有 n 种荷载，其荷载效应为 $S_i(t)(i=1,\cdots,n)$，Turkstra 模型组合原则为：若某一种荷载取设计基准期最大值时，其余 $n-1$ 种荷载取相应任意时点值，其表达形式为(图 2-37)：

$$\begin{cases} S_{M_1}=\max\limits_{[0,T]}S_1(t)+\sum\limits_{j=2}^{n}S_j(t) \\ S_{M_2}=S_1(t)+\max\limits_{[0,T]}S_2(t)+\sum\limits_{j=3}^{n}S_j(t) \\ \quad\vdots \\ S_{M_n}=\sum\limits_{j=1}^{n-1}S_j(t)+\max\limits_{[0,T]}S_n(t) \end{cases}$$

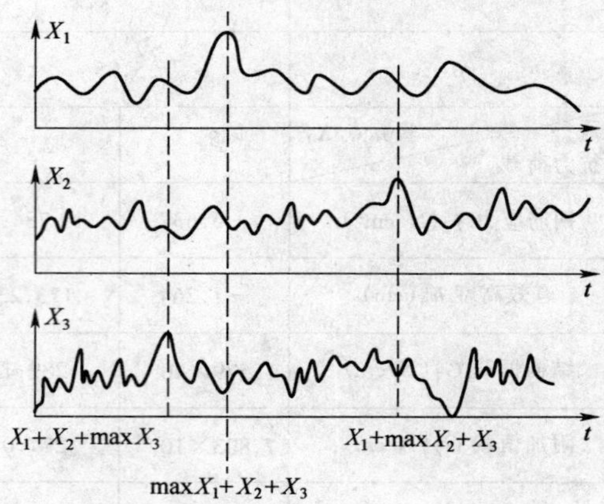

图 2-37 Turkstra 组合模型

若荷载模型为平稳二项随机过程，则 S_{i,M_i} 的概率分布函数为(卷积形式)：

$$F_{S_{M_i}}^{(x)}=F_1(x)*F_2(x)*\cdots*[F_i(x)]^{ri}*\cdots*[F_n(x)];i=1,\cdots,n$$

上述 Turkstra 模型有时会低估结构组合荷载的最大值，把 Turkstra 组合模型按如下模式改进将会得到更好的组合模式(以三个可变荷载组合为例)：

$$\begin{cases} S_{M_1} = \max\limits_{[0,T]} S_1(t) + \max\limits_{t \in \tau_1} S_2(t) + \max\limits_{t \in \tau_2} S_3(t) \\ S_{M_2} = \max\limits_{[0,T]} S_1(t) + S_2(t) + \max\limits_{t \in \tau_1} S_3(t) \\ S_{M_3} = S_1(t) + \max\limits_{[0,T]} S_2(t) + \max\limits_{t \in \tau_2} S_3(t) \\ S_{M_4} = S_1(t) + S_2(t) + \max\limits_{[0,T]} S_3(t) \end{cases}$$

式中 $\max\limits_{[0,T]} S_i(t)$——$S_i(t)$在设计基准期 T 内最大值分布；

$\max\limits_{t \in \tau_j} S_i(t)$——$S_i(t)$在时段 τ_j 内最大值分布；

$S_i(t)$——$S_i(t)$任意时点分布。

上述模型实质上与 JCSS 组合模型一致。

也可以用分位值形式表达其分布(卷积形式)：

$$\mathrm{F}_{\max(X_1+X_2+X_3),\mathrm{T}} = \begin{cases} F_{\max S_1,\mathrm{T}}(p) * F_{\max S_2,\tau_1}(0.5) * F_{\max S_3,\tau_2}(0.5) \\ F_{\max S_1,\mathrm{T}}(p) * F_{S_2}(0.5) * F_{\max S_3,\tau_1}(0.5) \\ F_{S_1}(0.5) * F_{\max S_2,\mathrm{T}}(p) * F_{\max S_3,\tau_2}(0.5) \\ F_{S_1}(0.5) * F_{S_2}(0.5) * F_{\max S_3,\mathrm{T}}(p) \end{cases}$$

式中 $F_{\max S_i,\mathrm{T}}(p)$——在$[0,T]$内 $S_i(t)$的最大值分布 p 分位值；

$F_{\max S_i,\mathrm{T}_j}(0.5)$——在 τ_j 时段$S_i(t)$最大值分布的 0.5 分位值；

$F_{S_i}(0.5)$——$S_i(t)$任意时点分布 0.5 分位值。

对于铁路桥跨结构荷载的 Turkstra 组合为

混凝土桥：

$$\begin{cases} S_{M_1} = S(G_1) + S(G_{2\max,\mathrm{T}}) + S(W_{任意}) + S[(1+\mu)Q_{1任意}, C, T] \\ S_{M_2} = S(G_1) + S(G_{2任意}) + S(W_{\max,\mathrm{T}}) + S[(1+\mu)Q_{1任意}, C, T] \\ S_{M_3} = S(G_1) + S(G_{2任意}) + S(W_{任意}) + S[(1+\mu)Q_{1\max,\mathrm{T}}, C, T] \end{cases}$$

求出$\{\beta_1, \beta_2, \beta_3\}$得出 $\beta_{\min}$为综合控制组合。

卷积形式：

$$\begin{cases} F_{M_1}(x) = [F_{G_2}(x)]^{10} * [F_{\mathrm{W}}(x)] * [F_{Q_1}(x)] \\ F_{M_2}(x) = F_{G_2}(x) * [F_{\mathrm{W}}(x)]^{100} * [F_{Q_1}(x)] \\ F_{M_3}(x) = F_{G_2}(x) * F_{\mathrm{W}}(x) * [F_{Q_1}(x)]^{36\,500} \end{cases}$$

Turkstra 组合模式也可由上穿率理论得以说明：

对于随机过程 $X(t)$在设计基准期$[0,T]$内其最大值的概率分布函数为

$$F_{\max}(x) = P[\max X(t) < r]$$

其超越概率为

$$G_{\max} X(r) = P[\max X(t) \geqslant r] = 1 - F_{\max} X(t) \approx \nu_{\mathrm{X}}^{+}(r) T$$

对于两个可变荷载效应组合，上穿率近似式为

$$\nu_{\mathrm{X}}^{+}(r) \approx \int_{-\infty}^{+\infty} \nu_{\mathrm{X}_1}^{+} f_{\mathrm{X}_2}(r-x)\mathrm{d}x + \int_{-\infty}^{+\infty} \nu_{\mathrm{X}_2}^{+} f_{\mathrm{X}_1}(r-x)\mathrm{d}x$$

$$= \frac{1}{T}\left[\int_{-\infty}^{+\infty} G_{\max}X_1(x)f_{X_2}(r-x)\mathrm{d}x + \int_{-\infty}^{+\infty} G_{\max}X_2(x)f_{X_2}(r-x)\mathrm{d}x\right]$$

$$G_{\max}X(r) = \int_{-\infty}^{+\infty} G_{\max}X_1(x)f_{X_2}(r-x)\mathrm{d}x + \int_{-\infty}^{+\infty} G_{\max}X_2(x)f_{X_1}(r-x)\mathrm{d}x$$

其相当于 $\max X_1 + X_2$ 和 $X_1 + \max X_2$ 的超越概率计算式。

$$\max X \approx \{\max[(\max X_1 + X_2),(X_1 + \max X_2)]\}$$

对于多个可变荷载随机过程 Turkstra 组合为

$$\max X \approx \max\left[\max X_i + \sum_{j=1}^{n} X_j\right] \quad ; \quad j \neq i; i = 1,2,\cdots,n$$

由于 JCSS 组合与 Turkstra 组合规则的差异，导致控制组合不同和计算可靠指标 β 的差异，Tukstra 组合比 JCSS 组合 β 值偏大，多数 $\Delta\beta < +0.25$，说明 Turkstra 组合规则是一种偏于不保守的组合规则，而改进的 Turkstra 组合实质上与 JCSS 组合是一致的。

3. Wen. Y. K 组合模型

以持久性活载为 a 类荷载，以泊松方波过程为概率模型，任意时点分布为 $F_a(x)$，单位时间平均变动率为 λ_a；瞬时性活载为 b 类荷载，用滤过泊松过程为概率模型。

泊松方波过程：

$$S_a(t) = \sum_{k=0}^{N(t)} \xi_k I_{T_k}(t) \quad , \quad t \in [0,T]$$

式中 $\{N(t), t\in[0,T]\}$ 为泊松过程，$\{\tau_k; k=0,1,\cdots,N(T)\}$ 为 $[0,T]$ 的划分区间，

$$P[N_T = k] = \frac{[\lambda_a T]^k}{k!}\mathrm{e}^{-\lambda_a T} \quad ; \quad k=0,1,2,\cdots$$

$\{\xi_k; k=0,1,2,\cdots\}$ 为独立同分布于 $F_a(x)$ 的时间序列，则最大值 $S_{aM} = \max\limits_{[0,T]} S_a(t)$ 的概率分布为

$$F_{aM}(x) = F_a(x)\mathrm{e}^{-\lambda_a T[1-F_a(x)]}$$

滤过泊松过程：

$$S_b(t) = \sum_{k=0}^{N(t)} \omega(\xi_k, \tau_k, t)$$

式中 $\{N(t), t\in[0,T]\}$ 为泊松过程；$P[N_T = k] = \frac{[\lambda_b T]^k}{k!}\mathrm{e}^{-\lambda_b T}$；$\{\tau_k; k=0,1,2,\cdots\}$ 为荷载效应 $\{\xi_k; k=0,1,2,\cdots\}$ 出现的持续时间；$\{\xi_k; k=0,1,2,\cdots\}$ 为独立同分布于 $F_b(x)$ 的时间序列，则最大值 $S_{bM} = \max\limits_{[0,T]} S_b(t)$ 的概率分布为

$$F_{bM}(x) = \mathrm{e}^{-\lambda_a T[1-F_b(x)]}$$

(1)当参与组合的为多个 b 类荷载效应 $S_i(t)(i=1,2,\cdots,N)$ 时，各自的平均出现率为 $\lambda_1,\lambda_2,\cdots,\lambda_N$ 平均持续时间为 $\mu_{di}(i=1,2,\cdots,N)$；任意时点分布函数为 $F_i(x)$，以 $N=3$ 为例：当三个 b 类荷载效应不同时出现时，在 $[0,T]$ 内组合效应的最大值分布为：

$$P(\max_{0\leqslant\tau\leqslant T}[S_1(\tau)+S_2(\tau)+S_3(\tau)] < x) = P(\max_{0\leqslant\tau\leqslant T} S_1(\tau) < x)\cdot P(\max_{0\leqslant\tau\leqslant T} S_2(\tau) < x)\cdot$$

$$P(\max_{0<\tau<T} S_3(\tau) < x) = \exp\{-\lambda_1 T[1-F_1(x)] - \lambda_2 T[1-F_2(x)] - \lambda_3 T[1-F_3(x)]\}$$

$$= \exp[-\lambda_1 TF_1^*(x) - \lambda_2 TF_2^*(x) - \lambda_3 TF_3^*(x)]$$

当二个或三个 b 类荷载效应同时出现时，其相应的重叠荷载效应也视为 b 类荷载效应，

平均出现率为 λ_{ij} 或 λ_{ijk}，任意时点分布为 $F_{ij}(x)$ 或 $F_{ijk}(x)$，即

$$F_{ij}(x)=F_i(x)*F_i(x)$$

$$F_{ijk}(x)=F_i(x)*F_i(x)*F_k(x)$$

则三个 b 类荷载效应在 $[0,T]$ 内组合荷载效应最大值 S_M 的概率分布为

$$F_{SM}(x)\approx\exp[-\lambda_1 TF_1^*(x)-\lambda_2 TF_2^*(x)-\lambda_3 TF_3^*(x)-\lambda_{12} TFD_{12}^*(x)-\lambda_{23} TF_{23}^*(x)-\lambda_{31} TF_{31}^*(x)-\lambda_{123} TF_{123}^*(x)]$$

即 $$F_{S_M}(x)\approx\exp\left[-\sum_{i=1}^{N}\lambda_i TF_i^*(x)-\sum_{i\neq j}^{N}\sum^{N}\lambda_{ij} TF_{ij}^*(x)-\sum_{i\neq j\neq k}^{N}\sum^{N}\sum^{N}\lambda_{ijk} TF_{ijk}^*(x)\right]$$

式中 $\lambda_{ij}=\lambda_i\lambda_j(\mu_{di}+\mu_{ci})$；$\lambda_{ijk}=\lambda_i\lambda_j\lambda_k(\mu_{di}\mu_{dj}+\mu_{dj}\mu_{dk}+\mu_{dk}\mu_{dj})$；$F^*(x)=1-F(x)$。

(2)当参与组合的同时有 a 类和 b 类荷载效应时，当两类荷载间发生的频繁程度和持续时间差别较为明显时，以 λ_i 表示各自的平均出现率，以 μ_i 表示各自的平均持续时间，则 $\lambda_i\mu_{di}$ 表征其在某时段内是否发生的概率；当 $\lambda_i\mu_{di}$ 很小，表明大部分时间内第 i 个荷载不会出现，当 $\lambda_i\mu_{di}=1$ 时，则表明该荷载在所论时段内任何时刻均出现，因此，一般形式的组合效应最大值分布为：

$$F_{S_M}(x,T)\approx\exp\left[-\sum_{i=1}^{N}\lambda_i\cdot T\cdot F_i^*(x)-\sum_{1\leqslant i\neq j\leqslant N}\lambda_{ij}\cdot T\cdot F_{ij}^*(x)-\sum_{1\leqslant i\neq j\neq k\leqslant N}\lambda_{ijk}\cdot T\cdot F_{ijk}^*(x)\right]$$

短暂荷载与持续荷载的平均相遇率，在数值上等于短暂荷载的平均出现率，即 $\lambda_{ij}=\lambda_i$，以持续性活载、短暂活载、瞬时活载三种荷载效应组合为例：

$$F_{S_M}(x,T)\approx\exp[-\lambda_1 TF_1^*(x)-\lambda_2 TF_2^*(x)-\lambda_3 TF_3^*(x)-\lambda_{12} TF_{12}^*(x)-\lambda_{23} TF_{23}^*(x)-\lambda_{31} TF_{31}^*(x)-\lambda_{123} TF_{123}^*(x)]$$

由于持续性活载效应时刻都存在，瞬时活载效应间不可能发生组合，则上式中二、三、五项不存在，且 $\lambda_{12}=\lambda_2$，$\lambda_{31}=\lambda_3$，$\lambda_{23}=\lambda_{123}$，则

$$E_{S_M}(x,T)\approx\exp\{-\lambda_1 TF_1^*(x)-\lambda_2 TF_{12}^*(x)-\lambda_3 TF_{31}^*(x)-\lambda_{23} TF_{123}^*(x)\}$$

实际上在荷载效应组合中，短暂荷载的出现率 $\lambda_i\mu_{di}$ 一般很小，因此二种短暂荷载效应的组合影响一般较小，三种以上短暂荷载效应的组合影响更小，可以忽略这种组合的影响。

图 2-38 给出了常用荷载随机过程模型例。

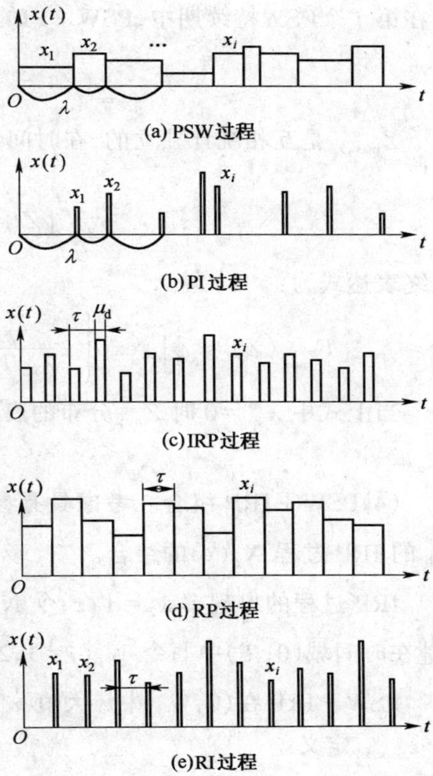

图 2-38 用于荷载组合的随机过程

图(a)为Poisson方波过程[Poisson Sguare Wave (PSW) process]荷载变化次数 $N(t)$ 为Poisson过程，在区间 $[0,T]$ 内以概率函数描述：

$$P[N(t)=k]=\frac{[\lambda T]^k\exp(-\lambda T)}{k!}\quad;\quad k=1,2,\cdots$$

式中 λ 为平均出现率；每个波动持续期 μ_d 为以均值为 $E[\mu_d]=1/\lambda$ 的指数分布函数表达的随机变量，一般持续性活载用PSW过程模拟；

图(b)为Poisson脉冲过程[Poisson Impuls(PI)process]，其脉冲平均出现率为 λ；一般风荷载和地震荷载用 PI 过程模拟；

图(c)为间断矩形脉冲波过程[Intermittent Rectangular Pulse(IRP)process]，脉冲循环定周期为 τ，持续期为 μ_d，且 $\mu_d\leqslant\tau$，雪荷载常用IRP过程模拟；

图(d)为矩形波过程[Rectangular Pulse(RP)process]或Borges过程，是 $\mu_d=\tau$ 时IRP的特殊过程；

图(e)为定脉冲过程[Rectangular Impulse(RI)process]，是 $\mu_d=0$ 时IRP的特殊过程。

假设每一随机过程为等波强、独立同分布 $F_X(x)$ 的随机变量。

(3)PSW + PI组合。考虑具有平均出现率 λ_{x_1} 的PSW过程 $X_1(t)$ 和 λ_{x_2} 的 PI 过程 $X_2(t)$ 的组合：$Z(t)=X_1(t)+X_2(t)$；令PSW过程的出现数 $N_{x_1}=N_{X_1}(T)$ 和在时间区间(0，T]中PSW数 $N_{x_1}^*=N_{x_1}+1$；令 $W_j(j=1,2,\cdots,N_{x_1}^*)$ 为第 j 个PSW持续期，则发生在第 j 个PSW中的PI最大分布 $X_{2\max,x_j}$ 为

$$F_{X_{2\max,x_j}}(X_2)=\exp\left\{-\lambda_{x_2}\cdot W_j\cdot\left[1-F_{X_2}(X_2)\right]\right\}$$

则在第 j 个PSW持续期中，PSW + PI的最大值分布 $Z_{2\max,x_j}$ 为

$$F_{Z_{\max,x_j}}(Z)=\int_0^{\infty}F_{X_{2\max,x_j}}(Z-X_1)f_{x_1}(x_1)\mathrm{d}x_1$$

$Z_{\max,x_j}$ 是互相统计独立的，在时间期间(0，T]中 $Z(t)$ 的最大值分布 $Z_{\max}$ 为

$$F_{Z_{\max}}(Z\mid W,n_{x_1})=\prod_{j=1}^{n_{x_1}+1}F_{Z_{\max,x_j}}(Z)$$

最终表达式为：

$$F_{Z_{\max}}(Z)\approx\left\{\int_0^{\infty}\exp\left[-\frac{\lambda_{x_2}T}{\lambda_{x_1}T+1}(1-F_{X_2}(Z-x_1))\right]f_{X_1}(x_1)\mathrm{d}x_1\right\}^{\lambda_{x_1}\cdot T+1}$$

当上式中 $\lambda_{x_1}=0$ 时 $Z_{\max}$ 分布的表达式可以用 Turkstra's 准则设 $X_2(t)$ 为主要荷载进行估算。

(4)PSW + IRP 组合。考虑具有参数 λ_{x_1} 的 *PSW* 过程 $X_1(t)$ 和具有定周期 τ、定持续期 μ_{d_2} 的 IRP 过程 $X_2(t)$ 的组合。

IRP 过程的出现率 $\lambda_2=1/\tau$；令 $N_{x_1}=N_{x_1}(T)$ 为 PSW 过程出现数，$N_{x_1}^*=N_{x_1}+1$ 为 PSW 数[在时间域(0，T)中]；令 $W_j(j=1,2,\cdots,N_{x_1}^*)$ 为第 j 个 PSW 持续期。

PSW + IRP 在(0，T]中最大值 $z_{\max}$ 可以用在第 j 个 PSW 持续期中组合最大值的最大分布 $z_{\max,x_j}$ 定义。

$$F_{Z_{\max,x_j}}(\cdot)\approx\int_0^{\infty}\left\{F_{X_2}(Z-x_1)^{\lambda_{x_2}W_j}f_{X_1}(x_1)\mathrm{d}x_1\right\}\tag{a}$$

$Z_{\max}$的分布可表达为

$$F_{Z_{\max}}(\cdot) = \prod_{j=1}^{n_{x_1}+1}\left[\int_0^{\infty}\{F_{X_2}(Z-x_1)\}^{\lambda_{x_2}w_j} f_{X_1}(x_1)\mathrm{d}x_1\right] \tag{b}$$

$F_{Z_{\max}}(Z)$的最终表达式为

$$F_{Z_{\max}}(Z) = E[F_{Z_{\max}}(\cdot)] = \left[\int_0^{\infty}\{F_{X_2}(Z-x_1)\}^{\frac{\lambda_{x_2}T}{\lambda_{x_1}T+1}} f_{X_1}(x_1)\mathrm{d}x_1\right]^{\lambda_{x_1}T+1} \tag{c}$$

当 $\mu_{d2}=0$ 时上式为 PSW + RI 过程组合最大值分布的严密表达式；当 $\lambda_{x1}=0$ 时 $z_{\max}$ 的表达式可用设 $X_2(t)$为主要荷载的 Turkstra's 准则估算。

(5)PSW + IRP + PI 组合。考虑具有平均出现率 λ_{x_1} 的 PSW 过程 $X_1(t)$和具有定参数 τ、μ_{d_2} 的 IRP 过程 $X_2(t)$和具有平均出现率 λ_{x_3} 的 PI 过程 $X_3(t)$的组合。

在时间域(0, T]中，三个过程组合的最大值分布 $Z_{\max}$ 可以 IRP + PI 过程组合最大值分布 $F_{X_{23}}(x)$代替上述式(a)、式(b)、式(c)中 $F_{X_2}(x)$估算：

$$F_{Z_{\max}}(Z) \approx \left[\int_0^{\infty}\{F_{X_{23}}(Z-x_1)\}^{\frac{\lambda_{x_2}T}{\lambda_{x_1}\cdot T+1}} f_{X_1}(x_1)\mathrm{d}x_1\right]^{\lambda_{x_1}\cdot T+1}$$

式中 $\lambda_{x_2}=\dfrac{1}{\tau}$，$F_{X_{23}}(x)$可表达为

$$F_{X_{23}}(x) = \exp\left[-\lambda_{x_3}(\tau-\mu_{d_2})\{1-F_{X_3}(x)\}\right]\cdot$$
$$\int_0^{\infty}\exp\left[-\lambda_{x_3}\mu_{d_3}\{1-F_{X_3}(x-x_2)\}\right]f_{X_2}(x_2)\mathrm{d}x_2$$

当 $\lambda_{x_1}=0$，$\lambda_{x_2}=\dfrac{1}{T}$，$\tau=T$ 和 $md_2=T\cdot md_2/\tau$ 时，$Z_{\max}$ 的分布可用以 $X_3(t)$为主要荷载的 Turkstra's准则估算。

2.7 极限状态(limit state)

超越该状态则结构不再满足设计的各种功能要求；极限状态是结构功能从不期望状态(失效)到期望状态(不失效)的界限。

极限状态分为两类：

(1)最终极限状态(ultimate limit state)(也称为承载能力极限状态)

与结构倒坍或其他结构失效类似形式相关的状态，相当于结构或构件的最大承载能力，在某些状况下相当于最大可适用的应变或变形。

①作为刚体的结构或构件失去平衡(例如倾覆)；

②截面、构件或连接由于破损(某些状况由于疲劳、腐蚀等影响)或过度变形而达到最大承载能力；

③结构或构件失稳；

④结构体系突然改变为机动体系。

超越最终极限状态的效应大多数是不可逆的，且一旦出现就使结构失效。

(2)使用极限状态(serviceality limit state)(也称为正常使用极限状态)

超越该状态则结构或构件均不再满足规定的各种使用要求。超越正常使用极限状态的效

应大多数是可逆的，一旦将不期望状态的作用移去，则结构恢复其期望状态。

①局部损坏（包括裂缝），可能减少结构的工作寿命或影响结构的或非结构的构件的效能或外观，疲劳荷载可影响局部损坏的扩展；

②不可接受的变形，可影响结构的或非结构的构件的有效使用或外观，或影响设备的功能；

③过大的振动，可使人感到不舒适，或影响非结构构件或设备的功能。

使用极限状态的设计准则是以可以接受的变形、加速度、裂缝宽度等限值表达的。

1. 计算模式

对每种极限状态，应建立描述结构性能的模型，其中计算模型可用各种变量 $X_i(i=1,\cdots,n)$ 的函数 g 描述：

$$g(X_1,X_2,\cdots,X_n)=0$$

(1)概率统计模式

结构设计应使其失效概率 P_f 不超越某些规定时段上的规定值 P_{fs}：

$$P_f \leqslant P_{fs}$$

结构不期望状态（失效）由极限状态函数定义：

$$g(\underline{X})<0$$

则对大多数最终极限状态和使用极限状态失效概率为：

$$P_f=P[g(\underline{X})<0]$$

在结构可靠度分析中失效概率 P_f 可用可靠指标 β 代替：

$$\beta=-\Phi^{-1}(P_f)$$

(2)分项系数模式

分项系数模式用指定的基本变量设计值，间接考虑不定性和变异性的影响，其设计条件可用设计值表达：

$$g(F_d,f_d,a_d,\theta_d,C,\gamma_0)\geqslant 0$$

式中 F_d——各种作用的设计值；

f_d——各种材料性能设计值；

a_d——各种几何量设计值；

θ_d——考虑模型不定性各种变量 θ 的设计值；

C——使用性约束条件；

γ_0——考虑结构重要性和失效后果的系数。

上式中各基本变量分为：主要基本变量和其他基本变量，主要变量 F,f,a 和 θ 的设计值为：

$$\begin{cases} F_d=\gamma_k F_k \\ f_d=f_k/\gamma_m \\ a_d=a_k\pm\Delta_a \\ \theta_d=\gamma_d \text{或} \dfrac{1}{\gamma_d} \end{cases}$$

式中 F_k——各种作用的标准值；

f_k——各种材料性能的标准值；

a_k——各种几何量的标准值；

γ_f——各种作用的分项系数；

γ_m——各种材料的分项系数；

Δ_a——附加几何量(或偏差)；

γ_d——模型不定性系数。

最终极限状态表达式为

$$\gamma_0 S\left(F_d, a_d, \gamma_{S_d}\right) \leqslant R\left(f_d, a_d, C, \gamma_{R_d}\right)$$

式中 $S(\cdot)$——作用效应 S 的函数式；

$R(\cdot)$——抗力 R 的函数式；

$\gamma_{S_d}, \gamma_{R_d}$——作用效应,抗力模型不定性系数。

使用极限状态可用极限约束式表示：

$$S\left(F_d, f_d, a_d, \gamma_0, \gamma_{S_d}\right) \leqslant C/\gamma_{R_d}$$

最终极限状态分项系数实用表达式：

$$S_d = \gamma_0 \gamma_{S_d}\left(\sum_{i=1}^{m} C_{G_i}\gamma_{G_i}G_{ik} + \sum_{j=1}^{n} C_{Q_j}\gamma'_{Q_j}Q_{jk}\right)$$

式中 γ'_{Q_j}——其他可变作用组合分项系数；

C_{G_i}, C_{Q_j}——作用 G_i, Q_j 的效应系数。

$$R_d = \frac{1}{\gamma_{R_d}} R\left(\frac{f_k}{\gamma_f}, a_k \pm \Delta_a\right)$$

$$S_d \leqslant R_d$$

使用极限状态实用表达式：

$$\gamma_{S_d}\left[\left(\sum_{i=1}^{m} C_{G_i}G_{ik} + \sum_{j=1}^{n} C_{Q_j}Q_{j_k}\right), f_k, a_k\right] \leqslant C/\gamma_{R_d}$$

2. 设计状况(design situation)

各种作用、环境影响和在大多数情况下预期的结构性能都是随时间变化的,这些变异产生在结构的整个寿命期,应以选择设计状况来考虑与时间间隔相关的结构极限状态,对每种设计状况有区别地进行可靠性验算,以考虑其不同的失效后果。

设计状况分为：

(1)持久状况(persistent situation):结构使用的正常条件(包括外加荷载、风、雪、高地震区的多发地震等所引起的可能的极值荷载条件),该状况与结构设计寿命期相关。

(2)短暂状况(transient situation):结构使用或暴露的暂时条件(结构施工或修理期间等比设计工作寿命期短得多的一段时段)。

(3)偶然状况(accidental situation):结构使用或暴露的异常条件(如撞击、脱轨等或局部失效,在多数情况下表示很短的时段)。

持久和短暂状况被考虑为必然的情况,偶然状况则以在设计工作寿命期内具有相对低的发生概率情况。

3. 结构构件与体系可靠性

从概率观点看，一个构件可考虑具有单一控制失效模式；一个体系可能具有多于一个的失效模式或包含两个以上构件，而每个构件有单一失效模式。

结构可靠度设计应用于构件的性能和极限状态（构件使用和最终失效），而结构体系失效是结构失效的最严重后果，所以评估构件失效后结构体系的状态是有益的，目前只能对结构体系的可靠度作出近似评估，找出其失效界限。

2.8 结构可靠度校准

结构可靠度的校准过程是对既有规范和结构物的鉴定过程，即当既有结构使用若干年后其功能认为是满意的，如何把以往积累的实践经验传给新规范，要通过校准既有结构优化确定新规范的设计参数。

1. 规范优化的过程

(1)确定范围：应用规范的结构等级，不同的结构参数组产生一组不同的规范标准；

(2)确定规范目标：目前的国内外规范，多以水准Ⅱ为目标，即以常数的结构目标可靠度指标 β_{nom} 为标准，而规范采用习惯的多分项系数的极限状态设计形式表达；

(3)规定安全度检算的权系数：在规范中，一般简化和精度二者不能同时达到，需要确定最重要的结构资料，使其尽可能接近目标；

(4)选择规范实现与目标间的最接近值，若目标可靠度指标 β_{nom} 与检算可靠度值 β 的 $E[(\beta_{nom}-\beta)^2]$ 小于某规定值，则规范与目标达最接近值；

(5)试验规范形式排序：从中选择最简单地达到标准的一个。

2. 结构目标可靠度指标 β_{nom} 的选定程序

结构目标可靠度指标 β_{nom} 的选定程序见图 2-39。

3. 铁路桥跨结构权系数

根据丰沙、宝成、成昆、陇海、包兰、京秦等十条主要新建铁路干线的桥梁分布，分别按其数量和造价求得同类结构间和不同类结构间的权系数见表 2-14、表 2-15、表 2-16、表 2-17。

表 2-14 钢筋混凝土梁权系数 W_j

L_p(m)	5	6	8	10	12	16	20
数量权系数 W_j	0.13	0.08	0.09	0.09	0.07	0.36	0.18
造价权系数 W_j	0.06	0.06	0.06	0.12	0.08	0.40	0.22

表 2-15 预应力混凝土梁权系数 W_j

L_p(m)	20	24	27.7	31.7	40
数量权系数 W_j	0.09	0.29	0.16	0.45	0.01
造价权系数 W_j	0.09	0.28	0.16	0.46	0.01

表 2-16 钢桥权系数 W_j

L_p(m)	12	16	20	24	28	32	40	44	48	64	92	128
数量权系数 W_j	0.02	0.03	0.06	0.14	0.03	0.03	0.02	0.09	0.02	0.21	0.04	0.04
造价权系数 W_j	0.01	0.02	0.04	0.11	0.03	0.28	0.02	0.10	0.03	0.26	0.06	0.04

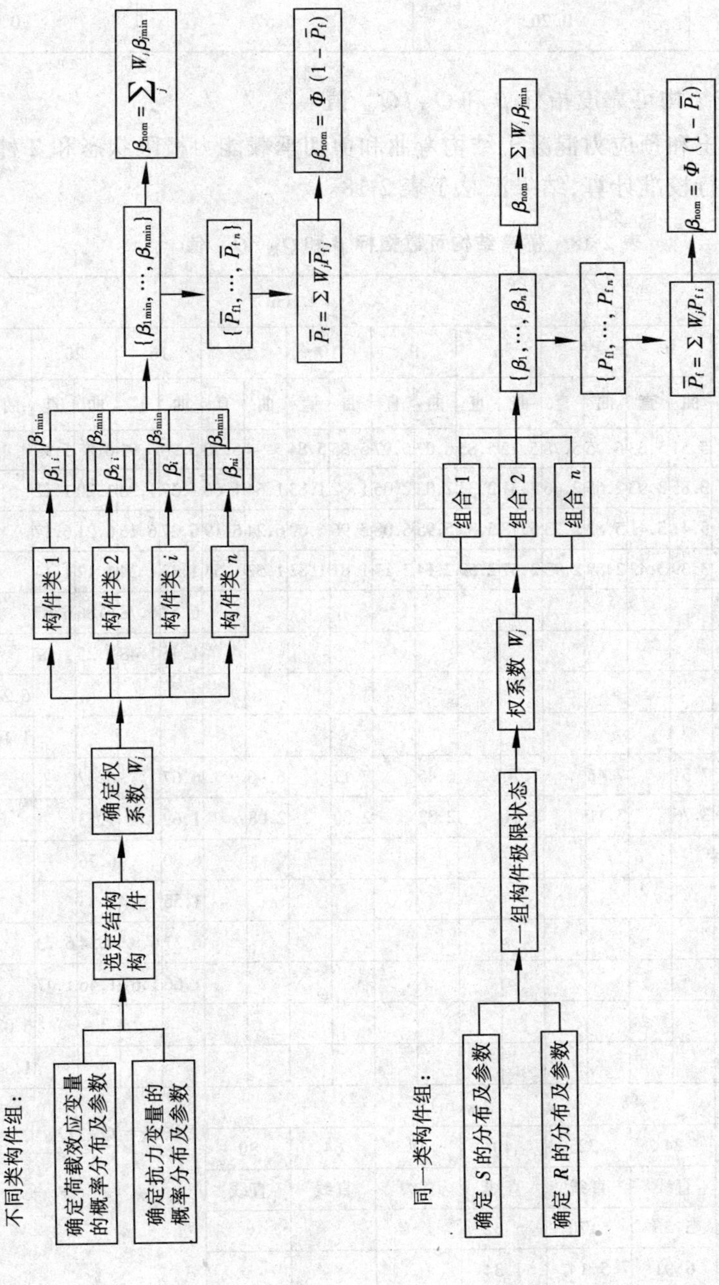

图 2-39 结构目标可靠指标 β_{nom} 的选定程序

表 2-17 各型梁权系数 W_j

梁型	钢筋混凝土梁	预应力混凝土梁	钢桥
数量权系数 W_j	0.43	0.46	0.11
造价权系数 W_j	0.20	0.57	0.23

4. 既有铁路桥跨结构可靠度指标 β 和 $Q_活/Q_恒$ 值

对 8 种钢筋混凝土和预应力混凝土结构弯曲和剪切承载能力极限状态和 2 种钢结构杆件承载能力极限状态进行校准计算，结果汇总于表 2-18。

表 2-18 桥跨结构可靠指标 β 和 $Q_活/Q_恒$ 值

定型图号	极限状态	参数	L_p(m)																			
			4		5		6		8		10		12		16		20		24		32	
			曲	直	曲	直	曲	直	曲	直	曲	直	曲	直	曲	直	曲	直	曲	直	曲	直
叁标桥 1023	弯曲	β	5.51	5.63	5.75	5.78	5.72	5.85	6.07	5.97	5.85	5.84	5.94	5.90	5.98	5.91	6.27	5.98				
		k	3.85	3.93	2.65	2.66	2.31	2.33	2.03	2.06	1.82	1.83	1.64	1.66	1.37	1.38	1.20	1.22				
叁标桥 1024		β	5.41	5.41	5.82	5.73	5.78	5.85	5.95	6.08	5.96	6.09	6.24	6.19	6.27	6.16	6.21	6.17				
		k	3.39	3.42	2.89	2.93	2.57	2.59	2.14	2.17	1.81	1.82	1.52	1.54	1.33	1.34	1.12	1.14				
叁标桥 2018		β													6.57	6.78	6.86	6.65				
		k													1.45	1.48	1.25	1.27				
叁标桥 2019		β																	6.24	6.40	6.57	6.22
		k																	1.14	1.16	1.01	1.01
叁标桥 1023	剪切	β	7.31		7.46		7.70		6.45		7.11		6.96		6.67		6.47					
		k	3.76		3.11		2.61		2.32		2.30		2.08		1.69		1.53					
叁标桥 1024		β													6.80		6.76					
		k													1.55		1.33					
叁标桥 2018		β													6.37	6.82	6.34	6.73				
		k													1.66	1.67	1.46	1.47				
叁标桥 2019		β																	6.02	6.66	6.24	6.56
		k																	1.34	1.35	1.17	1.19

			L_p(m)					
			24	32	40	48	64	80
			直线	直线	直线	直线	直线	直线
叁标桥 0011	承载能力	β	5.55	5.70	5.62			
		k	6.91	5.14	4.34			
叁标桥 0123		β				6.34	5.81	5.83
		k				4.45	3.69	3.12

注：$k=Q_活/Q_恒$

混凝土桥跨结构正常使用极限状态校准计算结果见表 2-19。

表 2-19 混凝土梁正常使用极限状态 β 值

梁型 \ β	最大裂缝宽度		跨中静挠度	
	$L_p=20$ m(曲)	16 m(曲)	20 m(曲)	16 m(曲)
叁标桥 1023	1.44	1.44	2.51	2.78
叁标桥 1024	1.36	1.42	1.60	1.14

5. 既有铁路桥跨结构目标可靠指标 β_{nom}、荷载及抗力分项系数

既有铁路桥跨结构目标可靠指标 β_{nom}、荷载及抗力分项系数计算见表 2-20 及表 2-21。

表 2-20 铁路桥跨结构荷载和抗力分项系数表(1)

定型图号	梁型	跨度(m)	承载能力极限状态	目标可靠指标 β_{nom}	结构自重 γ_{G_1}	线上及设备 γ_{G_2}	列车活载和动力效应 $\gamma_{(1+\mu)Q_1}$	离心力 γ_C	风载 γ_W	横向摇摆力 γ_T	材料强度 γ_m	几何参数 γ_a	设计应力 σ(N/cm²)
叁标桥 1023	普通钢筋混凝土梁(曲线)	16	弯曲	5.5	1.02	1.4	1.19	1.02	0.661	1.01	1.47	1.04	21 220
				5.2	1.02	1.4	1.29	1.02	0.655	1.01	1.41	1.04	22 110
				5.0	1.02	1.4	1.34	1.02	0.651	1.01	1.37	1.04	22 670
				*4.7	1.02	1.39	1.44	1.02	0.646	1.01	1.32	1.04	23 560
				4.5	1.02	1.39	1.49	1.01	0.642	1.01	1.28	1.03	24 220
				4.2	1.02	1.39	1.59	1.01	0.638	1.01	1.25	1.03	24 990
叁标桥 1024	低高度钢筋混凝土梁(曲线)	16	弯曲	5.5	1.02	1.4	1.29	1.02	0.655	1.01	1.47	1.04	21 260
				5.2	1.02	1.4	1.39	1.02	0.650	1.01	1.41	1.04	22 150
				*4.7	1.02	1.39	1.57	1.01	0.642	1.01	1.32	1.04	22 740
				4.5	1.02	1.39	1.63	1.01	0.640	1.01	1.30	1.04	24 100
				4.2	1.02	1.37	1.74	1.01	0.635	1.01	1.24	1.03	25 060
叁标桥 2018 2019	预应力混凝土梁	24	弯曲	5.5	1.02	1.45	1.26	1.03	0.717	1.01	1.31	1.06	92 760
				5.2	1.02	1.44	1.35	1.03	0.704	1.01	1.27	1.06	95 410
				5.0	1.02	1.44	1.39	1.03	0.696	1.01	1.25	1.05	97 110
				*4.7	1.02	1.43	1.49	1.03	0.685	1.01	1.22	1.05	99 740
				4.5	1.02	1.43	1.53	1.03	0.678	1.01	1.20	1.05	101 400
		32	弯曲	5.5	1.02	1.45	1.38	1.03	0.714	1.01	1.31	1.06	92 740
				5.2	1.02	1.44	1.47	1.03	0.701	1.01	1.27	1.06	95 370
				5.0	1.02	1.44	1.53	1.03	0.693	1.01	1.25	1.05	97 120
				*4.7	1.02	1.43	1.61	1.03	0.683	1.01	1.22	1.05	99 660
				4.5	1.02	1.43	1.68	1.03	0.676	1.01	1.20	1.05	101 400
				4.2	1.02	1.41	1.75	1.02	0.667	1.01	1.17	1.05	103 900

注:①表中 γ_W 是对 $\overline{W}_{max,10}+1.64\sigma_{W,10}$ 而言的;

②$\overline{W}_{max,10}$为 10 年期的最大风压强度值;

③$\sigma_{W,10}$为 10 年期的风压强度标准差。

表 2-21 铁路桥跨结构荷载和抗力分项系数表(2)

定型图号	梁型	跨度(m)	承极载限能状力态	目标可靠指标 β_{nom}	结构自重 γ_{G1}	线上及设备 γ_{G2}	列车活载和动力效应 $\gamma_{(1+\mu)Q_1}$	离心力 γ_C	风载 γ_W	横向摇摆力 γ_T	材料强度 γ_m	几何参数 γ_a	设计应力 $\sigma(N/cm^2)$
叁标桥 1023	普通钢筋混凝土梁(曲线)	16 20	剪切	5.5	1.02	1.39	1.35	1.02	0.645	1.01	1.48	1.03	21 120
				*52	1.02	1.39	1.47	1.02	0.641	1.01	1.42	1.03	22 010
				5.0	1.02	1.39	1.55	1.02	0.638	1.01	1.38	1.03	22 600
				4.7	1.02	1.37	1.65	1.02	0.634	1.01	1.33	1.03	23 480
				4.5	1.02	1.37	1.70	1.01	0.632	1.01	1.30	1.03	24 060
叁标桥 1024	低高度钢筋混凝土梁(曲线)	16 20	剪切	5.5	1.02	1.39	1.49	1.02	0.640	1.01	1.47	1.03	21 170
				*5.2	1.02	1.39	1.61	1.02	0.640	1.01	1.41	1.03	22 060
				5.0	1.02	1.39	1.68	1.02	0.637	1.01	1.38	1.03	22 650
				4.7	1.02	1.37	1.79	1.01	0.634	1.01	1.33	1.03	23 520
叁标桥 2018 2019	预应力混凝土梁(曲线)	24 32	剪切	5.5	1.02	1.41	1.22	1.03	0.661	1.00	1.53	1.03	20 310
				*5.2	1.02	1.40	1.32	1.02	0.655	1.01	1.47	1.03	21 250
				5.0	1.02	1.40	1.37	1.02	0.652	1.01	1.43	1.03	21 850
				4.7	1.02	1.40	1.48	1.02	0.647	1.01	1.37	1.03	22 780
				4.5	1.02	1.39	1.55	1.02	0.643	1.00	1.33	1.03	23 390
叁标桥 0011	钢板梁(直线)	24 32 40	弯曲	5.5	1.02	1.00	1.01	1.00	1.01	1.01	1.35	1.04	21 450
				5.2	1.02	1.00	1.06	1.00	0.935	1.01	1.32	1.04	21 920
				5.0	1.02	1.00	1.11	1.00	0.907	1.01	1.32	1.04	22 090
				*4.7	1.02	1.00	1.15	1.00	0.858	1.01	1.29	1.03	22 660
				4.5	1.02	1.00	1.18	1.00	0.831	1.00	1.27	1.03	23 050
				4.2	1.02	1.00	1.23	1.00	0.798	1.01	1.23	1.03	23 670
				4.0	1.02	1.00	1.25	1.00	0.779	1.01	1.21	1.03	24 120
				3.7	1.02	1.00	1.29	1.00	0.756	1.01	1.18	1.03	24 770
叁标桥 0123	栓焊钢桁梁	64	下弦杆承载能力	5.5	1.02	1.00	1.06	1.00	1.54	1.03	1.29	1.02	21 860
				5.2	1.02	1.00	1.13	1.00	1.39	1.03	1.28	1.02	22 200
				5.0	1.02	1.00	1.14	1.00	1.30	1.03	1.27	1.02	22 450
				*4.7	1.02	1.00	1.20	1.00	1.18	1.02	1.25	1.02	22 870
				4.5	1.02	1.00	1.25	1.00	1.11	1.02	1.24	1.02	23 180

注:①表中混凝土结构 γ_W 是对 $\overline{W}_{max,10}+1.645\sigma_{W,10}$ 而言;钢结构 γ_W 是对 $\overline{W}_{max,T}+1.645\sigma_{W,T}$ 而言;

②$\overline{W}_{max,10}$ 为 10 年期的最大风压强度值;$\sigma_{W,10}$ 为 10 年期的风压强度标准差;

③$\overline{W}_{max,T}$ 为在设计基准期 T 年的最大风压强度值;$\sigma_{W,T}$ 为在设计基准期 T 年的风压强度标准差。

表中带"*"号行所示为最终选定的结构目标可靠度指标 β_{nom} 和相应之荷载、抗力分项系数计算值。

附表 I　正态分布表

$$\Phi(u)=\frac{1}{\sqrt{2\pi}}\int_{-\infty}^{u}e^{-\frac{x^2}{2}}dx \quad (u\geqslant 0)$$

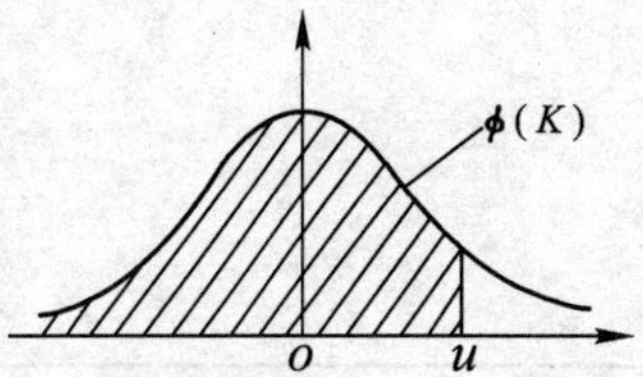

u	0.00	0.01	0.02	0.03	0.04	0.05	0.06	0.07	0.08	0.09	u
0.0	0.500 0	0.504 0	0.508 0	0.512 0	0.516 0	0.519 9	0.523 9	0.527 9	0.531 9	0.535 9	0.0
0.1	0.539 8	0.543 8	0.547 8	0.551 7	0.555 7	0.559 6	0.563 6	0.567 5	0.571 4	0.575 3	0.1
0.2	0.579 3	0.583 2	0.587 1	0.591 0	0.594 8	0.598 7	0.602 6	0.606 4	0.610 3	0.614 1	0.2
0.3	0.617 9	0.621 7	0.625 5	0.629 3	0.633 1	0.636 8	0.640 6	0.644 3	0.648 0	0.651 7	0.3
0.4	0.655 4	0.659 1	0.662 8	0.666 4	0.670 0	0.673 6	0.677 2	0.680 8	0.684 4	0.687 9	0.4
0.5	0.691 5	0.695 0	0.698 5	0.701 9	0.705 4	0.708 8	0.712 3	0.715 7	0.719 0	0.722 4	0.5
0.6	0.725 7	0.729 1	0.732 4	0.735 7	0.738 9	0.742 2	0.745 4	0.748 6	0.751 7	0.754 9	0.6
0.7	0.758 0	0.761 1	0.764 2	0.767 3	0.770 3	0.773 4	0.776 4	0.779 4	0.782 3	0.785 2	0.7
0.8	0.788 1	0.791 0	0.793 9	0.796 7	0.799 5	0.802 3	0.805 1	0.807 8	0.810 6	0.813 3	0.8
0.9	0.815 9	0.818 6	0.821 2	0.823 8	0.826 4	0.828 9	0.831 5	0.834 0	0.836 5	0.838 9	0.9
1.0	0.841 3	0.843 8	0.846 1	0.848 5	0.850 8	0.853 1	0.855 4	0.857 7	0.859 9	0.862 1	1.0
1.1	0.864 3	0.866 5	0.868 6	0.870 8	0.872 9	0.874 9	0.877 0	0.879 0	0.881 0	0.883 0	1.1
1.2	0.884 9	0.886 9	0.888 8	0.890 7	0.892 5	0.894 4	0.896 2	0.898 0	0.899 7	0.901 47	1.2
1.3	0.903 20	0.904 90	0.906 58	0.908 24	0.909 88	0.911 49	0.913 09	0.914 66	0.916 21	0.917 74	1.3
1.4	0.912 4	0.920 73	0.922 20	0.923 64	0.925 07	0.926 47	0.927 85	0.929 22	0.930 56	0.931 89	1.4
1.5	0.933 19	0.934 48	0.935 74	0.936 99	0.938 22	0.939 43	0.940 62	0.941 79	0.942 95	0.944 08	1.5
1.6	0.945 20	0.946 30	0.947 38	0.948 45	0.949 50	0.950 53	0.951 54	0.952 54	0.953 52	0.954 49	1.6
1.7	0.955 43	0.956 37	0.957 28	0.958 18	0.959 07	0.959 94	0.960 80	0.961 64	0.962 16	0.963 27	1.7
1.8	0.964 07	0.964 85	0.965 62	0.966 38	0.967 12	0.967 84	0.968 56	0.969 26	0.969 95	0.970 62	1.8
1.9	0.971 28	0.971 93	0.972 57	0.973 20	0.973 81	0.974 41	0.975 00	0.975 58	0.976 15	0.976 70	1.9
2.0	0.977 25	0.977 78	0.978 31	0.978 82	0.979 32	0.979 82	0.980 30	0.980 77	0.981 24	0.981 69	2.0
2.1	0.982 14	0.982 57	0.983 00	0.983 41	0.983 82	0.984 22	0.984 61	0.985 00	0.985 37	0.985 74	2.1
2.2	0.986 10	0.986 45	0.986 79	0.987 13	0.987 45	0.987 78	0.988 09	0.988 40	0.988 70	0.988 99	2.2
2.3	0.989 28	0.989 56	0.989 83	$0.9^2 0097$	$0.9^2 0358$	$0.9^2 0613$	$0.9^2 0863$	$0.9^2 1106$	$0.9^2 1344$	$0.9^2 1576$	2.3
2.4	$0.9^2 1802$	$0.9^2 2024$	$0.9^2 2240$	$0.9^2 2451$	$0.9^2 2656$	$0.9^2 2857$	$0.9^2 3053$	$0.9^2 3244$	$0.9^2 3431$	$0.9^2 3613$	2.4

续上表

u	0.00	0.01	0.02	0.03	0.04	0.05	0.06	0.07	0.08	0.09	u
2.5	$0.9^{2}3790$	$0.9^{2}3963$	$0.9^{2}4132$	$0.9^{2}4297$	$0.9^{2}4457$	$0.9^{2}4614$	$0.9^{2}4766$	$0.9^{2}4915$	$0.9^{2}5060$	$0.9^{2}5201$	2.5
2.6	$0.9^{2}5339$	$0.9^{2}5473$	$0.9^{2}5604$	$0.9^{2}5731$	$0.9^{2}5855$	$0.9^{2}5975$	$0.9^{2}6093$	$0.9^{2}6207$	$0.9^{2}6319$	$0.9^{2}6427$	2.6
2.7	$0.9^{2}6533$	$0.9^{2}6636$	$0.9^{2}6736$	$0.9^{2}6833$	$0.9^{2}6928$	$0.9^{2}7020$	$0.9^{2}7110$	$0.9^{2}7197$	$0.9^{2}7282$	$0.9^{2}7365$	2.7
2.8	$0.9^{2}7445$	$0.9^{2}7523$	$0.9^{2}7599$	$0.9^{2}7673$	$0.9^{2}7744$	$0.9^{2}7814$	$0.9^{2}7882$	$0.9^{2}7948$	$0.9^{2}8012$	$0.9^{2}8074$	2.8
2.9	$0.9^{2}8134$	$0.9^{2}8193$	$0.9^{2}8250$	$0.9^{2}8205$	$0.9^{2}8359$	$0.9^{2}8411$	$0.9^{2}8462$	$0.9^{2}8511$	$0.9^{2}8559$	$0.9^{2}8605$	2.9
3.0	$0.9^{2}8650$	$0.9^{2}8694$	$0.9^{2}8736$	$0.9^{2}8777$	$0.9^{2}8817$	$0.9^{2}8856$	$0.9^{2}8893$	$0.9^{2}8930$	$0.9^{2}8965$	$0.9^{3}8999$	3.0
3.1	$0.9^{3}0324$	$0.9^{3}0646$	$0.9^{3}0957$	$0.9^{3}1260$	$0.9^{3}1553$	$0.9^{3}1836$	$0.9^{3}2112$	$0.9^{3}2378$	$0.9^{3}2636$	$0.9^{3}2886$	3.1
3.2	$0.9^{3}3129$	$0.9^{3}3363$	$0.9^{3}3590$	$0.9^{3}3810$	$0.9^{3}4024$	$0.9^{3}4230$	$0.9^{3}4429$	$0.9^{3}4623$	$0.9^{3}4810$	$0.9^{3}4991$	3.2
3.3	$0.9^{3}5166$	$0.9^{3}5335$	$0.9^{3}5499$	$0.9^{3}5658$	$0.9^{3}5811$	$0.9^{3}5959$	$0.9^{3}6103$	$0.9^{3}6242$	$0.9^{3}6376$	$0.9^{3}6505$	3.3
3.4	$0.9^{3}6631$	$0.9^{3}6752$	$0.9^{3}6869$	$0.9^{3}6982$	$0.9^{3}7091$	$0.9^{3}7197$	$0.9^{3}7299$	$0.9^{3}7398$	$0.9^{3}7493$	$0.9^{3}7585$	3.4
3.5	$0.9^{3}7674$	$0.9^{3}7759$	$0.9^{3}7842$	$0.9^{3}7922$	$0.9^{3}7999$	$0.9^{3}8074$	$0.9^{3}8146$	$0.9^{3}8215$	$0.9^{3}8282$	$0.9^{3}8347$	3.5
3.6	$0.9^{3}8409$	$0.9^{3}8469$	$0.9^{3}8527$	$0.9^{3}8583$	$0.9^{3}8637$	$0.9^{3}8689$	$0.9^{3}8739$	$0.9^{3}8787$	$0.9^{3}8834$	$0.9^{3}8879$	3.6
3.7	$0.9^{3}8922$	$0.9^{3}8964$	$0.9^{4}0039$	$0.9^{4}0426$	$0.9^{3}0799$	$0.9^{4}1158$	$0.9^{4}1504$	$0.9^{4}1838$	$0.9^{4}2159$	$0.9^{4}2468$	3.7
3.8	$0.9^{4}2765$	$0.9^{4}3052$	$0.9^{4}3327$	$0.9^{4}3593$	$0.9^{4}3848$	$0.9^{4}4094$	$0.9^{4}4331$	$0.9^{4}4558$	$0.9^{4}4777$	$0.9^{4}4988$	3.8
3.9	$0.9^{4}5190$	$0.9^{4}5385$	$0.9^{4}5573$	$0.9^{4}5753$	$0.9^{4}5926$	$0.9^{4}6092$	$0.9^{4}6253$	$0.9^{4}6406$	$0.9^{4}6554$	$0.9^{4}6696$	3.9
4.0	$0.9^{4}6833$	$0.9^{4}6964$	$0.9^{4}7090$	$0.9^{4}7211$	$0.9^{4}7327$	$0.9^{4}7439$	$0.9^{4}7546$	$0.9^{4}7649$	$0.9^{4}7748$	$0.9^{4}7843$	4.0
4.1	$0.9^{4}7934$	$0.9^{4}8022$	$0.9^{4}8100$	$0.9^{4}8186$	$0.9^{4}8263$	$0.9^{4}8338$	$0.9^{4}8409$	$0.9^{4}8477$	$0.9^{4}8542$	$0.9^{4}3605$	4.1
4.2	$0.9^{4}8665$	$0.9^{4}8723$	$0.9^{4}8778$	$0.9^{4}8832$	$0.9^{4}8882$	$0.9^{4}8931$	$0.9^{4}8978$	$0.9^{5}0226$	$0.9^{5}0655$	$0.9^{5}1066$	4.2
4.3	$0.9^{5}1460$	$0.9^{5}1837$	$0.9^{5}2199$	$0.9^{5}2545$	$0.9^{5}2876$	$0.9^{5}3193$	$0.9^{5}3497$	$0.9^{5}3788$	$0.9^{5}4066$	$0.9^{5}4332$	4.3
4.4	$0.9^{5}4587$	$0.9^{5}4831$	$0.9^{5}5065$	$0.9^{5}5288$	$0.9^{5}5502$	$0.9^{5}5706$	$0.9^{5}5902$	$0.9^{5}6089$	$0.9^{5}6268$	$0.9^{5}6439$	4.4
4.5	$0.9^{5}6602$	$0.9^{5}6759$	$0.9^{5}6908$	$0.9^{5}7051$	$0.9^{5}7187$	$0.9^{5}7318$	$0.9^{5}7442$	$0.9^{5}7561$	$0.9^{5}7675$	$0.9^{5}7784$	4.5
4.6	$0.9^{5}7888$	$0.9^{5}7987$	$0.9^{5}8081$	$0.9^{5}8172$	$0.9^{5}8258$	$0.9^{5}8340$	$0.9^{5}8419$	$0.9^{5}8494$	$0.9^{5}8566$	$0.9^{5}8634$	4.6
4.7	$0.9^{5}8699$	$0.9^{5}8761$	$0.9^{5}8821$	$0.9^{5}8877$	$0.9^{5}8931$	$0.9^{5}8983$	$0.9^{6}0320$	$0.9^{6}0789$	$0.9^{6}1235$	$0.9^{6}1661$	4.7
4.8	$0.9^{6}2067$	$0.9^{6}2453$	$0.9^{6}2822$	$0.9^{6}3173$	$0.9^{6}3508$	$0.9^{6}3827$	$0.9^{6}4131$	$0.9^{6}4420$	$0.9^{6}41696$	$0.9^{6}4958$	4.8
4.9	$0.9^{6}5208$	$0.9^{6}5446$	$0.9^{6}5673$	$0.9^{6}5889$	$0.9^{6}6094$	$0.9^{6}6289$	$0.9^{6}6475$	$0.9^{6}6652$	$0.9^{6}6821$	$0.9^{6}6981$	4.9

注:表中 $0.9^{2}3790$ 表示 0.993790,$0.9^{6}5208$ 表示 0.9999995208,其他数字以此类推。

附表Ⅱ 正态分布的双侧分位数(u_α)表

$$\alpha = 1 - \frac{1}{\sqrt{2\pi}}\int_{-u_\alpha}^{u_\alpha} e^{-\frac{u^2}{2}} du$$

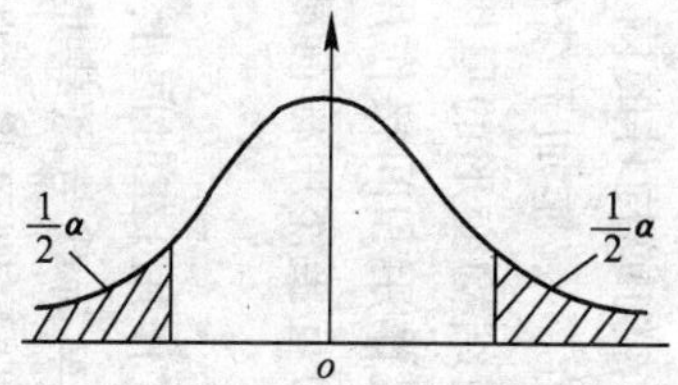

α	0.00	0.01	0.02	0.03	0.04	0.05	0.06	0.07	0.08	0.09	α
0.0	∞	2.575 829	2.326 348	2.170 090	2.053 749	1.959 964	1.880 794	1.811 911	1.750 686	1.695 398	0.0
0.1	1.644 854	1.598 193	1.554 774	1.514 102	1.475 791	1.439 531	1.405 072	1.372 204	1.340 755	1.310 579	0.1
0.2	1.281 552	1.253 565	1.226 528	1.200 859	1.174 987	1.150 349	1.126 391	1.103 063	1.080 319	1.058 122	0.2
0.3	1.036 433	1.015 222	0.994 458	0.974 114	0.954 165	0.934 589	0.915 865	0.896 473	0.877 896	0.859 617	0.3
0.4	0.841 621	0.823 894	0.806 421	0.789 192	0.772 193	0.755 415	0.738 847	0.722 479	0.706 303	0.690 309	.04
0.5	0.674 490	0.658 8388	0.643 345	0.628 006	0.612 813	0.597 760	0.582 841	0.568 051	0.553 385	0.538 836	0.5
0.6	0.524 401	0.519 973	0.495 850	0.481 627	0.467 699	0.453 762	0.439 913	0.426 148	0.412 463	0.398 855	0.6
0.7	0.385 320	0.371 856	0.358 459	0.345 125	0.331 853	0.318 639	0.305 481	0.292 375	0.279 319	0.266 311	0.7
0.8	0.253 347	0.240 426	0.227 545	0.214 702	0.201 893	0.189 113	0.176 374	0.163 658	0.150 969	0.138 304	0.8
0.9	0.125 661	0.113 039	0.100 434	0.087 845	0.075 278	0.062 707	0.050 154	0.037 608	0.025 069	0.012 533	0.9

α	0.001	0.000 1	0.000 01	0.000 001	0.000 000 1	0.000 000 01	α
u_α	3.290 53	3.890 59	4.417 17	4.891 64	5.326 72	5.730 73	u_α

3 荷　载

3.1 引　言

工程结构在其工作寿命期内承受着各种外部因素的影响，不同类型的结构所承受的外部影响是不同的，具有其特殊的特征。使结构产生效应（如结构或构件的内力、应力、应变、位移、变形、裂缝等）的各种因素统称为作用(action)，其中集合在一起施加于结构上的集中或分布的机械力称为直接作用，而外加于结构上或约束于结构中使结构变形的原因称为间接作用，从狭义上讲荷载代表直接作用，而从广义上讲荷载可作为直接作用和间接作用的统称，可以与工程界的习惯称呼和用法相一致，因此本书中把结构上多数的直接作用称荷载，而只对间接作用定义为作用，如温度作用等。

当一种荷载（作用）与施加在结构上的任何其他荷载（作用）在时间上与空间上是统计独立的，则该荷载（作用）可作为一个独立荷载（作用），例如列车荷载与风载是相互随机独立的；若一些荷载之间是统计相关的，且经常以其最大值同时出现时，则可将这些荷载视为相关荷载，例如列车静活载与动力效应、离心力等是相关的，在荷载组合中可视为相关荷载。

一个荷载（作用）是由两个或两个以上基本变量描述的，可以根据其主导作用和变异性确定基本变量数；有时一个荷载（作用）可能被引入作为基本变量的函数——荷载（作用）模型。

荷载（作用）受到自然环境和人们行为、活动的影响，存在着较大的变异性，认识和了解这些变异性就成为结构可靠性理论的基础，统计和试验基础资料越丰富、全面，人们对荷载（作用）等认识越清楚，结构设计的可靠性越大，积累资料是我们桥梁工作者长期的工作任务。

本章阐述的铁路桥梁结构主要荷载（作用）的统计资料和结论是全路可靠度研究分析的成果，为桥梁规范的编制和进一步深入研究奠定了基础。

3.2 荷载分类

3.2.1 荷载分类

现行《铁路桥涵设计规范》(TBJ 2—85)* 根据荷载的重要性和出现率分为主力、附加力和特殊荷载，并根据其可能出现的最不利组合情况计算。

日本铁路规范中对铁路桥梁的荷载分为：主要荷载（恒载、列车活载、冲击、离心力）、次要荷载（车辆横向荷载、制动力或牵引力、风载），其他荷载（温度变化的影响、地震荷载、安装荷载、长钢轨纵向力、撞击力及其他）。

在结构可靠性理论中，荷载不仅按其量值大小和出现率予以区分，还应考虑按其在结构上

---

* 本书中指的现行《铁路桥规》均指 TBJ 2—85，但其与 1999 年版的《桥规》区别不大。

随时间的变异性和持续性分类，铁路桥梁结构上按荷载随时间的变异性分类为：

(1)永久荷载；

(2)可变荷载，又分为基本可变荷载和其他可变荷载；

(3)偶然荷载；

(4)临时荷载；

(5)疲劳荷载。

表 3-1 列出铁路桥梁结构上荷载的分类。

表 3-1 铁路桥梁结构荷载分类

序号	荷载分类		荷载名称	不与该荷载同时参与组合的荷载序号
1	永久荷载		结构自重 G_1	—
2			结构附加恒载(线路设备及人行道等) G_2	—
3			预加力 P	—
4			混凝土收缩和徐变作用 F_{cs}、F_{cc}	—
5			不均匀沉降作用 F_s	—
6			土压力 F_{ep}	—
7			静水压力及浮力 F_{ws}	—
8	可变荷载	基本可变荷载	列车活载及动力效应 $(1+\mu)Q_1$	19,20,21
9			列车离心力 F_c	19,20,21
10			列车活载产生的土压力 $F_{q,ep}$	19,20,21
11			列车横向摇摆力 F_{ts}	12,19,20,21,22,23
12		其他可变荷载	列车制动力或牵引力 F_b	11,15,16,18,19,20,21,22,23
13			风荷载 W	15,22,23
14			温度作用 F_t	22,23
15			长钢轨纵向力 F_{lon}	12,13,16,18,21,22,23
16			支座摩阻力 F_f	12,15,22,23
17			流水压力 F_{wd}	12,15,18,22
18			冰压力 F_{ic}	12,15,17,19,22,23
19			冻胀力 F_{fh}	8～12,15～18,20～23
20			人行道荷载 F_{sw}	8～12,19,22,23
21			施工荷载 F'	8～12,15,22,23
22	偶然荷载		地震作用 E	11～21,23
23			船舶或排筏撞击力 F_{si}	11～16,18～22

3.2.2 荷载组合

铁路桥梁结构按不同的极限状态和设计状况进行组合。

1. 对于承载能力极限状态采用荷载效应基本组合和偶然组合

(1)荷载效应基本组合

①一种或几种永久荷载设计值与基本可变荷载设计值的效应组合；

②一种或几种永久荷载设计值与基本可变荷载设计值与一种或几种其他可变荷载组合值的效应组合。

(2)荷载效应偶然组合

一种或几种永久荷载标准值与基本可变荷载组合值与一种偶然荷载设计值的效应组合。

2. 对于正常使用极限状态,根据结构不同的设计状况按荷载效应短期组合

(1)一种或几种永久荷载标准值与基本可变荷载标准值的效应组合;

(2)一种或几种永久荷载标准值与基本可变荷载标准值与一种或几种其他可变荷载组合值的效应组合;

(3)一种或几种永久荷载标准值与一种其他可变荷载标准值与一种或几种其他可变荷载组合值的效应组合。

3. 荷载效应基本组合设计值的实用表达式

$$S_d = \gamma_0 \gamma_{sd} \left[\sum_{i=1}^{n} \gamma_{G_i} C_{G_i} G_{ik} + \gamma_{Q_1} C_{Q_1} (1+\mu)_k Q_{1k} + \sum_{j=2}^{m} \gamma_{G_j} C_{G_j} G_{jk} \right]$$

式中 S_d——荷载效应基本组合设计值;

γ_0——结构重要性系数,一般常用桥涵结构可取为1.0;跨度大于168 m的钢桥,或80 m以上的混凝土桥及复杂结构的桥梁重要性系数应按实际设计条件分析确定。

n——参与组合的永久荷载数;

γ_{sd}——荷载效应计算不定性分项系数,一般可取为1.0;

C_{G_i}——永久荷载 G_i 的效应系数;

γ_{G_i}——永久荷载 G_i 的分项系数;

G_{ik}——永久荷载 G_i 的标准值;

C_{Q_1}——列车活载 Q_1 的效应系数;

γ_{Q_1}——列车活载 Q_1 的分项系数;

$(1+\mu)_k$——列车活载动力系数标准值;

Q_{1k}——列车活载标准值;

m——除列车活载 Q_1 外参与组合的可变荷载数;

C_{G_j}——可变荷载 Q_j 的效应系数;

γ_{G_j}——可变荷载 Q_j 的分项系数;

G_{jk}——可变荷载 Q_j 的标准值。

4. 荷载效应偶然组合设计值实用表达式

$$S_d = \gamma_0 \gamma_{sd} \left[\sum_{i=1}^{n} C_{G_i} G_{ik} + \gamma_{Q_1} C_{Q_1} Q_{1k} + \gamma_{FC} C_{FC} F_{CK} + \gamma_E C_E E_K \right]$$

式中 γ_{FC}——列车离心力分项系数;

C_{FC}——离心力效应系数;

F_{CK}——列车离心力标准值;

C_E——地震作用效应系数;

γ_E——地震作用分项系数;

E_K——地震作用标准值。

5. 正常使用极限状态的荷载效应短期组合设计值实用表达式

$$S_{\mathrm{d}} = \gamma_0 \gamma_{\mathrm{sd}} \left[\sum_{i=1}^{n} C_{G_i} G_{ik} + C_{Q1} Q_{1k} + \sum_{j=2}^{m} \gamma_{Q_j} C_{Q_j} Q_{jk} \right]$$

6. 荷载分项系数

铁路桥梁结构荷载效应组合的荷载分项系数应根据不同的结构类型、极限状态和荷载效应组合,经过可靠度校准后给出各自的规定值,表 3-2 给出铁路桥跨结构荷载效应组合的分项系数建议值。

表 3-2　桥跨结构荷载效应组合的荷载分项系数建议值

序号	荷载名称		承载能力极限状态					正常使用极限状态
			基本组合				偶然组合	
			组合一	组合二	组合三	组合四	组合五	短期组合
1	结构自重 G_1		1.10	1.10	1.10	1.10	1.00	1.00
2	结构附加恒载 G_2	混凝土结构	1.40	1.40	1.40	1.20	1.00	1.00
		钢结构	1.10	1.10	1.10	1.10	1.00	1.00
3	预加力 P		–	–	–	–	–	1.00
4	混凝土	收缩作用 F_{cs} 徐变作用 F_{cc}	–	–	–	–	–	1.00
5	不均匀沉降作用 F_s		△					
6	列车活载及动力效应 $(1+\mu)Q_1$		1.40	1.20	1.20	—	0.75*	1.00*
7	离心力 Fc		1.40	1.20	1.20	—	0.75	1.00
8	列车横向摇摆力 F_{ts}		1.40	1.20	1.20	—	—	1.00
9	列车制动力或牵引力 F_b		—					1.0
10	风荷载 W	混凝土结构	—	1.10	—	0.75	—	0.50
		钢结构	—	1.10	—	0.75	—	0.75
11	温度作用 F_t	温度约束	—	—	1.30	1.00	—	1.00
		温差效应	—	—	1.00	0.80	—	0.80
12	长钢轨纵向力 F_{lon}		—					1.0
13	人行道荷载 F_{sw}		△					
14	施工荷载 F		—	—	—	1.15	—	—
15	地震作用 E		—	—	—	—	1.00	—

注:①△根据设计需要参与组合;*根据设计需要采用静活载或动活载。

②对于连续梁荷载效应基本组合中的结构自重 G_1 及结构附加恒载 G_2 分项系数可采用 1.0,以考虑减载作用的不利荷载效应组合。

3.3　荷载概率模型及统计参数

3.3.1　恒　　载

铁路桥梁结构恒载包括梁自重和上部建筑及设备重(附加恒载),对于数量庞大的铁路桥梁和繁忙的运输,采用分部测试和统计,再给出桥梁的荷载分布和统计参数。

1. 桥梁结构自重

对铁路系统内 5 家主要桥梁厂采样,按梁型和厂家分为 6 组测试统计检验,其总体服从正态分布假设(表 3-3)。

表 3-3 混凝土梁梁体体积比 K_{V1} 统计情况

组 合	1	2	3	4	5	6
样本数目	54	64	72	849	180	436
计算跨度(m)	24	31.7	32	23.8	31.7	32
均值 m	1.015 3	1.028 3	0.961 2	1.014 6	1.021 8	1.026 7
均方差 s	0.005 129	0.006 480	0.001 757	0.006 268	0.005 328	0.006 356

混凝土梁体积概率分布　　$K_{V1} \sim N(1.021\ 1, 0.007\ 6^2)$

混凝土重度概率分布　　$\gamma_c \sim N(2.300\ 7, 0.049\ 4^2)$

2. 桥梁结构附加恒载

对几条干线上混凝土简支梁道床断面采样统计检验近似服从正态分布：

$$A_d \sim N(1.640\ 5, 0.290\ 9^2)$$

道床大修周期按 8 年计算，设计基准期内大修次数为 $N = 12.5$，其设计基准期极大值分布也服从正态分布：

$$A_{dM} \sim N(2.117\ 1, 0.154\ 7^2)$$

其他各参数统计分布见表 3-4。

表 3-4 附加恒载相关参数概率分布

参数项	概率分布	样本数
道碴重度(kN/m^3)	$N(20.41\ 45, 0.43\ 33^2)$	100
人行道支架重量比	$N(1.025\ 28, 0.014\ 9^2)$	103
钢筋混凝土人行道板重量比	$N(1.010\ 5, 0.046\ 34^2)$	536
钢桥杆件体积比	$N(1.0190, 0.01131^2)$	70
钢桥桥枕重量(N)	$N(955.53, 139.49^2)$	76(新枕)
	$N(1\ 109.8, 113.99^2)$	72(旧枕)
每米钢桥枕数	$N(2.910\ 2, 0.163\ 6^2)$	207 孔梁

3. 恒载概率分布及参数

根据恒载参变量函数式计算结果汇总于表 3-5(其中混凝土桥采用1.05 m宽人行道钢筋混凝土柱，钢轨60 kg/m，护轨50 kg/m，钢桥采用钢筋混凝土步板)。

表 3-5 几种桥梁恒载实际值与设计值之比

类 型	跨 度(m)	自重 均值 m	自重 标准差 s	线路或明桥面重 均值 m	线路或明桥面重 标准差 s
混凝土桥	16	1.020 0	0.021 66	1.320 5	0.089 88
	20	1.020 0	0.021 45	1.320 1	0.089 75
	16	1.020 1	0.021 84	1.320 5	0.089 94
	20	1.020 2	0.021 91	1.320 5	0.089 93
	24	1.020 1	0.021 73	1.320 5	0.089 94
	32	1.020 0	0.021 69	1.320 3	0.089 91
钢桥	48			0.914 7	0.044 04
	64			0.914 8	0.044 21
	80			0.914 8	0.044 31

桥梁上恒载和附加恒载均服从正态分布 $G\sim N(m,s^2)$，均值 m 和标准差 s 汇总于表 3-6。

表 3-6　桥梁结构恒载参数

名称	均值 m	标准差 s
混凝土桥实测梁重/设计梁重	1.020 2	0.021 91
人行道加线构重/设计重	1.320 5	0.08994
钢桥实测梁重/设计梁重	1.019 0	0.0113 1
明桥面重/设计重	1.000 0	0.0443 1

对现场制梁与厂制梁分别采样统计，分析比较其差异（表 3-7），取其 95% 上分值 $Z_{0.95}$ 比较，说明现场制梁参数可以统一采用厂制梁的参数值。

表 3-7　现浇梁梁重与厂制梁梁重统计比

均值 m		标准差 s	$Z_{0.95}$	样本数目
南方工点	1.009 9	0.029 65	1.058 7	76
北方工点	1.011 6	0.005 6	1.020 8	106
厂制梁	1.020 2	0.021 91	1.056 2	436

3.3.2　铁路列车活载

列车活载是铁路桥梁结构承受的主要荷载，其车辆编组、轴重、轴距等的变异具有随机性，又具有上下界限，这和自然现象的完全随机性具有本质的区别。

我国铁路干线多为客货混运线路，以货车为统计对象，统计内容为车辆超（欠）载系数 K_t、车辆自重变异修正系数 K_g、车辆载重人为记载偏差系数 K_w，以 K_t、K_g、K_w 为参数用 Beta 分布（有界函数）拟合其概率分布函数：

$$F_{(X)}=\frac{(x-a)^{q-1}(b-x)^{r-1}}{\beta(b-a)^{q+r-1}},a\leqslant x\leqslant b$$

统计分析结果列于表 3-8。

表 3-8　K_t、K_g、K_w 的统计结果

统计对象	a	b	q	r	β	均值	标准差
K_t	0.900 9	1.148	3.189 3	2.299 4	0.049 5	1.044 5	0.047 87
K_g	0.913 1	1.103	3.821 7	3.558 4	0.010 8	1.011 5	0.032 81
K_w	0.905 2	1.059	2.969 7	1.954 9	0.080 0	0.997 8	0.030 85

图 3-1 给出 K_g 直方图和拟合曲线，可见其近似符合正态分布。

由 K_t、K_g、K_w 三参数均值和标准差可得到铁路列车活载的概率分布 $Q_1\sim N(1.017\,9,0.065\,7^2)$，以铁路标准列车活载中—活载为标准荷载，该分布和参数反应了铁路列车荷载的变异性。

目前由于大件运输的增加，各主要干线上特种车辆运行频率增大。表 3-9 列出特种车辆活载效应与中—活载标准值效应的比值，也可作为列车活载分项系数的参考。

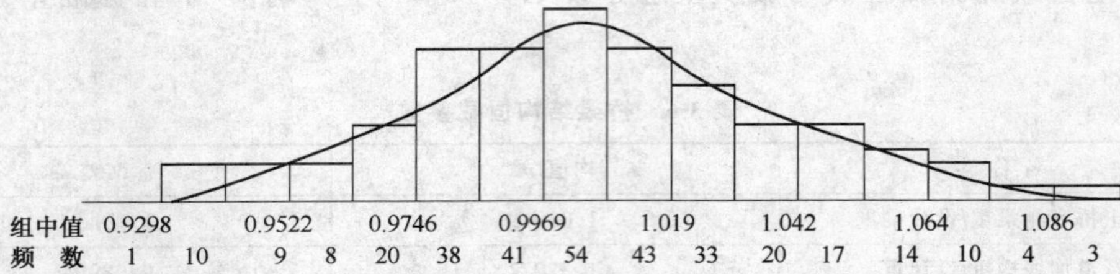

图 3-1 K_g 直方图和拟合曲线

表 3-9 特种车辆的活载效应最大值

车辆类型	相当于中—活载		
	$l \leqslant 10$m	10m$< l \leqslant 40$m	$l > 40$m
D9	0.98	1.15	0.90
D19	0.98	1.16	1.05
D20	1.02	1.19	0.96
D23	1.08	1.16	0.85
D30	1.20	1.30	1.29

3.3.3 列车动力系数

列车通过桥梁结构时，车桥系统相互作用使结构产生振动（动力响应），以列车动力系数 $1+\mu$ 综合反映列车荷载对桥梁的竖向动力作用。

$$1+\mu = y_d / y_s$$

式中 y_d——结构动力响应的最大值；

y_s——结构静力响应最大值。

影响动力系数的因素主要有以下几方面：

(1)桥梁结构自身的振动特性；

(2)列车运行特性：列车运行速度、车体振动特性、列车走行部分的不均衡性等；

(3)桥上线路设备状态：轨道平顺性、轨道结构状态等；

(4)桥梁结构的整体性态等。

对列车动力系数的研究须采取现场实测与理论分析相验证的方法。

国际铁路联盟规范规定的动力系数表达式为：

对于维修质量好的线路： $1+\mu = 1+\mu_1+0.5\mu_2$

对于其他类型线路： $1+\mu = 1+\mu_1+\mu_2$

μ_1 适用于连续完好的线路： $\mu_1 = \dfrac{k}{1-k+k^4}$

μ_2 为线路不平顺的影响： $\mu_2 = \dfrac{a}{100}\left[56e^{-l_p^2/100} + 50\left(\dfrac{f_0 l_p}{80}-1\right)e^{l_p^2/400}\right]$

式中 k——速度参数，$k = \dfrac{v}{7.2 f_0 l_p}$；

l_p——桥梁计算跨度(m)；

f_0——梁自振频率(Hz),固有频率较高的桥梁 $l_p=4.0\sim20.0$ m时,$f_0=80/l_p$,固有频率较低的桥梁 $l_p=20.0\sim100.0$ m时,$f_0=\left(\frac{207.80}{l_p}\right)^{0.5922}$;

a——参数,与列车速度相关,$v\leqslant80$ km/h时,$a=v/80$,$v>80$ km/h时,$a=1.0$。

对于 UIC 标准荷载(RU 荷载),其动力系数采用模式为:

$$1+\mu=\frac{A}{\sqrt{l}-0.2}+B$$

式中 l 为加载长度(m)。A、B 为系数,对于维修质量好的线路,弯矩计算:$A=1.44$,$B=0.82$;剪力计算:$A=0.96$,$B=0.88$。对于一般线路:弯矩计算:$A=2.16$,$B=0.73$;剪力计算:$A=1.44$,$B=0.82$。

由于我国桥梁结构、机车车辆及线路状况具有不同的特性,必须根据现场实测数据和理论分析制定出我国自己的动力系数计算模式。

1. 桥梁动力分析模型

(1)模态坐标模型

把简支桥跨结构简化为图 3-2 所示均匀截面梁,其中 l_b 为计算跨度,单位长度质量为 m_b,竖向挠曲刚度为 EJ_b,梁体自振频率为 f_b,阻尼系数为 ξ_b,设机车进桥前桥梁为静止状态,进桥时刻为时间零点。

设 $x=x_p$ 处梁体静挠度和静挠曲弯矩为 y_{sp}、m_{sp},动挠度和动弯矩为 y_{sp}、m_{dp},则 $x=x_p$ 处桥梁挠度动力系数和弯矩动力系数分别为:

$$\begin{cases}1+\mu_y=\{y_{dp}\}_{max}/\{y_{sp}\}_{max}\\1+\mu_m=\{m_{dp}\}_{max}/\{m_{sp}\}_{max}\end{cases}$$

该模型通常只需计及结构基本模态即可得到足够精确的结果,该模型适用于简支钢筋混凝土梁和钢板梁。

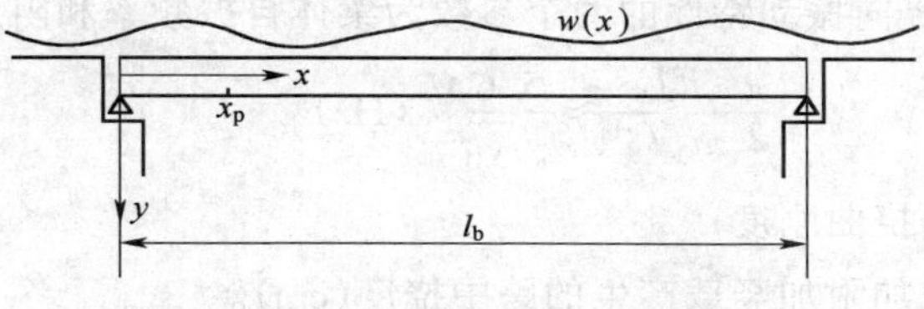

图 3-2　模态坐标模型

(2)有限元动力分析模型

图 3-3、图 3-4 为简支钢板梁和桁梁的有限元模型,假设桥梁节点为刚性连接,不考虑桥面系、连接系对主桁的影响,梁体质量集中于节点上,计算确定结构任一杆件元的动力增量。

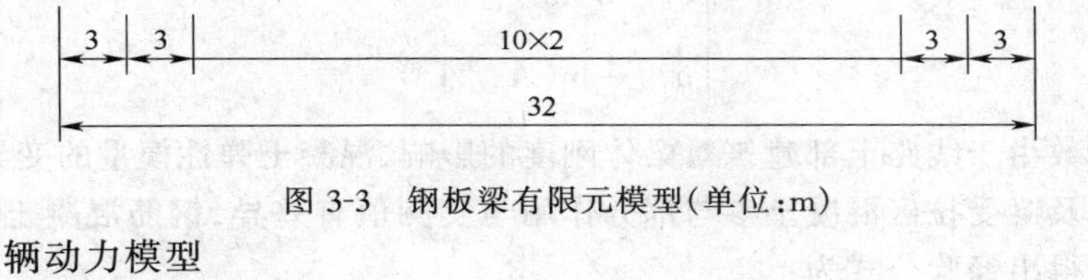

图 3-3　钢板梁有限元模型(单位:m)

2. 机车车辆动力模型

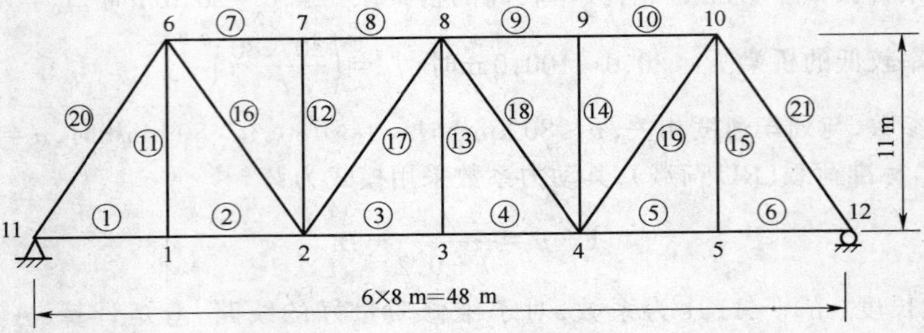

图 3-4　钢桁梁有限元模型

内燃机车、电力机车和客车车辆采用六自由度二系弹簧悬挂模型，货车车辆及内燃机车、电力机车、客车车辆也可采用二自由度一系弹簧悬挂模型。

3. 轨道不平顺的数值模型

研究桥跨结构列车竖向动力效应只考虑轨道垂直方向的高低不平顺 $w(t)$ 为随机过程，通常由现场实测统计的功率谱密度函数 $G_v(w)$ 描述，并用 Mote-Carlo 法模拟轨道不平顺随机函数。

美国轨道高低不平顺谱密度函数表达式为：

$$G_v(w)=\frac{2\pi A_c w_c^2}{(w^2+w_c^2)w^2}$$

式中，A_c、w_c 为与线路等级有关的常数，第 6 级线路：$A_c = 0.0336\ \text{cm}^2\text{-rad/m}$，$w_c = 0.824\ \text{rad/m}$；我国Ⅰ级线路经验参数为：

$$A_c = 0.0902\text{cm}^2\text{-rad/m}\ ,\quad w_c = 0.286\ \text{rad/m}$$

4. 钢筋混凝土简支梁动力系数

(1)竖向动力特性

描述简支桥跨结构竖向振动特性的两个参数为梁体自振频率和阻尼系数：

结构竖向自振频率：　$f_b=\frac{\pi}{2}\frac{EJ_b}{m_b l_b^{\ 4}}\approx\frac{5.6}{\sqrt{y_D}}$　(Hz)

式中　EJ_b——结构竖向挠曲刚度；

y_D——结构恒载加附加竖载产生的跨中挠度(cm)。

不计机车车辆弹簧刚度对有效振动频率的影响，有载振动频率简化公式为：

$$f_{bQ}\approx\frac{5.6}{\sqrt{y_D+y_Q}}\quad(\text{Hz})$$

式中　y_D+y_Q——结构恒载＋附加恒载＋列车静活载产生的跨中挠度(cm)。

阻尼系数可根据实测振动衰减曲线上相隔 n 个波的振幅 A_0 和 A_n 求得：

$$\begin{cases}\xi_b=\delta/2\pi\\ \delta=\dfrac{1}{n}\ln(A_0/A_n)\end{cases}$$

理论计算参数由于线路上部建筑对梁体刚度的影响、混凝土弹性模量的变异、支座对梁体变形的约束作用及梁受拉区混凝土参与部分作用与实测值有差异，钢筋混凝土简支梁根据实测频率统计分析得出经验公式为：

$$f_b = \frac{238}{l_b^{1.125}}\quad(\text{Hz})$$

阻尼系数一般分布在 0.02～0.06 之间，表 3-10 给出常用跨度钢筋混凝土简支梁的计算参数。

表 3-10　钢筋混凝土简支梁计算参数

跨度 L_b(m)	8	10	12	16	20	23.8	31.7	40.0
f_b(Hz)	22.95	17.86	14.54	10.53	8.19	6.73	4.88	3.75
ξ_b	0.02	0.02	0.02	0.02	0.02	0.02	0.02	0.02
M_b(N)	320 000	427 000	559 200	811 200	930 000	1 137 640	1 588 800	2 069 200

(2)内燃机车、电力机车及车辆荷载作用下桥梁动力系数

图 3-5(a)、(b)示出机车车辆以 $v = 100$ km/h速度过桥时跨中挠度计算历程曲线，可见货车过桥时计及轨道不平顺动力系数显著增加。

引起梁体竖向振动的外力为：机车车辆静轴重以一定速度沿桥跨结构运动的动力作用和轨道不平顺引起的竖向附加力。则动力系数为：

$$1 + \mu = 1 + \mu_1 + \mu_2$$

式中　μ_1——机车车辆沿理想光滑轨道运动时对桥跨的动力增量；

μ_2——轨道竖向不平顺的附加动力效应。

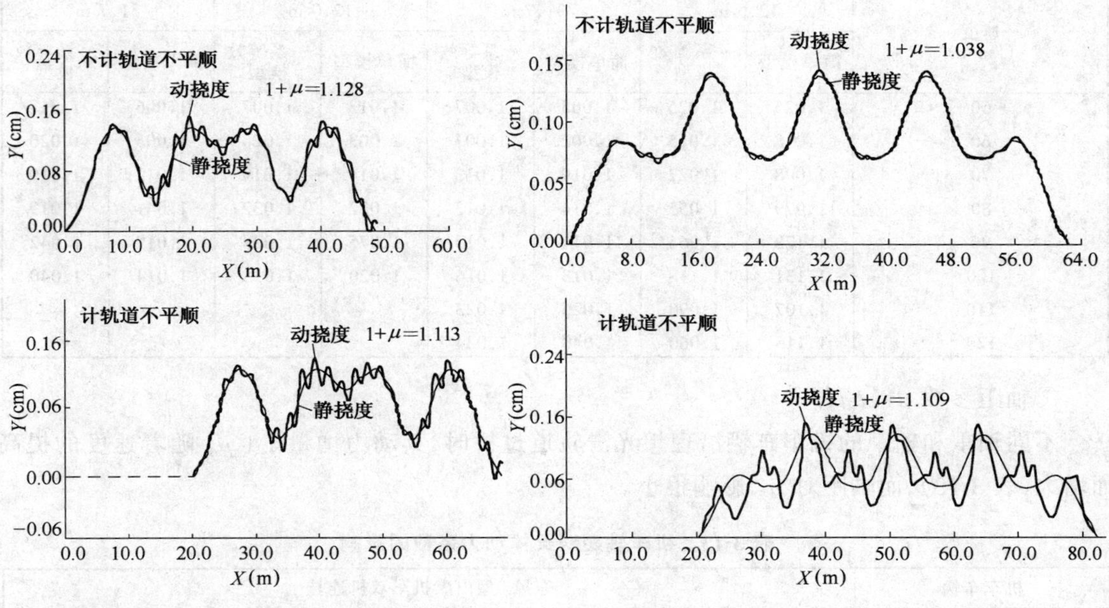

(a)东风$_4$ 双机连挂，$v = 100$ km/h，桥梁跨度 $L_b = 12.0$ m　　(b)4 辆 C_{62}型货车，$v = 100$ km/h，桥梁跨度 $L_b = 12.0$ m

图 3-5　桥梁跨中挠度计算历程曲线

以平均值和标准差表示为：

$$\begin{cases} 1 + \overline{\mu} = 1 + \overline{\mu}_1 + \overline{\mu}_2 \\ s_\mu = \sqrt{s_{\mu_1}^2 + s_{\mu_2}^2} \end{cases}$$

影响车桥系统动力响应的主要无量纲参数为：

①速度参数 $\alpha=\dfrac{v}{7.2f_b l_b}$

对计算跨度12.0 m和31.7 m两种梁，两种模型不同速度计算结果非常接近(表 3-11)。

表 3-11　不同机车模型的比较(东风$_4$ 型内燃机车双机连挂)

跨　度	12.0 m				31.7 m			
速　度 (km/h)	二系模型		一系等效模型		二系模型		一系等效模型	
	$1+\overline{\mu}$	s_μ	$1+\overline{\mu}$	s_μ	$1+\overline{\mu}$	s_μ	$1+\overline{\mu}$	s_μ
50	1.034	0.022	1.038	0.027	1.033	0.017	1.036	0.017
60	1.035	0.034	1.036	0.032	1.038	0.032	1.035	0.025
70	1.045	0.057	1.039	0.043	1.054	0.026	1.051	0.025
80	1.082	0.050	1.069	0.043	1.048	0.023	1.041	0.022
90	1.103	0.036	1.091	0.034	1.050	0.026	1.043	0.012
100	1.128	0.048	1.133	0.049	1.053	0.022	1.047	0.011
110	1.119	0.058	1.111	0.047	1.057	0.024	1.060	0.017
120	1.059	0.048	1.083	0.048	1.057	0.024	1.067	0.019

机车车辆沿理想光滑轨道过桥时车体振动所引起的轴重变化可以忽略不计(表 3-12)。

表 3-12　不同机车车辆模型的比较(理想的光滑轨道)

车　　型	东风$_4$ 型内燃机车双机连挂				4 辆 C_{62} 型货车			
速度 (km/h)	12.0 m		31.7 m		12.0 m		31.7 m	
	简单模型	一系等效模型	简单模型	一系等效模型	简单模型	一系等效模型	简单模型	一系等效模型
50	1.025	1.025	1.005	1.007	1.013	1.007	1.006	1.017
60	1.018	1.015	1.002	1.007	1.003	1.026	1.003	1.020
70	1.008	1.022	1.019	1.013	1.014	1.019	1.012	1.019
80	1.079	1.055	1.014	1.013	1.082	1.032	1.041	1.019
90	1.128	1.065	1.011	1.013	1.075	1.028	1.019	1.042
100	1.131	1.118	1.013	1.016	1.020	1.038	1.014	1.040
110	1.107	1.090	1.025	1.023				
120	1.115	1.060	1.040	1.034				

②轴距参数 $\beta=l_s/l_b$

不同轴重和轴距的机车车辆沿理想光滑轨道过桥时，其动力增量 $1+\mu_1$ 随着速度的提高而增大(表 3-13)，而轴距对 μ_2 影响很小。

表 3-13　机车轴距对梁体动力系数的影响

机车车辆		东风$_4$ 型内燃机车双机连挂							
轴　距		东风$_4$ 轴距				C_{62}型货车轴距			
跨度 (m)	速度 (km/h)	$1+\overline{\mu_1}$	$1+\overline{\mu_2}$	$1+\overline{\mu}$	s_μ	$1+\overline{\mu_1}$	$1+\overline{\mu_2}$	$1+\overline{\mu}$	s_μ
12.0	80	1.056	1.013	1.069	0.043	1.053	1.012	1.065	0.047
	100	1.118	1.015	1.133	0.049	1.013	1.023	1.037	0.049
31.7	100	1.016	1.031	1.047	0.011	1.025	1.021	1.046	0.032

③桥梁阻尼系数 ξ_b

机车车辆动力增量 μ_1 在梁体出现共振的速度范围将随桥梁阻尼的增大而减小，而轨道不平顺附加项 μ_2 及非共振速度范围 μ_1 值不受桥梁阻尼变化的影响(表 3-14)。

表 3-14　桥梁阻尼对梁体动力系数的影响

机车车辆		东风$_4$ 型内燃机车双机连挂							
桥梁阻尼系数		0.02				0.05			
跨度(m)	速度(km/h)	$1+\overline{\mu}_1$	$1+\overline{\mu}_2$	$1+\overline{\mu}$	s_μ	$1+\overline{\mu}_1$	$1+\overline{\mu}_2$	$1+\overline{\mu}$	s_μ
12.0	80	1.055	1.014	1.069	0.043	1.044	1.010	1.054	0.043
	100	1.118	1.015	1.133	0.049	1.066	1.016	1.082	0.043
31.7	100	1.016	1.031	1.047	0.011	1.015	1.030	1.045	0.010

④车体黏性阻尼系数 ξ_s 或相对摩擦系数 μ_f

车体阻尼(或相对摩擦系数)的增加将减小车体对梁体的动力效应，但影响很小(表 3-15)。

表 3-15　机车车辆阻尼对梁体动力系数的影响

东风$_4$ 型内燃机车双机连挂									
车体黏性阻尼系数		0.194				0.252			
跨度(m)	速度(km/h)	$1+\overline{\mu}_1$	$1+\overline{\mu}_2$	$1+\overline{\mu}$	s_μ	$1+\overline{\mu}_1$	$1+\overline{\mu}_2$	$1+\overline{\mu}$	s_μ
12.0	80	1.055	1.014	1.069	0.043	1.054	1.012	1.066	0.036
	100	1.118	1.015	1.133	0.049	1.112	1.013	1.125	0.046
31.7	100	1.016	1.031	1.047	0.011	1.016	1.028	1.044	0.009
4 辆 C_{62} 型货车									
相对摩擦系数		0.067				0.090			
跨度(m)	速度(km/h)	$1+\overline{\mu}_1$	$1+\overline{\mu}_2$	$1+\overline{\mu}$	s_μ	$1+\overline{\mu}_1$	$1+\overline{\mu}_2$	$1+\overline{\mu}$	s_μ
12.0	80	1.032	1.089	1.121	0.060	1.025	1.116	1.141	0.062
	100	1.038	1.060	1.098	0.066	1.041	1.051	1.092	0.058
31.7	100	1.040	1.117	1.157	0.070	1.029	1.106	1.135	0.056

⑤车体浮沉参数 λ

车体浮沉参数 λ 对梁体动力系数影响很小(表 3-16)

表 3-16　车体浮沉参数对梁体系数的影响

跨　度(m)	31.7			
机车车辆	东风$_4$ 型内燃机车双机连挂		4 辆 C_{62} 型货车	
速度(km/h)	100		100	
车体摇头转动惯量($kg\cdot m^2$)	3 972 240	1 986 120	1 385 127	692 563.5
浮沉参数	1.0	0.5	1.0	0.5
$1+\overline{\mu}_1$	1.016	1.016	1.040	1.037
$1+\overline{\mu}_2$	1.031	1.038	1.117	1.122
$1+\overline{\mu}$	1.047	1.054	1.157	1.159
s_μ	0.011	0.016	0.070	0.074

⑥频率参数 $\gamma = f_s / f_b$

对于车体弹簧静挠度较大的机车，计及轨道不平顺影响后，列车动力系数 $1+\overline{\mu}$ 接近于 $1+\overline{\mu}_1$ 值，其变异性随梁跨度增加而减小；对于弹簧刚度较大的货车车辆，受轨道不平顺影响较大，但不同跨度的动力系数受轨道不平顺影响相差不大（表 3-17）。

表 3-17 动力系数与跨度的关系（理论计算结果，$v=100$ km/h）

跨度 l_b(m)		8	10	12	16	20	23.8	31.7	40
东风$_4$双机连挂	$\bar{\mu}_1$	0.037	0.064	0.118	0.016	0.005	0.009	0.016	0.003
	$\bar{\mu}_2$	0.006	0.015	0.015	0.002	0.018	0.026	0.031	0.040
	$1+\bar{\mu}$	1.043	1.043	1.133	1.018	1.023	1.035	1.047	1.043
	s_μ	0.051	0.043	0.049	0.026	0.022	0.025	0.011	0.013
4 辆 C_{62} 货车	$\bar{\mu}_1$	0.041	0.038	0.036	0.018	0.029	0.019	0.040	0.037
	$\bar{\mu}_2$	0.085	0.105	0.062	0.089	0.136	0.149	0.117	0.110
	$1+\bar{\mu}$	1.126	1.143	1.098	1.107	1.165	1.168	1.157	1.147
	s_μ	0.054	0.061	0.066	0.063	0.082	0.082	0.070	0.068

⑦质量参数

由于实际车体簧下质量变异不大，且与梁体质量相比很小，因此车体簧下质量的变化几乎不影响动力系数值（表 3-18）；车体簧上质量与设计值差异不大，其改变对动力系数影响很小（表 3-19）。

表 3-18 车体簧下质量对梁体动系数的影响

跨 度(m)	31.7			
机车车辆	东风$_4$ 型内燃机车双机连挂		4 辆 C_{62} 型货车	
速度(km/h)	100		100	
簧下质量(kg)	4 610	2 305	2 000	4 000
$1+\bar{\mu}_1$	1.016	1.016	1.040	1.043
$1+\bar{\mu}_2$	1.036	1.033	1.117	1.119
$1+\bar{\mu}$	1.052	1.049	1.157	1.162
s_μ	0.015	0.010	0.070	0.069

表 3-19 簧上质量对梁体动力系数的影响

机车车辆		4 辆 C_{62} 型货车							
簧上质量(kg)		72 600				42 600			
跨度(m)	速度(km/h)	$1+\bar{\mu}_1$	$1+\bar{\mu}_2$	$1+\bar{\mu}$	s_μ	$1+\bar{\mu}_1$	$1+\bar{\mu}_2$	$1+\bar{\mu}$	s_μ
12.0	80	1.032	1.089	1.121	0.060	1.024	1.097	1.121	0.049
	100	1.038	1.060	1.098	0.066	1.041	1.054	1.095	0.057
31.7	100	1.040	1.117	1.157	0.070	1.026	1.137	1.163	0.065

⑧轨道不平顺参数

改善线路状况或增大车体的静挠度可以在很大程度上减弱轨道不平顺的影响。我国内燃、电力机车及客车车辆，普遍采用二系弹簧悬挂系统，车体具有较大静挠度，不仅改善了车体本身的动力特性，而且大大减弱了对梁体的动力作用；而货车车辆由于其弹簧刚度较大，受轨道不平顺影响显著。

图 3-6 给出 $l_b = 31.7$ m预应力混凝土梁动力系数实测值与计算值的比较，机车和客车对梁体的动力影响明显低于货车车辆，货车对不同跨度梁体的动力影响相差不大。

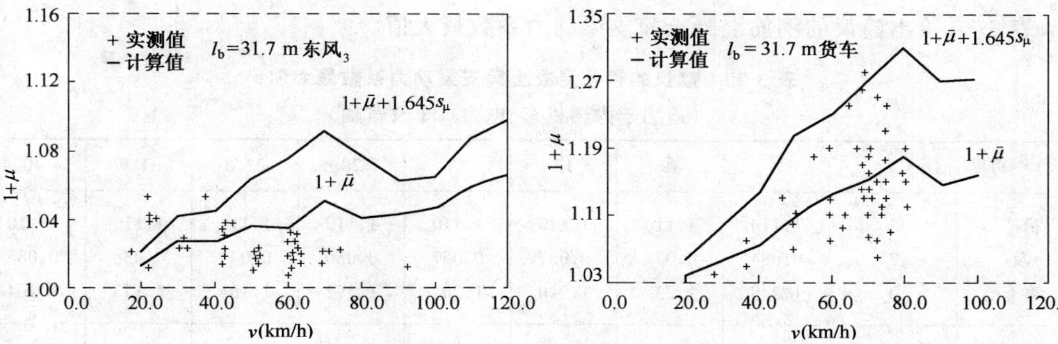

图 3-6　桥梁动力系数[实测值与计算值的比较($l_b = 31.7$ m)]

根据实测结果和理论分析，内燃机车、电力机车及车辆荷载作用下桥梁动力系数建议公式为：

$$1 + \bar{\mu} = 1 + \bar{\mu}_1 + \bar{\mu}_2, s_\mu = \sqrt{s_{\mu_1}^2 + s_{\mu_2}^2}$$

$$\begin{cases} \bar{\mu}_1 = 0.6\alpha \approx v/2\ 000 \\ s_{\mu_1} = 0.24\alpha \approx v/5\ 000 \end{cases}$$

对于内燃、电力机车和客车车辆：

$$\begin{cases} \bar{\mu}_2 = 0.05\alpha \\ s_{\mu_2} = 0.060\alpha e^{-l_b^2/600} \end{cases} \qquad \begin{cases} \alpha = 1.0 \\ \alpha = v/60 \end{cases} \qquad \begin{cases} v \geqslant 60 \text{ km/h} \\ v < 60 \text{ km/h} \end{cases}$$

对于货车车辆：

$$\begin{cases} \bar{\mu}_2 = 0.10\alpha \\ s_{\mu_2} = 0.040\alpha \end{cases}$$

式中　l_b——桥梁计算跨度(m)；

v——机车车辆运行速度(km/h)；

α——速度参数[$\alpha = v/(7.2 f_b l_b)$]。

上述公式适用于内燃、电力机车和客车车辆速度 $v \leqslant 120$ km/h，货车车辆速度 $v \leqslant 100$ km/h。

动力系数最大值建议公式：

内燃机车、电力机车及客车以 $v=120$ km/h过桥时：

$$\begin{cases}1+\bar{\mu}_{\max}=1.110\\ s_{\mu,\max}=\dfrac{0.234}{l_b-0.2}-0.005\end{cases}$$

货车以 $v=100$ km/h过桥时：

$$\begin{cases}1+\bar{\mu}_{\max}=1.150\\ s_{\mu,\max}=0.060\end{cases}$$

表 3-20 给出建议的钢筋混凝土简支梁动力系数最大值。

表 3-20 建议的钢筋混凝土简支梁动力系数最大值

（适用于内燃机车、电力机车及车辆）

跨度 l_b(m)		8	10	12	16	20	23.8	31.7	40
机车	1	1.110	1.110	1.110	1.110	1.110	1.110	1.110	1.110
及	2	0.084	0.074	0.067	0.057	0.050	0.045	0.038	0.033
客车	3	1.248	1.232	1.220	1.204	1.192	1.184	1.173	1.164
货	1	1.150	1.150	1.150	1.150	1.150	1.150	1.150	1.150
	2	0.060	0.060	0.060	0.060	0.060	0.060	0.060	0.060
车	3	1.250	1.250	1.250	1.250	1.250	1.250	1.250	1.250
桥梁检定规范值		1.237	1.225	1.214	1.196	1.180	1.167	1.146	1.129

注：1 指 $1+\bar{\mu}_{\max}$，2 指 $s_{\mu,\max}$，3 指 $1+\bar{\mu}_{\max}+1.645s_{\mu,\max}$。

5. 简支钢梁动力系数

(1)竖向振动特性

实测资料表明简支钢桁梁竖向自振频率 f_b 主要与桥梁计算跨度 l_b 有关，其经验公式为：

$$f_b=10^4/(39l_b)$$

表 3-21 给出钢梁实测竖向振动频率值，经验公式计算值与桁梁实测值较吻合，简支钢板梁实测值小于经验公式计算值。

表 3-21 钢梁桥实测竖向振动频率(Hz)

跨度 l_b(m)	构造特点	实测值	理论值
32.00	箱形钢梁	5.37	3.01
32.00	下承桁梁	5.28	3.01
41.80	下承桁梁	6.63～6.93	6.16
48.00	下承桁梁	5.60	5.34
49.53	*E*、*S*、*T*、*B*、	5.0～5.77	5.18
60.00	下承桁梁	4.2～4.4	4.27
88.69	*E*、*S*、*T*、*B*、	2.5	2.89
89.40	下承桁梁	3.17～3.28	2.87
96.00	下承桁梁	3.0～3.5	2.67

桥梁阻尼由结构变形产生的内部阻尼和由支座、上部建筑等产生的外部非弹性阻尼组成，其为黏性阻尼，可用对数衰减率 δ 或阻尼系数 ξ_b 表示，可采用下式计算：

$$\delta = 10/{l_b}^{1.2}$$

(2)内燃机车、电力机车及车辆荷载作用下的桥梁动力系数

①钢板梁

表 3-22 列出 $l_b = 32$ m钢板梁在不同速度下跨中挠度和跨中下缘应力的动力系数计算值，以比较说明货车车辆对梁体的动力影响大于内燃、电力机车及客车对梁体的动力影响。动力系数随车速的提高而略有增大。

表 3-22 跨度32 m钢板梁动力系数

速度(km/h)	东风$_4$型机车单机				4 辆 C_{62} 型货车			
不计轨道不平顺								
	跨中挠度		跨中下缘应力		跨中挠度		跨中下缘应力	
	$1+\mu$		$1+\mu$		$1+\mu$		$1+\mu$	
50	1.005		1.012		1.012		1.015	
60	1.014		1.020		1.012		1.008	
70	1.028		1.023		1.012		1.016	
80	1.039		1.038		1.018		1.025	
90	1.042		1.047		1.024		1.026	
100	1.043		1.056		1.037		1.017	
110	1.048		1.066					
120	1.050		1.077					
计轨道不平顺								
	跨中挠度		跨中下缘应力		跨中挠度		跨中下缘应力	
	$1+\bar{\mu}$	s_μ	$1+\bar{\mu}$	s_μ	$1+\bar{\mu}$	s_μ	$1+\bar{\mu}$	s_μ
50	1.016	0.007	1.027	0.008	1.068	0.028	1.064	0.027
60	1.024	0.013	1.041	0.011	1.086	0.036	1.094	0.044
70	1.037	0.024	1.055	0.012	1.068	0.032	1.072	0.039
80	1.048	0.025	1.067	0.016	1.072	0.028	1.071	0.036
90	1.045	0.019	1.067	0.011	1.079	0.026	1.073	0.040
100	1.052	0.027	1.080	0.015	1.083	0.033	1.079	0.030
110	1.051	0.027	1.081	0.013	1.093	0.032	1.094	0.036
120	1.056	0.023	1.090	0.020	1.084	0.028	1.082	0.029

②钢桁梁

表 3-23、表 3-24 列出机车车辆以不同速度通过64 m桁梁时杆件及跨中挠度动力系数计算值，可见桁梁弦杆、斜杆等应力动力系数基本相同，且接近于跨中挠度动力系数值，跨中吊杆由于受列车荷载局部作用影响，其应力动力系数平均值大于弦杆和斜杆。

表 3-23 跨度64 m钢桁梁动力系数(不计轨道不平顺)

东风$_4$型内燃机车					
速度 (km/h)	下弦 L_3L_4	上弦 U_3U_4	吊杆 U_3L_3	端斜 U_1L_0	跨中挠度
	$1+\mu$	$1+\mu$	$1+\mu$	$1+\mu$	$1+\mu$
50	1.003	1.004	1.008	1.000	1.003
60	1.004	1.010	1.011	1.003	1.008
70	1.006	1.009	1.000	1.008	1.006
80	1.008	1.014	1.006	1.013	1.013
90	1.021	1.022	1.008	1.010	1.020
100	1.027	1.024	1.021	1.000	1.018
110	1.024	1.023	1.004	1.000	1.015
120	1.014	1.018	1.012	1.000	1.008
4 辆 C_{62} 型货车					
速度 (km/h)	下弦 L_3L_4	上弦 U_3U_4	吊杆 U_3L_3	端斜 U_1L_0	跨中挠度
	$1+\mu$	$1+\mu$	$1+\mu$	$1+\mu$	$1+\mu$
50	1.010	1.006	1.018	1.008	1.005
60	1.008	1.009	1.028	1.000	1.008
70	1.014	1.015	1.033	1.000	1.014
80	1.012	1.012	1.023	1.000	1.012
90	1.018	1.013	1.032	1.009	1.013
100	1.020	1.013	1.043	1.011	1.016

表 3-24 跨度64 m钢桁梁动力系数(计轨道不平顺)

东风$_4$型内燃机车										
速度 (km/h)	下弦 L_3L_4		上弦 U_3U_4		吊杆 U_3L_3		端斜 U_1L_0		跨中挠度	
	$1+\bar{\mu}$	s_μ	$1+\bar{\mu}$	s_μ	$1+\bar{\mu}$	s_μ	$1+\bar{\mu}$	s_μ	$1+\bar{\mu}$	s_μ
50	1.017	0.006	1.012	0.008	1.021	0.009	1.003	0.009	1.021	0.006
60	1.029	0.010	1.012	0.016	1.064	0.010	1.010	0.019	1.031	0.007
70	1.043	0.015	1.017	0.021	1.034	0.020	1.016	0.030	1.048	0.014
80	1.049	0.022	1.022	0.021	1.039	0.016	1.013	0.036	1.054	0.017
90	1.039	0.018	1.016	0.027	1.036	0.019	1.011	0.031	1.053	0.016
100	1.037	0.014	1.011	0.033	1.046	0.021	1.026	0.020	1.042	0.017
110	1.039	0.008	1.007	0.030	1.031	0.016	1.029	0.012	1.034	0.017
120	1.036	0.009	1.012	0.021	1.197	0.024	1.081	0.014	1.028	0.016
4 辆 C_{62} 型货车										
速度 (km/h)	下弦 L_3L_4		上弦 U_3U_4		吊杆 U_3L_3		端斜 U_1L_0		跨中挠度	
	$1+\bar{\mu}$	s_μ	$1+\bar{\mu}$	s_μ	$1+\bar{\mu}$	s_μ	$1+\bar{\mu}$	s_μ	$1+\bar{\mu}$	s_μ
50	1.057	0.034	1.043	0.017	1.044	0.021	1.059	0.029	1.060	0.018
60	1.071	0.027	1.057	0.023	1.066	0.023	1.068	0.020	1.072	0.021
70	1.065	0.027	1.034	0.012	1.060	0.025	1.058	0.017	1.046	0.013
80	1.057	0.022	1.027	0.013	1.057	0.018	1.057	0.011	1.034	0.012
90	1.056	0.014	1.035	0.012	1.086	0.024	1.067	0.021	1.042	0.012
100	1.071	0.020	1.055	0.028	1.162	0.034	1.078	0.035	1.070	0.024

③简支钢梁动力系数

实测动力系数资料表明,随着列车速度的增大动力系数相应增大。

列车过桥时车桥系统相互作用导致桥梁结构同时产生竖向和水平横向挠曲振动。桁梁横向、竖向自振频率 f_H、f_V 可用经验公式表示：

$$\begin{cases} f_H = 115/l_b \\ f_V = 10^4/(39 l_b) \end{cases}$$

桥跨结构水平振动引起的动力增量简式为：

$$\mu' = 0.20\,\frac{h}{b}\frac{A}{D}$$

式中　h、b——主桁高度、宽度(m)；

A、D——跨中截面横向水平振幅、竖向挠度(mm)。

通过以上两式，可根据实测资料近似估计横向振动对桁梁弦杆应力的附加影响。

机车以速度 0～160 km/h过48 m简支钢桁梁($h=11.0$ m, $b=5.75$ m, $D=12.16$ mm)桥时，实测资料表明，当机车速度 $v<90$ km/h时实测横向振幅不超过1.5 mm，即 $\mu'<4.7\%$，可以忽略，当速度 $v=135$ km/h时，$A=4.8$ mm，$\mu'=15\%$，说明高速机车运行时桥梁水平振动加剧，弦杆内产生很大附加应力。

建议钢梁动力系数计算公式为：

$$\begin{cases} 1+\bar{\mu} = 1+\bar{\mu}_1+\bar{\mu}_2 \\ s_\mu = \sqrt{s_{\mu_1}^2 + s_{\mu_2}^2} \end{cases}$$

$$\begin{cases} \bar{\mu}_1 = v/300 & s_{\mu_1} = 0.0 \\ \bar{\mu}_2 = \dfrac{0.680}{\sqrt{l_b}-0.2} & s_{\mu_2} = \dfrac{0.260}{\sqrt{l_b}-0.2} \end{cases}$$

钢梁最大动力系数计算式如下：

$$\begin{cases} 1+\bar{\mu}_{\max} = \dfrac{0.600}{\sqrt{l_b}-0.2} + 1.040 \\ s_{\mu\max} = \dfrac{0.300}{\sqrt{l_b}-0.2} \end{cases}$$

对于主桁弦杆、斜杆式中 l_b 采用计算跨度，对于局部受力杆件(吊杆)可采用影响线加载长度。

表 3-25 列出建议的简支钢梁动力系数最大值及与桥梁检规的比较。

表 3-25　建议的简支钢梁动力系数最大值

(适用于内燃机车、电力机车及车辆)

跨度 l_b(m)		32	40	48	64	80	96	128
结构形式		板梁	板梁	桁梁	桁梁	桁梁	桁梁	桁梁
机车及客车	1	1.150	1.138	1.129	1.117	1.109	1.102	1.094
	2	0.055	0.049	0.046	0.038	0.034	0.031	0.027
	3	1.240	1.219	1.205	1.180	1.165	1.153	1.138
货车	1	1.143	1.131	1.122	1.110	1.102	1.096	1.087
	2	0.055	0.049	0.046	0.038	0.034	0.031	0.027
	3	1.233	1.212	1.198	1.173	1.158	1.147	1.131
桥梁检规值		1.292	1.263	1.239	1.202	1.175	1.154	1.125

注：1 指 $1+\bar{\mu}_{\max}$，2 指 $s_{\mu,\max}$，3 指 $1+\bar{\mu}_{\max}+1.645 s_{\mu,\max}$。

6. 建议动力系数与国内外规范比较

表 3-26、表 3-27 列出建议动力系数值与我国桥梁检定规范、现行桥规、前苏联规范、英国 BS 5400及 UIC 动力系数的比较，由于各国机车车辆和桥跨结构构造及标准活载存在很大差异，以及规范安全储备考虑方法不同，动力系数取值有一些差异，但总的说，跨度20 m以上简支钢筋混凝土梁及钢梁，我国内燃、电力机车及车辆建议值与国外规范比较一致，但小跨度桥梁动力系数我国明显偏小，其受标准活载及实际运营列车载重影响比较大，应结合我国列车标准活载的制定予以研究。

表 3-26 建议的动力系数值与国内外规范值的比较（钢筋混凝土简支梁）

跨度 l_b(m)			8	10	12	16	20	23.8	31.7	40
建议值	*A*	1	1.364	1.325	1.296	1.256	1.229	1.211	1.183	1.164
		2	0.038	0.038	0.038	0.038	0.038	0.038	0.038	0.038
		3	1.427	1.388	1.359	1.319	1.292	1.274	1.246	1.227
	B	1	1.110	1.110	1.110	1.110	1.110	1.110	1.110	1.110
		2	0.084	0.074	0.067	0.057	0.050	0.045	0.038	0.033
		3	1.248	1.232	1.220	1.204	1.192	1.184	1.173	1.164
	C	1	1.150	1.150	1.150	1.150	1.150	1.150	1.150	1.150
		2	0.040	0.040	0.040	0.040	0.040	0.040	0.040	0.040
		3	1.250	1.250	1.250	1.250	1.250	1.250	1.250	1.250
桥梁检规	*A*		1.316	1.300	1.286	1.261	1.240	1.223	1.194	1.171
	B、*C*		1.237	1.225	1.214	1.196	1.180	1.167	1.146	1.129
现行桥规			1.316	1.300	1.286	1.261	1.240	1.223	1.194	1.171
前苏联规范			1.357	1.333	1.312	1.278	1.250	1.228	1.193	1.167
BS 5400			1.552	1.459	1.392	1.298	1.236	1.192	1.128	1.083
UIC	*D*		1.477	1.430	1.383	1.299	1.267	1.246	1.213	1.188
	E		1.836	1.750	1.661	1.503	1.381	1.286	1.217	1.189

注：①*A* 指蒸汽机车，*B* 指内燃机车、电力机车和客车，*C* 指货车；

②1 指平均值 $1+\mu_{\max}$，2 指标准差 $s_{\mu,\max}$，3 指 $1+\mu_{\max}+1.645s_{\mu,\max}$；

③UIC 表中 *D* 指维修得很好的线路，*E* 指一般线路。

表 3-27 建议的动力系数值与国内外规范值的比较（简支的钢梁桥）

跨度 l_b(m)			32	40	48	64	80	96	128
建议值	*A*	1	1.216	1.192	1.175	1.151	1.134	1.123	1.106
		2	0.064	0.060	0.057	0.052	0.049	0.047	0.044
		3	1.321	1.291	1.269	1.237	1.215	1.200	1.178
	B	1	1.150	1.138	1.129	1.117	1.109	1.102	1.094
		2	0.055	0.049	0.046	0.038	0.034	0.031	0.027
		3	1.240	1.219	1.205	1.180	1.165	1.153	1.138
	C	1	1.143	1.131	1.122	1.110	1.102	1.096	1.087
		2	0.055	0.049	0.046	0.038	0.034	0.031	0.027
		3	1.233	1.212	1.198	1.173	1.158	1.147	1.131

续上表

跨度 l_b(m)			32	40	48	64	80	96	128
桥梁检规	A		1.389	1.350	1.318	1.269	1.233	1.206	1.167
	B、C		1.292	1.263	1.239	1.202	1.175	1.154	1.125
现行桥规			1.389	1.350	1.318	1.269	1.233	1.260	1.167
前苏联规范			1.290	1.257	1.231	1.190	1.164	1.150	1.150
BS 5400			1.126	1.083	1.051	1.007	1.000	1.000	1.000
UIC	D	1	1.212	1.188	1.172	1.149	1.134	1.124	1.109
	E	2	1.216	1.189	1.172	1.149	1.134	1.124	1.109

注:①A 指蒸汽机车,B 指内燃机车、电力机车和客车,C 指货车;

②1 指平均值 $1+\mu_{max}$,2 指标准差 $s_{\mu,max}$,3 指 $1+\mu_{max}+1.645s_{\mu,max}$;

③UIC 表中 D 指维修得很好的线路,E 指一般线路。

7. 高速铁路桥梁动力系数

(1)竖向振动特性

专用于高速客运铁路上的桥梁,由于列车活载比一般铁路轻且线路标准高,因此结构自振频率可能比一般铁路略低。

日本对东海道、山阳线上桥梁实测统计分析后,提出桥梁自振频率代表值公式为:

混凝土梁及结合梁 $f_b=105/l_b$

钢梁 $f_b=175/l_b$

衰减系数 $\xi_b=0.02\sim0.06$

式中,l_b 为桥梁计算跨度(m)。

我国高速铁路暂行规定中 $l_b\leqslant 80$ m的简支梁竖向自振频率不应低于下列限值:

$l_b\leqslant 40$ m $f_b=120/l_b$

$l_b=40.0\sim80.0$ m $f_b=23.58l_b^{-0.5922}$

表 3-28 列出日本(混凝土梁)与我国不同跨度桥梁自振频率公式的差异。

表 3-28 不同跨度桥梁自振频率(Hz)

f_b 公式 \ l_b(m)	8.0	10.0	12.0	16.0	20.0	24.0	32.0	48.0	64.0	80.0
日本(混凝土梁)	13.125	10.500	8.750	6.563	5.250	4.375	3.281	—	—	—
我 国	15.000	12.000	10.000	7.500	6.000	5.000	3.750	2.382	2.009	1.760

(2)桥梁有载振动频率

在车辆荷载作用下,桥梁振动频率发生变化,桥梁有载振动频率 f'_b 下限计算公式为:

$$f'_b=f_b\left(\frac{M_b}{M_b+2M_V}\right)^{0.5}$$

式中,M_b 为桥梁质量;M_V 为桥上车辆的质量。

我国一般线路钢筋混凝土简支梁自振频率为 $f_b=238/l_b^{1.125}$。表 3-29 列出我国混凝土梁有载振动频率的变化。

表 3-29 有载桥梁振动频率变化(Hz)

l_b(m) / f_b 公式	8.0	10.0	12.0	16.0	20.0	23.8	31.7	40.0
我国(混凝土梁)f_b	22.94	17.85	14.54	10.52	8.18	6.67	4.82	3.75
f'_b	12.267	9.770	8.198	6.108	4.614	3.827	2.820	2.189
f'_b/f_b	0.54	0.55	0.56	0.58	0.56	0.57	0.59	0.58

由上表可见,桥梁有载振动频率的下限约为桥梁固有振动频率的55%,f'_b值与日本新干线公式相近且略低,因此我国高速铁路简支桥梁(混凝土梁)的刚度应比现行桥梁有所提高。

(3)桥梁动力系数

高速行车对桥梁的动力影响除了车辆振动和轨道不平顺因素外,速度效应也是一个重要因素,特别是对小跨度桥梁,影响更大。

表 3-30 列出日本新干线单线桥梁承载能力极限状态设计动力系数值,对于正常使用极限状态和疲劳极限状态的动力系数为承载力极限状态值的3/4;复线桥梁动力系数的折减系数β值为:

$$l_b \leqslant 80\ \text{m},\quad \beta = 1 - \frac{l_b}{200}$$

$$l_b > 80\ \text{m},\quad \beta = 0.6$$

表 3-30 单线桥梁按承载能力极限状态设计的动力系数 μ

l_b(m) / v(km/h)	5	10	20	30	40	50	70	100
	$f_b>15.18$	$f_b>8.72$	$f_b>5.01$	$f_b>3.62$	$f_b>2.88$	$f_b>2.41$	$f_b>1.84$	$f_b>1.38$
110	0.31	0.28	0.25	0.23	0.21	0.20	0.18	0.15
210	0.48	0.43	0.37	0.34	0.32	0.30	0.28	0.24
260	0.48	0.43	0.37	0.34	0.32	0.30	0.27	0.24
300	0.48	0.43	0.37	0.34	0.32	0.30	0.27	0.24

注:不满足适用条件的桥梁,其动力系数需单独计算;表中 f_b 为梁体基频(Hz)。

我国高速铁路暂行规定给出的桥梁结构(弯矩和剪力)动力系数公式与国际铁路联盟(UIC)动力系数公式相近:

$$\text{剪力}\quad 1+\mu = \frac{0.996}{\sqrt{l_b}-0.2} + 0.913$$

$$\text{弯矩}\quad 1+\mu = \frac{1.494}{\sqrt{l_b}-0.2} + 0.851$$

表 3-31 列出各种跨度的计算值。

表 3-31 我国高速铁路暂行规定动力系数值

l_b(m) / 公式	5	10	20	30	40	50	70	100
剪力 $1+\mu$	1.40	1.25	1.15	1.10	1.08	1.06	1.04	1.02
弯矩 $1+\mu$	1.59	1.36	1.20	1.13	1.10	1.07	1.03	1.00

比较表 3-30 和表 3-31 可见,对各种跨度梁除应规定相应的梁体自振率之外,对于速度大

于200 km/h的高速铁路还应根据速度增大动力系数值。

(4)不同自振频率简支梁的动力系数

影响桥梁动力系数参数的因素很多,包括机车车辆的类型构造、主要技术参数、编组情况和运行速度,桥梁跨度、结构形式、质量、刚度、阻尼比和桥上轨道技术状态等,而桥梁跨度、结构固有频率、阻尼比和列车运行速度是影响动力系数的主要因素,在设计速度范围内,可能存在若干个共振速度,此时动力系数可能达最大值,桥梁跨度越大,频率越高,阻尼比越大,动力系数减小。表 3-32 列出不同固有频率简支梁的动力系数值,从表中可看出,不同跨度简支梁存在一个临界频率,当梁体固有频率低于该值时,动力系数将剧增,因此各种跨度简支梁需规定一个固有基频限界,以限制桥梁结构的动力系数。

表 3-32 不同自振基频简支梁的动力系数

基频(Hz) \ 跨度(m)	8	10	12	16	20	24	32	40	48	56	64	80
1	—	—	—	—	—	—	—	—	1.367	1.352	1.345	1.322
2	—	—	—	—	—	—	—	1.377	1.269	1.293	1.229	1.155
3	—	—	—	—	—	—	1.321	1.270	1.165	1.133	1.079	1.058
4	—	—	—	—	2.939	2.277	1.175	1.113	1.071	1.046	1.048	1.049
5	—	—	—	1.939	1.603	1.299	1.146	1.105	—	—	—	—
6	—	—	2.089	1.502	1.192	1.169	1.149	1.108	—	—	—	—
7	—	—	2.120	1.477	1.193	1.167	1.150	1.092	—	—	—	—
8	—	2.233	2.001	1.322	1.192	1.162	1.141	1.047	—	—	—	—
9	—	2.248	1.943	1.265	1.233	—	1.098	1.028	—	—	—	—
10	2.477	2.124	1.794	1.288	1.191	—	—	—	—	—	—	—
11	2.701	1.865	1.565	1.272	1.190	—	—	—	—	—	—	—
12	2.541	1.602	1.379	1.159	—	—	—	—	—	—	—	—
13	1.489	1.377	1.262	1.089	—	—	—	—	—	—	—	—
14	1.419	1.245	1.220	—	—	—	—	—	—	—	—	—
15	1.437	—	1.218	—	—	—	—	—	—	—	—	—
16	1.441	—	—	—	—	—	—	—	—	—	—	—

8. 拱桥动力系数

(1)拱桥竖向振动特性

研究表明在拱桥常用矢跨比范围 $f/l=1/3\sim1/10$,拱桥第一振型为反对称振型,且拱轴线形式对拱的动力特性影响很小,可以忽略不计(见表 3-33)。

表 3-33 三种不同拱轴线的拱的振动的特性

阶数 \ 频率(Hz) \ 拱轴线	悬链线拱*	二次抛物线拱	圆 拱
f_1	2.43	2.48	2.40
f_2	4.92	5.12	4.80
f_3	8.60	8.74	8.40

* 悬链线拱的 $m=1.853, n=0.5$。

试验研究表明桥面系使拱桥的质量和刚度增加，对拱的自振频率影响较大，但对基本振型影响很小，因此在拱桥动力特性计算中，其振型函数可假定不变，适当修正频率值即可。例如空腹拱桥，考虑桥面系的刚度和质量影响，频率修正系数为：$k = f/f^*$，f 为考虑桥面系影响的振动频率，f^* 为裸拱振动频率。

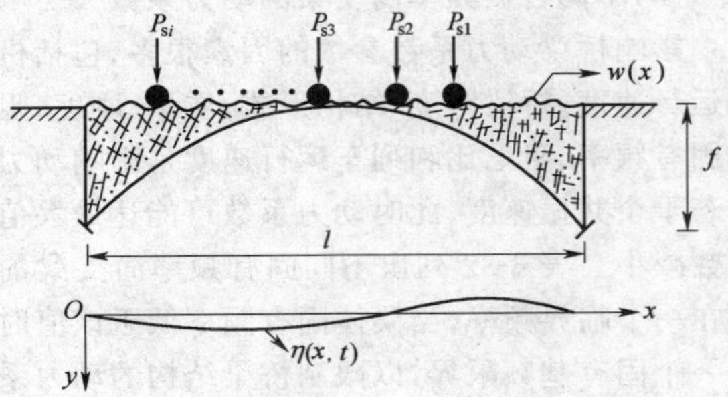

图 3-7 简化的车—桥动力学模型

(2)机车车辆作用下拱桥动力学模型

中小跨度拱桥，一般采用实腹式石拱桥、钢筋混凝土拱桥等，可以采用简化的机车车辆和桥梁动力学模型(见图 3-7)，机车车辆采用带有簧下质量的集中荷载列车模型，用拱桥固有振动前三阶模态函数的线性组合模拟拱桥的挠曲。

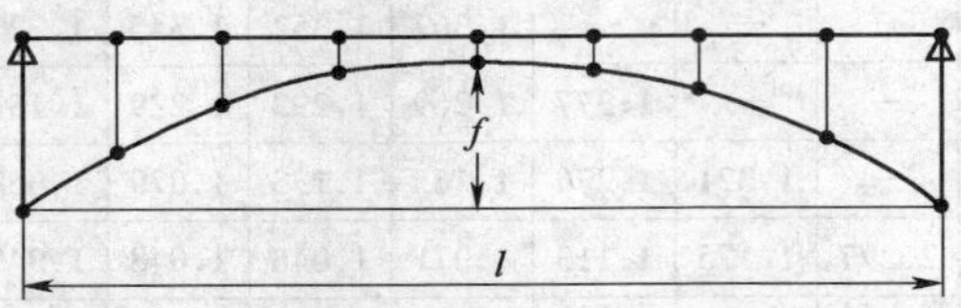

图 3-8 桥梁动力学模型

对于较大跨度及大跨度拱桥，一般采用空腹拱桥，少数采用系杆拱桥，拱上结构平面属于平面杆系结构，可采用有限元法进行动力分析，把结构质量近似地集中于各单元节点，每个节点考虑平面内的两个线位移和一个绕平面法线方向转动的角位移，求解中忽略转动惯量的惯性，只考虑线位移自由度集中质量的惯性；机车车辆简化为一系悬挂模型(见图 3-8、图 3-9)。

(3)机车车辆作用下拱桥动力系数

①中小跨度实腹拱桥动力系数

表 3-34 列出跨度 15～56 m实腹拱桥的计算固有振动频率、有载频率和共振速度，第一阶为反对称振型频率 ω_1，第二阶为对称型 ω_2，由表可见，$\omega_1 < \omega_2$。表 3-35 列出各种跨度实腹拱桥内燃机车、蒸汽机车计算动力系数与现行桥规设计值的比较。

在电力、内燃机车作用下动力系数理论计算值均较小，设计值有待修正。

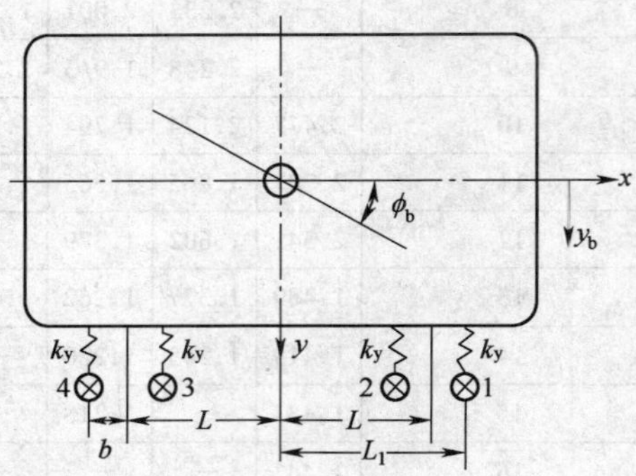

图 3-9 车辆动力学模型

表 3-34 拱桥的固有振动频率及有载频率和共振速度值

项目 / 跨度	桥式	ω_1(rad/s)		ω_2(rad/s)		v_1(km/h)	v_2(km/h)
		无载	有载	无载	有载		
15.0 m	石砌拱	78.06	71.33	80.0	67.73	139.0	132.0
20.0 m	石砌拱	52.70	48.76	58.28	50.39	100.7	104.0
25.0 m	石砌拱	38.10	35.54	45.58	40.01	76.2	85.7
30.0 m	石砌拱	32.20	30.30	38.30	34.13	66.6	75.0
38.0 m	石砌拱	22.75	21.58	29.20	26.40	48.7	60.0
40.0 m	钢筋混凝土双曲拱	31.51	29.10	45.61	39.20	66.0	87.0
54.0 m	石砌拱	16.20	15.23	20.53	35.50	35.5	48.0
56.0 m	钢筋混凝土拱	21.50	20.31	26.14	48.0	48.0	68.0

表 3-35 理论计算动力系数与设计动力系数比较

跨度(m)	桥式 \ 1+μ \ 项目	蒸汽机车	内燃机车	桥规设计值
15.0	石砌拱桥	1.140	1.033	1.320
20.0	石砌拱桥	1.124	1.040	1.300
25.0	石砌拱桥	1.260	1.050	1.282
30.0	石砌拱桥	1.302	1.056	1.267
38.0	石砌拱桥	1.245	1.076	1.245
40.0	钢筋混凝土双曲拱桥	1.240	1.050	1.240
54.0	石砌拱桥	1.206	1.038	1.210
56.0	钢筋混凝土管芯拱	1.190	1.040	1.207

②空腹式拱桥动力系数

研究表明,跨度小于110 m的拱式桥跨结构,蒸汽机车所产生的动力影响大于电力机车和内燃机车的影响;当跨度大于110 m时,由于列车车轮的冲击起控制作用,蒸汽机车所产生的动力影响与电力、内燃机车产生的影响基本一致。

表 3-36 列出在蒸汽机车作用下,跨度 53～150 m几座拱桥的自振频率、有载频率和共振速度,表 3-37 为上述拱桥相应的动力系数计算值与实测值和现行规范设计值的比较。由表可知,在蒸汽机车作用下的拱桥,随着跨度的增大,振动频率降低,共振速度也随之减小。在机车构造速度内一般有两个共振速度,当拱桥达到一定跨度时,速度很低时就产生共振,所以在大跨度拱桥中,蒸汽机车主动轮不平衡重的锤击作用不是主要的,列车车轮的冲击是主要的。当跨度大于140 m时,蒸汽机车与内燃、电力机车动力系数没有区别。

表 3-36 拱桥的自振频率、有载频率及共振速度

桥跨 \ 项目	自振频率		有载频率		共振速度	
	f_1(Hz)	f_2(Hz)	f_1(Hz)	f_2(Hz)	v_1(km/h)	v_2(km/h)
53.0 m	2.97	5.08	2.05	3.51	30.0	51.3
88.0 m	2.01	3.31	1.92	3.14	29.0	47.3
125.0 m	1.79	2.90	1.74	2.82	26.6	43.1
150.0 m	1.75	2.47	1.73	2.45	26.6	37.7
56.0 m	3.95	4.47	3.40	3.84	50.0	56.4

注:v_1 为第一阶频率对应的共振速度,v_2 为第二阶频率对应的共振速度。

表 3-37 蒸汽机车作用下拱式桥跨的动力系数($1+\mu$)

桥跨 \ 项目	$f/4$ 挠度		$l/2$ 挠度		拱脚内力		拱顶内力		$f/4$ 拱内力		吊杆内力		设计值
	计算	实测	计算	实测	计算	实测	计算	实测	计算	实测	计算	实测	
53.0 m	1.120	1.100	1.220	1.260	1.276	1.310	1.280	1.280	1.283	1.280	1.242	/	1.228
88.0 m	1.190	/	1.100	/	1.203	/	1.18	/	1.167	/	1.315	/	1.214
125.0 m	1.162	/	1.218	/	1.189	/	1.274	/	1.238	/	1.236	/	1.200
150.0 m	1.090	1.053	1.113	/	1.245	1.216	1.217	1.240	1.195	1.220	1.289	1.640	1.150
56.0 m	1.163	/	1.240	1.260	1.310	1.580	1.240	1.370	1.245	1.380	1.236	1.620	1.286

由表 3-38 可知，内燃机车和电力机车作用下拱桥动力系数一般低于蒸汽机车动力系数，对于跨度150 m的拱桥二者比较接近，与实测值也比较接近。

表 3-38　内燃和电力机车作用下拱式桥跨的动力系数$(1+\mu)$

桥跨＼项目	$l/4$ 挠度	$l/2$ 挠度	拱脚内力	拱顶内力	$l/4$ 拱内力	吊杆内力	设计值
53.0 m	1.055	1.080	1.055	1.148	1.077	1.137	1.152
88.0 m	1.033	1.115	1.122	1.087	1.121	1.126	1.143
125.0 m	1.107	1.070	1.159	1.170	1.163	1.108	1.133
150.0 m	1.134	1.124	1.165	1.216	1.168	1.176	1.100
56.0 m	1.060	1.100	1.052	1.055	1.086	1.396	1.191

影响拱桥动力系数的因素多种多样，其结构参数，如矢跨比、拱肋与加劲梁的刚度比、拱端支承形式、拱上结构等都会或大或小地影响拱桥动力系数。

设梁的刚度为 EI_b，拱的刚度为 EI_d，刚度比 $C=EI_b/(EI_d)$ 可由 10^{-3} 变化到 10^{+3}，计算结果列于表 3-39。

表 3-39　拱桥挠度动力系数$(1+\mu)$随梁拱刚度比 C 的变化

位置＼C	10^{-3}	10^{-2}	0.05	0.1	0.2	0.5	1	2	5	10	20	50	10^2	10^3
$l/4$ 拱肋处	1.176	1.173	1.168	1.167	1.161	1.160	1.159	1.157	1.157	1.156	1.155	1.154	1.156	1.156
拱顶处	1.123	1.122	1.118	1.114	1.115	1.113	1.112	1.111	1.111	1.111	1.112	1.111	1.110	1.111

梁拱刚度变化对拱桥动力系数影响很小，可以不考虑这一因素。

无铰拱桥与两铰拱桥，由于支承形式不同，刚度不同，其动力特性和动力响应也不同，表 3-40所列各种跨径无铰拱和两铰拱动力系数中，两铰拱桥动力系数大于无铰拱桥。

表 3-40　无铰拱和两铰拱的动力系数$(1+\mu)$

桥型＼桥跨	53.0 m	88.0 m	125.0 m	150.0 m
无铰拱	1.220	1.190	1.218	1.113
两铰拱	1.247	1.250	1.270	1.165

实腹拱桥的拱上结构不仅能增加桥梁自重，也能大大提高拱桥的整体刚度，另外拱上结构填土能够吸收机车车辆的冲击能量，减小桥梁的动力系数。实测资料表明，由于拱上结构的影响，拱圈实测活载应力相当于理论值的 30%～50%，拱圈挠度实测值相当于理论值的 10%～50%。

拱桥结构矢跨比对拱肋的挠度和内力影响线有较大影响，对拱桥的动力特性也有较大影响。表 3-41 列出拱桥挠度动力系数随矢跨比 l/f 的变化，矢跨比 l/f 增大，拱肋挠度动力系数也增大。

表 3-41　拱桥挠度动力系数$(1+\mu)$随 l/f 的变化

位置＼l/f	3.0	4.0	5.0	6.0	7.0	8.0	9.0	10.0	11.0	12.0
$l/4$	1.117	1.145	1.160	1.212	1.251	1.276	1.289	1.300	1.303	1.298
$l/2$	1.144	1.205	1.266	1.312	1.345	1.357	1.360	1.345	1.324	1.311

③内燃、电力机车作用下的动力系数

对于实腹的钢筋混凝土拱桥和石拱桥，其顶上填土 $h \geqslant 1$ m时（从轨底算起）不计动力系数；当 $h < 1$ m时

$$1+\mu=1+\alpha\left(\frac{3.0}{30+l}\right)$$

式中 $\alpha=4(1-h)\leqslant 2$，l 取桥跨一半。

对于空腹拱桥和系杆拱桥：

当 $l<120$ m时：　$$1+\mu=1+\frac{10}{100+l}(1+0.4\cdot l/f)$$

当 $l>120$ m时：　$$1+\mu=1+\frac{15}{100+l}(1+0.4\cdot l/f)$$

式中，l 为计算空腹拱桥拱肋时为桥梁跨度，计算承受局部活载杆件时为影响线加载长度（m）；f 为拱桥矢度。

3.3.4 列车离心力

列车离心力的大小与列车速度的平方成正比，各国规范的计算公式大体相同。

作用于曲线轨道运行车辆上的离心力标准值 F_k 为：

$$F_k=\frac{W}{g}\cdot\frac{u^2}{R}=\frac{W}{127}\cdot\frac{v^2}{R}=W\cdot c$$

式中　W——车辆重量（kN）；

u——车辆行驶速度（m/s）；

v——车辆行驶速度（km/h）；

R——曲线半径（m）；

g——重力加速度；

c——离心力率。

表 3-42 列出不同车速及轨道半径下列车实测离心加速度 a_c 与理论离心加速度 a_t 及比值，列车离心力服从正态分布 $F_c/F_k \sim N(0.95, 0.11)$。

表 3-42　实测离心加速度 a_c 与理论离心加速度 a_t 的比较

车速 v(km/h) 曲线半径 R(m)	实测离心加速度 a_c(m/s^2)	理论离心加速度 a_t(m/s^2)	$\frac{a_c}{a_t}$	附注
$v=55$　$R=350$	0.603	0.667	0.904	
$v=55$　$R=350$	0.676	0.667	1.013	
$v=70$　$R=600$	0.568	0.630	0.902	
$v=73$　$R=600$	0.644	0.685	0.940	
$v=75$　$R=600$	0.689	0.723	0.953	
$v=70$　$R=600$	0.639	0.630	1.014	

列车离心力作用高度由于车辆特性不一样而不同，美国、英国、日本、德国和 UIC 规范均规定离心力作用高度为轨面以上1.80 m，我国现行《桥规》规定为2.0 m。

根据京广线、陇海线、沪杭线上运营车辆样本统计分析，列车重心高度服从正态分布 $H_c \sim N(176.40, 16.24)$，其均值接近1.80 m，我国现行《桥规》（GBJ 2—85）规定接近 95%分位值：

$$H_k = 176.40 + 1.645 \times 16.24 = 203.11 \text{ cm}$$

图 3-10 给出不包括空车的样本直方图，由图可以看出列车离心力作用高度采用样本均值 1.80 m较为合理。

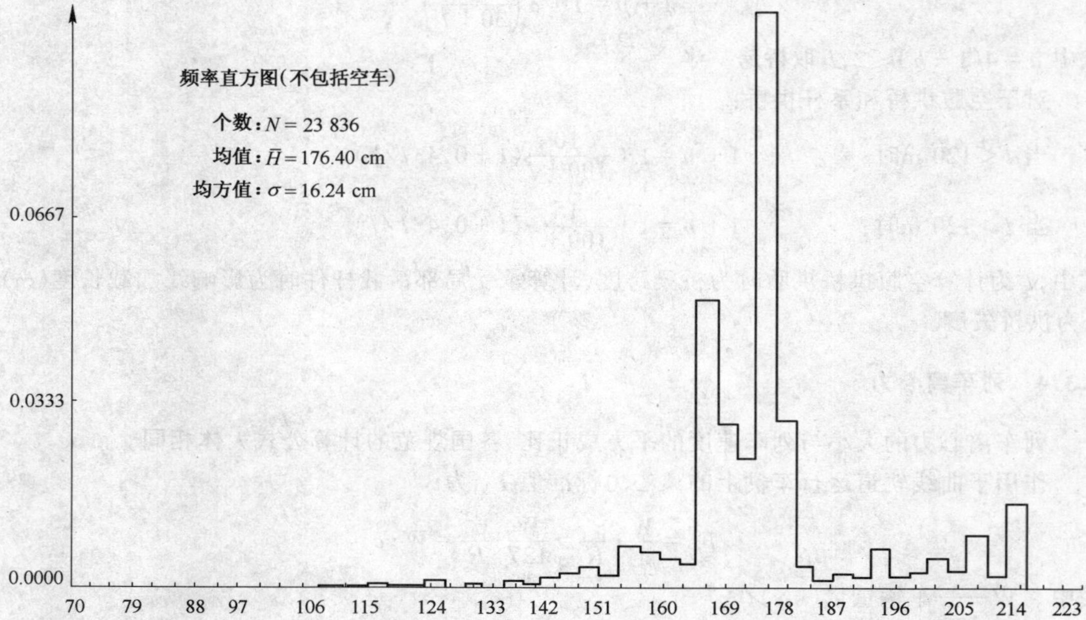

图 3-10 样本直方图

表 3-43 列出《日本新干线网结构设计标准》的列车离心力计算方法。

表 3-43 日本新干线离心力

活 载	曲线半径 R (m)	离心力系数 a	作用高度(轨顶以上) (m)
N 活载	≤900 >900	0.2 $180/R$	1.8
P 活载	≤2700 >2700	0.2 $540/R$	1.5

P 活载、N 活载的设计最高速度分别为260km/h、150 km/h，则离心力系数 a 为：

P 活载：
$$a = \frac{F}{W} = \frac{v^2}{127R} = \frac{260^2}{127R} \approx \frac{540}{R}$$

N 活载：
$$a = \frac{150^2}{127R} \approx \frac{180}{R}$$

曲线超高 $C_m = 200$ mm，欠超高 $C_d = 100$ mm，最大均衡超高 $C = C_m + C_d = 300$ mm，则离心力系数最大容许值为：

$$a_{max} = \frac{v^2}{127R} = \frac{C}{S} = \frac{300}{1500} = 0.2$$

德国 DS 804 规定：曲线上的铁路桥梁必须考虑离心力，离心力作用在轨顶以上1.8 m处，对 UIC 荷载图式的离心力为：

集中轴重
$$P_H = 1.97\,\frac{v^2 \cdot f}{R}$$

均布荷重 $P_H=0.63\,\frac{v^2\cdot f}{R}$

式中 f 为随列车速度 v(120～160 km/h)及有效影响线长度而变的折减系数。

我国高速铁路暂行规定中,列车离心力计算式为:

集中活载 $F=200\cdot\frac{v^2\cdot f}{127R}=1.58\cdot\frac{v^2\cdot f}{R}$

分布活载 $F=64\cdot\frac{v^2\cdot f}{127R}=0.50\cdot\frac{v^2\cdot f}{R}$

离心力按水平向外作用于轨顶以上1.8 m处。式中 f 为离心力折减系数(表 3-44)。

表 3-44 离心力折减系数 f($v=350$ km/h)

曲线荷载长度 L(m)	f	曲线荷载长度 L(m)	f
6	0.890	20	0.523
7	0.830	30	0.441
8	0.781	40	0.393
9	0.741	50	0.359
10	0.707	60	0.339
12	0.652	70	0.316
15	0.592	80	0.301

3.3.5 列车横向摇摆力

列车横向摇摆力为各轮对对钢轨的侧向水平冲击力及侧倾力。在任一时刻,列车摇摆力等于车辆及机车车体转向架、轮对侧摆惯性力与由车体转向架摇头惯性力矩引起的侧向水平力的代数和;侧倾力则为这些惯性力对钢轨顶点的力矩及车体与转向架侧滚惯性力矩的代数和除以轨距。因此桥上列车摇摆力、侧倾力与列车－桥梁系统的横向振动密切相关。

目前各国规范对列车横向摇摆力的规定分为二类:一类是把横向摇摆力规定为一个或多个作用于轨顶的侧向水平集中力。如《日本铁路结构设计标准和解释》规定:

(1)车辆横向力及车轮横压力作用在轨道顶面,与轨道垂直且呈水平方向。

(2)破坏极限状态检算所用车辆横向力的特征值如下:

①机车车辆

以连挂机车车钩两端的转向架动轮位置作为作用位置,以动轮轴重的 15% 作为车辆横向力的特征值(图 3-11)。

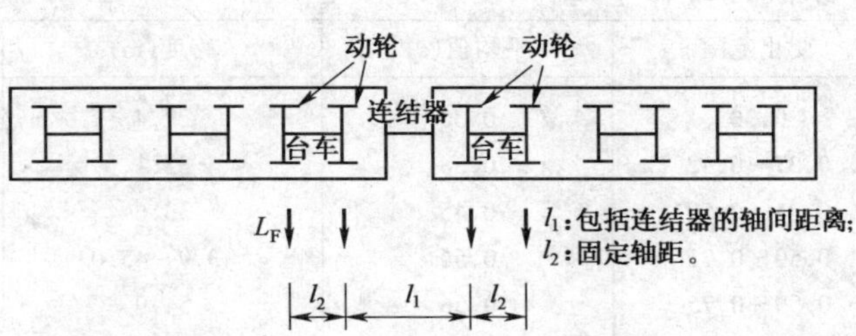

图 3-11 机车荷载产生的车辆横向力的作用形态

②电力、内燃机车及高速铁路

以相邻车辆车钩两端的转向架车轮位置作为作用位置，以车辆轴重的 20% 作为车辆横向力特征值(图 3-12)。

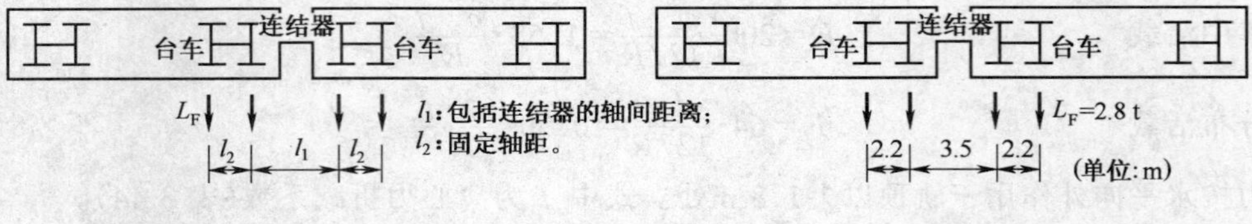

(a) 电车、内燃动车荷载　　(b) 高速铁路荷载

图 3-12　电车、内燃动车及高速铁路荷载产生的车辆横向力的作用形态

(3)破坏极限状态检算用车轮横压力特征值如图 3-13 所示。

(4)对于一股轨道，只考虑车辆横向力或车轮横压力其中之一。

(a)机车荷载及电车、内燃动力荷载　　(b)高速铁路荷载

图 3-13　车轮横向压力的特性值

英国、UIC、德国、美国等国规范规定列车横向摇摆力为一个集中力，美国规定为最大轴重的 1/4；英、德及 UIC 规定为100 kN。

另一类把列车横向摇摆力规定为沿桥跨均匀分布、作用于轨顶的侧向水平力，我国及前苏联规范均采用这种模式。

前苏联研究者假定桥跨结构在列车作用下的侧向水平振幅 f 系由作用在轨顶上的侧向水平均布力 S 引起，S 与 f 和侧向水平自振周期 T 的函数关系为：

$$S=\frac{384EIf}{5l^4}=\frac{307.2pf}{(\pi T)^2 g}$$

由试验得出桥跨结构最大侧向水平振幅的平均值为：

$$\overline{f}=(0.3+0.004l)\times 10^{-2}$$

$$S(l)=\frac{10}{0.12l-375\times 10^{-5}l^2-1.9}$$

考虑竖向活载的变化 $k_{彐}$ 竖向计算均布荷载：

$$S(l,k)=\frac{k_{彐}}{0.96l-33\times 10^{-4}l^2-10},\quad (l=33\sim 160\ \text{m})$$

表 3-45、表 3-46 给出桥跨结构侧向水平自振周期 T 的试验值及单位长度自重 p 的经验值。

表 3-45　桥跨结构侧向水平自振周期 T 的试验值

下承桥跨结构			上承桥跨结构	
跨度(m)	变化范围	平均值(s)	跨度(m)	平均值(s)
33.6	0.30	0.30	22.4	0.20
43.7～45.0	0.37～0.42	0.38	33.1	0.28
54.8～55.5	0.41～0.50	0.45	33.6	0.29
65.8～66.5	0.50～0.71	0.56	43.9～45.0	0.35
76.8～80.5	0.59～0.75	0.66	54.9	0.45
87.0～87.5	0.65～0.99	0.74	55.9	0.48
108.3～110.0	0.89～0.97	0.94	89.4	0.85

表 3-46 桥跨结构单位长度自重 p

跨 度(m)	p (kN/m)	跨 度(m)	p(kN/m)
23	22.0	77	45.5
33	27.0	88	49.5
44	31.5	110	58.5
55	36.5	126	65.0
66	41.0	158	86.0

前苏联规范规定列车横向摇摆力 S 的标准值为均匀分布全桥跨的横向水平荷载：

$$S=0.6K \quad (\text{kN/m})$$

式中 K 为 CK 荷载等级。

我国现行桥规规定：列车横向摇摆力为5.5 kN/m，表 3-47 列出均布列车横向摇摆力 S 与跨度 l_b 和速度 v 的关系。

表 3-47 均布摇摆力 S(kN/m)与车速 v 及跨度 l_b 的关系

v(km/h) \ l_b(m)	48	64	72	80	92.96	144	192
33	5.28	2.20	1.50	1.32	1.18	0.32	0.26
49	7.58	2.66	1.18	1.07	1.19	0.61	0.28
55	2.53	2.12	0.96	0.63	0.87	0.32	0.17
73	5.31	2.85	1.37	1.10	1.07	0.51	0.29
93	9.49	2.17	1.33	1.43	1.40	0.36	0.17

上表说明规范设计值(均布横向摇摆力)对小跨度桥梁时过小，而对大跨度桥梁时又过大，显然不合理。桥跨结构上跨中产生最大侧向水平变位时，$S(l)$为桥上车辆及桥跨横向振动惯性力的代数和，不等于桥上列车摇摆力，不能反映车辆轮对的集中横向力作用效应。

表 3-48 列出不同组合货物列车分别以 33、49、55、73、90 km/h速度通过73 m简支上承桁梁 A 和 2×64 m连续上承桁梁 B 时桥梁跨中横向振动最大振幅值。

表 3-48 横向振动最大振幅值(单位:mm)

节点位置 \ 车速		33 km/h	49 km/h	55 km/h	73 km/h	90 km/h
A	跨中上弦	1.64	1.99	0.96	1.43	1.75
	跨中下弦	1.17	1.53	0.82	1.08	2.09
节点位置 \ 车速		33 km/h	49 km/h	55 km/h	73 km/h	90 km/h
B	跨中上弦	1.58	1.82	1.52	2.00	1.78
	跨中下弦	1.36	1.72	1.45	1.81	2.23

由表说明：在同一速度下桥跨结构横向振幅(上下弦)规律相同，在某一种速度时横向振幅为最小值(本例为 $v=55$ km/h时)，当速度达到某个最大值时下弦振幅大于上弦横向振幅(本例为 $v=90$ km/h时)。

根据对列车驶经桥跨结构时车辆轴架对桥梁的最大横向摇摆力样本统计分析(5 种速度、12 座上下承桁梁桥)，其横向摇摆力可认为符合正态分布 $N(16.70,5.40^2)$，其 95%分位值为

$F_{ts}=16.70+1.645\times5.40=25.60$ kN≈25 kN,以此作为桥梁横向摇摆力标准值;图 3-14 给出列车横向摇摆力直方图,图 3-15 为桥梁列车横向摇摆力标准值图式。

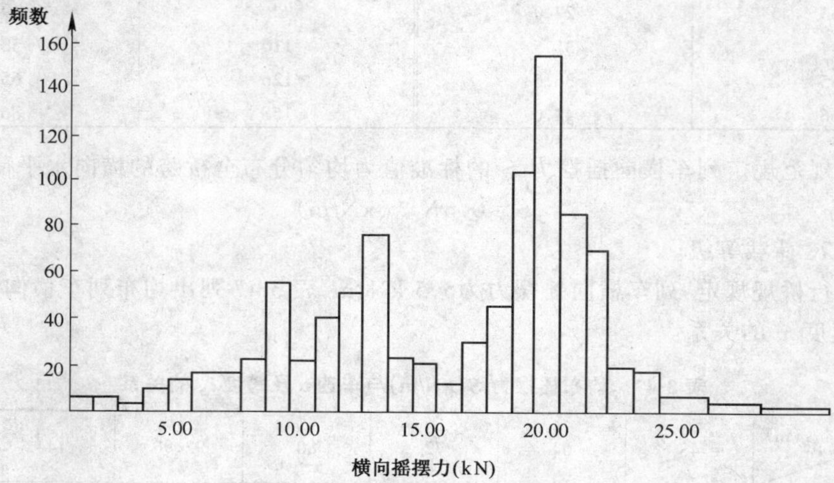

图 3-14　列车横向摇摆力频率直方图

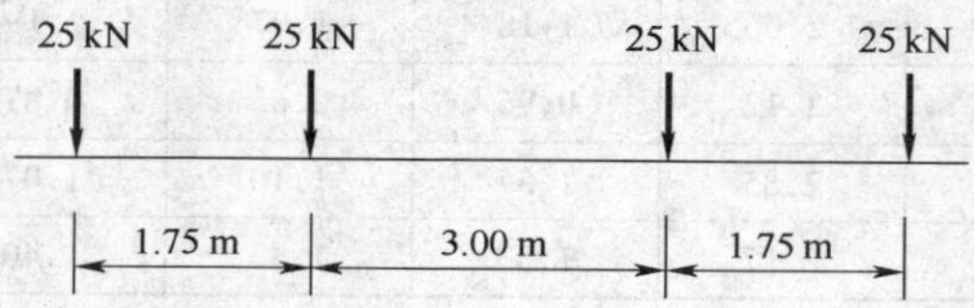

图 3-15　列车横向摇摆力标准值图式

《日本铁路结构设计标准和解释》中说明:由曲线轨道上实测结果可知,车辆横向力被重叠在离心力上,有时会达到与直线轨道上大体相同的值。因此,对于支承曲线轨道的桥梁,设计必须考虑车辆横向力与离心力同时作用,图 3-16 为日本规范中车辆横向力和离心力与线路曲线半径关系图,图中数据说明了上述结论。

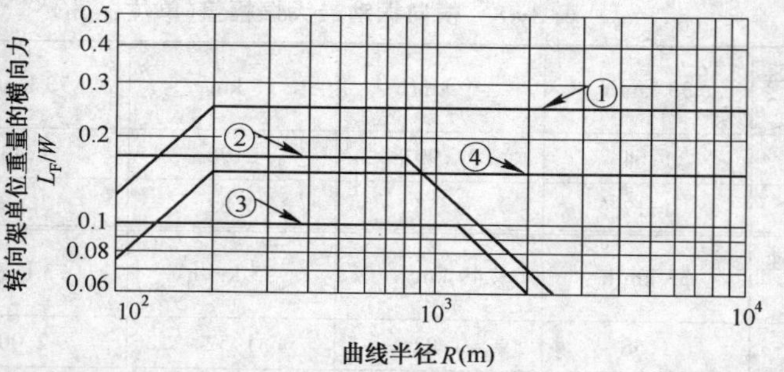

图 3-16　车辆横向力和离心力

英国规范 BS 5400 也规定离心力与摇摆力组合。

表 3-49 为我国实测曲线与直线线路上列车最大摇摆加速度全振幅值,可见曲线上与直线上一样具有横向加速度,且同向作用时桥梁处于不利工作状态。

表 3-49 曲线与直线段内车体最大摇摆加速度全振幅的比较

曲线半径 R(m)	车速 v (km/h)	曲线地段最大摇摆加速度全振幅 a_R	直线地段最大摇摆加速度全振幅 a_L
350	55	$0.13g$	$0.13g$
350	55	$0.13g$	$0.135g$
350	55	$0.135g$	$0.135g$
350	55	$0.13g$	$0.14g$
600	72	$0.225g$	$0.235g$
600	72	$0.23g$	$0.25g$
600	75	$0.22g$	$0.23g$
600	70	$0215g$	$0.22g$

另外,车辆横向摇摆必然引起桥梁横向振动,因此列车横向摇摆力与风载作用的组合是两种随机荷载的组合,在设计中应予以考虑。

3.3.6 列车制动力、牵引力

作用于桥梁结构上的列车制动力、牵引力随着研究工作的不断深化及机车车辆制动结构的优化,其值有所提高,各国规范中有关列车制动力、牵引力的条文有所差异。

英国规范 BS 5400 规定:列车制动力、牵引力标准值应按表 3-50 取用,其平行于线路作用在轨面上(不考虑动力影响);对有碴桥面桥梁,若在桥长范围及桥两端不大于18 m的范围内没有伸缩轨等不连续,则可假设该纵向力1/3能通过轨道传递到桥梁之外。

牵引力和制动力与标准荷载类型和加载长度有关,纵向力系数分别为驱(制)动轮静轴荷载的 30%和 25%,作用于轨面上,且对有碴连续桥面可以传递1/3纵向力于桥梁之外。

表 3-50 纵向力标准值

标准荷载类型	产生荷载的原因	加载长度(m)	纵向力(kN)
RU	牵引(驱动轮轴荷载的30%)	小于 3	150
		3~5	225
		5~7	300
		7~25	$24(L-7)+300$
		大于 25	750
	制动(制动轮轴荷载的25%)	小于 3	125
		3~5	187
		5~7	250
		大于 7	$20(L-7)+250$
RL	牵引(驱动轮轴荷载的30%)	小于 8	80
		8~30	10 kN/m
		30~60	300
		60~100	5 kN/m
		大于 100	500
	制动(制动轮轴荷载的25%)	小于 8	64
		8~100	8 kN/m
		大于 100	800

德国规范 DS 804 规定:具有连续道碴桥面的单孔及连续铁路桥的牵引力及制动力应视为作用在轨面上的力,且均匀分布在规定的荷载长度 L 上,计算公式为:

牵引力 $$F_{x\cdot An}=33.3\xi\cdot L$$

制动力 $$F_{x\cdot tr}=f_{x\cdot tr}\cdot\xi\cdot L$$

式中 L——规定的荷载长度(m),对连续焊接长钢轨极限长度为90 m;

ξ——折减系数,考虑钢轨与下部结构刚度的影响,与承重结构长度有关;

$f_{x\cdot tr}$——每线每米的制动力;按 UIC71 荷载图式设计的桥梁为20 kN/m。

牵引力荷载长度最大为30 m;当行车速度超过200 km/h时,桥梁上制动荷载极限长度限制在312.5 m以内(相当于新干线上一列25 000 kN的列车荷载除以 UIC 荷载图式的80 kN/m均布荷载)。

前苏联《公路、铁路、城市道路桥涵设计规范》规定:由车辆制动力或牵引力产生的标准水平纵向荷载,当计算上部结构的构件和桥墩时,为铁路列车竖向荷载 CK 的 10%;梁式桥纵向荷载作用位置:计算桥面时为轨面;计算中间墩时为支座中心,可不考虑因荷载偏移而产生的弯矩影响。

设计铁路桥承受纵向荷载的设备时,应考虑全部牵引力,其分布荷载占列车竖向荷载重量的百分数为:

当加载长度≤40 m时,取 25%;

当加载长度≥100 m时,取 10%,中间值内插。

我国目前桥规采用的是与前苏联规范相同的模式。

1. 国内外制动力试验研究

对于桥上制动力和起动力,我国于 20 世纪 60~70 年代进行过大量试验研究,取得了宝贵的试验资料,并将部分研究成果纳入了桥规。国际铁路联盟 ORE/D101 系列的专题报告《桥上制动力和起动力》值得我们借鉴和引用,其主要成果为:

(1)总体成果

①列车最大制动力发生于列车制动停车前的瞬间;

②起动力与制动力在桥梁各部分中的分布相似,无明显差别;

③从总体上看,刚性结构,如固定钢支座和焊接长钢轨,承受纵向水平力较大,而柔性结构,如橡胶支座和道床,承受的纵向水平力较小;

④列车满布桥跨时,所产生的制动力最大,而当机车位于桥梁某位置时起动力最大;

⑤桥上纵向力的大小与列车运行方向无关。

(2)制动力、起动力的各种影响因素

①桥型

试验表明,简支梁桥与连续梁桥之间,钢桥与混凝土桥之间均无任何明显差异;

当列车布满整个桥梁时,桥长对列车制动力(或起动力)在桥梁支座上的分配无影响;

一般两台机车总长约30 m,当桥跨大于30 m时列车所产生的最大起动力仅限于 2 台机车所产生的最大起动力;

线路坡度的影响可以忽略不计。

②桥梁支座

对钢支座,活动支座仅承受其支承反力的 5%的纵向力,固定支座承受绝大部分的纵向水平力;

对橡胶支座，由于无所谓固定支座和活动支座的区别，所承受的纵向水平力无明显差别；

板式橡胶支座的水平向柔性很大，其承受的纵向水平力很小，相同厚度的板式支座所承受的纵向水平力相近。

③线路上部建筑

具有常规接缝或焊接长钢轨的常规线路，可以把相当部分的纵向水平力传到桥外约 30m 范围的线路上去；

在桥两端具有伸缩装置或完全自由接头的线路，只能传递很小部分的纵向水平力，或完全没有力传递；

试验证明，道碴传递的纵向力很小，有碴桥与无碴桥之间没多大差别；

线路的纵向弹性阻力系数与其重量和维修状态好坏程度有关；

湿轨使黏着系数下降，但不影响力的分布。

④列车特性

列车的重量和黏着系数的增加使纵向水平力增加，但不影响力的分布；

制动试验中黏着系数可达 0.2～0.3；

起动试验中黏着系数可达 0.3～0.4；

列车运行方向对纵向力的绝对值没有影响；

电力机车、内燃机车、蒸汽机车间的主要差别在于黏着系数和重量。

(3)统计分析

根据上述主要影响因素，分别统计分析桥面总制动摩擦系数 μ、制动力在所有支座中的分配系数 μ_B、制动力在固定支座中的分配系数 μ_F。

①钢支座—连续轨道

$\mu_{max}=0.332$　$\mu_{Bmax}=0.123\ 0$　$\mu_{Fmax}=0.118\ 0$

$\overline{\mu}=0.249\ 9$　$\overline{\mu}_B=0.105\ 0$　$\overline{\mu}_F=0.086\ 1$

$s=0.042\ 1$　$s=0.011\ 2$　$s=0.013\ 4$

②钢支座—间断轨道

$\mu_{Bmax}=0.282\ 3$　$\mu_{Fmax}=0.212\ 0$

$\overline{\mu}_B=0.213\ 9$　$\overline{\mu}_F=0.170\ 7$

$s=0.039\ 5$　$s=0.034\ 9$

③橡胶支座—连续轨道

设一个橡胶支座的分配系数为 μ_B：

$\mu_{Bmax}=0.193\ 0$　$\mu_{Fmax}=0.083$

$\bar{\mu}_B=0.161\ 1$　$\bar{\mu}_F=0.039\ 5$

$s=0.020\ 9$　$s=0.016\ 8$

④橡胶支座—间断轨道

$\mu_{Bmax}=0.204$

$\bar{\mu}_B=0.186.7$

$s=0.018\ 5$

⑤国内桥梁钢支座

$$\mu_{max}=0.145 \qquad \bar{\mu}_{Bmax}=0.100$$

$$s=0.022 \qquad s=0.021$$

表 3-51 列出国内外试验制动力传递有效系数 γ；表 3-52 列出国外桥面制动力系数最大值统计 $\left(\bar{\mu}_{max}=\frac{\text{桥长范围内的列车制动力}}{\text{桥面上垂直静活载}}\right)$；表 3-53 列出国外桥墩台制动力系数最大值统计 $\left(\bar{\mu}_{Bmax}=\frac{\text{传递给支座的制动力}}{\text{桥面上垂直静活载}}\right)$。

表 3-51 制动力传递有效系数

序号	ORE 试验桥	$\bar{\mu}_{Bmax}$	$\bar{\mu}_{max}$	有效系数 γ	我国试验桥	$\bar{\mu}_{Bmax}$	$\bar{\mu}_{max}$	有效系数 γ
1	原捷克 CSD1—16 m	0.098	0.392	0.250	三叉河桥 3—31.7 m预应力梁桥	0.078	0.150	0.520
2	比利时 SBCB1—30 m 钢梁桥	0.120	0.226	0.531	长沟桥 4—31.7 m 预应力梁桥	0.074	0.131	0.565
3	原联邦德国 DB(3—53.9 m)+69.3 m 钢桁梁桥	0.152	0.241	0.631	苏南沟桥 4—31.7 m 预应力梁桥	0.107	0.155	0.690
4	原捷克 CSD1—30 m 有碴钢梁桥	0.200	0.267	0.749	苏北沟桥 5—31.7 m 预应力梁桥	0.110	0.145	0.760
5	原捷克 CSD21.5 m+7.9 m 预应力梁板式橡胶支座桥	0.057	0.165	0.345	水阳江桥 7—31.7 m 预应力梁桥	0.087	0.105	0.830
6	瑞士 OBB15 m+15 m 预应力梁盆式橡胶支座	0.107	0.327	0.327	陈家溪桥 7—16 m 钢筋混凝土梁桥	0.130	0.156	0.835
7	巴黎 PATP8.25 m+17 m+9.25 m 钢筋混凝土梁盆式橡胶支座桥	0.149	0.197	0.756	莫河桥 4—16 m 钢筋混凝土梁桥	0.113	0.173	0.655
	统计：$\overline{\gamma}=0.512, s=0.210, V=0.410$ 正态				$\overline{\gamma}=0.694, s=0.123, V=0.177$ 正态			

表 3-52 国外桥面制动力系数最大值统计 $\bar{\mu}_{max}$

序号	试验桥概况	试验次数	摩擦系数 $\bar{\mu}_{max}$	标准差 s	变异系数 V
1	原捷克 CSD1—16.2 m 钢梁桥钢支座(RP4 A1)	324	0.392	0.043	0.109
2	比利时 SNCB1—30 m 钢梁桥钢支座(RP4 A3)	150	0.226	0.017	0.073
3	前西德 DB 钢桁梁桥(3—53.9 m)+(1—69.3 m)钢支座(RP4 A3)	125	0.241	0.028	0.116
4	原捷克 CSD1—30 m 有碴钢梁桥钢支座(RP5)	150	0.267	0.047	0.145
5	原捷克 CSD 21.5 m+7.9 m 预应力梁板式橡胶支座(RP11)	174	0.169	0.011	0.066
6	瑞士 OBB 15 m+15 m 预应力梁盆式橡胶支座(RP8)	455	0.327	0.0613	0.188
7	巴黎 RATP 钢筋混凝土梁 8.25 m+17 m+9.25 m 盆式橡胶支座(RP13)	460	0.197	0.044	0.220

表 3-53　国外桥墩台制动力系数最大值统计 $\bar{\mu}_{Bmax}$

序号	试验桥概况	试验次数	摩擦系数 $\bar{\mu}_{Bmax}$	标准差 s	变异系数 V
1	原捷克 CSD1—16.2 m 钢梁桥钢支座(RP4 A1)	324	0.098	0.030	0.309
2	比利时 SNCB1—30 m 钢梁桥钢支座(RP4 A3)	150	0.120	0.0188	0.157
3	原联邦德国 DB 钢桁梁桥 3—53.9m + 1—69.3 m 钢支座(RP4 A3)	125	0.152	0.060	0.395
4	原捷克 CSD1—30 m 有碴钢梁桥钢支座(RP5)	150	0.200	0.034	0.170
5	原捷克 CSD 21.5 m + 7.9 m 预应力梁板式橡胶支座(RP11)	174	0.057	0.011	0.198
6	瑞士 OBB15 m + 15 m 预应力梁盆式橡胶支座(RP8)	455	0.107	0.026	0.238
7	巴黎 RATP 钢筋混凝土梁 8.25 m + 17 m + 9.25 m 盆式橡胶支座(RP13)	455	0.149	0.042	0.280

经统计检验知,桥面制动力系数服从正态分布,但也适用对数正态和极值Ⅰ型分布。表 3-54 列出国内外桥梁有效制动力系数统计分布及参数。

表 3-54　有效制动力系数统计

桥位	桥　　式	有效制动力 $\bar{\mu}_{Bmax}$	标准差 s	变异系数 V	分布类型
国外	钢梁桥	0.149	0.039	0.310	正态
国外	圬工梁桥盆式支座	0.129	0.021	0.164	正态
国内	圬工梁钢支座	0.100	0.021	0.210	正态
国外	圬工梁桥板式橡胶支座	0.057	0.012	0.207	正态

2. 列车制动黏着系数

轮轨间的黏着系数是轮轨接触点处的最大静摩擦系数,是决定列车纵向水平力大小的决定因素。

图 3-17 给出我国制动黏着系数试验的分布图,图(a)为从陈家溪桥每次测试中取出一个最大值作为样本,黏着系数大于 0.2 的样本占总样本的 41%;图(c)、(d)为干燥轨面情况下不同速度时制动黏着系数分布,平均值在 0.20～0.25 间;图(b)为夏冬两季节制动黏着系数均值的变化曲线,说明夏季黏着系数高于冬季,且随列车速度的提高略有下降,但当 v = 80～100 km/h时,实测黏着系数仍可达 0.2。

国际铁路联盟试验研究所试验报告指出轮轨黏着系数在 0.2～0.3 之间,统计分析结果为:制动黏着系数均值为 0.25,其分布直方图见图 3—18。

图 3-19 为英国制动黏着系数实测变化图,其晴天轨面干燥时曲线比我国实测曲线高一些,但在有雨情况下很相近。

表 3-55 为《日本铁路结构设计标准和解释》中给出的钢轨表面状态与黏着系数,不撒砂时为 0.10～0.30,撒砂时为 0.15～0.40;静止时黏着系数最大,为 0.22～0.33,速度在100 km/h时为 0.12～0.22,速度达175 km/h时为 0.075～0.16,黏着系数随着车速的增大而变小,因而

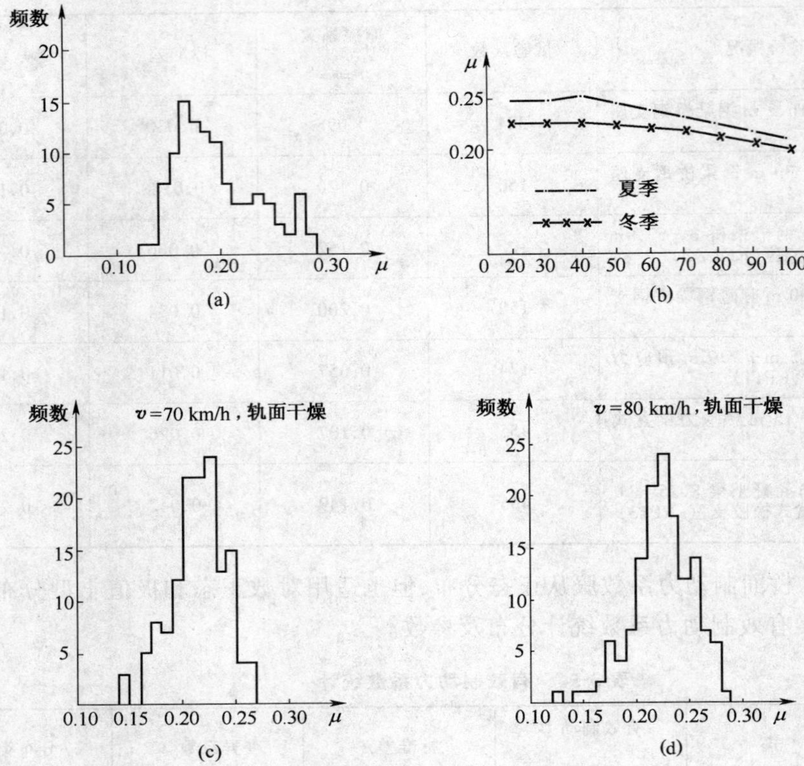

图 3-17　制动黏着系数分布(一)

在紧急停车时的最大制动力，考虑采用列车活载的 35% 为宜；假定梁承受的比例为 70%，则桥梁制动力特征值为列车活载的 25%；牵引力为动轮轴重的 25%。

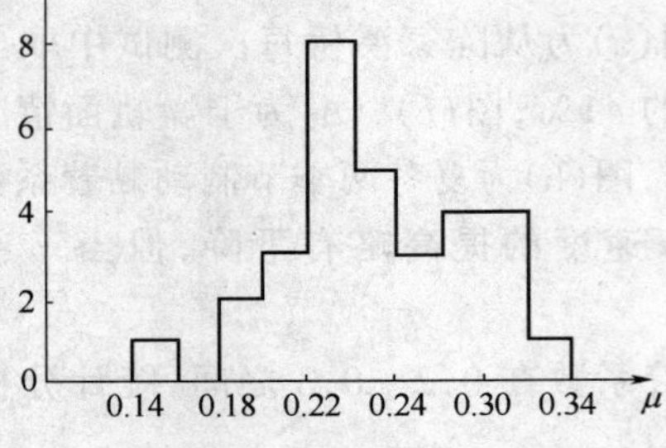

图 3-18　制动黏着系数分布(二)

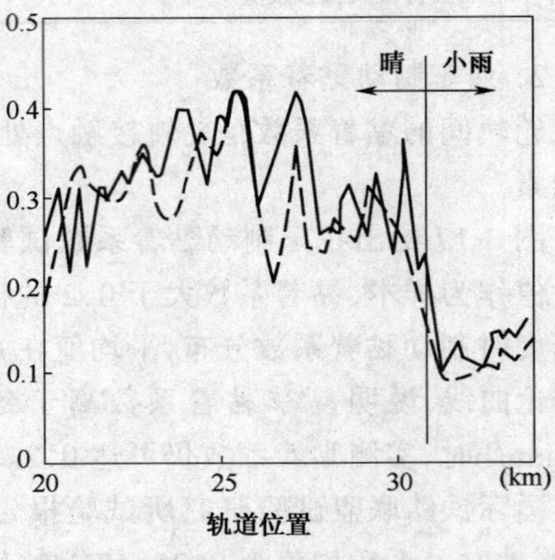

图 3-19　英国制动黏着系数变化图

因此英国规范 BS 5400、德国规范 DS 804、日本均采用制动黏着系数 $\mu=0.25$，我国也可采用桥面制动黏着系数 $\mu_{max}=0.25$。实际上，列车制动机在设计时，在确定闸瓦最大压力时，并没有使用轮轨间的最大黏着系数，而采用利用黏着系数，以兼顾重轴和轻轴制动时不发生轮轨擦伤。

表 3-55 钢轨的表面状态与黏着系数

钢轨的表面状态	黏着系数	
	不撒砂时	撒砂时
清洁干燥	0.25～0.30	0.25～0.40
湿 润	0.18～0.20	0.22～0.25
带 霜	0.15～0.18	0.22
带雨雪	0.15	0.20
带油垢或覆雪	0.10	0.15

3. 列车起动黏着系数

列车起动黏着系数是指列车启动时主动轮与钢轨间的黏着系数。我国内燃机车起动黏着系数资料为：

东风$_{4B}$型 0.355 3

东风$_{4C}$型 0.326 1

东风$_8$ 型 0.326 1

ND$_{2-001,002}$型 0.2805

ND$_5$ 型 不撒砂：0.308

撒砂：0.325

由以上数据可知，内燃机车起动黏着系数多在 0.32 左右。

各国电力机车牵引黏着系数资料：

法国（我国引进机型） $\mu_{max}=0.38$

法国（法国国内机型） $\mu_{max}=0.40$（撒砂）

日本（我国引进机型） $\mu_{max}=0.3917$

英国、德国 $\mu_{max}=0.33$

前苏联（苏国内机型） $\mu_{max}=0.33$

（我国引进机型） $\mu_{max}=0.36$

起动黏着系数标准值可采用 $\mu_k=0.30$。

4. 制动力、牵引力标准值

(1)桥面纵向水平力： $F_b=\mu\cdot\sum Q$

计算制动力时 $\mu=0.15$，计算牵引力时 $\mu=0.30$，$\sum Q$ 为加载长度内竖向静活载重。

(2)具有连续轨道的桥梁墩台纵向力：

$$F_b=\xi\cdot\mu\cdot\sum Q$$

ξ 为桥面纵向水平力有效传递系数：

$l\leqslant 60$ m时， $\xi=0.5$， $F_b=0.5\times0.15\cdot\sum Q=0.075\sum Q$（制动力）

$F'_b=0.5\times0.30\cdot\sum Q=0.15\sum Q'$（牵引力）

计算牵引力时，加载长度 $l\leqslant 30$ m，$\sum Q'$为30 m加载长度内活载；当 $l>60$ m时，$\xi=0.7$，$F_b=0.7\times0.15\times\sum Q=0.105\sum Q\approx0.1\sum Q$（制动力）。

当离心力与制动力组合时，制动力折减系数为 0.7，则

$l\leqslant 60$ m时，$F_b=0.7\times0.075\sum Q\approx0.05\sum Q$

$$l>60\ \text{m时},F_b=0.7\times0.105\sum Q\approx0.07\sum Q$$

表 3-56、表 3-57 给出了各国规范列车轨面制动力、牵引力计算值，显然我国列车制动力计算值随着加载长度的加大而偏小较多，而各国在牵引力计算时只考虑加载长度 $l\leqslant30$ m。

表 3-56 制　动　力

各国规范 / 加载长度 l(m)	中国	前苏联	美国	日本	前西德	英国
	$F_k=0.1\sum Q$	$F_k=0.1\sum Q$	$F_k=0.15\sum Q\cdot\frac{l}{1\,200}$	$F_k=0.15\sum Q$	DS 804 $F_{x\cdot Br}=f_{x\cdot Br}\cdot\xi\cdot l$	BS 5400 $F_k=20(l-7)+250$
10	纵向力 $\frac{13.3}{133}$ 竖向静活载	—	—	$\frac{13.95}{93}$	$\frac{10}{128.8}$	$\frac{21.7}{128.8}$
15	$\frac{17.9}{179}$	—	—	$\frac{19.35}{129}$	$\frac{15}{168.8}$	$\frac{28.7}{168.8}$
20	$\frac{22.5}{225}$	—	—	$\frac{23.4}{156}$	$\frac{20}{208.8}$	$\frac{35.7}{208.8}$
30	$\frac{31.7}{317}$	—	—	$\frac{38.7}{258}$	$\frac{30}{288.8}$	$\frac{49.7}{288.8}$
60	$\frac{56.6}{566}$	—	—	$\frac{63.3}{421.8}$	$\frac{60}{528.8}$	$\frac{91.7}{528.8}$
90	$\frac{80.6}{806}$	—	—	$\frac{90.3}{601.8}$	$\frac{90}{768.9}$	$\frac{133.7}{768.8}$
120	$\frac{104.6}{1046}$	—	—	$\frac{117.3}{781.8}$	$\frac{168}{1\,008.8}$	$\frac{175.7}{1\,008.8}$

表 3-57 牵　引　力

各国规范 / 加载长度 l(m)	中国	前苏联	美国	日本	前西德	英国
	$F_{ka}=0.1\sum Q$	$F_{ka}=0.1\sum Q$	$F_{ka}=0.15\sum Q\cdot\frac{l}{1\,200}$	$F_{ka}=0.15\sum Q_d$	DS 804 $F_{x\cdot AN}=33.3\xi\cdot l$	BS 5400 $F_{ka}=[24(l-7)+300]\cdot\xi$
10	纵向力 $\frac{13.3}{133}$ 竖向静活载	—	—	$\frac{18}{93}$	$\frac{16.65}{128.8}$	$\frac{26.04}{128.8}$
15	$\frac{17.9}{179}$	—	—	$\frac{18}{129}$	$\frac{24.98}{168.8}$	$\frac{34.44}{168.8}$
20	$\frac{22.5}{225}$	—	—	$\frac{22.5}{156}$	$\frac{33.3}{208.8}$	$\frac{42.84}{208.8}$
30	$\frac{31.7}{317}$	—	—	$\frac{36}{258}$	$\frac{50}{288.8}$	$\frac{59.64}{288.8}$
60	$\frac{56.6}{566}$	—	—	$\frac{36}{421.8}$	$\underline{50}$	$\underline{59.64}$
90	$\frac{80.6}{806}$	—	—	$\underline{36}$	$\underline{50}$	$\underline{59.64}$
120	$\frac{104.6}{1046}$	—	—	$\underline{36}$	$\underline{50}$	$\underline{59.64}$

高速铁路线桥结构与技术条件(标准)的研究报告中，桥面列车制动力或牵引力轮轨黏着系数按 0.164 取值，由其引起的墩台顶纵向水平力应按梁轨共同作用进行计算，并作用于墩台

上支座中心处。

对于连续梁，由制动力(牵引力)引起的墩台顶纵向水平力按考虑下部结构纵向水平刚度计算(单线桥)：

①连续梁上不设置钢轨伸缩调节器时：

$$H_z = 10.5L \cdot \xi_{z_1}$$

②连续梁一端设置钢轨伸缩调节器时：

$$H_z = 10.5L \cdot \xi_{z_2}$$

③连续梁两端设置钢轨伸缩调节器时：

$$H_z = 10.5L$$

式中　H_z——制动力(牵引力)引起的墩台纵向水平力(kN/线)；

L——连续梁联长(m)；

ξ_{z_1}、ξ_{z_2}——折减系数(见表 3-58)。

下部结构纵向水平刚度计算：

$$K = \frac{H}{\sum \delta_i}$$

$$\sum \delta_i = \delta_p + \delta_\varphi + \delta_h + \delta_z$$

式中　H——作用于支座的纵向水平力(kN)；

δ_p——由墩身弯曲引起的墩顶纵向位移(cm)；

δ_φ——由基础倾斜引起的墩顶纵向位移(cm)；

δ_h——由基础平移引起的墩顶纵向位移(cm)；

δ_z——由支座剪切变形引起的支座顶位移(cm)。

表 3-58　折　减　系　数 ξ_{z_1}、ξ_{z_2}

下部结构纵向水平刚度 [kN/(cm·线)]	ξ_{z_1}	ξ_{z_2}
200	0.50	0.50
500	0.50	0.50
1 000	0.50	0.50
2 000	0.50	0.63
3 000	0.50	0.69
4 000	0.57	0.74
6 000	0.64	0.79
8 000	0.68	0.82
10 000	0.71	0.84
15 000	0.77	0.88
刚性	0.86	0.94

3.3.7　风荷载

风对结构的作用是复杂的气动力学问题。对于一般的中小跨度铁路桥梁而言，风的作用对设计不是主要的控制作用，但随着高桥墩、长大跨度桥梁的应用，结构抗风设计显得非常重要。

从工程抗风设计角度可把自然风分解为不随时间变化的平均风和随时间变化的脉动风两部分,分别考虑其对桥梁的作用。对于铁路桥梁常用160 m以下跨度的结构可以采用拟静力法,即考虑阵风效应的静力抗风设计,而对于风敏结构,如大跨度悬索桥、斜拉桥等特殊结构桥梁,则应进行动力分析和风洞试验。

日本规范把风速放大系数 α 定义为考虑结构自振特性及气动导纳影响时内力最大值换算风速与静力风速之比,计算结果为:主跨500～1 800 m悬索桥,$\alpha=1.33\sim1.28$;高度 125～245 m塔柱,$\alpha=1.24\sim1.33$;跨度200～400 m梁桥,$\alpha=1.29\sim1.35$。

《公路桥梁抗风设计指南》计算了10 m高度处风速为 30、50 m/s(按Ⅱ类地形换算,$t=10$ min)和时距 $\tau=1$ s时,不同桥面高度、不同地表类型的阵风系数,见表 3-59。

表 3-59 阵 风 系 数

风　速	$\overline{v}_{10}=30$ m/s		$\overline{v}_{10}=50$ m/s	
桥面高度	$z=40$ m	$z=60$ m	$z=40$ m	$z=60$
Ⅰ类地表	1.34	1.33	1.34	1.33
Ⅱ类地表	1.43	1.40	1.42	1.40
Ⅲ类地表	1.65	1.60	1.64	1.59
Ⅳ类地表	1.77	1.69	1.76	1.69

对跨度64 m铁路简支钢桁梁桥计算风速放大系数为 1.00～1.039;对162 m铁路简支钢桁梁桥风速放大系数为 1.044～1.087,说明普通铁路桥梁结构采用拟静力法精度可以满足抗风设计要求。

1. 原始风速资料的处理

(1)风速沿高度的变化

当空气运动时,地表对空气产生阻力而使流动减缓,受地面阻力影响的空气层为摩擦层,风速在摩擦层内沿高度的变化规律为风剖面,Davenport 根据实测结果分析,给出平均风速沿高度的变化规律为:

$$\frac{\overline{v}}{\overline{v}_s}=\left(\frac{z}{z_s}\right)^{\alpha}$$

式中 $\overline{v},z$——任一点的平均风速和高度;

$\overline{v}_s,z_s$——标准高度处的平均风速和高度;

α——地面粗糙度系数。

对于近地面的下部摩擦层则更适合于对数规律,以地面以上高度100 m为界限,由于桥梁结构多低于100 m,则对数规律更合理。

$$\frac{\overline{v}}{\overline{v}_s}=\frac{\lg z-\lg z_0}{\lg z_s-\lg z_0}$$

式中 z_0 为地面粗糙度,一般略大于有效障碍物高度的 1/10,则标准高度10 m处的风速为:

$$\overline{v}_{10}=\frac{\lg 10-\lg z_0}{\lg z-\lg z_0}\overline{v}$$

(2)不同观测次数和时距的换算

风速观测分为自记和定时两类,定时观测的风速均为2 min平均风速,通过相关分析分别建立各种观测次数的2 min平均风速与自记10 min平均风速的回归方程式，目前多采用对某一区域内的所有站点的定时年最大风速与相应的自记年最大风速进行回归，建立某一区域的关系式。

(3)次时换算统计分析

标准风速 x 及其估计值$\hat{x}$及年最大定时观测风速 z 都是随机变量：

$$x=\hat{x}+e,\qquad \hat{x}=az+b$$

x 与$\hat{x}$间统计参数关系为：

$$\begin{cases}E[x]=E[\hat{x}]\\ \sigma^2(x)=\sigma^2(\hat{x})+\sigma^2(e)\\ \mu_3(x)=\mu_3(\hat{x})+\mu_3(e)\end{cases}$$

因此 x 可以根据$\hat{x}$的统计参数及随机误差项的统计参数得到。

(4)风速值的空气密度修正

风速与风压是靠风压系数联系的，而风压系数与空气密度有关，故按标准密度设计的风压式测风仪，其风速值要根据当地空气密度加以修正，但当风速最终要换算为风压进行统计分析时，风压系数可利用标准值而不对风速进行修正。

2．基本风压分布及参数估计

(1)基本观测数据的分布及参数

当把风速转换为风压时，横向风压 W_t 与风速 v 的关系式为

$$W_t=Cv^2$$

当风速分布符合极值Ⅰ型分布时，风压分布也为极值Ⅰ型分布，其概率密度函数为：

$$f_w(w)=k\left\{\alpha\exp\left[-\alpha\left[\sqrt{\frac{w}{c}}-u\right]-e^{-\alpha\left(\sqrt{\frac{w}{c}}-u\right)}\right]\frac{1}{2\sqrt{wc}}\right\},\quad w\geqslant 0$$

风压累积分布函数为：

$$F_w(w)=k\{\exp[-e^{-\alpha\left(\sqrt{\frac{w}{c}}-u\right)}]\},\quad w\geqslant 0$$

式中，α、u 为极值Ⅰ型分布的形状参数。

由上式当已知气象台站或桥位处各种参数时，即可求得风压的任一分位值。

(2)重现期与风压 T 年期值的关系

在结构可靠度理论中，通过极值渐近分布模型把随机过程转化为随机变量；对年最大风速或风压实测资料的统计检验表明，随着样本容量的增加，风压可以比风速更快地收敛于极值Ⅰ型分布，但也有以极值Ⅱ型分布为最优拟合分布的。

设年最大风压的分布函数为 $F_X(x)$，则对于一个给定的 x_N，风压 X 的超越概率为：

$$p=1-q=1-F_X(x_N)$$
$$q=p_r(x\leqslant x_N)=F_X(x_N)$$

在 t 年内有 r 年发生 $x\geqslant x_N$ 的概率密度函数为：

$$f_R(r,t)=p_r(R=r)=\binom{t}{r}p^r(1-p)^{t-r}$$

事件 $x\geqslant x_N$ 首次发生的年数 N 的概率密度函数为：

$$f_N(n)=\binom{n-1}{0}p^0(1-p)^{n-1-0}\cdot p=p(1-p)^{n-1}$$

风压重现期 T 为 N 的期望值,则

$$T = E[N] = \sum_{n=1}^{\infty} n f_N(n) = \frac{1}{p}$$

$$T(x_T) = \frac{1}{1-q} = \frac{1}{1-F_X(x_T)} \quad 或 \quad F_X(x_T) = 1 - \frac{1}{T(x_T)}$$

因此若已知分布 $F_X(x_T)$,则可求出对应于任意重现期的风压期望值。

N 年间 $x < x_T$ 的概率为:

$$Q = q^N = \{F_X(x_T)\}^N$$

$$T(x_T) = \frac{1}{1-Q^{1/N}}$$

若 N 为结构设计基准期,则:

$$Q = \left[1 - \frac{1}{T(x_T)}\right]^N$$

当 $T(x_T)$较大时,可近似为:

$$Q \approx \exp\left(-\frac{N}{T(x_T)}\right)$$

当 $N = T(x_T)$,$Q \approx e^{-1} = 0.368$,即在设计基准期内超越 x_T 的超越概率为 $1-Q=1-0.368=0.632$。例若设计基准期为 100 年,则超越重现期为 100 年的 x_{100} 的概率为 0.632。

表 3-60、表 3-61 给出广东省、内蒙部分气象站年最大风压分布的极值Ⅰ型参数 u_x 和 σ_x 值。

$$F_{X_n}(x) = \exp\{-\exp[-\alpha_n(x-u_n)]\} \quad -\infty \leqslant x \leqslant \infty, \alpha_n > 0$$

均值

$$u_x = u_n + \frac{0.577\,2}{\alpha_n}$$

标准差

$$\sigma_x = \frac{\pi}{\sqrt{6}} \frac{1}{\alpha_n}$$

表 3-60　广东省部分气象站年最大风压分布的 μ_x 及 σ_x 值

系数＼台站	汕头	湛江	梅县	东方	南雄	佛冈	阳江	汕尾	南沃
u_x	24.122 7	21.689 1	8.310 6	31.973 4	9.926 9	10.065 5	21.654 7	28.467 6	25.890 2
σ_x	20.960 2	13.840 0	2.568 2	23.989 7	2.931 3	4.700 2	10.136 9	24.749 8	9.547 5

表 3-61　内蒙古部分气象台站年最大风压分布的 μ_x 及 σ_x 值

系数＼台站	乌兰浩特	通辽	开鲁	赤峰	乌丹	吉河德	百灵庙	灯口	林东
u_x	29.420 1	29.847 7	30.383 8	22.177 7	24.034 7	35.358 0	35.252 2	17.608 3	26.965 8
σ_x	8.787 2	7.504 3	8.188 0	18.370 8	10.184 3	8.089 9	10.809	5.761 2	4.809 9

表 3-62 给出按极值Ⅰ型分布估计的计算结果,W_{30}、W_{100}、W_{120} 相应于重现期 30 年、100 年、120 年的风压期望值,由表求得 $\overline{u}_n = 20.97$,$\overline{\alpha}_n = 6.98$,$\overline{W}_{100} = 53.09$,由此得到风压任意时点分布为(年最大值分布):

$$F_{X_n}(x) = \exp\left\{-\exp\left[-\frac{x - 0.388W_{100}}{0.159W_{100}}\right]\right\}$$

设计基准期 $T=100$ 年风压分布为(设计基准期最大值分布):

$$F_{X_T}(x)=\exp\left\{-\exp\left[-\frac{x-1.120W_{100}}{0.159W_{100}}\right]\right\}$$

对于施工期可采用重现期为 10 年的风压分布:

$$F_{X_{10}}(x)=\exp\left\{-\exp\left[-\frac{x-0.754W_{100}}{0.159W_{100}}\right]\right\}$$

表 3-62 按极值Ⅰ型分布估计之结果

测站	分布类型	u_n	α_n	W_{30}	W_{100}	W_{120}
ZONSAN	E1	14.589	6.642	37.068	45.144	46.361
YAGJAG	E1	18.787	9.283	50.204	61.491	63.191
DIANBI	E1	17.037	9.154	48.017	59.147	60.824
NANAOR	E1	21.690	6.297	43.001	50.657	51.810
GUGZOU	E1	11.538	4.094	25.393	30.371	31.120
TAISAN	E1	16.917	7.033	40.717	49.268	50.556
GAOYAO	E1	10.333	4.889	26.880	32.824	33.720
XUWENN	E1	16.506	9.769	49.568	61.447	63.236
HAIKOU	E1	16.086	8.260	44.038	54.081	55.594
YULINN	E1	14.349	8.294	42.420	52.504	54.024
JOGHAI	E1	20.027	11.377	58.528	72.361	74.444
SHANTO	E1	16.772	9.335	48.364	59.714	61.424
BAOANN	E1	15.370	9.482	47.458	58.986	60.723
SHOGUA	E1	10.442	4.408	25.359	30.719	31.526
ZANJAG	E1	16.669	9.243	47.951	59.190	60.883
XINHOT	E1	28.331	4.524	43.642	49.142	49.971
HUADER	E1	30.050	6.162	50.904	58.396	59.525
KAILUU	E1	24.427	4.182	38.580	43.664	44.430
LUBEII	E1	19.539	5.214	37.183	43.522	44.477
ULNZHN	E1	24.588	6.542	46.729	54.683	55.881
LAMAKL	E1	24.071	5.337	42.133	48.622	49.599
BAILIG	E1	29.606	7.794	55.983	65.460	66.887
BAYINH	E1	24.644	10.423	59.917	72.590	74.499
ERLIAN	E1	30.485	4.603	46.062	51.659	52.502
BAOTOU	E1	26.193	7.156	50.412	59.113	60.424
HAILIU	E1	32.001	5.748	51.456	58.445	59.498
HUHEHT	E1	15.414	5.143	32.818	39.071	40.013
LAGTUM	E1	33.078	5.967	53.274	60.530	61.623
XILINH	E1	28.651	6.145	49.447	56.918	53.044

3. 阵风风压分布系数

由图 3-20 可见,风在顺风向时程曲线中可分为长周期的(在10 min以上)平均风和短周期的(几秒钟左右)的脉动风,因此在考虑风对结构物的作用时可把平均风相当于静荷载,而脉动风相当于动力作用。

(1)脉动风特征

在任意观测时间 T 内,风速 $V(t)$ 由其平均值 $\overline{V}(t)$ 和脉动值 $v(t)$ 组成:

$$V(t)=\overline{V}(t)+v(t)$$

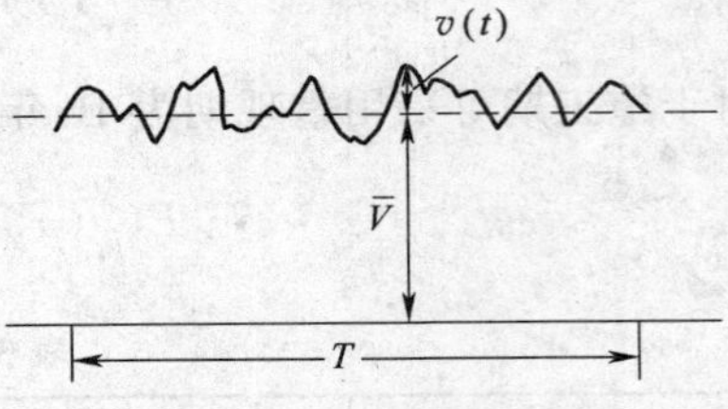

图 3-20 风速记录图

图 3-21 表明脉动风速的频率分布曲线近似于正态分布,其偏度系数 $S\approx0$,峰态系数 $K=3.0$。

设脉动风沿 x、y、z 方向的速度分量为 u、v、w,其标准差为 σ_u、σ_v、σ_w,其紊流度定义为:

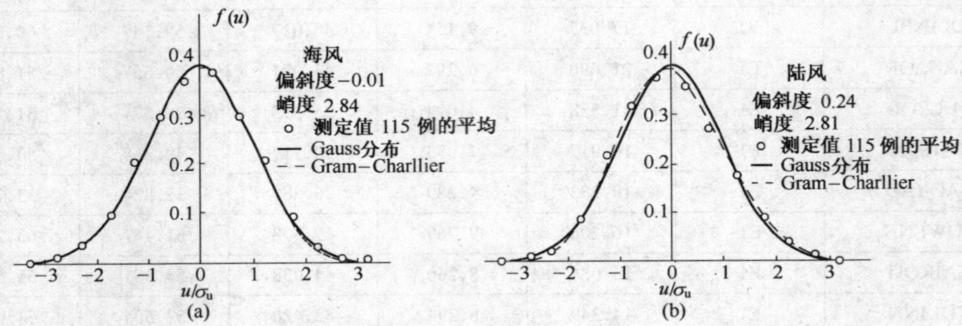

图 3-21 风速频率分布

$$\frac{\sigma_u}{\overline{V}}=\frac{A\cdot k}{\ln(Z/Z_0)}\ ,\quad \frac{\sigma_v}{\overline{V}}=\frac{B\cdot k}{\ln(Z/Z_0)}\ ,\quad \frac{\sigma_w}{\overline{V}}=\frac{C\cdot k}{\ln(Z/Z_0)}$$

式中 A、B、C——常数;

k——卡门常数;

Z、Z_0——离地面高度及地面粗糙度。

脉动风速紊流度 I_v 为:

$$I_v=\frac{1}{\overline{V}}\sqrt{\frac{\overline{u^2}+\overline{v^2}+\overline{w^2}}{3}}$$

表 3-63 给出紊流度与地表粗糙度的关系:1 类为光滑地面(开阔的海、湖面);2 类为较粗糙面(近于田园地带);3 类为粗糙地面(都市近郊);4 类为非常粗糙地面(都市市区)。

表 3-63 紊流度与地表粗糙度的关系

建议来源	地表之分类	1类(光滑面)	2类(稍粗糙面)	3类(粗糙面)	4类(非常粗糙面)
Counihan	z_0(cm)	0.001~2.0	0.1~20	100~150	100~400
	$\sigma_u/\overline{V}$	0.10~0.12	0.13~0.20	0.20	0.30~0.48
Davenport	$\sigma_u(20)/\overline{V}_{20}$	0.07~0.10	0.12~0.15	0.27~0.38	0.38~0.49
ECCS	$\sigma_u(20)/\overline{V}_{20}$	0.115	0.147	0.235	—

已知任意点的风速 $V(t)$ 按正态分布时:

$$P(V)=\frac{1}{\sqrt{2\pi}}\exp\left(-\frac{(V-\overline{V})^2}{2\sigma_u^{\ 2}}\right)$$

引入无量纲数：

$$\mu=(V-\overline{V})^{2}/\sigma_{\mathrm{u}}=v(t)/\sigma_{\mathrm{u}}$$

则

$$P(\mu)=\frac{1}{\sqrt{2\pi}}\exp\left(\frac{-\mu^{2}}{2}\right)$$

风速脉动部分 $\mu\sigma_{\mathrm{u}}$ 是具有零均值的平稳随机过程，μ 是峰值因子，为一随机变量。

若在持续时间 T 内，有 N 个独立极大值，则所有 N 个极值均小于 μ 的概率为：

$$P_{\mathrm{r}}(\text{所有 } N \text{ 个极大值} < \mu)=P(\mu)^{N}$$

极值的概率分布函数为：

$$P_{\mathrm{e}}(\mu)=\exp\left[-\nu T\exp\left(-\frac{\mu^{2}}{2}\right)\right]$$

平均极值近似式为：

$$\bar{\mu}_{\mathrm{e}}=\sqrt{2\ln\nu T}+\frac{0.577\ 2}{\sqrt{2\ln\nu T}}$$

极值标准差为：

$$\sigma_{\mu\mathrm{e}}=\frac{\pi}{\sqrt{6}}\frac{1}{\sqrt{2\ln\nu T}}$$

式中，υ 为风速平均频率，图 3-22 给出脉动风速的概率密度函数及极值分布。

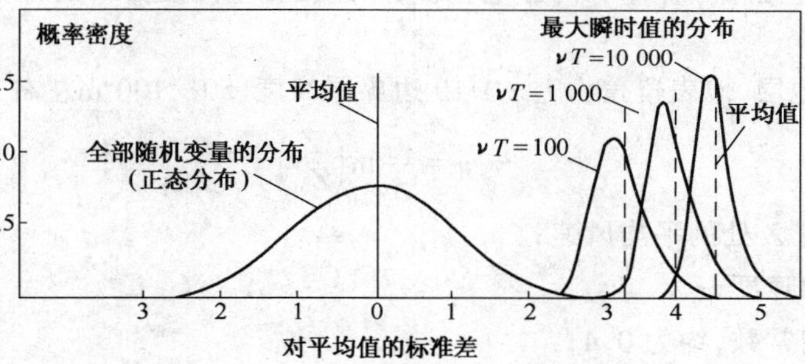

图 3-22 脉动风速的概率分布与最大峰值分布

一定保证率下的设计最大风速：

$$V_{\mathrm{M}}=\overline{V}+\bar{\mu}_{\mathrm{e}}\sigma_{\mu\mathrm{e}}$$

当 $\bar{\mu}_{\mathrm{e}}=2\sim2.5$ 时，保证率相当于 97.7%～99.4%。则

$$V_{\mathrm{M}}=\overline{V}\left(1+\bar{\mu}_{\mathrm{e}}\frac{\sigma_{\mu_e}}{V}\right)=\overline{V}G$$

$G=1+\bar{\mu}_{\mathrm{e}}\dfrac{\sigma_{\mu_e}}{V}$ 为阵风系数，与紊流度有关，紊流度越大，阵风系数越大。

研究资料表明最大竖向脉动折算风速谱＜0.4；而最大水平脉动折算风速谱约在 1.5～2.0 范围；水平脉动风速最大谱值约为竖向脉动谱值的 3.7～4 倍，因此需特别注意水平脉动风压对桥梁的作用。

设桥上任一高度处，任一瞬间风压为 $W(t)$，平均风压的 $\overline{W}$，脉动风压为 W_{f}，则脉动风压的方差为：

$$\sigma_{\mathrm{wf}}^{2}=E\left[W_{f}^{2}\right]=E\left[(W-\overline{W})^{2}\right]$$

在标准大气压下，常温15 ℃和绝对干燥情况下，纬度 45°附近，标准风压为：

$$W \approx \frac{V^2}{1.6} \quad (\mathrm{N/m^2})$$

$$\sigma_{\mathrm{wf}}^2 = E\left\{\left(\frac{1}{1.6}\right)^2 [(\overline{V}+V_{\mathrm{f}})^2 - \overline{V}^2]^2\right\} = E\left[\left(\frac{1}{1.6}\right)^2 (2\overline{V}V_{\mathrm{f}} + V_f^2)^2\right]$$

$$\approx E\left[\left(\frac{1}{1.6}\right)^2 (2\overline{V}V_{\mathrm{f}})^2\right] = 4\overline{V}^2\left(\frac{1}{1.6}\right)^2 E[V_{\mathrm{f}}^2] = 4\,\frac{\overline{W}}{1.6}\sigma_{\mathrm{vf}}^2$$

$$= 4\,\frac{\overline{W}}{\left(\dfrac{\overline{V}^2}{\overline{W}}\right)}\sigma_{\mathrm{vf}}^2 = 4\,\frac{\overline{W}^2}{\overline{V}^2}\sigma_{\mathrm{vf}}^2$$

风压脉动系数可定义为任意点脉动风压与该点平均风压的比：

$$\mu_{\mathrm{f}}(z) = \frac{W_{\mathrm{f}}(Z)}{\overline{W}(Z)} = \frac{\mu\sigma_{\mathrm{wf}}(z)}{\overline{W}(Z)}$$

$$\sigma_{\mathrm{wf}} = 2\,\frac{\overline{W}}{\overline{V}}\sigma_{\mathrm{vf}} = 2\,\frac{\overline{W}}{\overline{V}}f\left(\frac{Z}{Z_0}\right)$$

(2)风压沿结构物的变化

为正确评价作用在桥梁上的风力，需研究风速或风压沿桥梁高度和长度上的变化。

①平均风沿高度的变化

由于风受到地面摩擦作用等的影响，所以风速在铅垂高度方向的分布是不均匀的。

a. 对数分布

主要研究近地层[地表覆盖物上～1/10 边界层高度(50～100 m左右)]的风速变化：

$$\overline{u} = \frac{u_0}{k}\ln\left(\frac{Z}{Z_0}\right)$$

式中 $\overline{u}$——高度 Z 处的平均风速；

u_0——摩擦速度；

k——卡门常数，约为 0.4；

Z_0——地面粗糙度。

当地表密布植物和建筑物时，粗糙度 Z_0 不是草木和建筑物的高度，而是其不平整程度，则上式需用相当于草木和建筑物平均高度 h(作为风速为零的高度)加以修正：

$$\overline{u} = \frac{u_0}{k}\ln\left(\frac{z-h}{z_0}\right)$$

一般可取：城市以外 $h=0$；城市 $h=20$ m或 $h=0.75h_0$(h_0 为建筑物平均高度)。

b. 指数分布

强风时，指数分布可很好地反应自地面至 50～150 m范围内大气层观测结果：

$$\frac{\overline{u}}{\overline{u}_1} = \left(\frac{z}{z_1}\right)^\alpha$$

式中，$\overline{u}_1$ 为标准高度 z_1(一般为10 m)处的风速。

设在城市等建筑物密集场所零位面用 h'表示，则上式修正为：

$$\overline{u} = \overline{u}_1\left(\frac{z-h'}{z_1-h'}\right)^\alpha$$

式中，可取 $h'=32.5$ m，$\alpha=0.186$。表 3-64 示出指数 α 和地面粗糙度 z_0 的关系。

表 3-64　指数 α 和地面粗糙度 z_0 的关系

特征值 \ 分类	1	2	3	4
	（平滑）	（稍粗糙）	（粗糙）	（非常粗糙）
z_0(cm)	0.001～0.2	0.1～0.2	100～150	100～400
α	0.08～0.12	0.13～0.16	0.20～0.23	0.25～0.40

c. 风压高度变化系数

$$\mu_\alpha(z)=\frac{W_m}{W_{m_1}}=\left(\frac{z}{z_1}\right)^{2\alpha}$$

式中　W_m——高度 Z 处的平均风压；

W_{m_1}——高度 Z_1 处的平均风压。

表 3-65 给出三类地貌下实际风压高度变化系数 $\mu_\alpha(z)$ 值。A 类地貌区：近海海面、小岛和大沙漠等地貌，$\alpha=0.12$，梯度风高度为300 m；B 类地貌区：田野、乡村、丛林、丘陵和房屋比较稀疏的中小城镇、城市郊区和空旷平坦地区等地貌，$\alpha=0.16$，梯度风高度为350 m；C 类地貌区：建筑物平均高度在15 m以上，或有密集建筑群的大城市市区等地貌，$\alpha=0.20$，梯度风高度为400 m。

表 3-65　实际风压高度变化系数 $\mu_\alpha(z)$

距地面（或海面）的高度 Z(m)	地貌类型		
	A	B	C
10	1.38	1.00	0.71
20	1.63	1.25	0.94
40	1.92	1.56	1.24
60	2.12	1.77	1.46
80	2.27	1.95	1.64
100	2.40	2.09	1.79
150	2.64	2.38	2.11
200	2.83	2.61	2.36
250	2.99	2.80	2.58
300	3.12	2.97	2.78

②风压沿长度的变化

结构物在水平方向具有一定长度，当水平风力作用时，沿长度各位置很少同时达到最大值；根据日本研究观测：当某一点承受最大风速时，离其50 m远的点，同时达到该风速的概率为 30%～40%；离其100 m远的点，其概率只有 10%左右。在实用上，对于较长的桥梁和较高的桥墩，由于其宽度较其水平长度或高度尺度小得多，故可以忽略其影响。

Davenport 建议用下式分别表示竖向和水平的相关系数：

$$\rho_z(n,z,z')=\exp\left(-C_z\frac{n|z-z'|}{\overline{u}_z}\right)$$

$$\rho_x(n,x,x')=\exp\left(-C_x\frac{n|x-x'|}{\overline{u}_x}\right)$$

式中取 $C_z=7$，$C_x=8$。

盐谷在试验基础上，建议采用只与两点距离有关的简化表达式：

$$\rho_z(z,z')=\exp\left(-\frac{|z-z'|}{L_z}\right)$$

$$\rho_x(x,x')=\exp\left(-\frac{|x-x'|}{L_x}\right)$$

式中 $L_x=50$，$L_z=60$。

欧洲 ECCS 建议相关系数随两点距离 d 及高度变化：

$$\rho_z(\bar{z},z,z')=\exp\left(-\frac{|z-z'|}{L_z}\right),\quad L_z=\sqrt{37\bar{z}}$$

$$\rho_x(z,x,x')=\exp\left(-\frac{|x-x'|}{L_x}\right),\quad L_x=42\left(\frac{z}{20}\right)^{1/4}$$

式中 $\bar{z}$ 取 z、z' 两点的平均值。

对于侧向（水平）和竖向尺寸均较大的结构，Davenport 建议采用如下公式：

$$\rho(n,z,z',x,x')=\exp\left\{\frac{-n\left[C_z^2(z-z')^2+C_x^2(x-x')^2\right]^{1/2}}{\bar{u}_z}\right\}$$

式中 $C_z=10$，$C_x=16$。

③风压沿横向的变化

对于长大桥梁，作用在其上的风压（或风速）变化，主要体现在风压脉动分量沿横向的变化，其最不利作用位置应在结构横向中部，此处风压最大，然后向两侧衰减。

(3)阵风风压分布系数

阵风风压分布系数定义为：作用于桥梁或结构上任意一点的瞬时最大风压与平均基本风压之比。

当结构高度 Z 一定时，作用于 dx 微段上的风力为：

$$dp(z,x,t)=C_D W(x,z,t)dx$$

式中 $W(x,z,t)$ 为 x 处的风压，$W(x,z,t)=W(x,z)\cdot f(t)=\overline{W}+W_f$。

结构支反力（平均风力）为： $\overline{F}=\frac{1}{2}C_D\overline{W}L$

脉动力均方和为：

$$\begin{aligned}\overline{(f_a+f_b)^2}&=\int_0^L\int_0^L\overline{df\cdot df'}=\int_0^L\int_0^L\rho^2C_D\,\overline{V^2}\,\overline{VV'_f}dxdx'\\&=\int_0^L\int_0^L\rho^2C_D^2\overline{V}^2\sigma_v^2\exp\left(-\frac{|x-x|}{L_x}\right)dxdx'\\&=C_D^2\sigma_w^2\int_0^L\int_0^L\exp\left(-\frac{|x-x'|}{L_x}\right)dxdx'\end{aligned}$$

总风力：

$$\begin{aligned}P&=2\overline{F}+\mu\sqrt{\overline{(f_a+f_b)^2}}\\&=C_D\overline{W}L+\mu C_D\sigma_w\sqrt{\int_0^L\int_0^L\exp\left(-\frac{|x-x'|}{L_x}\right)dxdx'}\\&=C_D\overline{W}L\left[1+\mu\frac{\sigma_w}{\overline{W}}\sqrt{\frac{1}{L^2}\int_0^L\int_0^L\exp\left(-\frac{|x-x'|}{L_x}\right)dxdx'}\right]\end{aligned}$$

式中 L——桥梁或结构跨度；

μ_f——脉动系数，其值为 $\mu_f = \mu \dfrac{\sigma_w}{\overline{W}}$。

高度 Z 处平均风压 $\overline{W}$ 可用基本风压 W_0 表示为：

$$\overline{W} = \left(\frac{z}{10}\right)^{2\alpha}(0.35)^{0.32}\left(\frac{H_z}{10}\right)^{-2\alpha}\overline{W}_0 = \mu_z(z)\cdot\overline{W}_0$$

$$\mu_z(z) = \left(\frac{z}{H_T}\right)^{2\alpha}(0.35)^{0.32}$$

式中　H_T——梯度风高度。

可求得总风力表达式为：

$$P = C_D\overline{W}_0 L\mu_z(z)\left[1+\mu_f\sqrt{\frac{1}{L^2}\int_0^L\int_0^L \exp\left(-\frac{|x-x'|}{L_x}\right)\mathrm{d}x\,\mathrm{d}x'}\right]$$

则上部结构水平阵风风压分布系数 K_{2u} 为：

$$K_{2u} = \mu_z(z)\left[1+\mu_f\sqrt{\frac{1}{L^2}\int_0^L\int_0^L \exp\left(-\frac{|x-x'|}{L_x}\right)\mathrm{d}x\,\mathrm{d}x'}\right]$$

$$\mu_f = 0.5\times 35^{1.8(\alpha-0.16)}\left(\frac{z}{10}\right)^{-\alpha}$$

同理高桥墩沿竖向阵风风压分布系数 K_{2d} 为：

$$K_{2d} = \mu_z(z)\left[1+\mu_f\sqrt{\frac{1}{H^2}\int_0^H\int_0^H \exp\left(-\frac{|z-z'|}{L_z}\right)\mathrm{d}z\,\mathrm{d}z'}\right]$$

表 3-66 列出桥梁上部结构阵风风压分布系数 K_{2u} 及桥墩阵风风压分布系数 K_{2d}。

表 3-66　桥梁上部结构阵风风压分布系数 K_{2u} 及桥墩阵风风压分布系数 K_{2d}

地貌	(α=0.12)A类地貌					(α=0.16)B类地貌					(α=0.20)C类地貌				
K_2 / 梁长 L(m) / 高度 Z(m)	K_{2u}				K_{2d}	K_{2u}				K_{2d}	K_{2u}				K_{2d}
	≤50	100	150	200	—	≤50	100	150	200	—	≤50	100	150	200	—
10	1.92	1.83	1.78	1.75	1.92	1.50	1.38	1.34	1.31	1.50	1.18	1.02	0.99	0.96	1.17
20	2.21	2.12	2.07	2.03	2.22	1.81	1.67	1.63	1.59	1.81	1.47	1.30	1.26	1.23	1.47
30	2.40	2.30	2.26	2.22	2.41	2.02	1.87	1.82	1.79	2.01	1.68	1.49	1.45	1.42	1.69
40	2.55	2.45	2.40	2.36	2.46	2.18	2.03	1.98	1.94	2.09	1.85	1.65	1.60	1.58	1.76
50	2.68	2.58	2.52	2.47	2.58	2.32	2.16	2.11	2.07	2.22	1.99	1.78	1.74	1.70	1.90
60	2.79	2.68	2.62	2.58	2.66	2.44	2.28	2.18	2.15	2.33	2.12	1.90	1.85	1.82	2.00
70	2.87	2.77	2.70	2.66	2.76	2.55	2.38	2.32	2.28	2.42	2.23	2.01	1.96	1.93	2.11
80	2.95	2.85	2.79	2.74	2.82	2.64	2.47	2.42	2.37	2.52	2.34	2.11	2.06	2.02	2.21
90	3.03	2.92	2.87	2.81	2.90	2.73	2.56	2.50	2.46	2.58	2.43	2.20	2.15	2.11	2.30
100	3.10	2.99	2.92	2.88	2.95	2.81	2.63	2.58	2.53	2.67	2.52	2.28	2.23	2.19	2.37
150	3.38	3.27	3.20	3.14	3.20	3.15	2.96	2.90	2.85	2.95	2.89	2.64	2.58	2.54	2.71
200	3.60	3.48	3.41	3.35	3.39	3.16	3.22	3.15	3.10	3.20	3.20	2.93	2.87	2.82	2.98
250	3.76	3.65	3.59	3.53	3.54	3.64	3.43	3.37	3.32	3.39	3.46	3.17	3.11	3.07	3.20
300	3.92	3.79	3.72	3.67	3.68	3.83	3.62	3.55	3.50	3.56	3.67	3.39	3.33	3.28	3.41

4. 结构空气力系数

结构空气力系数定义为：作用在结构上的空气力 P 与结构物在该风向上的垂直投影面积 A 和速度压 $q\left(q=\frac{1}{2}\rho v^2\right)$之积的比，即

$$D_f=\frac{\rho}{Aq}$$

顺风向阻力系数和风载体型系数为：

阻力系数 $$C_D=\frac{\rho}{\frac{1}{2}\rho v^2}$$

风载体型系数 $$K_1=\frac{\sum W_{pi}\Delta A_i}{A}$$

式中 W_{pi}——第 i 测点的压力系数；

ΔA_i——第 i 测点所对应面积；

A——受风总面积。

阻力系数和风载体型系数的区别仅在于由不同的实验方法获得，在理论上两者数值应相等。

(1)影响空气力系数的直接因素

①结构物截面特性：不同宽高比 b/d 的结构，在风力作用下，迎风面的正压力分布变化不大；但由于 b/d 不同，改变了流型，使结构的背风面和两侧的负压力有很大变化，平滑流中阻力系数 C_D 随矩形棱柱体宽高比 b/d 变化，方形棱柱体由于均匀流场在前缘开始分离，尾流场中负压较大，所以其阻力系数最大，随着扁平度 b/d 增大，阻力系数 C_D 逐渐下降，且随之达到一个稳定值。

②结构物在流场中所处位置：随来流攻角的改变，结构物流型发生变化。随着来流攻角的增大，即使 d/b 较大的截面，受倾斜风的侧面也可能出现分离流再附着现象，而 d/b 愈小，此现象愈显著。

③紊流度的影响：来流中紊流度不同，会导致作用于结构物表面上的压力分布变化，从而影响结构的空气力系数，不同长宽比 l/b 结构在紊流与平滑流下升力和阻力系数的差异是显著的。

④干涉效应：当两个及以上结构物或构件位于同一流场附近时，空气绕流场将受到干扰，使得作用于不同结构物或构件上的压力及其分布产生变化，导致三分力系数的改变。试验研究发现，当两个以上结构物在来流激励下同时发生振动时，多数情况下，下游结构最为不利，特别是受到紊流激励的尾流场中的结构具有更大危险性。

(2)实腹截面的阻力系数 C_D(表 3-67)

表 3-67 实腹截面 C_D 值

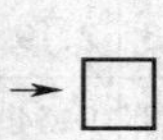	正方形断面	2.0 [1.2] (0.6)	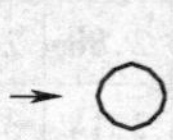	十二角形断面 1.3 (1.1)
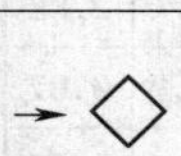	正方形断面	1.6 [1.4] (0.7)	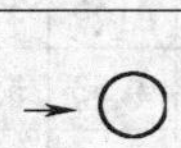	圆形断面 (表面光滑) 0.6

续上表

断面	名称	C_D	断面	名称	C_D
→ 1 2	长方形断面 (边长比 1:2)	2.3 [1.6] (0.6)	→	圆形断面 (表面粗糙)	1.2
→ 2 1	长方形断面	1.5 [(0.6)]	→	半圆形断面	1.2
→	长方形断面 (一面接地)	1.2	→	半圆形断面	2.3
→	正三角形断面	1.3 [1.2] (0.5)	→	长圆形断面 (径比 1:2)	1.7 (1.5)
→	正三角形断面	2.1 [1.3] (0.5)	→	长圆形断面	0.7 (0.2)
→	直角二等边 三角形断面	1.6	→ r d b	$\frac{d}{b}=\frac{1}{2}$ $\frac{r}{d}=\frac{1}{2}$	0.4 (0.3)
→	八角形断面	1.4			

注:[ ]内的数表示以短边长的 1/4 为半径切除四角时的数值;

( )内的数值为临界雷诺数以上的数值。

(3)各种薄壁截面的阻力系数 C_D(表 3-68)

表 3-68 薄壁截面 C_D 值

断面	名称	C_D	断面	名称	C_D
→	平板	2.0	→	不等边角形断面 (边长约 1:2)	1.9
→	一边接地的平板	1.2	→	T 形断面 (边长约 1:2)	1.8
→	H 形断面 (边长约 1:2)	1.9	→	H 形断面 (边长约 1:2)	2.0
→	H 形断面 (边长约 1:2)	2.2	→	T 形断面 (边长约 1:2)	1.5
→ 45°	倾角 45° H 形断面	1.6	→ 45°	T 形断面 (边长约 1:2)	1.4
→	等边角形断面	2.0	→ 45°	T 形断面 (边长约 1:2)	2.4
→	等边角形断面	1.8	→	槽形断面 (边长约 1:2)	2.1
→ 45°	等边角形断面	1.1	→	槽形断面 (边长约 1:2)	1.8
→	等边角形断面	1.7	→	槽形断面 (边长约 1:2)	1.4
→	等边角形断面	1.5	→	十字形断面	1.75
→	不等边角形断面 (边长约 1:2)	1.6	→	半圆形断面	2.3
→	不等边角形断面 (边长约 1:2)	1.7	→	半圆形断面	1.2
→	不等边角形断面 (边长约 1:2)	2.0			

(4)实腹双截面的阻力系数 C_D、C_L(表 3-69)

表 3-69 双体截面 C_D、C_L

截面形状	阻力系数 C_D、C_L

1. 并列的双等腰直角三角形

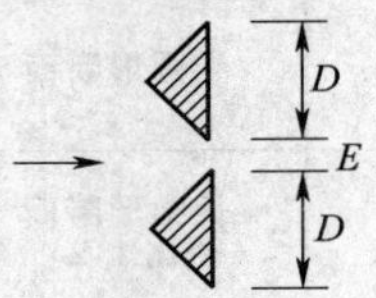

E/D	C_D	C_L	
0	1.7	0.5	
0.25	1.2或1.4	0.3 或 0.4	由于射流换向现象，C_L、C_D出现双值
0.5	1.2或1.8	0.2 或 0.3	
1.0	1.1或1.9	0.15 或 0.25	
2.0	1.75	0.1	
3.0	1.75	0.08	

$Re=2\times10^4$

2. 槽内垂直于壁面的薄板

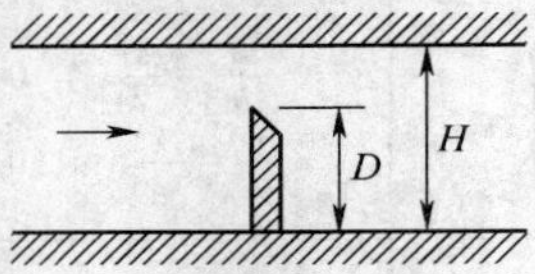

$$C_D=\frac{1.4}{(1-D/H)^{2.85}}$$

当 $0<D/H<0.25$

$Re>10^3$

3. 并列双薄板

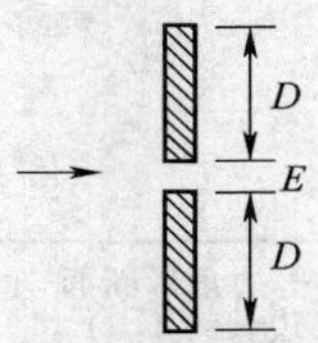

E/D	C_D	
0.5	1.42 或 2.20	由于射流换向现象，C_D 出现双值
1.0	1.52 或 2.13	
2.0	1.9 或 2.10	
3.0	2.0	
5.0	1.96	
10.0	1.9	
15.0	1.9	

$Re=4\times10^3$，C_D 为每一平板值

4. 串列双平板

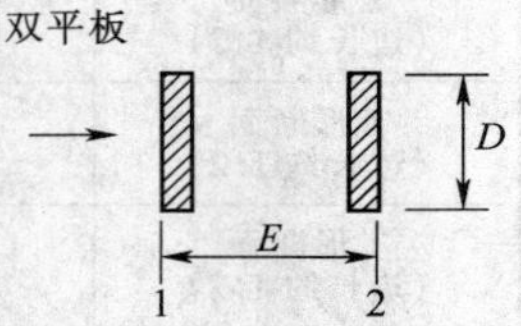

E/D	C_{D1}	C_{D2}
2	1.8	0.10
3	1.70	0.67
4	1.65	0.76
6	1.65	0.95
10	1.9	1.00
20	1.9	1.15
30	1.9	1.33
∞	1.9	1.9

$Re=4\times10^3$

5. 近壁圆柱

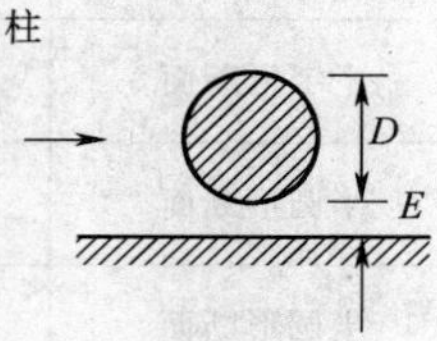

E/D	C_D	C_L
0	0.8	0.6
0.25	1.1	0.25
0.5	1.2	0.15
1.0	1.3	0.05
1.5	1.2	0.02
2.0	1.2	0
4.0	1.2	0
6.0	1.2	0

$Re=2\times10^4$，升力使圆柱远离壁面

续上表

截面形状	阻力系数 C_D、C_L

6. 双圆柱

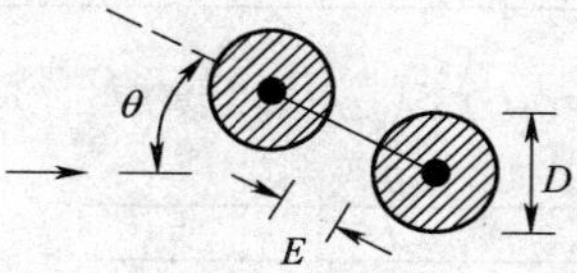

θ（度）	C_D			
	E/D			
	0.625	1.0	2.0	3.0
0	0.3	0.3	0.3	0.3
10	0.4	0.4	0.45	0.4
20	0.7	0.7	0.6	0.5
30	0.8	0.8	0.6	0.5
40	0.9	0.85	0.6	0.5
50	1.0	0.9	0.7	0.55

7. 位于另一圆柱下游的圆柱

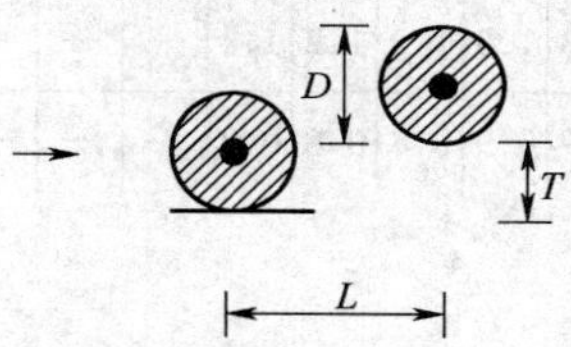

$T/D=0$

L/D	C_D
1.0	−0.4
1.5	−0.2
2.0	0.0
2.5	0.2
3.0	0.2
4.0	0.3

$T/D=0.5$

L/D	C_D
1.0	0.65
1.5	0.50
2.0	0.45
2.5	0.45
3.0	0.40
4.0	0.40

$T/D=1.0$

L/D	C_D
1.0	1.1
1.5	1.0
2.0	0.70
2.5	0.70
3.0	0.65
4.0	0.65

$T/D=2$

L/D	C_D
1.0	1.1
1.5	1.0
2.0	1.0
2.5	1.0
3.0	1.0
4.0	1.0

$10^4 < Re < 10^5$

8. 并列双圆柱

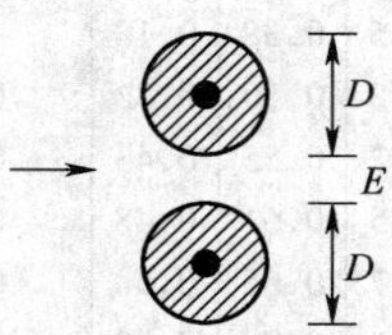

E/D	C_D	C_L
0	1.6	0.8
0.25	1.0	0.6
0.5	0.9	0.4
1.0	1.1	0.2
1.5	1.3	0.1
2.0	1.2	0.05
4.0	1.2	0.0
6.0	1.2	0.0

C_D、C_L 为每一圆柱的值，$10^4 < Re < 10^5$，升力使两圆柱被此分开

9. 薄板连接双圆柱

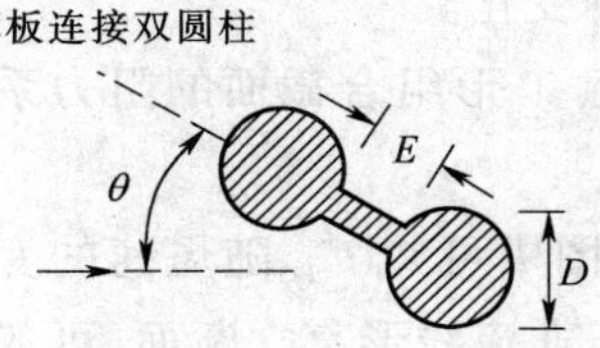

θ（度）	C_D		
	E/D		
	1.0	2.0	3.0
0	0.25	0.3	0.3
10	0.4	0.4	0.4
20	0.7	0.7	0.7
30	1.0	1.0	1.2
40	1.3	1.4	1.8
50	1.7	1.8	2.5

(5)桁架阻力系数 C_D

①开敞式桁架阻力系数[表 3-70(a)]

表 3-70(a) 开敞式桁架 C_D

<table>
<tr><th>形 状</th><th>特征面积 A</th><th>阻力系数 C_D</th></tr>
<tr><td>1. 不同长宽比的敞式框架
</td><td>实体部分投影面积 A_s</td><td>βC_D
其中 $\beta = F(H/L, A_s/A)$见下表
<table>
<tr><th rowspan="3">H/L</th><th colspan="5">β</th></tr>
<tr><th colspan="5">A_s/A</th></tr>
<tr><th>0.25</th><th>0.5</th><th>0.90</th><th>0.95</th><th>1.0</th></tr>
<tr><td>0</td><td>1.0</td><td>1.0</td><td>1.0</td><td>1.0</td><td>1.0</td></tr>
<tr><td>0.02</td><td>0.99</td><td>0.98</td><td>0.97</td><td>0.95</td><td>0.89</td></tr>
<tr><td>0.05</td><td>0.98</td><td>0.97</td><td>0.95</td><td>0.89</td><td>0.75</td></tr>
<tr><td>0.2</td><td>0.95</td><td>0.92</td><td>0.88</td><td>0.78</td><td>0.59</td></tr>
</table>
A = 总面积 = HL</td></tr>
<tr><td>2. 敞式框架
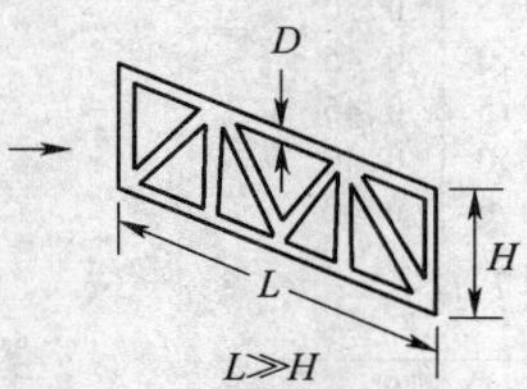(图中框条布置只是举一例子)</td><td>实体部分投影面积 A_s</td><td>
<table>
<tr><th rowspan="2">框条形式</th><th colspan="9">实度比 A_s</th></tr>
<tr><th>0</th><th>0.1</th><th>0.2</th><th>0.3</th><th>0.4</th><th>0.6</th><th>0.8</th><th>0.9</th><th>1.0</th></tr>
<tr><td>方角</td><td>2.0</td><td>1.8</td><td>1.7</td><td>1.6</td><td>1.6</td><td>1.6</td><td>1.6</td><td>1.6</td><td>2.0</td></tr>
<tr><td>圆 角
$Re < 2\times10^5$</td><td>1.5</td><td>1.3</td><td>1.3</td><td>1.2</td><td>1.2</td><td>1.2</td><td>—</td><td>—</td><td>—</td></tr>
<tr><td>圆 角
$Re > 5\times10^5$</td><td>1.1</td><td>0.9</td><td>0.9</td><td>0.8</td><td>0.8</td><td>0.8</td><td>—</td><td>—</td><td>—</td></tr>
</table>
A = 总面积 = HL
$Re = VD/\nu$</td></tr>
</table>

②多列桁架阻力系数 $C'_D = \alpha C_D$,[表 3-70(b)]

表 3-70(b) 多列桁架 C'_D

<table>
<tr><td>多重框架
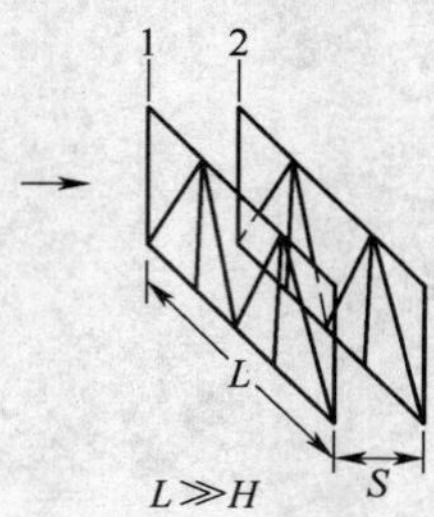</td><td>实体部分投影面积 A_s</td><td>第一框架阻力系值取表中值,第二或以后框架阻力系数由式 αC_D 计算。
<table>
<tr><th rowspan="3">S/H</th><th colspan="6">α</th></tr>
<tr><th colspan="6">A_s/A</th></tr>
<tr><th>0.1</th><th>0.2</th><th>0.3</th><th>0.4</th><th>0.5</th><th>0.6~1.0</th></tr>
<tr><td>0.5</td><td>0.95</td><td>0.75</td><td>0.55</td><td>0.38</td><td>0.18</td><td>0.0</td></tr>
<tr><td>1.0</td><td>1.0</td><td>0.82</td><td>0.63</td><td>0.50</td><td>0.32</td><td>0.15</td></tr>
<tr><td>2.0</td><td>1.0</td><td>0.87</td><td>0.72</td><td>0.55</td><td>0.43</td><td>0.30</td></tr>
<tr><td>3.0</td><td>1.0</td><td>0.90</td><td>0.75</td><td>0.61</td><td>0.48</td><td>0.35</td></tr>
<tr><td>4.0</td><td>1.0</td><td>0.92</td><td>0.77</td><td>0.65</td><td>0.50</td><td>0.40</td></tr>
<tr><td>6.0</td><td>1.0</td><td>0.94</td><td>0.83</td><td>0.70</td><td>0.60</td><td>0.50</td></tr>
</table>
A = 总面积 = HL</td></tr>
</table>

(6)T 形及其组合截面的阻力系数

图 3-23 给出 T 形截面及组合截面阻力系数 C_D 随攻角 α 的变化。

T 形截面阻力系数 C_D 均为正值,在 $\alpha = 0°$ 时 C_D 为最大;但 T 形组合截面的阻力系数随攻角 α 的变化幅度比 T 形截面小。

图 3-24 给出 T 形组合截面阻力系数 C_D 随风速的变化,从图中可知 C_D 随风速的变化不显著,其风速从20 m/s到40 m/s,C_D 变化幅度只有 4%,因此对于非流线形直立断面,可忽略雷诺数对 C_D 的影响。

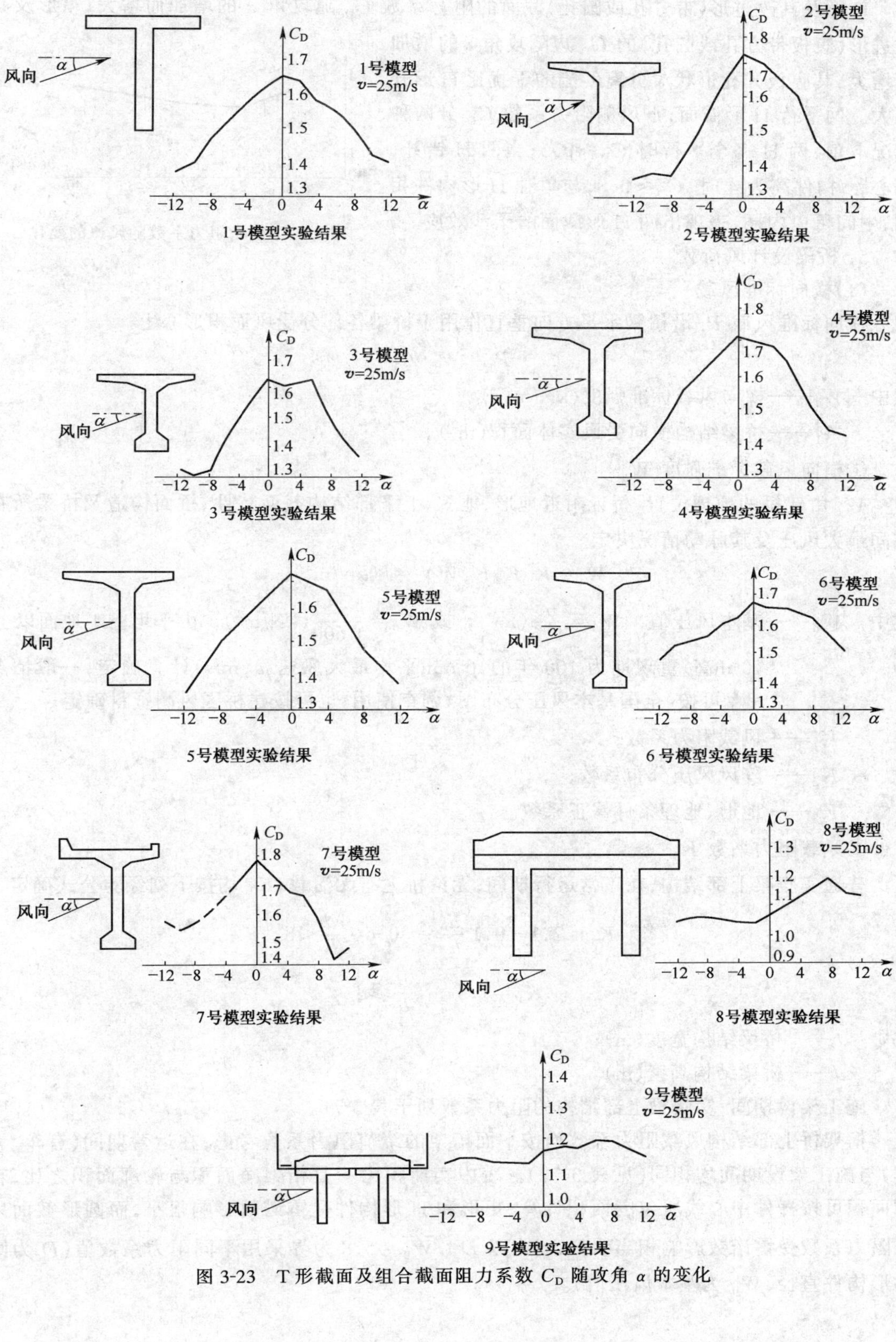

图 3-23 T形截面及组合截面阻力系数 C_D 随攻角 α 的变化

(7)H形与箱形截面阻力系数

H形及其改进形(带方孔或圆孔)截面的阻力系数 C_D 随攻角 α 的增加而增大;箱形及其改进形(腹板带方孔或圆孔)的 C_D 边随攻角 α 的增加而增大,其腹板开孔形状对分离气流的干扰比H形开孔大。两平行H形截面,下风侧阻力系数 C_D 分两种情况取值:两H完全平行时 $C_D \approx 0.5$;当两H错开,中心距/构件高为4时,$C_D \approx 0.8$,与单独H形构件相同,中间可以内插,表现出两H形截面的干涉效应。

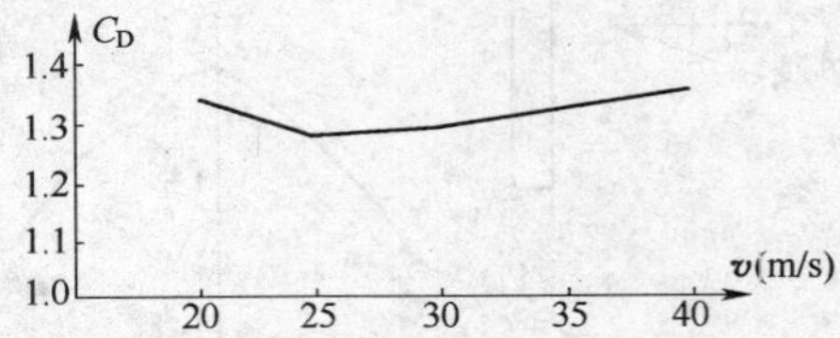

图3-24 模型阻力系数随风速的变化

5. 桥梁设计风荷载

(1)横向标准风载

横向标准风载 P_t 沿桥梁水平方向垂直作用于桥梁各部分受风面积形心上。

$$P_t = W_t \cdot A_1$$

式中 W_t——横向风载标准强度(kN/m^2);

A_1——桥梁结构横向受风实体面积(m^2)。

①横向风载标准强度 W_t:

W_t 由建桥的地理位置、桥址附近地形、地貌、上下部结构截面特性、桥面构造及桥梁所在空间最大风压及其脉动情况决定。

$$W_t = K_1 K_2 K_3 W_0 \qquad (kN/m^2)$$

式中 W_0——基本风压值,$W_0 = \frac{v^2}{1.6}$(Pa),或 $W_0 = \frac{v^2}{1\,600}$(kN/m^2),由平坦空旷地面以上10 m高,重现期为100年的10 min平均最大风速 v(m/s)计算确定,一般情况 W_0 可按《全国基本风压分布图》调查使用,也可按建桥区风测资料确定;

K_1——风载阻力系数;

K_2——阵风风压分布系数;

K_3——地形、地理条件修正系数。

②风载阻力系数 K_1:

普通实腹梁上部结构,在正常运行期间,无论桥上有无活载,K_1 均按下列经验公式确定:

$$K_1 = 2.1 - 0.1\frac{d}{b}, \quad 0.6 \leqslant \frac{d}{b} < 8$$

$$K_1 = 1.3, \quad \frac{d}{b} \geqslant 8$$

式中 b——桥梁结构宽度(m);

d——桥梁结构高度(m)。

施工架设期间,实腹梁上部结构的阻力系数列于表3-71。

桁架桥上部结构风载阻力系数均按平面桁架的绕流阻力系数考虑,在运营期间(有车、无车)与施工架设期间均相同(见表3-72)。表中实面积比 ϕ 是桁架净面积与轮廓面积之比,轮廓面积可按杆件中心线所包围面积计算;矩形和H形构件受雷诺数影响很小,而圆形截面风载阻力系数受雷诺数影响相当明显,表中以 $D\sqrt{W_0} = 5.8$ 为界采用不同阻力系数值(D 为圆柱形构件直径,W_0 为基本风压值)。

表 3-71　施工架设期间结构或构件风载阻力系数 K_1

结构或构件形式	阻力系数 K_1	说　明
单室、双室或多室箱形梁	$2.1-0.1\frac{b}{d}$ 1.3	$0.6\leqslant\frac{b}{d}<8$ $8\leqslant\frac{b}{d}$
单根或多根T形架	1.8	
单根Ⅰ形架	2.2	
两根或多根(钢)板 梁 (对每根板梁) 对多根梁的组合结构	2.2 $2\left(1+\frac{c}{20d}\right)$	不大于4 d 为迎风梁高度，c 为两梁中心距

表 3-72　桁架的风载阻力系数 K_1

实面积比 ϕ	矩形与H形截面构件	圆柱形构件	
		$D\sqrt{W_0}<5.8$	$D\sqrt{W_0}\geqslant5.8$
0.1	1.9	1.2	0.7
0.2	1.8	1.2	0.8
0.3	1.7	1.2	0.8
0.4	1.7	1.1	0.8
0.5	1.6	1.1	0.8

注：①实面积比 ϕ = 桁架净面积/桁架轮廓面积；

②D 为圆柱直径(m)。

当无活载，且上部结构由两片或两片以上桁架组成时，所有背风桁架风载阻力系数应按迎风桁架阻力系数 K_1 乘以遮挡折减系数 η(表 3-73)计算。

表 3-73　桁架遮挡系数 η

间距比 S	实面积比 φ				
	0.1	0.2	0.3	0.4	0.5
≤1	1.0	0.90	0.80	0.60	0.45
2	1.0	0.90	0.80	0.65	0.50
3	1.0	0.95	0.80	0.70	0.55
4	1.0	0.95	0.80	0.70	0.60
5	1.0	0.95	0.85	0.75	0.65
6	1.0	0.95	0.90	0.80	0.70

注：间距比 S 为两桁架中心距/迎风桁架高度。

当桥上有活载时，车辆等无遮挡部分风载阻力系数 K_1 为1.45，该值相当于敞车及篷车阻力系数的平均值。

桥面系构造风载阻力系数取实腹梁下限值，$K_1=1.3$。

③桥墩风载阻力系数 K_1 根据桥墩断面形状、尺寸比及高宽比由表 3-74 查得。

表 3-74　桥墩的风载阻力系数 K_1

平面形状	截面 t/b	墩高/墩宽						
		1	2	4	6	10	20	40
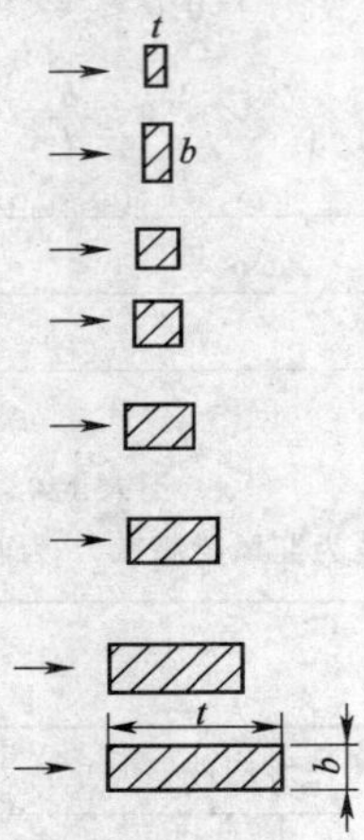	≤1/4	1.3	1.4	1.5	1.6	1.7	1.9	2.1
	1/3 1/2	1.3	1.4	1.5	1.6	1.8	2.0	2.2
	2/3	1.3	1.4	1.5	1.6	1.8	2.0	2.2
	1	1.2	1.3	1.4	1.5	1.6	1.8	2.0
	$1\frac{1}{2}$	1.0	1.1	1.2	1.3	1.4	1.5	1.7
	2	0.8	0.9	1.0	1.1	1.2	1.3	1.4
	3	0.8	0.8	0.8	0.9	0.9	1.0	1.2
	≥4	0.8	0.8	0.8	0.8	0.8	0.9	1.1
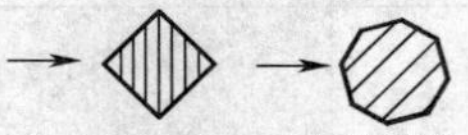 正方形　八角形		1.0	1.1	1.1	1.2	1.2	1.3	1.4
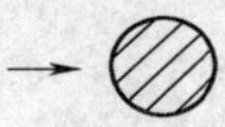 十二面多角形		0.7	0.8	0.9	0.9	1.0	1.1	1.3
 平滑圆形且 $D\sqrt{W_0}\geqslant 5.8$		0.5	0.5	0.5	0.5	0.5	0.6	0.6
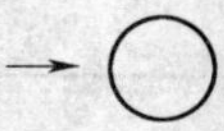 1. 平滑圆形且 $D\sqrt{W_0}<5.8$ 2. 有突起部等的圆形		0.7	0.7	0.8	0.8	0.9	1.0	1.2

注：①上部结构架设后，应按高宽比为 40 计算 K_1；

②对于带有圆弧角的矩形桥墩，其风载阻力系数应从表中查得 K_1 后，再乘以折减系数 $\left(1-1.5\frac{r}{b}\right)$ 或 0.5，取其二者之较大值，在此 r 为圆弧角的半径；

③对于沿桥墩高有锥度变化的情形，K_1 值应按桥墩高度分段计算，每段的 t 及 b 取各该段的平均值，高宽比则应以桥墩总高度对每段的平均宽度之比计之；

④对于带有三角尖端或圆端形的桥墩，其 C_D 值应按能包括该桥墩外缘的矩形截面计算。

④阵风风压分布系数 K_2

阵风风压分布系数反映了一般地貌情况下瞬时脉动风对桥梁的影响。

风压沿高度的变化采用指数公式：

$$W_z/W_{10}=(z/10)^{2\alpha}$$

式中　W_z——任意高度 z 处平均风压；

W_{10}——距地面10 m高度处的平均风压。

基本风压 W_0 取自空旷平坦地区气象站实测资料，属于 B 类地貌，其梯度风高度 H_T 约在350 m左右，A类、B类地貌 H_T 分别为300 m及400 m，需对基本风压进行修正：

$$K_{w_0}=(350/10)^{2\times0.16}(H_T/10)^{-2\alpha}=(35)^{0.32}(H_T/10)^{-2\alpha}$$

对于桥梁上部结构不考虑桥梁本身的变形和运动时，可视为一维水平刚性结构，其水平阵风系数 K_{2u} 的表达式为：

$$K_{2u}=(Z/10)^{2\alpha}(35)^{0.32}(H_T/10)^{-2\alpha}\left(1+\mu_f\sqrt{\frac{1}{L^2}\int_0^L\int_0^L\exp\left(-\frac{|x-x'|}{L_x}\right)\mathrm{d}x\mathrm{d}x'}\right)$$

式中 L——桥上主梁长度(m)；

H_T——梯度风高度，A类地貌 $H_T=300$ m，B类地貌 $H_T=350$ m，C类地貌 $H_T=400$ m。

对于桥梁下部结构，特别是高墩，也不考虑墩体的变形和位移，视为竖向一维刚性结构，高墩竖向阵风风压分布系数 K_{2d} 的表达式为：

$$K_{2d}=(z/10)^{2\alpha}(35)^{0.32}(H_T/10)^{-2\alpha}\left(1+\mu_f\sqrt{\frac{1}{H^2}\int_0^H\int_0^H\exp\left(-\frac{|z-z'|}{L_z}\right)\mathrm{d}z\mathrm{d}z'}\right)$$

式中 H 为桥墩地面以上高度(m)；K_{2u}、K_{2d} 见表3-66。

⑤地形、地理条件修正系数 K_3

山间盆地、谷地等封闭地形受周围山岭的屏障作用，经实测证实，风速一般比平坦地区约小10%～25%，风压减小约20%～40%。建议按风压降低15%～25%考虑，取 $K_3=0.75\sim0.85$。

峡谷、山口地区，由于两岸山高，气流受阻，在峡谷、山口处形成高风速区，风速约增大10%～20%，相应风压增大20%～45%，建议取 $K_3=1.2\sim1.5$。

对于特殊的风口地区，应按实际调查或观测资料研究取值。

在上述考虑地形、地理条件修正系数 K_3 的地区，阵风系数 K_2 一律选用B类地貌数值。

⑥桥跨结构受风面积

现行铁路桥规横向风力的受风面积按桥跨结构理论面积乘以下列系数计算：

钢桁架及钢塔架	0.4
钢拱两弦间的面积	0.5
桁拱下弦与系杆间面积或上弦与桥面系的面积	0.2
整片的桥跨结构	1.0

实际调研表明，钢桁梁的实面积比 ϕ 大约在0.2～0.29之间，个别也有达0.37的，上述系数只对个别桥梁适宜，一般偏大，以桥跨结构实面积比 ϕ 计算较为合理。

⑦列车受风面积

对我国现有部颁标准轨客货车调查，车辆平均高度(轨顶以上)为3.64 m，故列车受风面积按轨顶以上3.7 m长方带计算，列车横向风力作用在轨顶以上1.85 m处。

(2)纵向标准风载(顺桥向)

纵向标准风载计算与横向标准风载相同。对于列车、桥面系及各类上承式桥梁所承受的纵向风载不予计算；对于下承式桁架和塔架取其所受横向风载的40%。

(3)竖向标准风载

桥梁的竖向风载主要是由气流引起的升力作用，只考虑桥梁上部结构承受竖向风载的静力作用，而不考虑结构的风振效应和行车影响。

竖向标准风载 P_v，沿竖向和桥梁纵向垂直地作用于桥梁受风面积形心上，向上或向下的标准竖向风载 P_v 为：

$$P_v = W_v \cdot A_3 \quad (\mathrm{kN})$$

式中 W_v——竖向标准风载强度($\mathrm{kN/m^2}$)；

A_3——桥梁上部结构竖向受风的实体面积($\mathrm{m^2}$)。

①竖向标准风载强度 W_v

$$W_v = K_2 K_3 K_4 W_0 \quad (\mathrm{kN/m^2})$$

式中 K_4——风载升力系数。

②风载升力系数 K_4

$$K_4 = \frac{P_v}{0.5\rho v_0^2 A_3}$$

升力系数主要与桥梁体型、构件断面形状、尺寸比及来流攻角有关。

斜攻角(包括桥梁超高角)小于等于 5°时，普通板式桥、桁架桥及 T 形组合梁桥的升力系数 K_4 见图 3-25；当斜攻角超过 5°或其他特殊桥梁形式，K_4 应由风洞实验确定。

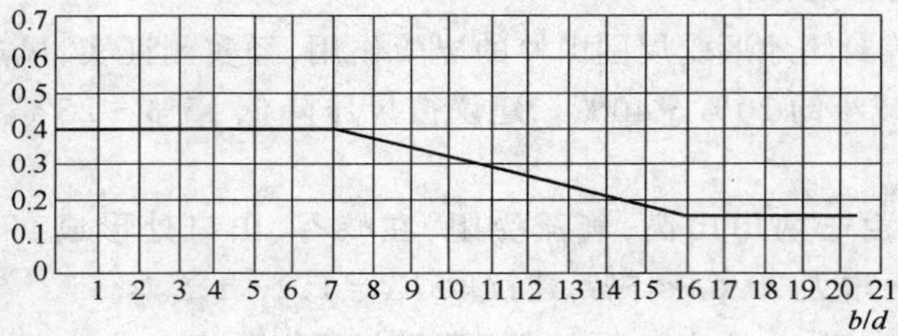

图 3-25 风载升力系 K_4 与宽高比 b/d 的关系

③竖向风载受风面积 A_3

A_3 应取结构或构件及桥面系的水平投影实体面积($\mathrm{m^2}$)。

(4)标准设计的风载标准强度

桥上风速在30 m/s以上时列车停止运行，以此作为桥上有车时最大风速，基本风压值 $W_0 = 0.56\ \mathrm{kN/m^2}$，桥上有车时的横向风载为：

$$W_t = K_1 K_2 K_3 \times 0.56 \quad (\mathrm{kN/m^2})$$

式中，K_2 按地面以上20 m高度处 B 类地貌 K_2 取值；K_3 一般取 1.0。

桥上无车时，按全国大陆最大基本风压值 $W_0 = 0.80\ \mathrm{kN/m}$计算。

$$W_t = K_1 K_2 \times 0.80 \quad (\mathrm{kN/m^2})$$

(5)桥梁架设时的风荷载

桥梁架设施工设计应考虑桥梁的种类、架设施工方法、季节等各种条件，适当选择荷载组合，对于架设时可能发生的风振动应采取相应防护措施。

英国规范 BS 5400 规定，桥梁架设时阵风系数按相当于 10 年一遇风力系数 0.85 采用；日本《钢结构设计指导书》建议根据实际情况采用基本风速的 3/4 或设计风压的 1/2(假设施工期为 1 年，非超越概率为 0.6，重现期为 25 年求得的最大风速值)，再考虑阵风系数：平坦空旷地面为 1.2～1.6。

对施工荷载组合中的风载可按10年重现期风力系数0.75计算；当在两天或更短时间内完成施工架设时，可根据可靠的风速预报计算。

(6)风向对年最大风速及风压分布的影响

各国桥梁设计规范，对作用于结构上的风荷载均按与风向无关的年最大标准风压分布确定；实际上，自然界中对于大多数建筑结构来说，一般其断面形状多为非流线形的钝体，同一风速以不同方向作用在结构上所产生的荷载效应是大不相同的。加拿大 Davenport 在研究了风向对结构抗风可靠性的影响后得出结论：对于方向性风敏结构，考虑风向计算得到的结构响应水平要比现在沿用的不考虑风向的计算结果有明显的降低，因此建议在进行结构设计和结构风振响应分析时应考虑风向的影响，特别是对于大跨度桥梁(如悬索桥、斜拉桥等)，从某些方向上作用年最大风速可能对结构几乎没有影响，而从结构最薄弱的方向上即使作用一个远小于最大风速的风力也可能导致结构严重损伤。因此研究沿风向年最大风速(风压)的分布规律，尤其对长大跨度、柔性桥梁结构，显得极为重要。

在计算结构风荷载时，考虑风向影响的结构稳定性要比不考虑风向时都会有所下降，因此应尽量避免结构最不利攻角方向与当地卓越风向相重合，可以大大提高结构的抗风稳定性，避免长大跨度桥梁出现由风引起的发散性振动，若卓越风向与结构最大体型系数形成最不利组合时，应考虑对结构增加临时防护措施。对于一般桥梁结构，在获得结构物所在地区各方向上沿风向年最大风压分布后，可针对不同风向的风压分布进行结构外形修正。

6. 风荷载组合

风荷载作为其他可变荷载参与除偶然荷载、长钢轨纵向力以外的各种组合。现以铁路桥梁(混凝土结构)恒载、附加恒载、风载和列车活载组合为例。

(1)Turkestra 组合

对于多个荷载随机过程的组合：

$$\max X \approx \max(\max X_i + \sum_{j=1}^{n} X_j);\ j \neq i;\ i = 1,2,\cdots,n$$

恒载为永久荷载，在整个设计基准期认为不变，用卷积形式表示 Turkestra 组合为：

$$\begin{cases} F_{m_1}(x) = [F_{G_2}(x)]^{10} * [F_W(x)] * [F_{Q_1}(x)] \\ F_{m_2}(x) = [F_{G_2}(x)] * [F_W(x)]^{100} * [F_{Q_1}(x)] \\ F_{m_3}(x) = F_{G_2}(x) * F_W(x) * [F_{Q_1}(x)]^{36\,500} \end{cases}$$

组合中风载以任意时点分布和设计基准期最大值分布参与组合。

(2)JCSS 组合

$$S_m = \max_{[0,T]}\left[\sum_{i=1}^{n} S_i(t)\right]$$

用卷积形式表示 JCSS 组合为：

$$\begin{cases} F_{m_1}(x) = [F_{G_2}(x)]^{10} * [F_W(x)]^{10} * [F_{Q_1}(x)]^{365} \\ F_{m_2}(x) = [F_{G_2}(x)] * [F_W(x)]^{100} * [F_{Q_1}(x)]^{365} \\ F_{m_3}(x) = F_{G_2}(x) * F_W(x) * [F_{Q_1}(x)]^{36\,500} \end{cases}$$

风荷载以任意时点分布、10年最大值分布和设计基准期(T=100年)分布参与组合。

例已知风压任意时点分布为：

$$F_{x_n}(x)=\exp\left\{-\exp\left[-\frac{x-0.388W_{0k}}{0.159W_{0k}}\right]\right\}$$

相应于 $1/n$ 频率(n 年一遇)的风载分位值为:

$$F_W(W_n)=\exp\left\{-\exp\left[-\frac{W_n-0.388W_{0k}}{0.159W_{0k}}\right]\right\}=1-\frac{1}{n}$$

则10年风压 $W_{10}\approx0.75W_{0k}$;设计基准期风压 $W_{100}=1.12W_{0k}$。

3.3.8 温度作用

自然环境对结构物的温度作用是一种可变作用。

温度作用分为两部分:

(1)控制温度:桥梁结构的最高控制温度和最低控制温度;

(2)控制温差:桥梁结构的正温差和负温差控制。

1. 混凝土桥梁温度作用

(1)气象资料的收集和分析

以哈尔滨、北京、兰州、上海、成都和广州六气象台资料代表东北区、华北区、西北区、华东区、西南区、华南区六大气候区域;为计算各种温度作用的年极值,需收集五方面年极值气象资料:年日总辐射累积最大值、气温日较差最大值、日平均气温最大值、日平均气温最小值、日平均气温降最大值的控制天,分别用以计算:日照控制正温差年极值、日照控制负温差年极值、最高控制温度年极值、最低控制负温差年极值和寒潮控制负温差年极值。

(2)混凝土梁结构形式和混凝土物理性质

以箱形梁作为温度作用分析的对象。有关材料系数如下:

导温系数:$a_c=3.6\times10^{-2}\ m^2/h$;

导热系数:$\lambda=2.33\ W/m\cdot K$;

表面日辐射吸收系数:$a_s=0.65$。

外表面和内表面总热交换系数 β,β'($W/m^2\cdot K$)用经验公式计算[v 为平均风速(m/s)]:

5～10月份: 顶板 $\beta=10+3.8v,\ \beta'=8.0$

底板 $\beta=9+3.5v,\ \beta'=7.0$

腹板 $\beta=8+2.0v,\ \beta'=7.5$

其余月份: 顶板 $\beta=9.3+3.8v,\ \beta'=7.5$

底板 $\beta=8.0+2.7v,\ \beta'=6.0$

腹板 $\beta=7.6+2.0v,\ \beta'=7.0$

(3)计算方法

由于实测和计算表明底板温差一般不超过2 ℃,可忽略不计,按一维差分公式计算。

根据 $\tau=0$ 时初始温度场节点值,可求解任一时间节点时刻的温度场,从控制天的温度场过程可得到温度作用年极值。

寒潮控制负温差计算采用六点差分格式数值分析,用顶板控制负温差年极值时刻的各板负温差作为结构控制负温差,底、腹板的控制负温差相差在0.2 ℃以内,故底、腹板控制负温差可采用相同值。

(4)计算参数

以初始温度场($\tau=0$)时刻为相对零点,假定为均匀温度场;实验证明,除东北区以日出2 h

左右为结构相对零点外，其余地区均以日出1 h左右为相对零点时刻，初始温度场的均匀温度可取前一天的荫凉处气温日平均值。

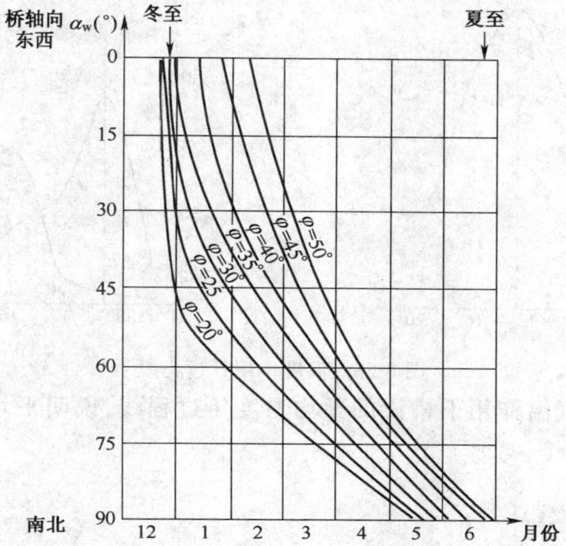

图 3-26 最大日辐射强度图

图 3-26 为纬度 $\phi=20°\sim50°$，腹板壁面方位角 α_w 由 $0°\sim+90°$的各竖直面最大日辐射强度计算结果；对于计算控制正温差和最高控制温度的控制天，一般均在每年的 6～8 月，此时发生竖直面上最大日辐射强度的桥轴线方向在南北向左右，相应腹板壁面方位角 $\alpha_w=\pm90°$；而计算日照控制负温差和最低控制温度时桥轴线为东西向，相应腹板壁面方位角 $\alpha_w=0°$与 $\alpha_w=180°$；对于寒潮控制负温差，一般寒潮时风向为北向，取 $\alpha_w=\pm90°$计算。

(5)腹板上日辐射强度

桥址选定后，其地理纬度 ϕ 与腹板壁面方位角 α_w 就已知，则可计算箱梁外表面的日辐射强度值。

①计算各时刻太阳高度角 h：

$$h=\arcsin(\sin\varphi\sin\delta_h+\cos\varphi\cos\delta_h\cos\omega)$$

式中 δ_h——太阳倾角，按计算月、日查天文年历；

ω——时角，以正午为0，每小时按15°变化。

②由图 3-27 可查得水平面上太阳总辐射强度 S，竖直面上太阳直接辐射强度 S'_h 和竖直面上散射辐射强度 D_h。

③计算腹板外表面上日总辐射强度值 S_h：

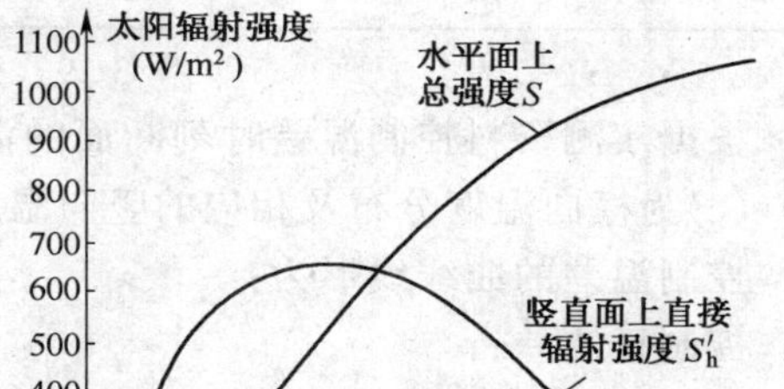

图 3-27 太阳辐射强度计算图

$$S_h=S'_h\cos(\alpha_s-\alpha_w)+D_h$$

式中 α_s——太阳方位角，$\alpha_s=\arcsin\left(\dfrac{\sin\omega\cdot\cos\delta_h}{\cos h}\right)$。

(6)温度作用

图 3-28 为温度作用典型日过程线和两腹板日过程线。

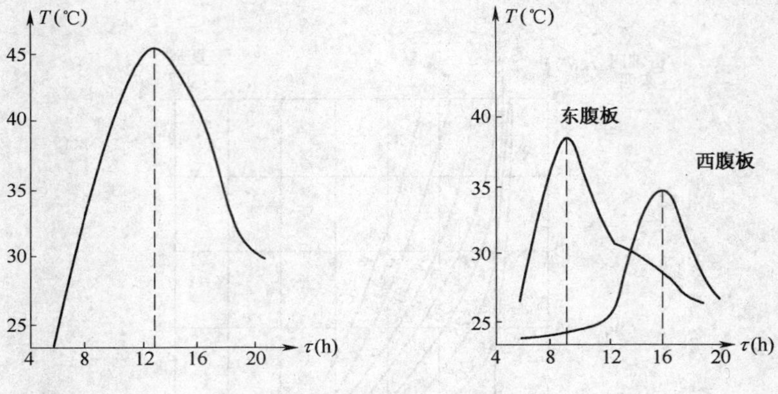

图 3-28 温度作用日过程线

图 3-29 为日平均气温作用下桥梁的平均温度年过程线,说明平均桥温与日平均气温相同。

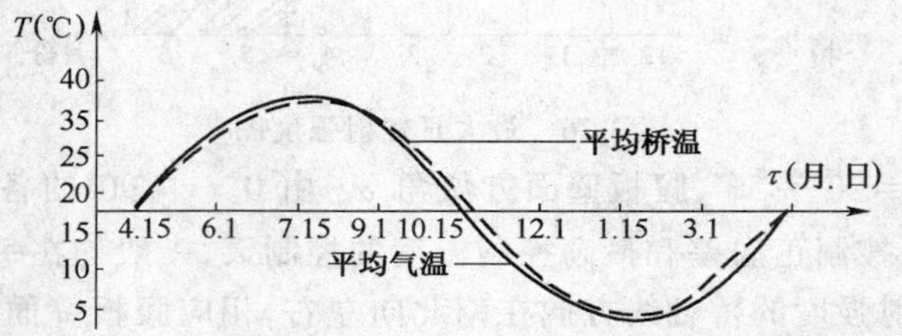

月·日	4·15	6·1	7·15	9·1	10·15	12·1	1·15	3·1	图 例
平均气温	18	28.6	33.0	28.6	18.0	7.4	3.0	7.4	—
平均桥温	18	27.1	32.8	29.7	19.9	8.9	3.3	6.3	—

图 3-29 平均气温、桥温年过程线

根据实测资料控制温差时刻断面的温度分布状况如图 3-30 所示。(a)为竖向温度分布;(b)、(c)为横向温度分布及相应的竖向温度分布;(d)为控制负温差温度分布。

控制温差的曲线线形为:

控制正温差: $T = T_0 e^{-a}$

控制负温差: $T = -T_0 e^{-a}$

式中 T_0——控制温差值;

a——形参数;

n——各板外表面内法线坐标(m)。

(7)控制温度、控制温差的概率分布

温度作用统计分析采用年极值作样本。温度作用年极值服从极值Ⅰ型分布:

$$F_i(t) = \exp\{-\exp[-\alpha(t-\mu)]\}$$

式中 α、μ 分别为尺度参数和位置参数。

设计基准期 T 内温度作用极大值概率分布也为极值Ⅰ型分布:

$$F_M(t) = \exp\{-\alpha(t-M)\}$$

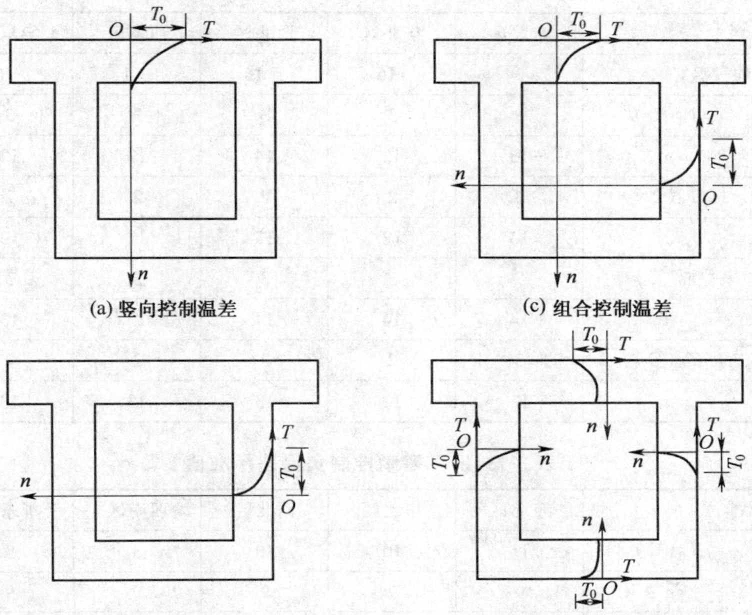

图 3-30 控制温差的温差分布模型

式中，$M=\mu+\ln T/\alpha$。

控制温差的形参数 a 也为随机变量，可假设服从正态分布或为常量。

温度作用的标准值采用年极值分布的 30 年重现期值，表 3-75 分别为全国各区控制温度标准值和控制温差标准值，其中表 3-75(b)和表 3-75(c)中给出按日平均气温的桥梁均匀温度标准值和温差分布参数标准值，桥梁控制温度标准值由桥梁均匀温度标准值＋温差折算均匀等效桥温计算。

表 3-75(a) 控制正温差标准值

区 划		东北区	华北区	西北区	西南区	华东区	华南区
竖 向	T_0(℃)	25	28	34	27	24	27
	a	7	7	7	7	7	8
横 向	T_0(℃)	20	23	22	19	23	19
	a	13	10	10	11	11	12
组合竖向	T_0(℃)	18	18	21	18	16	20
	a	14	13	13	13	13	13

表 3-75(b) 最高控制温度标准值

区 划		东北区	华北区	西北区	西南区	华东区	华南区
最高日平均气温℃		30	32	29	30	33	33
竖向	T_0(℃)	22	25	29	30	22	26
	a	7	7	7	7	7	8

表 3-75(c) 最低控制温度标准值

区 划		东北区	华北区	西北区	西南区	华东区	华南区
最低日平均气温℃		-34	-15	−16	−1	−6	2
顶板	T_0(℃)	3	3	3	3	3	
	a	13	13	14	13	12	11
底板	T_0(℃)	3	2	2	2	2	2
	a	13	12	13	12	12	11
南腹板	T_0(℃)	3	3	3	3	3	3
	a	14	14	14	13	13	12
北腹板	T_0(℃)	3	2	2	2	2	2
	a	12	12	13	13	13	12

表 3-75(b) 寒潮控制负温差标准值

区 划		东北区	华北区	西北区	西南区	华东区	华南区
顶板	T_0(℃)	11	10	10	8	9	8
	a	9	9	9	9	9	9
底板	T_0(℃)	9	8	7	6	7	7
	a	9	9	9	8	9	9
两腹板	T_0(℃)	9	8	7	7	7	7
	a	9	9	9	9	9	9

(8)温度作用标准值

表 3-76(a)、表 3-76(b)、表 3-76(c)、表 3-76(d)给出的控制温度标准值及参数、控制温差标准值及参数可作为计算桥梁温度作用时使用;考虑桥面及桥梁悬臂和人行道的遮阳作用以及地区的各种影响因素,给出调整后的标准值;对于各区相差不大的标准值和参数,全国给出统一数值。

表 3-76(a) 最高控制温度标准值及分布参数

标准值(℃)	年极值分布				百年最大值分布		
	尺度参数 α	位置参数 μ	均值 m	方差 σ	位置参数 M	均值 m	0.95 分位值
31	1.49	28.9	29.2	0.86	31.9	32.3	33.9

表 3-76(b) 最低控制温度标准值及分布参数

区 划	标准值(℃)	年极值分布				百年最大值分布		
		尺度参数 α	位置参数 μ	均值 m	方差 σ	位置参数 M	均值 m	0.95 分位值
东北区	−34	0.46	−26.5	−27.7	2.8	−36.5	−37.8	−42.9
华北区	−15	0.64	−9.8	−10.7	2.0	−17.0	−17.9	−21.6
西北区	−16	0.70	−10.6	−11.5	1.8	−17.3	−18.1	−21.5
西南区	−1	1.21	1.6	1.2	1.1	−2.2	−2.7	−4.7
华东区	−6	0.84	−2.4	−3.1	1.5	−7.9	−8.9	−11.4
华南区	2	0.82	6.5	5.8	1.6	0.8	0.1	−2.8

表 3-76(c) 控制正温差标准值及分布参数

温差方向	标准值	年极值分布					百年最大值分布			
	T_0(℃)	a	尺度参数 α	位置参数 μ	均值 m	变异系数	位置参数 M	均值 m	变异系数	0.95分位值
竖向	23	6	0.42	19.7	21.0	0.144	30.5	31.9	0.095	37.5
横向	18	9	0.48	13.6	14.8	0.182	23.3	24.5	0.110	29.6
组合竖向	16	9	0.51	11.9	13.2	0.192	20.9	22.0	0.114	26.7

表 3-76(d) 控制负温差标准值及分布参数

区 划	板 别	标准值	年 极 值 分 布					百年最大值分布			
		T_0(℃)	a	尺度参数 α	位置参数 μ	均值 m	变异系数	位置参数 M	均值 m	变异系数	0.95分位值
东北区	顶 板	11	9	0.86	7.8	8.1	0.185	13.2	13.4	0.111	16.1
	底腹板	9	9	1.05	6.1	6.6	0.185	10.4	11.0	0.111	12.7
华北区	顶 板	10	9	0.78	5.6	6.4	0.259	12.0	12.3	0.134	15.2
	底腹板	8	9	0.97	4.4	5.0	0.266	9.1	9.7	0.136	12.2
西北区	顶 板	10	9	0.88	5.9	6.6	0.222	11.2	11.8	0.124	14.4
	底腹板	8	9	1.11	4.4	4.9	0.237	8.5	9.1	0.128	11.2
西南区	顶 板	8	9	1.00	4.7	5.3	0.191	9.3	9.9	0.102	12.2
	底腹板	7	9	1.10	3.5	4.0	0.298	7.7	8.2	0.141	10.3
华东区	顶 板	9	9	1.04	5.8	6.4	0.194	10.3	10.8	0.114	13.0
	底腹板	7	9	1.45	4.6	5.0	0.176	7.8	8.2	0.108	9.8
华南区	顶 板	9	9	1.32	5.7	6.1	0.159	9.2	9.6	0.101	11.3
	底腹板	7	9	1.60	4.5	4.8	0.166	7.4	7.7	0.104	9.2

2. 钢箱梁桥的温度作用

在自然环境条件下，影响钢箱梁桥温度分布的主要因素为：日辐射、日较差、表面颜色、覆盖层、悬臂长度等。

钢箱梁桥在日辐射等自然环境因素作用下温度分布变化很大，但由于钢箱梁板厚比较薄、导热性能好，可以认为钢箱梁各板厚范围内的温度是一致的。箱梁外的气温，一般可采用当地气象台、站的记录资料，在缺乏气象台站资料时，可用经验公式计算：

冬天：
$$T_a(t)=\overline{T}+\frac{1}{2}\Delta T_a\cdot\sin\left[\frac{\pi}{12}(t-9)\right]$$

夏天：
$$T_a(t)=25\sin\left[\frac{\pi}{24}(t-3)\right]+10\ ℃$$

式中 t——地方时(小时)；

$\overline{T}$——日平均气温(℃)；

ΔT_a——日较差(℃)。

考虑钢箱梁在梁长方向的温度分布基本上一致，可假设沿梁轴线方向无热流发生，可取单位长度梁段进行分析。

表 3-77 给出钢箱梁温度分布与实测温度分布比较。

表 3-77 钢箱梁温度分布与实测温度分布 (单位:℃)

时刻(地方时) \ 板别		顶板	底板	东腹板	西腹板
8:00	实测	34.0	29.3	34.7	31.3
	计算	39.5	22.6	39.1	25.6
14:00	实测	52.4	37.8	40.8	41.5
	计算	60.8	30.8	37.3	36.5
16:00	实测	46.0	36.0	38.5	43.8
	计算	51.1	31.0	35.3	45.9

3. 桥梁结构温度作用

桥跨结构在各种自然环境因素影响下的温度作用可分为控制温度作用和控制温差作用。

(1)桥跨结构应考虑由于结构形式及支座摩阻所受到的温度外约束作用

计算时应以桥跨结构开始受到有效约束时的结构平均温度(架梁温度或结构合拢温度)为准,分别计算到最高控制温度和最低控制温度作用效应(表 3-78)。

表 3-78 最高、最低控制温度(℃)

桥型 \ 控制温度	最高控制温度(全国统一值)	最低控制温度					
		东北区	华北区	西北区	西南区	华东区	华南区
混凝土结构	31	−34	−15	−16	−1	−6	2
钢结构	45	−38	−18	−20	−4	−9	0

注:计算结构变位时也可按本表采用。

(2)混凝土结构应按控制正温差和控制负温差计算

控制正温差应按竖向、横向及双向三种控制温差分布计算(图 3-31)。

混凝土结构断面温差分布应按下式计算:

控制正温差时: $$T = T_k e^{-an}$$

控制负温差时: $$T = -T_k e^{-an}$$

式中 T_k——控制温差标准值(表 3-79);

a——形参数标准值(表 3-79);

n——相应板的外表面内法线坐标。

表 3-79(a) 混凝土结构控制正温差

参数 \ 控制温差类型	竖向控制温差	横向控制温差	组合竖向控制温差
温差 T_k(℃)	23	18	16
形参数 a(m^{-1})	6	9	9
计算时刻(地方时)	14:00	10:00	10:00

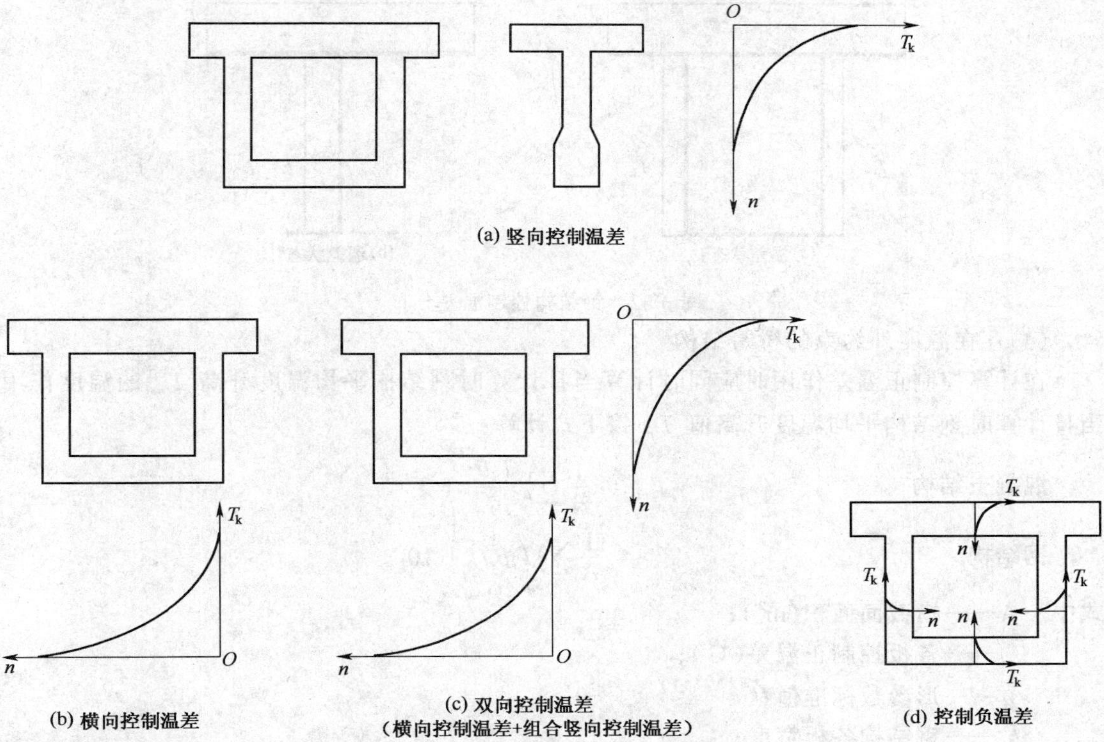

图 3-31　混凝土结构的控制温差分布

表 3-79(b)　混凝土梁控制负温差

参数 \ 结构部位	顶　板	底板、腹板
温 差 T_k(℃)	10	8
形参数 $a(m^{-1})$	9	8

对于有碴桥面的混凝土箱梁应计算横向控制温差和底、腹板组合的控制负温差作用效应；对于无碴桥面的箱梁应计算竖向控制温差和双向控制温差，以及顶、底、腹板组合的控制温差作用效应。

其他断面形式的混凝土桥跨结构，只考虑无碴梁的竖向控制温差作用效应。

(3)钢结构控制温差应按温差状态计算

除钢桁梁外的所有钢结构，应分别按温差状态Ⅰ及温差状态Ⅱ计算控制温差作用效应；钢结构控制温差见表 3-80，控制温差分布见图 3-32。

表 3-80　钢结构控制温差

温差状态 \ 控制温差(℃)	顶板控制温差 T_1	腹板控制温差		计算时刻(地方时)
		腹板控制温差 T_2	第二腹板控制温差 T_3	
Ⅰ	32	20	5	10:00
Ⅱ	35	10	7	14:00

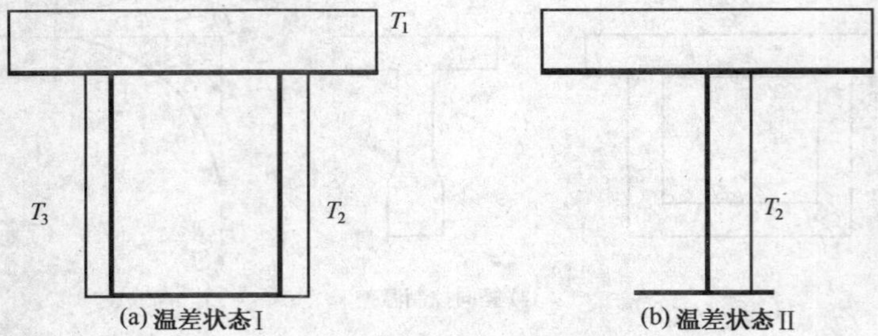

图 3-32　钢结构控制温差分布

(4)存在温度外约束的桥跨结构

在计算控制正温差作用时应同时计算当日计算时刻结构平均温度升高 T_m 的温度作用：当日计算时刻结构平均温度升高值 T_m 按下式计算：

混凝土结构
$$T_m = \frac{1}{A}\sum_i \frac{T_i b_i}{a} + 3$$

钢结构
$$T_m = \frac{1}{A}\sum_i T_i b_i t_i + 10$$

式中　A——横截面面积(m^2)；

T_i——各板控制正温差(℃)；

a——形参数标准值；

b_i——钢结构各板宽度；

t_i——钢结构各板厚度。

(5)计算温度效应时混凝土的弹性模量取值

计算控制温度作用效应时，混凝土的弹性模量 $E_{c,t}$ 值可取受压弹性模量值 E_c 的 0.6 倍；计算温差作用效应时，对于控制正温差可取 $E_{c,t}=E_c$；对于控制负温差可取 $E_{c,t}=0.85E_c$，钢结构温度弹性模量 $E_{a,t}$ 与钢受拉弹性模量相同。

3.3.9　长钢轨纵向力

桥梁承受的无缝线路纵向力与梁上无缝线路的结构，如轨节布置、纵向阻力参数、伸缩调节器的位置等有关，应该根据梁结构形式、固定或活动支座位置、列车荷载作用、梁体温度变化等确定。

无缝线路纵向力对桥面系的影响视桥梁结构而异，例如上承式板梁、混凝土梁或桁梁的主桁杆件、纵梁等，由于其断面面积大，可以忽略其作用，但对于桁梁制动联结系杆件强度设计及制动墩台、支座等应计及无缝线路纵向力的作用。

1. 基本计算参数

(1)线路纵向阻力系数

在计算伸缩区温度力、梁轨温差产生的纵向力、梁上及梁外钢轨传递的温度力，以及断轨力时均需要线路纵向阻力参数。

50 kg/m、60 kg/m钢轨，K 形扣件，静态线路纵向阻力试验资料统计如下：

在 K 形扣件扣紧轨底，螺栓扭矩为 80～120 N·m，钢轨位移量为2 mm的情况下，纵向阻力参数为

$$\overline{\gamma}=7.13\ \text{kN/节点},\quad \sigma_r=1.4$$

考虑列车运行时动摩擦作用会使阻力损失,现按损失的25%计:

$$\overline{\gamma}_1=5.35\ \text{kN/节点},\quad \sigma_{r_1}=1.05$$

K形扣件不扣紧轨底时:

$$\overline{\gamma}_2=0.5\ \text{kN/节点},\quad \sigma_{r_2}=0.1$$

明桥面每米3根桥枕,桥上采用不同松紧布置时,线路纵向阻力参数见表3-81。

表3-81　明桥面线路纵向阻力参数

扣件布置状态	线路纵向阻力均值 kN/m/轨	线路纵向阻力方差
1－n－1 紧 松 紧	$\overline{q}=(\overline{r}_1+n\cdot\overline{r}_2)/n\cdot a$	$\sigma=\sqrt{\sigma_{r1}^2+n\cdot\sigma_{r2}^2/n\cdot a}$
1－2－1	6.35	1.05
1－3－1	5.15	0.80
1－4－1	4.40	0.64
1－5－1	3.93	0.54
1－6－1	3.58	0.46
扣件全紧	16.05	1.82
扣件全松	1.50	0.55

道碴桥面、木枕线路纵向阻力参数为:

K形扣件全紧:　$\overline{q}=5.15\ \text{kN/m/轨},\quad \sigma=0.8$

K形扣件按1-3-1状态布置:

$$\overline{q}=3.11\ \text{kN/m/轨},\quad \sigma=0.48$$

(2)钢轨最大温度力

钢轨最大温度力与地区年最大轨温幅度有关,据北京、南昌、武汉、洛阳地区30年气象资料统计表明:年最大气温幅度变异系数很小,仅为0.046～0.073;因此可以地区极端最高气温和最低气温变化幅值代替当地年气温幅度的最大值;由于地区每年的高温、低温具有相当长的持续期,温度力产生的作用可视为长期状况作用。

在无缝线路设计中,通常使钢轨产生的最大温度拉力大于压力,故在计算连续梁承受的伸缩区温度力、梁上及梁外钢轨传递的温度力及断轨力时,最大温度力按拉力计算:

$$p_{t拉}=E\cdot F\cdot\alpha\cdot\Delta T_1$$

$$\Delta T_1=(t_1+|t_2|+20+10-\Delta T_2)$$

式中　E,F,α——钢轨弹性模量、断面面积及线膨胀系数,$E=2.1\times10^7\ \text{N/cm}^2$,$F=77.45\ \text{cm}^2$(60 kg/m轨),$\alpha=11.8\times10^{-6}$;

ΔT_1——地区极端最低轨温至锁定轨温上限的幅值,为统计最大值;

ΔT_2——地区极端最高轨温至锁定温度下限的幅值,长江以南:$\Delta T_2=35$ ℃;长江以北至北京地区:$\Delta T_2=40$ ℃;山海关以北地区:$\Delta T_2=45$ ℃;最高轨温较最高气温高20 ℃;锁定轨温范围按设计锁定轨温±5 ℃,幅值为10 ℃计;

t_1,t_2——地区极端最高气温、最低气温;年最大轨温幅度变异系数 $\delta=0.073$。

2. 跨度40 m及以下的简支梁

在桥梁结构上通常采用温度应力式无缝线路,温度应力式无缝线路可分为固定区、伸缩区,在长轨端部联结处视具体情况考虑是否设置钢轨伸缩调节器。一般情况下尽量将无缝线路固定区设在桥上;在与大跨度桥梁正桥相邻的引桥上,或桥梁距道岔、信号机较近时,或桥梁很长、桥上设置信号机时,无缝线路的伸缩区设在桥上,线路每根轨道的纵向阻力为4 kN/m和6 kN/m时,伸缩区长分别为200 m和150 m。

每段无缝线路应有不短于300 m的锁定区段,锁定段线路每根轨道的纵向阻力不低于6 kN/m,可分段锁定或集中锁定。为减少桥上纵向力,锁定区尽量设在路基上。

(1)纵向力计算。在无缝线路固定区应计算桥梁承受的挠曲力、伸缩力及断轨力产生的纵向力。挠曲力、伸缩力为长期状况作用,二者不叠加计算;断轨力为短暂状况作用。

①挠曲力

对于跨度24 m、32 m、40 m的上承板梁桥,取相同变异系数:前方墩 $\delta=0.3$;计算墩 $=0.22$;按 1－4－1～1－6－1 扣件布置状态,60 kg/m轨挠曲力产生的桥墩纵向力参数见表 3-82。

表 3-82 上承板梁桥挠曲力产生的桥墩纵向力

跨度(m)	前方桥墩(kN/线)		计算桥墩(kN/线)	
	均值 $2(\overline{p_0-p_1})$	方差 σ_1	均值 $2(\overline{p_1-p_2})$	方差 σ_2
24	−63.8	19.1	159.6	35.1
32	−95.7	28.7	217.4	47.8
40	−127.7	38.3	268.8	59.1

注:表中正值表示拉力,负值表示压力,p_0,p_1,p_2 分别为前方墩、计算墩、后方墩处纵向力。

道碴桥面混凝土梁木枕线路的挠曲力变异系数:前方墩 $\delta=0.44$;计算墩 $\delta=0.28$,60 kg/m轨挠曲力产生的桥墩纵向力参数见表 3-83。

表 3-83 木枕线路挠曲力产生的桥墩纵向力

跨度(m)	前方桥墩(kN/线)		计算桥墩(kN/线)	
	均值 $2(\overline{p_0-p_1})$	方差 σ_1	均值 $2(\overline{p_1-p_2})$	方差 σ_2
40	−61.7	27.2	141.5	39.6

②伸缩力

伸缩力变异系数采用与挠曲力相同值:上承板梁 $\delta=0.3$,扣件布置为 1－4－1～1－6－1;道碴桥面混凝土梁 $\delta=0.4$,60 kg/m轨伸缩力产生的桥墩纵向力参数见表 3-84。

表 3-84 伸缩力产生的桥墩纵向力

桥梁及跨度(m)	固定支座桥台(kN/线)		边跨桥墩(kN/线)	
	均值 $2(p_1-p_2)$	方差 σ	均值 $2(p_5-p_6)$	方差 σ
上承板梁 40	145.6	43.7	86.3	25.9
上承板梁 32	115.8	34.7	73.1	21.9
上承板梁 24	98.4	29.5	65.0	19.5
混凝土梁 40	61.4	27.0	37.1	16.3

③断轨力

无缝线路钢轨断折规律为:在新轨铺设初期,主要由于施工焊接质量所致的早期断折,所占比例很小;随着线路通过总重的增加,钢轨因疲劳、纵向力等原因所致损伤或断折逐年增多,此时钢轨断折率最大,轨道进入大修阶段;按实际年运量及通过总重700 Mt·km/km计算,

60 kg/m轨线路大修周期为7～11年，则可把断轨力周期定为10年。

根据对京山线、京广线某段无缝线路钢轨断折情况统计，在通过总重700 Mt·km/km时断折率：联合接头铝热焊 $P_{A/H_1}=22.48\%$；接触焊 $P_{A/H_2}=0.43\%$；钢轨母材 $P_{A/H_3}=1.12\%$；每公里3种断裂单元为：铝热焊 $P_{H_1}=6.25\%$；接触焊 $P_{H_2}=43.75\%$；母材 $P_{H_3}=50\%$，则每公里桥上有一处钢轨断折的概率为：

$$P_A=\sum_{i=1}^{3}P_{H_i}\cdot P_{A/H_i}=0.0215$$

(2)符合以下条件的跨度40 m及以下的简支梁可以不计算桥梁承受的无缝线路纵向力，但需将无缝线路固定区设在桥上，桥外线路锁定长度不少于300 m。

①无碴桥：年轨温幅度86～90 ℃地区，桥跨总长不超过165 m的50 kg/m轨及桥跨总长不超过100 m的60 kg/m轨；轨温幅度80 ℃及以下的地区，桥跨总长不超过200 m的50 kg/m轨及桥跨总长不超过165 m的60 kg/m轨，联合接头不设在桥上，桥上使用道钉扣件。

②有碴桥：年轨温幅度90 ℃及以下的地区，跨度31.7 m及以下的道碴桥面混凝土梁、木枕K形扣件、梁上道床肩宽450 mm并堆高枕端石碴。

(3)跨度24～40 m上承板梁，跨度40 m道碴桥面混凝土梁、矮墩，当无缝线路固定区设在桥上时，应计算墩台、支座承受的长钢轨纵向力，单线或复线桥只计算一轨的断轨力。

(4)在高墩桥上铺设无缝线路，需计算有墩顶位移情况下的长轨纵向力。

(5)无缝线路伸缩区设在桥上时，应计算墩台、支座承受的温度力。

3. 跨度64 m及以上的简支梁或连续梁

大跨度钢结构桥上铺设无缝线路时，其轨节长度原则上与每联梁长相同；当桥面系不设置活动纵梁时，可以不计算纵向力；当桥面系设置活动纵梁时，应计算活动纵梁的纵向力。

跨度100 m及以上的钢结构桥梁，应在其活动端设置钢轨伸缩调节器。

在钢结构桥梁的固定支座与引桥或路基相邻时，或在梁的温度跨度不足100 m的活动端，可以设计轨节在梁端不断开，并计算端横梁位移引起的挠曲力，梁外钢轨向梁内传递的温度力及梁轨温差产生的温度力，这些力作用于制动架或墩台。

在混凝土连续梁上，若正桥梁端伸缩量较大，可根据情况在梁两端设置钢轨伸缩调节器；若梁端伸缩量较小，特别是当引桥为多联连续梁时，在联与联之间不设置钢轨伸缩调节器，而铺设一段温度应力式无缝线路，只在与正桥相接处设置钢轨伸缩调节器。此种桥梁结构上的无缝线路，正桥可以不计算纵向力，引桥由于伸缩区设在桥上，应计算伸缩区温度力、梁轨温差产生的温度力、梁上固定支座一侧向另一侧传递的温度力，以及固定区断轨力。这些力可以相叠加，但不得超过一联梁上线路纵向阻力之和。

(1)纵向力计算

①挠曲力

分析表明，在列车荷载作用下，连续梁由于邻跨负弯矩的影响，中间支座附近的下弦杆受压而缩短，使与中间支座相邻的两制动架向跨中位移，从而减小活动纵梁的伸缩量；简支梁在端横梁处的钢轨挠曲力使制动架向梁端方向位移，从而扩大活动纵梁的伸缩量。根据对南京大桥160 m跨连续梁计算，即使在端跨布置列车荷载，其活动纵梁处的挠曲力也小于128 m跨简支梁，因此大跨度桁梁桥活动纵梁及端横梁处挠曲力可按128 m简支梁取值。

②温度力

伸缩区温度力，按一联连续梁长内线路纵向阻力之和计算（$p'=ql$），当连续梁较长，该值大于钢轨最大温度力时按钢轨最大温度力计算。

梁轨温差产生的温度力为：$p_{t1}=E\cdot F\cdot \alpha\cdot \Delta t_1$，当 $p'<p_{t拉}$时则按 p'计算。

③梁外或梁上钢轨传递的温度力

图 3-33 所示无论钢结构或混凝土结构的桥梁，当长钢轨在其梁端 N 处不断开时，应计算固定支座以左的钢轨向固定支座以右传递的温度力 p_{t_2}。

$$p_{t_2}\approx \frac{1}{2}\left(p_{t拉}-p_{t_1}\right)$$

④断轨力

按一联连续梁上线路纵向阻力之和计算，若该值大于钢轨最大温度拉力，则按温度力计算。

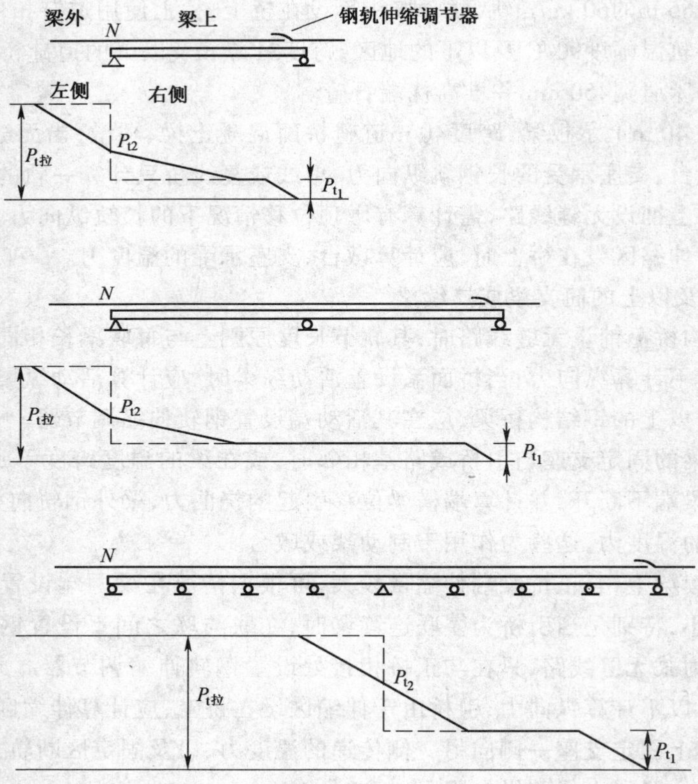

图 3-33　长钢轨在梁端 N 处不断开

4．高速铁路暂行规定中长钢轨纵向力的计算

长钢轨纵向力和长钢轨断轨力引起的墩台顶纵向水平力应按梁轨共同作用进行计算；梁轨共同作用引起的钢轨附加压应力不得超过61 MPa，钢轨附加拉应力不得超过81 MPa；梁轨快速移动相对位移不得超过4 mm。

（1）常用跨度的等跨连孔布置的简支梁桥，其各墩的纵向水平刚度差不大于 15％时，由长钢轨纵向力和断轨力引起的墩台顶纵向水平力，单线桥根据桥墩纵向水平刚度按表 3-85 采用；双线桥按等效刚度采用。

表 3-85(a) 长钢轨纵向引起的固定区墩台顶纵向水平力(kN/线)

梁温差	跨度(m)	12					
	$K_{墩}$[kN/(cm·线)]	刚性	1 000	500	200	150	100
±15 ℃	桥墩顶	50	30	20	15	10	5
	桥台顶	70	80	85	90	95	100
±20 ℃	桥墩顶	55	40	30	20	15	10
	桥台顶	75	90	95	105	110	115
梁温差	跨度(m)	16					
	$K_{墩}$[kN/(cm·线)]	刚性	1 000	500	200	150	100
±15 ℃	桥墩顶	60	35	25	15	10	–
	桥台顶	100	110	115	120	130	–
±20 ℃	桥墩顶	70	45	30	20	15	–
	桥台顶	110	120	125	135	150	–
梁温差	跨度(m)	20					
	$K_{墩}$[kN/(cm·线)]	刚性	1 000	500	200	150	100
±15 ℃	桥墩顶	70	40	30	20	15	–
	桥台顶	130	140	145	150	155	–
±20 ℃	桥墩顶	85	55	40	25	20	–
	桥台顶	145	155	160	170	175	–
梁温差	跨度(m)	24					
	$K_{墩}$[kN/(cm·线)]	刚性	1 000	500	200	150	100
±15 ℃	桥墩顶	80	50	35	20	–	–
	桥台顶	155	165	175	180	–	–
±20 ℃	桥墩顶	95	60	40	25	–	–
	桥台顶	180	190	195	205	–	–
梁温差	跨度(m)	32					
	$K_{墩}$[kN/(cm·线)]	刚性	1 000	500	200	150	100
±15 ℃	桥墩顶	175	60	45	25	–	–
	桥台顶	215	225	230	240	–	–
±20 ℃	桥墩顶	175	75	55	30	–	–
	桥台顶	250	260	265	275	–	–
梁温差	跨度(m)	40					
	$K_{墩}$[kN/(cm·线)]	刚性	1 000	500	200	150	100
±15 ℃	桥墩顶	305	95	55	–	–	–
	桥台顶	305	285	295	–	–	–
±20 ℃	桥墩顶	305	95	70	–	–	–
	桥台顶	315	330	335	–	–	–
梁温差	跨度(m)	48					
	$K_{墩}$[kN/(cm·线)]	刚性	1 000	500	200	150	100
±15 ℃	桥墩顶	425	145	85	–	–	–
	桥台顶	425	345	350	–	–	–
±20 ℃	桥墩顶	425	145	85	–	–	–
	桥台顶	425	395	405	–	–	–

注:①中间跨度及中间刚度均可线性内插;

②当 $K_{墩}\geqslant$6 000 kN/(cm·线)时,可视为刚性;

③梁温差的取值;道碴桥面混凝土为±15 ℃;无碴桥面混凝土梁为±20 ℃。

表 3-85(b) 长钢轨纵向力引起的伸缩区墩台顶纵向水平力(kN/线)

跨度 (m)													
12		16		20		24		32		40		48	
桥墩	桥台	桥墩	桥台	桥墩	桥台	桥墩	桥台	桥墩	桥台	桥墩	桥台	桥墩	桥台
230	310	265	345	330	410	390	470	520	600	650	730	775	855

注:中间跨度可线性内插。

表 3-85(c) 长钢轨断轨力引起的墩台顶纵向水平力(kN/轨)

跨度 (m)													
12		16		20		24		32		40		48	
桥墩	桥台	桥墩	桥台	桥墩	桥台	桥墩	桥台	桥墩	桥台	桥墩	桥台	桥墩	桥台
105	145	135	175	165	205	195	235	260	300	325	365	390	430

注:中间跨度可线性内插。

(2)常用三跨连续梁桥由长钢轨纵向力、断轨力引起的墩台顶纵向水平力,单线桥按桥墩纵向水平刚度按以下公式计算:

①长钢轨纵向力引起的墩台顶纵向水平力 H_c(kN/线):

连续梁上不设置钢轨伸缩调节器时:

$$H_c = 5.5(l_{max} - l_{min}),\quad \Delta t = \pm 15\ ℃$$

$$H_c = 6.5(l_{max} - l_{min}),\quad \Delta t = \pm 20\ ℃$$

式中 l_{max}、l_{min}——连续梁大、小温度跨度(m),固定支座设在连续梁一端时,l_{max} 为联长。

连续梁一端设置钢轨伸缩调节器,固定支座设在连续梁一端时:

$$H_c = 1\ 270 \cdot \xi_{c_1},\quad \Delta t = \pm 15\ ℃$$

$$H_c = 1\ 180 \cdot \xi_{c_1},\quad \Delta t = \pm 20\ ℃$$

式中 ξ_{c_1}、ξ_{c_2}——折减系数,见表 3-86。

连续梁两端设置钢轨伸缩调节器时:

$$H_c = 0$$

②断轨力引起的墩台顶纵向水平力 H_D(kN/轨):

连续梁上不设置钢轨伸缩调节器时:

$$H_D = 8.3l\quad (H_D \leqslant 860\ \text{kN/轨})$$

式中 l——连续梁联长(m)。

连续梁上一端或两端设置钢轨伸缩调节器时:

$$H_D = 0$$

表 3-86 折减系数 ξ_{c_1}、ξ_{c_2}

下部结构纵向水平刚度 [kN/(cm·线)]	ξ_{c_1}	ξ_{c_2}
200	0.28	0.29
500	0.45	0.49
1000	0.59	0.67
2000	0.72	0.86
3000	0.78	0.95
4000	0.82	1.00
6000	0.87	1.00
8000	0.90	1.00
10000	0.92	1.00
15000	0.94	1.00
刚性	1.00	1.00

5. 无缝线路桥梁支座的布置

图 3-34 示出长钢轨固定区等跨度多孔简支梁支座布置与轴向力分布,图(a)中相邻跨的活动支座与固定支座设置在同一桥墩上,最大钢轨轴力具有与桥梁全长同时增大的倾向;图(b)中相邻跨的固定支座或活动支座按相同类型设置在同一桥墩上,最大钢轨轴力变化均匀且小于图(a)者,因此当桥梁全长较长时,图(b)布置方式可限制钢轨最大轴力。

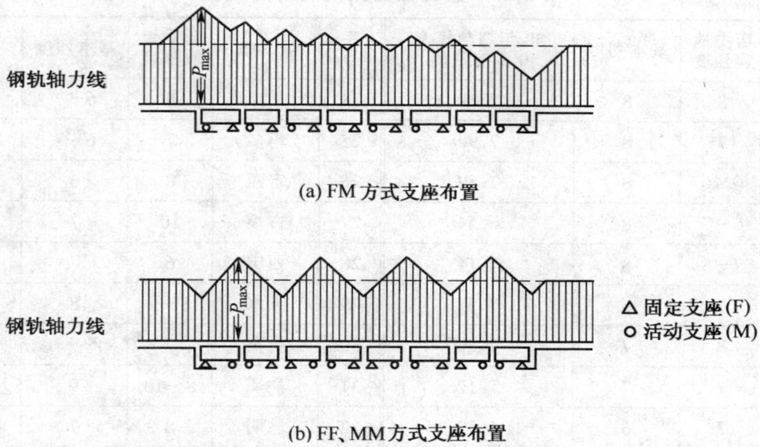

图 3-34 支座布置与钢轨轴力分布的关系

3.3.10 地震作用

我国是一个多地震国家,"中国地震烈度区划图(1990)"将全国分为五类烈度区:小于Ⅵ、Ⅵ、Ⅶ、Ⅷ和大于等于Ⅸ,其中小于Ⅵ度区总面积 201 万 km^2;Ⅵ度区总面积 361 万 km^2,Ⅶ度区 320 万 km^2,Ⅷ度区 68 万 km^2,大于等于Ⅸ度区 9.5 万 km^2,分别占全国陆地总面积的 21%、38%、33%、7%和 1%。需要采取工程抗震措施的地区(I≥Ⅵ)所占面积达 80%,40%以上国土面积在未来五十年中将面临着 10%超越概率地震灾害的潜在危险(I≥Ⅶ)。

"中国地震烈度区划图"以 50 年超越概率 10%(相当于基本烈度)和 50 年超越概率 2%~3%(相当于比基本烈度高一度)的烈度和地震参数表示,同时符合极值Ⅲ型分布的地震烈度的平均概率密度曲线(图 3-35)。

图中 I_m 为众值烈度(多遇地震烈度),即 50 年内超越概率 63.2%,比基本烈度降低 1.55 度;

I_b 为基本烈度,即 50 年内超越概率 10%,此时结构的震害程度控制在可修复的损坏状态;

I_t 为罕遇烈度,即 50 年内超越概率 2%~3%。

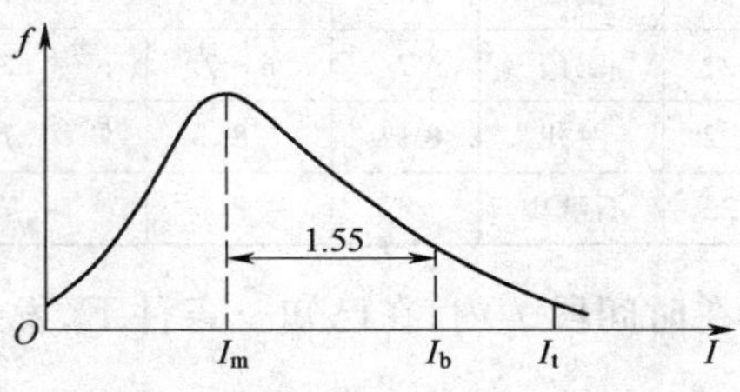

图 3-35 三种概率水准烈度分布

表 3-87 列出全国主要城镇烈度值。

1. 地震发生的概率模型

直到目前,在地震危险性分析中,世界各国应用最广泛的仍是平稳泊松模型:令到时间 t 震级大于 M 的地震发生次数为 $N(M)$,则平稳泊松过程应满足下列条件:

(1) $N(t, t+t_0)$ 与 t 之前任何时刻 τ 的 $N(\tau, \tau+\tau_0)$ 无关,无记忆性;

(2) $p[N_{t+t_0}(M) - N_t(M) \geqslant 2] = 0(t_0)$,在一个很短的时间 t_0 内,发生二次或二次以上的地震概率为零;

(3) $E[N_{t+t_0} - N_t] = \nu t_0$,地震次数的期望值与时间段 t_0 及年平均发生率常数 ν 的乘积成正比。两次震级≥M 地震发生时间间隔是独立的,且符合指数分布:

$$\begin{cases} f(t) = \nu \exp(-\nu t) \\ F(t) = 1 - \exp(-\nu t) \end{cases}$$

表 3-87　全国主要城镇烈度值比较

序号	城　镇	历史地震烈度	基本烈度	50 年超越概率 0.1 的烈度	序号	城　镇	历史地震烈度	基本烈度	50 年超越概率 0.1 的烈度
1	北京	8	8	7.82	24	平凉	8	6～7	7.34
2	天津	7	8	7.90	25	玛多	7	6～7	6.89
3	唐山	≥10	8	7.80	26	定西	8	6	7.49
4	呼和浩特	6～7	8	6.54	27	古浪	10	7	7.47
5	太原	7～8	8	7.14	28	西宁	6	7	7.51
6	济南	7	6	7.37	29	天水	8～9	8	7.44
7	邯郸	8	7	7.80	30	自贡	7	7	7.70
8	长治	7	7	7.12	31	炉霍	8～10	9	8.92
9	青岛	7	6	6.87	32	昆明	8	7	8.69
10	临汾	10	9	7.46	33	成都	6	7	7.92
11	临沂	≥10	9	7.23	34	巴塘	10	9	8.05
12	郑州	6	6	6.99	35	理塘	9～10	9	8.18
13	怀来	9	8	7.31	36	康定	10	≥10	9.13
14	灵丘	9	7	7.34	37	德钦	7	7	7.74
15	潞城	7	7	7.15	38	马边	8	9	8.76
16	烟台	6	7	6.92	39	中甸	8	8	8.55
17	银川	9～10	8	7.40	40	西昌	10	9	8.49
18	固原	9	7	7.39	41	东川	10	9	8.69
19	海原	10	7	7.46	42	保山	7	7	8.62
20	武威	8	6	7.46	43	楚雄	8～9	8	7.87
21	玉门	7	6～7	7.09	44	石棉	7	8	8.66
22	兰州	8～9	8	7.51	45	昭通	7	7	8.70
23	石嘴山	8	8	7.36					

则在时间段 t 内，在已知 ν 条件下，发生 $N(M)$ 等于 k 次的概率为：

$$p[N(M)=k\,|_{\nu,t}]=\frac{(\nu t)^k\exp(-\nu t)}{k!}$$

式中年平均发生率 $\nu=\dfrac{N(M)}{T}$，T 为历史地震数据资料统计时段长度，一般应为几百年或更长时间。

若某一场地周围有 n 个潜在震源，令第 i 个震源的震级 $M\geqslant M_0$ 的地震年平均发生率为 ν_i，则与场地所在地区相应的年平均发生率为：

$$\nu=\sum_{i=1}^{n}\nu_i$$

场地上地面运动的随机强度 I 超过某一给定值 $\hat{I}$ 的概率为 $p(I>\hat{I})$：

$$p(I>\hat{I})=\sum_{i=1}^{n}p(I>\hat{I}\,|\,E_i)\,p(E_i)$$

式中　E_i——震源 i 处发生的地震，其发生概率为 $p(E_i)=\nu_i/\nu$。

$$p(I > \hat{I}) = \frac{1}{\nu}\sum_{i=1}^{n} p(I > \hat{I} \mid E_i)\nu_i$$

若该地区内地震发生可以用年平均发生率为常数 ν 的泊松过程描述，则其分布函数为：

$$F_{\mathrm{I}}(\hat{I})_{1年} = \sum_{k=1}^{n} p(I < \hat{I} \mid k_{地震})p(k_{地震})$$

式中 $p(I<\hat{I} \mid k_{地震})=[1-p(I>\hat{I})]^k$，则

$$p(k_{地震})=\frac{\nu^k \cdot \exp(-\nu)}{k!}$$

$$\begin{aligned}F_{\mathrm{I}}(\hat{I})_{1年} &= \sum_{k=1}^{\infty}[1-p(I>\hat{I})]^k \cdot \frac{\nu^k \exp(-\nu)}{k!} \\ &= \exp(-\nu)\sum_{k=1}^{\infty}\frac{[1-p(I>\hat{I})]^k \cdot \nu^k}{k!} \\ &= \exp(-\nu)\exp\{\nu[-p(I>\hat{I})]\} \\ &= \exp[-\nu p(I>\hat{I})]\end{aligned}$$

场地一年中至少发生一次地震强度 I 超过某一给定值 $\hat{I}$ 的概率：

$$\begin{aligned}p(I>\hat{I})_{1年} &= 1-[F_{\mathrm{I}}(\hat{I})_{1年}] = 1-\exp\left[-\sum_{i=1}^{n}p_i(I>\hat{I} \mid E_i)\nu_i\right] \\ &= \sum_{i=1}^{n}p_i(I>\hat{I} \mid E_i)\nu_i\end{aligned}$$

T 年内相应的超越概率为：

$$p(I>\hat{I})_{T年} = 1-\left[1-\sum_{i=1}^{n}p_i(I>\hat{I} \mid E_i)\nu_i\right]^T$$

式中　ν_i——第 i 震源的年平均发生率；

E_i——第 i 震源发生的 $M \geqslant M_0$ 的地震。

上式可用于计算地震危险性区划图每一网格坐标上 T 年内超越概率。

若统计地震年平均发生率的资料不充分，特别是大地震资料，因此没有理由认为在过去一段时间内未发生高烈度地震($\nu=0$)从而断定未来不可能发生高烈度地震时，可借助贝叶斯法有效地改善因资料不足带来的不确定性，贝叶斯公式为：

$$p(B_i \mid A) = \frac{p(A \mid B_i)p(B_i)}{\sum_{j=1}^{n}p(A \mid B_j)p(B_j)}$$

把以往数据分析中得到的主观判断预估信息 $p(B_i)$ 作为先验概率赋予上式，$p(B_i \mid A)$ 为后验概率，它可根据先验概率进行修正。

当某一地区的地震年平均发生率 ν 为完全未知情况下，在震级 $0\sim M$ 范围内，ν 可假定为均匀分布，且当 $M\to\infty$ 时，可近似认为 ν 的先验分布为：

$$f(\nu)=\frac{1}{M}$$

表 3-88　总的信息

信息来源	记录周期(年)	地震发生次数
宏观历史地震记录	T'	N'
主观判断信息	T'	N'
总信息量	$T=T'+T''$	$N=N'+N''$

根据历史地震资料及大地构造、地质、地球、物理等资料，总的信息如表 3-88 所示。

将 N、T 值赋予贝叶斯公式，可得到 ν 的后验分布：

$$f'(\nu|N,T)=\frac{f(N,T,\nu)}{f(N,T)}=\frac{f(N,T|\nu)f(\nu)}{\int_0^{\infty}f(N,T|\nu)f(\nu)\mathrm{d}\nu}$$

把 $f(\nu)=\frac{1}{M},f(N,T|\nu)=\frac{(\nu T)^N\exp(-\nu T)}{N!}$代入上式得:

$$f'(\nu)=\frac{\nu^N\exp(-\nu T)}{\int_0^{\infty}\nu^N\exp(-\nu T)\mathrm{d}\nu}=\frac{\nu^N\exp(-\nu T)}{\frac{\Gamma(N+1)}{T^{(N+1)}}}=\frac{T(\nu T)^N\exp(-\nu T)}{\Gamma(N+1)}$$

式中,$\Gamma(N+1)$为伽马函数。

已知年平均发生率 ν 的后验分布 $f'(\nu|N,T)$后,可以求得未来 t 年内发生 n 次地震的概率。

$$\begin{aligned}p'_{\mathrm{t}}(n)&=p_{\mathrm{t}}(n\mid N,T)=\int_0^{\infty}p_{\mathrm{t}}(n\mid\nu,N,T)f'(\nu\mid N,T)\mathrm{d}\nu\\&=\int_0^{\infty}\frac{(nt)^n\exp(-\nu t)}{n!}\frac{T(\nu T)^n\exp(-\nu T)}{\Gamma(N+1)}\mathrm{d}\nu\\&=\frac{t^nT^{N+1}}{n!\Gamma(N+1)}\int_0^{\infty}\nu^{n+N}\exp[-\nu(t+T)]\mathrm{d}\nu\\&=\frac{\Gamma(n+N+1)}{n!\Gamma(N+1)}\cdot\frac{\left(\frac{t}{T}\right)^n}{\left(1+\frac{t}{T}\right)^{n+N+1}}\end{aligned}$$

上式为 Benjamin(1968)公式,其基于地震发生的泊松分布,并假定年平均发生率 ν 的先验分布在 $0\leqslant\nu\leqslant\infty$范围内是均匀分布的。

Hosofer(1969)假定年平发生率 ν 满足 Γ 分布:

$$\hat{p}_{\mathrm{t}}(n)=\frac{\Gamma(n+N)}{N!\ \Gamma(n)}\cdot\frac{t^nT^N}{(t+T)^{n+N}}$$

上式称为泊松过程的贝叶斯分布,它提供了一种把地震活动性先验信息和地震发生的历史资料相结合的严格方法,同时考虑了用于确定地震活动性参数值的统计不确定性。

对于年平均发生率的数学期望值,泊松过程为 $\bar{\nu}=\frac{N}{T}$,贝叶斯方法为:

$$\begin{aligned}\bar{\nu}&=\int_0^{\infty}\nu f'(\nu\mid N,T)\mathrm{d}\nu=\int_0^{\infty}\frac{(\nu T)^{N+1}\exp(-\nu T)}{\Gamma(N+1)}\mathrm{d}\nu\\&=\frac{T^{N+1}}{\Gamma(N+1)}\int_0^{\infty}\nu^{N+1}\exp(-\nu T)\mathrm{d}\nu=\frac{T^{N+1}}{\Gamma(N+1)}\cdot\frac{\Gamma(N+2)}{T^{N+2}}\\&=\frac{N+1}{T}>\frac{N}{T}\end{aligned}$$

由上式可见,泊松过程总是低估地震发生的概率。

2. 风险水平的选择

从工程设计出发,对于该场地设计地震大小的确定,首先要确定风险水平,即选择合适的超越概率水平,它取决于将于该场地上建造的工程结构的使用期限和该工程结构在地震后所必须保持的使用功能及结构类型和用途,以及对结构在未来地震中可能造成的破坏后果的估计。

对工程结构的使用期限 T 及容许的超越概率 q,可按下式确定风险水平(年超越概率 p):

$$(1-p)^T = 1-q$$

或

$$R_p = \frac{1}{1-(1-q)^{\frac{1}{T}}}$$

式中 R_p 为重复周期，$R_p = \frac{1}{p}$（年）。

表 3-89 列出以使用期限和超越概率表示的重复周期 R_p。

表 3-89　以使用期限和超越概率表示的重复周期

超越概率 q（%） ＼ 使用期（T 年）	10	20	30	40	50	100
2	495	990	1 485	1 980	2 475	4 950
3	328	657	985	1 313	1 642	3 283
10	95	190	285	390	475	950
20	45	90	135	180	225	449
30	29	57	84	113	140	281
40	20	40	59	79	98	196
50	15	29	44	58	72	145
60	11	22	33	44	55	110
63.2	10	20	30	40	50	100
70	9	17	25	34	42	84
80	7	13	19	25	31	63
90	5	9	14	18	22	44
95	4	7	11	14	18	34
99	3	5	7	9	11	22
99.5	2	4	6	8	10	19

从表可见当桥梁结构使用期限 $T=100$ 年、超越概率为 10%（基本地震烈度）的地震重复周期为 950 年，即年超越概率为 0.001；对于众值烈度地震，超越概率为 63.2% 时地震重复周期为 100 年，年超越概率为 0.01，而罕遇地震的年超越概率则为0.000 2～0.000 3。

相应于三种超越概率地震烈度 I 的水平地震系数列于表 3-90。

表 3-90　相应超越概率地震烈度 I 与水平地震系的关系

50 年内超越概率为 10% 的烈度	地震烈度	6°	7°	8°	9°	10°
	水平地震系数	0.063	0.125	0.250	0.50	1.00
50 年内超越概率为 2% 的烈度	地震烈度	7°	8°	9°	10°	—
	水平地震系数	0.128	0.23	0.507	1.01	—
50 年内超越概率为 63% 的烈度（众值烈度）	地震烈度	—	5.6°	6.6°	7.6°	—
	水平地震系数	—	0.048	0.096	0.193	—

日本 K.Kobo 提出的桥梁抗震性能预测法列于表 3-91，表中 10 项易损性指数的乘积可作为判别桥梁抗震性能（特别是着眼于是否会落梁）的参数。根据对以往震害资料验证，若 10 项指数乘积大于 30，则桥梁被认为是危险的，有可能落梁，对此桥梁需用精确方法和复杂的动力

分析加以验证。

表 3-91 桥梁抗震性能预测方法

名　称	种　类	易损性指数	备　注
场地条件	Ⅰ Ⅱ Ⅲ Ⅳ	0.5 1.0 1.5 1.8	场地条件从好到坏按日本《道路桥抗震设计规范》分类
液　化	无 可能液化 容易液化	1.0 1.5 2.0	
上部构造类型	拱式刚架 连续梁 简支或悬臂梁	1.0 2.0 3.0	
支座类型	具有抗震措施 一般 一个墩上有两个活动支座	0.6 1.0 1.15	
墩台最大高度	$H<5$ m 5 m$\leqslant H\leqslant$10 m $H>10$ m	1.0 内插 1.7	
孔　数	一孔 两孔或两孔以上	1.0 1.75	
下部构造顶面宽度或梁搭接长度	$A/S\geqslant1$ $A<S<1$ $D\geqslant1$ $D<1$	0.8 1.2 0.8 1.12	A 为支座端部至下部构造边缘之间长度 S 为规范规定之最小值 $D=A/60$(Ⅰ～Ⅲ类场地) $D=A/70$(Ⅵ类场地) A 梁搭接长度
地震烈度	Ⅶ,Ⅷ Ⅸ Ⅹ及以上	1.0 2.4 3.5	
基　础	除桩基外的基础 桩　基	1.0 1.4	1.4适用于明显的弱基础如摩擦桩
墩台材料	圬工或素混凝土 其　他	1.4 1.0	

不同结构的类型其可以接受的危险性指标是大有区别的,它可由预期损失、震害率、采取措施提高安全度所增加的费用、社会经济条件等诸因素决定,所有这些因素在决策分析中需综合考虑。美国规范 ATC-3 建议的对于各类结构质量及烈度区所有震害后果的平均值列于表 3-92,可以作为可接受的危险性参考指标,根据不同结构类型从中选择可以接受的年震害率或预测的震害,结构质量分级 Q 越大,结构质量越好。例如选定结构在地震中“不倒”的准则时,则在Ⅴ～Ⅵ度区,结构质量分级 $Q=2$ 可以接受,在Ⅶ～Ⅷ度区 $Q=4$ 可以接受。

表 3-92　各类结构质量分级及地震区的所有震害后果平均值

决策后果	结构质量分等 Q	Ⅴ	Ⅵ	Ⅶ	Ⅷ	Ⅸ	Ⅹ
每次地震的预期震害(%)	1	0.005	0.13	3.5	22	55	100
	2	0.005	0.066	0.74	9	24	51
	3	0.005	0.035	0.33	3	10	25
	4	0.005	0.020	0.19	1.3	5.4	14
	5	0.005	0.015	0.11	1.1	3	9
每次地震的倒塌可能性(≥50%震害)	1	1.6/1 000	5/1 000	16/100	30/100	64/100	94/100
	2	0	1/10 000	3/1 000	7/100	40/100	58/100
	3	0	0	0	2/1 000	7/100	33/100
	4	0	0	0	0	2/1 000	5/100
	5	0	0	0	0	0	2/1 000
每年震害率(%)	1	0	0.015	0.07	0.3	0.9	2.0
	2	0	0.004	0.03	0.12	0.4	0.9
	3	0	0.001	0.01	0.05	0.2	0.6
	4	0	0	0.004	0.015	0.09	0.2
	5	0	0	0.001	0.004	0.015	0.06

3．地震作用与其他荷载的组合

对于列车荷载、地震作用等可变荷载，其效应可以用滤过性 Poisson 方波过程(脉冲过程)模拟，设荷载效应随机过程在设计基准期$[0,T]$内发生的概率为 q，每发生一次的持续时间为 d(均值为 μ_d)，它服从指数分布：

$$F_\tau(\tau_i)=1-\exp(-\lambda\tau_i)$$

$\lambda=q/\mu_d$ 为脉冲平均到达率，当 $q=\lambda\mu_d<1$ 时即为短暂脉冲过程，当 $q=1$ 时为持续性泊松方波过程(见图 3-36)。

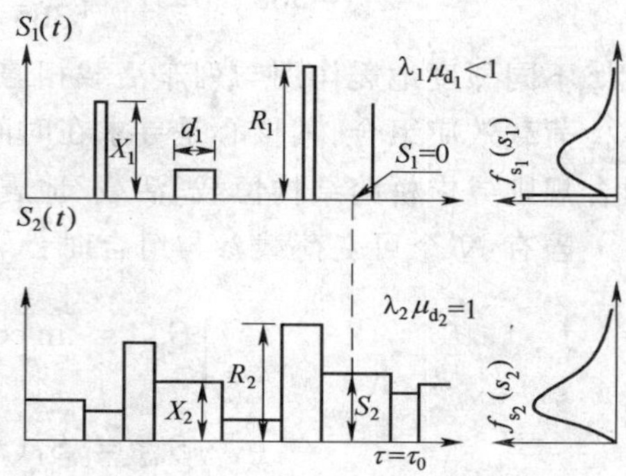

图 3-36　泊松方波过程

Wen. Y. K 给出了两个同时发生的脉冲过程和最大值近似解：

$$F_{Rm}(r,t)\approx\exp\{-t\{\lambda_1[1-F_{x1}(r)]+\lambda_2[1-F_{x2}(r)]+\lambda_{12}[1-F_{x12}(r)]\}\}$$
$$\approx\exp[-\xi,t]$$

式中 $\lambda_{12}=\lambda_1\lambda_2(\mu_{d1}+\mu_{d2})=\dfrac{1}{\mu_{d_1}+\mu_{d_2}}(\mu_{d_1}+\mu_{d_2})=\dfrac{1}{\mu_{d_{12}}}$，为叠加脉冲的平均到达率，$\mu_{d12}$ 为叠加脉冲平均持续时间。

(1)铁路列车活载假设为短暂泊松脉冲过程，其分布服从极值Ⅰ型分布

任意时点分布：$\lambda_1=365$ 次/年；$\lambda_{d_1}=5$ h(日分布与年分布相同)：

$$F_Q(x)=\exp\left[-\exp\left(-\frac{x-0.662\,5Q_k}{0.065\,7Q_k}\right)\right],\quad 均值\ \mu_Q\approx0.70Q_k$$

设计基准期最大值分布：

$$F_{\mathrm{Qm}}(x)=\exp\left[-\exp\left(-\frac{x-1.017\,9Q_{\mathrm{k}}}{0.065\,7Q_{\mathrm{k}}}\right)\right],\quad \text{均值 } \mu_{\mathrm{Qm}}\approx 1.35Q_{\mathrm{k}}$$

式中 Q_{k}——列车活载标准值。

(2)地震作用

设为短暂脉冲过程，水平地震系数的概率分布为极值Ⅱ型：

$$F_{\mathrm{E}}(H)=\exp[-(\alpha H_0/H)^k]$$

式中 H——水平地震系数；

H_0——基本烈度水平地震系数；

α——系数，基准期为50年时为0.385，100年为0.517；

k——形状系数2.35。

表 3-93 地震烈度与平均出现率 λ_{E}、平均周期 T' 的关系

地震烈度	λ_{E}(次数/年)	T'
5°	4.18	87.3(天)
6°	0.57	1.8(年)
7°	0.076	13.2(年)
8°	0.010	100(年)
9°	0.001 4	720(年)

(3)两个短暂滤过性 Poisson 过程相遇的概率及荷载效应组合

根据统计资料，表 3-93 列出地震烈度与平均出现率 λ_{E}、平均周期 T' 的关系。

当地震烈度为 8°时：$\lambda_{\mathrm{E}}=0.01$，$\mu_{\mathrm{ds}}=30$ s。列车活载与地震作用相遇的概率为：

$$\lambda_{13}=365\times 0.01\times\left(\frac{5}{365\times 24}+\frac{30}{365\times 24\times 60\times 60}\right)\approx 0.002\ \text{次/年}$$

当地震烈度为 6°时：$\lambda_{\mathrm{E}}=0.57$，$\mu_{\mathrm{ds}}=30$ s。列车活载与地震作用相遇的概率为：

$$\lambda_{13}=365\times 0.57\times\left(\frac{5}{365\times 24}+\frac{30}{365\times 24\times 60\times 60}\right)\approx 0.12\ \text{次/年}$$

不同烈度地震作用与列车活载相遇概率决定了其在荷载组合中的地位。

荷载效应组合，其核心是寻求在时间域$[0,T]$内荷载效应组合最大值的分布，以 Turkstra 组合规则寻求桥跨结构恒载、活载、地震作用的组合。

当有 N 个可变荷载参与组合时：

$$\begin{cases} S_{\mathrm{m1}}=\max\limits_{0\leqslant t\leqslant T}S_1(t)+\sum\limits_{i=2}^{N}S_i(t)\\ S_{\mathrm{m2}}=S_1(t)+\max\limits_{0\leqslant t\leqslant T}S_2(t)+\sum\limits_{i=3}^{N}S_i(t)\\ S_{\mathrm{mN}}=\sum\limits_{i=1}^{N-1}S_i(t)+\max\limits_{0\leqslant t\leqslant T}S_N(t)\end{cases}$$

恒载+活载+地震作用的荷载效应组合：

$$\begin{cases} S_{\mathrm{m1}}=S_{\mathrm{G}}(t)+\max\limits_{0\leqslant t\leqslant T}S_{\mathrm{Q}}(t)=S_{\mathrm{Gk}}+1.35S_{(1+\mathrm{u})\mathrm{Q_k}}\\ S_{\mathrm{m2}}=S_{\mathrm{G}}(t)+\max\limits_{0\leqslant t\leqslant T}S_{\mathrm{E}}(t)=S_{\mathrm{Gk}}+S_{\mathrm{E}}^{\mathrm{I}+1}\\ S_{\mathrm{m3}}=S_{\mathrm{G}}(t)+\max\limits_{0\leqslant t\leqslant T}S_{\mathrm{Q}}(t)+S_{\mathrm{E}}(t)=S_{\mathrm{Gk}}+1.35S_{(1+\mathrm{u})\mathrm{Q_k}}+S_{\mathrm{E}}^{\mathrm{I}-1.5}\\ S_{\mathrm{m4}}=S_{\mathrm{G}}(t)+S_{\mathrm{Q}}(t)+\max\limits_{0\leqslant t\leqslant T}S_{\mathrm{E}}(t)=S_{\mathrm{Gk}}+0.70S_{(1+\mathrm{u})\mathrm{Q_k}}+S_{\mathrm{E}}^{\mathrm{I}}\end{cases}$$

式中 $S_{\mathrm{E}}^{\mathrm{I}}$，$S_{\mathrm{E}}^{\mathrm{I}-1.5}$，$S_{\mathrm{E}}^{\mathrm{I}+1}$——地震基本烈度、基本烈度减1.5度及基本烈度加1度的地震作用效应；

$S_{\mathrm{G_k}}$——恒载标准值效应；

$S_{(1+u)Q_k}$——活载标准值效应。

其中以组合效应最大者控制设计：

$$S_m \approx \max_{0 \leqslant j \leqslant N} S_{mj}$$

3.3.11 施工荷载及其他

表 3-94 给出常用 130-59 悬臂式架桥机架设20 m、32 m梁，胜利型架桥机架设32 m梁和未吊梁走行的梁跨中弯矩和端部剪力的最不利荷载位置的换算均布荷载和偏移超载系数，设架桥机荷载服从正态分布。其均值为架桥机设计荷载 $\bar{q}_m$、$\bar{q}_Q$，变异系数 $\delta=0.02$。

表 3-94 架桥机最不利位置换算均布荷载及超载系数 η

梁型、跨度(m)		130-59 架桥机			胜利型架桥机	
		20 m	20 m	32 m	32 m	未吊梁
叁标桥 1023 叁标桥 1024 $L_p=20$ m	q_Q	8.9	9.3	11.34	7.68	7.6
	q_m	8.56	8.99	10.91		7.12
	η_Q	1.11	1.11	1.11	1.15	1.21
	η_m	1.24	1.24	1.24		1.138
叁标桥 2019 $L_p=32$ m	q_Q			7.81	5.96	
	q_m			7.39		3.8
	η_Q			1.23	1.155	
	η_m			1.18		1.0

桥梁架设期间，基本风压系数按 10 年一遇计算，系数取 0.75；对于在短期内能完成的架设工程，可以根据可靠的风速预报计算。

在桥梁架设期间，可以对控制温度进行折减，对最高控制温度减 2～5 ℃；对最低控制温度加 2～5 ℃；对于在短期可以完成的架设工程，可以采用场地可靠的控制温度预报计算。

正常使用阶段的预加力作为永久荷载计算，其平均值为 $p_m=p_0-\Delta p_m$（p_0 为初始张拉力，Δp_m 为相应阶段的预应力损失）。当计算结构裂缝、消压和疲劳效应时，可根据不利情况采用 $p_{max}=1.02p_0-0.8\Delta p_m$ 或 $p_m=0.98p_0-1.2\Delta p_m$。对于在比较大的预应力损失情况下，可以用较精确的计算：$p_{max}=p_0-0.7(\Delta p_0+\Delta p_t)$，$p_{min}=p_0-1.3(\Delta p_0+\Delta p_t)$。

在静不定结构中，需考虑混凝土收缩徐变的影响，特别是在结构体系变化时。由混凝土徐变产生的连续梁的静不定力，可由下式近似计算徐变引起的反力变化量后，再求出静不定力：

$$\Delta R_\varphi=(R_0-R_1)\cdot(1-e^{-\varphi})$$

式中 ΔR_φ——混凝土徐变引起的反力变化量；

R_0——当最终结构体系为一次性施工时，恒载及预应力所产生的反力；

R_1——形成最终结构体系前，结构中恒载及预应力所产生的反力；

φ——最终结构体系完成后，各个构件徐变系数的平均值。

此外，在结构体系变化时，为求得混凝土干缩引起的静不定力，可先计算出各个施工阶段的静不定力，然后加以合计。当干缩静不定力不大时，可按假设最终结构为一次性施工所得的静不定力计算。

作用于墩台上的土侧压力的标准值为按库仑理论计算的主动土压力。

根据日本松尾的研究,土的重度 γ 的变异系数变化很小,在 0.02~0.08 范围内,因此可认为 γ 为常量;填土黏聚力 c 和内摩擦角均服从正态分布,表 3-95 列出三种回填土的 $\bar{c}$、$\bar{\phi}$ 及其变异系数。对于砂土,三种状态[松散的($\bar{\phi}=30°$)、中等程度($\bar{\phi}=35°$)、足够密实的($\bar{\phi}=40°$)]的变系数 V_ϕ 为 0.05 和 0.10;粉砂土的 $\bar{\phi}$ 在 10°~30°范围变化,其粘聚力 $\bar{c}=10$、15、20 kN/m²,变异系数为 0.2 和 0.3;黏土作为回填土 $\bar{\phi}=5°$,$\bar{c}=15$ kN/m² 及2.0 kN/m²。

表 3-95 回填土的性质

土 质	No.	$\bar{\phi}$(°)	V_ϕ	$\bar{c}$(kN/m²)	V_c
砂	1	30	0.05		
	2	30	0.10		
	3	35	0.05		
	4	35	0.10		
	5	40	0.05		
	6	40	0.10		
粉砂(山土)	7	10	0.05	20	0.2
	8	10	0.10	20	0.3
	9	20	0.05	15	0.2
	10	20	0.10	15	0.3
	11	30	0.05	10	0.2
	12	30	0.10	10	0.3
	13	30	0.05	15	0.2
	14	30	0.01	15	0.3
黏土	15	5	0.05	15	0.2
	16	5	0.10	15	0.3
	17	5	0.05	20	0.2
	18	5	0.10	20	0.3

墙面外摩擦角 δ 在 $\phi/3\sim3\phi/4$变化,其土压力差异不大,采用 $\delta=2\phi/3$,用 Monte - Carlo 模拟求主动土压力 P_A 的分布情况,图 3-37 绘出各土质库仑主动土压力 P_A 的频数分布,它们均近似于正态分布,其变异系数(离散性)按砂—黏砂土—黏土逐渐增大。

表 3-96 列出各种土质情况库仑主动土压力的平均值 $\bar{P}_A$、标准差 s_{pA},由表中可知回填土质参数的方差越大,主动土压力 P_A 的变异亦越大。

对于破坏概率的计算,若以安全系数 F_{SA} 为准:$(P_F)_{PA}=P[F_{SA}\bar{P}_A\leqslant P_A]$,以 $\bar{P}_A$ 为标准值,安全系数 $F_{SA}=1.5$ 计算的破坏概率列于表第 5 列,说明用安全数 F_{SA}作为评价标准,其挡土结构的破坏概率非常不一致,计算表明对于砂土其平均设计土压力为 $P_A\approx\bar{P}_A+6.0S_{PA}$;粉砂土为 $P_A\approx\bar{P}_A+1.0s_{PA}$;黏土为 $P_A\approx\bar{P}_A+1.3s_{PA}$,因此砂土的破坏概率近于零;粉砂土 $P_F\approx0.84$;黏土 $P_F\approx0.90$,安全度非常不均衡。因此对于各种土质的设计土压力应以 $P_F=\bar{P}_A+\beta s_{PA}$模式计算:当 $\beta=1.645$ 时,$P_F\approx0.95$;$\beta=2.0$ 时,$P_F\approx0.98$,$\beta=3.0$ 时,$P_F\approx0.999$,即使考虑土工结构各种土质材料的不确定性很大,采用 $\beta=3.0$,结构已足够安全。

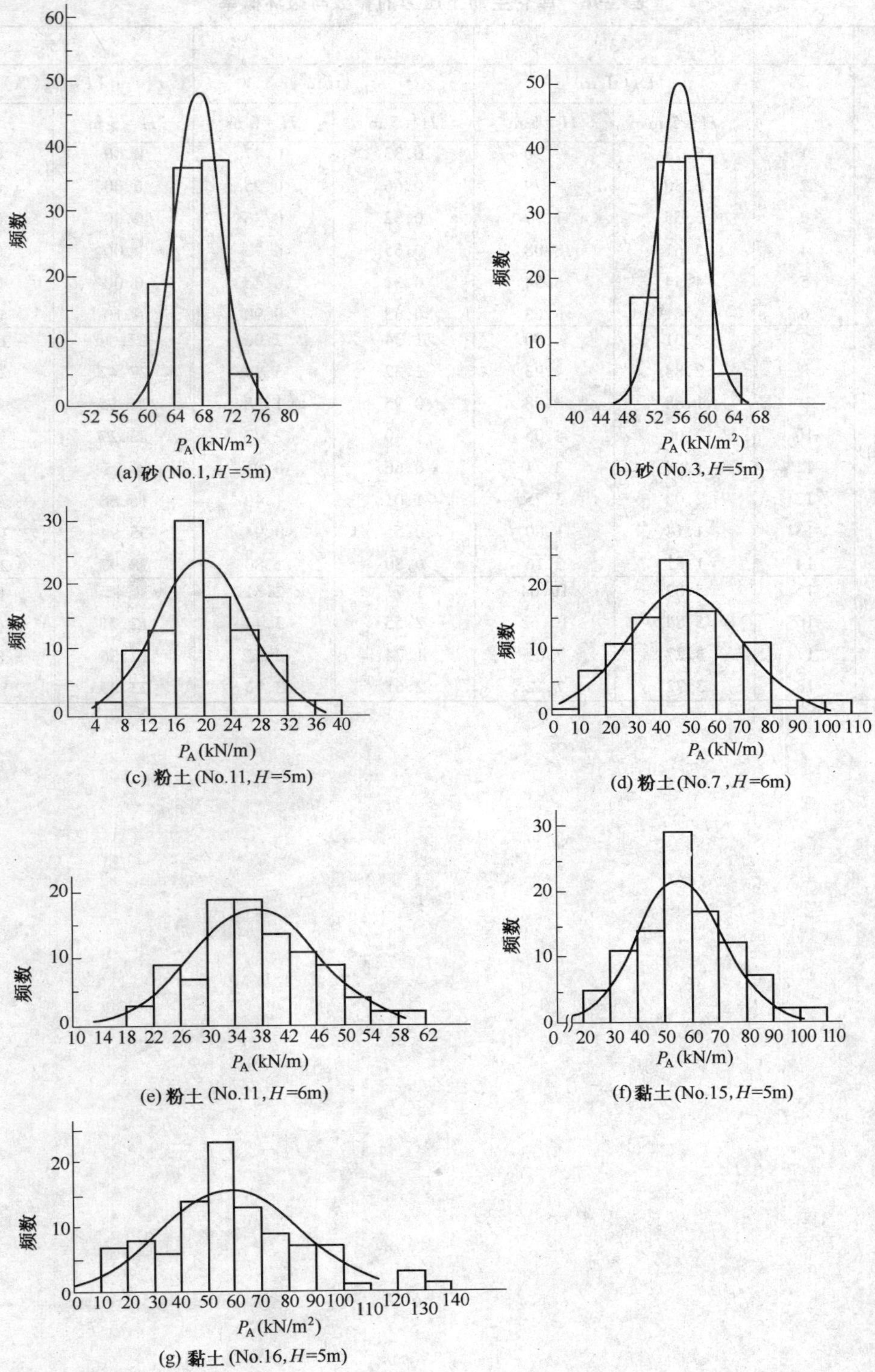

图 3-37　库仑主动土压力 P_A 的分布

表 3-96 库仑主动土压力的参数与破坏概率

1	2	3		4		5	
土质	No.	$\overline{P}_A$(tf/m)		s_{PA}(tf/m^2)		$(P_F)_{PA}$(%)	
		$H=5$ m	$H=6$ m	$H=5$ m	$H=6$ m	$H=5$ m	$H=6$ m
砂	1	6.73	9.70	0.33	0.47	0.00	0.00
	2	6.80	9.79	0.66	0.95	0.00	0.01
	3	5.55	7.99	0.32	0.46	0.00	0.00
	4	5.61	8.08	0.65	0.93	0.00	0.01
	5	4.54	6.54	0.31	0.45	0.00	0.00
	6	6.61	6.63	0.62	0.90	0.10	0.01
粉土(山土)	7	2.01	4.80	1.34	2.06	22.06	12.30
	8	2.84	4.93	2.37	3.04	27.42	20.90
	9	1.88	3.98	0.95	1.38	16.35	7.49
	10	2.06	4.05	1.40	2.07	23.27	16.60
	11	1.98	3.71	0.66	0.91	6.55	2.02
	12	2.03	3.75	1.01	1.40	15.86	9.01
	13	1.14	1.80	0.55	0.94	35.94	17.11
	14	1.81	2.16	0.80	1.80	38.97	27.42
黏土	15	5.83	10.64	1.71	2.31	4.45	0.87
	16	5.84	10.62	2.55	3.44	12.71	6.18
	17	3.27	7.05	1.74	2.52	17.36	8.23
	18	3.72	7.12	2.61	3.76	23.89	17.36

4 钢　结　构

4.1 引　　言

第二次世界大战之后，桥梁结构建设飞速发展，特别是钢桥跨结构，它在大跨度结构中处于领先地位。

英国标准 BS 5400《钢桥、混凝土桥及结合桥》成为世界上最早的以可靠度理论为基础编制的多系数极限状态桥梁设计规范。其承载能力（破坏）极限状态表达式为：

$$R(f_k/\gamma_m) \geqslant S(\gamma_{fL} Q_k)$$

式中　f_k——材料强度标准值；

γ_m——材料强度分项系数，$\gamma_m = \gamma_{m1}\gamma_{m2}$，$\gamma_{m1}$代表材料强度变异性影响，$\gamma_{m2}$代表其他变异性影响；

γ_{fL}——荷载分项系数，代表荷载变异性的影响；

Q_k——荷载标准值；

$R(\cdot)$——结构抗力函数；

$S(\cdot)$——荷载效应函数。

表 4-1 为标准中钢结构主要统计参数汇总，给出了主要变量的概率分布模型、均值和标准差，其中恒载为正态分布，活载为极值Ⅰ型分布，而抗力则全部服从对数正态分布。结构极限状态表达式为：

$$Z = \gamma_{mr} r(x_1, \cdots, x_k) - \gamma_{ms} s(x_p, \cdots, x_w) \geqslant 0$$

式中　γ_{mr}，γ_{ms}——抗力和荷载模型不定性系数。

结构失效概率 P_f 定义为：

$$P_f = P(Z < 0)$$

表 4-1　主要统计参数汇总表

变　　量	概率模型	均　值	标准差
恒载（总恒载的乘数）	N	1.05	0.05
活载（HA 集度的乘数）	E1	1.038 5	0.085 5
屈服点：低碳钢，(MPa)	L	270	20
低合金钢，(MPa)	L	390	25
模型不定性（计算承载力的乘数）			
压杆：长细比 = 55	L	1.30	0.117
长细比 = 130	L	1.22	0.067
翼缘（梁）	—	无	无

续上表

变　　量	概率模型	均 值	标准差
加劲受压翼缘	L	1.08	0.119
腹板	L	1.09	0.173
板件	L	1.22	0.122
拉杆	L	1.30	0.160

表注:N 表示正态分布,E1 表示极值Ⅰ型分布,L 表示对数正态分布。

分项系数以各构件失效概率的加权平均值$\sum\omega_i P_{fi}$等于目标失效概率P_{ft}进行优化,即:$\sum\omega_i P_{fi}=P_{ft}$

目标函数是使各构件的失效概率P_{fi}不要相差悬殊:

$$S=\min\sum\omega_i\left(\lg P_{ft}-\lg P_{fi}\right)^2$$

其优化以用钢量节省为目标,即以按新规范设计所需构件截面积对按旧规范设计所需截面积的加权用钢量比$\sum\omega_i\theta_i$为准,表 4-2 给出分项安全系数优化计算汇总,以第四组优化系数为准用钢量节省率约 6%左右(可靠度β相当于 4.84 左右)。

表 4-2　分项安全系数优化计算汇总

		组别						
		1	2	3	4	5	6	7
γ_f	恒 载	1.16	1.13	1.13	1.13	1.13	1.13	1.13
	活 载	1.47	1.50	1.50	1.50	1.50	1.50	1.50
γ_{m1}		1.08	1.08	1.00	1.00	1.00	1.00	1.00
γ_{m2}	压 杆	0.98	0.98	1.03	1.05	1.0	1.3	1.35
	翼 缘	1.09	1.08	1.17	1.15	1.2	1.3	1.35
	加劲压翼缘	1.27	1.28	1.37	1.35	1.4	1.3	1.35
	腹 板	1.25	1.25	1.34	1.35	1.3	1.3	1.35
	板 件	1.08	1.08	1.14	1.15	1.1	1.3	1.35
	拉 杆	1.09	1.09	1.18	1.20	1.2	1.3	1.35
$\sum\omega_i P_{fi}\times10^{-6}$		0.632	0.632	0.632	0.658	1.146	1.072	0.288
目标函数		0.073	0.086	0.142	0.225	0.281	5.950	8.800
$\sum\omega_i\theta_i$		0.936	0.938	0.939	0.942	0.933	1.000	1.040

表 4-3 为在优化过程中改变随机变量概率分布模型和参数所带来的影响,可见当荷载参数相同,改变荷载和抗力的分布类型对分项系数值影响很小。

表 4-3　统计量的变化所引起的影响

	组别						
	1	1A	2	3	4	5	6
荷载:概率模型	E1	E1	E1	E1	N	N	E1
95%分位值	1.200	1.200	1.200	1.300	1.200	1.200	1.500
均值	1.0385	1.0385	1.0385	1.0577	1.0360	1.0360	1.0962
标准差	0.0855	0.0855	0.0855	0.1280	0.1000	0.1000	0.2140
$P_{ft}(\times10^{-6})$	0.632	0.733	0.727	6.08	0.433	8.49	122.00
抗力:概率模型	L	L	N	L	L	N	L

续上表

<table>
<tr><td colspan="2" rowspan="2"></td><td colspan="7">组　　别</td></tr>
<tr><td>1</td><td>1A</td><td>2</td><td>3</td><td>4</td><td>5</td><td>6</td></tr>
<tr><td rowspan="6">γ_{m2}</td><td>压 杆</td><td>1.030</td><td>1.030</td><td>1.020</td><td>1.060</td><td>1.030</td><td>1.02</td><td>1.12</td></tr>
<tr><td>翼 缘</td><td>1.170</td><td>1.160</td><td>1.120</td><td>1.230</td><td>1.110</td><td>1.10</td><td>1.32</td></tr>
<tr><td>加劲压翼缘</td><td>1.370</td><td>1.370</td><td>1.450</td><td>1.320</td><td>1.390</td><td>1.45</td><td>1.27</td></tr>
<tr><td>腹 板</td><td>1.340</td><td>1.350</td><td>1.400</td><td>1.330</td><td>1.360</td><td>1.40</td><td>1.35</td></tr>
<tr><td>板 件</td><td>1.140</td><td>1.150</td><td>1.160</td><td>1.150</td><td>1.140</td><td>1.15</td><td>1.19</td></tr>
<tr><td>拉 杆</td><td>1.180</td><td>1.190</td><td>1.280</td><td>1.160</td><td>1.200</td><td>1.28</td><td>1.16</td></tr>
</table>

4.2 材　　料

4.2.1 16Mnq 钢材性能

桥梁专用低合金结构钢 16Mnq 对发展我国钢桥建设起了重要作用，随着结构焊接技术的广泛应用，对钢材基材提出了更高的要求，表 4-4 汇编了 16Mnq(16Mn)钢材技术条件标准。

表 4-4　16Mnq(16Mn)钢材技术条件标准汇编

<table>
<tr><td rowspan="3">钢种</td><td rowspan="3">技术条件标准编号</td><td colspan="5">化学成分(%)</td><td rowspan="3">厚度(mm)</td><td colspan="8">机 械 性 能</td><td rowspan="3">备　　注</td></tr>
<tr><td rowspan="2">C</td><td rowspan="2">Si</td><td rowspan="2">Mn</td><td rowspan="2">P
不大于</td><td rowspan="2">S
不小于</td><td rowspan="2">σ_b
(N/mm²)</td><td rowspan="2">σ_s
(N/mm²)</td><td rowspan="2">σ_5
(%)</td><td colspan="3">冲击韧性(J/cm²)</td><td rowspan="2">180°冷弯</td><td rowspan="2">断口</td></tr>
<tr><td>常温</td><td>-40℃</td><td>时效</td></tr>
<tr><td rowspan="4">16Mn</td><td>南京大桥钢材技术条件会议纪要</td><td>0.12～0.20</td><td>0.4～0.6</td><td>1.3～1.6</td><td>0.04</td><td>0.045</td><td>≤25</td><td></td><td>≥340</td><td>≥21</td><td>≥60</td><td></td><td>≥30</td><td>$d=2a$</td><td></td><td>系参照 YB13-59 有关 16Mn 的规定并根据南京大桥铆接钢桁梁的要求确定</td></tr>
<tr><td>YB 13-63</td><td>0.12～0.20</td><td>0.4～0.6</td><td>1.3～1.6</td><td>0.04</td><td>0.045</td><td>≤16
17～25</td><td>≥520
≥520</td><td>≥360
≥340</td><td>≥21
≥21</td><td></td><td>≥30
≥30</td><td>≥30
≥30</td><td>$d=2a$
$d=2a$</td><td></td><td></td></tr>
<tr><td>成昆线等栓焊钢梁钢材技术条件</td><td>0.12～0.20</td><td>0.2～0.6</td><td>1.2～1.6</td><td>0.04</td><td>0.04</td><td>≤16
17～25</td><td>≥520
≥500</td><td>≥350
≥330</td><td>≥21
≥19</td><td>≥70
≥70</td><td>≥35
≥35</td><td>≥35
≥35</td><td>$d=2a$
$d=2a$</td><td></td><td>系参照 YB13-63 有关 16Mn 的规定经供需双方协议确定</td></tr>
<tr><td>YB 13-69</td><td>0.12～0.20</td><td>0.2～0.6</td><td>1.2～1.6</td><td>0.05</td><td>0.05</td><td>≤16
17～25
26～36</td><td>≥520
≥500
≥480</td><td>≥350
≥330
≥310</td><td>≥21
≥19
≥19</td><td></td><td>≥30
≥30
≥30</td><td>≥30
≥30
≥30</td><td>$d=2a$
$d=3a$
$d=3a$</td><td></td><td>(已为 GB 1591-79代替)</td></tr>
<tr><td rowspan="2">16 Mnq</td><td>YB 168-70</td><td>0.12～0.20</td><td>0.2～0.6</td><td>1.0～1.6</td><td>0.04</td><td>0.045</td><td>≤25
17～25
26～36
38～50</td><td>≥520
≥500
≥480
≥480</td><td>≥350
≥330
≥310
≥290</td><td>≥21
≥19
≥19
≥19</td><td></td><td>≥30
≥30
≥30
≥30</td><td>≥30
≥30
≥30
≥30</td><td>d=2a
d=3a
d=3a
d=3a</td><td></td><td></td></tr>
<tr><td>YB(T) 10-81</td><td>0.12～0.20</td><td>0.2～0.6</td><td>1.2～1.6</td><td>0.035</td><td>0.035</td><td>≤25
26～36
38～50</td><td>≥520
≥500
≥480</td><td>≥350
≥330
≥320</td><td>≥21
≥19
≥19</td><td></td><td>≥35
≥35
≥35</td><td>≥35
≥35
≥35</td><td>$d=2a$
$d=3a$
$d=3a$</td><td></td><td></td></tr>
</table>

注：①16Mnq 新的国际钢号为 Q345qD；

②16Mn 技术条件标准为 16Mnq 技术条件标准发布之前双方协商供货技术条件。

1.16Mnq 钢化学成分的统计分析

根据样本频率直方图各化学成分基本上服从正态分布。碳(C)含量增加时钢材强度提高,硬度增加,而冲击值、延伸率减小;磷(P)含量增加使钢变脆;硫(S)能降低钢的冲击韧性且易偏析而使钢板形成“夹渣”及“分层”缺陷;硅(Si)作为脱氧剂加在钢中,它降低冷加工性能和锻造性能,但增大耐热性;锰(Mn)能增加强度但延伸率减小。表 4-5 给出五种化学成分的统计分析。

表 4-5(a) C 成分统计表

钢厂名称	统计结果(%)		均值(%)	变异系数	YB168－70(%)	YB(T)10－81(%)
	上限	下限				
× 钢	0.177	0.133	0.155	0.0852	0.12～0.20	0.12～0.20
× 钢	0.189	0.137	0.163	0.0975		
× 钢	0.184	0.138	0.161	0.0851		

表 4-5(b) P 成分统计表

钢厂名称	统计结果(%)	均值(%)	变异系数	YB168－70(%)	YB(T)10－81(%)
× 钢	0.031	0.022	0.2545	≤0.04	≤0.035
× 钢	0.025	0.017	0.2824		
× 钢	0.030	0.023	0.1957		

表 4-5(c) S 成分统计表

钢厂名称	统计结果(%)	均值(%)	变异系数	YB168－70(%)	YB(T)10－81(%)
× 钢	0.033	0.025	0.1920	≤0.045	≤0.035
× 钢	0.034	0.025	0.2120		
× 钢	0.024	0.017	0.2412		

表 4-5(d) Si 成分统计表

钢厂名称	统计结果(%)		均值(%)	变异系数	YB168－70(%)	YB(T)10－81(%)
	上限	下限				
× 钢	0.419	0.249	0.334	0.1545	0.2～0.6	0.2～0.6
× 钢	0.444	0.312	0.378	0.1063		
× 钢	0.464	0.330	0.397	0.1023		

表 4-5(e) Mn 成分统计表

钢厂名称	统计结果(%)		均值(%)	变异系数	YB168－70(%)	YB(T)10－81(%)
	上限	下限				
× 钢	1.529	1.305	1.417	0.0482	1.0～1.6	1.2～1.6
× 钢	1.524	1.306	1.415	0.0469		
× 钢	1.517	1.257	1.387	0.0572		

碳当量(C_{eq})作为对钢材可焊性的评定指标,其计算公式为:

$$C_{eq}=C+\frac{Mn}{6}+\frac{Si}{24}+\frac{Ni}{40}+\frac{Cr}{5}+\frac{M}{4}+\frac{V}{14}(\%)$$

式中各种元素符号代表钢材冶炼成分中该元素的实际含量。一般认为碳当量小于或等于0.44%时,钢材可焊性能良好,表4-6(a)给出不分含碳量多少的碳当量统计值;表4-6(b)给出含碳量小于或等于0.18%时碳当量统计值。碳当量概率分布基本上呈正态分布。

表4-6(a) 碳当量统计值

钢厂名称	统计结果(%)	最大值(%)	最小值(%)	均值(%)	变异系数
× 钢	0.437	0.473	0.357	0.405	0.048 1
× 钢	0.449	0.475	0.359	0.415	0.049 6
× 钢	0.442	0.472	0.353	0.408	0.050 7

表4-6(b) C≤0.18%时的碳当量统计值

钢厂名称	统计结果(%)	最大值(%)	最小值(%)	均值(%)	变异系数
× 钢	0.436	0.454	0.357	0.405	0.047 2
× 钢	0.439	0.453	0.359	0.411	0.042 1
× 钢	0.439	0.453	0.353	0.407	0.047 7

以上各表说明各厂家16Mnq钢材化学成分控制满足标准要求,但有的离散性较大,还需在生产中严格控制;当含碳量控制在0.18%时,说明钢材碳当量控制较好,特别是对焊接结构应对含碳量严加控制。

2.16Mnq钢材机械性能统计分析

(1)16Mnq钢材屈服强度

表4-7(a)为不分含碳量多少的屈服强度统计比较;表4-7(b)为含碳量在0.18%以内时的统计比较样本直方图为对数正态分布,说明随着板厚增大,钢材屈服强度下降,屈服强度统计值接近标准规定值,应加以控制。

表4-7(a) 屈服强度统计

钢厂名称	板厚(mm)	统计结果(N/mm^2)	均值(N/mm^2)	变异系数	YB 168－70(N/mm^2)	YB(T)10－81(N/mm^2)
× 钢	≤16	353	392	0.066 2	≥350	≥350
	17～25	329	368	0.064 3	≥330	≥350
	≤25	342	384	0.071 9		≥350
	26～36	309	349	0.073 1	≥310	≥330
× 钢	≤16	354	386	0.050 2	≥350	≥350
	17～25	333	372	0.065 0	≥330	≥350
	≤25	347	383	0.056 1		≥350
× 钢	≤16	356	388	0.053 7	≥350	≥350

表 4-7(b) C≤0.18%时的屈服强度统计

钢厂名称	板厚(mm)	统计结果(N/mm^2)	均值(N/mm^2)	变异系数	YB 168－70(N/mm^2)	YB(T)10－81(N/mm^2)
× 钢	≤16	352	392	0.066 0	≥350	≥350
	17～25	330	368	0.064 4	≥330	≥350
	≤25	341	385	0.072 0		≥350
	26～36	310	349	0.073 1	≥310	≥330
× 钢	≤16	355	384	0.048 0	≥350	≥350
	17～25	332	370	0.065 3	≥330	≥350
	≤25	348	381	0.054 2		≥350
× 钢	≤16	355	387	0.052 2	≥350	≥350

(2)抗拉强度

表 4-8 给出 16Mnq 钢材抗拉强度统计比较，其结论与屈服强度相同。

表 4-8 抗拉强度统计比较

钢厂名称	板厚(mm)	统计结果(N/mm^2)	均值(N/mm^2)	变异系数	YB 168－70(N/mm^2)	YB(T)10－81(N/mm^2)
× 钢	≤16	520	552	0.035 8	≥52 0	≥520
	17～25	504	537	0.036 5	≥500	≥520
	≤25	513	547	0.038 3		≥520
	26～36	502	534	0.039 0	≥480	≥500
× 钢	≤16	522	557	0.039 8	≥520	≥520
	17～25	511	544	0.039 6	≥500	≥520
	≤25	516	554	0.041 0		≥520
× 钢	≤16	526	564	0.041 0	≥520	≥520

(3)屈强比

工程上不仅希望钢材具有高的抗拉强度，而且具有一定的屈强比；屈强比愈小，结构抗破坏的潜在能力愈高，万一超载，也能由于塑性变形使钢材强度提高而不致立即破坏，但若屈强比太低，则材料的有效利用率太低。英国标准 BS 5400 对抗拉强度规定为“不符合 BS 4860 技术条件的钢板和型钢，当 $\sigma_y < 390\ N/mm^2$ 时，其拉力强度不得低于 $1.4\sigma_y$，σ_y 为材料标准屈服应力”，其规定的屈强比为 1/1.4≈0.714，表 4-9 给出屈强比统计比较，可见屈强比均小于 0.714。

表 4-9 屈强比统计

钢厂名称	板厚(mm)	统计结果	最大值	最小值	均 值	变异系数
× 钢	≤16	0.673	0.689	0.574	0.634	0.035 8
	17～25	0.654	0.673	0.559	0.615	0.036 5
	26～36	0.618	0.646	0.525	0.581	0.039 0
× 钢	≤16	0.671	0.688	0.565	0.629	0.039 8
	17～25	0.646	0.673	0.550	0.606	0.039 6
× 钢	≤16	0.666	0.688	0.551	0.621	0.041 0

(4)－40℃时的冲击值

钢材在低温时呈脆性标准中规定以低温冲击韧性控制，时效冲击韧性统计表明其概率分布符合对数正态分布；表 4-10 给出－40℃冲击值统计比较，说明－40℃时冲击值与板厚没有关系，统计结果表明有的达不到标准要求，应严加控制。

表 4-10　－40℃时的冲击值统计

钢厂名称	板厚(mm)	统计结果(J/cm^2)	均值(J/cm^2)	变异系数	YB 168－70(J/cm^2)	YB(T)10－81(J/cm^2)
× 钢	≤16	35.24	50.81	0.209 2	≥30.0	≥35.0
	17～25	31.78	46.43	0.217 3		
	≤25	33.51	49.08	0.2180		
	26～36	33.85	50.09	0.2208		
× 钢	≤16	36.97	57.76	0.260 6		
	17～25	37.46	50.47	0.173 4		
	≤25	36.47	55.75	0.254 3		
× 钢	≤16	35.21	48.96	0.192 4		

时效冲击韧性也是反映钢材韧性的指标，表 4-11 给出其统计比较。统计结果说明钢材的时效冲击韧性值均未达到标准要求，应进一步改进冶炼工艺。

表 4-11　时效冲击韧性统计值

钢厂名称	板厚(mm)	统计结果(J/cm^2)	均值(J/cm^2)	变异系数	YB 168－70(J/cm^2)	YB(T)10－81(J/cm^2)
× 钢	≤16	32.01	46.22	0.207 2	≥30.0	≥35.0
	17～25	31.03	43.98	0.201 6		
	≤25	31.57	45.30	0.206 5		
	26～36	30.86	43 69	0.201 0		
× 钢	≤16	34.08	52.06	0.242 8		
	17～25	32.89	47.78	0.222 3		
	≤25	33.59	50.62	0.237 7		
× 钢	≤16	32.28	44.80	0.191 2		

(5)伸长率

伸长率是表示钢材塑性的一个指标，标准中均规定其下限值，表 4-12 为其统计比较，说明随着板厚的增加钢材的塑性性能变差。

表 4-12　伸长率统计值

钢厂名称	板厚(mm)	统计结果	均值	变异系数	YB 168－70	YB(T)10－81
× 钢	≤16	25.1	29.1	0.083 1	≥21.0	≥21.0
	17～25	22.6	27.0	0.099 9	≥19.0	≥21.0
	≤25	23.7	28.3	0.097 1	≥21.0	≥21.0
	26～36	21.6	26.6	0.114 2	≥19.0	≥19.0
× 钢	≤16	24.7	28.1	0.074 4	≥21.0	≥21.0
	17～25	23.8	27.4	0.079 4	≥19.0	≥21.0
× 钢	≤25	24.5	28.0	0.076 3	≥21.0	≥21.0
	≤16	23.8	27.5	0.081 2	≥21.0	≥21.0

根据以上统计比较说明:16Mnq 钢材的化学成分含量均能满足标准要求,但已接近上限值,应加以控制;含碳量在 0.18%之内时,钢材强度可以满足标准要求,其碳当量指标较好;16Mnq 钢材板厚对强度影响较大,这对采用板厚大于25 mm的 16Mnq 钢材制造栓焊结构不利,应采取措施提高厚板的强度;防止脆断是焊接结构的关键,除应对焊后结构进行研究外,应对基材的韧性予以控制,使设计能合理选用与工程区最低温度相适应的冲击韧性的钢材;对于桥梁钢韧性试验方法,应改 U 形缺口试件为夏比 V 形缺口试件。

新型桥梁用钢材 15MnVNq 是在 16Mnq 钢材基础上适量加入 N、V 合金元素形成的低合金钢,其统计分布和参数特征与 16Mnq 相一致。

4.2.2 16Mnq 钢材用于焊接桥梁的适用性

从以往钢桥失效事故分析中发现,因焊接引起结构产生低应力脆断的实例占相当比例,主要是由于焊接使接头区产生较高的残余应力和应力集中;焊接使钢材产生热应变脆化;焊接增加了结构存在缺陷的几率。桥梁结构防止脆断设计要考虑采用的工艺条件,结构承受外载特点及加载速率,结构允许裂纹长度,结构板厚,环境工作温度及结构用钢的韧性水平等,结构断裂驱动力 K_1 是结构因素(y)、工作应力(σ)(含残余应力)、裂纹长度(a)的函数:

$$K_1 = y\sigma\sqrt{\pi a}$$

结构抗断能力 K_c 是温度(T)、材质(V 形缺口试验临界温度${}_vT_{re}$)、加载速度($\dot{\varepsilon}$)、板厚(t)和裂纹尖锐度修正系数(F)等的函数:

$$K_c = F\cdot f(T, {}_vT_{re}, \dot{\varepsilon}, t)$$

根据桥梁承受的实际加载速度 $\dot{\varepsilon}\approx10^{-3}$/s 和疲劳裂纹尖锐度修正系数 $F=0.6$,16Mnq 钢材及其接头断裂抗力表达式为:

$$\begin{cases} K_C^B = 0.195\sigma_y\exp[-460(1/T - 1/{}_1T_K^B)] \\ {}_1T_K^B = 0.518\,2\,{}_vT_{re}^B + 4.64\sqrt{t} + 30 \end{cases}$$

$$\begin{cases} K_C^W = 0.195\sigma_y\exp[-460(1/T - 1/{}_1T_k^W)] \\ {}_1T_k^W = 0.632\,2\,{}_vT_{re}^W + 5.47\sqrt{t} + 16.4 \end{cases}$$

式中 ${}_1T_k$、${}_vT_{re}$——宽板拉伸试验的特征温度和 V 形缺口试验临界温度(°K);

B、W——表示基材和焊接接头。

钢桥构件按应力分为四类:

$$\begin{cases} \text{一般构件} & (\text{Ⅰ类}) & \sigma_D = 0.3\sigma_y \\ \text{次重要构件} & (\text{Ⅱ类}) & \sigma_D = 0.4\sigma_y \\ \text{重要构件} & (\text{Ⅲ类}) & \sigma_D = 0.5\sigma_y \\ \text{关键构件} & (\text{Ⅳ类}) & \sigma_D = 0.6\sigma_y \end{cases}$$

根据 H 形截面构件焊接受拉杆件建立临界裂纹长度的应力强度因子:

腹板上 $$K_1^B = 0.926\,9\sigma\sqrt{\pi a_c}$$

翼板上 $$K_1^W = \sigma\sqrt{\pi a_c}$$

考虑焊接残余应力影响,驱动力表达式为:

$$K_1 = Y(\sigma_D + \sigma_r)\sqrt{\pi a_c}$$

式中 σ_D——构件设计应力；

σ_r——焊接残余应力，对裂纹垂直于焊缝的基材 $\sigma_r = 0.6\sigma_y$，对裂纹平行于焊缝的焊缝 $\sigma_r = 0.3\sigma_y$；

a_c——结构临界裂纹长度，根据经验确定的结构穿透临界裂纹长度为 $a_c = 30$ mm。

表 4-13 给出各类构件裂纹位于基材和焊缝(腹板和翼板)上的驱动力(K_1^B, K_1^W)。

表 4-13 各类构件的驱动力

K_1 \ 构件类别	Ⅰ	Ⅱ	Ⅲ	Ⅳ
K_1^B ($MPa\cdot m^{\frac{1}{2}}$)	85.25	94.86	104.47	113.77
K_1^W ($MPa\cdot m^{\frac{1}{2}}$)	61.38	71.61	81.84	92.07

对以上计算分析利用断裂力学判据：$K_1^B \leqslant K_c^B$， $K_1^W \leqslant K_c^W$ 可以确定焊接桥梁结构各类构件在不同使用温度和韧性要求下板材厚度的适用范围，现列于表 4-14 中。

表 4-14 16Mnq 用于焊接桥梁的允许厚度

构件类别	韧性 $_vT_{re}$(℃)	韧性 $_vE_T$(J)	T_D(℃) 0	−10	−20	−30	−40	−50
			允许使用厚度(mm)					
Ⅰ	30	$_vE_{0℃} = 23.5$	50	50	50	28	12	—
	20	$_vE_{0℃} = 34$	—	—	—	40	24	—
	10	$_vE_{-20℃} = 23.5$	—	—	—	50	36	16
	0	$_vE_{-20℃} = 34$	—	—	—	—	50	28
	−10	$_vE_{-40℃} = 23.5$	—	—	—	—	—	40
	−20	$_vE_{-40℃} = 34$	—	—	—	—	—	50
	−30	$_vE_{-40℃} = 46.5$	—	—	—	—	—	—
Ⅱ	30	$_vE_{0℃} = 23.5$	50	36	20	—	—	—
	20	$_vE_{0℃} = 34$	—	50	32	20	—	—
	10	$_vE_{-20℃} = 23.5$	—	—	50	28	16	—
	0	$_vE_{-20℃} = 34$	—	—	—	45	24	12
	−10	$_vE_{-40℃} = 23.5$	—	—	—	50	36	20
	−20	$_vE_{-40℃} = 34$	—	—	—	—	50	32
	−30	$_vE_{-40℃} = 46.5$	—	—	—	—	—	45
Ⅲ	30	$_vE_{0℃} = 23.5$	28	16	—	—	—	—
	20	$_vE_{0℃} = 34$	45	28	16	—	—	—
	10	$_vE_{-20℃} = 23.5$	50	40	24	12	—	—
	0	$_vE_{-20℃} = 34$	—	50	36	24	12	—
	−10	$_vE_{-40℃} = 23.5$	—	—	50	36	20	—
	−20	$_vE_{-40℃} = 34$	—	—	—	50	32	16
	−30	$_vE_{-40℃} = 46.5$	—	—	—	—	45	28

续上表

构件类别	韧性 $_{v}T_{re}$(℃)	$_{v}E_{T}$(J)	T_D(℃) 0	−10	−20	−30	−40	−50
			允许使用厚度(mm)					
Ⅳ	30	$_{v}E_{0℃}=23.5$	—	—	—	—	—	—
	20	$_{v}E_{0℃}=34$	20	—	—	—	—	—
	10	$_{v}E_{-20℃}=23.5$	32	16	—	—	—	—
	0	$_{v}E_{-20℃}=34$	45	28	16	—	—	—
	−10	$_{v}E_{-40℃}=23.5$	50	45	28	16	—	—
	−20	$_{v}E_{-40℃}=34$	—	50	40	28	12	—
	−30	$_{v}E_{-40℃}=46.5$	—	—	50	40	24	12

英国标准 BS 5400 中,把焊接桥梁构件分为四类:

$$\begin{cases} \sigma_D \leqslant 98\ \text{MPa} & \text{Ⅱ型板材} \\ \sigma_D > 98\ \text{MPa} & \text{Ⅰ型板材} \\ \text{具有高应力集中}(K_t=3.5)\text{的型材} \\ \text{带孔型材} \end{cases}$$

表 4-15 列出 16Mnq 与 BS 5400 的应用比较,二者比较一致。

表 4-15 16Mnq 与 BS 5400 规范技术条件对比

来源	构件类别		BS 4360 中的钢级	T_D 0	−10	−20	−30	−40	−50
				极限厚度 (mm)					
BS 规范给定结果	板材(Piates)	Ⅱ型板材 $\sigma_D \leqslant 98$ MPa	50 C	75	75	75	50	30	15
			50 D	75	75	75	75	70	40
			50 DI	40	40	40	40	40	40
			50 E	63	63	63	63	63	63
		Ⅰ型板材 $\sigma_D > 98$ MPa	50 C	75	70	45	25	15	0
			50 D	75	75	75	55	35	20
			50 DI	40	40	40	40	35	20
			50 E	63	63	63	63	63	55
	型材		50 C	40	35	20	0	0	0
			50 D	40	40	35	20	10	0
	带孔型材		50 C	16	16	16	0	0	0
			50 D	16	16	16	16	10	0
			50 E	16	16	16	16	16	16
本文确定结果	一般构件 ($\sigma_D \leqslant 0.3\sigma_y$)		50 C	75	75	75	60	35	15
			50 D	75	75	75	75	60	35
			50 DI	40	40	40	40	40	35
	次重要构件 ($\sigma_D \leqslant 0.4\sigma_y$)		50 C	75	70	50	30	15	0
			50 D	75	75	75	50	30	15
			50 DI	40	40	40	40	30	15
	重要构件 ($\sigma_D \leqslant 0.5\sigma_y$)		50 C	40	40	25	10	0	0
			50 D	40	40	40	25	15	0
	关键构件 ($\sigma_D \leqslant 0.6\sigma_y$)		50 C	16	16	10	0	0	0
			50 D	16	16	16	12	5	0

16Mnq 钢材及其焊缝的夏比 V 形缺口试验冲击值验收标准为：

$$ {}_{v}E_{0℃}^{B} = 28J(母材) $$

$$ {}_{v}E_{0℃}^{W} = 35J(焊缝) $$

16Mnq 钢材按韧性大小分成 A、B、C、D 四级，列于表 4-16。钢材生产情况表明：绝大部分（或全部）16Mnq 钢满足 A 级，大部分满足 B 级，部分满足 C 级，小部分满足 D 级韧性要求；表 4-17 中 E 级钢材需在 16Mnq 钢中优选使用，当设计使用 E 级钢材时需经专门人员认定。

表 4-16　16Mnq 钢各类构件的韧性要求及其适用范围

钢级	韧性要求 ${}_{v}T_{re}$(℃)	韧性要求 ${}_{v}E_{T}$(J)	构件类别 \ T_D(℃)	0	−10	−20	−30	−40	−50
				极限厚度(mm)					
16MnqA	25.5	${}_{v}E_{0℃}=28$		50	50	50	32	16	0
16MnqB	10	${}_{v}E_{-10℃}=34$	Ⅰ	—	—	—	50	36	16
16MnqC	0	${}_{v}E_{-20℃}=34$	$\sigma_D=1\ 000$ MPa	—	—	—	—	50	28
16MnqD	−20	${}_{v}E_{-40℃}=34$		—	—	—	—	—	50
16MnqA	25.5	${}_{v}E_{0℃}=28$		50	45	28	12	—	—
16MnqB	10	${}_{v}E_{-10℃}=34$	Ⅱ	—	50	50	28	16	—
16MnqC	0	${}_{v}E_{-20℃}=34$	$\sigma_D=1\ 360$ MPa	—	—	—	45	24	12
16MnqD	−20	${}_{v}E_{-40℃}=34$		—	—	—	50	50	32
16MnqA	25.5	${}_{v}E_{0℃}=28$		36	20	12	—	—	—
16MnqB	10	${}_{v}E_{-10℃}=34$	Ⅲ	50	40	24	12	—	—
16MnqC	0	${}_{v}E_{-20℃}=34$	$\sigma_D=1\ 700$ MPa	50	50	36	24	12	—
16MnqD	−20	${}_{v}E_{-40℃}=34$		50	50	50	50	32	16
16MnqA	25.5	${}_{v}E_{0℃}=20$		12	—	—	—	—	—
16MnqB	10	${}_{v}E_{-10℃}=34$	Ⅳ	32	16	—	—	—	—
16MnqC	0	${}_{v}E_{-20℃}=34$	$\sigma_D=2\ 040$ MPa	45	28	16	—	—	—
16MnqD	−20	${}_{v}E_{-40℃}=34$		50	50	40	28	12	0

表 4-17　16Mnq 钢材韧性分级选材

构件类别	T_D(℃) \ t(mm)	0	−10	−20	−30	−40	−50
Ⅰ	12	A	A	A	A	A	B
	16	A	A	A	A	A	B
	20	A	A	A	A	B	C
	24	A	A	A	A	B	C
	28	A	A	A	A	B	C
	32	A	A	A	A	B	D
Ⅱ	12	A	A	A	A	B	D
	16	A	A	A	B	B	D
	20	A	A	A	B	C	D
	24	A	A	A	B	D	D
	28	A	A	A	B	D	D
	32	A	A	B	C	D	D

续上表

构件类别	T_D(℃) / t(mm)	0	-10	-20	-30	-40	-50
Ⅲ	12	A	A	A	B	C	D
	16	A	A	B	C	D	D
	20	A	A	B	C	D	E
	24	A	B	B	C	D	E
	28	A	B	C	D	D	E
	32	A	B	C	D	D	E
Ⅳ	12	A	B	C	D	D	E
	16	B	B	C	D	E	E
	20	B	C	D	D	E	E
	24	B	C	D	D	E	E
	28	B	C	D	D	E	E
	32	B	D	D	E	E	E

根据以上原则铁路桥梁用结构钢(16Mnq、14MnNbq、15MnVNq)技术要求分别列于表4-18、19、20中(16Mnq、14MnNbq、15MnVNq,新国标钢号分别为Q345qD、Q370qE、Q420qE)。

表 4-18 各级 16Mnq 钢材冲击韧性规定

16Mnq 钢材等级	B ($_{V}T_{re}$ = 20 ℃)	C ($_{V}T_{re}$ = 20 ℃)	D ($_{V}T_{re}$ = 20 ℃)
试验温度(T)	0 ℃	-20 ℃	-40 ℃
夏比(V形缺口)冲击值($_{v}E_{T}$)	≥34J	≥34J	≥34J

表 4-19(a) 14MnNbq 钢板的分级

钢板级别	C	D	E
试验级别(℃)	-20	-40	-60
冲击吸收功(J)	40	40	40

表 4-19(b) 与钢板级别配套的焊缝韧性要求

钢板级别	C	D	E
焊缝的试验温度(℃)	-10	-30	-50
焊缝的冲击吸收功(J)	48	48	48

表 4-20(a) 各级 15MnVNq 化学成分

钢材等级	适用杆件	钢材标准代号	C	Si	Mn	P	S	V	N
15MnVNq-C	受拉、受弯及疲劳的焊接杆件	鞍铁协 87-11-13	≤0.16	0.2~0.6	1.3~1.7	≤0.02	0.015	0.10~0.16	0.01~0.015
15MnVNq-B	受压的焊接杆件	YB(T) 10-81	≤0.18	0.2~0.6	1.3~1.7	≤0.035	≤0.035	0.10~0.20	0.01~0.02
15MnVNq-A	除上述二类杆件外的其他杆件	YB168-70	0.12~0.20	0.2~0.6	1.2~1.7	≤0.04	≤0.045	0.16~0.25	0.014~0.022

表 4-20(b) 各级 15MnVNq 机械性能

钢材等级	适用杆件	原钢材标准代号	交货状态	板厚 (mm)	σ_s (MPa)	σ_b (MPa)	δ_5 (%)	横向 −40℃ A_{ku} (J/cm²)	横向应变时效 A_{ku} (J/cm²)	180° 冷弯 $d=3a$
15MnVNq−C	受拉、受弯及疲劳的焊接构件	鞍铁协 87−11−13	正火	≤25	430	580	≥19	70	70	完好
				26～60	420	560				
15MnVNq−B	受压的焊接构件	YB(T) 10−81	正火	≤25	430	580	≥19	40	40	完好
				26～60	420	560				
15MnVNq−A	除上述二类构件外的其他构件	YB168−70	正火	10～25	450	600	≥18	30	30	完好
				26～38	420	560	≥17			
				40～50	400	540	≥17			

4.2.3 高强度螺栓接头

高强度螺栓现已成为钢桥的主要连接形式，国内外对高强度螺栓进行了大量的研究，主要工作集中在材质选择、制造工艺、摩擦面喷涂材料、喷涂工艺及摩擦系数、接头疲劳等方面。

美国 W. Fisher 等对多排承压型高强度螺栓接头进行研究，其承载力计算忽略摩擦力，而单纯以剪压传递荷载。

日本马场贤三等进行了 6、12、18 排 M30 高强度螺栓的接头试验，以全面滑移为极限状态。

英国标准 BS 5400 以摩擦承载力和剪压承载力中较大者作为最终极限状态，以连接部件间发生滑移时为使用极限状态。

高强度螺栓由其承载形式分为两种：以剪压为极限状态的为高强螺栓承压接头；以滑移为极限状态的为摩擦型接头(Hight Strength Bolt Friction Grip——HSFG)。对于剪压承载接头，一般栓孔间设计为较小间隙，德国采用0.3 mm；而对于 HSFG 接头，一般间隙均大于等于1 mm；我国主要采用 HSFG 接头。

高强度螺栓接头承载过程分为以下几个阶段：

(1)弹性阶段：由于荷载小，各栓处板件均无滑移；

(2)局部滑移：荷载增加时，超过极限摩擦力部分开始滑移，先是两端螺栓处板件滑移，随着荷载增加，依次向中间栓处重分布；

(3)全面滑移：接头多数螺栓部位进入滑移状态，全面滑移开始，当最早滑移端部螺栓开始承剪时全面滑移结束；

(4)剪压承载力破坏：由端螺栓开始逐个至全部螺栓进入剪压状态，最终母材净截面断裂或螺栓剪断，一般高强螺栓极限抗剪强度在600 MPa以上。

对于摩擦型接头以滑移为极限状态，未能充分利用螺栓抗剪强度，但施工精度要求较宽，栓孔间隙可在 1.0～1.5 mm；而承压接头可以兼顾滑移和剪切两种功能，但制造精度要求高，栓孔间隙在0.3 mm以下。

由长、短 HSFG 接头的荷载位移曲线可见，对于短 HSFG 接头，在加载过程中，各栓处几乎同时进入滑移，差异很小；而长接头各栓处的滑移相差很大，在设计荷载作用下，端部螺栓处有0.3 mm变形时，中间栓仍处于完全弹性状态，变形只有0.05 mm；当端头螺栓处有0.7 mm变形时，中间螺栓处才有约0.1 mm变形。

在荷载位移图上，全面滑移结束点 C 对应的荷载 P_c 为极限滑移荷载，或以最先滑移螺栓处的滑移量等于孔间隙时对应的荷载为极限滑移荷载。

由长、短 HSFG 接头极限承载力的比较可知，两种类型 HSFG 接头的极限滑移荷载相差很小，二种 HSFG 接头滑移承载力判别标准均可行。

表 4-21 给出实测长短接头第一排栓横截面中心处拼接板和被拼接板的相对位移，可见在设计荷载时，高强螺栓接头仍处于弹性工作状态；长、短列接头相对变形比较，长列接头变形大得多，在设计荷载时，长、短接头变形比为 2.2，二者接头长度比为 2.14，说明在使用条件下变形大小主要取决于拼接长度。

表 4-21(a) 6 排栓试件相对变形 （单位：mm）

试件编号	恒载		设计荷载	
	弹性	塑性	弹性	塑性
S-1	0.036	0.052	0.072	0.118
S-2	0.026	0.064	0.052	0.128
S-3	0.012	0.028	0.025	0.035
S-4	0.019	0.031	0.038	0.062
S-5	0.000	0.052	0.017	0.113
平均	0.020	0.046	0.041	0.091

表 4-21(b) 13 排栓试件相对变形 （单位：mm）

试件编号	恒载		设计荷载	
	弹性	塑性	弹性	塑性
L-1	0.075	0.035	0.13	0.15
L-2	0.068	0.102	0.12	0.36
L-3	0.062	0.078	0.15	0.12
L-4	0.059	0.181	0.14	0.14
L-5	0.076	0.034	0.15	0.06
L-6	0.067	0.103	0.13	0.19
平均	0.068	0.089	0.137	0.153

摩擦型高强度螺栓接头承载力计算式为：

$$P = m \cdot \sum_{i}^{n} \mu_i N_i$$

式中 P——接头极限承载力(kN)；

N_i——第 i 栓的控制预拉力(kN)；

m——摩擦面数；

n——接头栓数；

μ_i——接头相应各栓处摩擦系数。

实际上接头中各螺栓的预拉力和摩擦系数均有差异，为方便计算，可采用相同预拉力和平均摩擦系数，即

$$P = nm\mu N$$

对于高强螺栓预拉力和摩擦系数的离散，可以在制造和施工中采用精度高的施拧工具和合适的工艺及优良的表面处理技术予以减小。

表 4-22 列出试件各栓传力比 β_i，可以看出随着荷载的增加，各栓传力趋于均匀，直至全面滑移。

表 4-22(a) 6 排栓试件各螺栓传力比 β_i

荷载 (kN)	传力比 β_i(%)					
	1	2	3	4	5	6
392	0.384 5	0.088 3	0.024 4	0.024 5	0.089 3	0.389 1
588	0.288 9	0.163 2	0.045 1	0.045 6	0.166 1	0.291 1
784*	0.231 6	0.183 0	0.083 3	0.085 5	0.193 5	0.223 1
980	0.215 0	0.167 0	0.116 0	0.118 7	0.168 2	0.215 0
1176	0.179 2	0.178 5	0.141 6	0.145 0	0.176 6	0.179 2

注：* 约等于设计荷载。

HSFG 接头应力集中系数按下式计算：

$$K=\frac{\beta_i F}{2F_{\mathrm{te}}}+C(1-\beta_i)$$

式中 β_i——第 i 栓处螺栓传力比(%)；

C——经验系数，16Mnq 钢 M22 螺栓取 2.32，15MnVN 钢 M27 螺栓取 2.40；

F——被拼接板毛面积(cm^2)；

F_{te}——高强螺栓预拉力分布面积(cm^2)，拼接板厚度小于12 mm，取螺栓或螺帽支承面积；拼接板厚度在 12～20 mm，取垫圈支承面积；拼接板厚度大于20 mm，按下式计算：

$$r_{\mathrm{t}}=\frac{D_1}{2}+\frac{1}{3}(t+\delta)$$

其中 r_{t}——高强螺栓在接触面上压力分布范围外半径(cm)，

D_1——螺栓(帽)支承面外半径(cm)，

t——拼接板厚(cm)，

δ——垫圈厚(cm)。

对等强度设计的试件可采用下式计算：

$$K=\beta_i\frac{n\mu N}{F_{\mathrm{te}}\sigma_{\mathrm{y}}(1-r)}+C(1-\beta_i) \tag{a}$$

式中 n——螺栓排数；

μ——摩擦系数；

N——螺栓预拉力(N)；

σ_{y}——板件屈服应力(MPa)；

r——扣压率。

式(a)第一项为高强度螺栓传递力的分布，该项在无滑移弹性阶段为最大，随荷载增加，螺栓数增加，β_i 减小而降低，其极限为 $\frac{\mu N}{F_{\mathrm{te}}\cdot\sigma_{\mathrm{y}}}$；第二项作为类孔板传力部分，随荷载增加，螺栓数增加，β_i 减小而增大，二部分叠加为摩擦型接头的受力状态。

表 4-23 给出长、短列高强螺栓接头的应力集中系数 K，长列螺栓随荷载增加，应力集中有

所改善，短列螺栓随荷载增加而应力集中系数略有增加。

表 4-22(b)　13 排栓试件各螺栓传力比 β_i

荷载(kN)		传力比 β_i(%)												
		1	2	3	4	5	6	7	8	9	10	11	12	13
392	计算	0.384 2	0.087 2	0.019 8	0.004 5	0.001 0	0.000 2	0.000 1	0.000 3	0.001 1	0.004 5	0.020 0	0.088 3	0.3888
	试验	0.310 0	0.133 0	0.040 0	-0.017 0	0.017 0	-0.004 5	0.008 9	-0.031 8	0.025 0	0.000 0	0.026 9	0.125 1	0.366 5
784	计算	0.227 6	0.184 4	0.065 8	0.014 9	0.003 3	0.000 8	0.000 4	0.000 8	0.003 6	0.015 6	0.068 5	0.192 9	0.221 5
	试验	0.195 5	0.137 4	0.074 0	0.057 0	0.024 6	0.009 0	0.011 0	-0.0271	0.029 0	0.018 5	0.097 0	0.134 3	0.229 3
980	计算	0.215 0	0.168 5	0.087 8	0.020 0	0.004 5	0.001 1	0.000 5	0.001 1	0.004 7	0.020 6	0.090 9	0.170 3	0.215 0
	试验													
1176	计算	0.179 2	0.156 0	0.114 3	0.030 8	0.008 4	0.002 0	0.000 9	0.002 1	0.008 9	0.038 8	0.114 0	0.150 7	0.179 2
	试验													
1568	计算	0.134 4	0.134 4	0.126 6	0.070 9	0.023 9	0.005 7	0.002 5	0.006 0	0.025 4	0.069 5	0.131 9	0.134 4	0.134 4
	试验													
1764	计算	0.119 4	0.119 4	0.119 4	0.086 1	0.040 8	0.009 7	0.004 3	0.010 2	0.042 8	0.089 4	0.119 4	0.119 4	0.119 4
	试验													
2156	计算	0.097 7	0.097 7	0.097 7	0.097 7	0.073 2	0.027 2	0.012 1	0.028 9	0.076 7	0.097 7	0.097 7	0.097 7	0.097 7
	试验													
2548	计算	0.082 6	0.082 6	0.082 6	0.082 6	0.082 6	0.066 4	0.036 7	0.070 0	0.082 6	0.082 6	0.082 6	0.082 6	0.082 6
	试验													

表 4-23　6 排及 13 排栓试件应力集中系数 K

状态 / 试件	无滑移	设计荷载	极限滑移
6 排栓	2.12	2.20	2.23
13 排栓	2.67	2.44	2.40

表 4-24 给出 6 组疲劳试验成果，系列Ⅰ：J_2、K 为两组空孔试件；D、R 为两组栓接试件。系列Ⅱ：A、J 两组试件用于确定板厚效应，空孔应力集中明显，但二者疲劳强度相差很少，说明在应力集中条件下，厚板的疲劳强度不降低。系列Ⅲ：F、G、H 三组试件栓接接头，三组截面尺寸相同，但螺栓数分别为 4、7、10 个，疲劳强度很接近，可见螺栓数量对疲劳强度无影响。系列Ⅳ：为截面尺寸不同的五组试件，栓数随截面积的增大而增多，E、F、I 三组试件疲劳强度按总面积计，相差不大；按净面积计，疲劳强度随扣孔率增加而增大；而 C、B 二组试件，其疲劳强度按净面积计比较接近，按总面积计，随扣孔率增加而减少。由试件头排螺栓工作系数 K' 的分析表明，E、F、I 三组试件的 $K'<1$，螺栓不会发生滑移，最大应力集中在孔前区，其疲劳强度特征与基材相近，所以应按总面积计；而 C、B 二组试件的 $K'>1$，即 $\beta P > mn\mu N$，螺栓要发生滑移，应力集中类似空孔，这种情况其疲劳强度应按净面积计。

系列Ⅴ：M、N、O 三组试件比较，说明空孔拧高强度螺栓的 N 试件疲劳强度与栓接头试件 M 相同，且均高于空孔试件。

系列Ⅵ：15MnVNq 钢的 C 试件与 16Mnq 钢 L 试件，外形尺寸完全相同，但由于制造厂和板面除锈工艺不同，造成 L 试件疲劳强度高于 C 试件；A、J、O 三组空孔试件对比，在相同应力集中条件下 16Mnq 钢疲劳强度高于 15MnVNq 钢。

表 4-24 疲劳试验成果分类对比表

系列	材质	编号	试件尺寸 宽(mm)×厚(mm)	螺栓规格	栓数(个)	扣孔率(%)	频率(Hz)	200 万次应力循环疲劳强度(N/mm^2) 按总面积计 $[\sigma_c]$	按净面积计 $[\sigma_n]$
Ⅰ	15MnVNq	J_2	90×20	ϕ23 空孔		25.6	32		163
		K	90×20	ϕ23 空孔		25.6	5		155
		D	74×16	M22	2	31.0	4.2	207	301
		R	74×16	M22	2	31.0		233	336
Ⅱ	15MnVNq	A	90×50	ϕ23 空孔		25.6	4.2		144.1
		J	90×20	ϕ23 空孔		25.6	32		140
Ⅲ	15MnVNq	F	90×20	M22	4	25.6	32	163.1	219.2
		G	90×20	M22	7	25.6	32	156.3	210
		H	90×20	M22	10	25.6	32	158	212.3
Ⅳ	15MnVNq	E	60×20	M22	3	38.3	32	154.3	250
		F	90×20	M22	4	25.6	32	163.1	219.2
		I	110×20	M22	5	20.9	32	157.5	199.0
		C	150×24	M22	7	15.3	4.2	146	172.4
		B	90×50	M22	11	25.6	4.2	121	162.9
Ⅴ	16Mnq	M	90×32	M22	5	25.6	5		209.2
		N	90×32	ϕ23 空孔拧高强栓		25.6	5		205.6
		O	90×32	ϕ23 空孔		25.6	5		171.0
Ⅵ	15MnVNq	C	150×24	M22	7	15.3	4.2	146	172.4
	16Mnq	L	150×24	M22	7	15.3	4.2		214.5
	15MnVNq	A	90×50	ϕ23 空孔			4.2		144.1
	16Mnq	J	90×20	ϕ23 空孔			32		140
		O	90×32	ϕ23 空孔			5		171

表 4-25 列出各种高强度螺栓接头的疲劳强度(保证率为 95%)。

1. 空孔疲劳强度

取 A 组试件,按净面积计,$\sigma_{95\%}\approx 135\ N/mm^2$,

$$[\sigma_n]=135/(1-0.6R)$$

2. 高强度螺栓连接

(1)不发生滑移的高强度螺栓连接,取 F、I 试件。按总面积计,取

$$\sigma_{95\%}\approx 140\ N/mm^2$$

$$[\sigma_c]=140/(1-0.6R)$$

按净面积计:

$$[\sigma_n]=[140/(1-0.6R)]\cdot\frac{F_c}{F_n}$$

式中 F_c——杆件总截面积；

F_n——杆件净截面积，按 $F_c/F_n = 1/0.8$，有

$$[\sigma_n] = 160/(1-0.6R)$$

(2)发生滑移的高强度螺栓连接，取 C、B 组试件，按净面积计，$\sigma_{95\%} \approx 145\ \text{N/mm}^2$

$$[\sigma_n] = 145/(1-0.6R)$$

表 4-25 疲 劳 强 度

编号	试件尺寸 宽(mm)×厚(mm)	栓数(个)	扣孔率(%)	200 万次应力循环疲劳强度(N/mm^2)			
				按总面积计		按净面积计	
				50%	95%	50%	95%
E	60×20	3	38.3	154.3			
F	90×20	4	25.6	163.1	159.4		
I	110×20	5	20.9	156.3	137.2		
C	150×20	7	15.3	146.1		172.4	144.4
B	90×50	11	25.6			162.9	148.7
A	90×50	空孔	25.6			144.1	135.2
J	90×20	空孔	25.6			140	

铁路栓焊桥梁中高强度螺栓的断裂率约为 2‰，个别桥严重的达 15.6‰，因此对螺栓延迟断裂问题应引起广泛重视。

大桥局桥研所通过试验建立了以螺栓等效应力强度因子 K_w 的最大值小于螺栓工作状态下应力腐蚀开裂槛值 K_{wscc} 的安全度判断标准：

$$K_{wmax} = \left\{[\eta\cdot(K_{\mathrm{I}} + K_{\mathrm{IM}})]^2 + \frac{K_{\mathrm{III}}^2}{1-\nu}\right\}^{\frac{1}{2}} < K_{wscc}$$

式中 η——应力集中系数，最大值为 2.54(螺母下第一扣处)，螺纹与光杆分界处为 2.00；

K_{I}——轴力引起的应力强度因子；

K_{III}——扭矩引起的应力强度因子；

K_{IM}——形位公差引起的应力强度因子；

ν——泊松比。

由判据可以看出，由于 K_{I}、K_{III} 已定，降低 K_{IM}(控制形位公差)或提高 K_{wscc}(提高回火温度)都能提高螺栓的安全度。因此可以根据实测 K_{I}、K_{III}、K_{wscc}，由判据式求出 K_{IM} 的最大值，再求出形位公差允许值，在制造施工中注意不允许使用超过允许值的螺栓，即可以保证螺栓安全服役。

根据不同部位形位公差允许值，可通过螺栓公差概率分布曲线(正态分布)，推出螺栓断裂率，表 4-26 给出××大桥螺栓计算、实际断裂率。

由表可知实际高强度螺栓可靠度为 3.0～4.0 左右；当目标可靠度采用 $\beta_{nom} = 4.0$ 时，承载力极限状态高强螺栓抗力分项系数为 1.35。

表 4-27 根据××大桥试验资料给出高强度螺栓断裂参数。表 4-28 为由此表数据推算的螺栓不直度和不垂直度允许值，可作为施工工艺控制指标，以保证高强度螺栓安全服役。日本实践经验证明采用 $F_{10}T$ 螺栓(1 000～1 200 N/mm^2)可以减小高强螺栓延迟断裂，因此我国高强度螺栓强度应控制在 980～1 170 N/mm^2，以保证螺栓有良好的综合机械性能。

表 4-26 ××桥螺栓计算、实际断裂率表

螺栓长度(mm)	75	90	100
计算断裂率($\times10^{-3}$)	2.73	0.26	0.06
实际断裂率($\times10^{-3}$)	3.10	0.32	0.16
可靠指标 β	3.1	3.77	3.95

表 4-27 ××桥试制螺栓断裂参数表

螺栓规格	材 质	$K_{I}(MN/m^{1.5})$	$K_{III}(MN/m^{1.5})$	$K_{wscc(MN/m^{1.5})}$
M24	20MnTiB	31.9	12.7	110
M27	35VB	31.1	7.7	100

表 4-28(a) 不垂直度公差允许值(mm)

螺栓规格	部位	GB 1228～31－84 允许值(mm)	60	65	70	75	80	85	90	95	100	105	110	115	120	125	130	135	140
M22	螺 栓	0.90	0.41	0.45	0.50				0.72	0.79									
	螺 母	0.63	0.32	0.33	0.35				0.42	0.44									
M24	螺 栓	1.00	0.45	0.49	0.54	0.59	0.65	0.71	0.78	0.85	0.93	1.00	1.00	1.00	1.00	1.00	1.00	/	1.00
	螺 母	0.72	0.35	0.37	0.39	0.40	0.42	0.44	0.46	0.47	0.49	0.51	0.53	0.54	0.56	0.58	0.59	/	0.63
M27	螺 栓	1.10				0.55	0.60	0.66	0.72	0.78	0.85	0.92	0.99	1.07	1.10	1.10	1.10	1.10	1.10
	螺 母	0.80				0.89	0.41	0.43	0.44	0.46	0.48	0.50	0.52	0.53	0.55	0.57	0.58	0.60	0.62
	(续)	长度	145	150	155	160	170	180	190	200			210～260						
	螺 栓	1.10	1.10	1.10	1.10	1.10	1.10	1.10	1.10	1.10			1.10						
	螺 母	0.80	0.63	0.65	0.67	0.68	0.72	0.75	0.73	0.80			0.80						

表 4-28(b) 不直度公差表

规格	允许形位公差(mm) \ 螺栓长度(mm)	60	65	70	75	80	85	90	95	100	105	110	115	120	125	130	135	140
M22	GB 1228～31—84	0.180	0.205	0.230	0.255			0.330	0.355									
	实际允许值	1.403	1.405	1.408	1.412			1.425	1.430									
M24	GB 1228～31—84	0.160	0.185	0.210	0.235	0.260	0.285	0.310	0.335	0.360	0.385	0.410	0.435	0.460	0.485	0.510		0.560
	实际允许值	1.167	1.169	1.172	1.174	1.177	1.180	1.183	1.187	1.191	1.195	1.200	1.205	1.210	1.215	1.221		1.233
M27	GB 1228～31—84				0.205	0.230	0.255	0.280	0.305	0.330	0.365	0.380	0.405	0.430	0.455	0.480	0.505	0.530
	实际允许值				0.803	0.806	0.807	0.809	0.811	0.813	0.816	0.818	0.821	0.824	0.827	0.830	0.834	0.837
	长度(续)	145	150	155	160	170	180	190	200	210	220	230	240	250	260			
	GB 1228～31—84	0.555	0.580	0.605	0.630	0.680	0.730	0.780	0.830	0.880	0.930	0.980	1.03	1.08	1.13			
	实际允许值	0.841	0.845	0.849	0.853	0.862	0.872	0.882	0.893	0.904	0.917	0.929	0.943	0.957	0.972			

注：GB 1228～31—84 关于允许不直度的公式为：$y=2[0.0025(l-2d)+0.05]$，式中 l 为螺栓长度，d 为螺栓公称直径。

4.2.4 焊接接头

焊接接头是焊接桥梁结构的关键部位,焊接接头的强度是影响结构安全的重要因素,焊接结构断裂事故,主要是由于焊接接头发生断裂和破坏。因此国内外对焊接接头进行了大量研究。

对接焊缝和贴角焊缝是两种主要焊接形式。

对于焊接接头有两种承载能力极限状态表达形式:①屈服应力极限状态。焊缝中应力达到标准屈服应力状态。②破坏应力极限状态:焊缝中应力达到标准破坏极限应力状态。对于对接接头,杆件中受力角焊缝及板梁的腹板与翼板连接的角焊缝以屈服应力极限状态为承载力极限状态;而其他搭接的角焊缝以破坏应力极限状态为承载力极限状态。

1. 屈服应力极限状态

对接接头是焊接接头中较为理想的接头形式,其受力明确,应力集中小,应用于主桁杆件及板梁构件的接头中,应力计算表达式为:

$$\sigma = \sqrt{\sigma_x^2 + \sigma_y^2 - \sigma_x \cdot \sigma_y + 3\tau_{xy}^2} \leqslant \sigma_s$$

式中 $\sigma_x, \sigma_y, \tau_{xy}$——焊缝单元应力分量;

σ——作用效应应力;

σ_s——焊缝材料屈服强度。

角接接头焊缝(板梁腹板与翼板连接)或其他杆件中的受力角焊缝,在其极限状态方程中不考虑平行于焊缝的正应力 $\sigma_{||}$ 和平行于焊缝的剪应力 $\tau_{||}$ 的综合作用效应,应力计算式为:

$$\sigma = \sigma_x (= \sigma_{||}) \leqslant \sigma_s$$

或

$$\sigma = \sqrt{3}\tau_{xy} (= \sqrt{3}\tau_{||}) \leqslant \sigma_s$$

2. 破坏应力极限状态

传力角焊缝均以强度极限为极限状态,该处的强度不是焊缝材料自身的强度,而是一个极限承载力指标,其强度计算是假定焊缝破坏时沿破坏焊缝截面的内力趋于均匀分布。

端焊缝强度 f_a(名义强度)与侧焊缝强度 $f_{||}$ 间关系为:

$$f_a = f_{||} / \sqrt{1 + (K_2^2 - 1)\sin^2\alpha}$$

用角焊缝材料极限强度 σ_b 表示时:

$$f_a = K_1\sigma_b / \sqrt{1 + (K_2^2 - 1)\sin^2\alpha} = \varphi(K_1, K_2, \alpha) \cdot \sigma_b$$

$$\varphi(K_1, K_2, \alpha) = K_1 / \sqrt{1 + K_2^2 - 1)\sin^2\alpha}$$

式中 K_1, K_2——待定系数,其值为 $K_1 = f_{||}/\sigma_b, K_2 = f_{||}/f_{\perp}$;

α——端焊缝 $\alpha = 90°$,侧焊缝 $\alpha = 0°$。

角焊缝接头承载能力极限状态方程为:

$$f \leqslant f_a$$

式中 f——作用效应。

表 4-29 列出贴角焊缝强度试验结果。

表 4-29　贴角焊缝实际强度试验结果

(单位:MPa)

焊　缝 α	0°	30°	45°	60°	90°
试件数	10	4	4	4	10
$\bar{f}_a$(均值)	465	564	628	689	720
V_{fa}(变异系数)	0.046	0.035	0.044	0.079	0.072

表 4-30 为 16Mnq 钢焊缝金属强度试件样本统计结果,表 4-31 为 15MnVNq 钢焊缝金属强度试件样本统计结果,两种桥梁钢焊缝金属强度概率分布采用正态分布。

表 4-30　16Mnq 钢焊缝金属强度统计结果

(单位:MPa)

项目		极限强度						屈服强度					
接头形式		对接			角接			对接			角接		
样本数		444			195			373			177		
正态分布	参数	$\bar{X}$	σ_x	V_x	$\bar{X}$	σ_x	V_x	$\bar{X}$	σ_x	V_x	$\bar{X}$	σ_x	V_χ
		534	43.1	0.08	586.0	52.9	0.09	406.7	52.9	0.13	475.3	69.6	0.15
	χ^2	0.407			0.248			5.90			1.47		

表 4-31　15MnVNq 钢焊缝金属强度统计结果

(单位:MPa)

项目		极限强度						屈服强度					
接头形式		对接			角接			对接			角接		
样本数		102			55			99			54		
正态分布	参数	$\bar{X}$	σ_x	V_x	$\bar{X}$	σ_x	V_x	$\bar{X}$	σ_x	V_x	$\bar{X}$	σ_x	V_x
		570.0	51	0.09	664.6	53.8	0.08	477	65.9	0.14	563.9	71.0	0.13
	χ^2	2.48			0.10			2.5			0.019		

对焊缝强度 $f_{||}(\alpha=0°)$、$f_{\perp}(\alpha=90°)$ 影响最大的因素是焊缝金属强度和焊接工艺,$f_{||}$ 与 $f_{\perp}$ 完全相关。

图 4-1 为角焊缝名义强度相对值 $\bar{f}_a/f_{||}$ 实测值与理论值的比较。

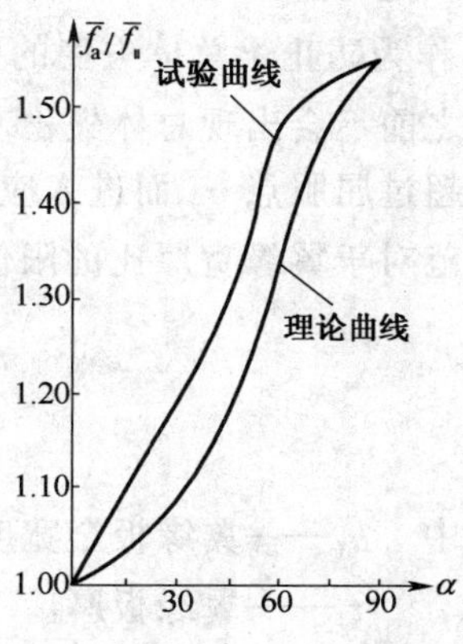

图 4-1　$\dfrac{\bar{f}_a}{\bar{f}_{||}}$ 随 α 变化比较结果

3. 英国标准 BS 5400 中对角焊缝承载能力的计算

(1)简单算法:对焊缝任一部分所受的剪切合力与该部分有效面积所算得的焊缝应力不应超过下式计算值:

$$\tau_D=\frac{K(\sigma_y+455)}{\gamma_m\gamma_{f3}2\sqrt{3}}$$

式中　γ_m、γ_{f3}——材料和荷载分项系数;

σ_y——焊缝所连接部件较弱部分的标准屈服应力;

K——系数,侧边角焊缝:$K=0.9$;端焊缝:$K=1.4$;其他焊缝:$K=1.0$。

(2)按强度理论计算,角焊缝应满足下式要求:

$$\sqrt{\sigma_{\perp}^2+3(\tau_{\perp}^2+\tau_{||}^2)}\leqslant\frac{K(\sigma_y+455)}{2\gamma_m\gamma_{f3}}$$

两种方法均考虑了焊缝与荷载间倾角对强度的影响,用 K 系数修正。

我国现行铁路桥规角焊缝强度计算公式为:

$$\tau=\frac{P}{0.7h_f l_L}\leqslant[\tau^h]$$

上式没有考虑角焊缝强度随焊缝倾角增大而增大的影响，是偏于安全的，可以作如下修正，以和实际焊缝强度相符：

$$\tau=\frac{P}{0.7h_f l_f}\leqslant K_\alpha K_f[\tau^h]$$

式中 K_α——焊缝相对于荷载的倾角修正系数，根据试验：$K_\alpha=0.36\sin[2(\alpha-45°)]+1.36$；

K_f——焊缝破坏面宽度修正系数，根据试验：$K_f=2.7\times10^{-5}\alpha^2-10^{-5}\alpha+1.08$，$0°\leqslant\alpha\leqslant90°$。

4.3 极限状态

4.3.1 钢板梁

对于钢板梁的破坏极限状态，有塑性破坏、板件总体失稳破坏及源于板件局部失稳所致的破坏。

1. 塑性破坏

发生塑性破坏的前提，是不发生先期的总体失稳和局部失稳。

(1)抗弯破坏

梁抗弯发生塑性破坏，其抗弯承载力为：

$$M_p=\sigma_y W_{px}$$

式中 W_{px}——梁截面对其强轴的塑性抵抗矩。

此时需要以梁两相邻支撑点之间的有效长度 l 和梁截面对于弱轴的回转半径 r_y 之比 l/r_y 作为防止梁总体失稳的要求。试验证明，低碳型钢梁的 l/r_y 不大于 40 或 45，在梁塑性破坏之前不会出现总体失稳。只要将板的宽厚比大大降低，其抵抗面内压力足以使其平均压应力超过屈服点 σ_y 而进入应变强化阶段。美国 AISC(American Institute of Steel Construction)规范对于翼缘宽厚比的限值(使梁达到完全塑性状态)根据不同钢种而规定为：

$$\sigma_y=248\ \text{MPa},\quad b_f/2t_f\leqslant8.5$$

$$\sigma_y=345\ \text{MPa},\quad b_f/2t_f\leqslant7.0$$

$$\sigma_y=448\ \text{MPa},\quad b_f/2t_f\leqslant6.0$$

式中 b_f——翼缘板全宽度；

t_f——翼缘板厚。

板梁的弹性抗弯承载力是梁的纤维应力达到 σ_y 时的弯矩 M_y：

$$M_y=\sigma_y W_x$$

式中 W_x 为梁截面对于其强轴 X 的弹性抵抗矩，M_y 为梁极限承载力的低界值。

板梁塑性矩 W_{px}与弹性矩 W_y 之比为形状系数 γ，根据经验，$\gamma=1.05\sim1.15$。根据图 4-2 其计算式为：

$$W_{px}=A_f h+A_w h_w/4\quad(\text{塑性})$$

$$I_x=2A_f(h/2)^2+A_w h_w^2/12$$

$$W_x=A_f h^2/d+A_w h_w^2/6d\quad(\text{弹性})$$

式中以 h 替代 h_W 和 d，则形状系数为：

$$\gamma = M_p / M_y = W_{px} / W_x \approx [A_f + A_w/4]/[A_f + A_w/6]$$

式中 A_f——一个翼缘毛面积；

A_W——腹板毛面积；

d——梁截面全高；

h——两翼缘中心距；

h_W——腹板净高。

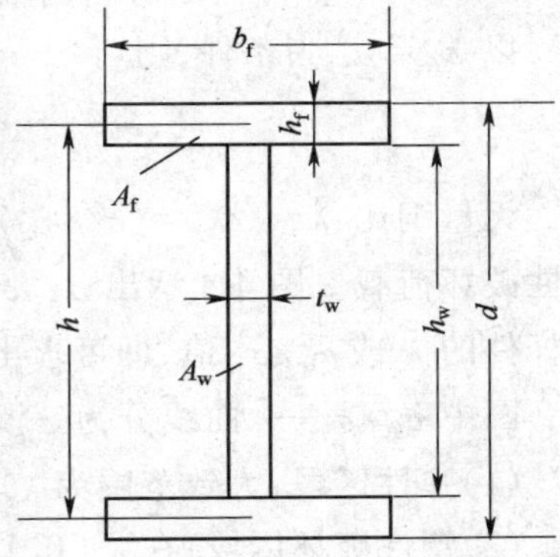

图 4-2　截面特征

(2)剪切破坏

若梁腹板宽厚比 $h_w/t_w \leqslant 50 \sim 70$，则随着荷载的增加，梁会发生塑性剪切破坏，其为一种极限状态，特征为腹板剪切变形大到使梁竖向挠度失控，梁的抗剪承载力 V_p 为：

$$V_p = \tau_y A_w = 0.577\sigma_y A_w$$

式中 τ_y——受剪屈服点，$\tau_y = \sigma_y/\sqrt{3} = 0.577\sigma_y$。

实际板梁桥，跨度与梁高比在 5～6 以上，荷载不为集中力时，梁所受实际剪力将低于 V_p 许多。

(3)弯、剪作用下的塑性破坏

如图 4-3(a)、(b)所示假设：翼缘及毗连部分腹板法应力达屈服点 σ_y，其余腹板部分剪应力达到受剪屈服点 τ_y；或翼缘法应力达屈服点，腹板内为匀布剪应力 τ 和法应力 σ：

$$\sigma = (\sigma_y^2 - 3\tau_y^2)^{1/2}$$

图 4-3(c)示出 $V/V_p - M/M_y$ 关系曲线；当 $V/V_p = 1$ 时，翼缘法应力均达到 σ_y(拉及压)，梁还能承受弯矩：

$$M_F = \sigma_y A_f h$$

即图中 B 点。若 $V=0, M=M_p$ 时，$M_p/M_y > 1$；当 $M/M_y = 1$ 时，梁还能承受剪力，可求得图中相应之 V/V_p 的 C 点。从实用出发可以用直线连接三点，以代表 V、M 的交叉影响。

2. 总体失稳

根据欧拉理论，杆件临界强度为：

$$\sigma_{cr} = P_{cr}/A = \pi^2 E/\lambda^2$$

式中 P_{cr}——临界荷载，$P_{cr} = \pi^2 EI/l^2$；

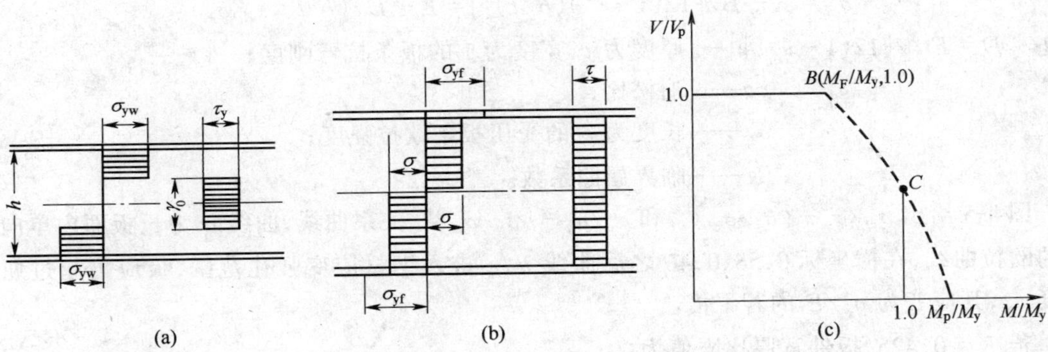

图 4-3　弯剪作用下的塑性破坏

A——杆件毛截面积；

λ——杆件长细比，$\lambda = l/r$；

r——杆件截面对屈曲轴的回转半径，$r=(I/A)^{\frac{1}{2}}$。

以 $\sigma_{cr}=\sigma_y$ 为条件，则

$$\lambda_y = \pi(E/\sigma_y)^{\frac{1}{2}}$$

无量纲比：$\bar{\lambda}=\lambda/\lambda_y=(\sigma_y/\sigma_{cr})^{\frac{1}{2}}=(P_y/P_{cr})^{\frac{1}{2}}$，式中 $P_y=\sigma_y A$ 为杆件全截面受压屈服时的塑性破坏荷载。图 4-4 示出 $\sigma_A/\sigma_y—\bar{\lambda}$ 关系曲线，虚线为 $\sigma_{cr}/\sigma_y—\bar{\lambda}$ 关系欧拉曲线。根据该图及杆件的 $\bar{\lambda}$ 或 σ_{cr}/σ_y 值，即可求出杆件的受压应力 σ_A。

图中 $\sigma_A/\sigma_y—\bar{\lambda}$ 曲线分为三段：

(1)弹性区段：大致范围为 $\bar{\lambda}>1.3\sim1.4$。

(2)塑性破坏区段：在 $\bar{\lambda}<0.17$ 范围。试验证明，该段中杆件几何缺陷及残余应力对杆件承载力无影响。

(3)过渡区段：$\bar{\lambda}$ 值介于以上二区段之间。本区段杆件承载力对于所有不利因素(初始几何缺陷、残余应力、弹性模量降低等)都敏感。

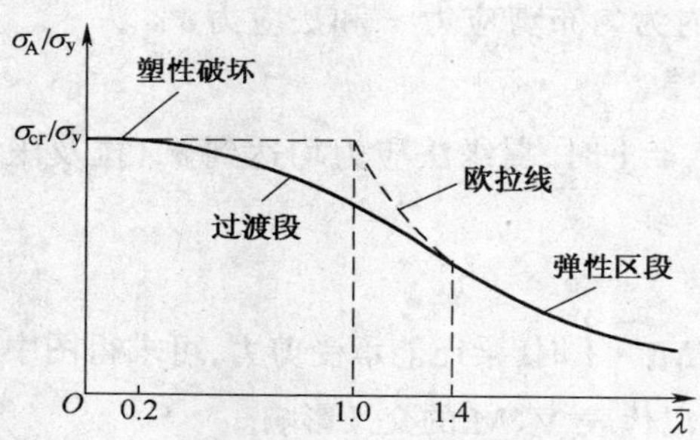

图 4-4 $\sigma_A/\sigma_y—\bar{\lambda}$ 关系图

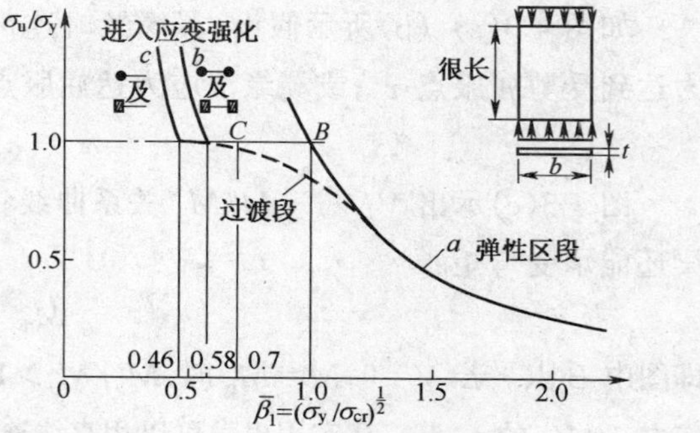

图 4-5 $\sigma_u/\sigma_y—\beta_1$ 关系图

3．板件局部失稳的破坏

在工程设计中，为了经济，总是使翼缘板受弯法应力接近于设计限值，因此要求梁的受压翼缘在法向应力未达屈服应力 σ_y 时不局部失稳，压屈临界应力 σ_y 为：

$$\sigma_{cr}=K\pi^2E/[12(1-\nu^2)(b/t)^2]=K\pi^2D/(b^2t)=K\sigma_E$$

式中 $D=Et^3/[12(1-\nu^2)]$——厚度为 t，宽度为 1 的板条抗弯刚度；

ν——泊松比；

σ_E——长度为 b 的受压板条欧拉强度；

K——临界屈曲系数。

图 4-5 给出 $\sigma_{cr}/\sigma_y-[\sigma_y/\sigma_{cr}]^{1/2}$ 和 $\sigma_u/\sigma_y-[\sigma_y/\sigma_{cr}]^{1/2}$ 关系曲线，曲线 a 为长板面内单向受压的欧拉曲线，在横坐标 0.58、0.46 之后曲线 b、c 进入钢材应变强化范围，板应力超过屈服强度 σ_y，其应变为 σ_y/E 的若干倍。

若 $K=0.425$，板件宽厚比限值为：

$$b/t=0.46\times0.951(KE/\sigma_y)^{1/2}=129/\sqrt{\sigma_y}$$

德国 DAST－Richtlinie 012 为板块制订的通用 $\sigma_u/\sigma_y-[\sigma_y/\sigma_{cr}]^{1/2}$ 曲线方程为：

$[\sigma_y/\sigma_{cr}]^{1/2}\leqslant 0.7$ 时（0.7 相应于 $\sigma_{cr}=2.04\sigma_y$），$\sigma_u/\sigma_y=1.0$

$0.7<[\sigma_y/\sigma_{cr}]^{1/2}<1.291$ 时（1.291 相应于 $\sigma_{cr}=0.6\sigma_y$），$\sigma_u/\sigma_y=1.474-0.677[\sigma_y/\sigma_{cr}]^{1/2}$

$1.29\leqslant[\sigma_y/\sigma_{cr}]^{1/2}$ 时，$\sigma_u/\sigma_y=\sigma_{cr}/\sigma_y$（即 $\sigma_u=\sigma_{cr}$）

若腹板受纯剪时，临界剪应力为：

$$\tau_{cr}=K\pi^2E/[12(1-\nu)^2(h_w/t_w)^2]$$

若以 a 表示两相邻横向肋实际间距（板块长度）

$h_w\leqslant a$ 时：　$K=5.34+4(h_w/a)^2$

$h_w>a$ 时：　$K=4+5.34(h_w/a)^2$

若要板梁中较薄的腹板不因抗弯而失稳，则需在腹板的弯曲受压区内在横肋之间设置纵向加劲肋，但不要求纵肋在板压应力高出 σ_{cr} 很多时仍能阻止板鼓曲，且在抗弯验算中不考虑纵肋。

图 4-6 为根据试验绘制的 σ_u-dl/A_f 关系图，可见大致在 $dl/A_f=600$ 处，梁的极限状态从强度破坏转为弹性失稳。

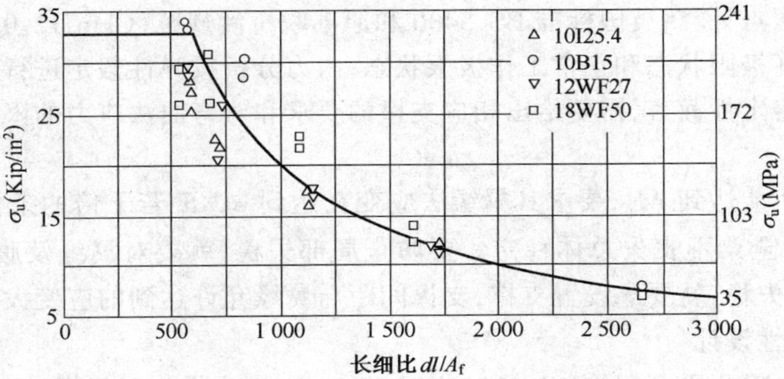

注：左侧坐标单位为英制单位。

图 4-6　σ_u-dl/A_f 关系图

表 4-32　板梁腹板失稳对于梁总体失稳的影响

试件	腹板失稳		总体失稳 M'_u 实测值（kN·m）	M'_u/M'_u
	板块	M'_u 实测值（kN·m）		
GA	靠边、中间	412.0	427.7	1.04
GB	靠边、中间	274.7，294.3	402.2	1.46，1.37
GC	靠边 中间	451.3，490.5 412.0，441.5	631.8	1.40，1.29 1.53，1.43
GD	靠边	470.9，510.1	818.2	1.74，1.60
GF	靠边	569.0，608.2	1031.0	1.81，1.70
GG	靠边 中间	441.5，470.9 451.3，490.5	642.6	1.45，1.36 1.42，1.31

表 4-32 列出板梁腹板失稳对梁总体失稳的影响，从表中 *GB*～*GG* 试件可见，在腹板因弯矩达 M'_u 失稳后，梁总体失稳时 M_u 仍比 M'_u 高出 29%～81%，足以证实腹板失稳不影响梁总体失稳。

表 4-33 列出我国轧制'梁总体稳定试验成果，在其 $M_u/M_p-\beta_2$ 关系曲线中，$\beta_2<1.414$

时为二次抛物线，在 $\beta_2 > 1.414$ 时为欧拉线。

表 4-33　我国轧制梁的总体稳定试验

梁号	支撑点间距(mm)	有效长度 l(mm)	l/r_y	M_u (kN·m)	M_p (kN·m)	M_u/M_p	$[M_p-M_{cr}]^{1/2}$ (β_2)
(1)	(2)	(3)	(4)	(5)	(6)	(7)	(8)
$L1$	4 000	3 400	170	43.1	65.2	0.662	1.191
$L2$	5 200	4 450	184	82.4	131.9	0.625	1.282
$L3$	4 800	4 100	169	82.6	149.0	0.554	1.289
$L4$	4 800	4 100	169	87.9	149.0	0.590	1.289
$L5$	3 100	2 612	111	89.2	115.6	0.772	0.892
$L6$	2 500	2 088	89	96.6	115.6	0.836	0.764
$L7$	1 500	1 212	51	108.9	115.6	0.942	0.499

目前各国设计规范各自采用不同的设计方法：我国现行铁路桥规、美国 AREA(American Railway Engineering Assocoation)规范和澳大利亚(Australian Standard)AS 1250 采用容许应力法，其内力分析和截面检算均按弹性假设进行；AISC(American Institute of Steel Construction)规范采用塑性设计法，在内力分析中考虑塑性铰相继出现，直至结构形成“机构”；美国 AASHTO(American Association of State Highway and Transportation Office)规范采用承载力设计法，其抗力按钢的屈服点计算；英国标准 BS 5400 和原苏联桥涵规范(СНиП2.05.03—84)采用极限状态法——破坏极限状态和正常工作极限状态，内力分析按弹性假定进行。

就梁的总体稳定性而言，需要给出相应支撑的要求和对弯曲法应力的限制。

(1)塑性状态

为使梁的弯矩能达到 M_p，要求其翼缘法应变在达到 σ_y/E 若干倍的条件下，翼缘及腹板不丧失局部稳定，全梁不丧失总体稳定。要防止局部失稳，就要对翼缘及腹板宽厚比进行限制；而要防止总体失稳，就要靠设置支撑，支撑间距与翼缘允许达到的应变大小有关。

①AISC 的塑性设计

设板段相邻支撑所受弯矩为 M_1、M_2，且 $M_1 < M_2$，则支撑间距需满足：

$$0.5 \leqslant M_1/M_2 < 1.0,\quad l/r_y \leqslant 9480/\sigma_y = 27.9(340/\sigma_y)$$

$$-1.0 < M_1/M_2 < 0.5,\quad l/r_y \leqslant 27.9(340/\sigma_y) + 25$$

在塑性设计法中，截面塑性抵抗矩可偏于安全地取 $W_{px} = 1.12W_x$，极限弯矩 $M_p = 1.12\sigma_y W_x$，即在工作荷载弯矩不大于 $0.66\sigma_y W_x$ 时，塑性设计法总安全系数为 $K = 1.12/0.66 = 1.70$。

②AISC 容许应力法设计

对于粗壮梁容许应力提高到 $0.66\sigma_y$ 时，支撑间距按下二式中控制者采用：

$$l/b_f = 200/\sigma_y^{1/2} = 10.8(340/\sigma_y)^{1/2}$$

$$l = 1.379\times10^5 A_f/(d\sigma_y) = 406(A_f/d)(340/\sigma_y)$$

若 $b_f = 4.2r_y$，$\sigma_y = 340$，则 $l/r_y = 45.5$，因为塑性设计法允许塑性铰相继出现，而容许应力法内力分析按弹性假设，只允许 10% 的弯矩重分配。

③AASHTO 的承载力设计法

对支撑间距的要求为：

$$0.7 \leqslant M_1/M_2,\quad l/r_y \leqslant 581/\sigma_y^{1/2} = 31.5[340/\sigma_y]^{1/2}$$

$$0.7 > M_1/M_2,\quad l/r_y \leqslant 996/\sigma_y^{1/2} = 54[340/\sigma_y]^{1/2}$$

其主要荷载组合为：$1.3[D+1.6L]$，D 代表恒载，L 代表包括冲击力的活载。

④BS 5400 极限状态法

若 $\sigma_y=355$ MPa，$\beta_2\leqslant 45$，可以 M_p 为极限弯矩对支撑间距给出限制。

⑤澳大利亚 AS 1250

按 $\bar{\beta}_1=0.58$ 决定支撑间距，能使容许弯矩达到 $0.66\sigma_y W_x\approx 0.6\sigma_y W_x$。

⑥德国 DIN 18800 和 ECCS(European Convention For Constructional Steelwork)建议支撑间距要求：

$$0.5\leqslant M_1/M_p\leqslant 1.0,\quad l/r_y\leqslant(60-40M_1/M_p)(235/\sigma_y)^{1/2}$$

$$-1.0<M_1/M_p<0.5,\quad l/r_y\leqslant 40(253/\sigma_y)^{1/2}$$

ECSS 建议主要荷载组合为 1.35D+1.5L。

(2)弹性状态

根据梁外缘应力等于 σ_y 可决定梁最大有效长度 l 据此再决定支撑间距。

①AISC 容许应力法

支撑间距符合 $l/b_f=10.8[340/\sigma_y]^{1/2}$ 的梁，其弯矩容许值为 $0.6\sigma_y W_x$。

②AASHTO 承载力设计法

对支撑的要求为：$l=406(A_f/d)(340/\sigma_y)$，若还能符合局部稳定要求，则梁的抗弯承载力为 $\sigma_y W_x$。

③BS 5400 极限状态法

按 $\beta_2\leqslant 45$ 决定非粗壮梁支撑间距，使其极限弯矩达 $M_y=\sigma_y W_x$ 的要求。

④澳大利亚 AS 1250

按 $\bar{\beta}=0.7$ 决定支撑间距，梁的容许弯矩能达到 $0.6\sigma_y W_x$。

⑤我国现行铁路桥涵规范(TBJ 2—85)

按 $\beta_1\leqslant 40$ 容许应力不需折减。

(3)对梁弯曲法应力的限制

①AASHTO 容许应力法

梁的容许法向应力为：

$$[\sigma_u]=0.55\sigma_y[1-\sigma_y\lambda^2/(4\pi^2E)]$$

式中 λ 为翼缘板长细比，其值为 $\lambda=l/r=l/(0.289b_f)$，其中 l 是梁支撑间距，r 是回转半径，按翼缘面积计算。

②AREA 容许应力法

$$[\sigma_u]=0.55\sigma_y[1-\sigma_y\lambda^2/(6\pi^2E)]\leqslant 0.55\sigma_y$$

或

$$[\sigma_u]=72\,400A_f/dl\leqslant 0.55\sigma_y$$

式中 $\lambda=l/r_y$，r_y 按受压翼缘及中性轴以上毗连腹板面积计算。

以上二式中选控制者设计，且限制 $l/r_y\leqslant 135(340/\sigma_y)^{1/2}$。

③AISC 容许应力法

按 A_f/dl 计算 $[\sigma_u]$：

$$[\sigma_u]=82\,700C_bA_f/dl$$

式中 $C_b=1.75-1.05(M_1/M_2)+0.3(M_1/M_2)^2\leqslant 2.56$。

④BS 5400 规定

当跨中无支撑时，有效长度 l 计算式如下：

$$l = K_1 K_2 L$$

式中 L——跨度；

K_1——支座处梁旁弯的抗弯约束系数；对于旁弯均为简支，$K_1 = 1$；若两支座对旁弯均能制止，$K = 0.7$；介于两者之间者，$K_1 = 0.85$；

K_2——荷载作用于上翼缘，$K_2 = 1.2$，其他情况，$K_2 = 1.0$。

梁换算长细比 β_2 计算式：

$$\beta_2 = K_4 \eta V \beta_y$$

式中 $\beta_y = l / r_y$；

$K_4 = [(A - A_\omega/2)/A]^{1/2} = [1 - A_\omega/(2A)]^{1/2}$；

$V = [1 + 0.05(l t_f / r_y d)^2]^{1/4}$。

η 见表 4-34，为考虑作用弯矩沿梁分布的系数。

表 4-34 η 值和弯矩沿梁变化的关系

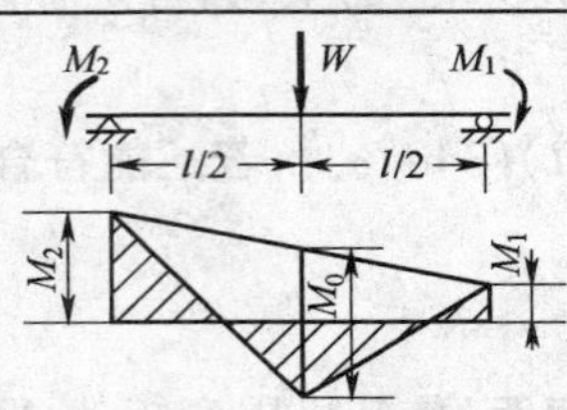

η		M_1/M_2 值				
		1.0	0.5	0.0	−0.5	−1.0
M_2/M_0 值	+1.0	0.93	0.92	0.91	0.91	0.92
	+0.5	0.90	0.90	0.89	0.88	0.88
	±0.0	0.86	0.86	0.86	0.86	0.86
	−0.5	0.77	0.80	0.83	0.85	0.88
	−1.0	0.62	0.53	0.59	0.76	0.92
	−1.5	0.75	0.61	0.54	0.62	0.80
	−2.0	0.81	0.67	0.58	0.57	0.74
	−2.5	0.85	0.71	0.61	0.56	0.71
	−5.0	0.93	0.79	0.67	0.60	0.65
	−50.0	0.99	0.86	0.74	0.65	0.62
	−∞	1.00	0.88	0.76	0.65	0.65

⑤澳大利亚 AS 1250

见图 4-7 所示，$\beta_1 = 0.7$ 时，$[\sigma_u] = 0.6\sigma_y$；$\beta_1 = 1.0$ 时，$[\sigma_u] = 0.45\sigma_y$；$[\sigma_u]$与 β_1 呈线性关系。当 $\beta_1 > 1.0$ 时$[\sigma_u]$与 β_1 呈曲线关系。

⑥原苏联桥涵规范

按梁的尺寸及边界条件，用 $\beta_1 = (\pi^2 E / \sigma_{cr})^{1/2}$ 求得折减系数 ϕ，乘以法应力限值$[\sigma_u]$，再乘以弹性抵抗矩 W_x，得到梁的抗弯承载能力。

⑦DIN 18800 和 ECCS 建议：

按荷载组合计算的 M 和 σ 须满足：

$$M \leqslant M_u, \quad \sigma \leqslant \sigma_u$$

$$\begin{cases} M_u = \eta M_p = \eta \gamma M_y \\ \sigma_u = \eta \gamma \sigma_y \end{cases}$$

式中 η——折减系数，其值为

$$\eta=[1+(\bar{\beta}_2)^{2n}]^{1/2}$$

其中 $\beta_2=[M_p/M_c]^{1/2}=[\gamma\sigma_y/\sigma_{cr}]^{1/2}$

n——体系系数，按抗弯承载力均值可取为2.5，按95%分位值 $n=1.5$，

γ——截面形状系数，$\gamma=M_0/M_y\approx[A_f+A_w/4]/[A_f+A_w/6]$。

⑧我国现行铁路桥涵规范（TBJ 2—85）

由 $\beta_1=(2r_x/h)(l/r_y)=\lambda$ 求得折减系数 φ，乘以基本容许应力得 $[\sigma_u]$。

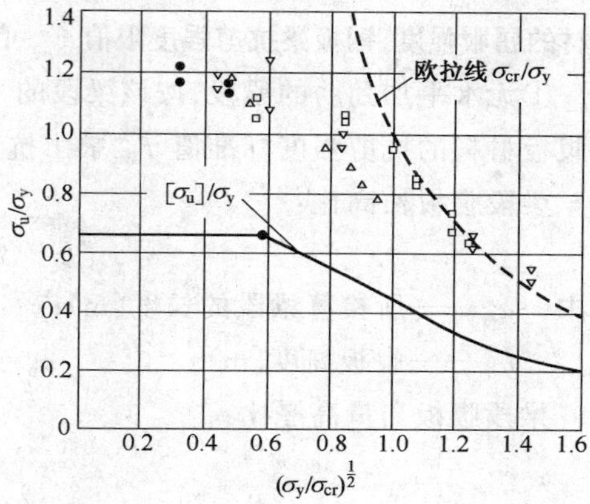

图 4-7　$\sigma_u/\sigma_y-\bar{\beta}$ 关系图

影响钢板梁剪切极限承载力的因素很多，包括腹板高厚比（或长高比）、材料屈服应力 σ_y，翼缘刚度、横肋刚度、腹板初曲等。

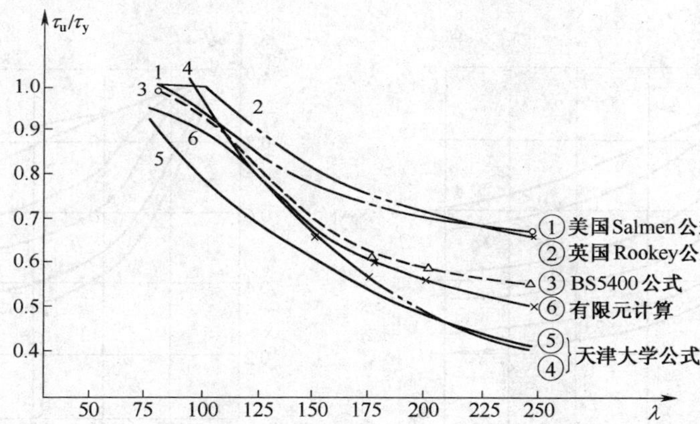

图 4-8　$\phi=1.0$ 时的 $\lambda=\tau_u/\tau_y$ 曲线

图4-8为根据试验梁给出的 $\tau_u/\tau_y-\lambda$ 曲线（$\phi=1.0$ 时），由图可见BS 5400公式（式中未计 ν_m 和 ν_{f3} 系数）居于各式计算结果的中间位置，且与有限元计算接近。说明腹板高厚比 $\lambda=b_w/t_w$（或长高比 $\phi=a_w/b_w$）对板梁剪切承载力的影响明显。

材料屈服应力的影响在图4-8中的④、⑤式没有得到反映，计算及试验结果绘于图4-9中，Q_u—σ_y 曲线接近于直线关系，图4-9中的②式与有限元计算接近，σ_y 对 Q_u 的影响可达20%左右。

横肋的作用是隔断腹板的鼓曲波形并对腹板起锚固作用，对试验结果有影响的主要是支座处的横肋刚度及支座外的伸臂作用，在伸臂不小于 $\frac{1}{4}b_w$ 情况下，肋厚的增加不引起 Q_u 的明显增加，但伸臂起着加强端横肋的作用。

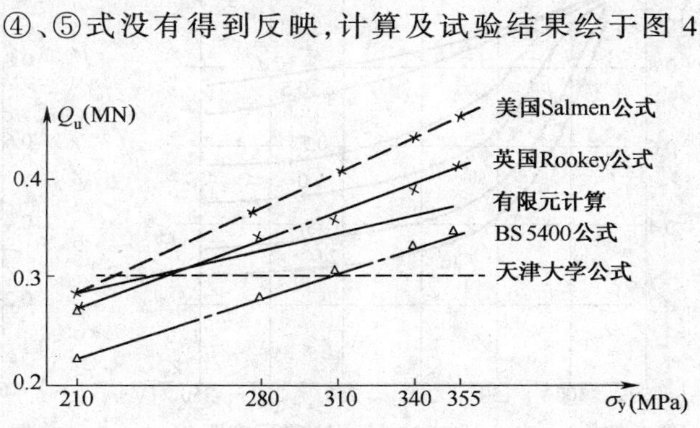

图 4-9　σ_y 对 Q_u 的影响

影响钢板梁抗剪承载力 Q_u 的主要因素为腹板高厚比 λ、长高比 ϕ、翼缘和腹板的相对刚度及钢材的屈服强度，钢板梁抗剪强度限值 τ_u 可根据有无水平加劲肋按此四个主要因素确定。

①无水平加劲肋的梁段，按该梁段的 ϕ_w、λ_w 和 K_w 三个参数从图 4-10 中查得 τ_u/f_{avk}，根据腹板材料的抗剪强度标准值 f_{avk} 求出抗剪强度限值 τ_u。

梁段腹板长高比：

$$\phi_w = a_w / h_w$$

式中 a_w——所检算梁段的长度(m)；

h_w——腹板高度(m)。

梁段腹板当量高厚比：

$$\lambda_w = \frac{h_w}{t_w}\sqrt{\frac{f_{ak,w}}{345}}$$

式中 $f_{ak,w}$——腹板钢材强度标准值(MPa)；

t_w——腹板厚度(m)。

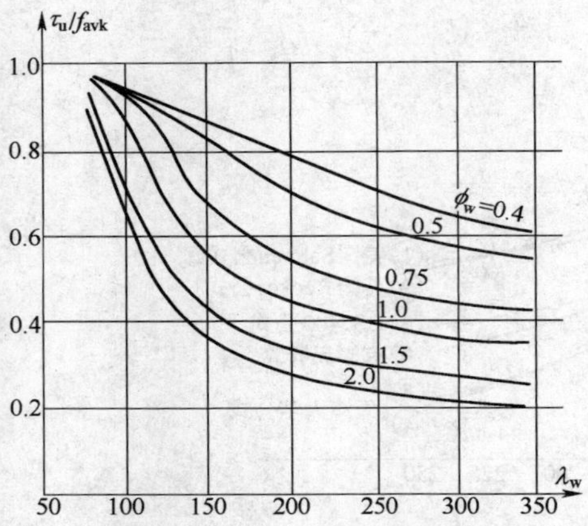

图 4-10(a) $K_{fw}=0.00$ 时的抗剪强度限值 τ_u

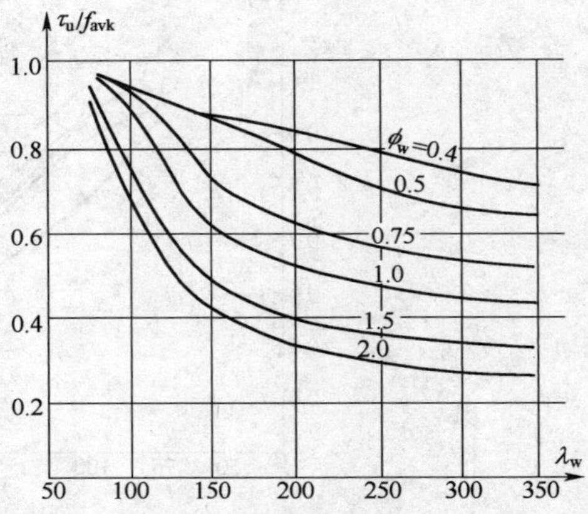

图 4-10(b) $K_{fw}=0.001$ 时的抗剪强度限值 τ_u

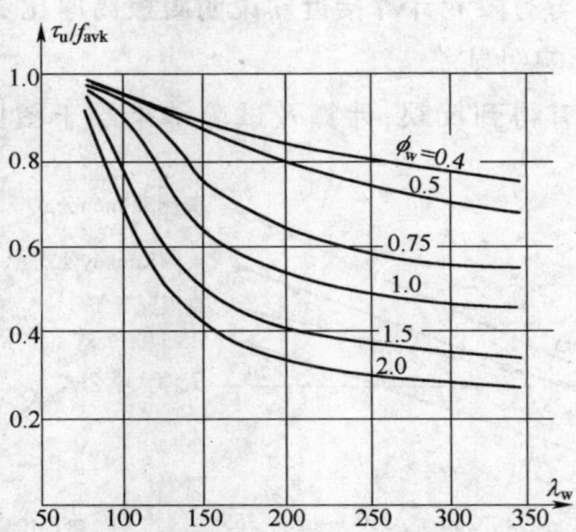

图 4-10(c) $K_{fw}=0.002$ 时的抗剪强度限值 τ_u

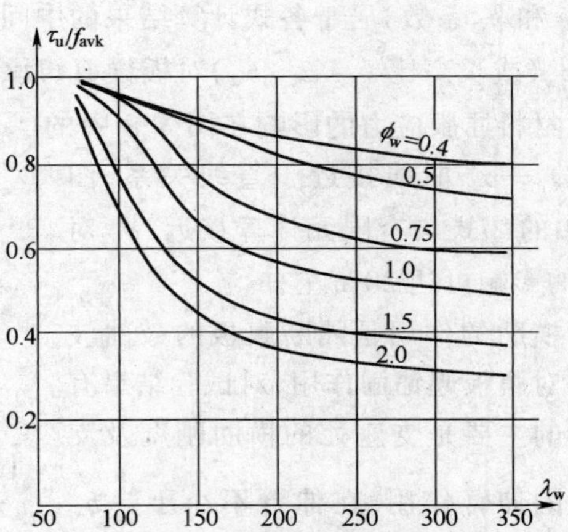

图 4-10(d) $K_{fw}=0.003$ 时的抗剪强度限值 τ_u

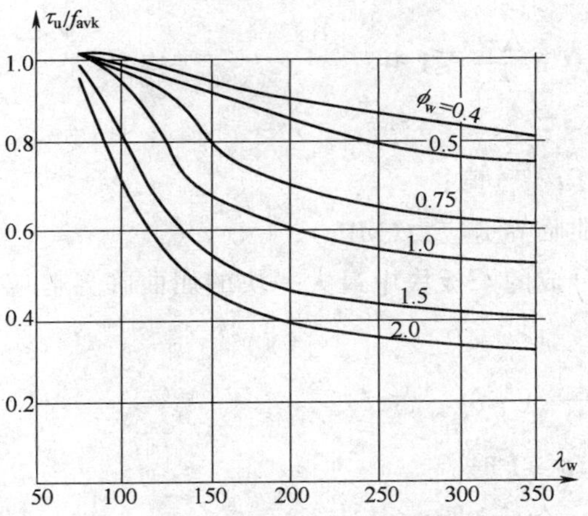

图 4-10(e) $K_{fw}=0.004$ 时的抗剪强度限值 τ_u

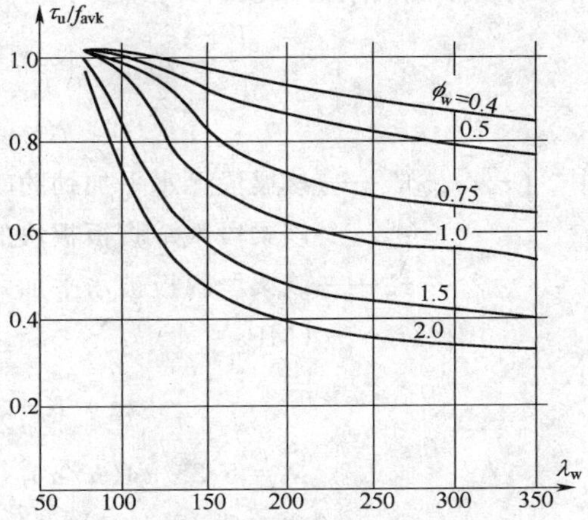

图 4-10(f) $K_{fw}=0.005$ 时的抗剪强度限值 τ_u

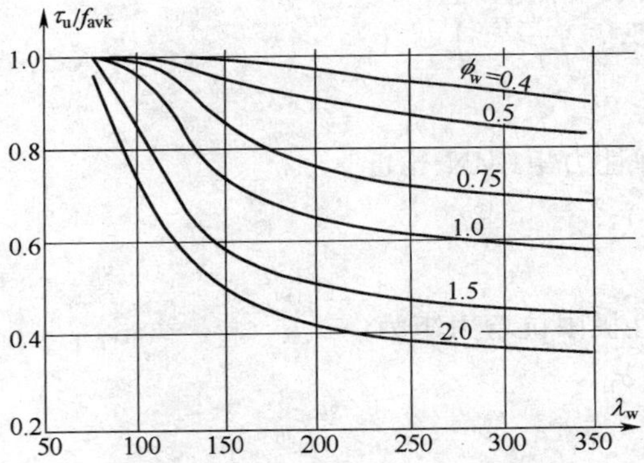

图 4-10(g) $K_{fw}=0.007\,5$ 时的抗剪强度限值 τ_u

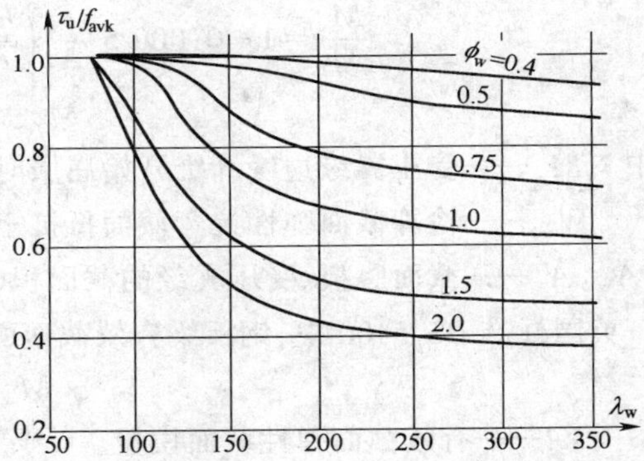

图 4-10(h) $K_{fw}=0.010$ 时的抗剪强度限值 τ_u

受压翼缘与腹板的相对刚度 K_{fw}：

a. 翼缘为单层盖板时

$$K_{fw}=\frac{f_{ak,f}\,b_f\,t_f^2}{4f_{ak,w}\,h_w^2\,t_w}$$

式中 b_f——翼缘宽度(m)；

t_f——翼缘厚度(m)。

b. 翼缘为两层盖板时

$$K_{fw}=\frac{b_{f1}\,t_{f1}^2\,f_{ak,f1}+b_{f2}\,t_{f2}^2\,f_{ak,f2}+2t_{f1}\,t_{f2}\,b_f^*\,f_{ak\cdot f}^*}{4f_{ak,w}\,h_w^2\,t_w}$$

式中 b_{f1},b_{f2}——翼缘板的宽度(m)；

t_{f1},t_{f2}——翼缘板的厚度(m)；

b_f^*——两层盖板中较窄的盖板宽度(m)；

$f_{ak,f1},f_{ak,f2}$——检算截面处翼缘盖板强度标准值(MPa)，$f_{ak,f}^*$取两者之中较小者。

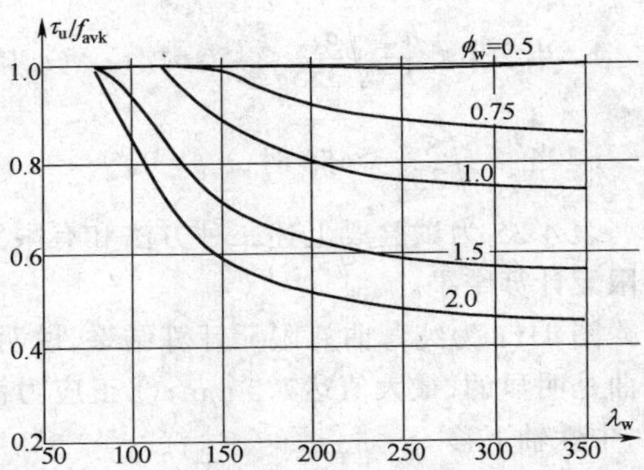

图 4-10(i) $K_{fw}=0.020$ 时的抗剪强度限值 τ_u

②有水平加劲肋的梁段，τ_u/f_{avk}按下式确定

$$\tau_u/f_{avk}=\left(\frac{\tau_u}{f_{avk}}\right)^*+0.6\frac{\Delta\tau_{cr}}{f_{avk}}\leqslant 1.0$$

$$\Delta\tau_{cr}=\tau_{cr}^s-\tau_{cr}^t$$

式中 $(\tau_u/f_{avk})^*$——该梁段无水平加劲肋时的 $\tau u/f_{avk}$值；

τ_{cr}^t——该梁段整个腹板板块的屈曲临界剪应力(MPa)；

τ_{cr}^s——该梁段腹板被水平加劲肋分成的子板块中最大一块的屈曲临界剪应力(MPa)。

$$\tau_{cr}=K\frac{\pi^2E_a}{12(1-\nu_a)}\left(\frac{t_w}{h}\right)^2$$

$$K=5.35+4(h/a)^2,\quad a/h\geqslant 1 \text{ 时}$$

$$K=5.35(h/a)^2+4.0,\quad a/h\leqslant 1 \text{ 时}$$

钢板梁抗剪承载力计算与 BS 5400 算法是一致的。

对于钢板梁抗弯承载力极限弯矩 M_u,美国的计算公式为：

$$\frac{M_u}{M_y}=1-0.000\,5\frac{A_w}{A_f}\left(\frac{h_w}{t_w}-5.7\sqrt{\frac{E_a}{f_{ak,f}}}\right)$$

$$M_y=f_{ak,f}\cdot W_m$$

式中 M_y——受压翼缘边缘纤维开始屈服时的弹性力矩(MN·m)；

W_m——检算截面弹性抗弯截面抵抗矩(m^3)；

A_w,A_f——截面腹板、受压翼缘的截面积(m^2)。

英国标准 BS 5400 中,钢板梁有效截面的弹性极限抗弯力矩为：

$$M_u=Z_x\sigma_{lc}$$

式中 Z_x——有效截面弹性截面模量。

对于有效截面,规定按下式削减腹板厚度：

a. 当$\frac{h_w}{t_w}\sqrt{\frac{\sigma_{yw}}{355}}\leqslant 136$时,$t_{we}=t_w$；

b. 当$136<\frac{h_w}{t_w}\sqrt{\frac{\sigma_{yw}}{355}}<456$时,$t_{we}=t_w\left(1.425-0.000\,625\times 0.5\times\frac{h_w}{t_w}\sqrt{\frac{\sigma_{yw}}{355}}\right)$；

c. 当$\frac{h_w}{t_w}\sqrt{\frac{\sigma_{yw}}{355}}\geqslant 456$时,$t_{we}=0$。

表 4-35 为试验梁上述二种方法和有限元法计算结果比较,两种计算方法很接近,稍小于有限元计算结果。

图 4-11 为纯弯曲有限元计算结果,说明①翼缘和腹板上部都有塑性区出现；②腹板受压鼓曲是明显的,最大值达7.5 mm；③正应力沿截面不再是线性分布,腹板受压区应力明显减小,中性轴下移。

弯剪复合作用下的极限承载力必须满足以下公式的规定值：

$$V_m\leqslant V_d$$

$$M_m\leqslant M_d$$

当 $M_m>M'_d$ 时,还应满足下式要求：

$$\frac{M_{\mathrm{m}}}{M_{\mathrm{d}}}+\left(1-\frac{M'_{\mathrm{d}}}{M_{\mathrm{d}}}\right)\left(\frac{2V_{\mathrm{m}}}{V'_{\mathrm{d}}}-1\right)\leqslant 1$$

表 4-35 纯弯作用下极限承载力

序号	腹板				翼缘			M_p	M_y	M_u/M_p		
	a_w (m)	b_w (m)	t_w (m)	σ_{yw} (MPa)	b_f (cm)	t_f (mm)	σ_{yf} (MPa)	$\times 10^6$ (N·m)	$\times 10^6$ (N·m)	美	英	有限元（下限）
1	1.0	1.0	5.0	340	20	20	340	1.812	1.633	0.87	0.87	0.90
2	0.53	0.45	3.2	477	14	8	359	0.261	0.216	0.83	0.83	0.86
3	0.60	0.60	3.2	477	14	8	359	0.3814	0.304	0.77	0.77	0.80
4	0.53	0.45	3.2	340	14	8	340	0.223	0.205	0.91	0.91	0.92
5	0.60	0.60	3.2	340	14	8	340	0.323	0.287	0.85	0.86	0.86
6	0.80	0.85	4.0	340	24	10	340	0.879	0.794	0.86	0.87	0.88

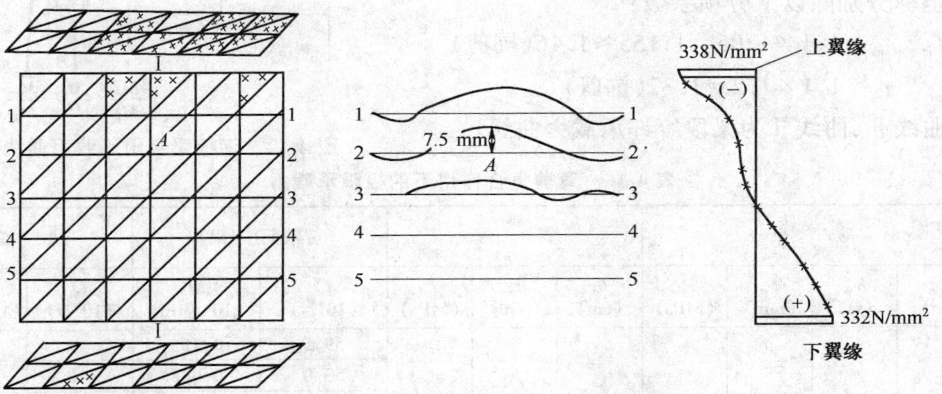

(a) 塑性区的分布　(b) 腹板的鼓曲位移　(c) I—I截面上σ的分布

图 4-11 纯弯曲问题的有限元结果（当 $M=0.90M_p$）

当 $V_m > V'_d$ 时，还应满足下式：

$$\frac{V_{\mathrm{m}}}{V_{\mathrm{d}}}+\left(1-\frac{V'_{\mathrm{d}}}{V_{\mathrm{d}}}\right)\left(\frac{2M_{\mathrm{m}}}{M'_{\mathrm{d}}}-1\right)\leqslant 1$$

$$V_d = A_w \tau_u / \gamma_m, \quad M_d = M_u / \gamma_m$$

$$V'_d = A_w \tau_u^0 / \gamma_m, \quad M'_d = M_{pf} / \gamma_m$$

$$M_{pf} = A_f \cdot f_{ak,f} d_f$$

式中 V_m——检算梁段范围内设计荷载产生的最大剪力(MN)；

M_m——检算梁段范围内设计荷载产生的最大弯矩(MN·m)；

V_d——纯剪作用下梁段的剪切承载力设计值(MN)；

A_w——腹板计算横截面积(m^2)；

τ_u——钢板梁抗剪强度限值(MPa)；

γ_m——抗力分项系数；

M_d——纯弯作用下梁段的抗弯承载力设计值(MN·m)；

M_u——钢板梁抗弯力矩限值(MN·m)；

V'_d——不考虑翼缘刚度时,梁段剪切承载力设计值;

τ_u^0——当 $K_{fw}=0$ 时的 τ_u 值;

M'_d——不考虑腹板刚度时,梁段抗弯承载力设计值(MN·m);

M_{pf}——翼缘对梁截面中和轴的塑性力矩(MN·m);

A_f——受压翼缘横截面积(m^2);

$f_{ak,f}$——翼缘钢材强度标准值;若翼缘由多层盖板组成,则可取各板中的较小值(MPa);

d_f——上下翼缘形心距(m)。

表 4-36 为弯剪复合作用下的极限承载力有限元计算值与试验值,表中所列为离最大弯矩截面为 $a_w/4$ 处截面上的弯矩值。

图 4-12 所示为钢板梁节段极限承载力无量纲曲线,曲线 I 为梁节段极限承载力曲线;曲线 I 各点纵横坐标分别除以下分项系数:

$$\gamma_1 = f_{f3}\cdot\gamma_m = 1.1\times1.05 = 1.155\approx1.16(\text{抗剪})$$

$$\gamma_2 = 1.1\times1.2 = 1.32(\text{抗剪})$$

可得到曲线Ⅱ,曲线Ⅱ为梁段容许承载力曲线。

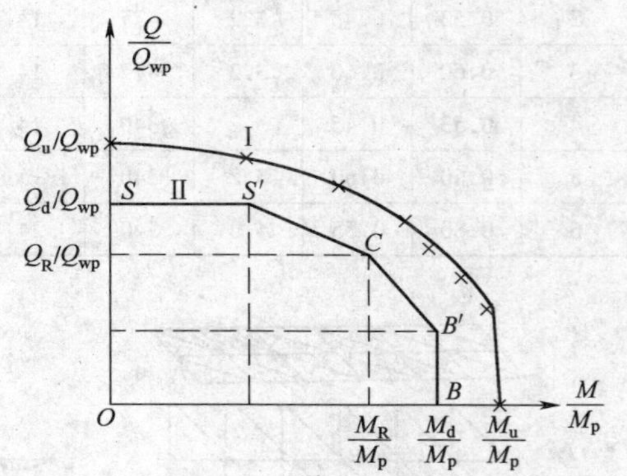

图 4-12 钢板梁极限承载力曲线

表 4-36 弯剪复合作用下的极限承载力

序号	腹板				翼缘			有限元(下限)		试验	
	a_w (m)	h_w (m)	t_w (mm)	σ_{yw} (MPa)	b_f (cm)	t_f (mm)	σ_{yf} (MPa)	Q (10^4N)	M (10^6N·m)	Q (10^6N)	M (10^6N·m)
1								59.5	0.453		
2								53.0	0.925		
3								45.0	1.238		
4								37.0	1.406		
5	1.0	1.0	5.0	340	20	20	340	31.5	1.508		
6								27.0	1.553		
7								23.0	1.587		
8								14.3	1.597		
9								0.0	1.625		
10								20.0	0.053		
11								19.4	0.107		
12								18.7	0.159		
13	0.53	0.45	3.2	477	14	8	359	17.8	0.197		
14								16.5	0.215	17.5	0.216
15								11.5	0.218		
16								6.7	0.220		
17								0.0	0.220		
18								25.38	0.156		
19	0.60	0.60	3.2	477	14	8	359	21.75	0.285	22.5	0.295
20								14.27	0.301		
21								0.0	0.305		

实际钢板梁结构一般在工厂焊接制造,焊接构件焊缝冷缩必然产生纵向残余应力,其为影响构件极限承载力的重要因素之一;钢构件内的残余应力是构件制造过程中塑性变形引起的,

在焊缝冷却后，在远离焊缝处产生压应力，焊缝部位产生拉应力，一般由焊接引起的残余应力比热轧型钢中的残余应力大得多。图 4-13 为宽翼缘工字型截面和箱形截面中焊接残余应力的实测结果，可见在焊缝处拉应力已达到屈服点水平。图 4-14 为工字形截面残余应力分布曲线。美国采用直线分布图形(a)，翼缘端部最大压力 $\sigma_{rc}=0.3\sigma_s$，即取残余应力系数 $\eta=0.3$。

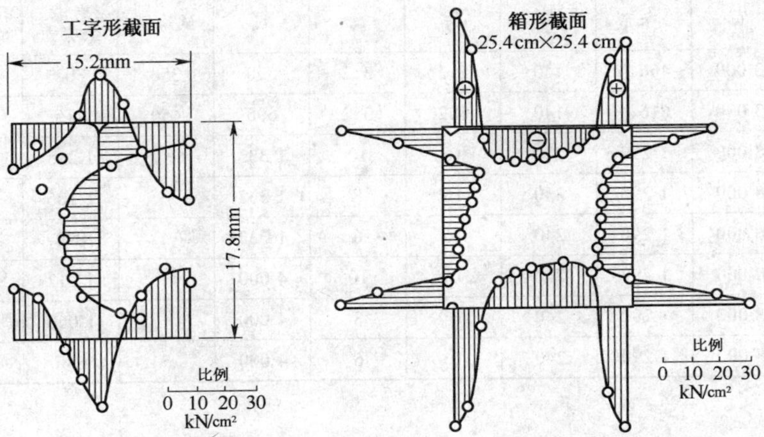

图 4-13　焊接残余应力实测值

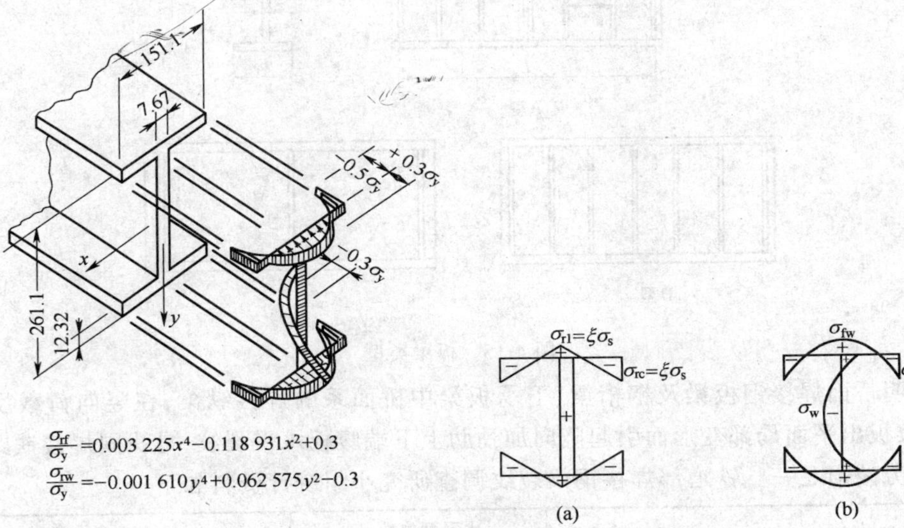

图 4-14　截面尺寸和残余应力分布

$$\xi = n\Big/\left(1+\frac{2A_w}{A_f}\right)$$

式中　A_w, A_f——腹板面积和两翼缘面积总和。

欧洲采用抛物线图形分布(b)，翼缘端点、中点和腹板中点三个应力峰值为：

$$\begin{cases}\sigma_f = -1\,650\left(1-\dfrac{A_w}{1.2A_f}\right)\\ \sigma_{fw} = 1\,000\left(0.7+\dfrac{A_w}{A_f}\right)\\ \sigma_w = -1\,000\left(1.5+\dfrac{A_w}{1.2A_f}\right)\end{cases}$$

表4-37给出试验梁几何尺寸和极限承载力计算值，可见焊接残余应力降低钢板梁极限承载力约为10%以下。图4-15为试验梁类型。

表4-37　试验梁几何尺寸和极限承载力

类型	梁号	几何尺寸(mm)						极限承载力(kN)			残余应力影响系数(%)
		L	h	b_f	t_f	t_w	a_w	试验值	考虑余应力	不考虑残余应力	
A	1号	3 000	466.4	140	8.2	3.2	530	350	302	309	2.32
	2号	3 000	616.4	140	8.2	3.2	600	450	415	426	2.65
B	3号	8 000	1 290	240	16	10	1 333	–	1 215	1 302	7.36
	4号	8 000	1 290	240	16	8	1 333	–	1 105	1 230	11.31
	5号	8 000	1 290	240	16	6	1 333	–	890	910	2.25
C	6号	8 000	1 290	240	16	10	4 000	–	1 212	1 323	9.16
	7号	8 000	1 290	240	16	8	4 000	–	1 060	1 150	8.49
	8号	8 000	1 290	240	16	6	4 000	–	680	705	3.68

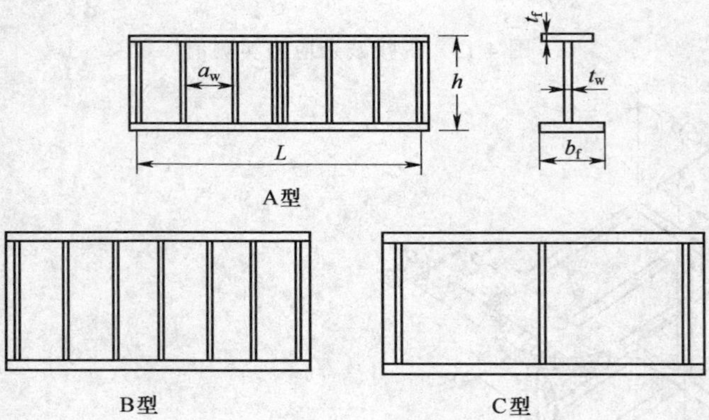

图4-15　板梁类型

铁路明桥面焊接钢板梁及钢桁梁、下承板梁中桥面系的焊接纵梁，在竖向荷载反复作用下，因其腹板出平面局部变形而引起竖向加劲肋上下端腹板水平裂纹，是我国焊接铁路钢桥上常见的疲劳破损之一。铁道部焊接钢梁裂纹调查研究小组统计资料如下：

类型	调查孔数	病害孔数	裂纹数量	水平裂纹数量		百分比(%)		
				上端	下端	上端	下端	总计
板梁	134	45	286	28	1	10	0.3	10.3
纵梁	73	25	582	75	136	13	23	36

注：207孔钢梁中93%系1970～1981年间制造。

可见在焊接纵梁中，腹板水平裂纹数量占裂纹总数的1/3以上。

美国132座由疲劳引起损坏的桥梁中，其原因分布为：

病害类型	裂纹数量	百分比(%)
腹板空隙	51	39
焊接不良	18	14

续上表

病 害 类 型	裂 纹 数 量	百 分 比 (%)
微小焊接开裂	6	5
切 口	8	6
焊接边界部位	9	7
其 他	40	30

产生疲劳裂纹的主要原因是腹板空隙,即连接横梁或隔板的连接件与主梁翼缘间,或加劲肋与之间的空隙,该部位的腹板出平面反复地强制变形产生出平面的反复弯曲应力,致使这部分腹板产生疲劳裂纹。美国针对上述疲劳裂纹采取下述方法修复,有效地制止了疲劳裂纹的扩展:

①钻孔;

②切除部分加劲肋使腹板空隙为 6~10 倍腹板厚度以减少出平面变形产生的出平面弯曲应力;

③用高强度螺栓把加劲肋与主梁翼缘直接相连,或用连接件受拉翼缘相连。

表 4-38 为试验梁疲劳试验结果,在加劲肋区段加载时,若内侧加劲肋与上翼缘间有"间隙",则多数发生水平疲劳裂纹,其起始位置均发生在加劲肋焊缝处。腹板由内侧表面裂纹逐步扩展,形成穿透裂纹后,扩展速率加剧,循环荷载达 200 万次时,裂纹长度可达100 mm左右。在循环荷载约 50~70 万次时,裂纹开始出现;若内侧加劲肋上端顶紧,下端有"间隙"时,加载至 250 万次仍无开裂。尽管荷载有偏心,但腹板下端受到的影响很小,当在无肋区加载时,同样在腹板上端加劲肋处产生水平裂纹,但裂纹出现前的加载循环次数普遍增加。说明只要在板梁设计细节上避免腹板在加劲末端有"间隙",腹板上端的水平裂纹便可有效地防止。

表 4-38 试验梁疲劳试验结果

加载类型	试验梁号	构造特点	荷载 P_{min}/P_{max} (kN)	内侧偏心 e	加载点及测点 (cm)	开裂状态	循环次数 N(万次) 起裂循环次数	循环次数 N(万次) 加载次数	设计应力 $\sigma_{x,max}$ (N/cm²)
A 加劲肋区段	A1/A1′	内侧腹板加劲肋上端间隙 40 mm	30/250	10 mm	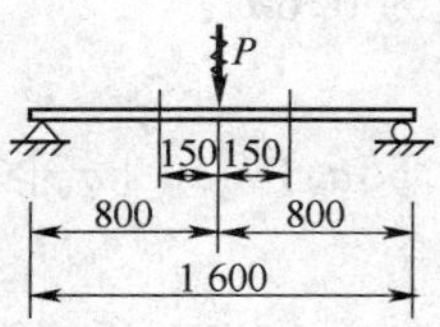	上裂/未裂	50/−	200	7 520
	A2/A2′					上裂/上裂	50/90	200	
	A3/A3′					裂/未裂	52/−	200	
	A4/A4′					未裂/上裂	−/70	200	
	A5/A5′					上裂/未裂	75/−	200	
	A6/A6′	内侧下端间隙 40 mm	30/250 30/300	10	″	未裂	−	200	7 520
	A7/A7′					未裂/下裂	/197	200	
	A8/A8′					未裂	−	250	9 020
B 无加劲肋区段	B1/B1′	内侧腹板上端间隙 40 mm	30/250	10	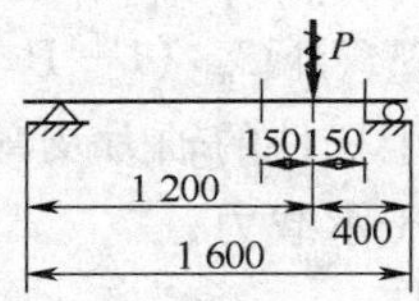	上裂/未裂	92/175	200	5 700
	B2/B2′					上裂/未裂	102/−	200	
	B3/B3′					未裂/上裂	−/102	200	
	B4/B4′					上裂/未裂	142/−	200	
	B5/B5′	内侧下端间隙 40 mm	30/250	10	″	未裂	−	200	5 700
	B6/B6′							200	

4.3.2 钢压杆

双对称 I 形截面杆件，在轴压力作用下，一般不会发生压扭型失稳。若兼受弯矩，则其屈曲失稳可能发生在弯矩作用面内——面内失稳；也可能发生在弯矩作用面之外——面外失稳。若杆件较短，也可能发生强度塑性破坏。

1. 塑性破坏

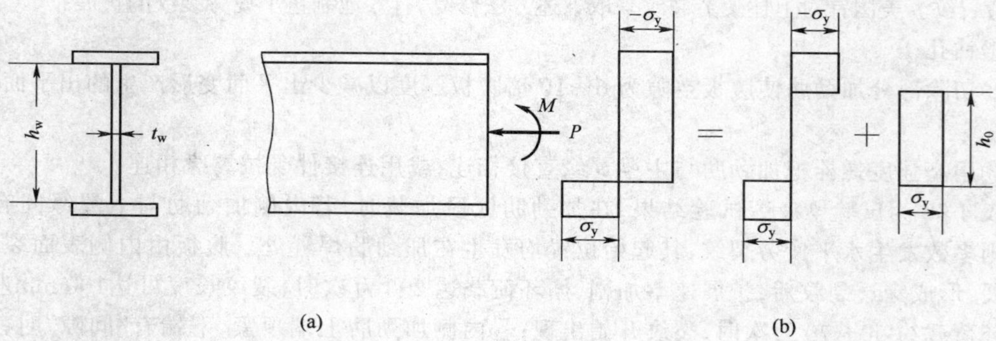

图 4-16 压弯杆件截面应力图示

对于压弯杆支承处截面，因失稳受到约束，只能发生塑性破坏极限状态，图 4-16 所示压弯杆件截面的应力分布可分解为弯矩和轴力两部分；图 4-17 为 ASCE 计算图示，其中近似式 $M/M_p=1.18\left(1-\dfrac{P}{P_y}\right)$表示为实线或$\left(\dfrac{P}{P_y}=1-\dfrac{1}{1.18}\dfrac{M}{M_p}\right)$，虚线为分析结果；其计入安全系数的应力表达式为：

$$\sigma_a/(0.6\sigma_y)+\sigma_b/[\sigma_b]\leqslant 1.0$$

式中 σ_b——弯曲正应力容许值，一般为 $0.6\sigma_y$。

美国 AREA 应力表达式为：

$$\sigma_a/(0.55\sigma_y)+\sigma_b/[\sigma_b]\leqslant 1.0$$

英国 BS 5400 应力验算式为：

$$P/A+M/W_x\leqslant \sigma_y/\gamma$$

式中 γ——抗力分项系数。

以上各式均属于应力叠加形式，我国现行铁路桥规验算式也采用这种形式。

2. 面内失稳

(1)对于压弯杆面内失稳采用以塑性抗弯承载力 M_p 为参照的 $P-M$ 交叉影响计算式：

$$P/P_t+(M/M_p)[C_m/(1-P/P_e)]=1.0$$

式中 P、M——在极限状态同时作用于杆件的轴力及弯矩；

P_t——杆件只受轴力时的抗压承载力；

M_p——杆件塑性铰弯矩；

P_e——杆件屈曲发生在弯矩面内时的欧拉荷载；

C_m——弯矩沿杆分布不均匀系数(等效均匀弯矩对最大弯矩的比值)，其值为

$$C_m=0.6+0.4M_1/M_2\geqslant 0.4 \quad (M_1/M_2\geqslant 0)$$

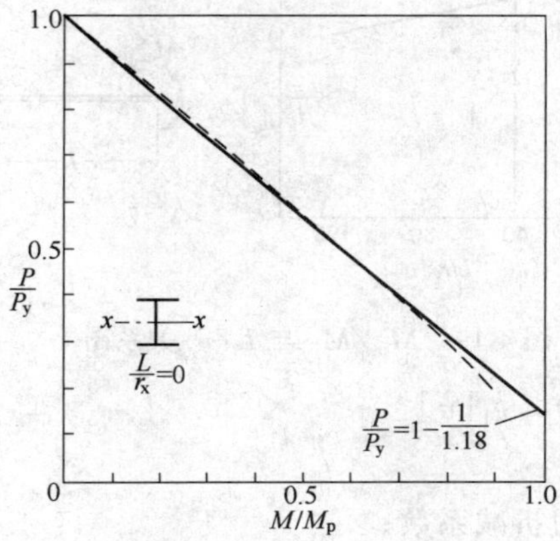

图 4-17 ASCE 计算图示

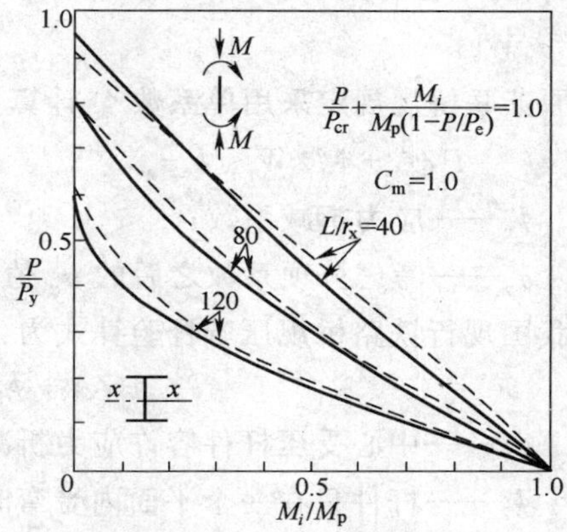

图 4-18 P/P_y 与 M/M_p 关系图

图 4-18 为 P/P_y—M/M_p 关系曲线，图中实线表示上式，虚线为推算之关系曲线。

C_m 为在轴压力作用下的横向弯矩扩大系数，以 M_0、δ_0 表示横向荷载下杆件中点弯矩及挠度，$\alpha=P/P_e$ 为轴压力与欧拉临界荷载的比值，则在轴压力 P 作用下杆件中点最大弯矩为：

$$M_{max}=M_0+P\delta_0/(1-\alpha)=M_0[1+(\pi^2EI\delta_0/(M_0l^2)-1)\alpha]/(1-\alpha)=M_0C_m/(1-\alpha)$$

$$C_m=1+[\pi^2EI\delta_0/(M_0l^2)-1]\alpha=1+\varphi\alpha$$

式中，φ 值可根据杆件荷载和两端支承条件计算。

两端简支、均布荷载 q 作用下： $C_m=1+0.028\alpha\approx 1.0$， $\varphi\approx 0$

一端固结、一端简支、满布均匀荷载下： $C_m=1-0.3\alpha$

二端固结、满布均匀荷载下： $C_m=1-0.4\alpha$

二端简支，跨中一集中力作用： $C_m=1-0.2\alpha$

一端固结，一端简支，跨中一集中力作用： $C_m=1-0.4\alpha$

二端固结，跨中一集中力作用： $C_m=1-0.6\alpha$

(2)对于压弯杆面内失稳采用以弹性抗弯承载力 M_y 为参照的交叉影响计算式：

$$P_A/A+P_A/\eta/[\omega_x(1-\alpha_0)]\leqslant\sigma_y=(P_A/A)(\sigma_y/\sigma_A)$$

式中 P_A——压溃荷载；

σ_A——压溃应力，$\sigma_A=P_A/A$；

η——初始矢度(缺陷)，其值为

$$\eta=(\sigma_y/\sigma_A-1)(1-\alpha_0)(W_x/A)$$

同时承受 P、M 时：

$$P/A+[(M+P\eta)/W_x]/(1-\alpha)\leqslant\sigma_y$$

3. 面外失稳

根据图 4-19 的 M_m/M_p—l/r_y 关系曲线推得在弱轴方向 l/r_y 较大时的 M_m 表达式：

$$M_m=[1.07-(l/r_y)\sigma_y^{\frac{1}{2}}/8\,300]M_p\leqslant M_p$$

英国 BS 5400 验算式为：

$$P/P_A+M/M_u\leqslant 1.0$$

式中 P_A 按杆件最大长细比查取 σ_A，$P_A=\sigma_A\cdot A$，；对于粗壮梁 $M_u=\sigma_u W_{px}$；非粗壮梁 $M_u=\sigma_u W_x$。

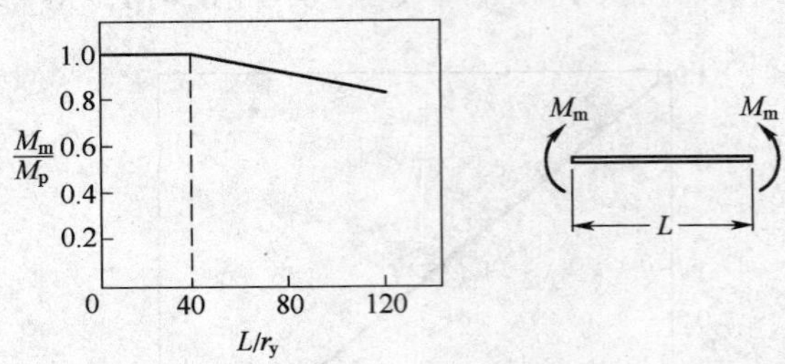

图 4-19 M_m/M_p 与 L/r_y 关系图

原苏联桥规规定采用单系数 ϕ_c 计算：

$$P/A+M/W\leqslant\phi_c\sigma_y$$

式中 ϕ_c——应力折减系数；

σ_y——考虑分项系数之后的 σ_y 值。

我国现行铁路桥规压弯杆验算式为：

$$P/A+\phi_1 M/(\mu\phi_2 W)\leqslant\phi_1[\sigma]$$

式中 ϕ_1——中心受压杆件容许应力折减系数；

ϕ_2——杆件只在一个平面内受弯时的容许应力折减系数；

μ——考虑杆件受压弯矩增大系数。

4. 杆件有效长度

钢结构中的压弯杆或压杆，绝大多数其两端不是铰接，当杆件本身没有失稳而具有刚性时，它将因抵抗结构在杆端变位而承受弯矩；但当杆件近于失稳而失去刚性时，其不但不能抵抗其他杆件所予以的变位，而且还要依赖结构其他杆件阻止杆件本身的变位发展，杆件从其他杆件所予以的弯矩是帮助抵抗失稳的有利弯矩。

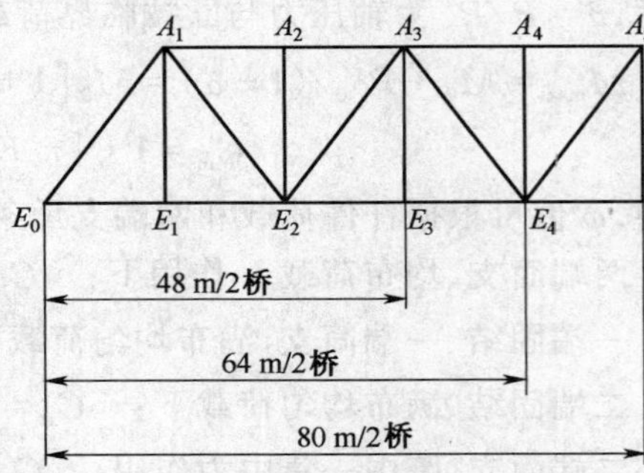

图 4-20 钢桥梁简图

铁路钢桥主桁架杆件在节点处用高强度螺栓连接于节点板上，杆端在桁架平面内近于刚性连接，每一压杆的屈曲均受到其他杆件的弹性约束，其作用强弱与杆件的抗弯刚度和所受的轴力有关。图 4-20 给出三种形式钢桁梁杆件图，用以计算分析各种类型杆件相互作用时自由长度的影响。

表 4-39 为竖杆自由长度计算分析：模式 1（K_1）考虑与该竖杆直接相连的上、下弦杆及斜杆的影响，其 K_1 值为 0.506～0.513，接近于两端固接情况；模式 2 只考虑与竖杆相连的两下弦杆的影响，$K_2=0.704$～0.709，接近于一端固定一端自由的状况；模式 3、4 增加斜杆及不相邻下弦杆影响，计算结果与模式 2 相近，说明这些杆件影响很小，可以不计。

表 4-39 竖 杆 的 自 由 长 度

桥梁跨度	杆件名	K_1	K_2	K_3	K_4
		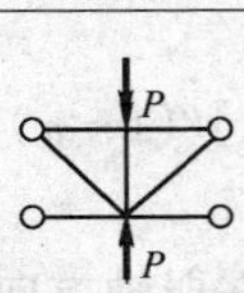	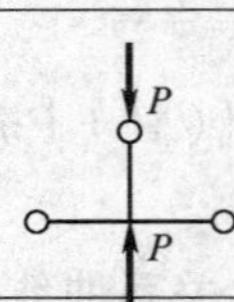	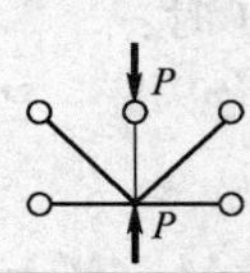	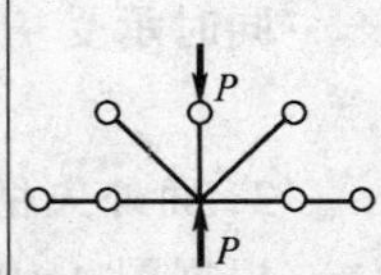
64 m	A_2E_2	0.513	0.708	0.705	0.704
	A_4E_4	0.511	0.706	0.705	0.704
80 m	A_2E_2	0.508	0.705	0.703	0.702
	A_4E_4	0.506	0.704	0.703	0.702
48 m	A_2E_2	0.512	0.709	0.705	0.703

表 4-40 为端斜杆自由长度计算模式，考虑所有相连杆件的影响，$K\approx0.7$；模式 3 只考虑一下弦杆影响时，$K\approx0.90$；模式 2、4 考虑部分相连杆件影响，$K\approx0.75\sim0.80$。

表 4-41 为中间斜杆自由长计算比较，模式 1 为考虑全部相连杆件影响，$K\approx0.53\sim0.58$；模式 3 只考虑与之相连的下弦杆和另一斜杆影响，$K\approx0.72\sim0.75$。

表 4-42 为上弦杆自由长度计算比较，模式 1 考虑全部相连杆件影响，$K\approx0.80$；模式 2、3 不考虑与之相连斜杆的影响，$K\approx0.86\sim0.95$。

表 4-40 端斜杆 E_0A_1 的自由长度

桥梁跨度	K_1	K_2	K_3	K_4
	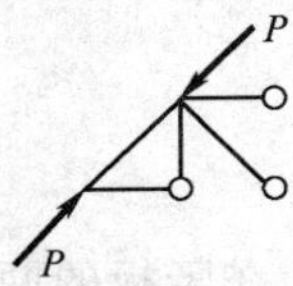	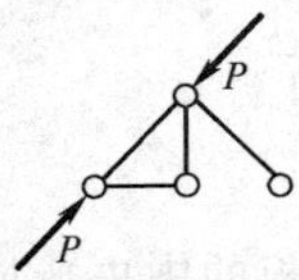	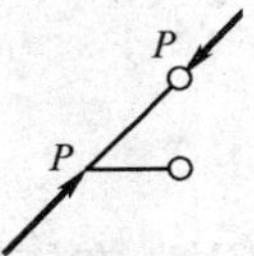	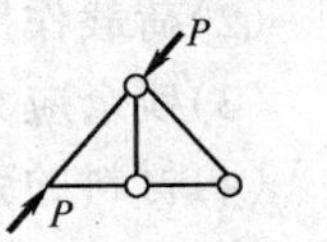
64 m	0.699	0.797	0.884	0.786
80 m	0.699	0.790	0.890	0.780
48 m	0.699	0.763	0.859	0.751

表 4-41 中间斜杆的自由长度

桥梁跨度	杆件名	K_1	K_2	K_3	K_4
		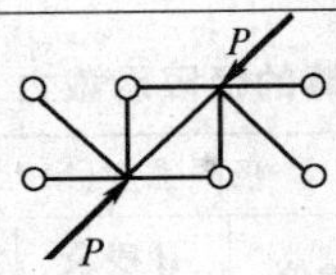	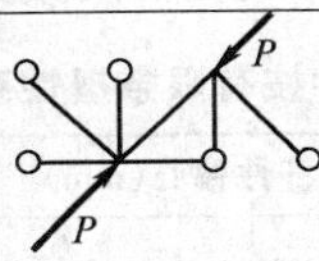	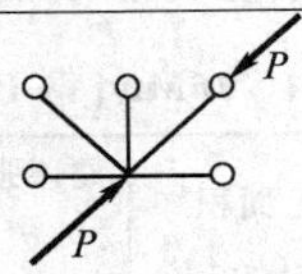	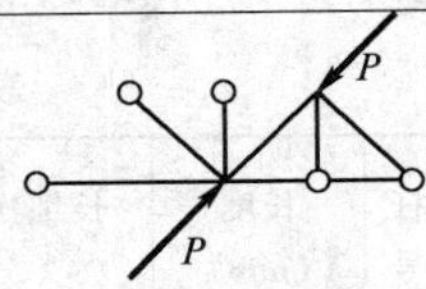
64 m	E_3A_3	0.569	0.660	0.742	0.648
80 m	E_2A_3	0.571	0.679	0.748	0.660
	E_4A_5	0.530	0.643	0.721	0.633
48 m	E_2A_3	0.577	0.638	0.735	0.625

表 4-42 上弦杆的自由长度

桥梁跨度	杆件名	K_1	K_2	K_3
		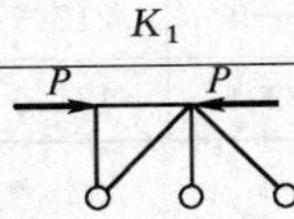	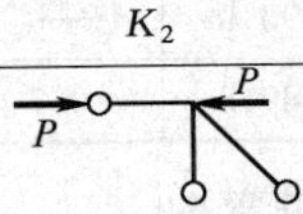	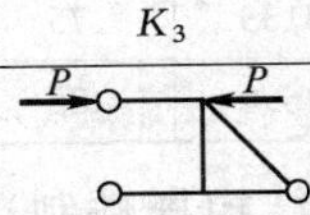
64 m	A_1A_2	0.799	0.899	0.883
	A_2A_2	0.799	0.904	0.892
	A_3A_4	0.799	0.917	0.901
80 m	A_1A_2	0.799	0.877	0.863
	A_2A_3	0.799	0.900	0.887
	A_3A_4	0.799	0.930	0.913
	A_4A_5	0.799	0.964	0.945
48 m	A_1A_2	0.799	0.872	0.859
	A_2A_3	0.799	0.908	0.895

表 4-43 为我国现行钢结构设计规范和铁路桥规与英国 BS 5400 对桁架压杆自由长度规定与上述计算的比较，说明我国规范值应稍作调整。

表 4-43　对桁架压杆自由长度的规定

	上弦杆	端斜杆	竖杆	中间斜杆
我国规范	1.0l	0.90 l	0.80 l	0.80 l
英国规范	0.85 l	0.70 l	0.70 l	0.70 l
建　议	0.90 l	0.80 l	0.70 l	0.75 l

钢结构压杆在制造和使用过程中，不可避免地存在各种缺陷，在计算压杆稳定问题时，必须考虑下列因素：

(1)压杆的初弯曲和初扭转；

(2)荷载作用点的初偏心；

(3)残余应力；

(4)材料的弹塑性。

铁路钢桥中H形截面压杆，在施焊后，在竖板的中央造成拉应力，在竖板的两端造成焊接残余压应力，从而引起杆件在轴向压力还低的阶段，在竖板平面内丧失稳定，而对焊接压杆的水平腹板平面内的屈曲应力，焊接残余应力的影响较小。

表 4-44 为对 16Mnq 钢 H 形杆件按有限条塑性系数法计算的极限承载力，说明压杆计及残余应力时计算值与试验值接近，残余应力对H形截面压杆绕弱轴的极限承载力影响较大，达到 14%～38%，且残余应力影响随杆件长细比 λ 的增加而增大。

表 4-44　16Mnq 钢 H 形杆件按有限条塑性系数计算的极限承载力

杆号	长度(mm)	长细比 λ	面积(cm^2)	屈服强度 σ_s(MPa)	杆件偏心(mm)		极限强度(MPa)			残余应力影响系数(%)
					杆中初弯	杆端偏心	试验值	计残余应力	不计残余应力	
01	1656	30	79.9	390.0	—	6.0	—	306.7	350.4	14.3
02	2480	45	80.69	389.8	0.6	6.5	280.0	278.6	333.9	20.0
03	3031	55	79.9	390.0	—	6.0	—	269.1	331.2	23.3
04	3580	65	80.83	387.4	1.5	5.5	222.5	228.9	300.4	29.7
05	4133	75	79.9	390.0	—	6.0	—	212.7	287.8	35.3
06	4690	85	80.92	389.8	0.7	5.5	183.5	131.5	250.3	37.9

钢结构杆件制造缺陷包括：初弯曲 f_0 和由于制造(及安装)公差引起的构造性偏心及几何尺寸偏差，其杆件的初弯曲对压杆承载力影响最大。表 4-45 为主桁杆件初弯曲统计(弦杆、斜杆)。杆件初弯曲概率密度曲线具有上、下限，且呈负偏态，图 4-21 为三种概率分布的比较，正态分布偏差较大，β 分布更接近于原始数据直方图分布，不同保证率的主桁压杆初弯曲 f_0 值列于表 4-46，均比常用值 $f_0 = l/1\ 000$ 小的多。

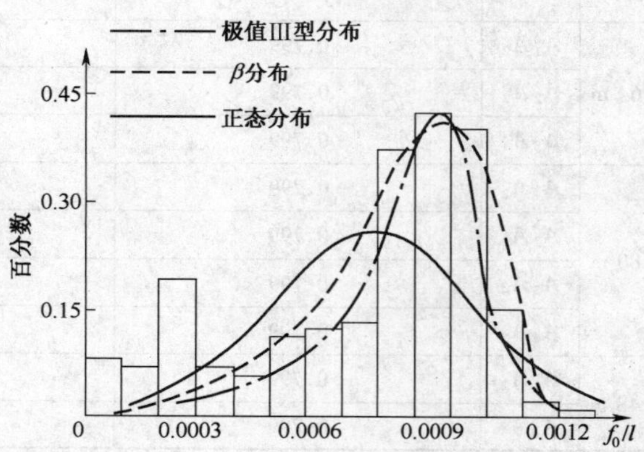

图 4-21　三种分布的比较示意

表 4-45 主桁杆件的初弯曲统计

f_0(mm)	弦杆 $u=f_0/L\times10^4$	弦杆 n_1	斜杆 $u=f_0/L\times10^4$	斜杆 n_1
1.0	1.250	18	0.8	29
1.5	1.875	32	1.2	42
2.0	2.500	114	1.6	175
2.5	3.125	18	2.0	29
3.0	3.750	90	2.4	89
3.5	4.375	4	$\sum n_1=364$	
$\sum n_1=276$				

表 4-46 主 桁 压 杆 的 f_0 值

杆件 \ 保证率	50%	95%	99%
弦杆	$l/3\ 500$	$l/2\ 400$	$l/2\ 250$
斜杆	$l/5\ 780$	$l/3\ 750$	$l/3\ 450$

5. 铁路桥梁钢压杆承载力

我国铁路钢桁梁桥中常用杆件截面形式为焊接 H 形截面和箱形截面，表 4-47 列出常用截面形式和尺寸。杆件中 $\lambda\approx70$ 者出现频率最高，相应于常用弦杆、端腹杆在桁梁平面内计算长细比值；$\lambda\approx100$ 多为腹杆，常用在桁梁平面内的长细比；$\lambda\approx40$ 为弦杆（H 形截面）在桁梁平面外的长细比值。

对于 H 形截面杆件，影响其极限承载力的主要参数为直接拼接比 K 和截面高度 b_1，K 值大表示截面积中偏离形心的比例高，其极限应力低；截面高度 b_1 大，由焊接产生的竖板边缘残余应力大，极限应力也较低。

表 4-47 压杆计算截面特性

序号		1	2	3	4	5	6	7	8	9	10	11
截面	编号	33		27		4		11	22		28	
	高(mm)	780		640		440		460	540		260	
	宽(mm)	600		460		460		460	460		600	
K		0.730		0.773		0.708		0.775	0.811		0.520	
$\bar{R}_c$		0.35	0.30	0.35	0.30	0.30	0.25	0.30	0.30	0.25	0.25	0.20

序号		12	13	14	15	16	17	18	19
截面	编号	33	27	4		11	28	37	36*
	高(mm)	780	640	440		460	260	440	460
	宽(mm)	600	460	460		460	600	460	460
K		0.730	0.773	0.708		0.775	0.520	0.578	0.513
$\bar{R}_c$		0.15			0.125		0.10	0.15	0.10

注：①$\bar{R}_c=R_c/\sigma_s$ 为竖板相对残余压应力值。

②编号中带星号者为箱形截面，其余为 H 形截面。

图 4-22 为板厚 16、24、32 mm三种 H 形截面焊接试件实测竖板残余应力值，约为$(0.12 \sim 0.15)\sigma_s$，当残余应力对稳定性呈有利影响时，压杆计算采用$(0.12 \sim 0.15)\sigma_s$；当残余应力对稳定性有不利影响时，在计算 H 形截面压杆绕弱轴的稳定性时，边缘残余应力值应采用$(0.20 \sim 0.35)\sigma_s$（σ_s 为钢材屈服应力）。

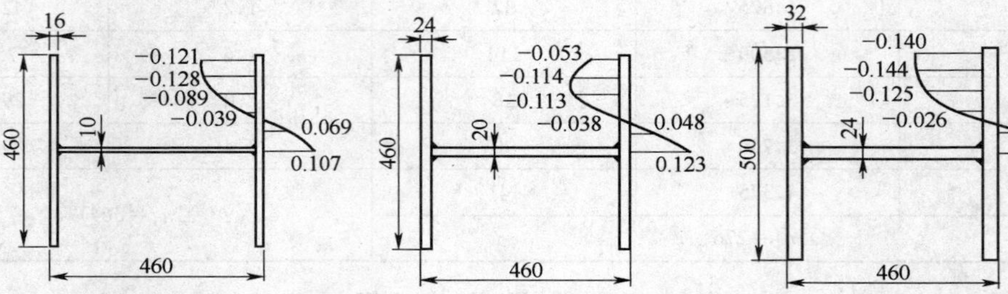

截面尺寸单位为mm，试件长1.6 m。
图中为相对残余应力值σ_r/σ_s，σ_s为屈服应力。
图中数值为实测平均值。

图 4-22　实测残余应力分布图

对压杆承载力有影响的钢材性能参数主要有弹性模量 E、屈服强度 σ_s 及应力—应变曲线。

根据试验取 $E=2.05\times10^5$ MPa，$\sigma_p/\sigma_s=0.65$，则钢材的应力—应变曲线表达式为：

$$\bar{\sigma}=\begin{cases}\bar{\varepsilon} & \bar{\varepsilon}\leqslant\bar{\varepsilon}_p\\ \bar{\varepsilon}-1.209(\bar{\varepsilon}-0.65)^3 & \bar{\varepsilon}_p<\bar{\varepsilon}\leqslant1.175\\ 1 & 1.175<\bar{\varepsilon}\end{cases}$$

式中　$\bar{\sigma}=\sigma/\sigma_s$；$\bar{\varepsilon}=\varepsilon/(\sigma_s/E)$。

受压杆件的偶然偏心有两种：杆轴的初始弯曲和杆端受力偏心。

(1)杆轴初始弯曲偏心为：$e_L\sin(\pi X/L)$，e_L 为杆中最大初始挠度；L 为杆件计算长度。对于较长杆件($\lambda\geqslant100$)，取 $e_L=0.001L$；

对于较短杆($\lambda=30$)不考虑杆件初弯曲。

$$e_L=\begin{cases}0.001\,43(0.01\lambda-0.3)L, & 30\leqslant\lambda<100\\ 0.001L, & 100\leqslant\lambda\end{cases}$$

(2)杆端偏心距 e_p：对长细比较小的压杆承载力有较大影响，其主要为制造过程中板件组装公差使截面重心轴偏移中心线；杆端螺栓孔群中心线与板件中心线的对中偏差；螺栓实际安装位置引起的偏差等偶然因素，可以取 $e_p=0.008b_1$（b_1 为杆件截面高度），则截面总最大偶然偏心 $e=e_L+e_P$。

图 4-23 为长细比 $\lambda=30\sim150$ 范围内压杆计算所得稳定系数。阴影线①所示范围适用于残余应力较高的 H 形截面压杆绕弱轴的稳定性计算；阴影线②区适应于残余应力较小的 H 形截面压杆绕弱轴，箱形截面压杆以及 H 形截面压杆绕强轴的稳定性检算。在规范中 φ 值取自阴影线分布区的下限，并计入计算模式不定性的影响。对于长细比 $\lambda\leqslant40$ 的压杆，引入折减系数 0.947；图中曲线Ⅰ、Ⅱ为考虑以上因素的计算结果，列于表 4-48；表中 A 类适用于计算铆接杆件、箱形截面杆件，焊接 H 形截面杆件在腹板平面内的整体稳定性；B 类适用于计算焊接 H 形截面杆件在翼缘平面内的整体稳定性。

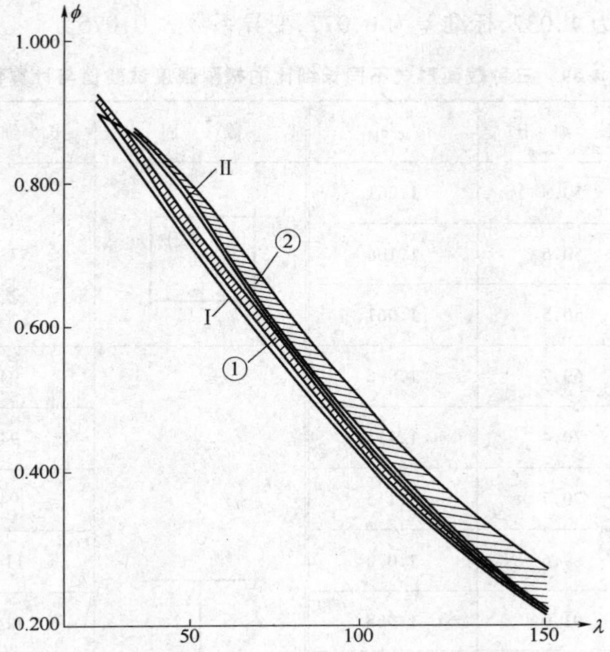

图 4-23 压杆稳定系数 ϕ

表 4-48 轴心受压杆稳定系数 ϕ

λ	A			B		
	16q	16Mnq	15MnVNq	16q	16Mnq	15MnVNq
≤30	0.900	0.900	0.885	0.900	0.900	0.866
40	0.878	0.867	0.831	0.864	0.823	0.777
50	0.845	0.804	0.754	0.808	0.747	0.694
60	0.792	0.733	0.665	0.744	0.677	0.616
70	0.727	0.655	0.582	0.685	0.609	0.541
80	0.660	0.583	0.504	0.628	0.544	0.471
90	0.598	0.517	0.434	0.573	0.483	0.405
100	0.539	0.454	0.371	0.520	0.424	0.349
110	0.487	0.396	0.319	0.469	0.371	0.302
120	0.439	0.346	0.275	0.420	0.327	0.258
130	0.391	0.298	0.235	0.375	0.287	0.225
140	0.346	0.254	0.200	0.338	0.249	0.194
150	0.304	0.214	0.166	0.303	0.212	0.164

表 4-49 列出三种截面形式各种长细比 λ 的极限强度试验值与计算值比较，统计得出压杆计算模型不定性均值为 1.032，标准差为 0.077，变异系数为 0.075。

表 4-49　三种截面形式不同长细比的极限强度试验值与计算值

截　面	长 细 比	$\sigma_{极试}/\sigma_{极计}$	截　面	长 细 比	$\sigma_{极试}/\sigma_{极计}$
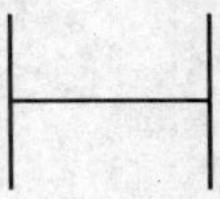	50.3	1.061	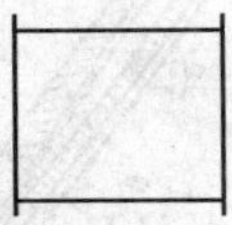		
	50.6	1.106		57.0	0.934
	50.5	1.061			
	69.7	1.096	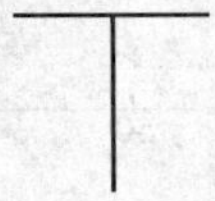	94	0.907
	70.4	1.115		94	0.953
	70.7	1.115		94	0.977
	89.6	1.070		114	0.939
	91.0	1.068		114	0.909
	91.1	1.045		114	0.970
	70.2*	1.045		137	1.042
	70.3*	1.104		137	1.125
	70.3*	1.030		137	1.042

*试件经退火处理。

为了保证杆件受压时，不致因截面中板件的局部翘曲降低压杆承载力，需对板件的最大宽厚比作出规定，表 4-50(a)列出焊接 H 形截面中竖板、腹板以及焊接箱形截面板件的稳定性实测宽厚比，表中采用宽厚比参数 D_i 以消除钢种的影响：

$$D_i = \left(\frac{b_i}{t_i}\right)\sqrt{\frac{12(1-\nu^2)\sigma_s}{\pi^2 E}}$$

式中 σ_s 为钢材实测屈服强度；$E = 2.05\times10^5$ MPa；泊松比 $\nu = 0.3$。

表中 $\bar{\sigma}_{cp}$ 表示板件开始有较大弯曲变形的应力，$\bar{\sigma}_{up}$ 为极限应力。表 4-50(b)为压杆板件最大宽厚比限值。表 4-50(c)为 4 根箱形截面宽厚比限值验证试验，说明长细比 $\lambda = 57$、52、47 三种压杆极限应力高，未因板件翘曲而降低整体承载力，而 $\lambda = 42$ 极限应力较低，说明 $t/b = 30$ 的板件不能保证压杆整体承载力。

图 4-24(a)为一端自由另端固定的外伸肢板件屈曲时的极限应力 $\bar{\sigma}_u$ 和杆件弯曲凹侧板件平均应力 $\bar{\sigma}_p$；图 4-24(b)为箱形截面压曲时的应力状况；图 4-24(c)为 H 形截面中腹板压曲时的应力情况，以绕强轴失稳时腹板应力最高。

表 44-50(a)　板件局部稳定试件

H形截面竖板

b_1/t_1	D_1	$\bar{\sigma}_{cp}$	$\bar{\sigma}_{up}$	钢材
9.0	0.45		1.14	15MnVN
8.8	0.44		1.10	
9.0	0.45		1.11	
11.1	0.55		1.04	
10.9	0.54		1.05	
11.0	0.55		0.99	
11.0	0.55		1.06	
11.3	0.56		1.06	
12.9	0.64	0.78	0.98	
13.0	0.65	0.74	0.98	
13.3	0.66		0.98	
12.7	0.63	0.77	0.97	
12.8	0.64	0.74	1.00	
14.9	0.74		0.92	
15.1	0.75	0.73	0.90	
14.8	0.74	0.81	0.94	
18.0	0.90	0.54	0.75	
17.8	0.89	0.56	0.77	
18.0	0.90	0.54	0.74	
20.3	1.01	0.42	0.68	
20.8	1.04	0.48	0.71	
20.8	1.04	0.45	0.69	
24.0	1.19	0.25	0.66	
23.2	1.15	0.25	0.66	
24.0	1.19	0.19	0.64	
12.0	0.54		1.05	16Mn
12.1	0.55		1.01	
12.0	0.54		1.04	
13.8	0.62	0.89	0.96	
13.8	0.62	0.88	0.95	
13.9	0.63	0.81	0.97	
16.1	0.73	0.77	0.93	
16.0	0.73	0.75	0.88	
16.2	0.73	0.68	0.88	
18.5	0.82	0.65	0.86	
18.6	0.83	0.57	0.78	
18.4	0.82	0.64	0.81	
20.0	0.91	0.62	0.78	
20.3	0.93	0.59		
19.8	0.90	0.61		

H形截面腹板

b_1/t_1	D_2	$\bar{\sigma}_{cp}$	$\bar{\sigma}_{up}$	钢材
24.0	1.16		0.96	15MnVN
23.7	1.14		0.97	
24.0	1.16		0.99	
28.4	1.37		0.97	
29.2	1.41		1.01	
30.0	1.44		1.03	
33.6	1.62	0.82	0.96	
34.6	1.67	0.82	0.92	
35.4	1.70	0.82	0.94	
39.1	1.88	0.69	0.87	
38.8	1.87	0.76	0.88	
38.8	1.87	0.74	0.91	
42.1	2.03	0.66	0.86	
43.1	2.08	0.68	0.90	
45.6	2.20	0.70	0.94	
48.4	2.33	0.61	0.81	
48.4	2.33	0.56	0.83	
50.0	2.41	0.60	0.82	
55.7	2.58	0.48	0.78	
54.4	2.62	0.47	0.78	
55.1	2.65	0.47	0.75	
30.2	1.36	0.81	0.98	
30.5	1.38	0.81	0.94	
29.8	1.35	0.83	0.97	
35.9	1.62	0.80	0.97	
35.6	1.56	0.85	0.95	16Mn
35.7	1.57	0.80	0.95	
40.8	1.83	0.80	0.94	
39.9	1.79	0.79	0.93	
40.1	1.80	0.81	0.92	
45.4	2.03	0.59	0.84	
45.4	2.04	0.59	0.79	
45.8	2.06	0.66	0.82	
51.5	2.21	0.59	0.84	
51.0	2.19	0.51	0.84	
51.0	2.19	0.51	0.85	

箱形截面板件

b_3/t_3	D_3	$\bar{\sigma}_{cp}$	$\bar{\sigma}_{up}$	钢材
24.0	1.19	0.76	0.98	15MnVN
27.0	1.33	0.82	0.94	
30.0	1.48	0.80	0.92	
33.0	1.63	0.72	0.87	
36.0	1.78	0.68	0.85	
39.0	1.93	0.60	0.79	
42.0	2.07	0.54	0.72	
45.0	2.22	0.45	0.68	
48.0	2.37	0.38	0.61	
30.6	1.30	0.80	1.00	16Mn
30.4	1.29	0.77	0.99	
30.9	1.32	0.82	1.01	
40.6	1.73	0.73	0.86	
40.8	1.74	0.74	0.89	
41.1	1.75	0.63	0.86	
49.1	2.09	0.56	0.69	
48.5	2.07	0.55	0.72	
48.5	2.07	0.55	0.70	

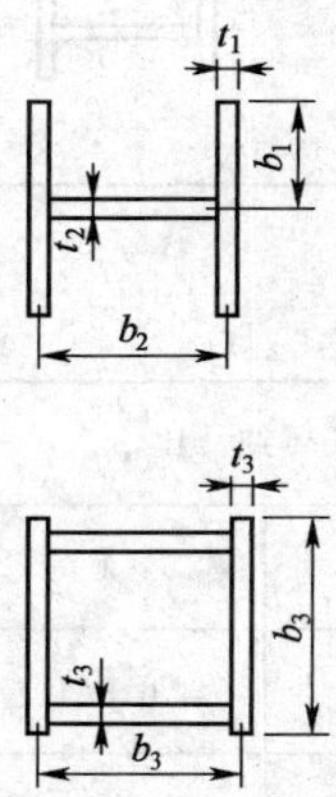

注：$\bar{\sigma}_{cp}=\sigma_{cp}=\sigma_s$；$\bar{\sigma}_{cp}=\sigma_{up}=\sigma_s$。

表 4-50(b)　压杆板件最大宽厚比限值

序号	板件类型	钢种 16q λ	16q b/t	16Mnq λ	16Mnq b/t	15MnVNq λ	15MnVNq b/t
1	H形截面中腹板 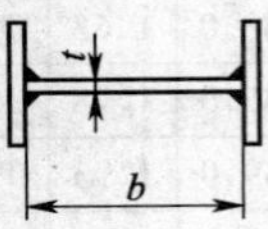	<60	34	<50	30	<45	28
		≥60	$0.4\lambda+10$	≥50	$0.4\lambda+10$	≥45	$0.4\lambda+10$
2	箱形截面板件 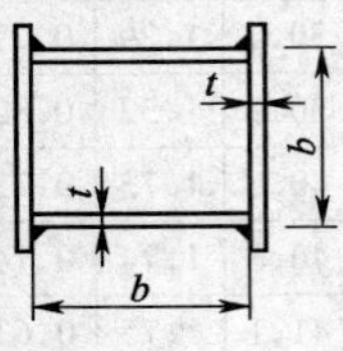	<60	33	<50	30	<45	28
		≥60	$0.3\lambda+15$	≥50	$0.3\lambda+15$	≥45	$0.3\lambda+14.5$
3	无加劲的伸出肢 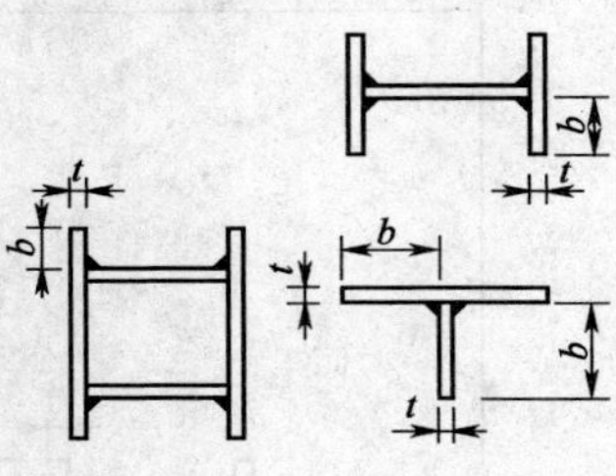	<60	13.5	<50	12	<45	11
		≥60	$0.15\lambda+4.5$	≥50	$0.14\lambda+10$	≥45	$0.14\lambda+4.7$

表 4-50(c)　箱形截面($b/t=30$)压杆试验

长细比 λ	长细比 $\bar{\lambda}$	相对偏心 $\bar{e}$ 实测值	相对偏心 $\bar{e}$ 建议值	极限应力 $\bar{\sigma}_u$ 实测值	极限应力 $\bar{\sigma}_u$ 计算值	极限应力 $\bar{\sigma}_u$ 建议值
57	0.851	0.229	0.019	0.71	0.70	0.686
52	0.777	0.100	0.016	0.78	0.78	0.733
47	0.702	0.080	0.014	0.84	0.82	0.776
42	0.627	0.192	0.012	0.78	0.81	0.817

注：$\bar{e}=e/b$；　$\bar{\lambda}=\lambda\sqrt{\sigma_s/\pi^2 E}$。

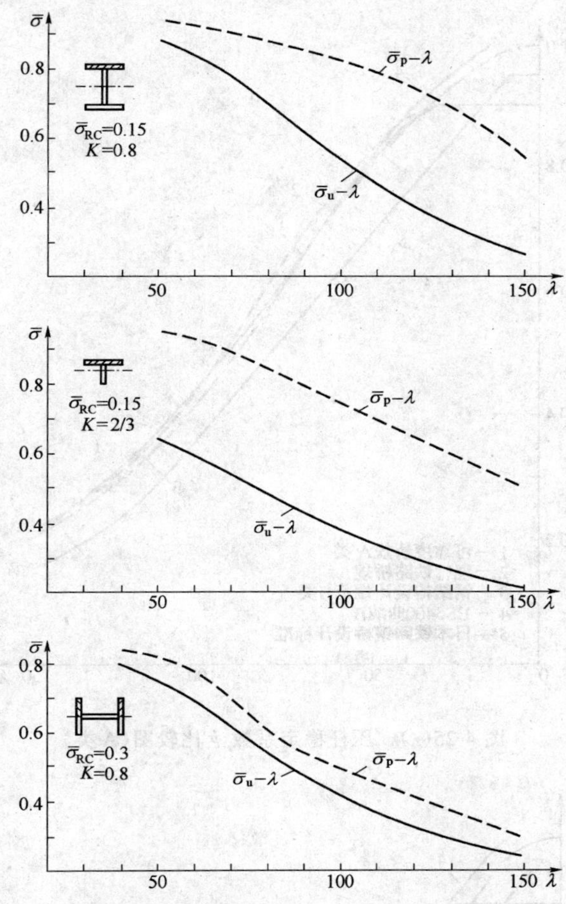

图 4-24(a) 外伸肢板件受力情况

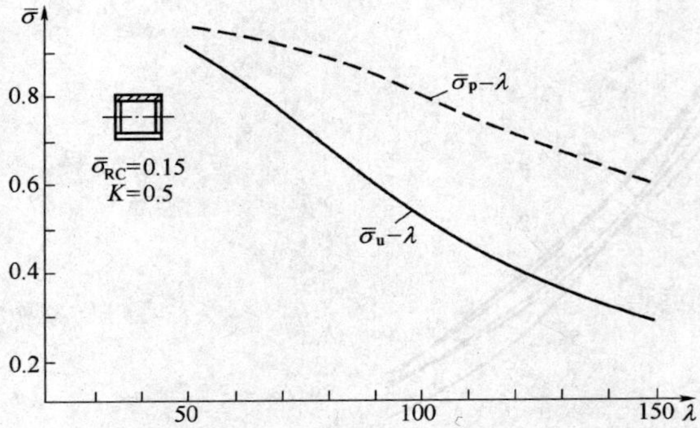

图 4-24(b) 箱形截面板件受力状况

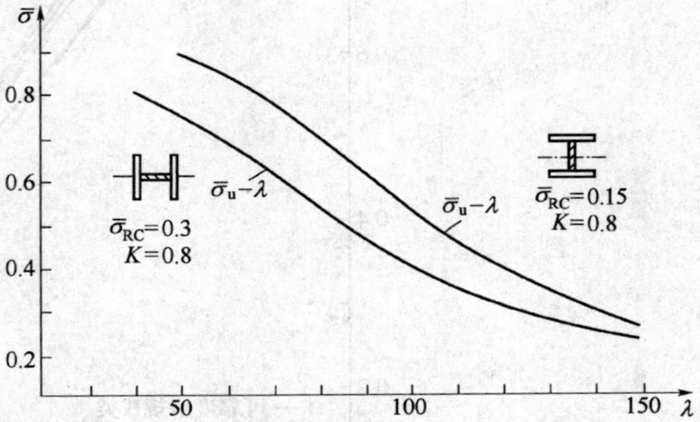

图 4-24(c) H形截面腹板受力状况

图 4-25(a)为16 Mnq钢压杆稳定系数 ϕ 比较图(A 类),图 4-25(b)为钢压杆稳定系数 ϕ 的 B 类比较图。可见各种标准的 ϕ—λ 曲线比较一致。

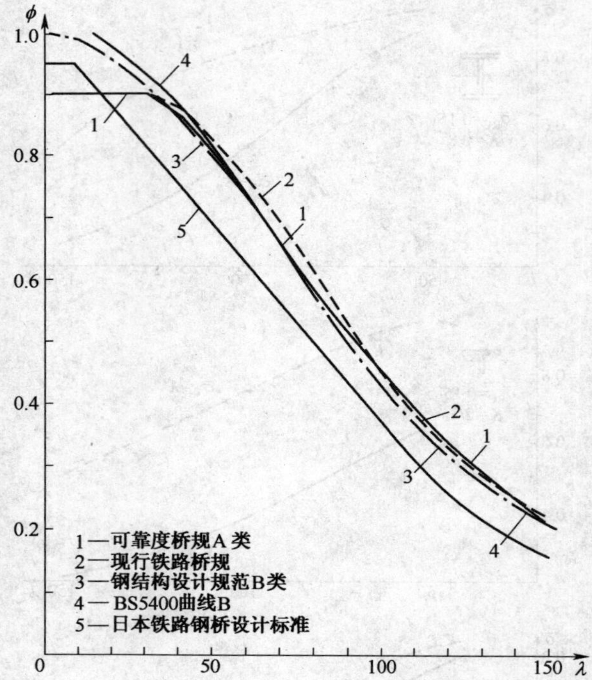

图 4-25(a) 压杆稳定系数 ϕ 比较图(A类)

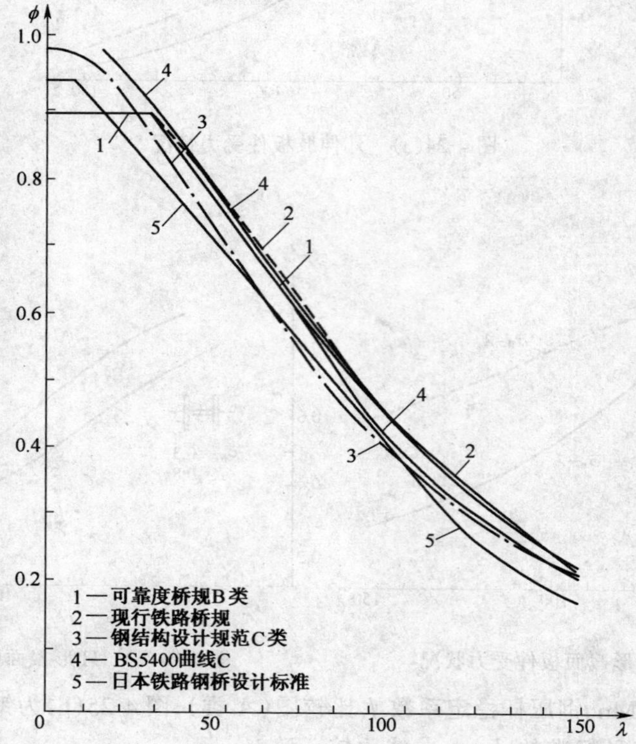

图 4-25(b) 压杆稳定系数 ϕ 比较图(B类)

4.3.3 疲 劳

在活荷载作用下,疲劳破坏是钢结构基本构件三种主要破坏方式之一。决定疲劳开裂的主要内因是材料特性、构件沿传力途径的截面变化所引起的应力集中;外因是荷载重复加载的状况和次数以及环境(温度、腐蚀等)的影响。用大量的构件及细节疲劳试验决定其对疲劳的抗力,对实际大量的重复荷载进行调查研究、统计分析以确定桥梁在规定的寿命期的荷载谱及构件设计应力谱,用于检算钢结构构件、细节的疲劳承载力。

1. 疲劳标准活载效应比频谱

国际铁路联盟(UIC)从搜集的大量列车资料中,得出典型列车 52 种,其可分为四类:重载货车、混合货车、客运列车(有机车者)、载客动车组。

英国 BS 5400 将铁路分成二类:常规线路和客运快车线路。常规线路又按列车重量分为三级:重载、中等载重、轻载。图 4-26 为常规线路桥梁疲劳验算用典型列车,表 4-51 为典型列车每年行驶次数和总吨位,再根据设计基准期为 120 年制定出活载频值谱(表 4-52)。

表 4-51 RU 荷载:典型列车按类型的年交通量吨位数

列车类型	典型列车编号	列车重量(t)	每年列车通过次数	全年总吨位($t\times10^6$)
重 载	7	1 120	4 821	5.40
	8	1 120	7 232	8.10
	9	852	15 845	13.50
	总 计			27.00
中等载重	5	600	22 500	13.50
	7	1 120	2 411	2.70
	8	1 120	6 027	6.75
	1	1 794	2 257	4.05
	总 计			27.00
轻 载	1	1 794	752	1.35
	2	372	14 516	5.40
	3	344	23 546	8.10
	4	172	47 093	8.10
	5	600	4 500	2.70
	6	572	2 360	1.35
	总 计			27.00

注:RU 荷载为欧洲标准铁路荷载,与 UIC 标准荷载相同。

制定疲劳活荷载频值谱有两个途径,一为现场实测,一为理论计算。

表 4-53(a)为跨度64.0 m栓焊下承式桁梁中下弦杆 E_3E_4,跨中斜杆 A_3E_4,吊杆 A_iE_i 及跨中纵梁E_3E_4 实测应力频谱统计资料,表 4-53(b)为对上述几种杆件在设计寿命期 100 年的

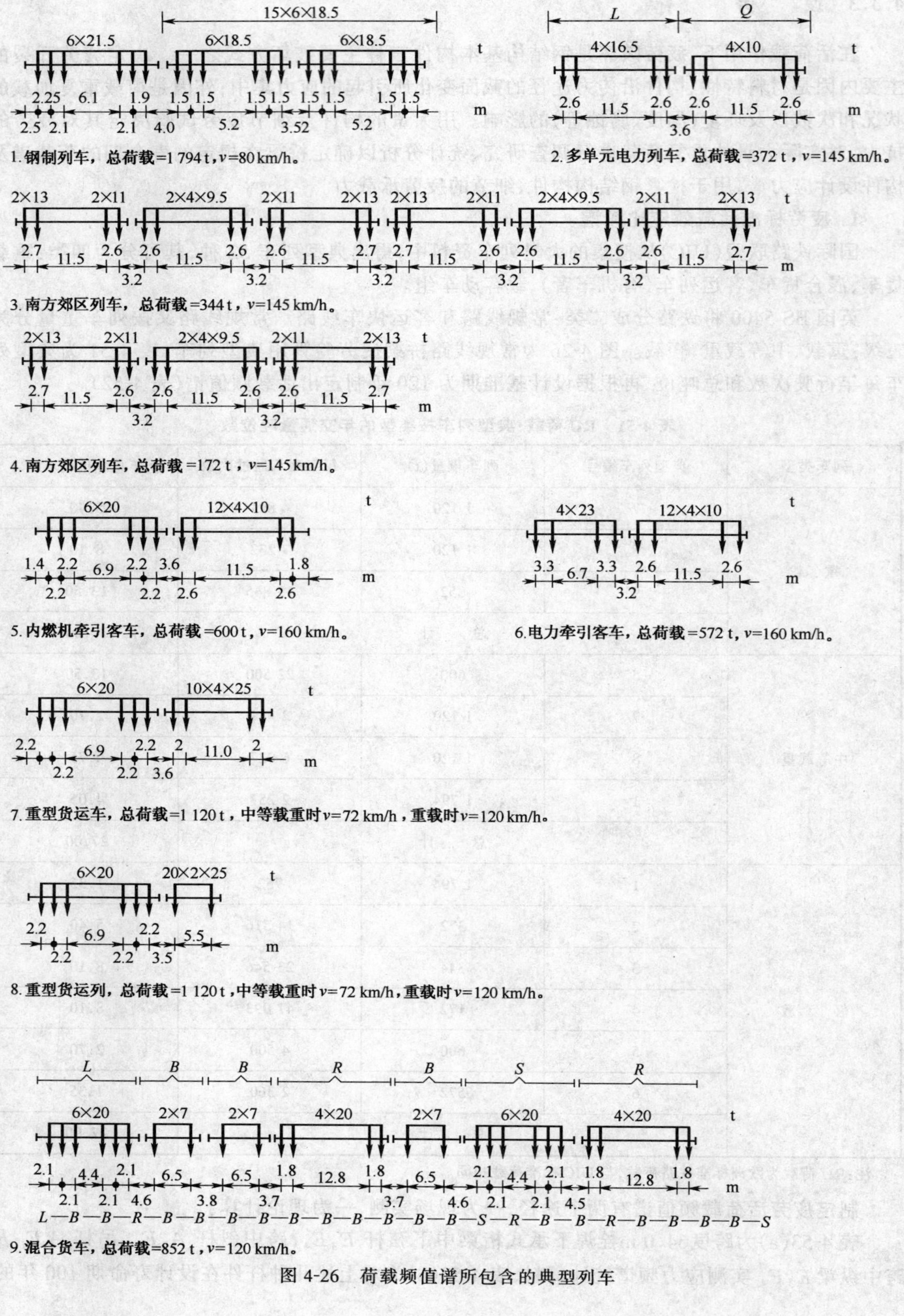

图 4-26 荷载频值谱所包含的典型列车

疲劳检算结果，其中只有吊杆疲劳承载力不满足要求，其疲劳寿命只有 80 年左右。图 4-27 为各种杆件实测应力幅出现频率。

表 4-52 RU 的标准荷载频值谱

	重载								中等载重								轻载							
荷载分级	1	2	3	4	5	6	7	8	1	2	3	4	5	6	7	8	1	2	3	4	5	6	7	8
荷载比 K_W	0.75	0.65	0.55	0.45	0.35	0.25	0.15	0.05	0.75	0.65	0.55	0.45	0.35	0.25	0.15	0.05	0.75	0.65	0.55	0.45	0.35	0.25	0.15	0.05
变化幅度	0.7~0.8	0.6~0.7	0.5~0.6	0.4~0.5	0.3~0.4	0.2~0.3	0.1~0.2	0~0.1	0.7~0.8	0.6~0.7	0.5~0.6	0.4~0.5	0.3~0.4	0.2~0.3	0.1~0.2	0~0.1	0.7~0.8	0.6~0.7	0.5~0.6	0.4~0.5	0.3~0.4	0.2~0.3	0.1~0.2	0~0.1
长度 L(m)	各级荷载和各级运量的活载循环次数 $n_R(\times10^6)$																							
2	58	0	65	0	0	71	0	0	41	18	14	0	130	16	0	0	1	4	17	45	217	5	0	0
3	23	23	26	0	0	40	82	0	0	40	3	8	65	87	0	5	0	2	0.2	3	95	132	45	2
4	0	13	12	46	0	1.5	71	28	0	4	18	27	0	33	32	81	0	2	1	3	27	53	89	111
5	0	3	18	20	5	18	34	43	0	4	3	22	8	3	47	116	0	2	0.1	2	2	42	30	202
7	0	3.5	11	9	6	19	34	62	0	0.3	11	4	1	18	35	52	0	0.1	1	2	7	44	30	60
10	0	3	10	3	8	0	22	40	0	0.3	6	0.3	4	34	17	40	0	0.1	0.5	0.3	10	69	3	60
15	0	1	3	9	8	2	1.5	74	0	0.6	3	3	0	0.3	40	13	0	0.1	0.5	0.3	6	24	51	3
20	0	1	3	4	5	4	6	99	0	0.3	4	0	0	3	30	54	0	0.1	0.5	0.3	5	7	46	27
30	0	2	1	4	0	0	4	79	0	0.5	4	0	0	0	0	138	0	0.2	0.5	0.3	0	10	2	174
⩾50	0	3	0	0	4	0	0	60	0	1.7	0	3	0	0	0	134	0	0.3	0	1	2	8	0	136

注：①L 为影响线的底边长度。对 L 的中间值，可以根据表中所给的两相邻长度的荷载谱用内插法算出。表列 n_R 值是对一条线路而言。

②表内各值均是根据交通量 27×10^6 t/年计算的。

表 4-53(a) 64.0m 栓焊下承式桁梁实测应力频谱统计

统计次数	$n_0=144$ 次				统计次数	$n_0=150$ 次		统计次数	$n_0=179$ 次	
应力幅	弦杆 E_3E_4		斜杆 A_3E_4		应力幅	吊杆 A_iE_i		应力幅	纵梁 E_3E_4	
$\Delta\sigma$	n_i	$\alpha_i=n_i/\sum n_i$	n_i	$\alpha_i=n_i/\sum n_i$	$\Delta\sigma$	n_i	$\alpha_i=n_i/\sum n_i$	$\Delta\sigma$	n_i	$\alpha_i=n_i/\sum n_i$
0.044 5	362	0.424	828.5	0.355	0.025	51	0.01	0.027 6	898.5	0.111
0.088 9	177	0.207	922.5	0.395	0.075	743	0.145	0.083	253.5	0.031
0.133	84.5	0.099	280.5	0.120	0.125	1 598.5	0.311	0.138	683	0.085
0.178	37	0.043	117.5	0.050	0.175	1 050	0.204	0.193	1 907.5	0.236
0.222	24.5	0.029	72	0.031	0.225	986.5	0.192	0.249	3 309.5	0.409 5
0.267	20.5	0.024	26.5	0.011	0.275	371	0.072	0.304	784	0.097
0.311	23.5	0.028	22.6	0.009	0.325	129	0.025	0.359	161	0.019 9
0.356	18	0.021	31.1	0.013	0.375	51.5	0.010	0.414	44	0.005 4
0.400	38.5	0.045	9.5	0.004	0.425	56	0.011	0.470	14	0.001 7
0.445	40.5	0.047	11.5	0.005	0.475	42	0.008	0.525	21.5	0.002 7
0.489	19	0.022	8.5	0.004	0.525	25	0.0049	0.580	4	0.000 5

续上表

统计次数	$n_0=144$ 次				统计次数	$n_0=150$ 次		统计次数	$n_0=179$ 次	
应力幅	弦杆 E_3E_4		斜杆 A_3E_4		应力幅	吊杆 A_iE_i		应力幅	纵梁 E_3E_4	
$\Delta\sigma$	n_i	$\alpha_i=n_i/\sum n_i$	n_i	$\alpha_i=n_i/\sum n_i$	$\Delta\sigma$	n_i	$\alpha_i=n_i/\sum n_i$	$\Delta\sigma$	n_i	$\alpha_i=n_i/\sum n_i$
0.534	6	0.007	1.5	0.001	0.575	10.5	0.002	0.636	0.5	0.000 06
0.578	1	0.001	1	0.004	0.625	8	0.001 6			
0.623	1	0.001			0.675	7	0.001 4			
0.668			0.5	0.002	0.725	8	0.001 6			
					0.775	3	0.000 6			
	$\sum n_i=853$		$\sum n_i=2\ 333$			$\sum n_i=5\ 140$			$\sum n_i=8\ 081$	

表 4-53(b) 64.0 m 栓焊下承式桁梁的疲劳检算结果

说明		弦杆 E_3E_4	斜杆 A_3E_4	吊杆 A_1E_1	纵梁 E_3E_4
疲劳检算结构细节		D			
$\Delta\sigma_0$		53 N/mm² (0.540t/cm²)			
使用周期 100 年	$\Delta\sigma_0$(t/cm²)	0.430	0.388	0.567	0.525
	γ	0.505	0.371	1.158*	0.919
使用周期 80 年	$\Delta\sigma_0$(t/cm²)			0.527	
	γ			0.929	

注：* 表示不能满足要求。

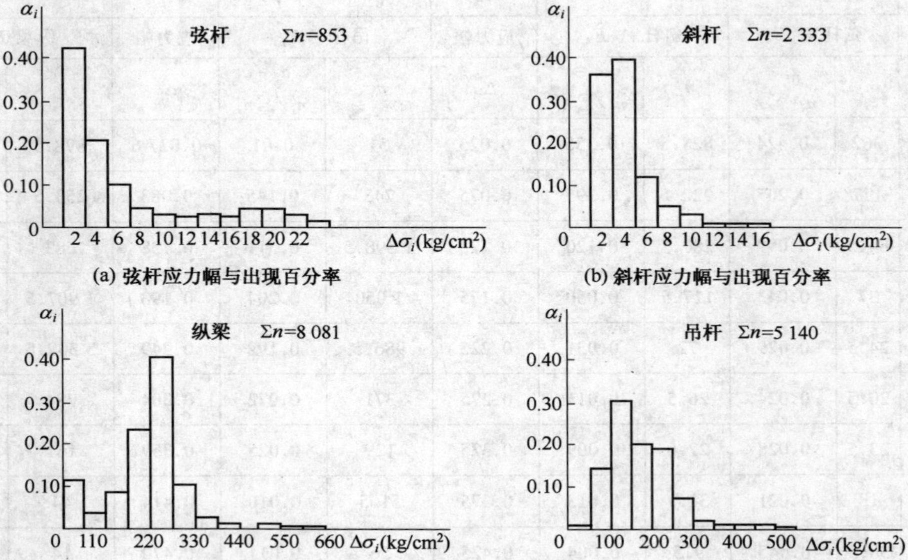

(a) 弦杆应力幅与出现百分率 (b) 斜杆应力幅与出现百分率

(c) 纵梁应力幅与出现百分率 (d) 吊杆应力幅与出现百分率

图 4-27 杆件实例应力幅直方图

理论计算是采用调查的方法，根据我国铁路分布选定有代表性的列车编组站，统计分析由编组站发送列车编组，按各线不同运量分组统计，制定疲劳列车模式，对各种结构的不同构件计算疲劳列车应力历程曲线及应力谱。图 4-28 示出疲劳列车模式 8 种，其中机车 3 种、客车 1 种、货车 4 种；表 4-54 给出不同等级线路疲劳列车组成的模式和各类疲劳列车的通过频率。

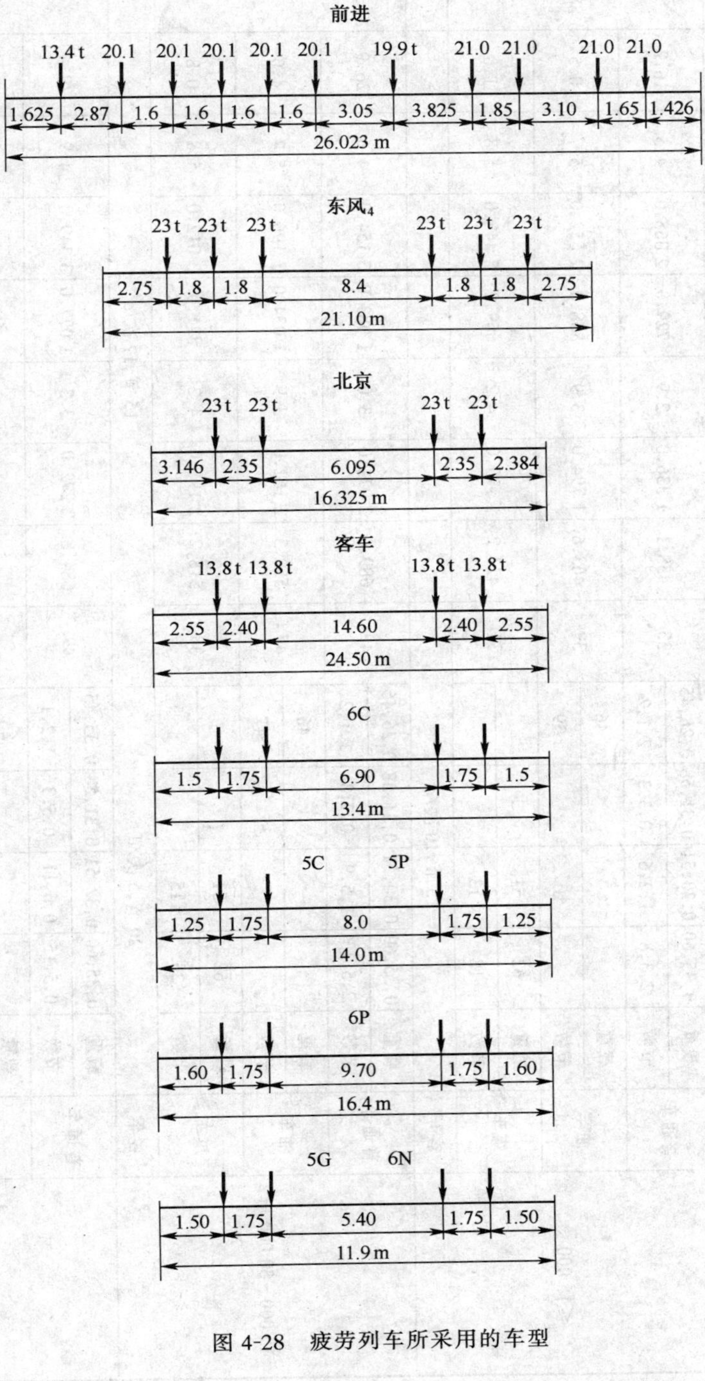

图 4-28 疲劳列车所采用的车型

表 4-54 疲劳列车组成、次数及运量表

分类			C60	C50 (P50)	P60	N、G	总节数	全长 (m)	数量 (t)	延米数量(t)	自重 (t)	总重 (t)	延米总重(t/m)	统计每天次数	统计年货运量 (万 t)	计划每天次数	计划年货运量 (万 t)
≤15 000 kt	普通车	载重	0,35,60	0,30,51	0,31,58	0,28,45	33	458.1	1 336.0	2.9	729.0	2 065.0	4.5	16.2	887.7	28.0	1 500
		节数	2,3,8	1,2,6	0,3,3	2,1,2											
	油车	载重				46	39	463.6	1 794.0	3.9	858.0	2 652.0	5.7	0.5		1.0	
		节数				39											
	煤车	载重	62	51			31	423.2	1 779.0	4.2	669.0	2 448.0	5.8	1.0		2.0	
		节数	18	13													
	客车		15 节,10 次/d													10.0	
15 000～30 000 kt	普通车	载重	0,35,60	0,30,51	0,31,58	0,26,45	49	689.6	2 071.0	3.0	1 083.0	3 154.0	4.6	26.9	2 413.0	34.0	3 000
		节数	2,5,13	1,5,9	0,7,3	1,1,2											
	油车	载重				46	47	559.3	2 162.0	3.9	1 034.0	3 196.0	5.7	4.0		5.0	
		节数				47											
	煤车	载重	62	51			38	518.2	2 191.0	4.2	821.0	3 012.0	5.8	0.8		1.0	
		节数	23	15													
	客车		20 节,5 次/d				15 节,17 次/d									22.0	
≥30 000 kt	普通车	载重	0,35,60	0,32,51	0,31,58	0,35,45	49	684.8	2 272.0	3.3	1 077.0	3 349.0	4.9	29.4	3 331.4	53.0	6 000
		节数	0,5,15	0,6,11	0,5,3	1,2,1											
	油车	载重				46	47	559.3	2 162.0	3.9	1 034.0	3 196.0	5.7	1.0		2.0	
		节数				47											
	煤车	载重	62	51			48	653.4	2 789.0	4.3	1 039.0	3 828.0	5.9	8.0		15.0	
		节数	31	17													
	客车		20 节,9 次/d				15 节,18 次/d									27.0	

为验证疲劳列车的代表性，全国疲劳列车效应和各区间典型列车效应比值为 0.91～1.34；疲劳列车效应与桥梁实测效应比为 1.18～1.86(下弦杆、板梁主梁、桁梁纵梁)，差异较大，且均是疲劳列车效应为大，受结构构造系数影响较大；疲劳列车效应与实际编组单列车效应比为 0.86～1.35；线路等级≥5 000万 t/年疲劳列车效应与≥3 000万 t/年效应比为 0.90～1.05，差异很小，可以≥3 000万 t/年划分线路等级。

将各种疲劳列车通过各种跨度桥梁，计算出杆件的效应(应力或弯矩等)，得到效应历程曲线，用雨流法或泄水法整理得到效应谱，称之为疲劳荷载效应谱；将疲劳荷载谱与标准活荷载(中—荷载)的效应谱(最大效应—最小效应)的比值 P_i 与发生次数 n_i 共同组成标准荷载效应比频谱，表 4-55 为三种不同年运量等级的标准荷载效应比频谱。

表 4-55(a) 运量≤1 500 万 t/年标准荷载效应比频谱($n_i\times10^6$)

荷载比 P_i / 跨度(m)	0.0～0.1	0.1～0.2	0.2～0.3	0.3～0.4	0.4～0.5	0.5～0.6	0.6～0.7	0.7～0.8	0.8～0.9	0.9～1.0
4	9.8	12.5	9.9	26.3	5.1	13.3	15.8	1.1	0	0
5	6.5	18.1	12.7	16.8	7.6	21.3	2.1	1.1	0	0
8	7.9	7.5	4.2	13.4	4.2	20.9	0.1	0	1.1	0
9	1.4	7.2	6.0	12.7	12.2	10.8	0	0	1.1	0
10	6.1	5.2	11.4	5.2	16.8	5.2	0	0	1.1	0
11	8.2	5.9	9.7	15.3	6.6	4.2	0	0	1.1	0
13	1.5	6.6	12.8	15.3	3.5	2.0	0	0	1.1	0
15	4.1	6.6	23.9	3.1	1.4	2.0	0	0	1.1	0
17	4.5	15.7	12.5	3.1	2.4	0	0	0	1.1	0
18	3.5	19.9	7.2	2.0	2.4	0	0	0	1.1	0
20	15.0	8.0	7.2	1.0	2.0	0.4	0	0	1.1	0
22	4.2	4.5	6.1	2.0	1.0	0.4	0	0	1.1	0
24	3.4	6.2	1.0	2.0	1.0	0.4	0	0	1.1	0
32	5.1	1.1	1.0	1.0	1.0	0.4	0	0	1.1	0
34	5.1	1.1	1.0	1.0	1.4	0	0	0	1.1	0
38	0	1.1	1.0	1.0	1.4	0	0	1.0	0.1	0
40	2.0	1.1	2.0	0	1.4	0	0	1.0	0.1	0
42	0	0.1	3.1	0	1.4	0	0	1.0	0.1	0
52	0	1.1	2.0	1.4	0	0	1.0	0	0	0

表 4-55(b) 运量 1 500～3 000 万 t/年标准荷载效应比频谱($n_i\times10^6$)

荷载比 P_i / 跨度(m)	0.0～0.1	0.1～0.2	0.2～0.3	0.3～0.4	0.4～0.5	0.5～0.6	0.6～0.7	0.7～0.8	0.8～0.9	0.9～1.0
4	11.2	21.8	26.2	59.2	13.7	27.5	24.0	1.5	0	0
5	10.6	38.9	20.5	47.6	18.5	36.9	0.8	1.5	0	0
8	16.2	18.5	4.1	42.6	6.2	34.4	0	0	1.5	0
9	0.8	17.9	14.4	36.0	19.5	17.5	0	0	1.5	0
10	15.3	6.6	32.7	14.9	29.5	6.2	0	0	1.5	0
11	17.9	14.3	23.6	30.6	13.7	5.0	0	0	1.5	0
13	3.3	13.6	26.9	36.4	4.5	2.5	0	0	1.5	0
15	5.0	17.3	55.9	3.7	2.0	2.5	0	0	1.5	0
17	10.9	30.4	33.1	3.7	3.3	0	0	0	1.5	0
18	13.5	41.9	17.7	2.5	3.3	0	0	0	1.5	0
20	26.8	21.4	17.7	1.2	2.5	0.8	0	0	1.5	0

续上表

跨度(m) \ 荷载比 P_i	0.0~0.1	0.1~0.2	0.2~0.3	0.3~0.4	0.4~0.5	0.5~0.6	0.6~0.7	0.7~0.8	0.8~0.9	0.9~1.0
22	9.2	10.7	17.7	1.2	1.2	0.8	0	0	1.5	0
24	9.5	16.5	2.5	1.2	1.2	0.8	0	0	1.5	0
32	15.3	1.2	1.2	1.2	1.2	0.8	0	0	1.5	0
34	15.3	1.2	2.5	0	2.0	0	0	0	1.5	0
38	0	1.2	2.5	0	2.0	0	0	1.2	0.2	0
40	6.6	1.2	2.5	0	2.0	0	0	1.2	0.2	0
42	0	0	3.7	0	2.0	0	0	1.2	0.2	0
52	0	2.5	1.2	2.0	0	0	1.2	0.2	0	0

表 4-55(c)　运量＞3 000 万 t/年标准荷载效应比频谱($n_i \times 10^6$)

跨度(m) \ 荷载比 P_i	0.0~0.1	0.1~0.2	0.2~0.3	0.3~0.4	0.4~0.5	0.5~0.6	0.6~0.7	0.7~0.8	0.8~0.9	0.9~1.0
4	10.0	46.1	31.7	99.6	19.4	43.4	56.7	2.6	0	0
5	21.2	59.2	51.5	57.9	19.5	73.2	17.0	2.6	0	0
8	35.5	19.7	8.4	49.2	6.4	84.8	0	0	2.6	0
9	1.0	22.7	8.8	45.4	51.8	38.8	0	0	2.6	0
10	18.7	7.9	32.3	23.8	77.0	7.7	0	0	2.6	0
11	22.7	8.3	28.5	67.3	36.8	3.9	0	0	2.6	0
13	1.0	8.4	49.9	76.8	6.8	1.9	0	0	2.6	0
15	2.5	17.5	111.2	9.7	2.9	0	0	0	2.6	0
17	9.2	68.9	54.6	7.7	2.9	0	0	0	2.6	0
18	17.0	95.0	26.5	3.9	1.0	0	0	0	2.6	0
20	60.7	44.0	26.5	1.9	0	1.0	0	0	2.6	0
22	26.2	14.5	24.5	0	0	1.0	0	0	2.6	0
24	10.7	24.5	3.9	0	0	1.0	0	0	2.6	0
32	18.7	5.8	1.9	0	0	1.0	0	0	2.6	0
34	18.7	5.8	1.9	0	1.0	0	0	0	2.6	0
38	0	5.8	1.9	0	1.0	0	0	0	2.6	0
40	21.2	5.8	1.9	0	1.0	0	0	0	2.6	0
42	0	3.9	3.9	0	1.0	0	0	2.0	2.6	0
52	0	5.8	1.9	1.0	0	0	0	2.0	0.6	0

根据结构杆件或部件的疲劳曲线方程式：

$$N_i(\Delta\sigma_i)_m = C$$

式中　$\Delta\sigma_i$——构件承受的动应力幅；

N_i——构件致伤循环次数；

C——常数。

结构杆件或部件损伤度为：

$$\frac{n_i}{N_i} = \frac{n_i}{(c/(\Delta\sigma_i)^m)} = \left(\frac{1}{c}\right) n_i \left[P_i(\sigma_{\max} - \sigma_{\min})(1+\bar{\mu})\right]^m$$

式中　$\sigma_{\max}, \sigma_{\min}$——标准静活载作用下杆件最大、最小应力；

$1+\bar{\mu}$——运营动力系数。

可以求得一定循环次数的等效等幅效应：

$$\sum n_i \left[P_i(\sigma_{\max} - \sigma_{\min})(1 + \bar{\mu}) \right]^m = N \Delta\sigma_e^m$$

式中 $\Delta\sigma_e$——N 次循环时的等效等幅应力。

根据标准荷载效应比频谱可以制定出简支梁跨中杆件的疲劳设计应力谱。对于焊接构造细节、非焊接构造细节的受拉构件或焊接构造细节拉压构件：

$$\Delta\sigma_c = (1 + \bar{\mu})(\sigma_{\max} - \sigma_{\min})$$

对于非焊接构造细节拉压构件，须计入恒载应力 σ_D：

$$\Delta\sigma_c = \left[(1 + \bar{\mu})\sigma_{\max} + \sigma_D \right] - 0.6\left[(1 + \bar{\mu})\sigma_{\min} + \sigma_D \right]$$

疲劳设计应力幅 $\Delta\sigma_i$ 为：

$$\Delta\sigma_i = P_i \Delta\sigma_C$$

用 $\Delta\sigma_i$ 替代荷载效应比 P_i 得到疲劳设计应力谱。

内燃机车、电力机车牵引车辆以速度 v 通过简支钢梁时的动力系数平均值为：

$$1 + \bar{\mu} = 1 + \bar{\mu}_1 + \bar{\mu}_2 = 1 + 0.6\alpha + \frac{0.60a}{\sqrt{l} - 0.2} \approx 1 + \frac{v}{3000} + \frac{0.60}{\sqrt{l} - 0.2} \quad (v \geqslant 60\ \text{km/h})$$

$$1 + \bar{\mu} \approx 1 + \frac{v}{3000} + \frac{0.01v}{\sqrt{l} - 0.2} \quad (v < 60\ \text{km/h})$$

标准差为：$S_\mu = \sqrt{S_{\mu_1}^2 + S_{\mu_2}^2} \approx S_{\mu_1} + S_{\mu_2} \approx \dfrac{0.300a}{\sqrt{l} - 0.2} = \dfrac{0.300a}{\sqrt{l} - 0.2} \quad (v \geqslant 60\ \text{km/h})$

$$S_\mu = 0.05v / (\sqrt{l} - 0.2) \quad (v < 60\ \text{km/h})$$

根据不同线路的列车速度计算 $1 + \bar{\mu}$，作为钢梁疲劳计算的运营动力系数。

图 4-29(a)为钢板梁跨中挠度计算历程曲线；图 4-29(b)为钢桁梁杆件应力计算历程曲线。

当作用在结构构造细节上的运营应力为 $\sigma_1, \sigma_2, \cdots, \sigma_i$，循环次数分别为 $n_1, n_2, \cdots, n_i$ 时，

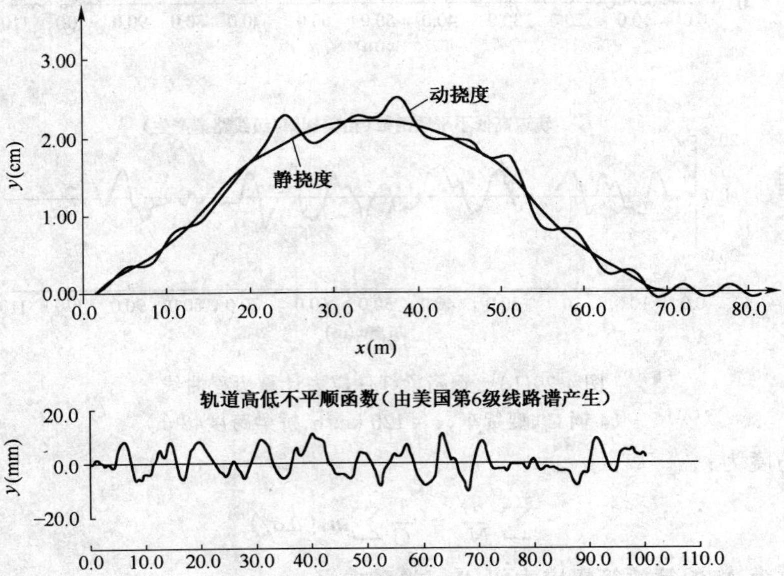

图 4-29(a) 钢板梁跨中挠度计算历程曲线

（4 辆 C_{62} 型货车，$v = 120$ km/h，桥梁跨度32 m）

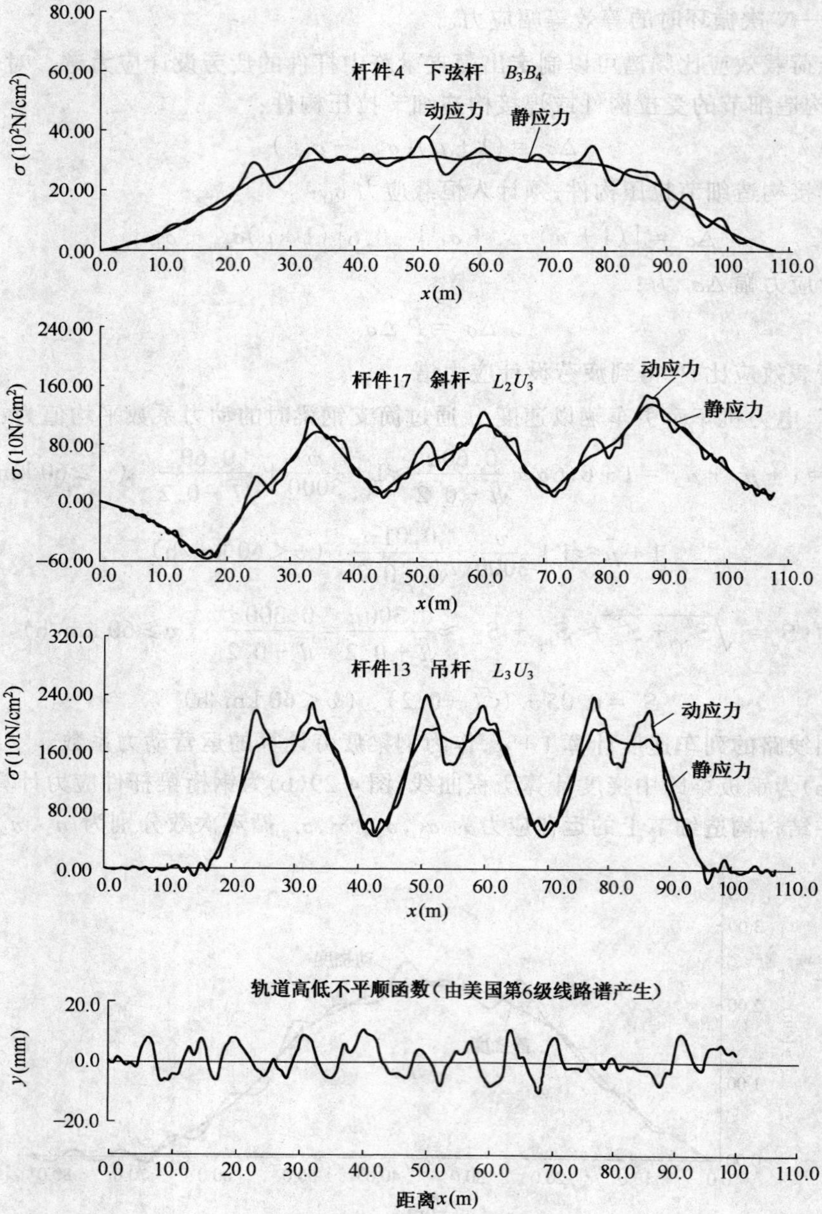

图 4-29(b) 钢桁梁杆件应力计算历程曲线
（4 辆 C_{62} 型货车，$v = 120$ km/h，桥梁跨度48 m）

则其总的损伤度为：

$$\sum \frac{n_i}{N_i} = \frac{1}{C} \sum n_i (\Delta\sigma_i)^m$$

循环次数为 N 的等效等幅应力幅 $\Delta\sigma_e$ 关系式为：

$$\left(\frac{1}{C}\right) N (\Delta\sigma_e)^m = \left(\frac{1}{C}\right) \sum n_i (\Delta\sigma_i)^m$$

$$\Delta\sigma_e=\sqrt[m]{\frac{\sum n_i(\Delta\sigma_i)^m}{N}}$$

在钢结构疲劳检算中，以结构构造细节在循环次数为 $N=10^7$ 时的抗力 $\Delta\sigma_0$ 为疲劳裂纹不扩展应力，当某一构造细节疲劳设计应力谱中所有应力幅均低于 $\Delta\sigma_0$ 时可以不作疲劳检算；若均大于 $\Delta\sigma_0$，则等效等幅应力幅为：

$$\begin{aligned}\Delta\sigma_e&=\sqrt[m]{\frac{\sum n_i(\Delta\sigma_i)^m}{10^7}}=\sqrt[m]{\frac{\sum n_i(P_i\Delta\sigma_c)^m}{10^7}}=\sqrt[m]{\frac{\sum n_iP_i^m}{10^7}}\Delta\sigma_c\\&=k_1\cdot\Delta\sigma_c\end{aligned}$$

上式中 $k_1=\sqrt[m]{\dfrac{\sum n_iP_i^m}{10^7}}$ 为等效等幅应力换算系数。当某构造细节的疲劳设计应力谱中的应力幅一部分高于 $\Delta\sigma_0$，一部分低于 $\Delta\sigma_0$ 时，要考虑这些非损伤应力对累积损伤的影响，但需对其循环次数作以修正：

$$n'_i=\left(\frac{\Delta\sigma_i}{\Delta\sigma_0}\right)^2n_i$$

表 4-56 为 $m=3$、3.5 各种跨度不同线路等级时的等效等幅应力换算系数 k_1 值；表中没列出的跨度 k_1 值可取小于设计跨度的上一档 k_1 值；跨度大于52 m时 k_1 值均取52 m的值。

表 4-56　等效等幅应力换算系数 k_1

跨　度	$m=3$			$m=3.5$		
	$R\leqslant1\,500$ 万 t/年	$1\,500<R\leqslant3\,000$	$R>3\,000$ 万 t/年	$R\leqslant1\,500$ 万 t/年	$1\,500<R\leqslant3\,000$	$R>3\,000$ 万 t/年
4	0.959	1.171	1.451	0.889	1.049	1.266
5	0.856	1.038	1.323	0.797	0.932	1.161
8	0.806	0.971	1.229	0.762	0.888	1.093
9	0.753	0.904	1.142	0.715	0.830	1.018
10	0.705	0.833	1.045	0.676	0.772	0.937
11	0.656	0.778	0.963	0.634	0.726	0.869
13	0.606	0.721	0.871	0.593	0.678	0.793
15	0.553	0.637	0.740	0.552	0.614	0.692
17	0.506	0.583	0.688	0.516	0.573	0.660
18	0.491	0.556	0.635	0.506	0.556	0.626
20	0.483	0.550	0.620	0.503	0.555	0.621
22	0.471	0.533	0.601	0.495	0.544	0.611
24	0.460	0.506	0.573	0.489	0.529	0.596
32	0.450	0.496	0.563	0.483	0.524	0.591
34	0.446	0.483	0.555	0.479	0.514	0.585
38	0.410	0.446	0.555	0.438	0.472	0.585
40	0.404	0.446	0.555	0.434	0.472	0.585
48	0.407	0.446	0.514	0.435	0.472	0.540
52	0.352	0.382	0.503	0.378	0.406	0.531

单线铁路桥梁相应上下行运量的等效等幅应力换算系数为：

$$k_1=\sqrt[m]{k'^{m}_1+k''_1}$$

当上下行运量相同时 $k'_1=k''_1$，则

$$k_1=\sqrt[m]{2k'^{m}_1}$$

式中 k'_1、k''_1 分别为与上、下行运量相当的等效等幅应力换算系数。

图 4-30 为结构构造细节抗力 $S—N$ 曲线示意图，其斜率为 m，在 $N=10^7$ 之后 $S—N$ 曲线斜率为 $m+2$。

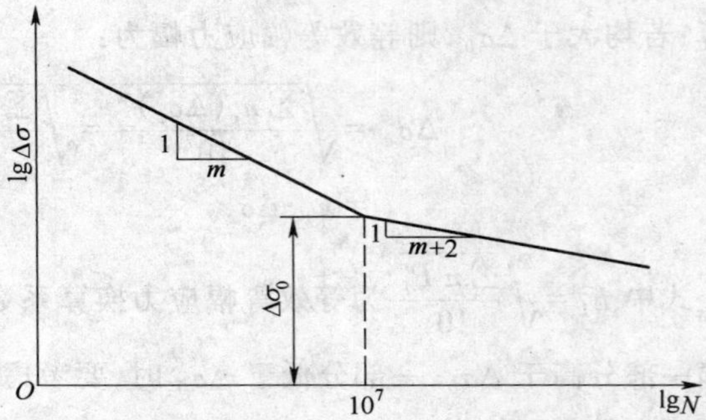

图 4-30 疲劳抗力 $S—N$ 曲线示意图

对于非跨中杆件或连续梁杆件，应对疲劳设计应力谱用力形系数 k_2 进行修正。

对于简支桁梁，其力形系数 k_2 可用下式计算：

$$k_2=R_{tj}/R'_{tj}=(T_{ej}/T_{e中})/(T_{cj}/T_{c中})$$

式中 T_{ej}，$T_{e中}$——杆件 j 和跨中杆件按标准荷载谱计算的等效杆力；

T_{cj}，$T_{e中}$——杆件 j 和跨中杆件用中—活载计算的杆力。

对于连续梁，其力形系数 k_2 计算式为：

$$k_2=\frac{(\sum P^m_i n_i)^{1/m}}{(\sum P'^m_i n'_i)^{1/m}}$$

式中 $(\sum P^m_i n_i)^{1/m}$——由按连续梁影响线制订的标准荷载频谱计算得出；

$(\sum P'^m_i n'_i)^{1/m}$——由相应跨长简支梁的标准荷载频谱计算得出：

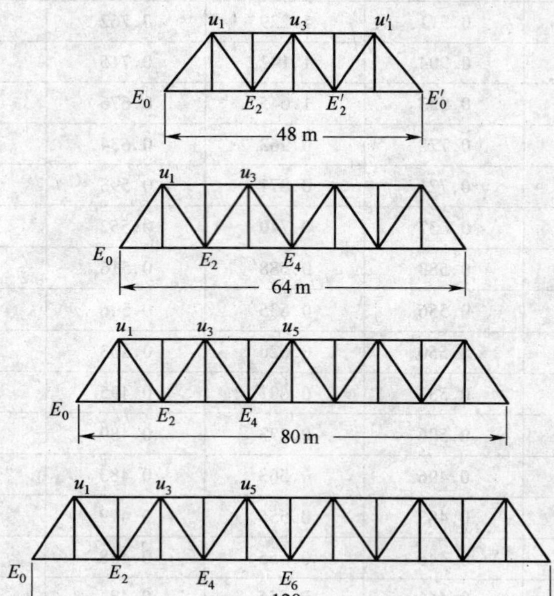

图 4-31 下承简支梁示意图

P_i 为连续梁中某部件标准应力谱计算的各疲劳应力幅除以用中荷载计算的 $\Delta\sigma_c$（$\Delta\sigma_c=\sigma_{max}-\sigma_{min}$）得出；$P'_i$ 为简支梁跨中按标准应力谱计算的杆件疲劳应力幅除以中—活载计算的 $\Delta\sigma_c$（$\Delta\sigma_c=\sigma_{max}-0$）得出。

按以上计算方法计算得出简支桁梁、板梁及等跨连续梁的力形系数 k_2 列于表 4-57；图 4-31 为下承简支桁梁杆件示意图。

现行铁路桥规对桁梁按平面假定进行计算分析，其结果与实际结构受力状况存在差异，必须以构造系数修正计算结果，使之与实际受力状况相接近。

对于桁架桥可按三种计算模型与实测结果进行比较。

(1)刚接模型

即主桁杆件、上下平纵联、桥面系均按空间梁单元分析，忽略杆件间连接的偏心影响。

(2)铰接模型

表 4-57(a)　下承简支钢桁梁力形系数 k_2

跨度(m)	下弦杆	斜杆						
		U_1E_2	E_2U_3	U_3E_4	E_4U_5	U_5E_6	E_6U_7	U_7E_8
48	1.00	1.05	1.05					
64	1.00	1.05	1.05	1.10				
80	1.00	1.10	1.10	1.10	1.10			
128	1.00	1.10	1.10	1.10	1.10	1.10	1.05	1.05
纵横梁跨中	1.00							
纵梁端部鱼尾板	1.00(强度设计弯矩按简支梁跨中的弯矩乘规定的构造系数 0.62)							
横梁端部	1.00(强度设计无规定，在计算疲劳设计应力谱时建议用跨中的 0.46)							

表 4-57(b)　简支钢板梁力形系数 k_2

部位	k_2
钢板梁盖板端部、加劲肋端部	1.00
纵梁鱼尾板处(取跨中力矩 0.62 设计)	1.00
主梁、纵梁、横梁跨中	1.00
横梁端部(强度设计没有规定，在计算疲劳设计应力谱建议采用跨中力矩 0.46)	1.00

表 4-57(c)　等跨连续梁各点力形系数 k_2

连续梁跨度	因力矩影响线不同计算的 k_2						
	1	2	3	4	5	6	7
3×64 m		0.86	0.88	0.78	0.91	0.79	0.81
3×80 m		0.88	0.96	0.80	0.91	0.88	0.81
3×120 m		0.87	0.98	0.78	0.94	0.82	0.79
3×160 m		0.88	0.88	0.76	0.91	0.81	0.79
平均		0.87	0.93	0.78	0.92	0.83	0.80
建议值		0.90	0.95	0.80	0.95	0.85	0.85

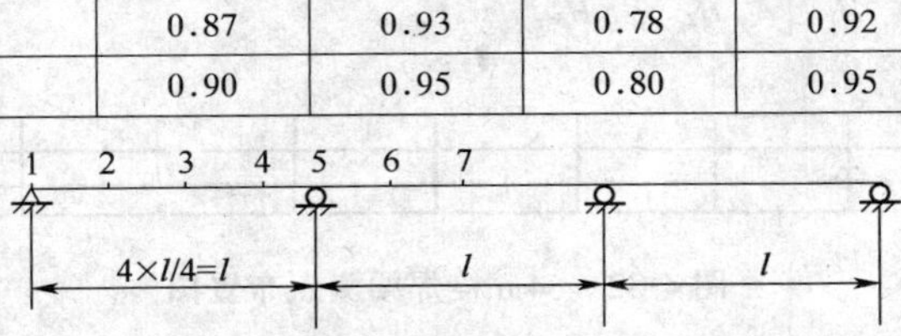

表 4-57(d) 等跨连续梁各点力形系数 k_2

连续梁跨度	因剪力影响线不同计算的 k_2						
	1	2	3	4	5	6	7
3×64 m	0.93	0.91	1.01	1.00	1.00 1.01	1.00	1.08
3×80 m	0.92	0.85	0.93	0.99	1.01 1.02	0.98	0.97
3×120 m	0.90	0.76	0.88	0.98	1.00 0.99	0.97	0.86
3×160 m	0.89	0.73	0.86	0.96	0.98 0.97	0.87	0.86
平均	0.91	0.81	0.92	0.98	1.00	0.96	0.94
建议值	0.95	0.85	0.95	1.00	1.00	1.00	0.95

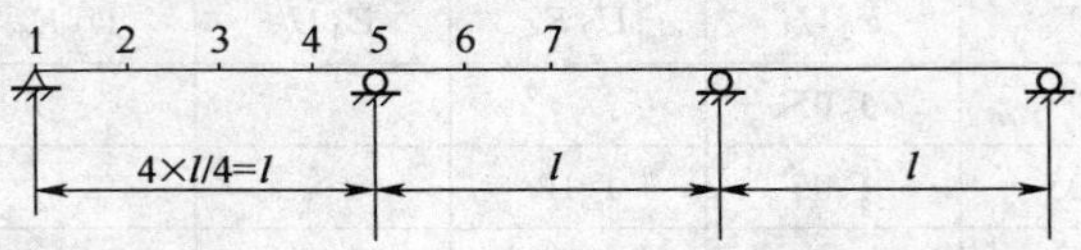

主桁杆件、上下平纵联及桥面系均按空间杆单元，纵横梁按空间梁单元分析，横梁与主桁间连接分为两种状况：

①主桁对横梁的转角约束视为固接。

②横梁与主桁梁间在下弦重心处用三维铰连接。

(3)混合模型

上下平纵联和桥面系按空间杆单元；纵横梁按空间梁单元，端纵梁与端横梁连接为铰接；主桁杆件对栓焊梁及大跨度梁采用梁单元，对中小跨铆接梁采用杆单元；横梁与主桁连接采用“半固接”形式，即考虑绕横梁腹板平面内梁轴线的转动。

图 4-32 为64 m栓焊梁杆件及测点示意图。表 4-58 为计算与实测对比，说明对于主桁杆件轴力按整体刚接或铰接。计算结果比较一致，与实测结果相近；横梁与主梁的连接按半固接状况考虑较好，宜采用混合计算模型计算。

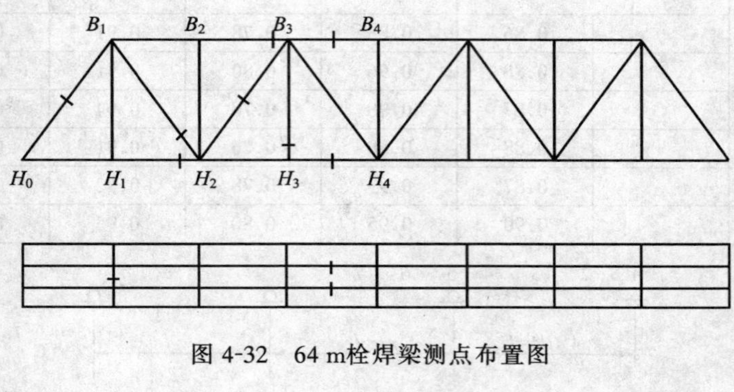

图 4-32 64 m栓焊梁测点布置图

表 4-58　64 m栓焊梁计算与实测对照表

测试部位		实测应力（N/cm²）	刚接模型计算结果（N/cm²）	"刚接"相对误差（%）	铰接(1)型计算结果（N/cm²）	"铰接(1)"相对误差（%）	铰接(2)型计算结果（N/cm²）	"铰接(2)"相对误差（%）	混合模型计算结果（N/cm²）	"混合"相对误差（%）
下弦	*H*1*H*2	2 710	2 830	4	2 990	10	2 830	4	2 660	2
	*H*3*H*4	5 150	5 380	4	5 070	2	5 480	6	5 320	3
腹杆	*B*1*H*0	−4 940	−5 150	4	−4 590	7	−5 630	14	−5 150	4
	*B*1*H*2	7 330	6 810	7	6 330	14	6 830	7	6 800	7
	*B*3*H*2	−3 040	−2 890	5	−2 560	16	2 880	5	−2 880	5
	*B*3*H*3	2 360	2 320	2	2 040	14	2 310	2	2 330	1
上弦	*B*2*B*3	−4 840	−4 780	1	−4 320	11	4 780	1	−4 780	1
	*B*3*B*4	−5 860	−5 560	5	−5 020	14	5 550	5	−5 550	5
横　梁		3 710	3 820	3	1 020	72	4 620	24	3 680	1
纵　梁		2 360	2 510	6	2 170	8	2 480	5	2 390	1
跨中挠度		3.126 cm	3.245 cm	4	2.998 cm	4	3.761 cm	20	3.185 cm	2
支座纵向位移		1.132 cm	—		—		—		1.083 cm	4

表 4-59 列出64 m桁梁整体计算模型与平面铰接下弦加载、平面铰接纵梁加载的比较，说

表 4-59　平面铰接计算简图

杆　件		平面铰接下弦加载（N/cm²）	平面铰接纵梁加载（N/cm²）	整体计算模型（N/cm²）
上弦	A_1A_3	−1 605.8	−1 557.8	−1 511.0
	A_3A_4	−2 141.1	−2 042.2	−1 992.9
下弦	E_0E_2	936.7	927.2	514.5
	E_2E_4	2 007.3	1 906.8	1 431.6
腹杆	E_0A_1	−1 592.6	−1 576.5	−1 575.7
	A_1E_2	1 137.6	1 072.0	1 071.7
	E_2A_3	−682.5	−593.5	−593.3
	A_3E_4	227.5	230.0	229.7
吊杆	A_1E_1	368.0	408.0	408.1
	A_3E_3	368.0	294.0	294.0

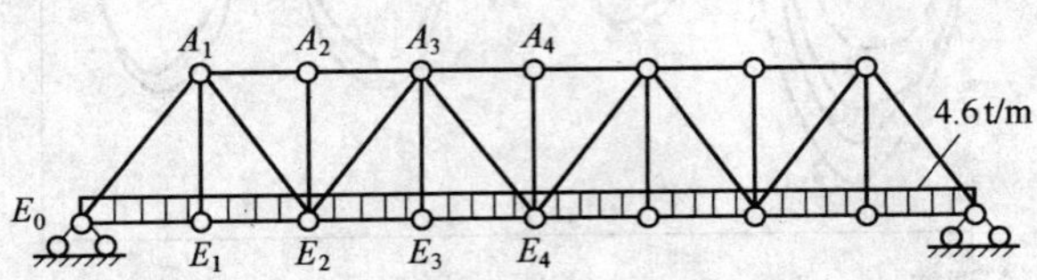

(a) 荷载直接加在下弦（影响线加载）

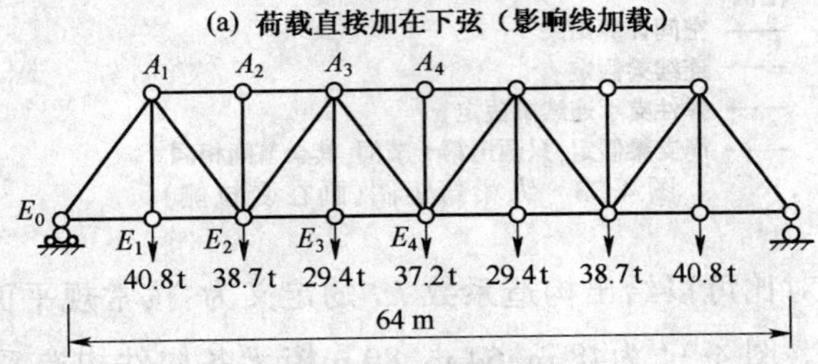

(b) 荷载加在纵梁

明平面铰接假定计算结果明显大于整体作用计算结果；常规设计在主桁下弦加载与在纵梁加载有差异。

表 4-60 为实测横梁扭转应力与垂直弯曲应力的比较，其值对不同主桁跨度从 10% ～ 61%，应予以重视。

表 4-60 实测横梁扭转应力

跨度(m)	垂直弯曲应力 (N/cm^2)	扭转应力 (N/cm^2)	扭转应力/垂直弯曲应力
96	2 490	1 390	56%
89	2 380	300	13%
77	2 690	1 650	61%
64	3 810	670	18%
48	6 680	840	13%
48	4 400	440	10%
47	5 300	1 780	34%
41.44	3 600	490	14%

图 4-33 给出纵梁在不同模型下的计算结果，说明纵梁按弹性支承连续梁计算与空间模型相近。

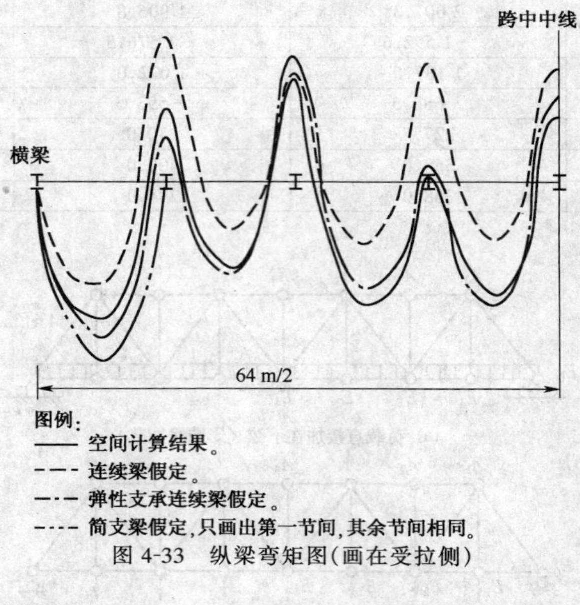

图 4-33 纵梁弯矩图(画在受拉侧)

由计算分析与实测对比可以给出构造系数 k_3 的定义为：按常规平面假定计算效应与实际桥梁结构杆件效应之比。图 4-34 为48 m、64 m、80 m桁梁各构件构造系数值 k_3 分布状况；表 4-61 列出桁梁构件构造系数 k_3 值及建议值。

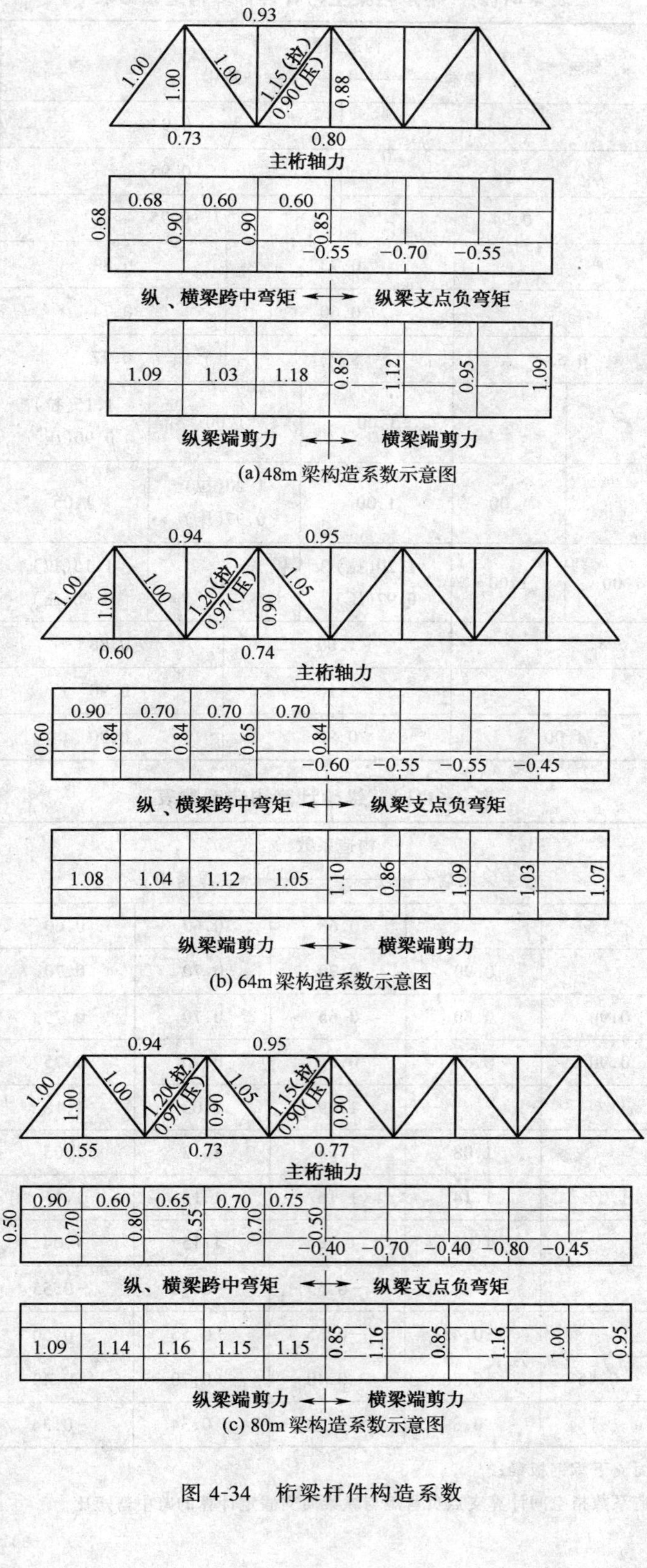

图 4-34 桁梁杆件构造系数

表 4-61(a) 下承桁梁主桁杆件计算构造系数表

<table>
<tr><th rowspan="2">杆件</th><th rowspan="2">跨度(m)</th><th colspan="7">构造系数</th><th rowspan="2">桥检规
校验系数</th></tr>
<tr><th colspan="7">梁端←→跨中</th></tr>
<tr><td rowspan="3">上弦</td><td>48</td><td colspan="3"></td><td colspan="4">0.93</td><td rowspan="3">0.90～0.95</td></tr>
<tr><td>64</td><td colspan="3">0.94</td><td colspan="4">0.95</td></tr>
<tr><td>80</td><td colspan="3">0.94</td><td colspan="4">0.95</td></tr>
<tr><td rowspan="3">下弦</td><td>48</td><td colspan="2"></td><td colspan="3">0.73</td><td colspan="2">0.80</td><td rowspan="3">0.70～0.80</td></tr>
<tr><td>64</td><td colspan="2"></td><td colspan="3">0.60</td><td colspan="2">0.74</td></tr>
<tr><td>80</td><td colspan="2">0.55</td><td colspan="3">0.73</td><td colspan="2">0.77</td></tr>
<tr><td rowspan="3">腹杆</td><td>48</td><td></td><td colspan="3">1.00</td><td colspan="2">1.00</td><td>1.15(拉)
0.90(压)</td><td rowspan="3">0.95～1.00</td></tr>
<tr><td>64</td><td></td><td>1.00</td><td colspan="2">1.00</td><td colspan="2">1.20(拉)
0.97(压)</td><td>1.05</td></tr>
<tr><td>80</td><td>1.00</td><td>1.00</td><td colspan="2">1.20(拉)
0.97(压)</td><td colspan="2">1.05</td><td>1.15(拉)
0.90(压)</td></tr>
<tr><td rowspan="3">吊弦</td><td>48</td><td colspan="2"></td><td colspan="3">1.00</td><td colspan="2">0.88</td><td rowspan="3">0.85～0.95</td></tr>
<tr><td>64</td><td colspan="2"></td><td colspan="3">1.10</td><td colspan="2">0.90</td></tr>
<tr><td>80</td><td colspan="2">1.00</td><td colspan="3">0.90</td><td colspan="2">0.90</td></tr>
</table>

表 4-61(b) 纵梁计算构造系数表

<table>
<tr><th rowspan="2">杆件</th><th rowspan="2">跨度(m)</th><th colspan="5">构造系数</th><th rowspan="2">根据统计
(平均值+2σ)</th></tr>
<tr><th colspan="5">主梁梁端←→主梁跨中</th></tr>
<tr><td rowspan="4">跨中垂直弯矩</td><td>48</td><td></td><td></td><td>0.68</td><td>0.60</td><td>0.60</td><td rowspan="4">0.811</td></tr>
<tr><td>64</td><td></td><td>0.90</td><td>0.70</td><td>0.70</td><td>0.70</td></tr>
<tr><td>80</td><td>0.90</td><td>0.60</td><td>0.65</td><td>0.70</td><td>0.75</td></tr>
<tr><td>32(板)</td><td>0.90</td><td>0.60</td><td>0.65</td><td>0.70</td><td>0.75</td></tr>
<tr><td rowspan="4">支点剪力</td><td>48</td><td></td><td></td><td>1.09</td><td>1.03</td><td>1.18</td><td rowspan="4">1.1</td></tr>
<tr><td>64</td><td></td><td>1.08</td><td>1.04</td><td>1.12</td><td>1.05</td></tr>
<tr><td>80</td><td>1.09</td><td>1.14</td><td>1.16</td><td>1.15</td><td>1.15</td></tr>
<tr><td>32(板)</td><td></td><td>1.05</td><td>1.22</td><td>1.15</td><td>1.04</td></tr>
<tr><td rowspan="4">支点负弯矩</td><td>48</td><td></td><td></td><td>−0.55</td><td>−0.70</td><td>−0.55</td><td rowspan="4">纵梁简支跨中弯矩的 0.618</td></tr>
<tr><td>64</td><td></td><td>−0.45</td><td>−0.55</td><td>−0.55</td><td>−0.60</td></tr>
<tr><td>80</td><td>−0.45</td><td>−0.80</td><td>−0.40</td><td>−0.70</td><td>−0.40</td></tr>
<tr><td>32(板)</td><td></td><td>−0.89</td><td>−0.63</td><td>−0.34</td><td>−0.34</td></tr>
</table>

注:①32(板)指32 m简支下承钢板梁;

②支点负弯矩构造系数指空间计算支点负弯矩与纵梁简支假定计算的跨中弯矩比。

表 4-61(c) 横梁计算构造系数表

项目	跨度(m)	构造系数 主梁梁端←→主梁跨中						根据统计 (平均值+2σ)
跨中垂直弯矩	48			0.68	0.90	0.90	0.85	1.00
	64		0.60	0.84	0.84	0.65	0.84	
	80	0.50	0.70	0.80	0.55	0.70	0.50	
	32(板)		0.92	1.00	0.88	0.86	0.85	
梁端剪力	48			1.09	0.95	1.12	0.85	1.0
	64		1.07	1.03	1.09	0.86	1.10	
	80	0.95	1.00	1.16	0.85	1.16	0.85	
	32(板)		1.05	1.10	0.95	0.93	0.93	
梁端负弯矩	48			−0.75	−0.20	−0.21	−0.43	0.46
	64		−0.73	−0.24	−0.27	−0.27	−0.31	
	80	−0.63	−0.29	−0.39	−0.39	−0.46	−0.43	

注:横梁端负弯矩构造系数指空间计算负弯矩与横梁按简支假定计算所求跨中弯矩之比。

根据计算和统计结果,构造系数推荐采用值见表 4-62。

表 4-62(a) 简支桁梁建议构造系数 k_3 表

上弦杆	下弦杆	腹杆	吊杆	纵梁(弯矩)		横梁(弯矩)		支点剪力	
				跨中	支点	跨中	支点	纵梁	横梁
0.95	0.80	1.00	1.00	$0.85\times M_0$	$0.62\times M_0$	$1.00\times M_0$	$0.46\times M_0$	1.10	1.00

表 4-62(b) 简支钢板梁建议构造系数 k_3 表

名 称	主 梁	纵梁(弯矩)		横梁(弯矩)		支点剪力	
		跨中	支点	跨中	支点	纵梁	横梁
32 m 上承	1.00	—	—	—	—	—	—
32 m 下承	0.95	0.85	0.62	1.0	0.46	1.10	1.00

双线铁路钢桥的疲劳由于受到双线列车同时作用的影响,其累积损伤计算涉及两线列车相遇的概率及相遇两列车产生的损伤。假定桥上各线通过列车时间间隔及列车过桥持续时间均取平均值,设一线列车过桥时间间隔及持续时间为 T_1、t_1,二线为 T_2、t_2,且两线列车运营相互独立;把时间域$[O,T]$分成几个相等时段 $\Delta T=\dfrac{T}{n}$,设 $\Delta T\geqslant t_1+t_2$,当 $\Delta T>t_1+t_2$ 时,在同一时段两线列车可同时运行但不一定完全相遇;当 $\Delta T=t_1+t$ 时两线列车在同一时段可完全相遇,其概率为:

$$p_i=\frac{t_1+t_2}{T}$$

一昼夜 $T_{24}=24$ h,一线列车过桥 n_1 次,二线列车过桥 n_2 次,两线列车平均相遇次数为:

$$n_0=n_1\cdot n_2\cdot\frac{t_1+t_2}{T_{24}}=\frac{t_1+t_2}{T_1}n_2=\frac{t_1+t_2}{T_2}n_1$$

当 $t_1=t_2,T_1=T_2,n_1=n_2$ 时：$n_0=\frac{2t_1}{T_1}n_1$。

两线列车成对通过桥梁时产生的等效效应与“一线”列车通过时产生的等效效应之比为完全相遇双线系数 k_0，此时每对列车对某杆件产生的损伤为：两线列车对某构件同时产生作用，或仅一线列车对某构件产生作用；仅二线列车对某构件产生作用；则两线完全相遇时的双线系数为：

$$k_0=\left(\frac{\text{两列车相遇时产生损伤的平均值}}{\text{一列车一线通过时引起的损伤}}\right)^{1/m}$$

当列车运营时只有部分列车在桥上相遇时为运营双线相遇状况。当一线列车通过时对某构件的损伤为 D_1，则二线列车通过时对某构件的损伤为：

$$D_2=\left(\frac{\delta_2}{\delta_1}\right)^m D_1$$

式中 δ_1、δ_2——一、二线影响纵标值。

一昼夜双线上运营列车(相遇)对某构件产生的累积损伤为：

$$\begin{aligned}D_d&=(n_1-n_0)\cdot D_1+(n_2-n_0)D_2+n_0k_0^mD_1\\&=(n_1-n_2)\cdot D_1+(n_2-n_0)\left(\frac{\delta_2}{\delta_1}\right)^m\cdot D_1+n_0k_0^mD_1\end{aligned}$$

式中 $(n_1-n_0)\cdot D_1$——一昼夜中与二线列车未相遇部分的一线列车对某构件产生的损伤；

$(n_2-n_0)\cdot D_2$——一昼夜中与一线列车未相遇部分的二线列车对某构件产生的损伤；

$n_0k_0^mD_1$——一昼夜中两线相遇列车对某构件产生的损伤。

则运营相遇双线系数 K_4 为：

$$K_4=\left[\frac{D_d}{n_1\cdot D_1}\right]^{1/m}$$

推导得出：

$$K_4^m=1+\frac{T_1}{T_2}\left(\frac{\delta_2}{\delta_1}\right)^m-\frac{t_1+t_2}{T_2}\left[1+\left(\frac{\delta_2}{\delta_1}\right)^m-K_0^m\right],\quad [t_1+t_2\leqslant\min(T_1,T_2)]$$

当 $t_1=t_2=t,T_1=T_2=T$ 时：

$$K_4^m=\left(1-\frac{2t}{T}\right)\left[1+\left(\frac{\delta_2}{\delta_1}\right)^m\right]+\frac{2t}{T}K_0^m$$

对于各线及不同运营区段的 t_1、t_2、T_1、T_2，可根据实际统计确定。

表 4-63(a)、(c)为48 m、128 m桁梁跨中下弦杆完全相遇双线系数 K_0 值；表 4-63(b)、(d)为列车间隔 $T_1=T_2=10$ min，列车在桥上持续时间 $t_1=t_2=1$ min时，列车运营相遇双线系数 K_4 值，说明双线系数 K_0、K_4 均随影响线加载长度的增加而增加。

表 4-63(a) 48 m桁梁下弦杆相遇情况双线系数表(K_0)

δ_1/δ_2 列车编号	1	2/3	3/7	1/4	1/9
1	1.578	1.272	1.084	1.013	1.006
2	1.729 3	1.416	1.205	1.075	1.014
3	1.59	1.318	1.111	1.033	1.01
4	1.79	1.421	1.206	1.16	1.066
平均值	1.672	1.357	1.152	1.070	1.024

表 4-63(b) 48 m桁梁下弦杆双线系数表(K_4)

列车编号 \ δ_1/δ_2	1	2/3	3/7	1/4	1/9
1	1.336	1.132	1.038	1.007	1.002
2	1.381	1.171	1.066	1.020	1.003
3	1.340	1.143	1.044	1.011	1.002
4	1.401	1.172	1.067	1.04	1.014
平均值	1.365	1.155	1.054	1.02	1.005

表 4-63(c) 128 m桁梁下弦杆相遇情况双线系数表(K_0)

列车编号 \ δ_1/δ_2	1	2/3	3/7	1/4	1/9
1	1.691	1.388 8	1.19	1.071	1.011
2	1.726	1.427 1	1.228	1.102 7	1.023
3	1.802 4	1.512	1.313 4	1.164 4	1.071
4	1.789	1.51	1.298	1.181 5	1.078
平均值	1.752	1.46	1.257	1.13	1.046

表 4-63(d) 128 m桁梁下弦杆双线系数表(K_4)

列车编号 \ δ_1/δ_2	1	2/3	3/7	1/4	1/9
1	1.369	1.163	1.063	1.019	1.003
2	1.38	1.174	1.072	1.026	1.005
3	1.405	1.2	1.096	1.041	1.015
4	1.40	1.199	1.092	1.045	1.017
平均值	1.389	1.184	1.081	1.033	1.01

为简化计算,K_0 可取$\left(1+\dfrac{\delta_2}{\delta_1}\right)\sim 1$之间的上限,即

$$\delta_2/\delta_1>0\text{ 时}, \quad K_1=1+\delta_2/\delta_1$$

$$\delta_2/\delta_1<0\text{ 时}, \quad K_0=1$$

当 $T_1=T_2=10\ \text{min}, t_1=t_2=1\ \text{min}$时:

$$n_0=\frac{2t_1}{T_1}\cdot n_1=28.8\text{ 次}, \quad n_1=n_2=144\text{ 次},$$

$$K_4^m=1+\left(\frac{\delta_2}{\delta_1}\right)^m-\frac{1}{5}\left[1+\left(\frac{\delta_2}{\delta_1}\right)^m-K_0^m\right]$$

表 4-63(e)、(f)为近似的双线系数 K_0、K_4 值

表 4-63(e) 近似法计算 K_0 值

δ_2/δ_1	1	2/3	3/7	1/4	1/9	0
K_0	2	1.666 7	1.428 6	1.25	1.111 1	1.0

表 4-63(f) 近似法计算双线系数 K_4

δ_2/δ_1	1	2/3	3/7	1/4	1/9	0
K_4	1.474	1.252	1.131	1.064	1.025	1.0

当线路运量不是线路等级规定运量时，则在计算疲劳设计应力谱中应力幅时，应按运量修正系数 K_5 调整：

$$K_5=\sqrt[m]{\frac{\text{实际运量}}{\text{规定运量}}}$$

铁路桥梁规定安全使用寿命为 100 年，若桥梁设计寿命不一致时，在计算疲劳应力谱中应力幅时应按寿命修正系数 K_6 调整：

$$K_6=\sqrt[m]{\frac{\text{设计寿命}}{100}}$$

2. 钢结构疲劳强度

结构各个构造细节的疲劳强度受各种因素的影响，对于焊接结构主要是受结构构造细节的形式、作用于构造细节上的应力幅值及应力循环次数影响；对于非焊接结构则受构造细节、应力循环次数及最大应力和应力比影响。

通过对各种不同构造细节的试验研究，得到不同应力时的致伤循环次数，再求出疲劳应力和循环次数的关系——$S—N$ 曲线：

$$\lg N-m\lg\Delta\sigma=C$$

我国栓焊钢桥设计中常遇的 14 种构造细节列于表 4-64；各类构造细节在 10^7 次循环裂纹不扩展的疲劳承载力列于表 4-65。

表 4-64 构件或连接基本形式及疲劳抗力类别

类别	构件或连接形式简图	加工质量及其他要求	疲劳抗力类别	检 算 部 位
1	母材 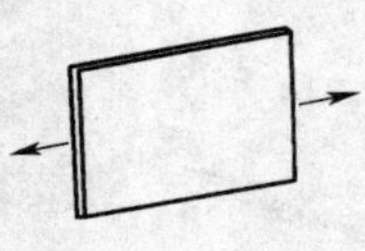	原轧制表面、侧边刨边不得在母材上引弧	Ⅰ	非连接部位的母材
2	留有空孔的杆件 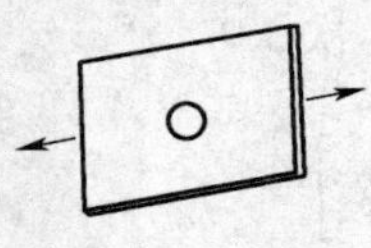	机械钻孔 孔壁光滑	Ⅵ	弦杆泄水孔处
3	铆接构件	机械钻孔	Ⅷ	铆钉孔处净截面

续上表

类别		构件或连接形式简图	加工质量及其他要求	疲劳抗力类别	检算部位
4		高强度螺栓		Ⅴ	栓接毛截面处
	4.1	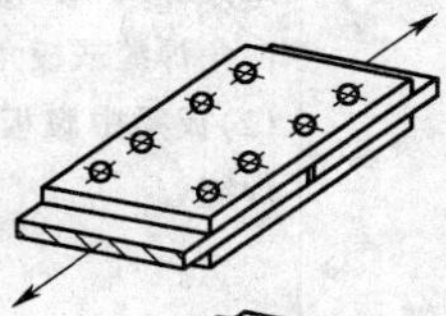 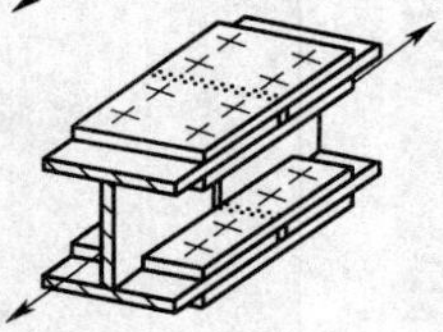 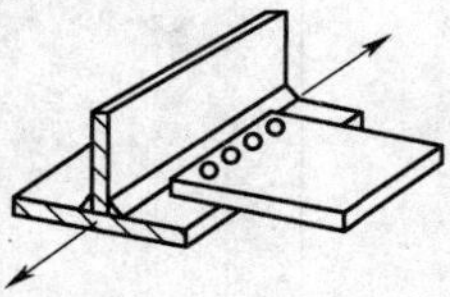	(1)单面或双面拼接,经检算第一排螺栓无滑移。 (2)直接拼接断面超过60%总断面积的双面拼接对称接头。 (3)不传递验算方向应力的有高强度螺栓紧固的基材		
	4.2	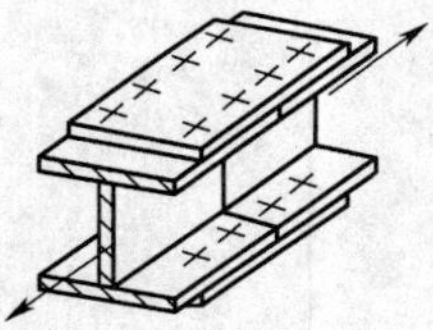	(1)单面或双面拼接,经检算第一排螺栓受力大于抗滑力。 (2)非全断面拼接的构件,直接拼接断面小于60%总断面。 (3)纵梁鱼尾板处	Ⅲ	栓接净截面处
5		横向对接熔透焊缝		Ⅱ	桁梁构件及板梁中横向对接焊缝处
	5.1	等厚等宽钢板对接 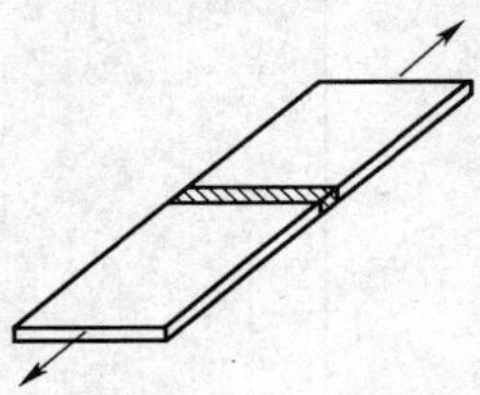	(1)采用埋弧自动焊 ①定位焊接不得有裂缝、焊渣、焊瘤等缺陷; ②焊缝背面必须清除影响焊接的焊瘤、熔渣和焊根等缺陷; ③多层焊的每一层必须将焊渣、缺陷清除干净再焊下一层; ④必须在距杆件端部80 mm以外的引板上起、熄弧。 (2)焊缝加强高顺受力方向磨平,焊趾处不留横向痕迹。 (3)焊缝需经无损探伤检验,焊缝质量符合《铁路钢桥制造规范》中Ⅰ级焊缝的要求。 (4)横向对接焊缝应一次连续施焊完毕,不得有断弧,如发生断弧,应将断弧处已焊成的焊缝刨成1:5斜坡后按返修规定再继续搭接50 mm后施焊。 (5)同一位置焊接返修次数不得超过二次		
	5.2	等宽不等厚钢板对接 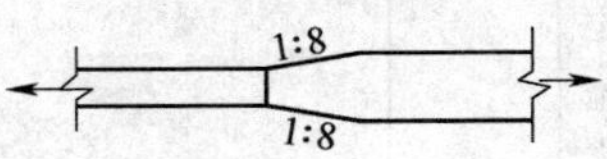			
	5.3	等厚不等宽钢板对接 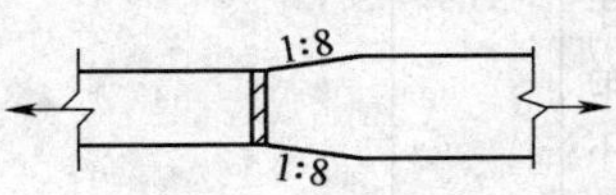			

续上表

类别	构件或连接形式简图	加工质量及其他要求	疲劳抗力类别	检 算 部 位
6	纵向焊缝	(1)采用埋弧焊、气体保护焊。 (2)焊缝必须平整连续。 (3)受拉及受疲劳控制的杆件，焊缝全长超声波探伤。焊缝质量应符合《铁路钢桥制造规范》中Ⅱ类焊缝要求。 (4)受压及不受疲劳控制的杆件，探伤范围从杆端至工地栓孔外1 m。焊缝质量应符合《铁路钢桥制造规范》中Ⅱ焊缝要求。 (5)同一位置焊接返修不超过二次	Ⅳ	(1)工字形、箱形、T形构件、板梁翼缘及纵向加劲肋等处的纵向角焊缝或棱角焊缝。 (2)板梁中腹板及盖板的纵向焊缝
6.1	纵向连续对接焊缝 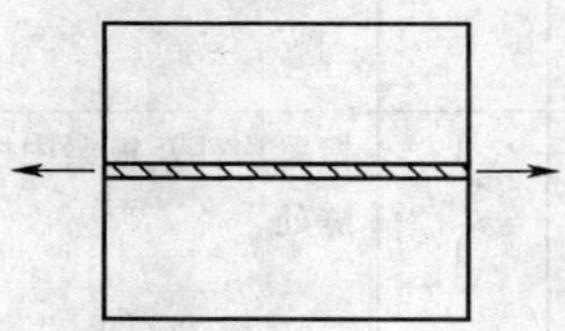	(1)焊缝应一次连续施焊完毕，如遇特殊情况而中途停焊时，焊前、焊后需处理，用原定预热温度及施焊工艺继续施焊。焊缝表面要顺受力方向磨修平整，不得有超出《铁路钢桥制造规范》中规定的凹凸不平现象。 (2)焊缝两侧不得有大于0.3 mm的咬边或直径大于等于1 mm的气孔。小于1 mm的气孔，每米不多于3个，间距不小于20 mm。 (3)埋弧自动焊必须在距杆件端80 mm以外的引板上起、熄弧		
6.2	工字形连续角焊缝 	(1)焊缝应一次连续施焊完毕，如遇特殊情况而中途停焊时，焊前、焊后需进行处理，用原定预热温度及施焊工艺继续施焊。焊后，焊缝表面要磨修平整，不得有超出《铁路钢桥制造规范》中规定的凹凸不平现象。 (2)纵向角焊缝的咬肉不大于0.3 mm，不得有直径大于等于1 mm的气孔，直径小于1 mm的气孔，每米不多于3个，间距不小于20 mm。 (3)埋弧自动焊必须在距杆件端80 mm以外的引板上起、熄弧		

续上表

类别	构件或连接形式简图	加工质量及其他要求	疲劳抗力类别	检 算 部 位
6.3	箱形棱角焊缝 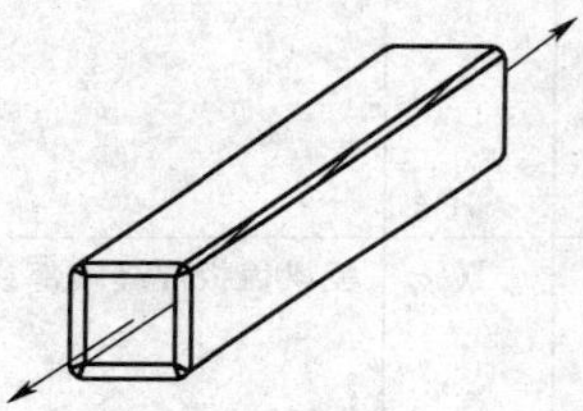	(1)焊缝应一次连续施焊完毕，如遇特殊情况而中途停焊时，焊前、焊后需进行处理，用原定预热温度及施焊工艺继续施焊。焊后，焊缝表面要顺受力方向磨修平整，不得有超出《铁路钢桥制造规范》中规定的凹凸不平现象。 (2)一根杆件有不同的熔深时，如系焊缝表面高相同，则深熔深的焊道起弧应该在距杆端80 mm以外的引板上，在施焊上一层焊缝前必须将前一道焊缝停弧处的缺陷清除干净，清除长度不小于60 mm。坡口深度变化处过渡区的斜坡不大于1∶10。最后一道焊缝必须在距杆端80 mm以外引板上起、熄弧。 (3)一根杆件有不同的熔深时，如系坡口底面高相同，则加高焊缝的起弧必须在距杆端80 mm以外的引板上，终端必须磨修，将缺陷清除干净。清除熄弧的长度不小于60 mm，并使高出的焊缝成1∶10的坡度匀顺过渡到较低的焊缝。第一道焊缝必须在距杆端80 mm以外引板上起、熄弧	Ⅳ	(1)工字形、箱形、T形构件、板梁翼缘及纵向加劲肋等处的纵向角焊缝或棱角焊缝。 (2)板梁中腹板及盖板的纵向焊缝
7	工字形对接焊缝与角焊缝交叉	(1)采用埋弧自动焊。 (2)垂直于受力方向的焊缝按类别5横向对接焊缝要求。 (3)顺受力方向的角焊缝按类别6纵向焊缝接头要求	Ⅳ	工字形、箱形、T形构件及纵向加劲肋的纵向角焊缝与盖板或腹板对接焊接头交叉处
7.1	盖板对接焊缝与角焊缝交叉 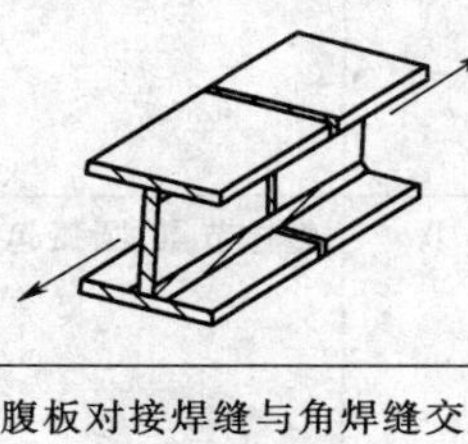			
7.2	腹板对接焊缝与角焊缝交叉 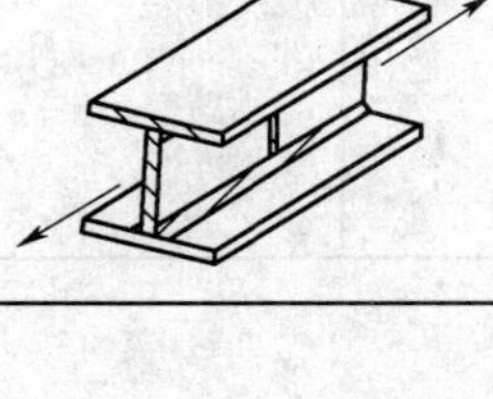			

续上表

类别	构件或连接形式简图	加工质量及其他要求	疲劳抗力类别	检 算 部 位
8	横向角接焊缝 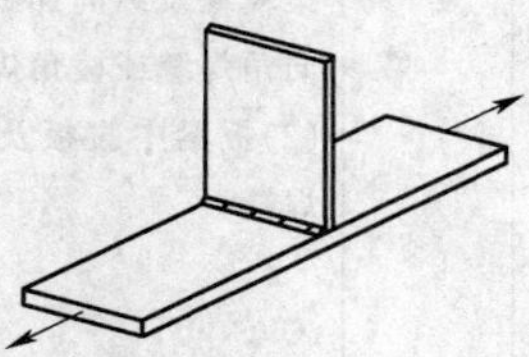	(1)采用成型好的手工焊、CO_2气体保护焊或半自动焊施焊。 (2)焊趾处不允许有咬肉,如不满足以上条件时可用砂轮顺受力方向打磨。 (3)对起、熄弧处进行磨修,严格保证质量	Ⅶ	(1)箱形杆件隔板及封端板处的横向连接角焊缝。 (2)板梁腹板与竖向加劲肋的横向连接角焊缝
9	板梁竖向加劲肋与腹板连接焊缝端部 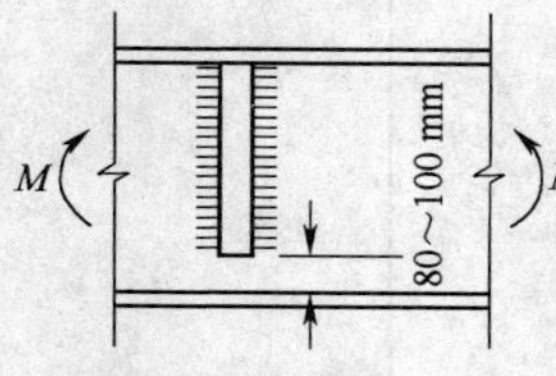	(1)焊缝端部至腹板表面应匀顺过渡。 (2)对起、熄弧处进行磨修,严格保证质量。 (3)在腹板侧,受拉区不得有咬肉。 (4)必要时,在竖向加劲肋端部100 mm内焊趾处锤击	Ⅶ	板梁竖向加劲肋与腹板连接焊缝端部(这里是指检算顺桥轴方向的主拉应力*或拉力)
10	板梁盖板焊缝 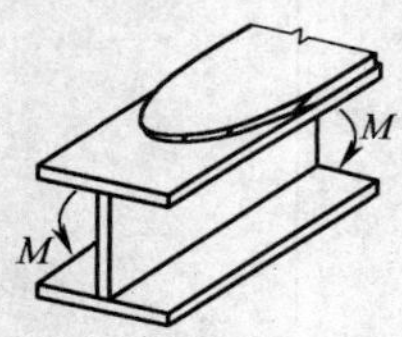	(1)端部焊缝不得有咬肉。 (2)盖板端焊缝打磨匀顺过渡,坡度不大于1:5。 (3)盖板端部焊趾锤击长度100 mm	Ⅸ	板梁盖板焊缝端部或焊趾处
11	平联节点板	(1)坡口焊透,焊缝两端顺受力方向打磨,使圆弧匀顺过渡。 (2)水平节点板与主板焊接时,节点板先焊,后根据需要切圆弧,然后双面倒棱、磨修。在切弧、倒棱、磨修时,应将焊缝的缺陷清除干净。 (3)在焊缝两端长100 mm的范围内及焊缝端部锤击。 (4) $r_1 \geqslant 100$ mm, $r_2 \geqslant \frac{d}{10}$,但不小于100 m		板梁腹板、翼缘板或杆件竖板与水平节点板手工焊连接焊缝的端部
11.1	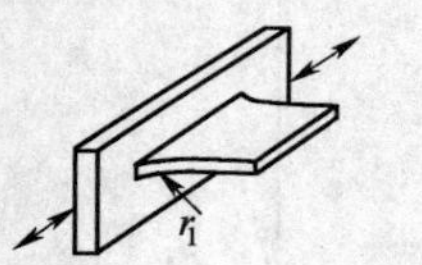		Ⅹ	
11.2	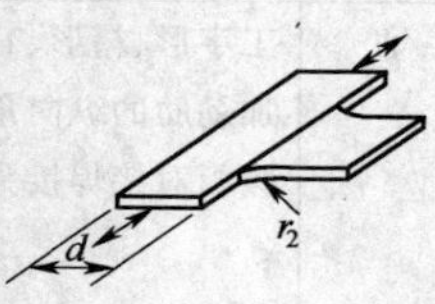		Ⅺ	
12	整体节点 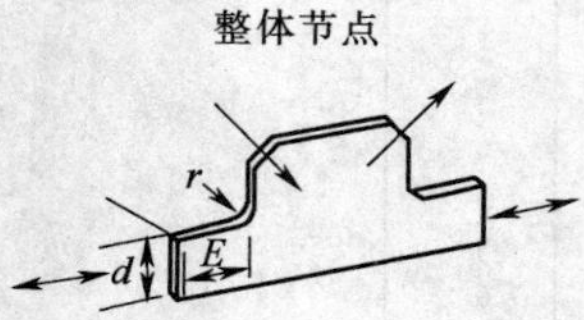	(1)单面坡口棱角焊缝质量要求按6.3。 (2)圆弧处应顺受力方向打磨,并自圆弧末端向外打磨,打磨长度 $E \geqslant 100$ mm, $r \geqslant \frac{1}{5}d$,但不小于100 mm	Ⅸ	整体节点、圆弧起点、棱角焊缝

续上表

类别	构件或连接形式简图	加工质量及其他要求	疲劳抗力类别	检 算 部 位
13	栓钉 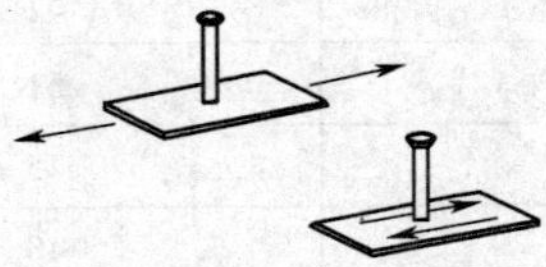	焊趾不得有咬肉、裂纹，成形应良好。 $\frac{h}{d}\geqslant 4$ h——钉高； d——钉直径	Ⅻ	结合梁受拉翼缘的传剪栓钉焊缝前端母材及栓钉焊接断面（剪应力）
14	熔透十字形传力焊缝 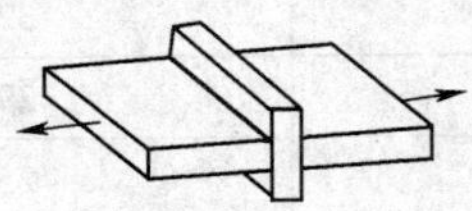	(1)焊趾处不得有咬肉。 (2)焊缝全长超声波探伤，应符合《铁路钢桥制造规范》中Ⅰ级焊缝要求	XⅢ	(1)焊缝 (2)焊趾母材

* 处主拉应力计算公式为$\sqrt{\sigma^2+3\tau^2}$；σ 为桥计算截面中的法向应力，τ 为截面检算处的剪应力。

表 4-65　疲劳承载力 $\Delta\sigma_0$

类别	疲劳承载力方程式 $\lg N_i+m\lg\Delta\sigma_i=C$	$\Delta\sigma_0$(MPa) ($n=10^7$)	构件或连接基本形式类别	标准差
Ⅰ	$\lg N+4\lg\Delta\sigma=15.0$	100.00	1	0.182
Ⅱ	$\lg N+3.5\lg\Delta\sigma=13.6$	76.9	5.1,5.2,5.3	0.236
Ⅲ	$\lg N+3\lg\Delta\sigma=12.65$	76.4	4.2	0.213
Ⅳ	$\lg N+3.5\lg\Delta\sigma=13.45$	69.6	6.1,6.2,6.3,7.1,7.2	0.201
Ⅴ	$\lg N+3\lg\Delta\sigma=12.42$	64.1	4.1	0.156
Ⅵ	$\lg N+3.5\lg\Delta\sigma=13.50$	72.0	2	0.200
Ⅶ	$\lg N+3\lg\Delta\sigma=12.30$	58.4	8,9	0.110
Ⅷ	$\lg N+3\lg\Delta\sigma=12.18$	53.3	3	0.153
Ⅸ	$\lg N+3.5\lg\Delta\sigma=12.80$	45.4	10,12	0.153
Ⅹ	$\lg N+3\lg\Delta\sigma=11.89$	42.7	11.1	0.120
Ⅺ	$\lg N+3\lg\Delta\sigma=11.64$	35.2	11.2	0.187
Ⅻ	$\lg N+3\lg\Delta\sigma=12.02$	47.1	13	0.102
XⅢ	$\lg N+3\lg\Delta\sigma=11.85$	41.7	14	0.145

欧洲《钢结构疲劳设计规范》(ECCS-TC6-Fatigue)给出正应力疲劳强度曲线方程为：

$$N=C\cdot(\Delta\sigma_R)^{-m}$$

图 4-35 为正应力疲劳强度曲线，分为 20 级，对于所有低于恒幅疲劳极限的应力范围均采用 $m=3$；表 4-66 列出构造细节($N=2\times10^6$)正应力疲劳强度值；各构造细节疲劳强度曲线为平均实验值减去 2 倍标准差；当板厚超过25 mm时，用下式估算降低的疲劳强度：

$$\Delta\sigma_{RC}=\Delta\sigma_R\sqrt{\frac{25}{t}}$$

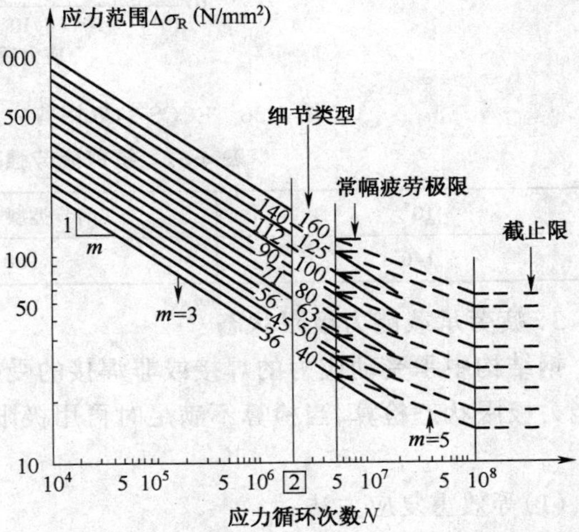

图 4-35　ECCS-TC6 用正应力范围表示的疲劳强度曲线

表 4-66　疲劳强度数值 $\Delta\sigma_R$ (N/mm^2)

10^5	细节类型 2×10^6	恒幅疲劳极限 5×10^6	截止限 10^8
434	160	118	65
380	140	103	57
339	125	92	51
304	112	83	45
271	100	74	40
244	90	66	36
217	80	59	32
193	71	52	29
171	63	46	25
152	56	41	23
136	50	37	20
122	45	33	18
109	40	29	16
98	36	26	15

图 4-36 为剪应力疲劳强度曲线，可用于对焊缝及基材剪应力作疲劳评估。曲线 $m=5$，没有恒幅疲劳极限；表 4-67 为抗剪疲劳强度 $\Delta\tau_R$。

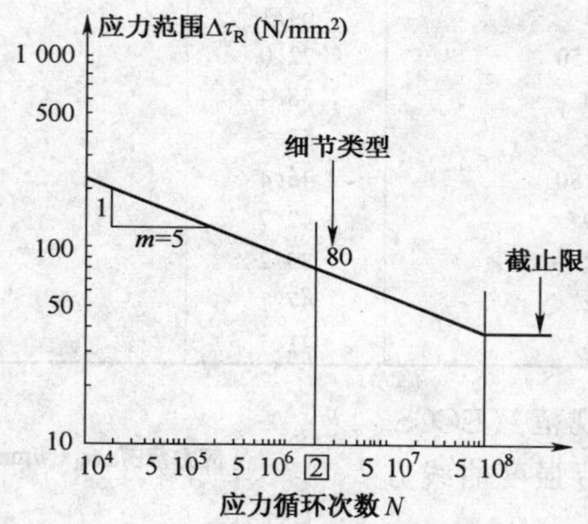

图 4-36　ECCS-TC6 用剪应力范围表示的疲劳强度曲线

表 4-67　抗剪疲劳强度数值 $\Delta\tau_R$ (N/mm^2)

10^5	细节类型 2×10^6	截止限 10^8
146	80	37

3. 疲劳承载能力极限状态

钢结构中承受动应力的焊接或非焊接的受拉或拉压构件应按等效重复应力法进行疲劳承载能力极限状态检算，当检算不满足时再用极限损伤度法检算，再不满足时应重新进行构件设计。

(1)等效重复应力法：

$$\Delta\sigma_e \leqslant \Delta\sigma_0$$

$$\Delta\sigma_e = k_1 k_2 k_3 k_4 k_5 k_6 \Delta\sigma_c$$

对于焊接的受拉及以拉为主的拉压构件($\rho=\sigma_{min}/\sigma_{max}\geqslant -1$),非焊接的受拉构件($\rho\geqslant 0$):

$$\Delta\sigma_c = \gamma_{fat}\gamma_{Qc}(1+\bar{\mu})(\sigma_{Lmax}-\sigma_{Lmin})$$

对于非焊接的拉压构件($\rho<0$),焊接的以压为主的拉压构件($\rho<-1$):

$$\Delta\sigma_c = [\gamma_{fat}\gamma_{Qc}(1+\bar{\mu})\sigma_{Lmax}+\sigma_D]-0.6[\gamma_{fat}\gamma_{Qc}(1+\bar{\mu})\sigma_{Lmin}+\sigma_D]$$

式中 σ_{Lmax}、σ_{Lmin}——一线中—活载静活载标准值作用下构件计算最大、最小应力(MPa);

σ_{max}、σ_{min}——恒载标准值及中—活载(含动力系数)标准值作用下构件的最大、最小应力(MPa);

σ_D——恒载标准值作用下构件应力(MPa);

γ_{Qc}——荷载效应计算模型不定性系数,跨度<15 m时为0.80,跨度≥15 m时为1.0;

γ_{fat}——疲劳荷载分项安全系数,跨度4~32 m时为1.0;跨度>42 m时为1.20;

$1+\bar{\mu}$——列车运营动力系数。

(2)极限损伤度法:

$$\sum \frac{n_i}{N_i} \leqslant 1$$

式中 n_i——疲劳应力谱中设计应力变程(幅)$\Delta\sigma_i$ 的循环次数,可根据桥梁跨度及线路等级查取;当部分 $\Delta\sigma_i<\Delta\sigma_0$ 时需按下式修正:$n'_i = n_i\left(\frac{\Delta\sigma_i}{\Delta\sigma_0}\right)^2$;

N_i——$\Delta\sigma_i$ 时的致伤循环次数,可根据构造细节及 $\Delta\sigma_i$ 由疲劳强度方程计算。

当设计应力谱中 $\Delta\sigma_i$ 均小于 $\Delta\sigma_0$ 时,不进行疲劳检算。

4.质量保证

(1)在质量保证文件中应列出要求以确保结构构造细节符合疲劳质量要求,并在每个细节制造图和安装图上注明;

(2)检查技术及检查范围应符合相应的实施标准;

(3)当构造细节不能满足所规定质量要求时或结构形式不符合鉴定质量要求时,可按实际的或可检验的最低质量进行质量评估;

(4)焊接连接典型的不连续性为裂纹、刻痕、腐蚀斑点、未熔透、夹渣、冷搭接、气孔和咬边等,应将其减小到最小程度;

(5)所规定的构造细节分类和疲劳强度曲线用以评估各种焊接细节的最低质量要求。

5.运营检查和维修

(1)若结构或构件的设计需进行疲劳评估,则应采取措施在运营中进行定期检查和维修;

(2)当荷载值或出现频率显著升高时应对结构进行新的疲劳评估;

(3)当某一细节的疲劳失效能造成结构的破坏和不能使用时,则应用无损伤检测方法进行定期检查;

(4)全部重要的焊缝都应进行肉眼检查;

(5)严重的局部腐蚀要清理并检查;

(6)若发现结构中有裂纹,应立即进行结构安全性评定。若需要修理应从疲劳角度评定修理的设计,应尽可能采用拼接板跨接疲劳裂纹,用螺栓连接,不要用焊接方法修理。

4.3.4 正常使用极限状态

对于正常使用极限状态的设计准则，一般以可接受的变形、加速度、裂缝宽度等限值来表达；这些限值一般应考虑其随机性，可以用统计方法描述，但常常以规定的限值作为常值引入规范。随着交通运输的发展，特别是高速铁路及大跨柔性结构(如悬索桥、斜拉桥等)体系桥梁的大量建设，对正常使用极限状态的要求越来越高。

1．铁路钢桥的竖向刚度

竖向刚度极限状态要求：在列车荷载作用下，钢桥结构不出现过大的影响运行的挠度及杆件较大的次应力；不出现较大的轨道纵向位移或可能的脱轨现象；不影响旅客的舒适度。

早期对铁路钢桥规定一定的高跨比限值，以保证桥梁竖向刚度，例如美国 AREA 桥梁设计规定，桁梁为 1/10；板梁为 1/12，型钢梁为 1/15；研究发现桥梁出现比较激烈的振动与列车活载作用下的挠度大小有关，进而规定桥梁设计挠跨比，表 4-68 列出各国铁路桥梁设计规范中钢桥竖向挠跨比允许值的规定。

表 4-68 各国桥梁设计规范中关于钢桥竖向挠度允许值的规定

国别	规 范 名	结 构	$[f/L]$	注
美国	AREA		1/640	活载加冲击系数
日本	国铁	板梁：$L<50$ 板梁：$L>50$ 桁梁	1/800 1/700 1/1 000	
	高速铁路	单孔梁	1/1 600	
UIC	超高速铁路	车速＞200 km/h	1/800	
英国	BS 5400		不计	
中国	现行铁路桥规	板 梁 桁 梁	1/700 1/900	静活载

表 4-69 列出以中—荷载、桁架为铰接体系的理论计算挠度 f_1 及蒸汽机车牵引满载货车引起的挠度实测值 f_2、内燃机车牵引满载货车引起的挠度实测值 f_3、内燃机车牵引客车引起的挠度实测值 f_4 的对照。由比较可见实际列车过桥时桥梁挠度比理论值 f_1 小很多。

中—活载理论值：$f_1/L=/1\ 160\sim1/1\ 470$；

蒸汽机车＋货车：$(\bar{f}_2+2\sigma)/L=1/1\ 400\sim1/2\ 400$；

内燃机车＋货车：$(\bar{f}_3+2\sigma)/L=1/1\ 950\sim1/2\ 900$；

内燃机车＋客车：$(\bar{f}_4+2\sigma)/L=1/2\ 240\sim1/6\ 500$；

引起以上差异的主要原因是：实际通过列车活载只相当于中—活载的 0.6～0.85；实际桁梁桥为空间结构体系而非完全铰接体系的差异，铰接体系刚度 K 与实际结构空间体系刚度 K' 之比为刚度修正系数 $\eta=K/K'$，实际桥跨结构的刚度修正系数平均值 $\bar{\eta}=0.866$，标准差为 $S=0.022\ 3$。

在外荷载作用下桁梁产生竖向挠度，主桁杆件由竖向位移及节点角变位产生次应力，图 4-37(a)、(b)、(c)表示出三角桁架桥主桁杆件节点处次应力系数：

$$\alpha_{xm}=\sigma_{xm}/\sigma_0$$

表 4-69 计算与实测值

编号	跨度	结构,材料特征	理论计算挠度		实测挠度*					
			中—载重计算挠度		货物列车				客车	
			f_1(cm)	f_1/L	$\bar{f}_2$(cm)	$(\bar{f}_2+2\sigma)/L$	$\bar{f}_3$(cm)	$(\bar{f}_3+2\sigma)/L$	$\bar{f}_4$(cm)	$(\bar{f}_4+2\sigma)/L$
1	192 m	铆接,16 Mn	13.6	1/1 411.7			7.14	1/2 226	2.97	1/6 465
2	144 m	铆接,16 Mn	10.0	1/1 440			5.57	1/2 069	3.5	1/3 169
3	92.98 m	铆接,结构钢	6.32	1/1 471	3.3	1/2 400			1.71	1/4 717
4	64 m	栓焊,16 Mn	5.15	1/1 242	2.92	1/1 902	2.76	1/2 055	1.88	1/2 980
5	62.8 m	铆接,结构钢	3.24	1/1 938			1.75	1/2 908		
6	44 m	栓焊,半穿,16 Mn	3.78	1/1 164	2.68	1/1 420			1.76	1/2 244
7	16 m	铆接钢板梁					0.691	1/1 948		

*:$\bar{f}$ 平均值,σ 均方差。

式中 σ_0——杆件轴向力,$\sigma_0=(\sigma_1+\sigma_2+\sigma_3+\sigma_4)/4$;

σ_{xm}——杆件桁架平面内次应力,$\sigma_{xm}=(\sigma_1+\sigma_2-\sigma_3-\sigma_4)/4$ 测点位置,见图 4-37(d)。

表 4-70 汇总了各杆件次应力系数 α_{xm} 值,可见只有端斜杆及吊杆次应力较大,为受到轨道约束和横框架的影响所致,主桁上下弦杆次应力较小,可以不考虑对主梁挠度的限制。图 4-37(e)为前苏联主桁次应力系数分布,由于其杆件高度与杆长之比较大,而次应力较大;图 4-37(f)为日本桁架次应力系数分布,其位于固定支座处杆件次应力较大。

在长大钢桥跨结构上,由于支座位移使梁上钢轨纵向爬行,下承式桁梁活动支座位移对钢轨产生影响,而上承式桁梁固定支座与活动支座都会引起钢轨爬行。铰接体系考虑桥面系等的共同作用图式计算值与实测值接近,构造系数为 0.92~0.93。

表 4-70 次应力系数 α_{xm} 值

杆件名称	特征	α_{xm}
上弦		0.009 1~0.05 7
下弦	$h/B=1/17.4$	0.074~0.137
下弦	$h/B=1/13.4$	0.24
中间斜杆		0.058 5~0.134
端斜杆		0.026~0.437
吊杆		0.043~0.283

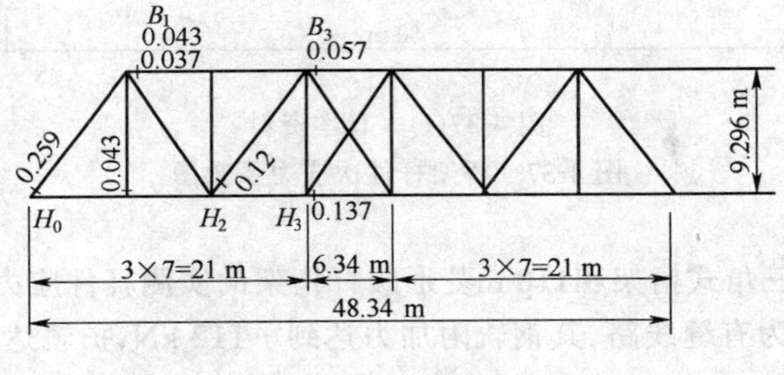

图 4-37(a) 杆件次应力系数

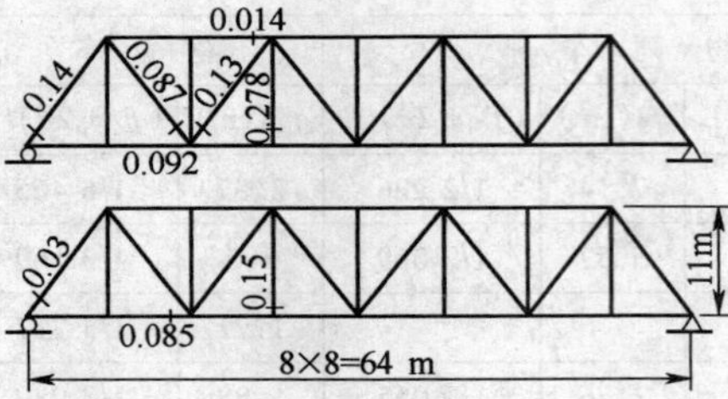

图 4-37(b) 次应力系数

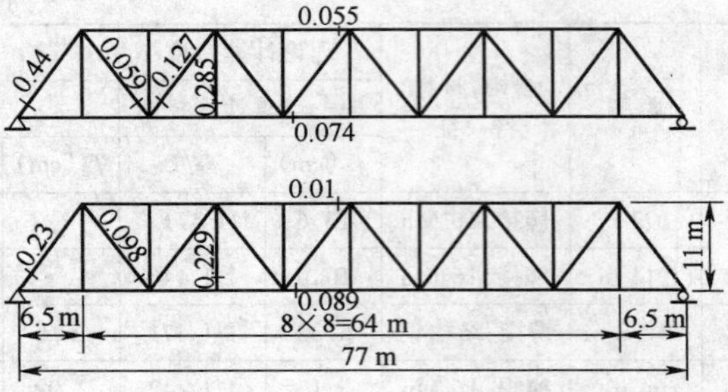

图 4-37(c) 次应力系数

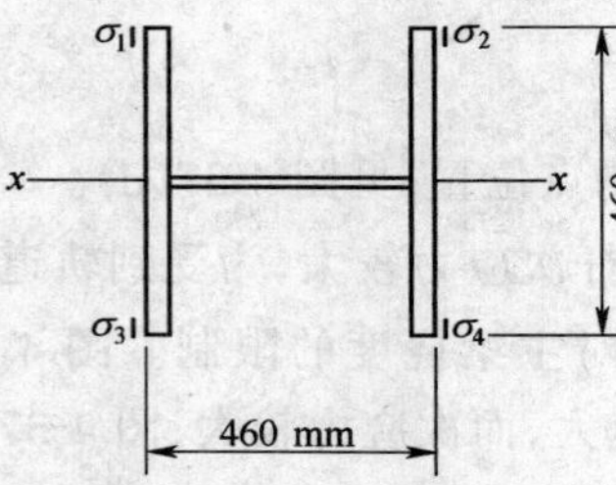

图 4-37(d) 尺寸图

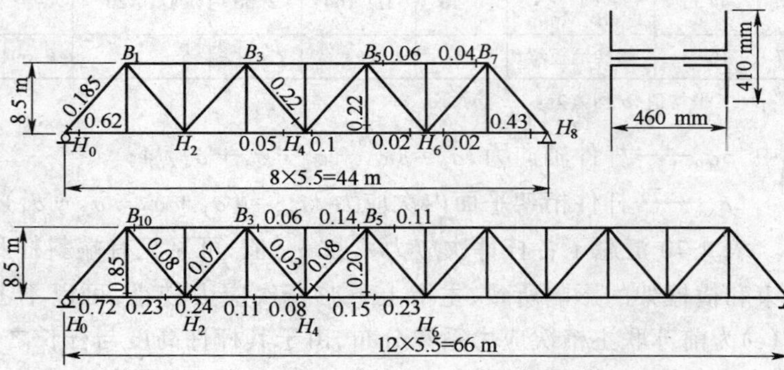

图 4-37(e) 前苏联资料

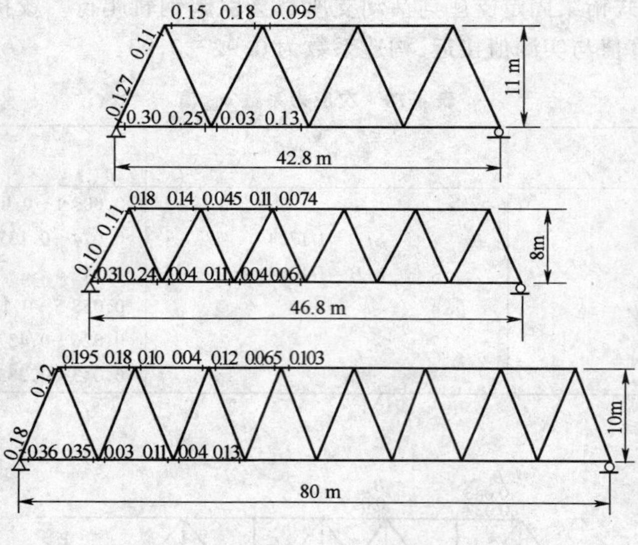

图 4-37(f) 日本资料

图 4-37 桥架杆件次应力系数图

表 4-71 列出44 m三角式桁架和110 m菱形腹杆桁架的实测杆件应力、次应力、支座位移及钢轨轴向力，桥上线路为有缝线路，其钢轨附加力达到 - 112 kN，护轨达 - 29 kN(压力)。

表 4-71 实测杆件应力和轴向力

桁梁类型	跨度(m)	杆件		实测应力(MPa)			钢轨轴向力(kN)			护轨轴向力(kN)			活动支座位移量(mm)
				σ_0	σ_{xm}	$\alpha_{xm}=\sigma_{xm}/\sigma_0$	固定支座	活动支座	合力	固定支座	活动支座	合力	
三角式桁架	44	H_0H_1	左	23.1	40.9	1.77	31	* −110	141	16	−29	45	6.05
		H_0B_1	左	−32.7	16.7	0.51							
		H_0H_1	右	29.7	31.7	1.07	13	−50	63	7		7	
		H_0B_1	右	−30.1	13.0	0.43							
菱形腹杆桁梁	110	H_0H_1	左	9.8	22.3	2.3							13.2
		H_0C_1	左	−26.1	15.0	0.58	39	−93	132				
		H_0B_0	左	−15.4	8.7	0.56							
		H_0H_1	右	8.2	18.6	2.26							
		H_0C_1	右	−25.1	−15.9	0.63	30	−112	142				
		H_0B_0	右	−12.3	7.1	0.58							

*:表中“−”表示压应力。

对跨度 48、64、80、96 m四种简支桁梁进行动力分析,其结果列于表 4-72,$\bar{f}_{max}$为桥梁跨中挠度最大值平均值;$\bar{j}_{max}$为司机室加速度最大平均值;图 4-38 给出桥梁挠跨比 f/l 与司机室竖向加速度$\bar{j}_{max}$的关系曲线,对于舒适度指标 $W=3.5$ 的各种跨度桁梁挠跨比为:

$$l=48\ \text{m},\qquad f/L=1/750$$
$$l=64\ \text{m},\qquad f/L=1/610$$
$$l=80\ \text{m},\qquad f/L=1/400$$

要保证一定的舒适度必须对桥梁竖向挠度加以限制,对于大跨新型结构桥梁应作动力分析。

表 4-72 四种简支桁梁的动力分析

计算跨度 L(m)	桥跨结构刚度 EI ($\text{kN}\cdot\text{m}^2$)	$\bar{f}_{max}$(cm)	$L/\bar{f}_{max}$	$\bar{j}_{max}$
48	4.32×10^7	10.57	454	0.18 g
	5.77×10^7	7.79	616	0.137 g
	8.64×10^7	5.15	932	0.091 g
	12.96×10^7	3.38	1 420	0.064 g
	17.28×10^7	2.52	1 904	0.053 g
64	11×10^7	11.44	559	0.12 g
	12.5×10^7	9.97	642	0.105 g
	15.6×10^7	7.88	812	0.083 g
	18.7×10^7	6.51	983	0.069 g
	37.4×10^7	3.18	2 012	0.040 g
80	15.5×10^7	18.1	442	0.096 g
	22×10^7	12.14	659	0.063 g
	31×10^7	8.50	941	0.048 g
	44×10^7	5.84	1 370	0.037 g
96	29×10^7	15.6	615	0.0574 g
	38.9×10^7	11.47	837	0.044 g
	58.3×10^7	7.52	1 276	0.0347 g
	88×10^7	4.93	1 947	0.0292 g
	117×10^7	3.70	2 594	0.0283 g

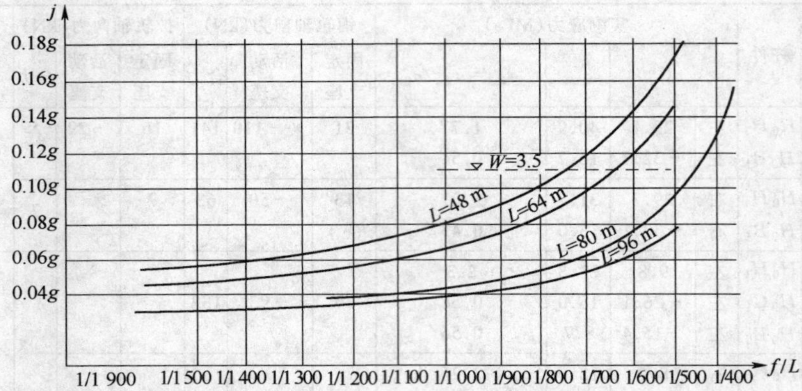

图 4-38 桥梁 f/L 与司机室竖向加速度 j 关系

2. 铁路钢桥的横向刚度

随着铁路列车速度的不断提高,桥梁横向刚度引起了工程界的高度重视。表 4-73 为各国规范对桥梁横向刚度限值的规定,其控制指标为横向振动周期或全振幅、主桁宽跨比及横向水平变位等。

表 4-73 各国规范关于桥梁横向刚度限值的规定

设计规范名称	国 别	横向刚度的控制指标
CH-200-62	前苏联	$T \leqslant 0.01L$, $T \leqslant 1.5$ s
AREA	美 国	下承式桥:$B \geqslant \frac{L}{20}$ 上承式桥:$B \geqslant \frac{L}{15}$
现行《铁路桥涵设计规范》	中 国	一般主桁中心距不宜小于跨度的$\frac{1}{20}$
国铁标准	日 本	一般主桁中心距不宜小于跨度的$\frac{1}{20}$
UIC-Code	西欧铁路联盟	$v > 200$ km/h 水平挠度 $a \leqslant \frac{L}{4\,000}$
BS 5400	英 国	无
DS 804(1982)	前西德	无
桥梁检定规范	中 国	低合金钢桁梁 $f \geqslant \frac{90}{L}$, $a \leqslant \frac{L}{2.5B}$

注:表中横向振动周期 T(s),跨度 L(m),梁宽(m),最大横向全振幅 a(mm)。

日本国铁技术研究所对跨度50 m以下桥上行进列车脱轨试验表明,当桥梁横向水平加速度达到0.1 g~0.2 g时,列车容易脱轨,以其下限得到桥梁横向水平振幅 u 的限值公式为:

$$u \leqslant \frac{9.98}{(v/L)^2 + 4n^2} \quad \text{(cm)}$$

式中 v——车速(m/s);

L——桥梁跨度(m);

n——桥梁横向水平自振频率(Hz)。

表 4-74 为我国几座桥梁横向水平振动的实测资料及按上式以 $v=90$ km/h计算的不脱轨桥梁水平振幅限值。

表 4-74 横向水平振动实测资料

桥 式	水平自振频率(Hz)	列车通过时水平振动频率(Hz)	全振幅(mm)	u(cm)
192 m 穿式桁梁	0.60～1.48	0.57～1.76	1.12～5.40	5.98
49 m 穿式桁梁	2.40～2.50	1.50～2.30	1.47～4.48	0.37
89 m 穿式桁梁	1.30	0.985～1.22	2.22～7.78	1.28
3×12 8m 穿式桁梁	0.88	0.85	4.70×2	2.76
98 m 穿式桁梁	1.30	1.16	7.8～11.1	1.29

由上表可知,桥梁横向水平振幅限值 u 远大于桥梁实测横向水平振幅。

国内外对桥梁横向刚度限值的研究着重于三方面:

(1)要求桥梁有足够的侧倾安全性及很小的桥梁横向振动应力;

(2)要求列车在桥上行驶有足够的抗脱轨安全度;

(3)要求列车过桥时,司机及旅客有适宜的舒适度和安全感。

国内外研究证明,桥梁倾侧稳定性不控制桥梁横向刚度,桥跨结构水平振动所产生的杆件附加应力可以不计,因此列车脱轨安全度和舒适度应为控制桁梁桥横向刚度的主要因素。

列车脱轨系数 P_k 可以用轮轨间侧向动压力 Q_i 与垂直动压力 P_i 之比表示:

$$P_k=\frac{Q_i}{P_i}=\frac{\tan\alpha-\mu}{1+\mu\tan\alpha}$$

式中 α——车辆轮缘角,我国 $\alpha=69°12'$;

μ——轮缘与钢轨间摩擦系数,$\mu=0.2\sim0.3$。

脱轨系数 P_k 临界值为:

$$P_k=(Q_i/P_i)_{cr}=1.69\sim1.30$$

我国车辆部门建议的脱轨系数安全指标为:

$Q_i/P_i=1.2$ 危险限度,安全值;

$Q_i/P_i=1.0$ 危险限度,期望值。

以上安全指标适用于一般速度线路,对于高速铁路,日本以轮重减少率 σ 保证车辆脱轨安全度:

$$\sigma=\frac{2m_s\ddot{y}_s+m_g\ddot{y}_g+m_c\ddot{y}_c}{(2m_s+m_g+m_c)g}<0.25\sim0.3$$

式中 m_s、m_g、m_c——轮对、转向架、一半车体质量;

$\ddot{y}_s$、$\ddot{y}_g$、$\ddot{y}_c$——轮对、转向架及车体竖向振动加速度。

对于列车舒适度指标,国际上多数国家采用斯佩林舒适度指标 W_z,目前各国根据科学技术发展情况及铁路车辆运营经验,将客车舒适度指标最大允许值定为 $W_{z,max}=2.5\sim3.25$;我国车辆部门建议:①长途干线客车设计目标及新型客车鉴定试验标准为 $W_z\leqslant2.5$;运营之后

段修前要求 $W_z \leqslant 3.0$；②对于新造市郊列车、行李车、邮政车，要求 $W_z \leqslant 2.75$，运营后要求 $W_z \leqslant 3.25$。舒适度也可用简单的狄克曼指标 K 评定。

对于竖向振动：

$$f<5\text{Hz}, \quad K=Af^2$$
$$5\leqslant f\leqslant 40\text{Hz}, \quad K=A\cdot f$$
$$f>40\text{Hz}, \quad K=200A$$

对于水平振动：

$$f<2\text{Hz}, \quad K=2Af^2$$
$$2\leqslant f\leqslant 25\text{Hz}, \quad K=4A\cdot f$$
$$f>25\text{Hz}, \quad K=100A$$

式中 A——振幅(mm)；

f——频率(Hz)。

人体对振动敏感度评定为：

$K=0.1$，能感觉振动的下限；

$K=1.0$，能忍受任意长时间的振动；

$K=10.0$，仅能忍受短期振动；

$K=100.0$，一般人对振动过分疲劳的上限。

表 4-75 为两座上承桥脱轨系数 P_k 与梁宽 B、车速 v 的关系，在相同车速下，P_k 随 B 的变化很小。

表 4-75 脱轨系数 H_k

桥名 / B(m) / 车速(km/h)	×××桥(2×64 m)			××大桥(728 m)		
	4.0	3.5	3.0	5.0	4.0	3.0
90	0.562	0.545	0.529	0.303	0.306	0.321
73	0.394	0.392	0.394	0.366	0.371	0.378
53.1	0.508	0.508	0.509	0.468	0.473	0.463
33	0.304	0.304	0.304	0.496	0.495	0.485

图 4-39 为旅客列车作用下钢桁梁桥允许极限宽跨比 B/L 的关系曲线，分别为由狄克曼指标 K、舒适度指标 W_z 及最大横向振幅 A_{max} 确定的三条 B/L 曲线，说明由 W_z 确定的 B/L 较切合实际。下承桁梁，跨度在90 m以上 B/L 可以采用 1/25；$L=70\sim80$ m可采用 1/20；$L=64$ m为 1/18；$L=48$ m为 1/12，上承桁梁为 1/17。

表 4-76 为货物列车作用下桁梁容许极限宽跨比 B/L，说明货物列车 B/L 大于旅客列车的限值，货车作用下桥梁横向刚度的限值由舒适度指标 $W_z=4.25$ 控制。

表 4-76 货物列车作用下的桥梁容许极限宽跨比 B/L

L(m) / B/L	48	92.96	144	192
下承桥	$\frac{1}{10}$	$\frac{1}{19.37}$	$\frac{1}{21.18}$	$\frac{1}{23.4}$

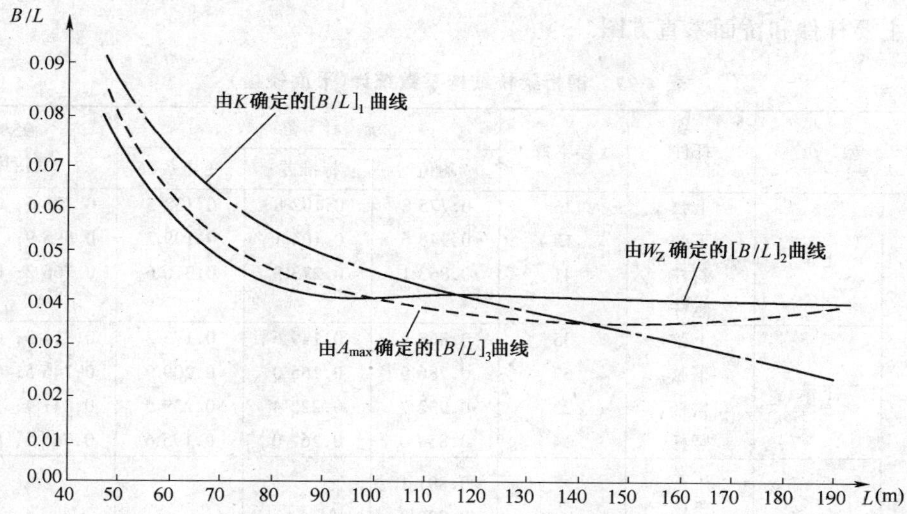

图 4-39 旅客列车作用下钢桁梁桥允许极限宽跨比与跨度的关系图

4.4 结构分析

钢桥的结构分析涉及两类钢结构：钢桁梁（上承式、下承式、半穿式钢桁梁；简支、连续钢桁梁；单线、双线及铁路、公铁两用钢桁梁）、钢板梁。钢桥理论计算采用三种结构模型：平面铰接、空间铰接和空间刚接。平面铰接模型是现行规范采用的模型，计算工作量小；空间铰接考虑结构的空间作用，忽略节点刚性次应力，计算精度高于平面铰接；空间刚接模型既考虑结构空间效应，又考虑节点刚性，比上述两种模型计算结果更接近实际，但计算工作量大。

1. 按平面铰接模型计算

(1)钢板梁：由 9 座钢板梁桥实测资料与计算数据得到的结构系数直方图见图 4-40，呈正态分布，均值 $\bar{K}=0.776$，标准差 $\sigma=0.1497$，变异系数 $C_v=0.1929$，结构系数 K 的 95% 置信区间(0.749,0.807)。

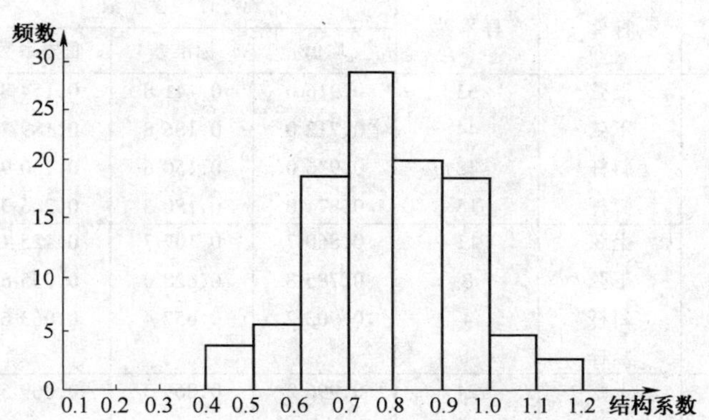

图 4-40 钢板梁结构系数直方图

(2)钢桁梁：根据 23 座钢桁梁桥实测资料与平面铰接模型计算数据得到的结构系数统计分析见表 4-77，表中给出简支、连续钢桁架桥主桁杆件与桥面系的结构系数统计资料，用于研究结构系数与桥型、支承条件及桥面系所在位置间的关系；图 4-41、图 4-42、给出上承、下承式简支桁梁主要杆件和桥面系直方图。

表 4-77 钢桁梁桥结构系数统计(平面铰接)

桥型		杆件	样本数	统计参数			95%置信区间
				均值	标准差	变异系数	
简支	上承	上弦	26	0.775 8	0.102 8	0.132 5	0.756 5；0.795 2
		下弦	15	0.948 6	0.104 1	0.109 7	0.895 9；1.001
		斜杆	41	0.863 1	0.273 3	0.316 6	0.766 2；0.960
		竖杆					
	下承	上弦	35	0.863 9	0.149 6	0.173 2	0.814 3；0.913 5
		下弦	67	0.786 0	0.165 0	0.209 9	0.746 5；0.825 5
		斜杆	23	0.932 7	0.223 4	0.239 5	0.841 4；1.02 4
		竖杆	14	0.854 0	0.167 0	0.195 6	0.766 5；0.941 5
	半穿	上弦	9	0.891 1			
		下弦	7	0.839 2			
		斜杆	6	0.927 5			
		竖杆					
连续	上承	上弦	11	0.762 4	0.090 6	0.118 8	0.708 9；0.815 9
		下弦	8	0.717 5	0.025 1	0.035 4	0.700 1；0.734 9
		斜杆	4	0.900 8	0.059 2	0.065 7	0.842 8；0.958 8
		竖杆	1				
	下承	上弦	34	0.959 8	0.245 9	0.256 2	0.877 1；1.042 5
		下弦	60	0.831 3	0.255 9	0.307 9	0.766 5；0.896 1
		斜杆	68	0.950 3	0.251 3	0.264 4	0.890 6；1.010
		竖杆	19	0.923 0	0.193 5	0.209 6	0.808 8；1.037 6

2．按空间铰接和空间刚接模型计算

对下承式简支桁梁、上承及下承式连续桁梁的主要杆件按空间铰接模型计算数据与实测结果的结构系数及资料列于表 4-78，直方图绘于图 4-43，呈正态分布。

表 4-78 钢桁梁桥结构系数统计(空间铰接)

桥型		杆件	样本数	统计参数			95%置信区间
				均值	标准差	变异系数	
简支	下承	上弦	33	0.916 0	0.141 8	0.154 8	0.867 6；0.964 4
		下弦	44	0.712 0	0.186 8	0.189 7	0.680 6；0.761 4
		斜杆	48	0.936 0	0.150 6	0.160 9	0.893 4；0.978 6
		竖杆	15	0.874 0	0.180 3	0.206 3	0.782 8；0.965 2
连续	上承	上弦	11	0.860 7	0.107 7	0.125 1	0.797 1；0.924 3
		下弦	8	0.785 8	0.028 0	0.035 6	0.766 4；0.805 2
		斜杆	4	0.903 2	0.057 4	0.063 6	0.846 9；0.959 5
		竖杆	1				
	下承	上弦	24	0.996 2	0.069 3	0.069 5	0.926 9；1.065 5
		下弦	34	0.846 3	0.112 9	0.133 4	0.808 4；0.884 2
		斜杆	50	0.989 1	0.127 0	0.128 4	0.953 9；1.024 3
		竖杆	11	0.888 2	0.058 8	0.066 2	0.858 8；0.911 6

为了比较分析平面铰接和空间铰接模型的计算差异，对同一座桥的各杆件进行计算统计

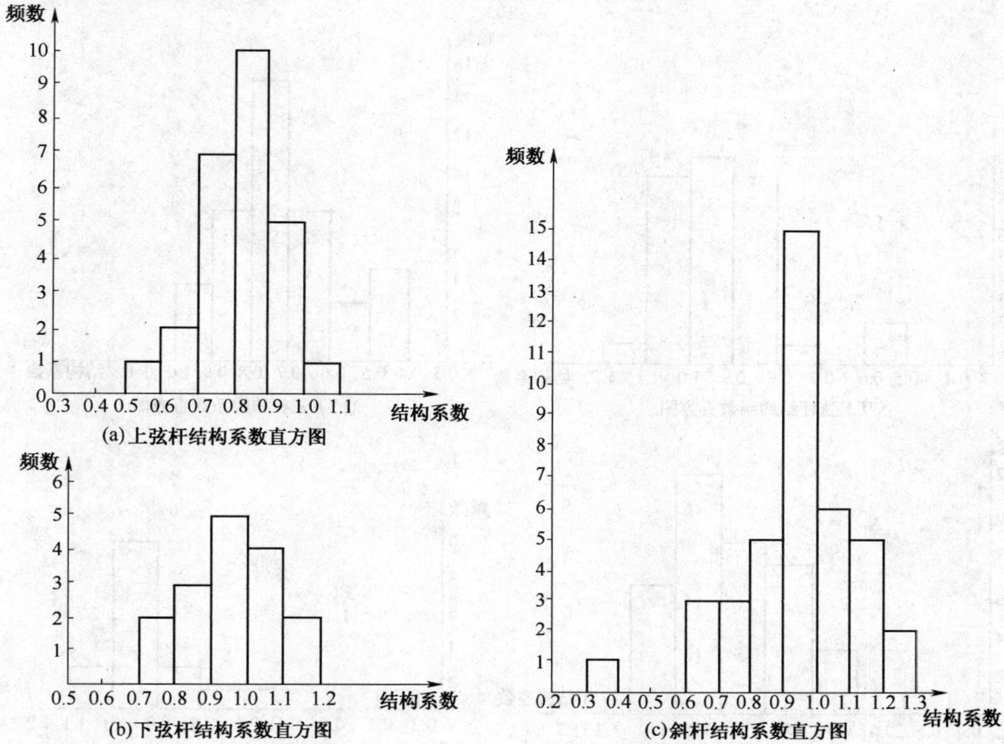

图 4-41　上承式桁梁桥结构系数分布(平面铰接)

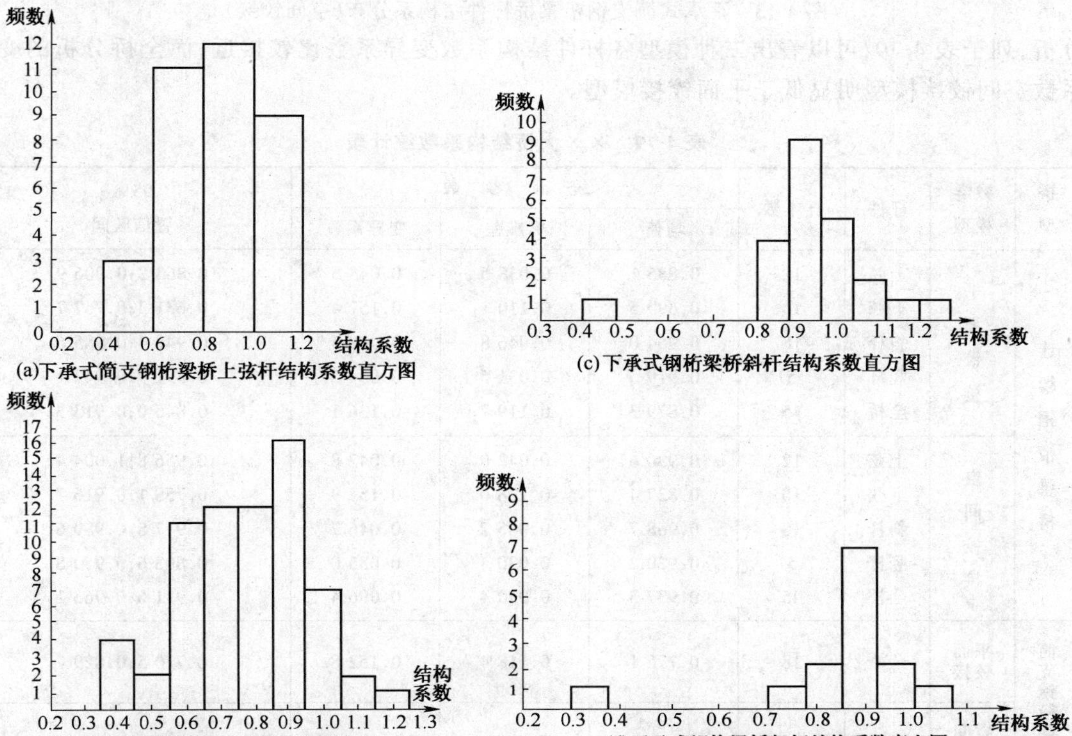

图 4-42　下承式简支钢桁梁桥杆件结构系数分布(平面铰接)

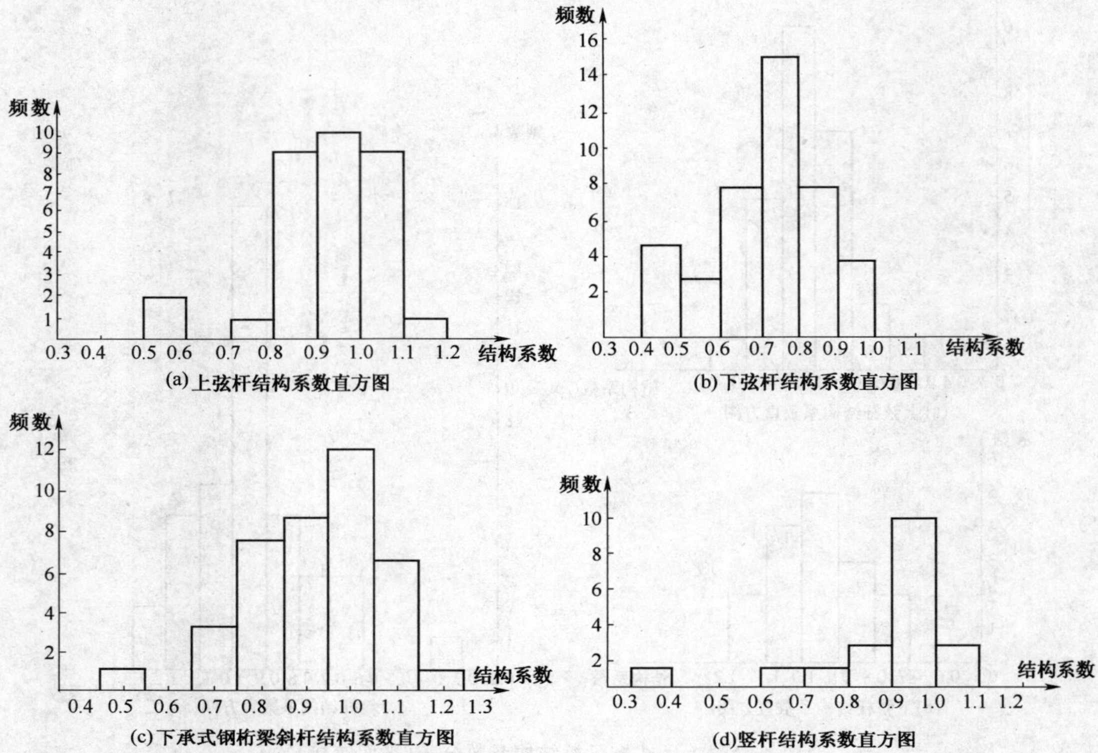

图 4-43　下承式简支钢桁梁桥杆件结构系分布(空间铰接)

分析,列于表 4-79,可以看出二种模型各杆件结构系数变异系数比较接近,而全桥分析的变异系数空间铰接模型明显低于平面铰接模型。

表 4-79　××大桥结构系数统计表

桥型	数学模型	杆件	样本数	统计参数 均值	统计参数 标准差	统计参数 变异系数	95%置信区间
连续钢桁梁桥	平面铰接	上弦	12	0.885 1	0.038 5	0.043 5	0.863 3;0.906 9
		下弦	10	0.699 5	0.110 1	0.157 4	0.631 3;0.767 7
		斜杆	18	0.964 0	0.046 8	0.048 5	0.948 4;0.985 6
		竖杆	5	0.919 5	0.031 5	0.034 3	0.891 9;0.947 1
		全桥	45	0.879 3	0.119 7	0.136 1	0.845 0;0.913 3
	空间铰接	上弦	12	0.980 6	0.042 0	0.042 8	0.956 8;1.004 4
		下弦	10	0.837 4	0.128 0	0.152 9	0.758 1;0.916 7
		斜杆	18	0.968 7	0.045 2	0.046 7	0.947 8;0.989 6
		竖杆	5	0.920 2	0.030 4	0.033 0	0.893 6;0.950 8
		全桥	45	0.937 3	0.090 4	0.096 4	0.911 6;0.963 1
简支钢桁梁桥	平面铰接	全桥	18	0.775 1	0.118 4	0.152 8	0.720 5;0.829 7
	空间铰接	全桥	18	0.827 3	0.078 6	0.095 01	0.791 0;0.863 6

表 4-80 上承连续钢桁梁桥结构系数对比

杆件		应力值(N/cm²) 实测	应力值(N/cm²) 计算	结构系数	杆件		应力值(N/cm²) 实测	应力值(N/cm²) 计算	结构系数
上弦杆	A_3A_4	−4 400	(a)−6 199.3 (b)−4 851.0	0.710 0.928	下弦杆	E_3E_4	4 870	(a)6 931.8 (b)6 082.2	0.703 0.801
上弦杆	A_3A_4	−4 500	(a)−6 199.3 (b)−4 851.0	0.726 0.928	下弦杆	E_3E_4	4 700	(a)6 565.5 (b)6 136.9	0.716 0.766
上弦杆	A_3A_4	−4 320	(a)−6 051.6 (b)−4 919.2	0.714 0.878	下弦杆	E_3E_4	4 620	(a)6 565.5 (b)6 136.9	0.704 0.753
上弦杆	A_3A_4	−4 410	(a)−6 051.6 (b)−4 919.2	0.729 0.896	下弦杆	E_3E_4	−1 100	(a)−1 454 (b)−1 274.9	0.757 0.863
上弦杆	A_7A_8	3 420	(a)3 877.4 (b)3 430.7	0.877 0.997	下弦杆	E_3E_4	−1 040	(a)−1 454 (b)−1 287.8	0.715 0.808
上弦杆	A_6A_7	−3 950	(a)−5 063.1 (b)−3 968.9	0.780 0.995	下弦杆	E_3E_4	−1 090	(a)−1 460 (b)−1 269.3	0.747 0.859
上弦杆	A_7A_8 (端部)	3 840	(a)3 877.4 (b)3 430.7	0.990 1.110	下弦杆	E_3E_4	−990	(a)−1 460 (b)−1 269.3	0.678 0.800
上弦杆	A_3A_4	1 190	(a)1 698.7 (b)1 293.2	0.700 0.920	下弦杆	E_6E_7	5 740	(a)6 084.1 (b)5 972.0	0.943 0.961
上弦杆	A_3A_4	1 230	(a)1 698.7 (b)1 293.2	0.724 0.951	斜杆	A_7E_8 (端部)	−5 350	(a)−6 342.3 (b)−6 285.1	0.844 0.851
上弦杆	A_3A_4	1 220	(a)1 705.6 (b)1 435.4	0.715 0.947	斜杆	E_7E_8 (中部)	−5 430	(a)−6 342.5 (b)−6 285.1	0.856 0.864
上弦杆	A_3A_4	1 230	(a)1 705.6 (b)1 435.4	0.721 0.857	斜杆	E_1E_2	4 760	(a)4 956.2 (b)4 857.2	0.960 0.980
	E_3E_4	4 990	(a)6 931.8 (b)6 083.2	0.720 0.820	竖杆	A_8E_8		(a)1 903.3 (b)2 143.5	1.235 1.096

空间刚接模型考虑桥面系的作用,两种模型[(a)为平面铰接,(b)为空间刚接]计算应力与实测应力对比得到的结构系数,列于表4-80,桥面所在上弦杆结构系数按空间刚接模型计算大于0.9,接近于1.0,而按平面铰接计算多在0.7左右,说明考虑桥面系作用的空间模型更接近于实测结果。

为了分析对比结构系数与跨度间的关系,将结构系数按不同结构形式、跨度列于表4-81(a)~(e),可以看出钢板梁结构系数随跨度增加而有上升趋势,而桁梁的结构系数比较一致。

表4-81(a) 钢板梁桥结构系数

桥梁编号	跨度(m)	样本数	结构系数均值	桥 型
1	9.72	22	0.555	上承式
2	19.05	5	0.864	下承式钢板梁
3	19.16	6	0.727	上承式
4	20.00	8	0.777	上承式
5	24.00	19	0.821	上承式
6	24.99	24	0.727	上承式
7	32.00	2	0.945	上承式
8	34.75	4	0.913	上承式
9	40.00	14	0.861	上承式

表4-81(b) 上承式钢桁梁桥结构系数

桥梁编号	跨度(m)	样本数	结构系数均值	桥 型
10	23.0	5	0.795	平行弦、三角形
11	31.52	9	0.889	
12	31.528	4	0.833	
13	32.00	16	0.871	平行弦、三角形
14	32.00	32	0.926	
15	31.50	17	0.723	

表4-81(c) 下承式简支钢桁梁桥结构系数

桥梁编号	跨度(m)	样本数	结构系数均值	桥 型
16	47.00	22	0.876	三角形、平行弦、3孔
17	48.00	16	0.676	三角形、平行弦
18	48.00	7	0.793	三角形、平行弦
19	48.78	6	0.863	三角形、平行弦
20	51.918	19	0.837	三角形、平行弦
21	60.00	8	0.761	三角形、平行弦
22	62.80	27	0.881	三角形、曲弦
23	62.80	15	0.953	三角形、平行弦
24	64.00	11	0.763	平行弦、三角形、2孔
25	89.38	12	0.781	曲弦、三角形
26	96.00	18	0.775	米字型、平行弦

表 4-81(d) 半穿式钢桁梁桥结构系数

桥梁编号	跨度(m)	样本数	结构系数均值	桥型
27	34.749	13	0.8569	平行弦、斜杆型
28	31.500	9	0.9440	平行弦、斜杆型

表 4-81(e) 连续钢桁梁桥结构系数

桥梁编号	跨度(m)	样本数	结构系数均值	桥型
29	2×64	24	0.790 2	上承、平行弦、三角形
30	3×108	45	0.879 3	下承、单线、平行弦、米字型
31	3×144	69	0.916 0	下承、双线、平行弦、米字型

表 4-82 给出各种形式钢结构构件的结构系数建议值，可以根据结构特征分别采用上、下限值或平均值，结构分析可以采用简化的平面铰接或空间铰接模型。

表 4-82 结构系数建议值

梁别			项目	结构系数
钢桁梁	简支	上承式	上弦应力	0.76～0.80
			下弦应力	0.90～1.00
			斜杆应力	0.77～0.96
			竖杆应力	
		下承式	上弦应力	0.81～0.91
			下弦应力	0.75～0.83
			斜杆应力	0.84～1.00
			竖杆应力	0.77～0.94
	连续	上承式	上弦应力	0.71～0.82
			下弦应力	0.70～0.74
			斜杆应力	0.84～0.96
			竖杆应力	
		下承式	上弦应力	0.88～1.00
			下弦应力	0.77～0.90
			斜杆应力	0.89～1.00
			竖杆应力	0.81～1.00
钢板梁	简支	上承式	弯曲应力	0.75～0.81

铁路钢桁梁作为空间结构，当在桥面系平面作用横向水平力时(风力或列车横向摇摆力)，不但桥面系所在的平面杆件和联结系受力，另一平面的主桁杆件和联结系也受力。

对于上、下平联按平面结构计算，分别按 $\alpha_{下} q$ 和 $\alpha_{上} q$ 计算结构杆件内力，并与空间分析(以横向水平均布荷载 q 作用在桥面系所在平联上)相比较以确定比较合适的 $\alpha_{下}$、$\alpha_{上}$ 采用值；按上述方法分别计算48 m、64 m、80 m、144 m、192 mm下承简支桥梁；2×64m、3×64m 下承连续桁梁；双线 2×64 m上承连续桁梁及双线64 m简支梁，结果列于表 4-83，由表可知，桥面系所在平面横向力分配系数 $\alpha_1 = 0.73 \sim 0.88$，平均值为 0.774；另一平面分配系数 $\alpha_2 = 0.24$

～0.45，平均值为0.39；因此对于有中间横联的桁梁横向力分配系数，在桥面系所在平面 $\alpha_1=0.8$，另一平面 $\alpha_2=0.4$ 比较接近实际受力状况。而对于取消中间横联的桁梁的横向力分配系数，可按现行桥规值采用，桥面系所在平面 $\alpha_1=1.0$，另一平面 $\alpha_2=0.20$。

表 4-83 横向力分配系数

梁 式	48	64	80	144	192	2×64	3×64	双线2×64 m上承梁	双线64 m下承梁
桥面系所在的平面	0.88	0.75	0.73	0.75	0.75	0.75	0.75	0.73	0.88
另一平面	0.35	0.40	0.45	0.38	0.43	0.45	0.45	0.35	0.24

4.5 铁路钢桥可靠度校准

按现行《铁路桥涵设计规范》(TBJ 2—85)采用容许应力法设计的铁路钢桥跨结构，经过多年运营实践的检验，认为在安全、技术、经济上是可行的，在建立以概率为基础的极限状态法设计规范之前，必须要对既有钢桥跨结构标准设计的可靠度进行校准，以确定目标可靠度和制定适宜的分项安全系数。

1. 荷载、抗力概率模型及统计参数

桥梁恒载与设计值之比 K_d 服从正态分布，$K_d\sim N(u,s^2)$，其参数为(考虑计算模型不定性系数 $\overline{K}_{dI}=1.0$，$\sigma_{dI}=0.09$)：

梁自重 $\overline{K}_{d1}=1.019$，$\sigma=0.092\,4$

桥面附加恒载 $\overline{K}_{d2}=1.000$，$\sigma=0.100\,3$

铁路列车活载 Q_h 服从对数正态分布：

$$Q_h=K_h\times K_s\times K_I\times(1+\overline{\mu})\times(\text{中—活载})\text{标准值 }Q_k$$

式中 K_h——列车竖向静载模型不定性系数，$K_h\sim N(0.962,0.037\,1^2)$，$L_p>4$ m；

K_s——偏载系数，$\overline{K}_s=1.0$，$\sigma=0.013$；

K_I——计算模型不定性系数，$\overline{K}_I=1.0$，$\sigma=0.1$；

$1+\overline{\mu}$——动力系数，服从正态分布，统计参数见表4-84。

表 4-84 统 计 参 数 值

机车、车辆类别	均 值	均 方 差	附 注
蒸汽机车	$1.176/(\sqrt{L}-0.2)+1.000$	$0.22/(\sqrt{L}-0.2)+0.024$	L 为影响线长度(m)
内燃、电力机车，客车车辆	$0.6/(\sqrt{L}-0.2)+1.04$	$0.3/(\sqrt{L}-0.2)$	
货 车	$0.6/(\sqrt{L}-0.2)+1.033$	$0.3/\sqrt{L}-0.2)$	

列车活载 $\overline{u}_{Qh}=0.962\times1.0\times1.0\times(1-\mu)\times Q_k$，$l_p>4$ m

变异系数 $\delta_{Qh}=\sqrt{0.386^2+0.013\,0^2+0.1^2+V_{1+\mu}^2}$

2. 抗力统计参数

抗力 R 服从对数正态分布，16 Mnq钢杆件抗力统计参数汇总于表4-85。

表 4-85　16 Mnq钢构件抗力参数统计汇总表

构件类别	板厚(mm)	屈服强度 fs_{pe}		调整系数 C_f		截面几何尺寸 a		计算模式不定性 Ω_R		抗力统计参数 R	
		均值 $U_{fs_{pe}}$	变异系数 $V_{fs_{pe}}$	均值 U_{cf}	变异系数 V_{cf}	均值 U_a	变异系数 V_a	均值 $U_{\Omega R}$	变异系数 $V_{\Omega R}$	均值 U_R	变异系数 V_R
轴心受拉	≤16	389.5	0.059 9							384.641	0.107 1
	17～25	368.5	0.064 5	0.95	0.022	0.99	0.05	1.05	0.07	363.903	0.109 7
	26～32	349.2	0.072 4							344.844	0.114 6
轴心受压	≤16	389.5	0.059 9							388.671	0.111 7
	17～25	368.5	0.064 5	0.95	0.022	0.99	0.05	1.061	0.077	367.715	0.114 3
	26～32	349.2	0.072 4							348.456	0.118 9

注：表中屈服强度及抗力的均值单位为 N/mm^2。

3．钢结构可靠度校准

根据以上分布及参数，采用可靠度计算的分位值法分别对48 m、64 m、80 m单线铁路栓焊桁梁各杆件，32 m、40 m、48 m单线铁路半穿式栓焊桁梁各杆件进行校准，结果列于表 4-86，钢桁梁各杆件 $\overline{\beta}$ 在 5.0 左右；对于钢板梁，抗力计算模式不定性系数 $\overline{K}_1=1.0$，变异系数 $\delta_m=0.05$，$\delta_Q=0.11$，校准结果，钢板梁抗弯 $\overline{\beta}$ 在 5.0 左右，抗剪在 4.30 左右。

表 4-86(a)　32 m单线铁路半穿式栓焊桁梁

杆件名称	抗力 R		恒载内力 D		活载内力 L		η	β
	$\overline{R}$	V_R	$\overline{D}$	V_D	$\overline{L}$	V_L		
E_0E_2	170.01	0.107 58	15.00	0.108 61	64.82	0.120 25	1.003 42	5.113 3
E_2E_4	340.85	0.107 58	32.15	0.108 61	128.56	0.120 25	1.000 85	5.128 4
A_1A_3	283.11	0.107 58	25.72	0.108 61	107.44	0.120 25	1.002 33	5.119 8
$A_3A_{3'}$	356.18	0.107 58	34.29	0.108 61	133.87	0.120 25	1.000 00	5.133 3
E_0E_1	289.05	0.107 58	8.72	0.108 61	110.20	0.120 25	1.003 42	5.113 3
A_1E_2	217.82	0.107 58	18.18	0.108 61	84.95	0.121 12	1.005 34	4.999 4
E_2A_3	156.19	0.109 75	10.92	0.108 61	62.46	0.122 25	1.010 43	4.884 6
A_3E_4	97.39	0.107 58	3.64	0.108 61	42.87	0.123 78	1.023 02	4.56 41
E_1A_1	89.31	0.107 58	5.90	0.108 61	35.38	0.120 25	1.0124 2	5.057 5
								$\overline{\beta}=5.012\ 6$

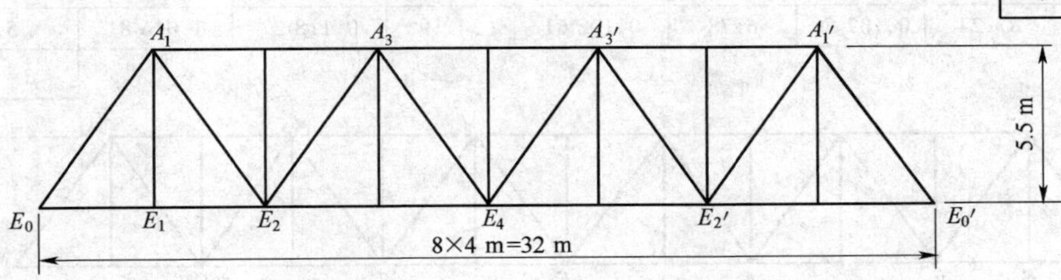

表 4-86(b) 40 m单线铁路半穿式栓焊桁梁

杆件名称	抗力 R		恒载内力 D		活载内力 L		η	β
	$\overline{R}$	V_R	$\overline{D}$	V_D	$\overline{L}$	V_L		
E_0E_2	211.16	0.107 56	20.48	0.108 61	79.69	0.119 11	1.003 8	5.105 3
E_2E_4	473.30	0.109 75	47.78	0.108 61	174.13	0.119 11	1.001 3	5.165 7
$E_4E_{4'}$	518.19	0.109 75	56.88	0.108 61	200.33	0.119 11	1.000 0	4.775 5
$A_1A_{3'}$	364.06	0.107 56	36.40	0.108 61	136.62	0.119 11	1.002 4	5.112 9
A_2A_5	530.35	0.109 75	54.60	0.108 61	194.40	0.119 11	1.000 4	5.170 7
E_0A_1	359.01	0.107 56	34.81	0.108 61	135.45	0.119 11	1.003 8	5.105 3
A_1E_2	282.41	0.107 56	23.73	0.108 61	109.01	0.119 11	1.009 3	5.072 8
E_2A_3	202.66	0.107 56	5.94	0.108 61	85.63	0.119 11	1.030 0	4.935 2
A_3E_4	118.83	0.107 56	18.55	0.108 61	85.04	0.119 11	1.079 5	4.497 3
E_4A_5	113.91	0.109 75	3.87	0.108 61	47.04	0.119 11	1.028 2	4.996 7
E_1A_1	87.92	0.107 56	5.33	0.108 61	34.69	0.119 11	1.014 5	5.040 5
								$\overline{\beta}=4.998\ 0$

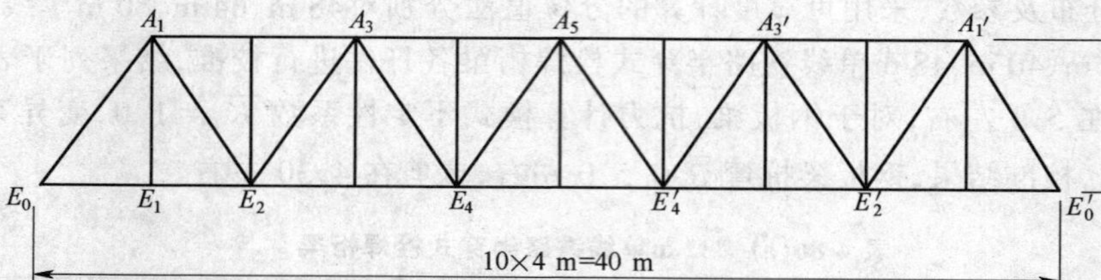

表 4-86(c) 48 m单线铁路半穿式栓焊桁梁

杆件名称	抗力 R		恒载内力 D		活载内力 L		η	β
	$\overline{R}$	V_R	$\overline{D}$	V_D	$\overline{L}$	V_L		
E_0E_2	252.39	0.107 56	27.13	0.108 61	93.86	0.118 27	1.004 02	5.093 27
E_2E_4	597.46	0.109 75	66.58	0.108 61	216.56	0.118 27	1.001 42	5.154 05
E_4E_5	745.17	0.114 57	86.31	0.108 61	273.74	0.118 27	1.000 31	5.090 5
A_1A_3	446.20	0.107 58	49.32	0.108 61	165.02	0.118 27	1.002 63	5.100 9
A_3A_5	699.69	0.109 75	78.93	0.108 61	252.98	0.118 27	1.000 79	5.157 4
$A_5A_{5'}$	782.48	0.114 57	88.79	0.108 61	279.58	0.118 27	1.000 00	5.092 0
E_0E_1	435.72	0.109 75	46.12	0.108 61	159.58	0.118 27	1.004 02	5.140 1
A_1E_2	359.00	0.107 56	37.73	0.108 61	135.09	0.118 70	1.005 09	5.036 5
E_2A_3	293.20	0.107 58	29.34	0.108 61	112.29	0.119 19	1.007 32	4.964 6
A_3E_4	232.00	0.107 56	20.86	0.108 61	91.32	0.119 78	1.011 55	4.868 7
E_4A_5	176.50	0.107 56	12.58	0.108 61	72.69	0.120 50	1.019 42	4.731 4
A_5E_5	127.91	0.109 75	4.18	0.108 61	56.07	0.121 40	1.033 65	4.570 7
E_1A_1	87.24	0.107 56	6.78	0.108 61	34.19	0.118 27	1.016 81	5.018 2
								$\overline{\beta}=5.001\ 4$

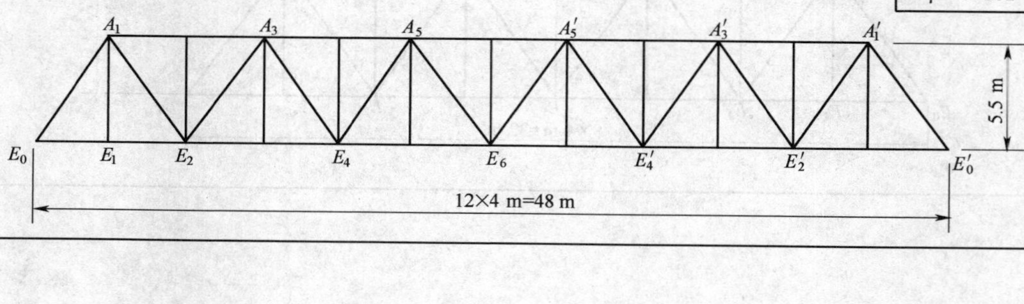

表 4-86(d) 48 m单线铁路下承式栓焊桁梁

杆件名称	抗力 R		恒载内力 D		活载内力 L		η	β
	$\overline{R}$	V_R	$\overline{D}$	V_D	$\overline{L}$	V_L		
A_1A_3	341.39	0.107 56	37.73	0.108 61	126.49	0.118 27	1.000 8	5.101 3
E_0E_2	220.75	0.107 58	23.58	0.108 61	82.34	0.118 27	1.002 4	5.092 1
E_2E_2'	378.42	0.107 56	42.45	0.108 61	139.79	0.118 27	1.000 0	5.105 5
E_0A_1	381.11	0.109 75	40.10	0.108 61	140.00	0.118 27	1.002 4	5.138 9
A_1E_2	245.80	0.107 56	24.05	0.108 61	94.87	0.119 30	1.006 4	4.946 1
E_2A_3	136.56	0.107 56	8.02	0.108 61	57.87	0.120 83	1.022 4	4.657 0
E_1A_1	123.29	0.109 75	12.97	0.108 61	45.29	0.118 27	1.002 4	5.138 9
								$\overline{\beta}=5.025\ 7$

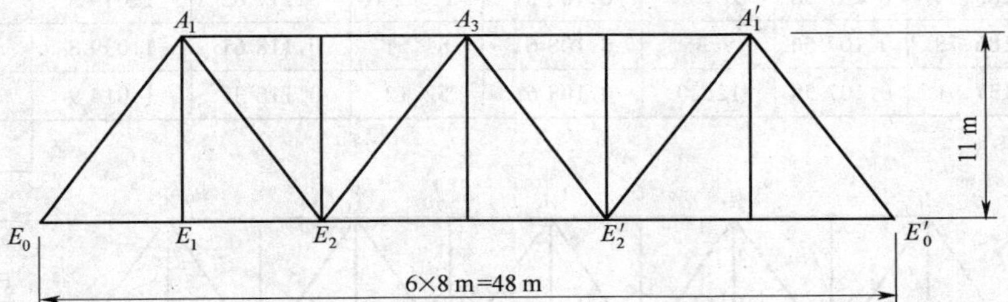

表 4-86(e) 64 m单线铁路下承式栓焊桁梁

杆件名称	抗力 R		恒载内力 D		活载内力 L		η	β
	$\overline{R}$	V_R	$\overline{D}$	V_D	$\overline{L}$	V_L		
E_0E_2	296.00	0.107 58	35.34	0.108 61	109.09	0.117 12	1.002 9	5.469
E_2E_4	617.92	0.109 75	75.73	0.108 61	222.18	0.117 12	1.000 5	5.106 2
A_1A_3	500.44	0.109 75	60.59	0.108 61	180.45	0.117 12	1.001 2	5.102 4
A_3A_3'	653.89	0.109 75	80.78	0.108 61	234.67	0.117 12	1.000 0	5.103 7
E_0A_1	511.02	0.109 75	60.09	0.108 61	185.48	0.117 12	1.002 9	5.093 5
A_1E_2	376.32	0.107 56	42.92	0.108 61	141.58	0.117 71	1.005 4	4.960 6
E_2A_3	262.00	0.107 58	25.75	0.108 61	102.82	0.118 49	1.012 6	4.825 0
A_3E_4	160.64	0.107 58	8.58	0.108 61	69.35	0.119 55	1.030 8	4.570 2
E_1A_1	138.52	0.107 56	13.88	0.108 61	52.86	0.117 12	1.011 7	4.997 2
								$\overline{\beta}=4.979\ 0$

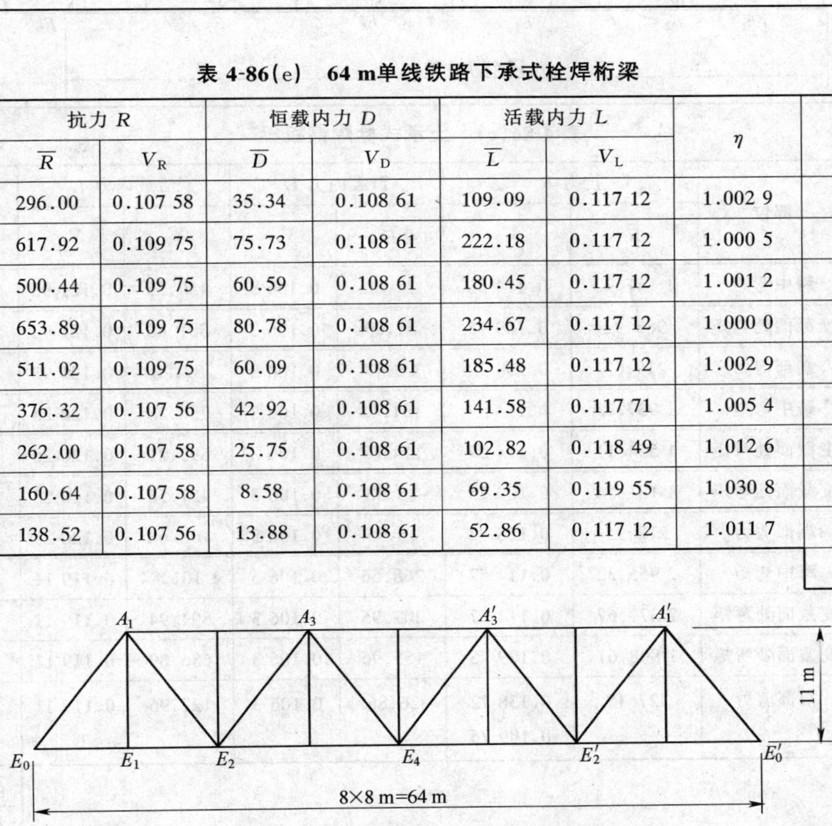

表 4-86(f) 80 m单线铁路下承式栓焊桁梁

杆件名称	抗力 R		恒载内力 D		活载内力 L		η	β
	$\overline{R}$	V_R	$\overline{D}$	V_D	$\overline{L}$	V_L		
E_0E_2	372.45	0.107 56	49.50	0.108 61	134.79	0.116 35	1.003 7	5.012 2
E_2E_4	850.49	0.109 75	115.50	0.108 61	300.25	0.116 35	1.001 2	5.072 3
E_4E_4'	995.78	0.109 75	137.50	0.108 61	349.98	0.116 35	1.000 0	4.078 2
A_1A_3	657.09	0.109 75	88.00	0.108 61	232.33	0.116 35	1.002 2	5.067 5
A_3A_5	971.90	0.114 57	132.00	0.108 61	339.34	0.116 35	1.000 6	5.003 2
E_0A_1	642.99	0.109 75	84.16	0.108 61	229.17	0.116 35	1.003 7	5.059 7
A_1E_2	506.71	0.107 58	65.46	0.108 61	186.04	0.116 74	1.005 8	4.954 4
E_2A_3	389.79	0.107 58	46.78	0.108 61	146.90	0.117 23	1.010 1	4.871 2
A_3E_4	283.53	0.107 58	28.05	0.108 61	112.23	0.117 83	1.019 8	4.739 2
E_4A_5	186.78	0.107 56	9.35	0.108 61	81.51	0.118 61	1.039 8	4.502 0
E_1A_1	137.91	0.107 58	12.20	0.108 61	52.12	0.116 35	1.014 9	4.951 7
								$\overline{\beta}=4.937\ 4$

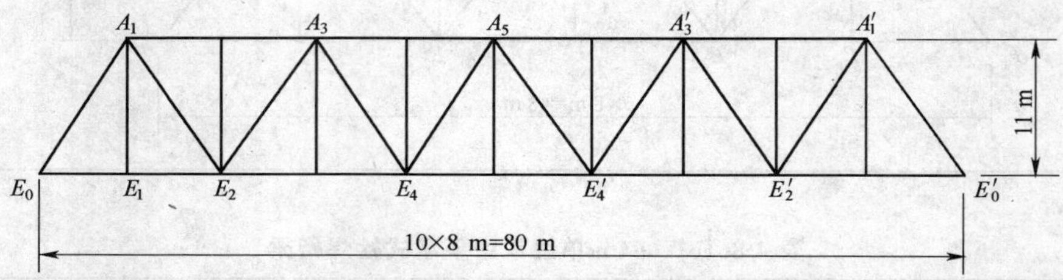

表 4-86(g) 上承式栓焊钢板梁

跨度	部位	抗力 R		恒载内力 D		活载内力 L		β
		$\overline{R}$	V_R	$\overline{D}$	V_D	$\overline{L}$	V_L	
24 m	跨中弯矩	1 157.90	0.114 56	74.82	0.106 3	450.25	0.121 93	5.051 5
	变截面处弯矩	965.92	0.109 75	59.09	0.106 3	381.48	0.121 93	5.099 6
	端部剪力	219.63	0.138 72	12.47	0.106 3	89.26	0.121 93	4.345 4
32 m	跨中弯矩	1 937.73	0.114 57	151.63	0.106 3	736.28	0.120 25	5.079 4
	变截面处弯矩	1 554.11	0.114 57	114.67	0.106 3	595.21	0.120 25	5.068 9
	变截面处弯矩	1 181.56	0.109 75	86.33	0.106 3	457.58	0.120 25	5.126 7
	端部剪力	272.95	0.138 72	18.95	0.106 3	108.68	0.120 25	4.350 3
40 m	跨中弯矩	2 955.32	0.114 57	268.56	0.106 3	1 101.84	0.119 11	5.078 9
	变截面处弯矩	2 377.67	0.114 57	207.95	0.106 3	891.94	0.119 11	5.070 89
	变截面处弯矩	1 808.67	0.109 75	155.96	0.106 3	686.89	0.119 11	5.130 1
	端部剪力	327.18	0.138 72 0.109 75	26.86	0.106 3	127.96	0.119 11	4.333 8
								$\overline{\beta}_m=5.088\ 3$
								$\overline{\beta}_Q=4.343\ 2$

表 4-86(h) 下承式栓焊钢板梁

跨度	部位	抗力 R		恒载内力 D		活载内力 L		β
		$\overline{R}$	V_R	$\overline{D}$	V_D	$\overline{L}$	V_L	
20 m	跨中弯矩	874.60	0.109 75	63.19	0.108 61	337.94	0.123 14	5.104 2
	端部剪力	198.11	0.138 72	12.61	0.108 61	79.36	0.123 14	4.338 7
24 m	跨中弯矩	1 158.53	0.11 457	93.61	0.108 61	434.66	0.121 93	5.088 7
	变截面处弯矩	993.54	0.109 75	73.94	0.108 61	381.48	0.121 93	5.131 9
	端部剪力	225.46	0.138 72	15.60	0.108 61	89.26	0.121 93	4.359 4
32 m	跨中弯矩	1 999.34	0.114 57	184.83	0.108 61	736.28	0.120 25	5.110 9
	变截面处弯矩	1 394.74	0.109 75	91.16	0.108 61	540.42	0.120 25	5.110 0
	端部剪力	280.66	0.138 72	17.60	0.108 61	115.70	0.120 25	5.095 0
40 m	跨中弯矩	3 035.80	0.114 57	311.93	0.108 61	1 101.84	0.119 11	5.105 0
	变截面处弯矩	2 440.45	0.114 57	241.54	0.108 61	891.94	0.119 11	5.096 3
	变截面处弯矩	1 855.57	0.109 75	181.14	0.108 61	686.89	0.119 11	5.157 4
	端部剪力	335.22	0.138 72	10.07	0.108 61	127.96	0.119 11	4.345 2
								$\overline{\beta}_m = 5.113\ 05$
								$\overline{\beta}_Q = 4.356\ 2$

5 混凝土结构

5.1 引　言

铁路混凝土桥梁结构现行规范采用容许应力设计法，不能反映结构的最终承载能力，即结构的安全度或可靠度是不清楚的。为保证结构具有足够的安全度和使用质量，设计应考虑运营极限状态（正常使用极限状态）和破坏极限状态（承载能力极限状态），以及疲劳和耐久性。

极限状态设计使钢筋混凝土和预应力混凝土的计算方法统一起来。混凝土结构在正常使用极限状态的预应力度可表达为

$$\lambda = \sigma_{cp}/\sigma_{ct}$$

或

$$\lambda = M_0/M$$

式中 σ_{cp}——由预加力（扣除全部预应力损失）引起的构件控制截面受拉边缘的预压应力（MPa）；

σ_{ct}——正常使用极限状态，由荷载效应短期组合（不包括预应力）引起的构件控制截面受拉边缘混凝土应力（MPa）；

M_0——在设计荷载下使构件控制截面受拉边缘应力抵消至零时的弯矩（也称消压弯矩）（kN·m）；

M——正常使用极限状态，由荷载效应短期组合（不包括预加力）而引起的弯矩（kN·m）。

当预应力度 $\lambda \geqslant 1$ 时，构件处于全截面受压状态，为全预应力结构；

当 $0.7 \leqslant \lambda < 1$ 时，构件控制截面处于部分受拉部分受压状态，为部分预应力结构；

当 $\lambda = 0$ 时，为钢筋混凝土结构。

由于铁路预应力混凝土梁承受较大的重复活载，为保证结构疲劳承载能力，采用预应力度 $\lambda \geqslant 0.7$。

根据国际标准的规定，混凝土强度由标号改为强度等级（以符号 C 表示），混凝土试件标准尺寸由 200 mm×200 mm×200 mm 改为 150 mm×150 mm×150 mm 立方体。混凝土强度等级由立方体抗压强度标准值确定，即混凝土强度总体分布的平均值减去 1.645 倍标准差（保证率为 95% 的下分位值）作为混凝土强度标准值 f_{ck}，其表达式为

$$f_{ck} = \bar{f}_{cm}(1 - k\delta)$$

式中 $\bar{f}_{cm}$——混凝土强度总体分布平均值；

δ——混凝土强度总体分布变异系数；

k——系数，保证率为 95% 时，$k = 1.645$。

5.2 材　　料

5.2.1 混凝土静力学性能

根据华东交通大学等单位对铁路系统内主要混凝土制品厂及铁路工程局、铁路局施工混凝土制品厂的混凝土各种标号试件 28 d 静载抗压强度的调查统计分析(表 5-1),给出各种标号(600 号～150 号)混凝土 150 mm×150 mm×150 mm 立方体强度的均值和变异系数。说明 450 号以上混凝土强度变异系数较小,为 0.073～0.087[多为厂(场)制混凝土,质量控制较好];而 150 号～250 号混凝土变异系数较大,为 0.177～0.236(多为工地制混凝土)。各种标号混凝土变异系数均比工民建低。

表 5-1　混凝土立方体抗压强度统计参数表

混凝土标号 (N/cm^2)	经离差分析后所选用的子样个数 N	150 mm×150 mm×150 mm 立方体强度均值 m (N/mm^2)	变异系数 δ	工民建采用的变异系数 δ'
6 000	3 550	66.0	0.073	0.10
5 500	319	63.7	0.076	
5 000	10 046	59.4	0.073	0.11
4 500	322	57.5	0.087	0.12
4 000	2 466	49.6	0.133	0.12
3 500	/	/	/	
3 000	3 585	37.6	0.139	0.14
2 500	710	33.7	0.177	0.16
2 000	6 731	27.2	0.232	0.18
1 500	2 159	23.1	0.236	0.24

注:本表采用调查的原始数据(仍采用混凝土标号)。

图 5-1 为 500 号混凝土试件强度统计直方图例,由此求出强度统计参数为:

均值
$$m=\frac{\sum f_i^* R_i}{N}=55.835\ \text{MPa}$$

标准差
$$\sigma=\sqrt{\frac{1}{N-1}\sum_{1}^{36} f_i^*\,(R_i-m)^2}=6.387\ \text{MPa}$$

变异系数
$$\delta=\frac{\sigma}{m}=0.114\ 4$$

500 号混凝土静载试验强度假设检验服从正态分布 $N(m,\sigma^2)$。

500 号混凝土标准强度 $R_h^b=m-\sigma=55.835-63.87=49.448\approx50$ MPa

说明 500 号混凝土标准强度为(50 MPa)时,其保证率为 84%。

图 5-2 为混凝土棱柱体(100 mm×100 mm×300 mm)轴心抗压强度 $f_{c,10}$ 与立方体抗压强度 $f_{cu,20}$(200 mm×200 mm×200 mm)的关系图,求得 $K'_c=\frac{f_{c,10}}{f_{cu,20}}=0.84$,则混凝土棱柱体

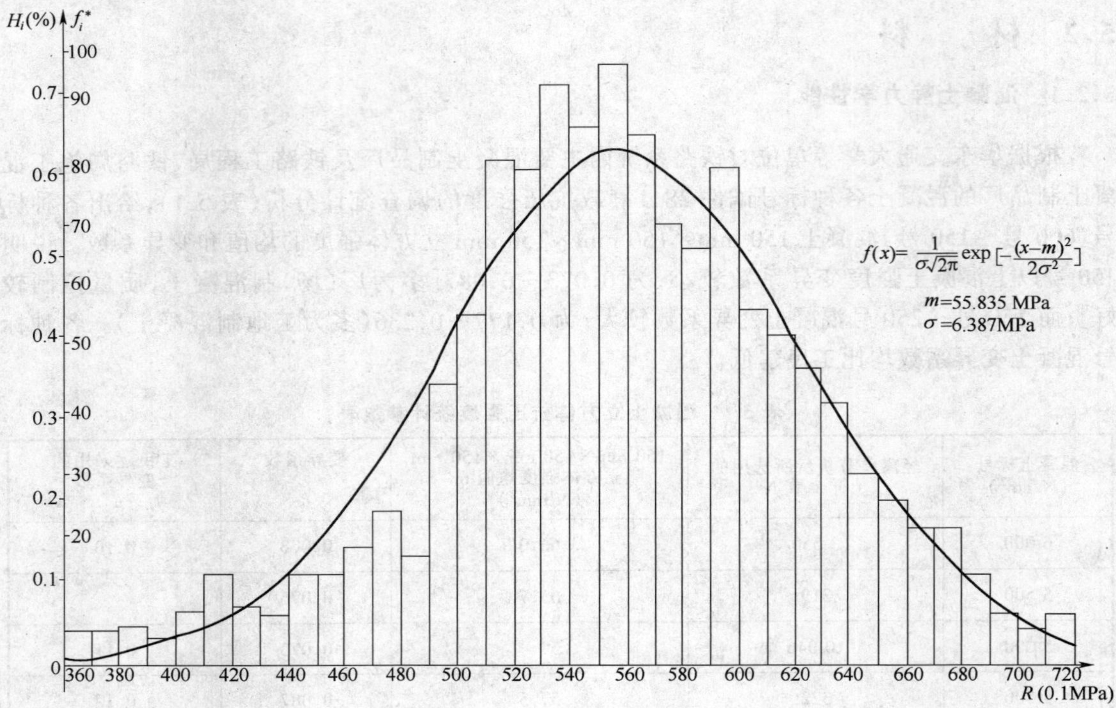

图 5-1　500 号混凝土试件强度统计直方图

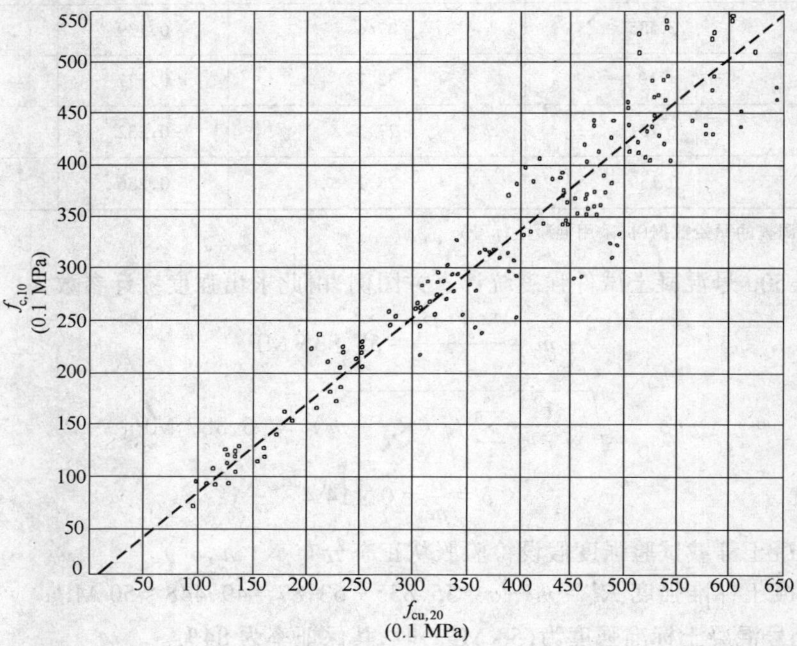

图 5-2　混凝土轴心抗压强度与立方体抗压强度关系图

(150 mm×150 mm×300 mm) $f_{c,15}$ 与立方体(150 mm×150 mm×150 mm)抗压强度 $f_{cu,15}$ 的

比为：$K_c=\dfrac{f_{c,15}}{f_{cu,15}}=\dfrac{0.95f_{c,10}}{1.05f_{cu,20}}=0.905K'_c=0.76$。表 5-2 为试验结果，$\overline{K}_c=0.782$，两者相近。

表 5-2 试验结果

试件编号	粗骨料种类和粒径	15 cm×15 cm×30 cm 棱柱体强度 $f_{c,15}$ (0.1MPa)	15 cm×15 cm×30 cm 立方体强度 $f_{cu,15}$ (0.1MPa)	$K_c=\dfrac{f_{c,15}}{f_{cu,15}}$
力-27	碎卵石 (5～20 mm)	235	280	0.839
力-28		233	272	0.857
力-29		198	225	0.880
力-210a		189	245	0.771
力-210b		183	243	0.753
力-211a		199	225	0.780
力-211b		199	233	0.854
力-212a		181	238	0.761
力-212b		193	243	0.794
力-213a		197	255	0.773
力-213b		193	252	0.766
力-214a		280	392	0.714
力-214b		268	387	0.693
力-215a		376	489	0.769
力-215b		376	490	0.767
力-13		350	595	0.588
力-23a		401	484	0.829
力-23b		406	484	0.839
力-24		369	486	0.759
力-25		426	505	0.844

图 5-3 为棱柱体抗拉强度 $f_{ct,10}$ 与立方体抗压强度 $f_{cu,20}$ 的关系，其关系式为

$$f_{ct,10}=K'_{ct}\cdot f_{cu,20}^{2/3}=0.622(f_{cu,20})^{2/3}$$

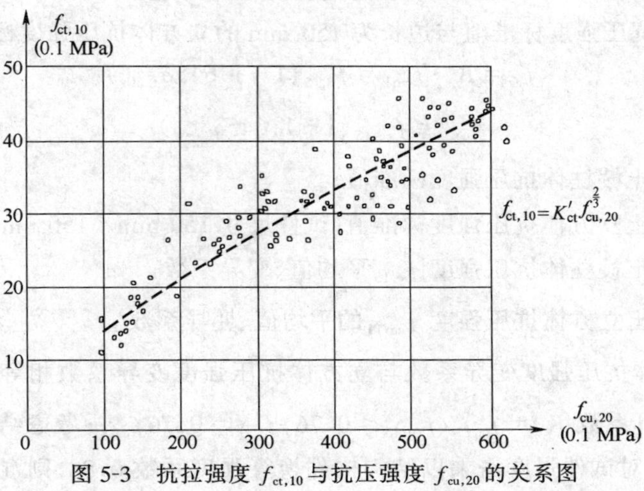

图 5-3 抗拉强度 $f_{ct,10}$ 与抗压强度 $f_{cu,20}$ 的关系图

将上式换算为 $f_{ct,15}$ 与 $f_{c,15}$ 的关系式：

$$\frac{f_{ct,15}}{0.95}=0.622\left(\frac{f_{c,15}}{0.76\times1.05}\right)^{2/3}$$

$$f_{ct,15}=0.687(f_{c,15})^{2/3}$$

式中 $f_{ct,15}$，$f_{c,15}$ 单位为 0.1 kg/cm^2，换算为 N/mm^2：

$$f_{ct,15}=0.317(f_{c,15})^{2/3}$$

图 5-4 为铁道系统 5 个单位混凝土弹性模量试验资料，混凝土静力受压割线弹性模量 E'_c 与 $f_{cu,20}$ 的关系图；K'_{E_c} 为混凝土受压割线弹性模量平均值 $\bar{E}'_c$ 与混凝土棱柱体抗压强度平均值 $(\bar{f}_{c,15})^{1/3}$ 的比值，其平均值为：

$$\bar{K}'_{E_c}=10.80$$

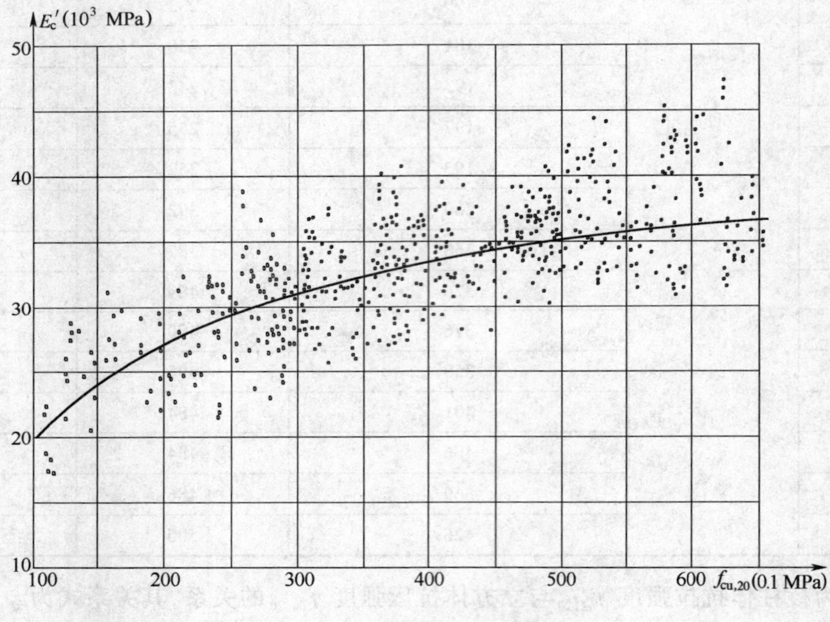

图 5-4 混凝土静力割线弹性模量

混凝土棱柱体抗压强度标准值与边长为 150 mm 的立方体抗压强度标准值的关系式为：

$$f_{ck}=K_c\cdot f_{cu,k}=\bar{f}_{c,15}(1-1.645\delta_{f_c,15})$$

$$f_{cu,k}=\bar{f}_{cu,15}(1-1.645\delta_{f_{cu,15}})$$

式中 f_{ck}——混凝土棱柱体抗压强度标准值；

$f_{cu,k}$——混凝土立方体抗压强度标准值(试件尺寸 150 mm×150 mm×150 mm)；

$\bar{f}_{c,15}$，$\delta_{f_{c,15}}$——混凝土棱柱体抗压强度 $f_{c,15}$ 平均值、变异系数；

$\bar{f}_{cu,15}$，$\delta_{f_{cu,15}}$——混凝土立方体抗压强度 $f_{cu,15}$ 的平均值、变异系数。

若混凝土棱柱体抗压强度变异系数与立方体抗压强度变异系数相等，$\delta_{f_{c,15}}=\delta_{f_{cu,15}}$，则混凝土棱柱体强度换算系数 $K_c=\bar{f}_{c,15}/\bar{f}_{cu,15}=0.76$，$f'_{ck}=0.76f_{cu,k}$；考虑结构中混凝土强度与试件强度间的差异，对试件强度需乘以结构构件换算强度系数 0.88，则混凝土结构或构件的强度标准值：$f_{ck}=0.88\cdot f'_{ck}=0.88\times0.76f_{cu,k}=0.67f_{cu,k}$，表 5-3 列出国内外部分规范混凝土轴心抗压强度标准值 f_{ck} 的比较，从表中可看出铁道规范与建工、水工规范在 C40 及以下 f_{ck} 值基本相同，C45～C60 的 f_{ck} 高于两者，GBJ 10—89《混凝土结构设计规范》考虑高标号混凝土的脆性破坏特征和施工经验不足而分别乘以 0.975～0.9 的折减系数，而铁路桥梁工程高强度混凝土均系工厂(场)生产，质量控制较严，且具有较多施工制造经验而不予折减。

表 5-3　混凝土轴心抗压强度标准值 f_{ck}(MPa)比较表

轴心抗压强度标准值 f_{ck}	混凝土强度等级									
	C15	C20	C25	C30	C35	C40	C45	C50	C55	C60
可靠度桥规采用值	10.0	13.5	17.0	20.0	23.5	27.0	30.0	33.5	37.0	40.0
CEB-FIP 模式规范推荐值	12	16	20	24	28	32	36	40	45	50
CBJ 10—89 规范换算值	10	13.5	17	20	23.5	27	29.5	32	34	36
桥规 TB 10002.3—2005 值	12.0	15.5	19.0	22.5	26.0	29.5	33.0	36.5	40.0	43.5
水工规范 DL/T 5057—1996 值	10.0	13.5	17.0	20	23.5	27.0	29.5	32.0	34.0	36.0

《CEB-FIP 模式混凝土结构规范 1990》建议混凝土劈裂抗拉强度 $f_{ct,sp}$ 与混凝土抗拉强度 f_{ct} 的关系式为

$$f_{ct}=0.9f_{ct,sp}$$

根据华东交通大学等单位资料，混凝土轴心抗拉强度 f_{ct} 与混凝土棱柱体抗压强度的 $(f_{c,15})^{2/3}$ 呈线性关系：

$$f_{ct}=K_{ct}(f_{c,15})^{2/3}=0.26(f_{c,15})^{2/3}=0.26\left(\frac{f_{ck}}{0.8}\right)^{2/3}\approx0.30f_{ck}^{2/3}$$

表 5-4 列出国内外规范混凝土轴心抗拉强度标准值 f_{ctk} 的比较情况，《CEB-FIP Model Code 1990》给出上、下限和均值三个值，可以在不同的结构极限状态采用。

表 5-4　混凝土轴心抗拉强度标准值 f_{ctk}(MPa)比较表

标准规范名称		混凝土强度等级									
		C15	C20	C25	C30	C35	C40	C45	C50	C55	C60
可靠度桥规规定值 f_{ctk}		1.4	1.7	2.0	2.2	2.5	2.7	2.9	3.1	3.3	3.5
《CEB-FIP Model Code 1990》	$f_{ctk,m}$	1.6	1.9	2.2	2.5	2.8	3.0	3.3	3.5	3.8	4.1
	$f_{ctk,min}$	1.1	1.3	1.5	1.7	1.8	2.0	2.2	2.3	2.5	2.7
	$f_{ctk,max}$	2.1	2.5	2.9	3.3	3.7	4.0	4.4	4.7	5.1	5.4
GBJ 10—89 规范值		1.36	1.7	1.99	2.27	2.56	2.78	2.95	3.61	3.24	3.35
TB 1002.3—99 铁路桥规值		1.42	1.72	2.02	2.22	2.48	2.68	2.88	3.08	3.28	3.48
DL/T 5057—1996 水工规范值		1.20	1.50	1.75	2.00	2.25	2.45	2.60	2.75	2.85	2.95

混凝土轴心抗压强度设计值表达式为

$$f_{cd}=f_{ck}/\gamma_c$$

式中，γ_c 为混凝土材料分项安全系数，根据标准设计可靠度校准确定的目标可靠度 $\beta_{nom}=4.70$，采用 $\gamma_c=1.35$，表 5-5 列出混凝土轴心抗压强度设计值 f_{cd} 比较，由表可见铁路新标准混凝土轴心抗压强度设计值与前苏联《公路、铁路、城市道路桥涵设计规范》值相近；C15～C40

与建工《混凝土结构设计规范》(GBJ 10—89)一致,而C45~C60高出建工规范5%~13%。

表 5-5 混凝土轴心抗压强度设计值 f_{cd}(MPa)比较表

f_{cd}	混凝土强度等级									
	C15	C20	C25	C30	C35	C40	C45	C50	C55	C60
可靠度桥规采用值	7.5	10	12.5	15	17.5	20	22.5	25	27.5	30
GBJ 10—89	7.5	10	12.5	15	17.5	19.5	21.5	23.5	25	26.5
前苏联《公路、铁路、城市道路桥涵设计规范》(СНиП2.05.03—84)	—	10.5	13.0	15.5	17.5	20.0	22.0	25.0	27.0	30.0
《CEB-FIP Model Code 1990》	8.0	10.7	13.3	16.0	18.7	21.3	24.0	26.7	30.0	33.3

考虑到混凝土抗拉强度离散性大,混凝土抗拉强度材料分项安全系数采用 $\gamma_c = 1.5$,表5-6列出几种规范混凝土轴心抗拉强度设计值的比较,前苏联桥规分别对第一种极限状态(强度和稳定)、第二种极限状态(抗裂和挠度)给出不同的设计值比较合理。

表 5-6 混凝土轴心抗拉强度设计值 f_{ctd}(MPa)比较表

f_{ctd}	混凝土强度等级									
	C15	C20	C25	C30	C35	C40	C45	C50	C55	C60
可靠度桥规规定值	0.93	1.13	1.33	1.47	1.61	1.80	1.93	2.07	2.20	2.33
GBJ 10—89	0.9	1.1	1.3	1.5	1.65	1.8	1.9	2.0	2.1	2.2
前苏联《公路、铁路、城市道路桥涵设计规范》(СНиП2.05.03—84)	*	0.85	0.95	1.10	1.15	1.25	1.30	1.40	1.45	1.50
	* *	1.40	1.60	1.80	1.95	2.10	2.20	2.30	2.40	2.50
《CEB-FIP Model Code 1990》	0.59	0.71	0.82	0.94	1.06	1.18	1.24	1.35	1.47	1.59

注:* 此行数值为按第一种极限状态(第一种极限状态为强度和稳定性的计算)计算时的采用值;

* * 此行数值为第二种极限状态计算时的采用值(第二种极限状态为抗裂性与挠度的计算)。

5.2.2 混凝土疲劳性能

铁路混凝土桥梁承受着变幅重复列车荷载作用应进行疲劳极限状态验算。我国现行铁路桥规采用容许应力设计法,由于对材料规定了较低的容许应力,因此未明确规定对混凝土结构的疲劳检算。各国规范中对混凝土疲劳设计参数的制定原则不完全相同。日本铁路结构设计标准《混凝土结构》中混凝土的疲劳设计强度 f_{crd} 按下式计算:

$$f_{crd} = K_{cr} \cdot f_k \cdot \left(1 - \frac{\sigma_{min}}{f_k}\right) \cdot \left(1 - \frac{\lg N}{K}\right) / \gamma_c$$

式中 f_k——混凝土强度标准值;

K_{cr}——结构受力状况系数,$K_{cr} = 0.85$(受压及压弯状况),$K_{cr} = 1.0$(受拉及弯拉状况);

σ_{min}——混凝土最小应力;

N——疲劳寿命(次);当 N 在 2×10^6 次以内时:

$$\lg N = K \cdot \frac{1 - S_{max}}{1 - S_{min}} = K \cdot \left(1 - \frac{S_r}{1 - S_{min}}\right)$$

$$S_{max} = \sigma_{max} / f_k, S_{min} = \sigma_{min} / f_k, S_r = S_{max} - S_{min}$$

K——结构环境状况系数,$K = 10$(水中或经常湿润状况),$K = 17$(上述以外的状况);

γ_c——混凝土分项安全系数，$\gamma_c=1.3$。

前苏联桥涵设计规范规定：在多次重复荷载下，进行疲劳计算的混凝土抗压计算强度 R_{bf} 按下式确定：

$$R_{bf}=m_{b1}R_b=0.6\beta_b\varepsilon_b R_b$$

式中 m_{b1}——工作条件系数；

R_b——按第一种极限状态计算时，混凝土轴向抗压计算强度；

β_b——考虑混凝土强度随时间增长的系数，见下表。

混凝土抗压强度等级	≤B27.5	B30	B35	B40	B45	B50	B55	B60
β_b	1.34	1.31	1.28	1.26	1.24	1.22	1.21	1.20

ε_b——与重复应力的不对称周期 $P_b=\dfrac{\sigma_{bmin}}{\sigma_{bmax}}$ 有关的系数，见下表。

重复应力周期系数 P_b	≤0.1	0.2	0.3	0.4	0.5	≥0.6
ε_b	1.00	1.05	1.10	1.15	1.20	1.24

注：对 P_b 的中间值，系数 ε_b 可按内插法求得。

美国 AIC215 委员会提出了以应力变程表达的混凝土在等幅重复应力下的疲劳强度公式（重复应力的循环次数为 10^7 次）：

$$f_{cr}=0.5f_c-\frac{2}{3}\sigma_{min}$$

式中 f_{cr}——混凝土等幅重复应力的应力变程，即 $f_{cr}=\sigma_{max}-\sigma_{min}$；

σ_{min}——混凝土等幅重复应力的下限；

f_c——混凝土棱柱体轴心抗压强度。

混凝土在等幅重复应力下疲劳强度折减系数 f_{max}/f_c 的关系式为：

$$f_{max}/f_c=0.5+\frac{1}{3}\times\frac{\sigma_{min}}{f_c}$$

以下式作为混凝土疲劳失效的判据：

$$\Delta\varepsilon_{c,fat}<0.4\frac{f_c}{E_c}$$

式中 $\Delta\varepsilon_{c,fat}$——混凝土在重复应力作用下的纵向疲劳应变增量；

f_c——混凝土静载轴心抗压强度；

E_c——混凝土原点切线弹性模量。

混凝土疲劳强度折减系数 f_{max}/f_c 估算公式为：

$$\frac{f_{max}}{f_c}=\frac{\sigma_{min}}{f_c}+\left(1-\frac{\sigma_{min}}{f_c}\right)(1.09-0.074\lg N)$$

表 5-7 列出不同循环次数 N 时等幅重复应力下的疲劳强度折减系数 f_{max}/f_c 值。

当混凝土疲劳循环次数为 2×10^6 时公式简化为：

$$f_{max}/f_c = 0.62 + 0.38\frac{\sigma_{min}}{f_c}$$

表 5-7　混凝土疲劳强度折减系数(f_{max}/f_c)与(σ_{min}/f_c)的关系

N	σ_{min}/f_c					
	0	0.1	0.2	0.3	0.4	0.5
2×10^6	0.62	0.66	0.70	0.74	0.77	0.80
5×10^6	0.59	0.63	0.68	0.72	0.76	0.80
10^7	0.57	0.62	0.66	0.70	0.74	0.79

表 5-8 列出上述公式值与国内外规范 f_{max}/f_c 的比较,差异不大,其中以美国 AIC 215 委员会建议值最低。

表 5-8　混凝土疲劳强度折减系数(f_{max}/f_c)比较

设计规范或文献	混凝土应力下限水平(σ_{min}/f_c)					
	0	0.1	0.2	0.3	0.4	0.5
可靠度桥规建议	0.62	0.66	0.70	0.73	0.77	0.81
美国 AIC215 委员会建议	0.55	0.58	0.61	0.64	0.66	0.70
前苏联“СНИП2.05.03—84”规程	0.63	0.65	0.68	0.72	0.74	0.76
我国“TJ 10—74”规范	0.55	0.56	0.62	0.68	0.74	0.79

注:表中混凝土疲劳强度折减系数已统一按 $N=2\times10^6$ 进行折算。

实际构件混凝土疲劳强度平均值 $\bar{f}_{ce}$ 可根据构件混凝土轴心抗压静载强度平均值 $\bar{f}_c$ 乘以混凝土长期强度增长系数 β_b,再乘以 f_{max}/f_c 得到

$$\bar{f}_{ce} = \bar{f}_c\cdot\beta_b\cdot(f_{max}/f_c) = 1.20\bar{f}_c(f_{max}/f_c)$$

一般认为混凝土疲劳强度的标准差近似等于混凝土静载强度的标准差,则混凝土轴心抗压疲劳强度的变异系数 δ_{fce} 为

$$\delta_{fce} = \delta_{fc}/(f_{max}/f_c)$$

表 5-9 列出不同混凝土等级和 σ_{min}/f_c 的构件混凝土轴心抗压疲劳强度平均值 $\bar{f}_{ce}$ 和变异系数 δ_{fce},f_{ce} 为若干个随机变量的积,因此其可假设服从对数正态分布。

表 5-9　混凝土轴心抗压疲劳强度平均值 $\bar{f}_{ce}$(N/mm²)和变异系数 δ_{fce}

混凝土应力下限水平(σ_{min}/f_c)	混凝土强度等级								
	C20	C25	C30	C35	C40	C45	C50	C55	C60
0	$\frac{13.6}{0.297}$	$\frac{16.2}{0.265}$	$\frac{18.6}{0.234}$	$\frac{21.3}{0.218}$	$\frac{23.8}{0.203}$	$\frac{26.3}{0.187}$	$\frac{28.6}{0.173}$	$\frac{30.9}{0.158}$	$\frac{33.3}{0.142}$
0.1	$\frac{14.5}{0.279}$	$\frac{17.3}{0.248}$	$\frac{19.8}{0.220}$	$\frac{22.7}{0.2050}$	$\frac{25.3}{0.191}$	$\frac{28.0}{0.176}$	$\frac{30.4}{0.162}$	$\frac{32.9}{0.148}$	$\frac{35.4}{0.133}$
0.2	$\frac{15.4}{0.263}$	$\frac{18.3}{0.234}$	$\frac{21.0}{0.207}$	$\frac{24.0}{0.193}$	$\frac{26.9}{0.180}$	$\frac{29.7}{0.166}$	$\frac{32.3}{0.153}$	$\frac{34.9}{0.140}$	$\frac{37.5}{0.126}$
0.3	$\frac{16.2}{0.252}$	$\frac{19.2}{0.225}$	$\frac{21.9}{0.199}$	$\frac{25.1}{0.185}$	$\frac{28.0}{0.173}$	$\frac{30.9}{0.159}$	$\frac{33.6}{0.147}$	$\frac{36.4}{0.134}$	$\frac{39.2}{0.121}$

注:分子为 $\bar{f}_{ce}$,分母为 δ_{fce}。

对混凝土疲劳强度设计值取 0.023 下分位值，并考虑计算模型不定性系数 $\gamma_n = 1.20$，则设计值为：

$$f_{ced} = \frac{1}{1.2}\bar{f}_{ce}\exp(-2\delta_{fce})$$

则表 5-10 列出各种混凝土等级和应力下限水平 σ_{min}/f_c 的混凝土轴心抗压疲劳强度设计值 f_{ced}。

表 5-10 混凝土轴心抗压疲劳强度设计值 f_{ced} (N/mm²)

混凝土应力下限水平 (σ_{min}/f_c)	混凝土强度等级								
	C20	C25	C30	C35	C40	C45	C50	C55	C60
0	6.3	7.9	9.7	11.5	13.2	15.1	16.9	18.8	20.9
0.1	6.9	8.8	10.6	12.6	14.4	16.4	18.3	20.4	22.6
0.2	7.6	9.6	11.6	13.6	15.6	17.8	19.8	22.0	24.3
0.3	8.2	10.1	12.3	14.4	16.5	18.7	20.9	23.2	25.6
0.4	8.7	10.9	13.22	15.5	17.8	20.1	22.3	24.8	27.4

混凝土结构验算部位的混凝土变幅重复应力需变换为等效的等幅重复应力，变换的基本原则是两者具有相同的疲劳变形。

设混凝土变幅重复应力中各级上限应力值为 σ_i，相应循环次数为 n_i，应力下限为 σ_{min}，混凝土轴心抗压强度为 f_c，切线弹性模量为 E_c，则混凝土在变幅重复应力下的累积疲劳变形 $\Delta\varepsilon'_{c,fat}$ 表达式为：

$$\Delta\varepsilon'_{c,fat} = \frac{f_c}{E_c}\left[\sum_{i=1}^{m} n_i \lg^{-1}\left(\frac{q}{t}\alpha_{r,i} - \frac{b}{t}\right)\right]^t$$

$$\alpha_{r,i} = \frac{\sigma_i - \sigma_{min}}{f_c - \sigma_{min}}$$

又设混凝土与变幅重复应力具有相同疲劳变形的等幅重复应力为 σ_{ce}，应力下限也是 σ_{min}，循环次数为 n_e，则混凝土在等幅重复应力下的疲劳变形 $\Delta\varepsilon_{c,fat}$ 表达式为

$$\Delta\varepsilon_{c,fat} = \frac{f_c}{E_c} n_e^t \lg^{-1}(q\alpha_{r,e} - b)$$

$$\alpha_{r,e} = \frac{\sigma_{ce} - \sigma_{min}}{f_c - \sigma_{min}}$$

令混凝土变幅重复应力下疲劳变形等于等幅重复应力下的疲劳变形，即可求得等效等幅重复应力 σ_{ce}。

$$\sigma_{ce} = \sigma_{min} + \frac{f_c - \sigma_{min}}{W}\lg\left\{\frac{1}{n_e}\sum_{i=1}^{m}[n_i \lg^{-1}(W\alpha_{r,i})]\right\}$$

上式中 W 称为混凝土变幅重复应力变换为等效等幅重复应力的“疲劳特性参数”，对于 C20～C60 混凝土，疲劳变形性能参数 $q = 3.92$，$t = 0.29$，$W = \frac{q}{t} = \frac{3.92}{0.29} = 13.5$，则

$$\sigma_{ce} = \sigma_{min} + \frac{f_c - \sigma_{min}}{13.5}\lg\left[\frac{1}{n_e}\sum_{i=1}^{m} n_i \lg^{-1}(13.5\alpha_{r,i})\right]$$

混凝土在等幅重复应力作用下纵向变形不断增加，当疲劳变形增量 $\Delta\varepsilon_{c,fat}$ 达到 $0.4f_c$ 的静

载压缩变形时,混凝土已有严重损伤,因此可把 $\Delta\varepsilon_{c,fat}\geqslant 0.4\dfrac{f_c}{E_c}$ 作为混凝土在重复应力作用下疲劳失效的判据。

$$\Delta\varepsilon_{c,fat}=\frac{f_c}{E_c}N^t\lg^{-1}(q\alpha_r-b)=0.4\frac{f_c}{E_c}$$

$$\lg N=\frac{b}{t}+\frac{\lg 0.4}{t}-\frac{q}{t}\alpha_r$$

混凝土疲劳性能参数为:$q=3.92, b=4.66, t=0.29$

$$\lg N=14.7-13.5\alpha_r=14.7-13.5\frac{\sigma_{max}-\sigma_{min}}{f_c-\sigma_{min}}$$

以上式可绘制混凝土在等幅重复应力下的"S—N 曲线"——α_r—$\lg N$ 曲线;同样,对不同混凝土轴心抗压强度 f_c 和下限应力 σ_{min},可绘制混凝土在等幅重复应力下 σ_{max}—$\lg N$ 曲线。

《CEB-FIP 模式混凝土结构规范—1990》建议在混凝土结构的疲劳验算中,无论是钢筋混凝土结构构件或预应力混凝土构件,在截面换算中钢筋弹性模量与混凝土变形模量比 α_E 一律采用 10,且不考虑混凝土承受拉应力,主要是考虑在混凝土结构达到疲劳承载能力极限状态时,无论钢筋混凝土结构或预应力混凝土结构,混凝土受拉区均将达到开裂状态,在混凝土受压区将会产生较大的疲劳变形。传统的设计规定对受压区混凝土的变形计算采用静载弹性模量而不考虑其塑性变形和非线性变形是不合理的。

5.2.3 钢　材

1. 预应力钢材静力与疲劳性能

预应力钢丝、钢绞线选材应符合国标《预应力混凝土用钢丝》(GB 5223),及《预应力混凝土用钢绞线》(GB 5224)的要求。

正常情况下,ϕ5 mm 高强度钢丝、15 mm 钢绞线静力性能的各项数值均近似服从正态分布;通过对丰台桥梁厂、房山桥梁厂、成都桥梁厂试验数据的统计分析,其各项指标和参数值列于表 5-11;5% 下分位值(标准值)与国标或现行桥规比较列于表 5-12,各项指标和参数相近。

表 5-11　高强度钢丝、钢绞线静力性能统计参数

		试样数	平均值	5%下分位值	标准差	变异系数(%)
ϕ5 mm 钢丝	弹性模量 E(MPa)	74	206 754	/	4 425	2.14
	屈服强度 $\sigma_{0.2}$(MPa)	74	1 502.3	1 358.8	87.22	5.81
	抗拉强度 σ_b(MPa)	5 136	1 680.5	1570.3	67.03	4.00
	伸长率 δ(%)	4 353	5.33	4.0	0.796 7	14.95
	反复弯曲次数(次)	315	8.84	6.0	1.728	19.54
15 mm 钢绞线	弹性模量 E(MPa)	34	195 023	/	2 493	1.278
	屈服强度 $\sigma_{0.2}$(MPa)	79	1 355.7	1 311.3	27.013	1.99
	抗拉强度 σ_b(MPa)	79	1 614.1	1 559.2	33.396	2.068
	伸长率 δ(%)	79	5.15	3.86	0.787 7	15.28

表 5-12 预应力钢筋静力性能标准值

材料名称		ϕ5 mm 钢丝		15 mm 钢绞线		Ⅳ级热轧螺旋钢筋	
静力性能		5%下分位值	GB 5223—85 或(现行)桥规	5%下分位值	GB 5224—85 或(现行)桥规	5%下分位值	GB 1499—84 或(现行)桥规
弹性模量 E (MPa)	冷拉前	(5%分位值) 2.07×10^5	2.0×10^5	(50%分位值) 1.95×10^5	1.9×10^5	(50%分位值) 2.03×10^5	2.0×10^5
	冷拉后					1.805×10^5	1.8×10^5
屈服强度 σ_s(MPa)		1 358.8	1 330	1 311.3	1 250	580.89	540
抗拉强度 σ_b(MPa)		1 570.3	1 570	1 559.2	1 470	907.05	835
伸长率 δ(%)		4.02	4	3.86	3.5	12.1	10
反复弯曲次数(次)		6	4	/	/	/	/

ϕ5 mm 高强度钢丝、15 mm 钢绞线试验数据的分析处理以应力变程 $\Delta\sigma=\sigma_{max}-\sigma_{min}$ 作为疲劳应力参数。ϕ5 mm 钢丝试件按应力比 $\rho=0.3,0.5,0.7$ 分别给出 $\lg N—\lg\Delta\sigma$ 的关系曲线方程;或不按应力分组,以 $\Delta\sigma$ 为疲劳应力参数给出 $\lg N—\lg\Delta\sigma$ 的关系曲线方程,分别列入表5-13中,以 2.3%下分位值 $\Delta\sigma$ 作为 ϕ5 mm 钢丝疲劳强度标准值,考虑试验机频率的影响除以修正系数 1.2 得到修正后的疲劳强度标准值;对于 15 mm 钢绞线试件按应力比 $\rho=0.5,0.6,0.7$ 分组试验,统计分析时不计应力比 ρ,按应力变程 $\Delta\sigma$ 作为疲劳参数得到 $\lg N—\lg\Delta\sigma$ 关系曲线方程及疲劳强度均值($N=2\times10^6$ 次)和标准值(2.3%下分位值)也列于表 5-13 中。可以看出钢丝、钢绞线可以忽略应力比 ρ 的影响,以应力变程 $\Delta\sigma$ 作为疲劳参数。

表 5-13 预应力钢筋疲劳强度参数及标准值

表达式		$\lg N=A+m\lg\Delta\sigma$				
钢种		ϕ5 mm 钢丝				15 mm 钢绞线
应力比 ρ		0.3	0.5	0.7	0.3~0.7	0.5~0.7
试件数 n		9	12	7	39	15
方程系数	A	20.206 1	19.393 2	21.001 7	18.402 9	15.82
	m	−3.957 1	−3.756 5	−4.225 8	−3.465	−2.941
相关系数 r		0.712	0.904	0.265	0.72	0.94
标准差 s					0.249 4	0.103 3
$N=2\times10^6$ 次时疲劳强度均值 $\Delta\sigma$(N/cm²)					31 090.4	17 347.7
疲劳强度 2.3%下分位值 $\Delta\sigma$(N/cm²)					22 318.9	14 781.5
修正后之疲劳强度值 $\Delta\sigma$(N/cm²)					18 599.1	

2. 普通钢筋的静力与疲劳性能

铁路钢筋混凝土结构用普通钢筋采用Ⅰ级(Q235)和Ⅱ级(HRB335)钢筋,其技术条件应符合国标《钢筋混凝土用热轧光圆钢筋》(GB 13013)和《钢筋混凝土用热轧带肋钢筋》(GB 1499)的规定。钢筋标准强度采用具有 95%保证率的钢筋屈服点限值见表 5-14(a);结构中钢筋的各项统计参数列于表 5-14(b),考虑试件强度、截面积及加载速率的不定性得到结构中钢筋强度的均值和变异系数:

$$\bar{f}_{s,st}=\bar{f}_{s,sp}\cdot\mu_{KA}\cdot\mu_{KV}$$

$$\delta_{s,st}=\sqrt{\delta_{s,sp}^2+\delta_{KA}^2+\delta_{KV}^2}$$

表 5-14(a) 钢筋标准强度表

钢筋种类		钢筋标准强度(MPa)
Q235		235
HRB335	$d\leqslant 25$ mm	335
	$D=28\sim40$ mm	315

表 5-14(b) 结构中钢筋的各项统计参数

钢筋种类	标准强度 $f_{s,k}$	试件强度 $f_{s,sp}$		面积因素 K_A		加荷速度因素 K_V		结构中钢筋强度 $f_{s,st}$	
		$\bar{f}_{s,sp}$	$\delta_{s,sp}$	μ_{KA}	δ_{KA}	μ_{KV}	δ_{KV}	$\bar{f}_{s,st}$	$\delta_{s,st}$
Q235	235	260	0.075 5	1.0	0.035	0.92	0.033	239.2	0.089 5
HRB335 $d\leqslant 25$ mm	335	397.3	0.061 7	1.0	0.035	0.95	0.022	377.4	0.074 3

铁路钢筋混凝土梁中主钢筋均采用Ⅱ级钢，且多数梁中钢筋有对焊接头，因此主要研究Ⅱ级钢的焊接疲劳及母材疲劳特性，表 5-15(a)中分别列出三组试验数据的 S—N 曲线方程；表 5-15(b)为按三个 S—N 方程及英国规范 BS 5400 细节 D 在 5×10^5、10^6、2×10^6、10^7 次循环下疲劳应力变程 2.3%下分位值 $\Delta\sigma_{min}$ 的比较，结果很接近。可偏于安全地以 2×10^6 次等幅疲劳荷载的应力变程 2.3%分位值作为Ⅱ级钢筋焊接疲劳强度设计值：

$$\Delta f_{d,fat}=90\text{MPa}$$

对于小直径钢筋 $\phi16$ 可取提高系数 1.3；对工厂焊接条件系数可取 1.15。

表 5-15(a) 钢筋焊接疲劳 S—N 曲线方程

钢筋直径	试件数	S—N 方程	相关系数	公式编号
$\phi25$ mm(普通)	65	$\lg N=12.600\,4-2.998\,7\lg\Delta\sigma-2\times0.224\,7$	−0.746 6	(1)
$\phi25$ mm(普通/优质)	83	$\lg N=12.835\,6-3.108\,3\lg\Delta\sigma-2\times0.218\,0$	−0.771 0	(2)
$\phi25\sim\phi28$ mm	101	$\lg N=13.161\,0-3.259\,9\lg\Delta\sigma-2\times0.222\,5$	−0.769 8	(3)

表 5-15(b) 条件疲劳应力变程下分位值(MPa)

公式号 \ 疲劳次数	5×10^5	10^6	2×10^6	10^7
(1)	141.78	112.51	89.29	52.20
(2)	142.08	114.86	92.86	56.70
(3)	143.12	114.52	91.63	54.60
BS 5400 细节 D	144.83	114.95	91.24	53.36

对于跨度小于 12 m 的钢筋混凝土梁，可采用Ⅱ级钢母材的疲劳强度设计，其 S—N 曲线方程为：

$$\lg N=14.470\,3-3.616\,4\lg\Delta\sigma-2\times0.278\,7,\quad r=-0.659\,9$$

求得Ⅱ级钢筋母材在 2×10^6 次循环下疲劳应力变程 2.3%下分位值 $\Delta\sigma_{min}=138.54$ MPa，则设计值取为：

$$\Delta f_{d,fat}=140\ \text{MPa}$$

钢筋焊接接头在空气中与混凝土梁中疲劳性能对比试验表明，在梁中钢筋焊接接头可采用工作条件系数1.1。

3. 可靠度桥规建议的钢材强度标准值、设计值及弹性模量

钢筋强度标准值，对有明显物理流限的热轧钢筋，采用国家标准规定的屈服点；对无明显物理流限的钢筋，采用国家标准规定的极限抗拉强度，所有标准值均具有不小于95%的保证率。表5-16(a)、(b)、(c)分别列出钢筋、钢丝、钢绞线抗拉强度标准值。

表5-16(a) 钢筋抗拉强度标准值(MPa)

种类 / 等级牌号 / 强度	普通钢筋	
	Q235	HRB335
抗拉强度标准值 f_{stk}	235	335

表5-16(b) 钢丝抗拉强度标准值(MPa)

公称直径(mm)	4	5	6	7
抗拉强度标准值 f_{ptk}	1 470	1 470	—	1 470
	1 570	1 570	1 570	1 570
	1 670	1 670	1 670	—
	1 770	1 770	—	—

表5-16(c) 钢绞线抗拉强度标准值(MPa)

公称直径(mm)	12.7		15.2	
	标准型	模拔型	标准型	模拔型
抗拉强度标准值 f_{ptk}	1 860	1 860	1 720 1 860	1 820

注：预应力钢丝、钢绞线按松弛率的不同可分为Ⅰ级松弛(即普通松弛)或Ⅱ级松弛(即低松弛)。

钢筋强度设计值根据既有标准设计结构可靠度校准确定的材料分项安全系数确定：

Q235、HRB335钢筋分项系数：$\gamma_s=1.25$；

钢丝、钢绞线分项系数：$\gamma_p=1.40$。

表5-17(a)、(b)、(c)分别列出钢筋、钢丝和钢绞线的强度设计值。

表5-17(a) 普通钢筋抗拉与抗压强度设计值(MPa)

钢筋种类	抗拉强度设计值 f_{std}	抗压强度设计值 f_{scd}
Q235	188	188
HRB335	268	268

表5-17(b) 钢丝抗拉与抗压强度设计值(MPa)

抗拉强度设计值 f_{ptd}				抗压强度设计值 f_{pcd}
$\phi=4$	$\phi=5$	$\phi=6$	$\phi=7$	
1 050	1 050	—	1 050	410
1 120	1 120	1 120	1 120	
1 190	1 190	1 190	—	
1 260	1 260	—	—	

表 5-17(c) 钢绞线抗拉与抗压强度设计值(MPa)

抗拉强度设计值 f_{ptd}				抗压强度设计值 f_{pcd}
$\phi=12.7$		$\phi=15.2$		
标准型	模拔型	标准型	模拔型	
1 320	1 320	1 230 1 320	1 300	390

表 5-18(a)、(b)分别列出钢丝、钢绞线、钢筋的疲劳强度设计值(应力变程)。

表 5-18(a) 预应力钢丝、钢绞线疲劳强度设计值 Δf_{pfd}(以应力变程计)(MPa)

预应力筋种类	Δf_{pfd}
钢 丝	180
钢 绞 线	140

注:对于开裂截面,钢丝和钢绞线的疲劳强度设计值应适当折减。

Q235 母材的疲劳强度设计值 Δf_{pfd} 取 130 MPa。

表 5-18(b) HRB335 疲劳强度设计值 Δf_{pfd}(以应力变程计)(MPa)

母 材			140
焊接接头	钢筋直径 $d\leqslant 16$ mm		130
	16 mm $< d <$ 28 mm	工厂焊	115
		工地焊	100

注:①表内疲劳强度设计值适用于所有应力比 ρ;

②本表值系钢筋在混凝土梁内的强度。

预应力钢丝(ϕ5 mm)弹性模量的参数为:均值 $\bar{E}=206.75$GPa,标准差 $s_E=4.425$ GPa,变异系数 $\delta_E=0.024$;服从正态分布,其标准值取 50%分位值(均值)。

7ϕ5 mm 钢绞线弹性模量的参数为:均值 $\bar{E}=195.03$ GPa,标准差 $s_E=2.493$ GPa,变异系数 $\delta_E=0.012\,8$。

表 5-19 列出钢筋的弹性模量 E_p、E_s 值。

表 5-19 钢筋的弹性模量 E_P、E_S(GPa)

钢 材 种 类	弹 性 模 量
钢丝及其组成的钢丝束 E_p	205±10
钢 绞 线 E_p	195±10
Q235 HRB335 钢筋 E_s	210

注:钢丝、钢绞线的弹性模量 E_p 在断面特性及应力计算时,分别采用 205 GPa 及 195GPa,弹性模量 E_p 的偏差 ±10 仅在计算伸长值时采用。

5.2.4 预应力钢丝、钢绞线松弛性能

1. 普通松弛级

(1)高强度钢丝

松弛率 R 的定义为:

$$R=\frac{\sigma_R}{R_i}=\frac{松弛损失减小的应力}{初始应力}$$

表 5-20 给出不同初始应力下的平均松弛率。

表 5-20 不同初应力下的平均松弛率 R(%)

σ_i/R_y^j	1 h	10 h	120 h	1 000 h
0.6	0.27	0.72	1.46	2.75
0.7	1.60	3.20	5.38	7.79
0.8	4.08	7.27	10.81	14.45

在时间半对数曲线上，张拉 1 h 后松弛率可表达为时间对数的指数方程：

$$R=A+B(\lg t)^m$$

式中 t——受荷时间(h)，$t\geqslant 1$ h；

A、B、m——参数，A、B 随初应力增大而增大；m 随初应力增大而减小，且接近于 1。

表 5-21 中给出一组由试验所得参数值。

表 5-21 试验所得参数值

σ_i/R_y^j	A	B	m
0.5	0.001 1	0.001 5	2.0
0.6	0.002 6	0.005	1.8
0.7	0.018	0.02	1.32
0.8	0.041	0.032	1.15

表 5-22 中给出预应力高强钢丝(普通松弛)的早期试验结果。

表 5-22 预应力高强钢丝(普通松弛级)松弛试验结果

序号	钢丝极限强度 R_y^j(MPa)	初始应力 $\frac{\sigma_i}{R_y^j}$	超张应力	预拉持荷时间	松弛率 R(松弛损失应力/初始应力)(%) 时间(h)						
					1	10	24	120	360	600	1 000
1	1 827	0.5	—	—	0.22	0.61	0.84	1.42	1.90	2.18	2.46
2	1 837	0.6	—	—	0.28	0.69	0.93	1.34	1.90	2.13	2.45
3	1 765	0.6	—	—	0.29	0.96	1.52	1.93	2.60	3.08	3.56
4	1 663	0.6	—	—	0.23	0.51	0.72	1.12	1.64	1.89	2.25
5	1 673	0.7	—	—	2.54	4.60	6.58	7.27	8.37	9.21	9.81
6	1 796	0.7	—	—	1.83	3.88	4.81	6.33	7.45	8.36	8.93
7	1 827	0.7	—	—	1.68	3.25	3.93	5.07	5.97	6.66	7.14
8	1 806	0.7	—	—	1.29	2.74	2.91	4.60	5.67	6.64	7.26
9	1 622	0.7	—	—	1.66	3.60	4.25	5.53	6.64	7.14	7.68
10	1 653	0.7	—	—	1.19	2.43	2.91	4.37	5.34	6.09	6.70
11	1 714	0.7	—	—	1.02	2.42	3.06	4.46	5.53	6.34	6.99
12	1 781	0.8	—	—	4.41	7.92	9.20	11.44	12.64	13.57	14.22
13	1 735	0.8	—	—	2.75	6.62	7.98	10.18	11.76	13.68	14.67

表 5-23 给出 $t \leqslant 10$ h 钢丝松弛早期发展$\frac{R_t}{R_{1\,000}}$的平均值，可看出随初应力的增加，早期松弛发展较快，当 $\sigma_i/R_y^j=0.7$ 时，1 h 的松弛率达 17%；10 h 的松弛率达 38%。

表 5-23　R_t 与 R_{1000} 之比的平均值

σ_i/R_y^j	6 min	9 min	15 min	30 min	45 min	1 h	10 h
0.5	0.021	0.031	0.041	0.051	0.062	0.072	0.204
0.6	0.02	0.024	0.028	0.040	0.05	0.067	0.227
0.7	0.040	0.063	0.089	0.120	0.148	0.170	0.380
0.8	0.095	0.245	0.292	0.405	0.476	0.263	0.487

表 5-24 给出钢丝长期试验试件松弛率实测值与理论值的比较。

表 5-24　长期试验试件的松弛率理论值和实测值的比较

$\frac{\sigma_i}{R_y^j}$	1 h	10 h	100 h	1 000 h	10 000 h	27 500 h	35 000 h
0.5	$\frac{0.001\,8}{0.001\,8}$	$\frac{0.005\,5}{0.004\,3}$	$\frac{0.008\,5}{0.010\,5}$	$\frac{0.018\,0}{0.019\,9}$	$\frac{0.032\,9}{0.032\,1}$	$\frac{0.045\,5}{0.038\,4}$	$\frac{0.056\,1}{0.044\,1}$
0.6	$\frac{0.007\,5}{0.007\,5}$	$\frac{0.020\,1}{0.020\,1}$	$\frac{0.037\,2}{0.042\,4}$	$\frac{0.070\,7}{0.070\,7}$	$\frac{0.103\,1}{0.103\,9}$	$\frac{0.123\,2}{0.119\,9}$	$\frac{0.139\,8}{0.134\,0}$
0.7	$\frac{0.025\,0}{0.025\,0}$	$\frac{0.049\,5}{0.049\,5}$	$\frac{0.074\,4}{0.080\,7}$	$\frac{0.114\,9}{0.115\,0}$	$\frac{0.148\,0}{0.151\,5}$	$\frac{0.167\,8}{0.168\,1}$	$\frac{0.182\,0}{0.182\,4}$
0.8	$\frac{0.054\,9}{0.054\,9}$	$\frac{0.093\,9}{0.093\,9}$	$\frac{0.127\,8}{0.133\,8}$	$\frac{0.174\,0}{0.173\,9}$	$\frac{0.211\,4}{0.211\,4}$	$\frac{0.229\,5}{0.232\,2}$	$\frac{0.247\,2}{0.247\,4}$

注：分子为实测值，分母为计算值。

表 5-25 为长期松弛试验给出的时间对数指数方程的参数。

表 5-25　松弛率时间对数指数函数方程系数(由长期试验得出)

$\frac{\sigma_i}{R_y^j}$	A	B	m
0.5	0.001 8	0.002 5	1.8
0.6	0.007 5	0.012 6	1.468
0.7	0.025 0	0.024 5	1.184
0.8	0.054 9	0.039 0	1.016

对于钢丝长期松弛的发展也可用在对数坐标中的直线方程表示：

$$R(t)=R(T)\left(\frac{t}{T}\right)^K$$

式中　$R(t)$，$R(T)$——相应于t时或T时的松弛值；t为所要计算松弛相应时间；T为在取对数坐标中曲线转为直线的时间；

K——在 T 时后，对数坐标中的直线斜率。

表 5-26 给出不同初始应力下的参数值。

《CEB-FIP Model Code 1990》中建议：通常，长期松弛要从长期试验取得。但可以假定 50 年后或更长时间的松弛值是 1 000 h 松弛值的 3 倍。

表 5-26 高强钢丝松弛率在双对数直线方程中的参数值(长期试验试件)

$\frac{\sigma_i}{R_y^j}$	T(h)	$R(T)$(%)	K
0.5	4	0.462	0.244
0.6	6	1.53	0.267
0.7	10	4.95	0.185
0.8	10	9.3	0.136

对于估计 30 年的松弛值采用下面公式:

$$R_t = R_{1\,000}\left(\frac{t}{1\,000}\right)^K$$

$$K = \lg\frac{R_{1\,000}}{R_{100}}$$

$K=0.12$,对普通松弛级;$K=0.19$,对低松弛级;上式对初始应力 $\sigma_i/R_y^j=0.7$ 时较为合适。

钢丝松弛率随初应力的增加而增加,在 10 h 之后为双折线形式,因此松弛率与初应力间关系可近似表达为:

$$\sigma_i=(0.5\sim0.6)R_y^j \text{ 时}:R=0.015+0.356\left(\frac{\sigma_i}{R_y^j}-0.5\right)$$

$$\sigma_i=(0.6\sim0.8)R_y^j \text{ 时}:R=0.515\left(\frac{\sigma_i}{R_y^j}-0.5\right)$$

超张拉工艺可以减小钢丝的松弛率,在超张拉对钢丝长期松弛的影响试验中,发现超张拉系数 Ψ 在 0.75~0.95 之间,1 000 h 时 Ψ 的平均值为 0.87,说明超张拉可以改进钢丝由于松弛对预应力损失的影响。

在结构构件中,由于混凝土收缩与徐变,力筋将缩短,因此力筋是在变长度状态下产生松弛的,其松弛值比在定长时减小。混凝土由收缩、徐变引起的应变为:

$$\varepsilon_c=\varepsilon_{sh}+\varepsilon_{cc}=\varepsilon_{sh}+\varphi\varepsilon_{ce}$$

由此引起预应力钢丝中的应力减小为:

$$\Delta\sigma_s=\varepsilon_c\cdot E_s$$

表 5-27 中列出在不同钢筋应力值范围试验时得到的钢丝弹性模量值。

表 5-27 不同钢筋应力值范围的钢丝弹性模量值

钢丝应力范围($x'R_y^j$)	0.55~0.6	0.6~0.65	0.65~0.68	0.68~0.7
钢丝弹性模量(10^5 MPa)	1.83	1.81	1.78	1.70

表 5-28 给出变长度下钢丝松弛试验的结果,可见,由于混凝土收缩、徐变的影响,使钢丝长度缩短,减小了松弛损失,在 1 000 h 时约减小了 15% 左右。

(2)钢绞线

表 5-29 给出钢绞线松弛率随时间的发展,当 $\sigma_i=0.7R_y^j$ 时钢绞线松弛率可近似表达为:

$$R=0.02+0.022\,7\lg t$$

表 5-28 变长度下钢丝松弛试验结果

序号	时 间(h)	1	10	120	600	100 0
1	由混凝土收缩、徐变引起的钢丝应变 $\varepsilon_s(10^{-3})$	0.021 5	0.084 8	0.348 6	0.781 6	0.965
2	实测变长度试件应力减小 $\Delta\sigma$(MPa)	23.0	55.6	128.6	230.1	267.6
3	由混凝土收缩、徐变引起的钢丝应力减小 $\Delta\sigma_s$(MPa)	3.7	14.7	62.2	141.3	174.8
4	变长度试件松弛应力损失 σ_R(MPa)	19.3	40.9	66.4	88.8	92.8
5	相邻试件 $\sigma_i=0.7R_y$ 的等长松弛应力损失 σ_R(MPa)	19.9	42.9	72.5	102.0	110.2
6	④/⑤	0.970	0.053	0.916	0.871	0.842

表 5-29 预应力钢绞线松弛率试验结果

序号	R_y^j (MPa)	$\frac{\sigma_i}{R_y^j}$	预张拉应力	持荷时间	松弛率(松弛损失应力/初始应力)(%) 时间(h)				
					1	24	120	1 000	4 000
1	1 572.8	0.7	—	—	1.60	4.0	5.42	(360 h)6.09	
2	1 587.2	0.7	—	—	1.78	3.87	5.14	7.45	9.93
3	1 587.2	0.7	—	—	2.078	4.662	6.292		
4	1 572.0	0.7	—	—	2.333	4.967	6.396		
5	1 623.3	0.7	—	—	1.91	4.67	6.32	8.74	
6	1 654.1	0.7	—	—	1.707	4.175	5.571	8.430	
7	1 644.9	0.7	—	—	2.280	5.162	6.670	9.221	
8	1 583.1	0.7	—	—	1.771	3.841	5.091		
9	1 637.7	0.7	—	—	2.181	5.104	6.570		
10	1 608.0	0.7	—	—	2.286	5.377	7.052		
11	1 653.3	0.7	—	—	3.317	6.261	7.842		
12	1 630.4	0.7	$0.8R_y^j$	5 min	0.44	2.19	3.40	5.59	
13	1 621.4	0.6	—	—	1.27	2.51	3.43		
14	1 607.4	0.7	—	—	1.71	4.08	5.49	7.90	
15	1 614.5	0.7	$0.8R_y^j$	5 min	0.645	2.313	3.527	(216 h)4.406	
16	1 614.5	0.7	—	—	1.694	3.729	4.981		

图 5-5 给出钢绞线与钢丝松弛率的比较，说明两者相近，只是在初期(24 h 之内)增大了钢绞线的松弛率，但影响很小，只有 0.5% 左右。同样美国混凝土协会(ACI)、国际预应力协会(FIP)均认为钢绞线与钢丝没有什么差异。

2. 低松弛级

表 5-30(a)、(b)、(c)列出低松弛钢绞线松弛率的试验结果供参考。

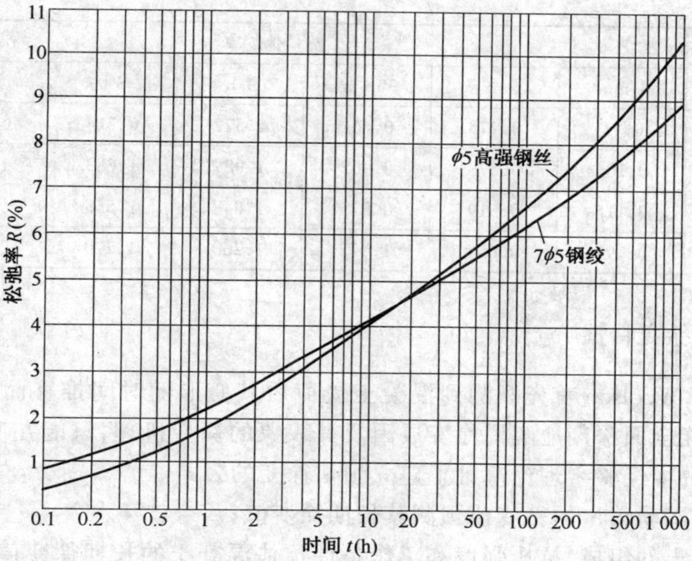

图 5-5 钢绞线与钢丝平均松弛率的比较

($\sigma_i = 0.7R_y^j$)

表 5-30(a) 低松弛钢绞线的松弛率

$\frac{\sigma'_p}{f_{pfk}}$	松弛率 R(%)							
	1 min	6 min	30 min	1 h	8 h	10 h	24 h	120 h
0.7	0.06	0.24	0.60	0.74	1.07	1.10	1.16	1.20

表 5-30(b) 低松弛钢绞线的松弛率

规格	截面积(mm^2)	公称拉力 P(kN)	破断拉力 R'(kN)	σ_i/f_{ptk}	时间(h)	松弛率 R(%)
0.5″	98.71	183.7	195.1	0.659	120	0.77
0.5″	98.71	183.7	195.1	0.659	24	0.684
0.6″	140.0	260.7	268.3	0.68	48	1.227
0.6″	140.0	260.7	268.33	0.68	408	1.984
0.7″	189	—	236.1	0.7	48	0.693
0.7″	189	—	336.1	0.7	48	0.930

表 5-30(c) 不同初始应力下低松弛钢绞线的松弛率

$\frac{\sigma_i}{f_{ptk}}$	加载时间	松弛率 R(%)						
		1 min	6 min	30 min	1 h	8 h	10 h	24 h
0.6	1 min46 s	0.115	0.410	0.641	0.692	0.910	1.038	1.192
0.6	1 min42 s	0.154	0.513	0.692	0.744	0.923	1.077	1.244
0.6	1 min38 s	0.038	0.308	0.526	0.577	0.737	0.820	1.026
0.7	2 min31 s	0.088	0.242	0.396	0.44	0.758	0.879	1.198
0.7	2 min22 s	0.055	0.330	0.549	0.615	0.824	1.000	1.264

续上表

$\frac{\sigma_i}{f_{ptk}}$	加载时间	松弛率 R(%)						
		1 min	6 min	30 min	1 h	8 h	10 h	24 h
0.7	2 min28 s	0.11	0.275	0.462	0.572	0.714	0.879	1.132
0.8	3 min01 s	0.106	0.578	0.962	1.087	1.683	1.962	2.404
0.8	2 min53 s	0.115	0.519	0.875	1.048	1.558	1.837	2.366
0.8	2 min24 s	0.077	0.654	1.077	1.260	1.779	2.062	2.615

5.2.5 混凝土的徐变特性

1905 年，I.H.Woolson 首先观测到混凝土受荷后其变形随时间推移而增长的徐变现象，但至今人们仍未能全面深刻地解说徐变成因及其表象的徐变机理，只能在考虑对徐变有重大影响的若干因素的半经验半理论基础上建立预估徐变的公式。

(1)利用短期试验得出的徐变值预测其长期徐变值；

(2)根据混凝土的组成、抗压强度和工作条件预估混凝土的长期徐变值，其公式多采用多系数的形式：

$$C(t)=C(t_0)\cdot K_1\cdot K_2\cdots K_n$$

式中 $K_1,\cdots,K_n$ 为材料影响系数、工艺影响系数和周围环境影响系数。

目前国际上多数徐变公式都基于老化理论，即认为不同龄期的徐变曲线具有沿 t 轴平行的性质，任一加载龄期的混凝土，其徐变曲线均可由相等应力下的早龄期加载的混凝土徐变曲线推求：

$$C(t,\tau)=C(t,\tau_1)-C(\tau,\tau_1)$$

实际上，从混凝土的构成及其基本特性随时间的变化看，不同龄期加载的徐变曲线是不相似的。

1. 应力水平对徐变的影响

当施加应力和混凝土强度的比值小于某定值时，徐变值和所施应力成正比，对于普通混凝土常取为 0.5；当施加应力超过这一限度时，应力和徐变变形背离线性关系，导致徐变应变显著地增加，其原因在于其裂缝出现和发展情况不同于普通混凝土。在同一应力水平的高强度混凝土中裂缝和裂缝总长度均较普通混凝土少，其线性徐变的(应力/强度比)限度相应有所提高。

2. 加载龄期对徐变的影响

由图 5-6 可以看出，不同龄期加载的徐变曲线是不相同的，因为在混凝土浇注初期，水泥浆初期水化剧烈，此时若受载，徐变将迅速发展，但随着水化过程逐渐完成，混凝土刚度将不断增大，徐变增长率减小；反之晚龄期加载的混凝土的初期徐变发展不快，随着持续时间的延长，其徐变衰减也不像早龄期加载的混凝土那么明显。

3. 徐变综合特征值

影响徐变的因素为水泥品种、强度及其用量、混凝土水泥比等，混凝土抗压强度则是上述诸因素的函数，作为混凝土徐变影响的综合反映，以 $C(t,\tau)\cdot R(\tau)$ 表示徐变综合特征值 $F(t,\tau)$，即以加载龄期 τ、持续期 $t=t-\tau$ 时的混凝土徐变度 $C(t,\tau)$ 与加载龄期 τ 时的混凝土立方体抗压强度 $R(\tau)$ 的乘积表示。由图 5-7 可看出，当混凝土加载龄期为 28 d 时，其徐变综

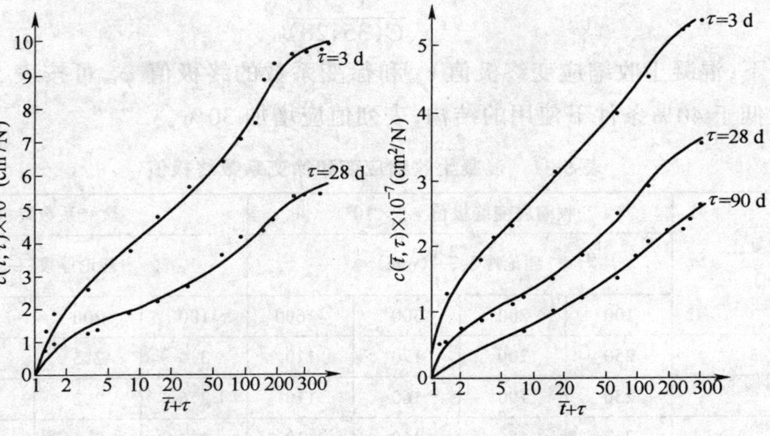

图 5-6 ××桥的混凝土徐变度曲线($\sigma/R_a=0.4$)

合特征值 $F(t,\tau)$与持荷期大致呈线性关系。

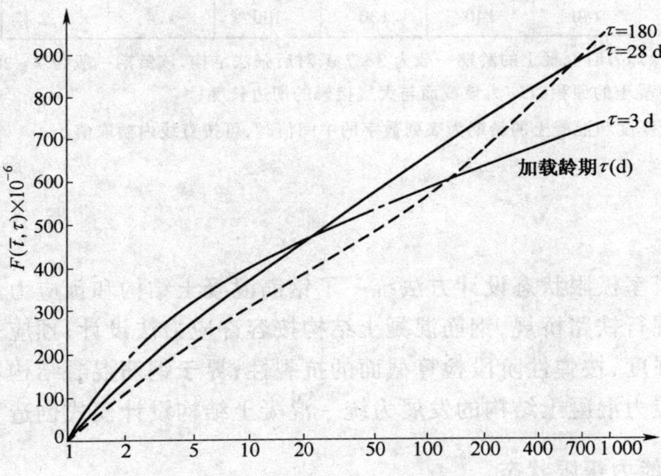

图 5-7 徐变综合特征值曲线

4. 持荷期

利用短期徐变试验值预估长期徐变过程时,需要确定持荷期为多长较合适,国内外资料证明取持荷期$(t-\tau)=28$ d 较为适宜。

对于不同的混凝土而言,持荷 28 d 的徐变综合特征值可能相同,但在其发展过程中可能存在差异,可用徐变综合特征发展系数 α_F 表达:

$$\alpha_F=\frac{F(56,28)}{F(t,28)}=\frac{C_{28}}{C(t,28)}$$

式中 $F(56,28)$——标准加载龄期($\tau=28$ d)、持荷 28 d 时的徐变综合特征值;

$F(t,28)$——标准加载龄期($\tau=28$ d)、持荷$(t-28)$d 时的徐变综合特征值;

$C28$——标准加载龄期($\tau=28$ d)、持荷 28 d 的徐变度。

考虑混凝土在加载初期会产生快速初始应变和一定的塑性变形,在上式中取 $t=35$ d:

$$\alpha_F = \frac{C_{28}}{C(35,28)}$$

一般情况下,混凝土收缩应变终极值 ε_∞ 和徐变系数的终极值 φ_∞ 可按表 5-31 采用;在年平均相对湿度低于 40%条件下使用的结构,表列值应增加 30%。

表 5-31 混凝土收缩应变和徐变系数终极值

预加力时混凝土的龄期(d)	收缩应变终极值 $\varepsilon_\infty \times 10^6$ 理论厚度 $\frac{2A}{U_1}$(mm)				徐变系数终极值 φ_∞ 理论厚度 $\frac{2A}{U_1}$(mm)			
	100	200	300	≥600	100	200	300	≥600
3	250	200	170	110	3.0	2.5	2.3	2.0
7	230	190	160	110	2.6	2.2	2.0	1.8
10	217	186	160	110	2.4	2.1	1.9	1.7
14	200	180	160	110	2.2	1.9	1.7	1.5
28	170	160	150	110	1.8	1.5	1.4	1.2
≥60	140	140	130	100	1.4	1.2	1.1	1.0

注:①对先张法结构,预加力时混凝土的龄期一般为 3~7 d;对后张法结构,该龄期一般为 7~28 d;

②A 为计算截面混凝土的面积,U_1 为该截面与大气接触的周边长度;

③实际结构的理论厚度和混凝土的龄期为表列数字的中间值时,可按直线内插取值。

5.3 极限状态

混凝土结构的概率极限状态设计方法统一了钢筋混凝土结构和预应力混凝土结构的表达形式和设计方法。现行铁路桥规,钢筋混凝土结构按容许应力法设计;预应力混凝土结构按破坏阶段法设计截面强度,按弹性阶段检算截面的抗裂性;界于钢筋混凝结构和全预应力混凝土结构之间的部分预应力混凝土结构的发展为统一混凝土结构设计模式创造了条件。

5.3.1 正截面承载能力极限状态

为了研究混凝土结构正截面静载破坏形态和变形特征,长沙铁道学院共计进行了 42 组 RC、PC、PPC 梁的动静载试验。试验梁从开始加载至梁破坏整个过程中,随着荷载增加,中性轴位置逐渐上升,受压区变小,截面变形沿梁高基本是线性变化,可以平截面假设作为强度计算的基础。

试验梁静载破坏时,钢绞线的极限应变由有效预应变 ε_{y0} 和加载至破坏时的应变增量 $\Delta\varepsilon_y$ 组成,即 $\varepsilon_y = \varepsilon_{y0} + \Delta\varepsilon_y$,表 5-32 列出试验梁静载破坏时,钢绞线极限应变 ε_y 及相应计算强度 R_y,其与抗拉极限强度 R_y^j 之比在 $0.86R_y^j \sim 0.93R_y^j$ 之间,均值为 $\bar{R}_y = 0.896R_y^j$,标准差 $\sigma = 0.020\,81R_y^j$。

表 5-33 列出试验梁静载破坏弯矩实测值与计算值的比较,对于 PC 和 PPC 梁其比值接近于 1.0,而 RC 梁实测破坏弯矩约为计算弯矩的 1.3 倍左右,说明现行铁路规范 RC 梁截面强度计算图式应作调整。

表 5-32 实测钢绞线计算强度 R_y 及有关参数表

梁 号	有效预应变 $\varepsilon_{y0}(10^{-6})$	应变增量 $\Delta\varepsilon_y(10^{-6})$	极限应变 $\varepsilon_y(10^{-6})$	计算强度 R_y(MPa)	R_y/R_y^j
YL1-1	3 592	7 909	11 501	1 630.8	0.90
1-3	3 498	7 721	11 219	1 622.8	0.89
2-1	3 573	7 012	10 585	1 609	0.88
2-2	3 610	8 116	11 726	1 635	0.90
3-1	4 043	6 469	9 861	1 736	0.87
4-1	2 970	6 732	9 702	1 725	0.86
4-2	2 970	6 640	9 610	1 719	0.86
4-3	2 894	7 119	10 013	1 747	0.87
5-2	3 582	8 921	12 503	1 653	0.91
6-3	4 239	7 002	11 241	1 833	0.92
T-PC-1	4 306	9 687	13 993	1 687	0.93
-2	4 502	9 446	13 948	1 686	0.93
-3	4 323	9 188	13 511	1 676	0.92
T-PPC-A-2	4 091	9 038	13 729	1 681	0.92
-B-2	4 709	8 602	13 311	1 677	0.92
R-PC-1	3 222	8 732	11 954	1 640	0.91
-2	3 222	9 740	12 962	1 663	0.91
-3	3 751	8 629	12 380	1 659	0.91
R-PPC-A-1	3 311	8 660	11 971	1 640	0.90
-2	3 064	7 969	11 033	1 620	0.89
-3	2 749	7 037	9 786	1 591	0.87
R-PPC-B-1	2 637	6 500	9 137	1 576	0.87
-2	3 399	8 367	11 766	1 638	0.90
-3	2 637	6 954	9 591	1 586	0.87

表 5-33 试验梁静载破坏弯矩实测和计算值比较表

试验梁组别		梁号	破坏荷载 $2P$(kN)	破坏弯矩 M_P^S(N·m)	计算弯矩 M_P(N·m)	M_P^S/M_P	附 注
1	YL-1	1	130	94 145	93 416	1.007 8	静载破坏
2	YL-1	3	132.9	96 175	93 416	1.029 5	静载破坏
3	YL-2	1	138	99 906	94 655	1.055 5	静载破坏
4	YL-2	2	139.5	100 956	93 664	1.077 9	静载破坏
5	YL-3	1	131.1	95 076	100 724	0.943 9	静载破坏
6	YL-3	3	136	98 345	103 367	0.951 4	先做 200 万次动载
7	YL-4	1	138.5	100 354	99 162	1.012 0	先做 200 万次动载
8	YL-4	2	140	101 404	99 342	1.020 8	先做 200 万次动载
9	YL-4	3	139	100 705	99 342	1.013 7	先做 200 万次动载
10	YL-5	2	138	100 004	93 086	1.074 3	静载破坏
11	YL-6	3	130	94 306	100 223	0.941 0	静载破坏

续上表

	试验梁组别	梁号	破坏荷载 2P(kN)	破坏弯矩 M_P^S(N·m)	计算弯矩 M_P(N·m)	M_P^S/M_P	附注
12	T-PC	1	191	136 635	122 330	1.116 9	先做 400 万次动载
13	T-PC	2	188	134 535	123 888	1.085 9	先做 200 万次动载
14	T-PC	3	188	134 395	123 028	1.092 4	先做 400 万次动载
15	T-PPC-A	2	205	146 435	137 974	1.061 3	静载破坏
16	T-PPC-B	2	242	172 335	155 868	1.105 6	静载破坏
17	R-PC	1	155.5	112 077	112 786	0.993 7	先做 600 万次动载
18	R-PC	2	165	113 771	110 867	1.071 3	先做 600 万次动载
19	R-PC	3	167	113 131	112 767	1.003 2	静载破坏
20	R-PPC-A	1	185	132 762	123 828	1.072 1	静载破坏
21	R-PPC-A	2	184	132 070	124 653	1.059 5	先做 400 万次动载
22	R-PPC-A	3	172	122 637	117 924	1.040 0	先做 400 万次动载
23	R-PPC-B	1	201	143 087	138 314	1.041 0	先做 400 万次动载
24	R-PPC-B	2	195.7	140 155	136 457	1.026 8	静载破坏
25	R-PPC-B	3	212	151 671	138 028	1.098 8	先做 400 万次动载
26	T-RC	1	231	164 635	125 247	1.314 0	先做 200 万次动载
27	T-RC	2	228	162 535	123 288	1.318 0	静载破坏
28	T-RC	3	231	164 635	124 856	1.319 0	先做 200 万次动载
29	R-RC	1	147	106 197	81 212	1.308 0	静载破坏
30	R-RC	2	142	102 702	80 915	1.269 0	先做 200 万次动载
31	R-RC	3	137	99 140	80 111	1.237 5	先做 200 万次动载

混凝土结构正截面强度计算基本假定：

混凝土和钢筋应变沿梁高按线性分布；

已知受压区混凝土应力—应变曲线或特征系数；

受拉区混凝土不参与工作；

已知钢筋的应力—应变曲线或破坏时钢筋中的拉应力。

图 5-8 为根据上述基本假定的正截面强度极限状态计算图式。

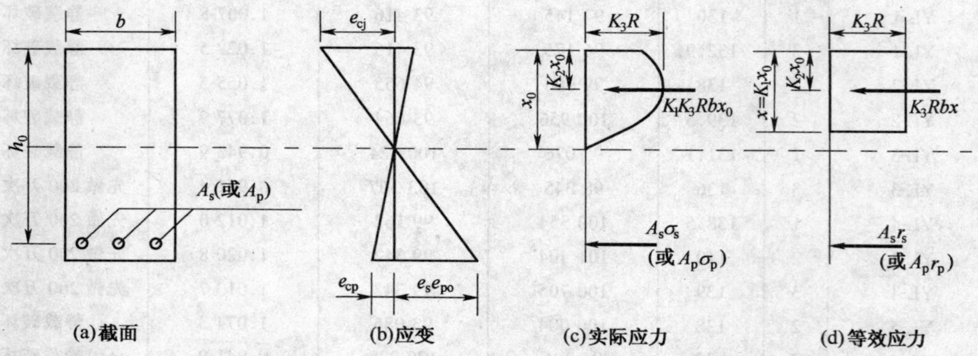

图 5-8 梁截面承载力计算

由静力平衡条件得

$$K_1K_3Rbx_0=A_g\sigma_g$$

$$M_p=K_1K_3Rbx_0(h_0-K_2x_0)$$

由变形协调条件得

$$\frac{x_0}{h_0}=\frac{\varepsilon_{hj}}{\varepsilon_{hj}+\varepsilon_g-\varepsilon_{y0}-\varepsilon_{hy}}=\frac{\varepsilon_{hj}}{\varepsilon_{hj}+\varepsilon_g-\varepsilon_0}$$

式中 M_p——截面极限弯矩；

x_0——混凝土受压区高度；

σ_g、ε_g——极限状态下受拉钢筋的应力与应变；

ε_{hy}——相应于预应力筋合力点处混凝土预压应力 σ_{hy} 的应变；

ε_0——相应于预应力钢筋合力处混凝土预压应力为零时钢筋中应力 σ_0 的应变；

ε_{y0}——相应于钢筋中有效预应力 σ_{y0} 的应变；

ε_{hj}——混凝土极限压应变；

K_1、K_2、K_3——特征系数；

K_1——受压区混凝土平均应力与最大应力的比；

K_2——受压区合力高度与受压区高度之比；

K_3——受压区混凝土最大应力与立方体强度之比。

表 5-34 列出根据试验梁实测破坏弯矩得到的受压区特征系数值。

表 5-34 试验梁受压区特征系数

梁 号	R	K_2	K_1K_3	梁 号	R	K_2	K_1K_3
R-PC-1	530	0.493	0.693	R-PPCB-1	513	0.408	0.727
R-PC-2	552	0.380	0.712	R-PPCB-2	490	0.414	0.640
R-PC-3	593	0.393	0.632	R-PPCB-3	534	0.376	0.653
R-PPCA-1	517	0.403	0.723	R-RC-1	500	0.378	0.547
R-PPCA-2	528	0.403	0.750	R-RC-2	468	0.377	0.626
R-PPCA-3	408	0.418	0.752	R-RC-3	478	0.409	0.608

对上述极限状态下计算式用矩形等效应力图形代替实际的混凝土受压应力图形，保持合力大小和位置不变，设 $K_1=2K_2=0.8$，$K_3=0.7$，破坏时力筋中应力 $\sigma_y=0.9R_y^j$，则

$$K_3Rbx=A_y\sigma_y$$

$$M_p=K_3Rbx(h_0-x/2)$$

表 5-35 给出部分试验梁破坏弯矩与按上式计算弯矩比较，得到计算不定性系数均值 $\bar{\gamma}_d=1.050$，标准差 $\sigma=0.067\ 9$，变异系数 $\delta=0.064\ 7$；经 χ^2 检验其整体服从正态分布。

根据平截面变形假定，取 $K_2=0.4$，则界限受压区高度 $\zeta=\left(\frac{x}{h_0}\right)$ 为：

$$\frac{x}{h_0}=\frac{0.8x_0}{h_0}=\frac{0.8\varepsilon_{hj}}{\varepsilon_{hj}+\varepsilon_g-\varepsilon_0}$$

对于有屈服点钢筋 $\varepsilon_g-\varepsilon_0=(R_g-\sigma_0)/E_g$，则

$$\frac{x}{h_0}=\frac{0.8}{1+(R_g-\sigma_0)/0.003\ 3E_g}$$

对于使用 20MnSi 钢筋的钢筋混凝土梁：

$$\frac{x}{h_0}=\frac{0.8}{1+268/(0.003\ 3\times10^5)}=0.568,\quad 取\frac{x}{h_0}=0.55$$

表 5-35　试验梁破坏弯矩与理论计算弯矩比较表

梁　号	截面尺寸			受拉钢筋				受压钢筋		混凝土标号 R	破坏弯矩 M_p^s (N·m)	现行铁路桥规公式(TBJ 2－85)		附　注
	b (b_i) (cm)	h (cm)	h_0 (cm)	A_y (cm)	R_y^j (MPa)	A_g (cm²)	R_g (MPa)	A'_g (cm²)	R'_g (MPa)			M_p (N·m)	$\frac{M_p^s}{M_p}$	
YL-1-1	30	24	19.4	2.78	1 800	2.356	426	1.131	260	529	94 145	93 416	1.007 8	
YL-1-3	30	24	19.4	2.78	1 800	2.356	426	1.131	260	529	96 175	93 416	1.029 5	
YL-2-1	30	24	19.4	2.78	1 800	2.356	426	1.131	260	582	99 906	94 655	1.055 5	
YL-2-2	30	24	19.4	2.78	1 800	2.356	426	1.31	260	540	100 956	93 664	1.077 9	
YL-3-1	30	24	19.4	2.78	2 000	2.356	426	1.31	260	542	95 076	100 724	0.943 9	截面为
YL-3-3	30	24	19.4	2.78	2 000	2.356	426	1.31	260	651	98 345	103 367	0.951 4	工字形，
YL-4-1	30	24	19.4	2.78	2 000	2.356	426	1.31	260	495	100 354	99 162	1.012 0	力筋为
YL-4-2	30	24	19.4	2.78	2 000	2.356	426	1.31	260	499	101 404	99 342	1.020 8	钢绞线，
YL-4-3	30	24	19.4	2.78	2 000	2.356	426	1.31	260	499	100 705	99 324	1.013 7	非力筋为
YL-5-2	30	24	19.4	2.78	1 800	2.356	426	1.31	260	517	100 004	93 086	1.074 3	T20MnSi
YL-6-3	30	24	19.4	2.78	2 000	2.356	431	1.31	260	520	94 306	100 223	0.941 0	
T-PC-1	30.2	33.92	28.64	2.78	1 800	0.565	260	1.31	260	454	136 635	122 330	1.116 9	
T-PC-2	29.75	34.12	28.84	2.78	1 800	0.565	260	1.31	260	488	134 535	123 888	1.085 9	
T-PC-3	30.00	33.83	28.65	2.78	1 800	0.565	260	1.31	260	485	134 395	123 028	1.092 4	

注：表中混凝土强度采用试验时的标号值。

对于使用 Q235 钢筋的钢筋混凝土梁：

$$\frac{x}{h_0}=\frac{0.8}{1+180/(0.00\ 33\times2\times10^5)}=0.622\ 6,\quad 取\frac{x}{h_0}=0.65$$

对于无屈服点钢筋，$\varepsilon_g-\varepsilon_0=(\sigma_{0.2}-\sigma_0)/E_g+0.02$，则

$$\frac{x}{h_0}=\frac{0.8}{1.6+(\sigma_{0.2}-\sigma_0)/0.003\ 3E_g}$$

对于使用钢绞线或钢丝束的预应力梁，$\sigma_{0.2}=1\ 300$ MPa，$\varepsilon_0=0.004$，则

$$\frac{x}{h_0}=\frac{0.8}{1.6+1\ 300/(0.003\ 3\times1.96\times10^5)-0.004/0.003\ 3}=0.333,\quad 取\frac{x}{h_0}=0.4,$$

对于受弯构件矩形截面、T 形截面，其正截面承载力实用计算公式分列于下：

(1)矩形截面或翼缘位于受拉边的 T 形截面(图 5-9)：

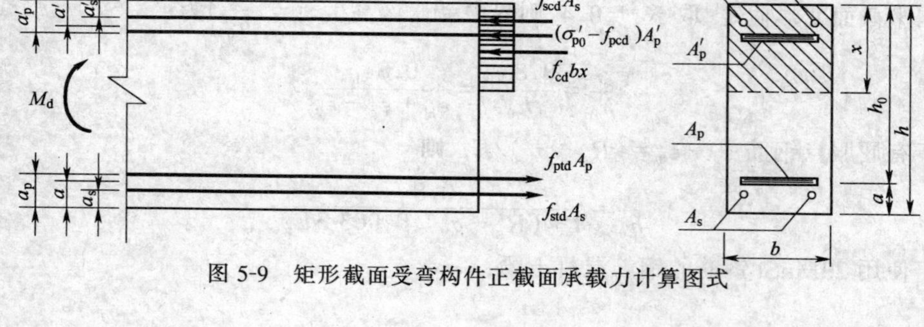

图 5-9　矩形截面受弯构件正截面承载力计算图式

$$M_d \leqslant f_{cd} bx\left(h_0-\frac{x}{2}\right)+f_{scd}A'_s(h_0-a'_s)+(\sigma'_{p0}-f_{pcd})(h_0-a'_p)A'_p$$

混凝土受压区高度 x 应按下列公式确定：

$$f_{std}A_s+f_{ptd}A_p=f_{cd}bx+f_{scd}A'_s+(\sigma'_{p0}-f_{pcd})A'_p$$

混凝土受压区高度应符合下列条件：

$$x \leqslant \zeta h_0$$

$$x \leqslant 2a'$$

式中 M_d——弯矩设计值(MN·m)；

f_{cd}——混凝土的轴心抗压强度设计值(MPa)；

b——矩形截面宽度或T形截面的腹板宽(m)；

h_0——截面有效高度($h_0=h-a$)(m)；

f_{std}、f_{ptd}——非预应力筋和预应力筋的抗拉强度设计值(MPa)；

A_s、A'_s——纵向受拉及受压非预应力筋的截面面积(m^2)；

A_p、A'_p——纵向受拉及受压预应力筋的截面面积(m^2)；

f_{scd}、f_{pcd}——非预应力筋和预应力筋的抗压强度设计值(MPa)；

a'_s、a'_p——受压区非预应力筋合力点及受压区预应力筋合力点至截面最近边缘的距离(m)；

σ'_{p0}——受压区预应力钢筋合力点处混凝土法向应力为零时，预应力钢筋的应力(MPa)；

h——截面全高(m)；

a——受拉区钢筋 A_p 和 A_s 的合力点至截面最近边的距离(m)；

a_s、σ_p——受拉区预应力筋合力点及受拉区预应力筋合力点至截面最近边缘的距离(m)；

a'——受压区钢筋 A'_p 和 A'_s 的合力点至截面最近边缘的距离(m)。

(2)翼缘位于受压区的T形截面或工字形截面(图5-10)：

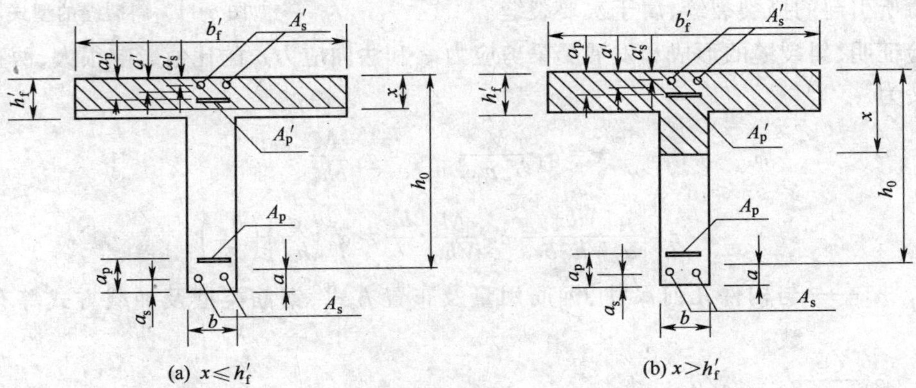

图5-10 T形截面受弯构件正截面承载力计算图式

当符合下列条件时，应按宽度为 b'_f 的矩形截面计算：

$$f_{std}A_s+f_{ptd}A_p \leqslant f_{cd}b'_f h'_f+f_{scd}A'_s+(\sigma'_{p0}-f_{pcd})A'_p$$

当不符合上述条件时，计算中应考虑截面中腹板受压混凝土的作用，其正截面承载力应按下式计算：

$$M_d \leqslant f_{cd} bx\left(h_0 - \frac{x}{2}\right) + f_{cd}(b'_f - b)\left(h_0 - \frac{h'_f}{2}\right)h'_f + f_{scd}A'_s(h_0 - a'_s) + (\sigma'_{p0} - f_{pcd})A'_p(h_0 - a'_p)$$

此时，受压区高度 x 应按下列公式确定：

$$f_{std}A_s + f_{ptd}A_p = f_{cd}[bx + (b'_f - b)h'_f] + f_{scd}A'_s + (\sigma'_{p0} - f_{pcd})A'_p$$

式中 h'_f——T形截面受压区翼缘的高度(m)；

b'_f——T形截面受压区翼缘的计算宽度(m)。

5.3.2 抗剪承载能力极限状态

混凝土结构构件的剪力破坏实质上是结构构件在剪力和弯矩共同作用下的破坏，或弯、剪、扭等多种作用下的破坏，因其剪力破坏特征是与构件斜裂缝的形成、发展相联系的，所以又称为斜截面破坏。

1. 构件剪力破坏的结构特征

当梁腹板内的斜裂缝在弯曲裂缝出现之前发生，则称为“腹剪裂缝”(Web Shear Crack)[图 5-11(a)]。其常常出现在梁弯曲应力小、剪应力大的区段的中性轴处或附近，因其在弯曲裂缝出现之前发生，故梁腹板内出现斜裂缝时的应力状态按弹性理论计算是足够精确的。

当梁腹板内斜裂缝是由早期出现的弯曲裂缝延伸而成时，则称为“弯剪裂缝”(Flexure Shear Crack)[图 5-11(b)]，其常在梁内剪力和弯矩均较大的区段出现，由于弯剪裂缝的分析须考虑早期弯曲裂缝对梁内分析应力重分布的影响，因此只能采用半经验的分析方法。

除此之外还有由变形钢筋与混凝土间发生滑移时引起的劈力形成的黏结裂缝及由纵向钢筋传递斜裂缝部分剪力所引起的撕裂裂缝，属于次要裂缝。

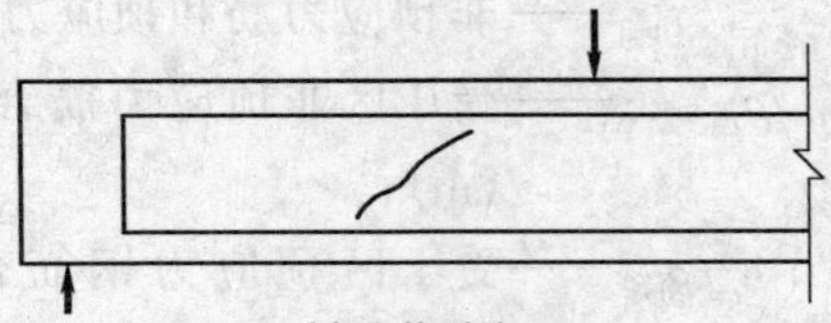
(a) 腹剪裂缝

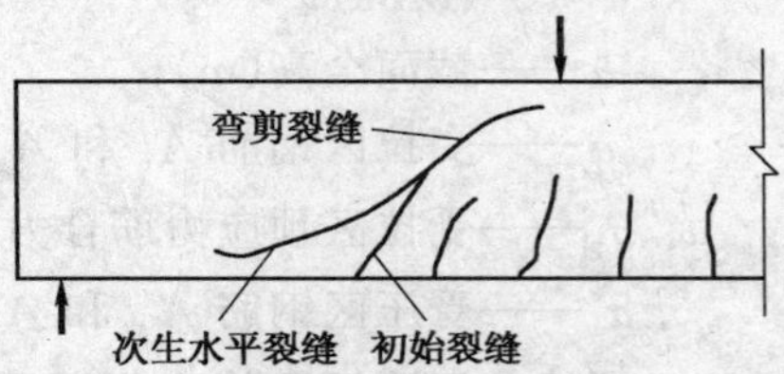

(b) 弯剪裂缝

图 5-11 斜裂缝的型式

试验证明，斜裂缝的形成和发展受梁剪应力 τ 和法向应力 σ 的比值影响很大，两种应力可近似定义为

$$\tau = \alpha_1 \frac{V}{b_w h_0}; \quad \sigma = \alpha_2 \frac{M}{bh_0^2}$$

$$\sigma/\tau = \frac{\alpha_2 M b_w}{\alpha_1 V h_0 b} = \alpha_3 \frac{M}{Vh_0} \cdot \frac{b_w}{b} = \alpha_3 \left(\frac{a}{h_0}\right)\left(\frac{b_w}{b}\right)$$

式中 α_1、α_2——与构件几何尺寸，钢筋用量及布置方式，钢筋类型及加载方式等有关的参数；

α_3——$\alpha_3 = \alpha_2/\alpha_1$；

a——“剪跨”(shear span)，$a = \frac{M}{V}$，$\frac{a}{h_0}$可称为“剪跨比”。

当 $1.0 < \frac{a}{h_0} < 2.5$ 时，斜裂缝多发生在剪跨的中部，并常存在早期弯曲裂缝，随着荷载的增加，斜裂缝逐渐向两侧延伸，受压区截面减小，直至最后混凝土被压碎，为“剪压破坏”(Shear-

Compression failure)。

当 $2.5<\dfrac{a}{h_0}<6$ 时，首先出现弯曲裂缝，随着荷载的增加到某一阶段，在靠近弯曲裂缝处突然形成斜剪裂缝，并很快向两侧延伸直至梁顶，破坏时构件被斜裂缝分解为两部分，裂缝上混凝土失稳翘起，而不是混凝土被压碎，为“斜拉破坏”(diagonal tension failure)。

当 $\dfrac{a}{h_0}>6$ 时，通常在弯矩远大于剪力的区域内发生弯曲破坏(flexural failure)。

图 5-12(a)为无箍筋混凝土梁抗剪承载能力随剪跨比的变化，图 5-12(b)为抗弯承载力随剪跨比的变化，由两图可看出，当剪跨比小于 3 时，斜裂缝出现后仍保留部分承载能力，可以继续加载。

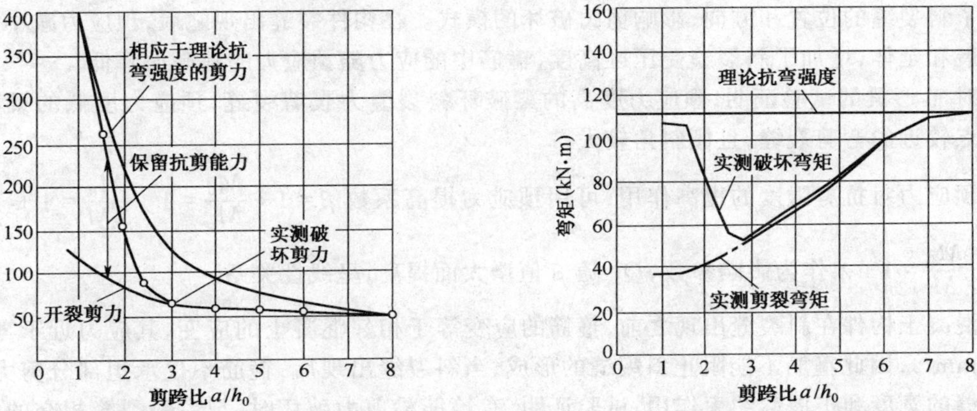

(a)抗剪能力随剪跨比的变化　　(b)抗弯能力随剪跨比的变化

图 5-12　无箍筋梁承载能力随剪跨比的变化

2. 影响构件抗剪强度的因素

图 5-13 示出混凝土抗压强度与构件抗剪强度的关系图，可见两者不是直线关系，而是按抛物线变化，若按 f_{cu} 直线增加，对高强度混凝土会过高估计了构件的抗剪强度，是不安全的；CEB 规范采用 $K\sqrt[3]{f_{cu}^2}$ 的关系；ACI 规范、BS 5400 采用 $K\sqrt{f_{cu}}$ 的关系；西南交通大学试验证明，混凝土构件的抗剪强度大体上与混凝土抗拉强度 f_{ct} 成正比。

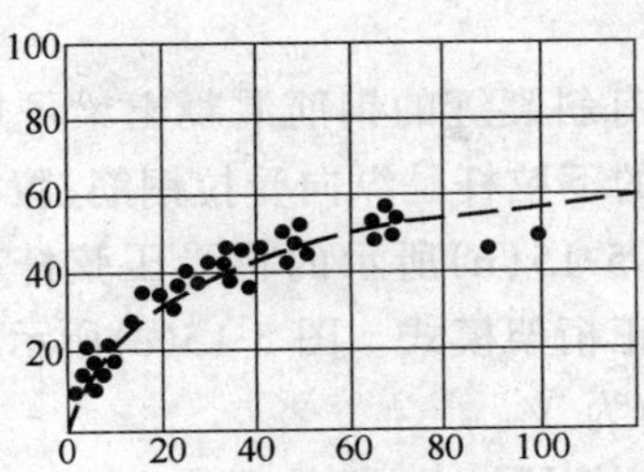

图 5-13　混凝土强度对抗剪强度的影响

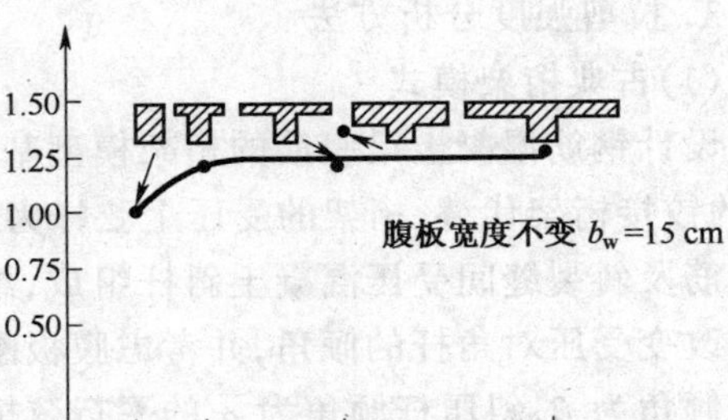

图 5-14　翼缘宽度的影响

许多试验指出，无箍筋梁在其他条件不变，只增加梁高将降低出现斜裂缝时的剪应力，且裂缝宽度较大，因此 CEB 规范规定对梁高较低的梁其设计剪应力可以比较高的梁予以提高。

对于 T 形和 I 形截面,试验认为靠近腹板的受压翼缘可以传递部分受压的剪力(图 5-14),T 梁的剪切破坏常常是受压翼缘与腹板相联结的地方被剪开,腹板较厚时多属剪压破坏,薄腹板箱梁则可能发生腹板斜压破坏,因此应考虑受压区翼缘的混凝土抗剪强度的提高系数:

$$\alpha = 1 + kh_{\mathrm{f}}^{2} / bh_{0}$$

试验和分析指出,若纵向钢筋配筋率降低到按腹板厚度计算的 1.2%～1.5%以下时,钢筋混凝土梁的抗剪强度将大大降低,因为纵向钢筋对斜截面抗剪起销栓作用,能对斜裂缝向下翼缘扩展起约束作用;对剪跨比 1.33～3.0 的 RC 无箍筋矩形梁按 $Q_{\mathrm{h}}^{\mathrm{s}}/R_{1}bh_{0}$ 与$(k+p)$关系进行分析,$\bar{k}=2.5$左右;当剪跨比 $m=3$ 时 $k=2.03$,因此对纵筋配筋率 p 的影响可取$(2+p)$为参数。

试验证明预加应力对构件的抗剪强度有明显的影响。在构件出现裂缝之前,纵向预压应力可使主拉应力降低,斜裂缝的倾角变小,所以预加应力不但提高了出现斜裂缝时的荷载,且改变了斜裂缝的位置和方向,影响剪力破坏的模式。在构件裂缝出现之后,预应力减小了裂缝的扩展和延伸,增加了斜裂缝受压区高度,箍筋中的应力随预应力的提高而降低。

对 T 形梁的试验证明,预应力度高的梁破坏斜裂缝为腹剪裂缝,预应力度低的梁则为距加载点较近的弯剪裂缝,且倾斜角较大。

预应力对抗剪强度的提高作用,可用预应力提高系数 $\beta=1+\dfrac{M_{0}}{M_{\mathrm{p}}}=1+\dfrac{M_{0}}{2M}=1+\dfrac{\lambda}{2}$或 $\beta'=1+\dfrac{M_{0}}{M}=1+\lambda$ 作为影响参数,Q_{h} 随 β 值增大面提高,呈线性关系。

混凝土构件在斜裂缝出现之前,箍筋的应变等于相邻混凝土的应变,其应力近于零(20～40N/mm^{2}),因此箍筋不能阻止斜裂缝的形成,当斜裂缝出现后,箍筋不仅承担部分剪力,还对斜裂缝的宽度和扩展起约束作用,试验证明,有箍筋梁剪力破坏时,与主斜裂缝相交的箍筋大都可达屈服强度。因此配箍率 μ_{k} 及斜裂缝水平投影长度 C 是影响箍筋抗剪能力 Q_{k} 的主要因素。不同配箍率的试验梁的剪力破坏试验表明 $Q_{\mathrm{p}}^{\mathrm{s}}$ 随 $\mu_{\mathrm{k}}R_{\mathrm{g}}$ 的增加而线性增大,随 β 值增大呈线性提高。

有箍筋 T 形试验梁的主斜裂缝水平投影长度平均值 $C=1.54h_{0}$,与无箍筋 T 梁的综合统计平均值 $C=1.50h_{0}$ 相近。

根据 200 多片 PPC、PC、T 梁、矩形梁剪力破坏实测值统计分析得出:

$$C_{\mathrm{p}}^{\mathrm{s}}/h_{0}=0.35+0.4m$$

3. 抗剪强度分析方法

(1)古典桁架模式

设计钢筋混凝土梁腹筋的桁架模型基本假定为:带有斜裂缝的钢筋混凝土梁可用图 5-15(a)的铰接桁架代替,桁架的受压上弦杆为混凝土,受拉的下弦杆是纵向受拉钢筋,腹杆则由受拉箍筋及斜裂缝间受压混凝土斜杆组成,继之改进为图 5-15(b)所示的将受压弦杆看作倾斜的或改变受压对角杆的倾角,并考虑腹板刚度影响的修正桁架模式。图 5-15(c)所示箍筋对梁纵轴倾角为 β,斜压杆倾角为 α 的平行弦桁架,荷载剪力为 V。

设总剪力 V_{u} 由桁架模式中箍筋承担的部分为 V_{s},由混凝土承担的部分为 V_{c}:

$$V_{\mathrm{u}}=V_{\mathrm{s}}+V_{\mathrm{c}},\quad \overline{V}=C_{\mathrm{d}}\sin\alpha=T_{\mathrm{s}}\sin\beta$$

$$V_{\mathrm{s}}=\overline{V}/b_{\mathrm{w}}j_{\mathrm{d}}\approx\overline{V}/b_{\mathrm{w}}d$$

当 $\alpha=45°$,$\beta=90°$时,配箍率 $\mu_{\mathrm{s}}=\dfrac{V_{\mathrm{u}}-V_{\mathrm{c}}}{f_{\mathrm{y}}}$桁架模式中斜压应力可近似为:

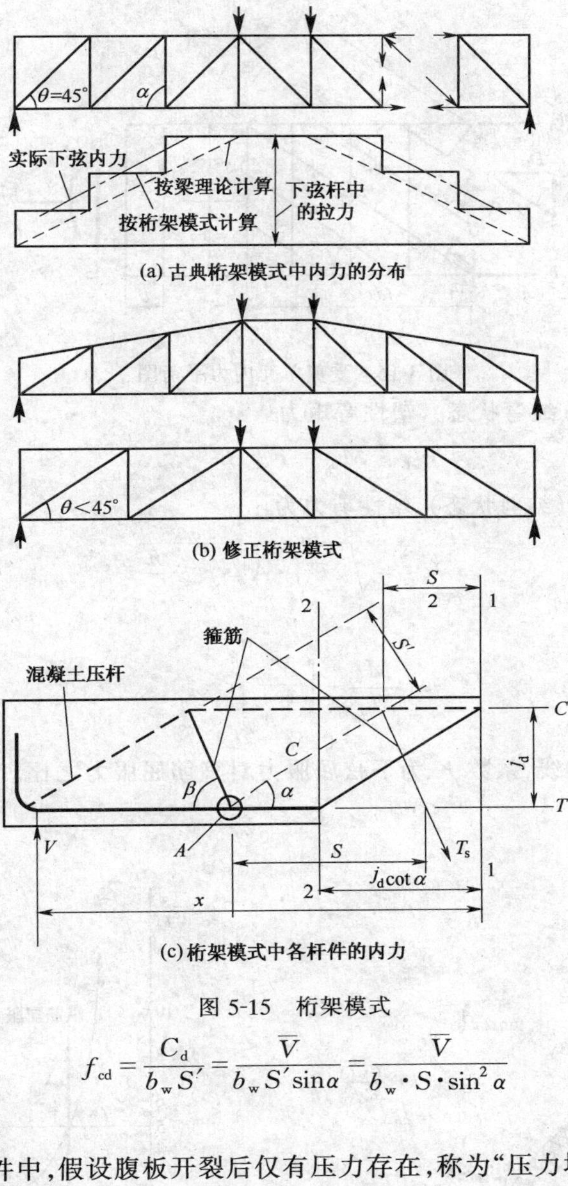

图 5-15 桁架模式

$$f_{cd}=\frac{C_d}{b_w S'}=\frac{\overline{V}}{b_w S'\sin\alpha}=\frac{\overline{V}}{b_w\cdot S\cdot\sin^2\alpha}$$

(2)角变桁架模式

在钢筋混凝土构件中,假设腹板开裂后仅有压力存在,称为“压力场理论”。

基本假设为:

①在极限荷载作用下,混凝土不能承受拉力;

②钢筋仅能承受其轴向拉力或压力;

③低筋截面以保证在混凝土被压碎前由钢筋屈服而破坏;

④在极限荷载作用下,不考虑钢筋的销栓作用和裂缝间的咬合力;

⑤构件不出现局部破坏;

⑥为防止混凝土早期破坏,规定混凝土压应力和名义剪应力的上限;限制混凝土压应力场倾角 α。

图 5-16 示出受剪单元上的作用:弯矩 M,轴力 N,剪力 V;桁架内力为上、下弦杆中的轴力 F_u、F_L,竖向箍筋内力 $A_w f_w$,混凝土斜压力场 σ_c 的合力 D;斜压应力场可变倾角 α。

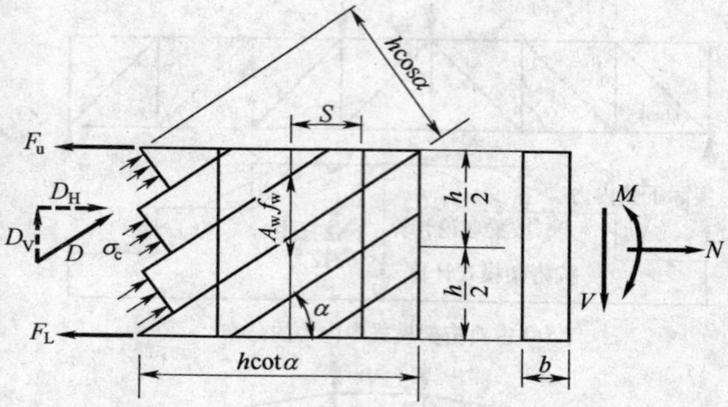

图 5-16　受剪单元内力平衡图

若极限剪力 $V_u=0$(纯弯状态),塑性弯矩为

$$M_{u_0}=F_{yL}\cdot h$$

若极限弯矩 $M_u=0$(纯剪状态),塑性剪力为

$$V_{u_0}=\sqrt{2F_{yL}\cdot A_w\cdot f_{yw}\cdot\frac{h}{s}}$$

相关方程为

$$\frac{M_u}{M_{u_0}}+\left[\frac{V_u}{V_{u_0}}\right]^2=1$$

图 5-17 示出相关曲线,系数 K 为下弦屈服力对箍筋屈服力之比。当$\frac{V_u}{V_{u_0}}$在 0.2～0.8 时处于弯剪破坏之中。

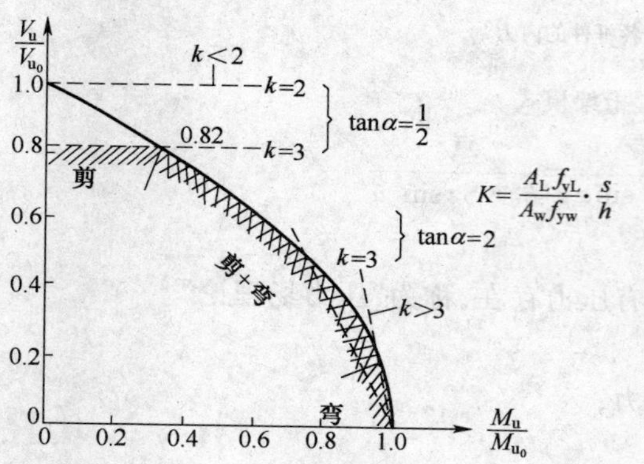

图 5-17　弯—剪相关曲线

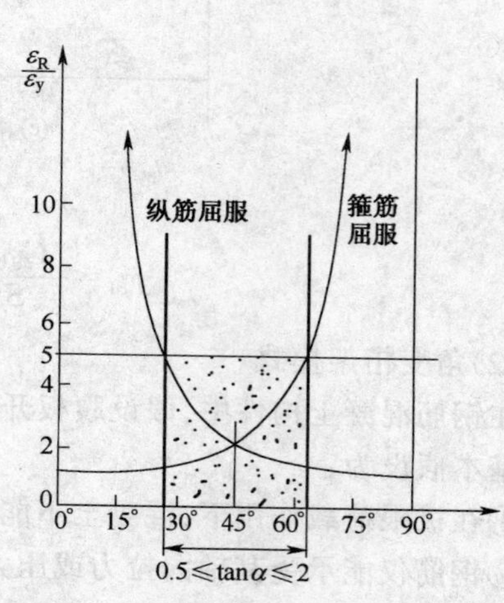

图 5-18　$\varepsilon_R/\varepsilon_y$ 随裂缝倾角 α 的变化

若取垂直于裂缝方向的平均裂缝应变为 ε_R,则 ε_R 为箍筋应变 ε_s 和纵筋应变 ε_1 之和,剪切应变 $\gamma=\varepsilon_s\tan\alpha+\varepsilon_1\cot\alpha$。

由 $d\gamma/d\alpha=0$ 可求得剪切变形最小时的斜压应力场倾角 α 应满足的条件:

$$\tan^2\alpha=\varepsilon_1/\varepsilon_s$$

在设计时须将倾角 α 限制在一定范围,以使箍筋及纵筋在构件破坏时都能屈服,并考虑在荷载下的裂缝宽度不超过允许值。

纵筋屈服时 $\varepsilon_1=\varepsilon_y$，　　$\varepsilon_R=\varepsilon_y(1+\cot^2\alpha)$

箍筋屈服时 $\varepsilon_s=\varepsilon_y$，　　$\varepsilon_R=\varepsilon_y(1+\tan^2\alpha)$

图 5-18 中绘出 $\varepsilon_R/\varepsilon_y$ 随裂缝倾角 α 的变化，当箍筋、纵筋同时屈服时，$\varepsilon_s=\varepsilon_1=\varepsilon_y$，$\alpha=45°$；当 $\alpha<45°$时，箍筋首先屈服，引起箍筋应变和裂缝宽度增大，直至纵筋屈服；当 $\alpha>45°$时，纵筋首先屈服，纵筋应变及裂缝增大，直至箍筋屈服；因此，倾角 α 只能在较小范围内变动，根据试验结果其变化范围为 $0.5\leqslant\tan\alpha\leqslant 2$。

$\tan\alpha=0.5$ 时，　$\varepsilon_1=\varepsilon_y$，　$\varepsilon_s=4\varepsilon_y$，　$\varepsilon_1=5\varepsilon_y$　剪力破坏；

$\tan\alpha=1.0$ 时，　$\varepsilon_1=\varepsilon_s=\varepsilon_y$，　$\varepsilon_R=2\varepsilon_y$　弯剪同时破坏；

$\tan\alpha=2$ 时，　$\varepsilon_s=\varepsilon_y$，　$\varepsilon_1=4\varepsilon_y$，　$\varepsilon_R=5\varepsilon_y$　受弯破坏。

同样由 $d\gamma/d\alpha=0$ 可得总的复合剪应变最小时的条件(应变协调条件)为

$$\tan^2\alpha=\frac{\varepsilon_1+\varepsilon_d}{\varepsilon_s+\varepsilon_d}\qquad(\varepsilon_d\ \text{为混凝土斜压杆中压应变})$$

应用桁架内力平衡方程及混凝土、钢筋的应力应变曲线，就可计算出构件在剪力及弯矩作用下的结构行为，其破坏准则是以混凝土斜压杆中的平均应力达到某极限值为准。

(3)简单刚体塑性机理

根据极限平衡原理，考虑钢筋混凝土梁在剪力和弯矩共同作用下，在破坏阶段被斜裂缝分为两部分：在受压区由斜裂缝上面的混凝土连接，在受拉区则由穿过斜裂缝的纵向钢筋和箍筋及弯起钢筋连接。

混凝土梁沿斜截面有两种破坏模式：

①受拉钢筋达到屈服强度或锚固不好发生滑移，使两部分绕受压区塑性铰点发生相对转动，受压区缩小混凝土被压碎造成“整体破坏”[图 5-19(a)]；

②若纵向钢筋锚固完好，阻止两部分的相对转动，则可能发生受压区混凝土剪压破坏的“剪力破坏”[图 5-19(b)]。

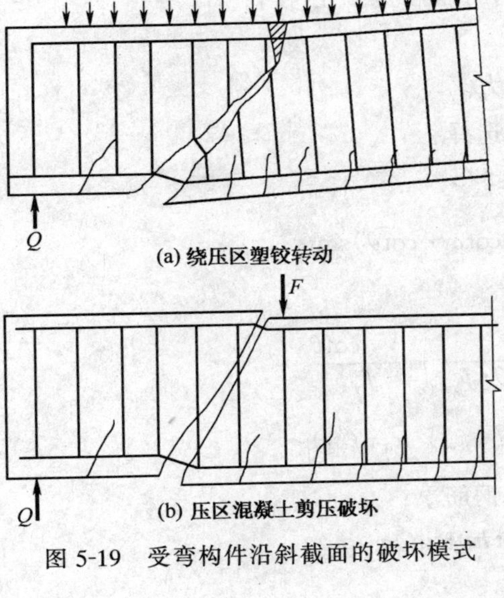

(a) 绕压区塑铰转动

(b) 压区混凝土剪压破坏

图 5-19　受弯构件沿斜截面的破坏模式

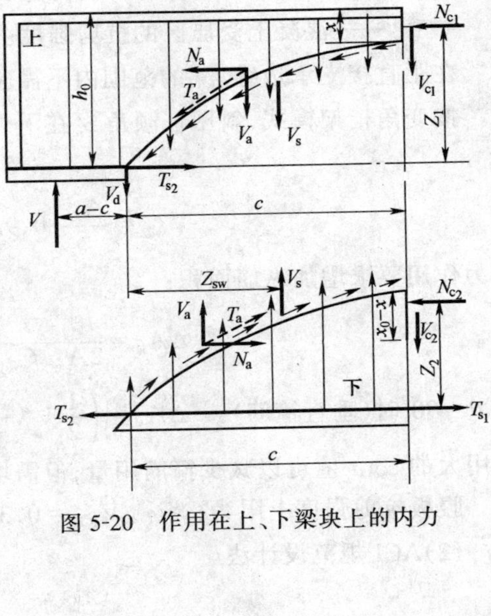

图 5-20　作用在上、下梁块上的内力

我国现行设计规范中有关斜截面强度验算多以此理论为基础。

图5-20示出被临界斜裂缝及其顶部的垂直截面所分开的构件上、下两部分的极限平衡状态。作用在两部分上的内力有：斜裂缝顶端混凝土中的纵向力 N_{c_1} 和剪力 V_{c_1}；与斜裂缝相交的纵向钢筋中的轴力 T_s 和剪力 V_d；与斜裂缝相交箍筋中的轴力 V_s；作用在斜裂缝上混凝土咬合力的纵向分力 N_a 和竖向分力 V_a；以及斜裂缝顶端以下部分混凝土中纵向力 N_{c_2} 和剪力 V_{c_2} 等。根据试验结果确定有关内力的分布及极值，建立三个平衡方程求解。

(4)统计分析法

根据大量试验结果的分析，研究影响抗剪强度的各主要因素为：混凝土的强度等级 f_c；纵向配筋率 p；箍筋间距、倾角和配箍率；剪跨比及截面形状、尺寸及预应力度等，根据对不同类型简支梁数据的量纲分析及统计回归得到经验公式，例如：

对剪跨比 $a/h_0>2.5$ 的无箍筋梁：

$$V_u=V_{cp}=2.17[f'_{cp}(h_0/a)]^{1/3}bh_0$$

对剪跨比 $a/h_0<2.5$ 的直接加载的短梁：

$$V_u=5.43[f'_{cp}(h_0/a)^4]^{1/3}bh_0$$

对具有竖向箍筋的梁，只需叠加上箍筋承担的剪力 $\mu_s f_{vw} bh_0(\mu_s=A_{sw}/bs)$。

西南交通大学对无箍筋混凝土T形梁抗剪强度的影响试验分析得出弯剪裂缝出现时的剪力约为：

$$V_{cp}=0.1f_{ct}bh_0+\frac{M_{cp}}{M/V}$$

4. 各国规范抗剪设计法

(1)CEB-FIP 规范设计法

“精确法”适用于房屋建筑中主梁和桥梁等，特别适用于弯、剪、扭共同作用，其表达式为

$$V_{sd}\leqslant V_{wd}+V_{cd}$$

式中 V_{sd}——设计剪力；

V_{wd}——按桁架模式计算的抗剪强度(抗剪钢筋、斜混凝土压杆)；

V_{cd}——混凝土受压区的抗剪强度。

在距直接支承边缘 h_0 的范围内不需验算剪应力。

按变角桁架模式，斜压杆倾角 α 在下列范围内选择：

$$3/5\leqslant\cot\alpha\leqslant 5/3$$

$$V_{wd2}=\frac{A_{sw}}{S}\cdot 0.9h_0\cdot f_{ywd}(\cot\alpha+\cot\theta)\sin\theta$$

剪力作用要求增加纵筋面积：

$$\Delta A_{sl}=\frac{V_{sd}^2\cdot S}{2A_{sw}f_{ywd}\cdot h_0\cdot\sin\theta\cdot f_{yld}}-\frac{V_{sd}\cot\theta}{f_{yld}}$$

当 $\theta=90°$ 时(垂直箍筋)： $\Delta A_{sl}=\left(\frac{1}{2}V_{sd}^2\cdot S\right)\Big/(A_{sw}\cdot f_{ywd}\cdot h_0\cdot f_{yld})$

选用大的 $\cot\alpha$ 值可以减少箍筋用量，但需增加纵向钢筋。

腹板抗剪强度上限为： $V_{Rd2}=0.30f_{cd}\cdot b_w\cdot h_0\cdot\sin 2\alpha$

(2)ACI 规范设计法

抗剪设计按承载能力极限状态，其基本方程为：

$$V_u = \phi V_n = \phi(V_c + V_s)$$

式中 V_u——计入荷载系数的荷载剪力；

V_n——截面抗剪强度；

ϕ——强度折减系数，抗剪 $\phi = 0.85$；

V_c——混凝土抗剪强度；

V_s——抗剪钢筋抗剪强度。

抗剪钢筋按45°桁架模式计算，采用竖直箍筋时：

$$A_v = \frac{V_s \cdot S}{f_y \cdot h_0} = \left(\frac{V_u}{\phi} - V_c\right)\frac{S}{f_y h_0}$$

混凝土抗剪强度 V_c 简化公式：

$$V_c = [0.05\sqrt{f'_c} + 4.8(V/M)h_0]b_w h_0$$

其上限为 $0.42\sqrt{f'_c}b_w h_0$，下限为 $0.17\sqrt{f'_c}b_w h_0$。

为防止腹板被压碎，腹板钢筋承受的剪力上限为：

$$V_{smax} = 0.66\sqrt{f'_c}b_w h_0$$

规定箍筋间距不得超过梁高的2/3，最小抗剪钢筋面积为：

$$A_{vmin} = 0.34\left(\frac{b_w S}{f_y}\right)$$

若预加力不小于受拉钢筋抗拉强度的40%，规定抗剪钢筋最小面积为：

$$A_{vmin} = \frac{A_p}{80} \cdot \frac{f_{pu}}{f_y} \cdot \frac{S}{h_0}\sqrt{\frac{h_0}{b_w}}$$

若 $V_u < \frac{1}{2}\phi V_c$，可以不配设抗剪钢筋；若 $V_s > 0.33\sqrt{f'_c}b_w h_0$，箍筋的最大间距应减小一半。

(3)BS 5400设计法

混凝土构件抗剪强度 V 为混凝土抗剪强度 V_c 和箍筋抗剪强度 V_s 之和：

$$V = V_c + V_s$$

当 $V > V_c$ 时，按斜压杆倾角等于45°的桁架模式计算箍筋面积 A_{sv}，对竖直箍筋 $\alpha = 90°$时：

$$\mu_s = \frac{A_{sv}}{S_v b} = \frac{(V - V_c)}{bh_0 \cdot 0.87 f_{yv}}$$

0.87为箍筋钢材安全系数1.15的倒数，且限制 $f_{yv} \leqslant 425\ \text{N/mm}^2$。

当 $V_c \geqslant V \geqslant \frac{1}{2}V_c$ 时：

$$\mu_s \geqslant 0.4\frac{1}{0.87 f_{yv}}$$

当 $V < 0.5V_c$ 则不配置箍筋；

若 $V > 1.8V_c$，最大箍筋间距应减小到 $0.5h_0$；不论 V 值如何，对有翼缘的构件箍筋间距不应超过腹板厚度的4倍。

关于混凝土抗剪强度，对没有弯曲裂缝的部分按出现腹剪裂缝时的剪力 V_{c_0} 计算；对已有弯曲裂缝的部分按出现弯剪裂缝时的剪力 V_{cr} 计算，并取较小值为 V_c 的设计值。

$$V_{c_0}=0.67bh\sqrt{f_t^2+0.8f_{cp}f_t}$$

式中 f_t 为混凝土抗拉强度；f_{ct}为预应力产生的压应力。

对于构成弯剪破坏的临界弯曲裂缝可假定在距荷载作用点 $h/2$ 处，下式适用于全预应力混凝土到钢筋混凝土各类构件：

$$V_{cr}=\left(1-0.55\frac{f_{pe}}{f_{pu}}\right)V_c bh_0+\frac{M_0 V}{M}$$

$$M_0=0.8f_{pe}I/y$$

式中 V_c 为根据混凝土强度等级和纵向配筋率确定的名义设计剪应力：

$$V_c=\frac{0.27}{\gamma_m}\sqrt[3]{f_{cu}\cdot\frac{100A_s}{bh_0}},\quad \gamma_m=1.25$$

$f_{cu}>40\ \text{N/mm}^2$ 时，按 $f_{cu}=40\ \text{N/mm}^2$ 计。

(4)前苏联《桥涵设计规范》设计法

斜截面抗剪极限强度(图 5-21)：

$$Q_u=Q_{sw}+Q_{s,inc}+Q_b$$

$$\begin{cases}Q_{sw}=\sum R_{sw}A_{sw}\\ Q_{s,inc}=\sum R_{sw}A_{s,inc}\sin\theta\\ Q_b=k/c=[\phi_{b2}(1+\phi_f+\phi_n)R_{bt}bh_0^2]/c,\text{重混凝土 }\phi_{b2}=2;\end{cases}$$

$$Q_{b,min}=\phi_{b3}(1+\phi_f+\phi_n)R_{bt}bh_0<Q_b<2.5R_{bt}bh_0,\ \phi_{b3}=0.6(\text{重混凝土})$$

箍筋最少用量应能承担$\frac{1}{2}Q_{b,min}$；抗剪钢筋的最大间距 S_{max} 按混凝土承担全部剪力计算：

$$S_{max}=[\phi_{b4}(1+\phi_n)R_{bt}bh_0^2]/Q,\quad \phi_{b4}=1.5(\text{重混凝土})$$

斜截面抗弯极限强度：

对受压区中心取矩：

$$M_u=M_s+M_{sw}+M_{s,inc}$$

$$\begin{cases}M_s=\sum R_s A_s Z_s\\ M_{sw}=\sum R_{sw}A_{sw}Z_{sw}\\ M_{s,inc}=\sum R_{s,inc}A_{s,inc}Z_{s,inc}\end{cases}$$

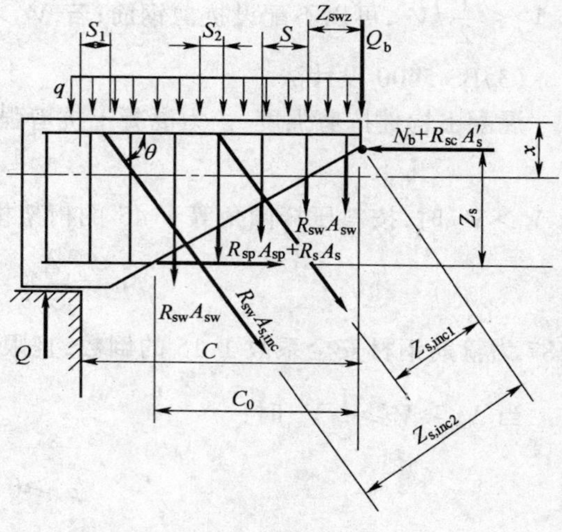

图 5-21 极限平衡法计算图式

(5)日本《公路桥梁设计规范》混凝土桥篇设计法

对预应力混凝土桥梁，在使用荷载阶段要验算平均剪应力 τ_m 及主拉应力 σ_1；在极限荷载阶段要验算最大平均剪应力 τ_{max}，并根据极限荷载计算抗剪钢筋用量。

使用荷载作用下平均剪应力验算是否需配置箍筋的条件为：

$$\tau_m\geqslant\frac{1}{6}f_t(f_t=6+0.06\sigma_{ck})\text{主拉应力容许值}[\sigma_1]=\frac{1}{3}f_t;$$

极限荷载阶段最大平均剪应力极限值为 $\tau_{max}=0.2\sigma_{ck}/1.5(\leqslant 600\ \text{N/cm}^2)$，以确定是否需要修改截面尺寸；所需箍筋面积为：

$$A_w = \frac{1.15(S - S_p - S_c)a}{\sigma_{sy} d(\sin\theta + \cos\theta)}$$

式中 S——荷载剪力；

S_p——预加力的竖向分力，$S_p = A_p \sigma_{pe} \sin\alpha$；

S_c——混凝土承担的剪力，$S_c = K\tau_c b_w d$，其中 τ_c 为容许剪应力，

$$K = 1 + \frac{M_0}{M_d} \leqslant 2$$

a、θ——箍筋间距和倾角。

(6)我国可靠度《铁路桥涵设计规范》(荷载和抗力系数极限状态设计法)

受弯构件斜截面抗剪承载力检算截面位置按图 5-22 确定。

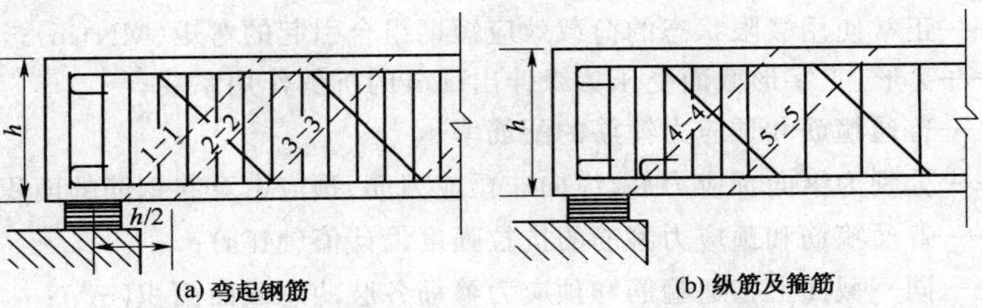

图 5-22 斜截面抗剪承载力验算位置示意

矩形、T 形和工字形截面受弯构件，腹板斜压破坏承载力应满足下式要求：

$$V_{dm} \leqslant 0.25 f_{cd} b_w h_0$$

式中 V_{dm}——计算截面最大剪力设计值(MN)；

f_{cd}——混凝土轴心抗压强度设计值(MPa)；

b_w——计算截面腹板厚度(m)；

h_0——梁的有效高度(m)。

混凝土受弯构件，当满足下式要求时可不进行斜截面抗剪强度计算，只需按构造配置箍筋：

$$V_d \leqslant 0.525 f_{ctd} b_w h_0$$

式中 f_{ctd}——混凝土抗拉强度设计值(MPa)。

矩形、T 形和工字形截面简支受弯构件，当配有箍筋和弯起钢筋时，其斜截面抗剪承载力按下式计算：

$$V_{dm} \leqslant V_c + V_s + 0.8 f_{std} \cdot A_{sb} \cdot \sin\alpha_s + \sigma_{pe} \cdot A_{pb} \cdot \sin\alpha_p$$

$$V_c = \frac{0.6}{m}(1 + 0.35p) f_{ctd} b h_0 \beta\alpha$$

$$m = \frac{M_v}{V_m h_0}\text{(剪跨比)}; \quad m > 3 \text{ 时取 } m = 3; \quad m < 1 \text{ 时取 } m = 1$$

$$p = 100\rho = 100[(A_p + A_{pb} + A_s)/bh_0], \quad \rho > 3 \text{ 时取 } \rho = 3$$

$$\beta = 1 + \frac{M_0}{M} = 1 + \lambda \leqslant 2;$$

$$\alpha = 1 + \frac{h_f^2}{b_w h_0}$$

$$V_s = 0.8(0.35 + 0.4m)(\rho_{sv} f_{std}^v + \rho_{pv} f_{ptd}^v) bh_0$$

$$\rho_{sv} = A_{sv}/b \cdot s_s, \rho_{pv} = A_{pv}/b \cdot s_p$$

式中 V_{dm}——构件斜截面上的最大剪力设计值(MN)；

V_c——构件斜截面上混凝土抗剪承载力(MN)；

V_s——构件斜截面上箍筋抗剪承载力(MN)；

m——计算截面的剪跨比；

M_v——相应 V_m 时的弯矩(MN·m)；

V_m——通过斜截面顶端的正截面内最大剪力设计值(MN)；

β——预应力影响的提高系数；

M_0——消压弯矩(MN·m)；

M——正常使用极限状态的荷载效应短期组合引起的弯矩(MN·m)；

α——T形、工字形截面受压翼缘伸出部分的抗剪作用系数；

ρ_{sv}、ρ_{pv}——普通箍筋和预应力箍筋的配筋率；

A_p、A_s、A_{pb}——分别为纵向预应力筋、纵向非预应力筋、预应力弯起钢筋的面积(m^2)；

f_{std}^v、f_{ptd}^v——普通箍筋和预应力箍筋的抗拉强度设计值(MPa)；

A_{sv}、A_{pv}——同一截面上普通箍筋和预应力箍筋各肢的总截面面积(m^2)；

S_s、S_p——普通箍筋和预应力箍筋的间距(m)；

c——斜截面抗剪强度计算中的斜截面水平投影长度($c = 0.6mh_0$)(m)；

h_0——梁的有效高度(m)，计算 m、c 时用斜截面顶端截面的 h_0，计算 p、V_c 时用斜截面底部截面的 h_0。

受拉纵向钢筋在斜截面以外(向支座方向)应有足够的锚固长度，并较抗弯筋需增加的 ΔA_{sl} 面积应按下式计算：

$$\Delta A_{sl} = \frac{V_s^2 \cdot s}{2A_{sv} \cdot f_{std}^v \cdot h_0 \cdot f_{std}}$$

式中 f_{std}——纵向钢筋的抗拉强度设计值(MPa)。

箍筋和弯起预应力筋同时使用时，由箍筋承担的剪力应大于箍筋和弯起预应力筋所承担总剪力的1/2。

等高矩形、T形、箱形连续梁，斜截面抗剪承载力应按下式计算：

$$V_{dm} \leqslant \frac{0.34}{0.18 + m}(1 + \bar{\lambda}_u)(2 + p) f_{ctd} bh_0 + 0.8(0.35 + 0.4m)(\rho_{sv} f_{std}^v + \rho_{pv} f_{ptd}^v) bh_0$$

平均预应力度：$\bar{\lambda}_u = \frac{\lambda_u^+ + \lambda_u^-}{2}$，　$\lambda_u^+ = \frac{M_0^+}{M_u^+}$，　$\lambda_u^- = \frac{|M_0^-|}{|M_u^-|}$

受弯构件斜截面抗弯承载力按下式计算(图5-23)：

$$M_d \leqslant f_{ptd}(\sum A_p Z_p + \sum A_{pb} Z_{pb}) + f_{std}(\sum A_s Z_s + \sum A_{sv} Z_{sv})$$

式中 M_d——通过斜截面顶端的正截面内的最大弯矩设计值(MN·m)；

f_{ptd}、f_{std}——分别为预应力筋及非预应力筋的抗拉强度设计值(MPa)；

A_p、A_{pb}、A_s、A_{sv}——分别为与斜截面相交的预应力纵向钢筋、预应力弯起钢筋、非预应力纵向钢筋与箍筋的截面面积(m^2)；

Z_p、Z_{pb}、Z_v、Z_{sv}——分别为钢筋 A_p、A_{pb}、A_v、A_{sv} 对混凝土受压区中心 O 点的力臂(m)。

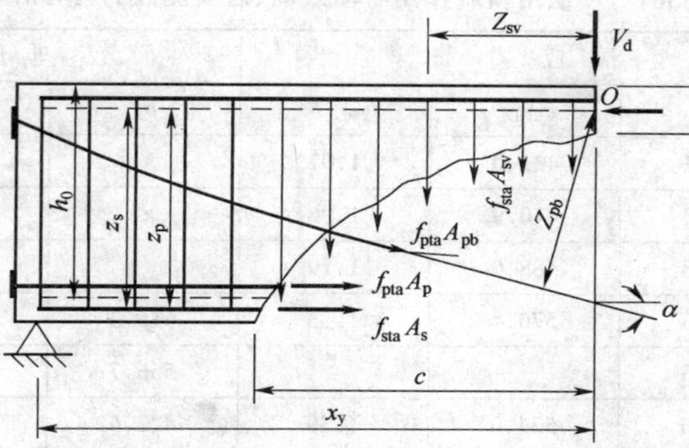

图 5-23 斜截面抗弯承载力计算图式

计算斜截面抗弯承载力时,最不利斜截面的位置(即受拉区抗弯的薄弱处,如预应力及非预应力纵向钢筋变少处,自下而上沿斜向试算几个不同角度的斜截面)按下式通过试算确定:

$$V_d = f_{ptd}\sum A_{pb}\sin\alpha_p + f_{std}\sum A_{sb}\sin\alpha_s + f_{std}^{v}\sum A_{sv}$$

式中 V_d——通过斜截面顶端的正截面内最大设计弯矩时的相应剪力(MN)。

斜截面受压区高度 x 应按作用于斜截面所有的力对构件纵轴的投影之和为零($\sum H=0$)的平衡条件求得。

当箍筋采用预应力筋时,只需将上式非预应力箍筋的抗拉设计强度 f_{std}^{v} 换成预应力箍筋的抗拉设计强度 f_{ptd}^{v}。

5.3.3 疲劳承载能力极限状态

混凝土结构在验算其疲劳承载能力极限状态时,以结构构件某危险部位的材料或结构细节达到疲劳破损或产生过大的变形作为其失效准则。

1. 混凝土结构正截面疲劳承载能力极限状态

在研究混凝土结构疲劳承载能力极限状态时,要通过动载试验以确定结构抗力的计算模型不定性系数。RC、PPC-A、PPC-B* 和 PC 各种试验梁的钢绞线和非预应力粗钢筋的荷载——应力曲线(M—$\Delta\sigma$ 曲线)表明,应力增量在动载初期增加较快,加荷到 50 万次以后变化较小,到 200 万次时基本趋于稳定。

表 5-36(a)、(b)列出动载作用初期、后期实测应力值和其比值(动载影响系数 α_p);

相应的动载影响系数 α_p 与预应力度 λ 的关系曲线表达式为:

$$\alpha_p = 0.363 + 0.714/\lambda \text{(相关系数 } \gamma = 0.73\text{,标准差 } \sigma = 0.135\text{)}$$

不同预应力度 λ 的钢筋应力动载影响系数列于下表:

λ	1.0	0.9	0.8	0.7	0.6	0
α_p	1.08	1.16	1.26	1.38	1.55	1.11

*:PPC-A 类梁为在列车活载标准值作用下允许受拉翼缘出现限制拉应力但不开裂的部分预应力梁;
PPC-B 类为在列车活载标准值作用下允许受拉翼缘出现限制裂缝宽度的部分预应力梁。

表 5-36(a) 使用荷载作用下动载前、后实测应力(MPa)

应力 / 梁号	预应力筋			非预应力筋		
	σ_2	$\sigma_{200万}$	$\sigma_{200万}/\sigma_2$	σ_2	$\sigma_{200万}$	$\sigma_{200万}/\sigma_2$
T-PC-1	403.7	432.0	1.07			
T-PC-2	387.3	410.9	1.06			
T-PC-3	408.8	488.0	1.19			
T-PPC-A-1	465.5	570.4	1.23	615.3	664.8	1.08
T-PPC-A-2	497.3			556.7		
T-PPC-A-3	412.0	534.0	1.30	422.6	603.4	1.43
T-PPC-B-1	481.4	534.3	1.11	640.0	731.6	1.14
T-PPC-B-2	490.3			650.5		
T-PPC-B-3	454.1	660.8	1.48	665.6	910.2	1.39
T-RC-1				1 091.1	1 177.7	1.08
T-RC-2				1 091.1		
T-RC-3				1 091.1	1 189.2	1.09

表 5-36(b) 使用荷载作用下动载前、后实测应力(MPa)

应力 / 梁号	预应力筋			非预应力筋		
	σ_2	$\sigma_{200万}$	$\sigma_{200万}/\sigma_2$	σ_2	$\sigma_{200万}$	$\sigma_{200万}/\sigma_2$
R-PC-1	264.0	279.4	1.06			
R-PC-2	280.3	279.6	1.00			
R-PC-3	267.7					
R-PPC-A-1	312.7			425.3		
R-PPC-A-2	362.8	376.8	1.04	424.2	464.7	1.09
R-PPC-A-3	342.1	373.4	1.09	449.4	509.9	1.13
R-PPC-B-1	308.8	352.5	1.14	471.9	567.2	
R-PPC-B-2	373.9			515.8		1.15
R-PPC-B-3	357.2	414.9	1.16	496.6	572.5	
R-RC-1				1 010.9		
R-RC-2				1 078.7	1 229.4	1.14
R-RC-3				1 074.4	1 205.8	1.12

混凝土结构在变幅重复应力作用下的疲劳极限状态验算需作等效重复应力转换。对于铁路桥梁混凝土结构本书 5.2.2 节给出了等效重复应力 σ_{ce} 的计算公式：

$$\sigma_{ce} = \sigma_{min} + \frac{f_c - \sigma_{min}}{13.5}\lg\left[\frac{1}{n_e}\sum_{i=1}^{m} n_i \lg^{-1}(13.5\alpha_{r,i})\right]$$

由标准活载(中—活载)及影响线计算出的结构跨中最大静应力 σ_{max} 和最小静应力 σ_{min}，可得到标准活载的应力变程：

$$\Delta\sigma_c = \sigma_{max} - \sigma_{min}$$

等效重复应力变程为：

$$\Delta\sigma_{ce} = \sigma_{ce} - \sigma_{min}$$

等效重复应力换算系数 K_1 可表示为：

$$K_1=\frac{\Delta\sigma_{ce}}{\Delta\sigma_c}$$

影响 K_1 的因素为混凝土等级、跨度、运量等，下表列出在中等运量下不同混凝土等级对 K_1 的影响：

K_1 跨度(m) \ 混凝土等级	C20	C30	C40
4	0.842	0.835	0.854
16	0.823	0.833	0.833
24	0.837	0.832	0.830

混凝土等级对 K_1 影响很小，可以不考虑。

表 5-37 列出 C50 混凝土 σ_{min}/f_c 为 0、0.1、0.2、0.3 时各种跨度、运量等级时的 K_1 值，说明混凝土最小应力水平 σ_{min}/f_c 对同一等级运量下的等效重复应力换算系数 K_1 影响也很小，可以不考虑。

表 5-37 混凝土等效等幅重复应力换算系数

跨度(m) \ 级别 \ α_{min}	0.0			0.10			0.20			0.30		
	轻	中	重	轻	中	重	轻	中	重	轻	中	重
4	0.801	0.827	0.872	0.802	0.828	0.873	0.802	0.328	0.873	0.806	0.804	0.880
8	0.822	0.842	0.878	0.822	0.842	0.879	0.822	0.842	0.879	0.822	0.843	0.881
12	0.816	0.835	0.867	0.816	0.835	0.868	0.810	0.835	0.878	0.815	0.835	0.869
16	0.815	0.833	0.852	0.815	0.834	0.866	0.815	0.834	0.866	0.814	0.833	0.867
20	0.814	0.833	0.866	0.814	0.833	0.860	0.814	0.833	0.866	0.813	0.833	0.866
24	0.814	0.833	0.866	0.814	0.833	0.866	0.814	0.833	0.866	0.813	0.832	0.866
32	0.814	0.833	0.866	0.814	0.833	0.866	0.814	0.833	0.866	0.813	0.832	0.866
40	0.734	0.753	0.866	0.733	0.757	0.866	0.734	0.757	0.866	0.732	0.756	0.866

可以按桥梁跨度 32 m 为界确定不同等级运量下的混凝土等效等幅重复应力换算系数 K_1 值：

K_1 跨度(m) \ 运量等级	年 运 量(万 t)		
	≤1 500	1 500～3 000	≥3 000
≤32	0.82	0.84	0.88
>32	0.74	0.76	0.86

钢筋疲劳强度与应力比 ρ 无关只与应力变程有关，其等效等幅重复应力 $\Delta\sigma_e$ 为：

$$\Delta\sigma_e=\sqrt[m]{\frac{\sum n_i(\Delta\sigma_i)^m}{N}}$$

钢筋等效等幅重复应力换算系数 K_2 为：

$$K_2=\frac{\Delta\sigma_e}{\Delta\sigma_c}=\frac{\Delta\sigma_e}{\Delta\sigma_{max}-\Delta\sigma_{min}}=\sqrt[m]{\frac{\sum n_i(\Delta\sigma_i/\Delta\sigma_c)^m}{N}}=\sqrt[m]{\frac{\sum n_iP_i^m}{N}}$$

对于混凝土结构取 $N=2\times10^6$。

表 5-38 列出 $\phi5$ 高强钢丝（$m=3.4636$）和钢绞线（$m=2.9375$）的等效等幅重复应力换算系数 K_{p_1}、K_{p_2}；表 5-39 列出普通钢筋母材（$m=5$）和焊接（$m=3$）的等效等幅重复应力换算系数 K_s 值。

表 5-38　预应力筋等效等幅重复应力换算系数 K_{p_1}、K_{p_2}

跨度(m)	钢丝（$m=3.4636$）			钢绞线（$m=2.9375$）		
	轻	中	重	轻	中	重
8	1.138	1.315	1.626	1.306	1.564	1.999
12	0.954	1.082	1.289	1.081	1.261	1.557
16	0.879	0.982	1.108	0.959	1.113	1.287
20	0.788	0.887	0.991	0.817	0.956	1.079
24	0.770	0.843	0.950	0.784	0.874	0.991
32	0.761	0.835	0.943	0.766	0.855	0.973
40	0.682	0.740	0.932	0.687	0.756	0.958

表 5-39　普通钢筋等效等幅重复应力换算系数 K_s

结构 / 运量 / 跨度(m)	母材（$m=5$）			焊接（$m=3$）		
	轻	中	重	轻	中	重
4	1.085	1.207	1.387	1.638	2.002	2.481
8	0.963	1.065	1.237	1.378	1.660	2.103
12	0.854	0.925	1.038	1.118	1.332	1.043
16	0.802	0.853	0.926	0.945	1.092	1.267
20	0.773	0.827	0.909	0.812	0.943	1.062
24	0.769	0.819	0.904	0.781	0.869	0.983
32	0.767	0.819	0.904	0.764	0.853	0.983
40	0.688	0.729	0.899	0.685	0.752	0.954

受弯构件疲劳承载能力极限状态正截面应力验算采用以下假设：

(1)截面应变保持平截面。

(2)受压区混凝土正应力按三角形分布；对钢筋混凝土和允许出现裂缝的预应力混凝土构件，受拉区混凝土不参加工作，拉应力全部由钢筋承受；对不出现裂缝的预应力混凝土构件，受拉区混凝土正应力按三角形变化。

(3)计算采用换算截面，截面换算系数 n 为：

预应力度 $\lambda>1.0$ 及 $1>\lambda\geqslant0.7$，不允许出现裂缝的构件，$n_p=E_p/E_c$；

$1>\lambda\geqslant0.7$ 允许出现裂缝的构件 n_p，n_s 均等于 10；

钢筋混凝土构件：C40～C60，C25～C35，≤C20

$$n_s=10,\quad n_s=15,\quad n_s=20$$

受压区的预应力筋及非预应力筋、受压区在计算荷载下混凝土应力幅小于 $0.5f_{cd}$ 及预应力混凝土梁计算的最大主拉应力小于 $0.5f_{ctd}$ 时，可不验算正截面疲劳承载能力极限状态。

混凝土构件正截面疲劳强度验算公式为：

混凝土 $\gamma_0\gamma_c K_1 K_c\sigma_{cf}\leqslant f_{cfd}$

预应力筋 $\gamma_0\gamma_p K_1 K_p\Delta\sigma_{pf}\leqslant\Delta f_{pfd}$

非预应力筋 $\gamma_0\gamma_s K_1 K_s\Delta\sigma_{sf}\leqslant\Delta f_{sfd}$

式中 $\Delta\sigma_{cf}$——结构验算部位在疲劳荷载作用下混凝土应力(MPa)；

$\Delta\sigma_{pf}$、$\Delta\sigma_{sf}$——结构验算部位由标准荷载(计入运营动力系数、离心力)作用下预应力筋、非预应力筋的计算应力变程(MPa)；

γ_0——结构重要性系数，一般取1.0；

γ_c——混凝土疲劳分项系数，$\gamma_c=1.50$；

γ_p——预应力筋疲劳分项系数，$\gamma_p=1.25$；

γ_s——非预应力筋疲劳分项系数，$\gamma_s=1.25$；

K_c、K_p、K_s——分别为混凝土、预应力筋、非预应力筋的等效等幅重复应力换算系数；

K_1——结构构造系数；

普通钢筋母材 $K_1=\dfrac{\sqrt{l}}{3.7}\geqslant0.55$

焊接接头 $K_1=\dfrac{\sqrt{l}}{4.8}\geqslant0.55$

预应力筋 $K_1=0.9$

其他 $K_1=1.0$

f_{cfd}——混凝土轴心抗压疲劳强度设计值(MPa)；

Δf_{pfd}、Δf_{sfd}——分别为预应力筋、非预应力筋的疲劳强度设计值(MPa)。

疲劳荷载运营动力系数按货物列车动力系数计算$(1+\mu)_s=1.15$。

2. 混凝土结构抗剪疲劳承载能力极限状态

铁路混凝土梁在重复荷载作用下疲劳剪切破坏的过程是一个复杂的内力重分布过程，通常是混凝土腹板先发生斜裂缝，逐渐贯通发展，箍筋和斜筋承担的剪力逐渐增加，最终因抗剪钢筋疲劳断裂引起结构疲劳剪切破坏。

只配置竖直箍筋的T形截面部分预应力梁的疲劳试验研究表明，在正常配箍率情况下其抗剪破坏首先发生于箍筋的疲劳断裂，因此箍筋应力的验算是斜截面疲劳验算的关键。

根据变角桁架模式分析，当剪跨比 $m=3$ 时，箍筋剪力分配系数 K_s^p 为：

$$K_s^p=\frac{1}{2}\left(3-\frac{1}{1-2\tan\beta}\right)\quad(\beta\text{为桁架受压上弦杆倾角})$$

当 $\beta=0°$时，$K_s^p=1.0$，全部剪力由箍筋承担；

当 $\beta=18.4°$时，$K_s^p=0$，全部剪力由混凝土承担。

箍筋的平均应力为 $\bar{\sigma}_{kg}=K_s^pQ/(\mu_k\cdot bh_0)$，考虑箍筋应力不均匀系数 $\alpha_k=1.2$，则箍筋最大应力为：

$$\sigma_{kg,\max}=\frac{\alpha_k\cdot K_s^p\cdot Q}{\mu_k\cdot bh_0}=\frac{1.2K_s^pQ}{\mu_k bh_0}$$

式中 Q——最大疲劳荷载剪力；

μ_k——配箍率，$\mu_k=A_k/(b\cdot S_k)$；

b, h_0——分别为T梁截面腹板厚度、截面有效高度。

变角桁架上弦杆倾角 β 可以根据试验的第一根箍筋断裂时的疲劳次数计算：

$$\tan\beta = \frac{1}{3}\left[1 - 0.09\left(\frac{\Delta Q}{Q_f}\right)^{1.35} \sqrt{\lg(N - N_c + 1)}\right]$$

式中 N_c、N——梁出现裂缝时荷载重复次数及梁抗剪破坏时疲劳荷载重复总次数；

ΔQ——标准荷载剪应力幅，$\Delta Q = Q_{max} - Q_{min}$；

Q_f——静载作用下斜截面开裂剪力。

可以采用等效箍筋剪力分配系数 K_N 验算箍筋应力计算的正确性：

$$K_N = \frac{\Delta Q_{200万}}{\Delta Q_{N_p}} = \left(\frac{\lg N_{0(N_p)}}{\lg N_{0(200万)}}\right)^{\frac{1}{2.7}}$$

式中，$N_{0(N_p)} = N_p - N_c + 1$；$N_{0(200万)} = 2\ 000\ 001$ 次；N_p 为梁疲劳破坏时荷载重复次数。

箍筋疲劳强度取决于应力幅 $\Delta\sigma = \sigma_{kg,max} - \sigma_{kg,min}$，而 $\sigma_{kg,min}$ 基本上等于其残余应力 σ_{kg0}：

$$\sigma_{kg0} = k \cdot \sigma_{kg,max} = 0.87\frac{Q_{max}}{Q_p} \cdot \sigma_{kg,max}$$

梁斜截面开裂后，通过200万次疲劳荷载时，第一根箍筋疲劳断裂应力计算值与箍筋材料平均疲劳强度之比的平均值约为0.94，变异系数为0.150。

在重复荷载作用下，随着荷载重复次数的增加，混凝土的抗剪能力逐渐减小，其减小速率与 $\Delta Q/Q_f$ 有关，根据试验数据分析得到混凝土承担的极限剪力为：

$$Q_f^p = Q_f\left[1 - 0.064\frac{\Delta Q}{Q_f}\lg(N - N_c + 1)\right]$$

用上式可求出 $N - N_c = 2\times10^6$ 次时混凝土所承担的剪力 $Q_{f200万}$。由具有弯起预应力筋的部分预应力混凝土T梁疲劳抗剪性能试验研究表明，重复荷载作用会降低梁斜截面的抗裂性，可以 2×10^6 次重复荷载作用腹板出现疲劳斜裂缝的剪力作为斜截面疲劳抗裂剪力强度值。试验梁分析说明预应力大小对第一条疲劳斜裂缝的位置有明显影响，随着预应力度的提高，第一条斜裂缝位置有向梁腹板外上角推移的倾向，表明预应力梁的抗裂性随之改善。

采用以梁裂缝疲劳开裂剪力 Q_f^p 与静力开裂剪力 Q_f 的比值定义梁斜截面疲劳开裂剪力折减系数 K_f^p 与 $\lg N_f$ 的关系：

$$K_f^p = 1 - 0.049\lg N_f$$

当 $N = 2\times10^6$ 次时，梁斜截面疲劳剪力强度折减系数为0.691，说明具有弯起预应力筋梁的斜截面抗裂性比直线预应力筋梁好。

也可以采用以梁疲劳剪力破坏时剪力 Q_f^p 与梁静力剪力破坏时的剪力 Q_p 的比值定义斜截面疲劳强度折减系数 K_Q^p 与 $\lg N$ 的关系：

$$K_Q^p = 1 - 0.074\lg N \tag{a}$$

（标准差 $S = 0.053\ 7$，相关系数 $r = -0.935$）

保证率为97.7%的表达式为：

$$K_Q^p = 0.9 - 0.074\lg N \tag{b}$$

图5-24中实线为(a)式，虚线为(b)式，可以很好地代表了试验结果用以确定具有弯起预应力筋T梁的疲劳抗剪强度。

预应力混凝土梁斜截面疲劳抗裂性与斜截面主拉应力有关，表5-40(a)、(b)、(c)是根据标准活载和运量等级制订的标准设计 T 形梁 $\frac{1}{4}l_p$ 截面主拉应力效应比谱(分别为重心轴、上缘和下缘处)。

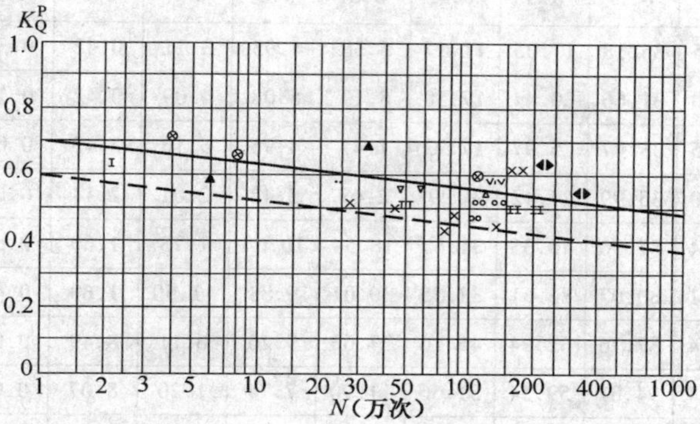

图 5-24 斜截面疲劳强度折减系数 K_Q^p 与疲劳次数 N 的关系

利用预应力梁的主拉应力效应比谱及预应力混凝土梁疲劳抗裂 $S—N$ 曲线可以计算出梁 $\frac{1}{4}l_p$ 截面处混凝土等效重复应力系数 K_1(表 5-41)。

表 5-40(a) **预应力 T 形梁主拉应力效应比谱**($\frac{1}{4}$斜截面重心轴处,$n_1\times10^6$)

跨度(m) \ 效应比 P_1		0.0~0.1	0.1~0.2	0.2~0.3	0.3~0.4	0.4~0.5	0.5~0.6	0.6~0.7	0.7~0.8	0.8~0.9	0.9~1.0	≥1.0	总计
≤1 500 万 t	PC16	51.89	33.29	16.39	5.76	6.23	2.80	0.45	0.00	0.32	0.00	0.00	117.13
	PC20	34.31	40.62	22.43	10.82	4.67	4.27	0.18	0.00	0.00	0.32	0.00	117.63
	PC24	33.45	43.25	20.43	11.52	4.63	3.57	0.30	0.18	0.32	0.00	0.00	117.63
	PC32	54.73	35.86	15.92	4.42	2.22	2.96	1.52	0.00	0.00	0.00	0.00	117.63
1 500~3 000 万 t	PC16	130.51	77.94	46.45	16.97	12.90	8.15	1.20	0.00	0.58	0.00	0.00	294.69
	PC20	83.46	101.77	53.03	34.28	10.32	11.83	0.40	0.00	0.00	0.58	0.00	295.67
	PC24	82.66	103.62	53.76	32.79	9.07	12.80	0.00	0.40	0.58	0.00	0.00	295.67
	PC32	127.77	89.21	46.87	16.26	6.12	5.87	3.57	0.00	0.00	0.00	0.00	295.67
≥3 000 万 t	PC16	139.51	102.86	55.12	24.09	23.48	13.25	2.45	0.00	0.70	0.00	0.00	361.47
	PC20	71.09	136.28	66.95	51.82	14.56	21.29	0.49	0.00	0.00	0.70	0.00	362.67
	PC24	75.73	135.27	69.24	45.39	14.59	21.26	0.00	0.49	0.70	0.00	0.00	362.67
	PC32	133.07	110.30	67.56	25.46	9.38	10.19	6.70	0.00	0.00	0.00	0.00	362.67

表 5-40(b) 预应力T形梁主拉应力效应比谱($\frac{1}{4}$斜截面腹板上缘处,$n_1\times10^6$)

跨度(m) \ 效应比 P_1		0.0~0.1	0.1~0.2	0.2~0.3	0.3~0.4	0.4~0.5	0.5~0.6	0.6~0.7	0.7~0.8	0.8~0.9	0.9~1.0	≥1.0	总计
≤1 500 万 t	PC16	38.55	36.18	17.05	11.17	5.38	4.95	3.11	0.42	0.32	0.00	0.00	117.13
	PC20	19.80	31.66	30.44	17.50	8.13	5.08	4.09	0.42	0.18	0.32	0.00	117.63
	PC24	21.25	33.97	25.97	17.92	7.47	4.95	3.16	2.43	0.00	0.51	0.00	117.63
	PC32	36.60	35.99	24.42	9.99	2.47	3.42	2.01	2.14	0.60	0.00	0.00	117.63
1 500~3 000 万 t	PC16	95.44	87.96	40.33	31.85	18.54	10.64	7.73	1.60	0.58	0.00	0.00	294.69
	PC20	42.41	80.07	86.61	32.55	30.01	9.83	11.60	1.60	0.40	0.58	0.00	295.67
	PC24	46.34	87.76	62.94	46.16	27.63	9.26	6.11	8.49	0.00	0.98	0.00	295.67
	PC32	81.54	94.01	59.54	31.66	11.90	7.74	1.20	8.07	0.00	0.00	0.00	295.67
≥3 000 万 t	PC16	99.79	113.86	46.68	41.70	22.79	20.41	12.20	3.36	0.70	0.00	0.00	361.47
	PC20	30.99	97.98	113.08	43.23	42.31	10.77	20.84	2.29	0.49	0.70	0.00	362.67
	PC24	36.61	109.55	78.90	61.78	38.87	12.33	10.58	13.87	0.00	1.19	0.00	362.67
	PC32	75.34	126.15	72.38	45.37	15.15	11.56	3.41	13.30	0.00	0.00	0.00	362.67

表 5-40(c) 预应力T形梁主拉应力效应比谱($\frac{1}{4}$斜截面腹板下缘处,$n_1\times10^6$)

跨度(m) \ 效应比 P_1		0.0~0.1	0.1~0.2	0.2~0.3	0.3~0.4	0.4~0.5	0.5~0.6	0.6~0.7	0.7~0.8	0.8~0.9	0.9~1.0	≥1.0	总计
≤1 500 万 t	PC16	85.64	20.32	7.51	2.68	0.32	0.32	0.00	0.32	0.00	0.00	0.00	117.13
	PC20	69.89	32.41	9.98	3.57	1.47	0.00	0.00	0.00	0.32	0.00	0.00	117.63
	PC24	79.83	25.83	9.80	1.85	0.00	0.00	0.32	0.00	0.00	0.00	0.00	117.63
	PC32	104.60	10.40	1.87	0.96	0.00	0.00	0.00	0.00	0.00	0.00	0.00	117.63
1 500~3 000 万 t	PC16	209.65	58.96	14.98	9.85	0.09	0.58	0.00	0.58	0.00	0.00	0.00	294.69
	PC20	173.53	76.56	30.41	12.93	1.66	0.00	0.00	0.00	0.58	0.00	0.00	295.67
	PC24	180.69	80.41	23.14	2.86	0.00	0.00	0.58	0.00	0.00	0.00	0.00	295.67
	PC32	249.35	40.93	4.22	1.17	0.00	0.00	0.00	0.00	0.00	0.00	0.00	295.67
≥3 000 万 t	PC16	237.66	79.80	26.75	15.71	0.16	0.70	0.00	0.70	0.00	0.00	0.00	361.47
	PC20	191.58	102.32	43.64	21.69	2.74	0.00	0.00	0.00	0.70	0.00	0.00	362.67
	PC24	205.23	112.03	40.53	4.19	0.00	0.00	0.70	0.00	0.00	0.00	0.00	362.67
	PC32	289.60	64.64	6.88	1.55	0.00	0.00	0.00	0.00	0.00	0.00	0.00	362.67

表 5-41 预应力混凝土梁等效等幅重复应力系数 K_1

运 量	≤1 500 万 t				1 500~3 000 万 t				≥3 000 万 t			
跨度(m)	16	20	24	32	16	20	24	32	16	20	24	32
上缘	0.77	0.84	0.87	0.81	0.82	0.89	0.93	0.84	0.84	0.91	0.95	0.87
重心轴	0.74	0.83	0.75	0.65	0.78	0.87	0.78	0.69	0.79	0.88	0.80	0.72
下缘	0.65	0.74	0.56	0.33	0.68	0.77	0.59	0.34	0.69	0.78	0.60	0.35

预应力混凝土梁斜截面主拉应力计算式为：

$$\sigma_{zl}=\frac{\sigma}{2}-\sqrt{\left(\frac{\sigma}{2}\right)^{2}+\tau^{2}}$$

利用转换函数：

$$f(t)=(1-\sqrt{1+t^{2}})/(1+t),\quad \left[令\ t=\tau\Big/\left(\frac{\sigma}{2}\right)\right]$$

得到主拉应力简化表达式：

$$\sigma_{zl}=f(2\tau/\sigma)\left(\frac{\sigma}{2}+\tau\right)=f(2\tau/\sigma)\left(\frac{\sigma}{2}+\frac{QS}{Ib}\right)$$

并转换为影响斜截面抗裂性的应力幅形式：

$$\Delta\sigma_{zl}=f(2\tau/\sigma)\left(\frac{S}{Ib}\right)\cdot\Delta Q$$

对预应力混凝土标准设计 T 形梁（16m、20m、24m、32m）在典型列车作用下$\frac{1}{4}l_{p}$截面重心轴处的 $2\tau/\sigma$ 的频次进行统计分析，可以偏于安全地取 $f(2\tau/\sigma)=-0.27$。

表 5-42(a)、(b)示出了标准梁剪力比谱，可以直接利用剪力比谱进行斜截面疲劳抗裂性检算。

表 5-42(a)　钢筋混凝土梁剪力比谱（跨度 4～8 m，$n_1\times10^6$）

运量 \ 效应比 P_1		0.0～0.1	0.1～0.2	0.2～0.3	0.3～0.4	0.4～0.5	0.5～0.6	0.6～0.7	0.7～0.8	0.8～0.9	0.9～1.0	≥1.0	总计
≤1 500 万 t	RC4	6.13	10.52	12.94	24.34	15.93	17.71	16.08	3.23	4.85	2.10	3.31	117.13
	RC5	20.35	11.06	14.14	19.49	22.54	14.50	6.05	4.88	3.67	0.44	0.00	117.13
	RC6	14.85	18.82	13.26	20.16	16.70	20.51	2.61	5.31	4.44	0.48	0.00	117.13
	RC8	28.67	15.56	22.72	20.26	16.40	5.43	4.46	3.19	0.07	0.37	0.00	117.13
1 500～3 000 万 t	RC4	8.34	27.00	37.16	59.13	40.72	50.99	36.42	13.63	8.13	5.49	7.68	294.69
	RC5	44.17	26.05	34.30	56.51	61.45	38.72	12.00	15.92	4.69	0.88	0.00	295.69
	RC6	31.61	44.23	36.11	51.93	46.81	54.89	7.08	12.78	8.34	0.92	0.00	295.69
	RC8	72.70	29.86	58.62	62.76	38.49	16.90	2.82	11.66	0.07	0.80	0.00	295.69
≥3 000 万 t	RC4	2.80	21.97	41.84	74.29	57.35	60.73	50.60	25.32	9.18	5.53	11.86	361.48
	RC5	43.87	23.54	42.88	71.95	75.99	57.06	10.65	23.79	9.89	1.86	0.00	362.68
	RC6	29.96	42.17	44.67	64.78	59.92	77.61	10.68	16.57	12.39	2.73	0.00	362.68
	RC8	81.24	26.63	69.69	79.33	60.71	18.36	3.72	19.93	0.88	0.99	0.00	362.68

表 5-42(b)　钢筋混凝土及预应力混凝土梁剪力比谱（跨度 10～20 m，$n_1\times10^6$）

运量 \ 效应比 P_1		0.0～0.1	0.1～0.2	0.2～0.3	0.3～0.4	0.4～0.5	0.5～0.6	0.6～0.7	0.7～0.8	0.8～0.9	0.9～1.0	≥1.0	总计
≤1 500 万 t	RC10	29.51	24.65	23.98	18.79	8.96	5.85	2.63	2.41	0.37	0.00	0.00	117.13
	RC12	34.47	22.05	26.78	14.98	8.80	5.55	2.60	1.23	0.69	0.00	0.00	117.13
	RC16	36.38	45.00	25.68	8.47	1.10	0.18	0.00	0.32	0.00	0.00	0.00	117.13
	RC20	29.92	28.99	27.45	12.05	12.49	3.59	1.82	0.18	0.65	0.00	0.00	117.13
1 500～3 000 万 t	RC10	75.17	55.25	58.56	48.81	29.97	12.16	2.76	11.21	0.80	0.00	0.00	294.69
	RC12	83.04	50.52	70.19	39.85	24.56	11.82	11.51	1.88	1.38	0.00	0.00	295.69
	RC16	64.64	113.71	81.14	28.81	3.93	1.87	0.00	0.56	0.00	0.00	0.00	295.69
	RC20	74.30	66.93	66.72	28.62	41.30	13.17	1.11	1.38	1.16	0.00	0.00	295.69

续上表

运量 \ 效应比 P_1		0.0~0.1	0.1~0.2	0.2~0.3	0.3~0.4	0.4~0.5	0.5~0.6	0.6~0.7	0.7~0.8	0.8~0.9	0.9~1.0	≥1.0	总计
≥3 000 万 t	RC10	75.00	76.08	67.21	58.66	43.79	13.40	3.38	20.98	0.99	0.00	0.00	361.48
	RC12	92.21	62.77	77.43	47.58	40.18	16.51	16.97	6.15	1.69	0.00	0.00	362.48
	RC16	85.38	139.92	97.98	34.74	2.27	0.49	0.00	0.70	0.00	0.00	0.00	362.48
	RC20	87.84	87.65	74.86	23.98	59.90	20.79	4.56	0.49	1.40	0.00	0.00	362.87

利用剪力比谱和混凝土疲劳 $S—N$ 曲线可以计算得到预应力混凝土梁疲劳抗裂性分析的等效重复应力系数 K_{cp}(表 5-43)。

表 5-43 预应力混凝土梁等效等幅重复应力系数 K_{cp}

运量	≤1 500 万 t				1 500~3 000 万 t				≥3 000 万 t			
跨度(m)	16	20	24	32	16	20	24	32	16	20	24	32
K_{cp}	0.79	0.84	0.83	0.67	0.83	0.88	0.87	0.70	0.84	0.89	0.88	0.71

利用钢筋混凝土梁$\frac{1}{4}l_p$ 截面剪力比谱及钢筋 $S—N$ 曲线可计算出抗剪钢筋等效等幅重复应力系数 K_{sw}(表 5-44)。

表 5-44 20MnSi 钢筋等效等幅重复应力换算系数 K_{sw}

运量 \ 跨度(m)	4	5	6	8	10	12	16	20	24	32	40
≤1 500 万 t	1.79	1.51	1.52	1.60	1.16	1.12	1.05	0.99	0.97	0.91	0.72
1 500~3 000 万 t	2.30	1.92	1.94	2.07	1.54	1.47	1.38	1.29	1.22	1.20	0.99
≥3 000 万 t	2.51	2.12	2.14	2.32	1.73	1.66	1.51	1.39	1.29	1.23	1.00

预应力混凝土梁斜截面疲劳抗裂性检算时，腹板检算截面重心轴处混凝土的等效主拉应力幅计算值不应大于混凝土抗拉疲劳强度设计值：

$$\gamma_0 \gamma_{cp} K_{cp} \Delta\sigma_{cp} \leqslant \Delta f_{ctd}$$

式中 γ_0——结构重要性系数，一般为 1.0；

γ_{cp}——混凝土疲劳荷载分项系数，$\gamma_{cp}=1.5$；

K_{cp}——检算截面重心轴处混凝土等效主拉应力换算系数(表 5-43)；

$\Delta\sigma_{cpf}$——检算截面按标准活载计算的混凝土最大主拉应力幅值(MPa)；

Δf_{ctd}——混凝土抗拉疲劳强度设计值(MPa)，可近似取 $0.5f_{ctd}$。

满足上式要求的预应力混凝土构件，可不检算抗剪钢筋的疲劳强度。

钢筋混凝土梁斜截面按疲劳承载能力极限状态检算时，检算部位抗剪钢筋(竖直箍筋和弯起钢筋)的等效等幅重复应力变程计算值不应大于钢筋母材的疲劳强度设计值：

$$\gamma_0 \gamma_{sw} K_{sw} \Delta\sigma_{swf} \leqslant \Delta f_{sfd}$$

式中 γ_0——结构重要性系数，一般为 1.0；

γ_{sw}——抗剪钢筋疲劳荷载分项系数，$\gamma_{sw}=1.25$；

K_{sw}——抗剪钢筋的等效等幅重复应力换算系数(表 5-44)；

$\Delta\sigma_{swf}$——按标准活载计算的抗剪钢筋的最大拉应力变程值(MPa)；

Δf_{sfd}——抗剪钢筋抗拉疲劳强度设计值(MPa)。

抗剪钢筋的应力变程计算式为：

竖直箍筋

$$\Delta\sigma_{swf}=\frac{\overline{V}_{max}-0.5\overline{V}_{c}}{\frac{A_{sv}}{s_{v}}+\frac{A_{sb}Z(\cos\alpha_{b}+\sin\alpha_{b})^{3}}{s_{b}}}\cdot\frac{\Delta\overline{V}}{\overline{V}_{max}}$$

弯起钢筋

$$\Delta\sigma_{sbf}=\frac{\overline{V}_{max}-0.5\overline{V}_{C}}{\frac{A_{sv}Z}{s_{v}(\cos\alpha_{b}+\sin\alpha_{b})^{2}}+\frac{A_{sb}Z(\cos\alpha_{b}+\sin\alpha_{b})}{s_{b}}}\cdot\frac{\Delta\overline{V}}{\overline{V}_{max}}$$

式中 $\overline{V}_{max}$——按标准活载和恒载计算的最大剪力设计值(MN)；

$\Delta\overline{V}$——按标准活载计算的最大剪力幅值(MN)；

$\overline{V}_{c}$——无箍筋梁的静力抗剪强度；

Z——构件截面内力偶臂(m)；

s_{v}——竖直箍筋的间距(m)；

s_{b}——弯起钢筋的间距(m)；

A_{sv}——一排竖直箍筋的截面面积(m^2)；

A_{sb}——一排弯起钢筋的截面面积(m^2)；

α_{b}——弯起钢筋对梁纵向水平轴的倾角(°)。

5.3.4 偏心受压构件承载能力极限状态

现行铁路桥规(TBJ 2—85)对于受压及偏心受压构件的计算也是采用不同的设计原则和方法,钢筋混凝土受压构件采用容许应力设计法,预应力偏心受压构件正截面强度采用破坏阶段设计法,又以各自的经验系数 K 作为设计安全系数,采用极限状态法可以统一设计方法。

1. 各种规范设计方法比较

(1)钢筋混凝土偏压构件的容许应力法

$$\begin{cases}\sigma_{c}=\dfrac{N}{A_{0}}+\dfrac{\eta M}{W_{0}}\leqslant[\sigma_{w}], \quad ([\sigma_{w}]=f_{c}=0.8f_{cu})\\ \sigma_{g}=\left(\dfrac{N}{A_{0}}+\dfrac{\eta M}{W_{g}}\right)n\leqslant[\sigma_{g}]\end{cases}$$

(2)预应力混凝土偏压构件的破坏阶段法($R_{a}=0.8f_{cu}$)

大偏心受压： $KN\leqslant R_{a}bx+\sigma'_{ya}A'_{y}+R'_{g}A'_{g}-R_{y}A_{y}-R_{g}A_{g}$

中性轴位置由下式确定：

$$R_{y}A_{y}e_{y}+R_{g}A_{g}e_{g}\pm\sigma'_{ya}A'_{y}e'_{y}\pm R'_{g}A'_{g}e'_{g}=R_{a}bx\left(e-h_{0}+\frac{x}{2}\right)$$

小偏心受压的界限破坏点($x=0.4h_{0}$)与轴心受压破坏点间按直线变化：

$$KN\leqslant\frac{N_{0}}{1+\left(\frac{N_{0}}{N_{j}}-1\right)\frac{e_{0}}{e_{j0}}}$$

(3)建筑结构设计规范极限状态设计法

基本假设为：

①截面应变服从平截面假设；

②不考虑混凝土的抗拉强度；

③混凝土受压应力—应变曲线为抛物线，当压应变 $\varepsilon_c > 0.002$ 时，应力应变曲线呈水平线，极限压应变取 $\varepsilon_{cu} = 0.003\,3$，相应最大压应力取混凝土弯曲抗压强度设计值 f_{cm}（$f_{cm} = 0.77 f_{cu}$）；

④受拉钢筋极限拉应变取 0.01。

界限受压区高度 X_b 与钢筋强度特性有关。

对有屈服点钢筋：

$$X_b = \frac{0.8h_0}{1 + \dfrac{f_y - \sigma_{p0}}{0.003\,3E_s}}$$

对无明显屈服点的钢筋，取残余应变为 0.002 时的应力 $\sigma_{0.2}$ 为条件屈服点，钢筋屈服时应变：

$$\varepsilon_s = (f_y - \sigma_{p0})/E_s + 0.002$$

$$X_b = \frac{0.8h_0}{1.6 + \dfrac{f_y - \sigma_{p0}}{0.003\,3E_s}}$$

矩形截面偏心受压构件正截面强度公式为：

$$N \leqslant f_{cm} bx + f'_y A'_s - \sigma_s A_s - \sigma_p A_p - \sigma'_{pa} A'_p$$

$$N_e \leqslant f_{cm} bx\left(h_0 - \frac{x}{2}\right) + f'_y A'_s (h_0 - a'_s) - \sigma'_{pa} A'_p (h_0 - a'_p)$$

考虑附加偏心 e_a，混凝土最大压应力取混凝土轴心抗压强度 f_c 的偏心受压构件正截面强度计算公式（$f_c = 0.7 f_{cu}$）为：

$$N \leqslant f_c bx + f'_y A'_s - \sigma_s A_s - \sigma_p A_p - \sigma'_{pa} A'_p$$

$$N \cdot e \leqslant f_c bx\left(h_0 - \frac{x}{2}\right) + f'_y A'_s (h_0 - a'_s) - \sigma'_{pa} A'_p (h_0 - a'_p)$$

$$e = \eta e_i + y_{sp} \quad , \quad e_i = e_0 + e_a (e_a = h/30)$$

表 5-45 列出 213 根短柱的强度试验值 N_u^s 与四种方法计算值 N_u^j 的比值统计参数，图 5-25 为钢筋混凝土偏压柱 M—N 关系比较图，图 5-26 为预应力混凝土偏压柱 M—N 关系比较图，可见统一设计模式后的(4)方法处于各种方法的中位，比容许应力法更加合理。

表 5-45 N_u^s / N_u^j 统计参数

统计参数	$\bar{X}$	σ	$\bar{X}$	σ	$\bar{X}$	σ	n
	$N=213$		$\sigma_g < f_y, \sigma'_g < f'_y, x < h$		其他情况		
(1)法	1.475	0.232	1.537	0.204	1.236	0.174	44
	$N=213$		小偏心受压		大偏心受压		
(2)法	1.053	0.144	1.071	0.145	0.994	0.125	50
(3)法	1.016	0.115	1.014	0.110	1.024	0.132	44
(4)法	1.176	0.139	1.174	0.137	1.183	0.144	48

2. 附加偏心距 e_a 及偏心距增大系数 η

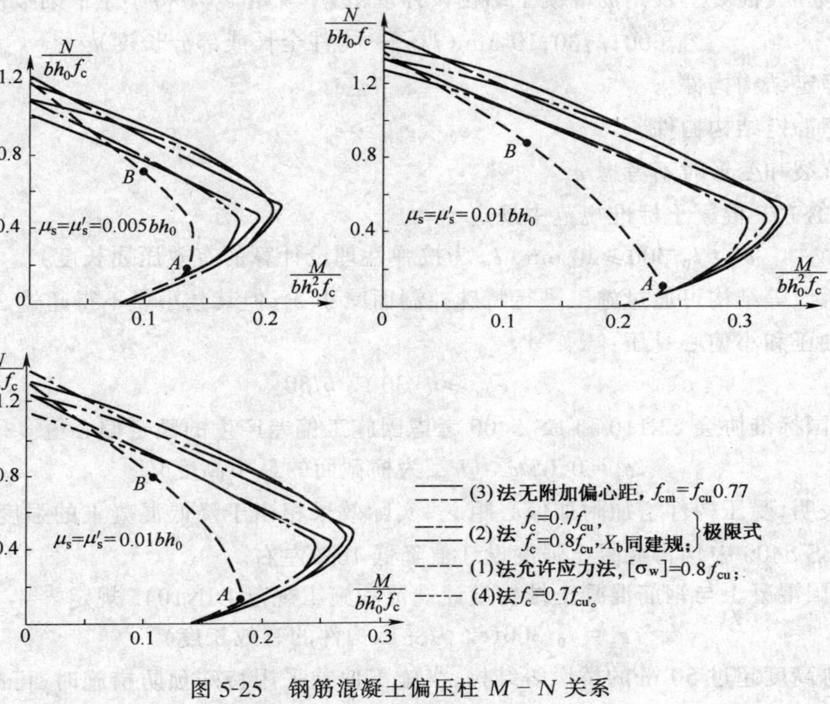

图 5-25 钢筋混凝土偏压柱 $M-N$ 关系

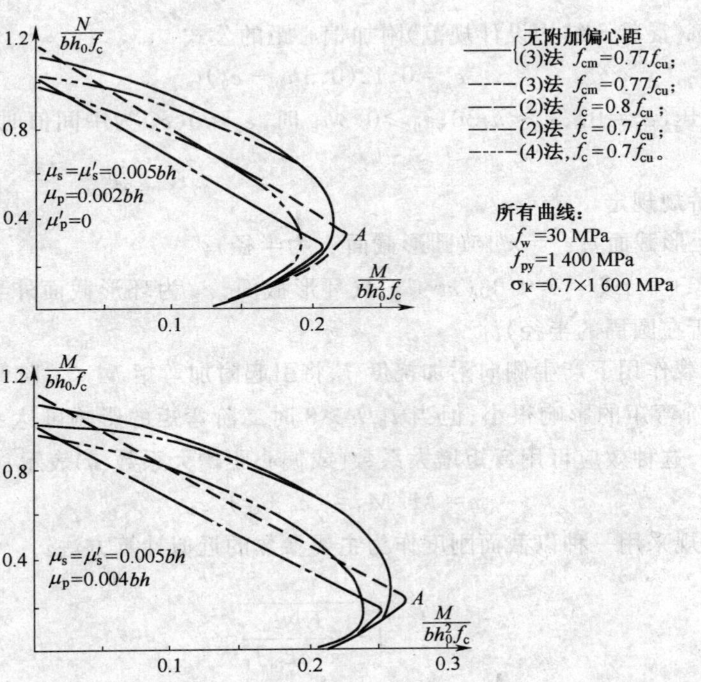

图 5-26 预应力混凝土偏压柱 $M—N$ 关系

在实际结构中,由于荷载作用位置的不定性,混凝土质量的不均匀性及施工偏差等因素而产生附加偏心距 e_a,e_a 主要对小偏心受压构件的计算强度产生影响,而对大偏心受压构件的影响较小。许多国家的规范都有关于附加偏心距的规定。

(1)前苏联《混凝土及钢筋混凝土结构设计规范》中规定 e_a 不得小于下列数值之一

$l_0/600$；$h/30$；10 mm（l_0——构件全长或部分长度）

对于静定结构构件 $e_0 = e_{0计} + e_a$

对于超静定结构构件 $e_0 = e_{0计} \geqslant e_a$

计算抗裂和变形时不考虑 e_a。

(2)CEB-FIP 混凝土标准规范中规定

$e_a = l_0/300 \geqslant 20$ mm（l_0 为按弹性理论计算的有效压屈长度）

对于桥墩等结构可通过施工进行特殊控制而减小 e_a，但其减小量不得超过 33%；

对于轴压和小偏心受压：

$$e_{min} \geqslant h/30 \text{ 或 } b/30$$

(3)英国标准协会 CP110 和 BS 5400 考虑因施工偏差产生的额定偏心值

$e_a = 0.05h_{min}$（h_{min} 为横截面的最小高度）

分析表明，受压构件增加附加偏心距 e_a，实际效果相当于降低混凝土的强度标准，所以在 CP110 和 BS 5400 中均将混凝土强度设计值降低 10%左右。

(4)德国混凝土与钢筋混凝土结构设计规范和施工规范 DIN1045 规定

$e_a = l_0/300$（l_0 为受压构件的有效长度）

对于总高度超过 50 m 的桥墩等结构，当施工偏差采用特殊预防措施时，可减少意外偏心距。

(5)我国建筑《混凝土结构设计规范》附加偏心距的公式

$$e_a = 0.12(0.3h_0 - e_0)$$

对于轴心受压($e_0 = 0$)，$e_a \approx h/30$；$e_0 \geqslant 0.3h_0$ 时，$e_a = 0$（e_0 为中间值时，e_a 由线性插入求得）。

(6)可靠度桥规规定

$e_a = h/30$（矩形截面）；$e_a = r/15$（圆形截面 r 为半径）；

$e_a = 0.03(r_2 + r_s)$ 或 $e_a = 0.03(r_2 + r_p)$（环形截面，r_2 为环形截面外半径，r_s，r_p 分别为钢筋、预应力筋所在圆周的半径）。

柱在偏压荷载作用下产生侧向附加挠度 f，将引起附加弯矩 M_2（二阶弯矩）；对于短柱（一般 $l_0/h \leqslant 8$），二阶弯矩的影响很小；但当 $l_0/h > 8$ 时二阶弯矩的影响可达 5%，其将明显引起柱承载力的降低，这种效应可用弯矩增大系数（或偏心距增大系数 η）表示：

$$\eta = M/M_0 = (e_0 + f)/e_0$$

现行铁路桥规采用一种以截面刚度作为主要参数的近似计算方法：

$$\eta = \frac{1}{1 - \dfrac{KNl_0^2}{\pi^2 \alpha E_h J_h}}$$

式中 α 为偏心距对 η 值的影响系数：

$$\alpha = \frac{0.1}{0.2 + e_0/h} + 0.16$$

该公式为试验统计公式存在几项缺陷：η 与 N 相互影响，需迭代计算；η 是以弹性稳定近似导出的表达式，当 N/N_e 较大时，其误差将给 η 带来较大的误差；公式中未反映钢筋对截面的影响。

可靠度桥规 η 采用曲率表达式：

$$\eta=1+\frac{f}{e_0}=1+\frac{1}{e_0}\left(\phi\frac{l_0^2}{\beta}\right)$$

式中 ϕ 为截面曲率，β 为与曲率分布有关的系数，试验及理论分析表明，偏压柱的挠度曲线非常接近正弦曲线，$\beta=\pi^2\approx10$。

曲率中可以界限条件为准，再考虑非界限条件时荷载的偏心率及柱长细比对 ϕ 的影响，界限曲率为：

$$\phi_b=\frac{\varepsilon_{hb}+\varepsilon_{sb}}{h_0}$$

式中　ε_{hb}——混凝土的极限压应变，$\varepsilon_{hb}=0.003\,3$；

ε_{sb}——钢筋应变，$\varepsilon_{sb}=f_y/E_s$。

当柱为大偏心受压时，偏心率对 ϕ 的影响不大，可取为常数 ϕ_b；当柱为小偏压时，偏心率对 ϕ 的影响用 ζ_1 表示：

$$\zeta_1=\frac{N_0-N}{N_0-N_b}\leqslant1$$

式中　N——柱的承载力；

N_b——界限破坏时柱的承载力；

N_0——轴心受压时柱的承载力。

当 $N<N_b$ 时，柱为大偏心受压，$\zeta_1=1$。

ζ_1 的经验表达式为：

$$\zeta_1=0.2+2.7\frac{e_0}{h}\leqslant1$$

当柱的长细比 $l_0/h>15$ 时，长细比对 ϕ 有明显影响，用 ζ_2 表示：

$$\zeta_2=1.15-0.01\frac{l_0}{h}\leqslant1\quad(l_0/h\leqslant30)$$

考虑长期荷载所引起的混凝土徐变对 ϕ 的影响，可将 ε_h 乘 1.25 的系数，则 η 表达式为：

$$\eta=1+\frac{1}{e_0}\cdot\frac{\varepsilon_h\times1.25+\varepsilon_s}{h_0}\zeta_1\zeta_2\frac{l_0^2}{10}$$

把 $\varepsilon_h=0.003\,3,\varepsilon_s=3\,400/E_s=0.001\,7,h=1.1h_0$ 代入得到可靠度桥规表达式：

$$\eta=1+\frac{1}{1\,400e_0/h_0}\zeta_1\zeta_2\left(\frac{l_0}{h}\right)^2$$

预应力偏压构件应考虑预应力的有利影响，可将 $\varepsilon_s=0.001\,7$ 用 $(f_{py}-\sigma_{p0})/E_p$ 替代，则得到：

$$\eta=1+\frac{1}{e_0}\frac{0.003\,3\times1.25+(f_{py}-\sigma_{p0})/E_p}{0.9h}\cdot\frac{l_0^2}{10}\cdot\zeta_1\cdot\zeta_2$$

当 $l_0/h>30$ 时，柱破坏时截面应变往往较小，表现为明显的失稳破坏特点，采用 η 的简化近似公式会造成较大误差，应采用较精确的方法求解。

3. 预加应力对偏心受压柱承载力的影响

柱预应力度 λ 的定义为消压荷载 N_0 与极限荷载 N_u 的比，$\lambda=N_0/N_u$；λ 约在界限破坏对应的偏心距达最小值，当偏心距超过一定值后（如 $e_0/h_0=0.4$）λ 的变化幅度很小，因此 CEB-FIP 规范建议按强度比定义 λ，即控制截面处预应力筋强度与预应力筋加非预应力筋强度的比：

$$\lambda=\frac{A_{sp}f_{0.1R}}{A_{sp}f_{0.1R}+A_s f_{yR}}$$ （$f_{0.1R}$ 为预应力筋残余应变为 0.001 时的强度）

并规定当柱截面上有效预应力≥1.6MPa 时即认为属于预应力构件范围。

表 5-46 列出预应力中长柱（$e_0/h_0=0.47\sim1.33$）实测开裂荷载 N_f^s 与计算开裂荷载 N_u^j 的比，其均值为 0.914，变异系数为 $\delta=0.079\,2$。

表 5-46 N_f^s/N_u^j 统计参数

试　件	$\frac{e_0}{h_0}$	GBJ 10—89 公式					$\frac{N_f^s}{N_{uj}}$	$\frac{N_u^s}{N_{uj}}$	η^s/η
		x_b/h_0	x/h_0	η	N_{fj} (kN)	N_{uj} (kN)			
P4A1	0.47	0.355	0.487	1.364	318.8	370.8	0.935	1.098	0.950
P4A2	1.24	0.355	0.300	1.139	80.6	145.8	0.993	0.991	1.037
P4B1	0.83	0.354	0.394	1.208	112.6	216.8	0.888	1.047	0.994
P4B2	1.18	0.355	0.355	1.145	71.3	151.1	0.982	0.976	1.057
P8A1	0.29	0.363	0.780	1.423		539.8		1.167	1.004
P8A2	0.73	0.365	0.545	1.243	267.9	307.8	0.821	1.030	1.072
P8A3	1.33	0.366	0.440	1.132	124.1	185.9	0.805	0.871	1.017
P8B1	0.83	0.363	0.566	1.205	174.3	236.4	0.872	0.943	0.988
P8B2	1.07	0.362	0.552	1.160	122.9	183.0	0.903	1.120	1.038
P8B3	1.32	0.364	0.501	1.131	99.3	162.6	1.027	1.064	1.046

图 5-26 给出偏心受压柱极限强度与相对偏心距的关系，可见偏心距愈小强度增加愈快；表 5-47 为试件实测强度 N_u^s 与计算强度 N_u^j 的比值，其均值为 1.022，变异系数为 $\delta=0.046\,9$；对于大偏心受压构件，受拉区预加应力可使构件极限强度提高，而小偏心受压时，预加应力反而降低构件的强度。

图 5-27 为有效预应力对构件 $M—N$ 曲线的影响，不加预应力时，受压区增加钢筋将提高小偏心受压柱的强度，而对大偏心受压柱强度影响不大；当施加预应力时，对于受拉钢筋达到强度极限而破坏的大偏压柱，预压区预应力筋对构件强度无明显影响，但对于受压区混凝土达到极限应变而破坏的小偏压柱，受压区预应力筋会使受压区应变幅度减小而降低构件强度，有效预应力较大时比较明显。

表 5-47 N_u^s/N_u^j 统计参数

试件 e_0(cm)	PC2-4 8	PC2-1 12	PC2-2 16	PC2-3 20	PC3-4 8	PC3-1 12	PC3-2 16	PC3-3 20	PC4-4 8	PC4-1 12
N_u^s/bh_0f_{ck}	0.455	0.261	0.150	0.106	0.457	0.299	0.190	0.123	0.417	0.304
N_u^j/bh_0f_{ck}	0.431	0.244	0.150	0.107	0.444	0.268	0.172	0.123	0.464	0.296
N_{uc}^j/bh_0f_{ck}	0.412	0.236	0.150	0.107	0.420	0.253	0.169	0.123	0.434	0.275
N_u^s/N_u^j	1.055	1.070	0.998	0.987	1.030	1.114	1.105	1.006	0.899	1.027
N_u^s/N_{uc}^j	1.046	1.037	1.000	1.000	1.058	1.060	1.016	1.000	1.069	1.076
试件 e_0(cm)	PC4-2 16	PC4-3 20	PC42-4 14	PC42-2 16	PC42-3 20	PC32-A 20	PC44-4 13.5	PC44-3 15.5	PC44-2 20	PC43-B 20
N_u^s/bh_0f_{ck}	0.194	0.152	0.241	0.209	0.149	0.122	0.237	0.213	0.136	0.142
N_u^j/bh_0f_{ck}	0.200	0.146	0.239	0.198	0.144	0.123	0.239	0.198	0.138	0.137
N_{uc}^j/bh_0f_{ck}	0.190	0.144	0.229	0.192	0.143	0.123	0.237	0.197	0.140	0.138
N_u^s/N_u^j	0.970	1.041	1.009	1.014	1.034	0.990	0.991	1.073	0.983	1.041
N_u^s/N_{uc}^j	1.049	1.015	1.041	1.032	1.006	1.003	1.006	1.008	0.991	0.991
统计值	$\overline{N_u^s/N_u^j}=1.022$			$\sigma=0.047\,9$		$\overline{N_u^s/N_{uc}^j}=1.025$			$\sigma=0.027$	

4. 可靠度桥规(荷载和抗力系数极限状态设计法)受压构件承载能力极限状态设计

(1)配置纵筋及一般箍筋的轴心受压构件(图 5-28)

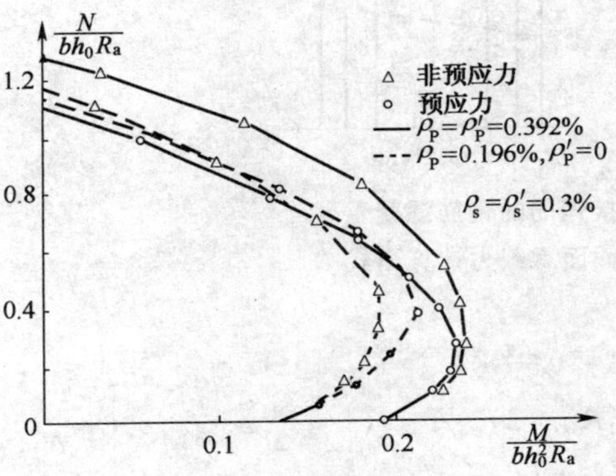

图 5-27 有效预应力对 $M-N$ 曲线的影响

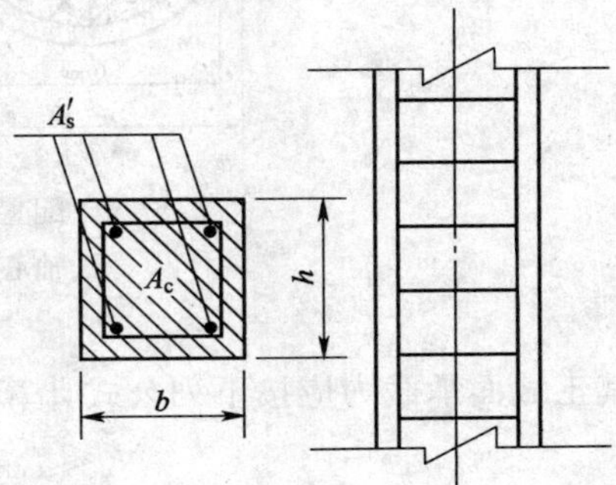

图 5-28 配置箍筋的钢筋混凝土受压构件截面承载力计算图式

其正截面受压承载力与稳定性应按下列公式计算:

承载力计算 $N_d \leqslant f_{cd}A_c + f_{scd}A_s'$

稳定性计算 $N_d \leqslant \varphi(f_{cd}A_c + f_{scd}A'_s)$

式中 N_d——轴向力设计值(MN);

φ——钢筋混凝土构件的稳定系数,按表 5-48 采用;

f_{cd}、f_{scd}——混凝土轴心抗压强度、钢筋抗压强度设计值(MPa);

A_c、A'_s——构件横截面混凝土面积、受压纵筋截面面积(m^2)。

表 5-48 稳定系数 φ 值

l_0/b	≤8	10	12	14	16	18	20	22	24	26	28	30
l_0/d	≤7	8.5	10.5	12	14	15.5	17	19	21	22.5	24	26
l_0/i	≤28	35	42	48	55	62	69	76	83	90	97	104
φ	1.00	0.98	0.95	0.92	0.87	0.81	0.75	0.70	0.65	0.60	0.56	0.52

注:l_0——构件计算长度;

两端刚性固定时,$l_0=0.5l$;一端刚性固定另一端为不移动的铰时,$l_0=0.7l$;

两端均为不移动的铰时,$l_0=l$;

一端刚性固定另一端为自由端时,$l_0=2l$;

其中 l 为构件的全长。

b——矩形截面构件短边尺寸;

d——圆形截面构件的直径;

i——任意形状截面的回转半径。

(2)配置螺旋式或焊接环式间接钢筋的轴心受压构件(图 5-29)。

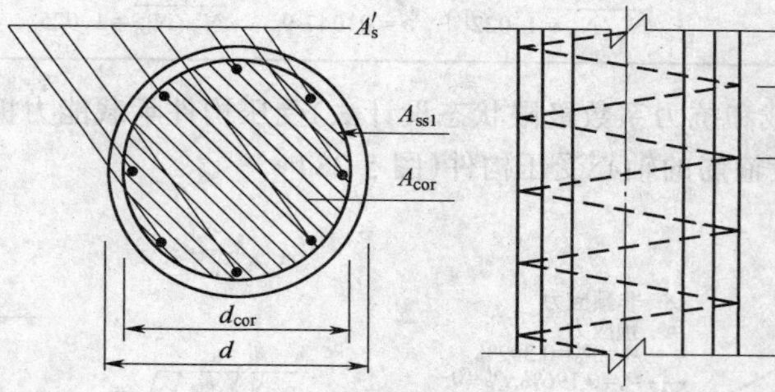

图 5-29 配置螺旋式间接钢筋的钢筋混凝土轴心受压构件截面承载力计算图式

其正截面承载力应按下列公式计算:

$$N_d \leqslant f_{cd}A_{cor} + f_{scd}A'_s + 2f_{std}A_{sso}$$

$$A_{sso} = \frac{\pi d_{cor} A_{ss1}}{s}$$

式中 A_{cor}——构件核心截面面积(m^2);

A_{sso}——间接钢筋的换算面积(m^2);

d_{cor}——构件核心直径(m);

A_{ss1}——单根间接钢筋的截面积(m^2)；

s——间接钢筋的间距(m)。

构件因配置螺旋式或焊接环式间接钢筋而增加的承载能力，不应大于未使用间接钢筋时的60%。当长细比 l_0/i 大于28时，不再考虑间接钢筋的影响。

(3)矩形截面偏心受压构件正截面承载力计算公式(图5-30)

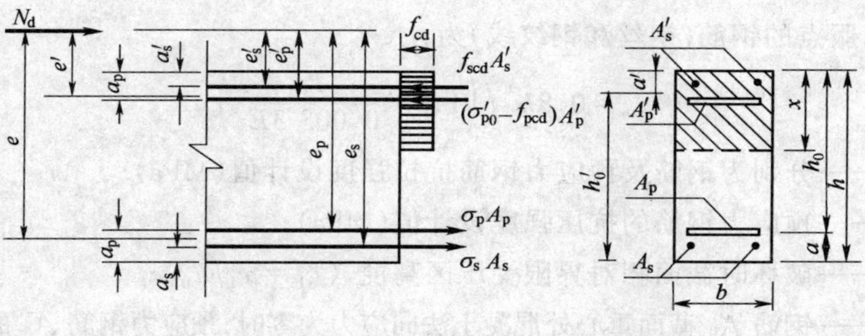

图5-30 矩形截面偏心受压构件正截面强度计算图式

$$N_d \leqslant f_{cd}bx + f_{scd}A'_s - \sigma_s A_s - \sigma_p A_p + (\sigma'_{p0} - f_d)A'_p$$

$$N_d e \leqslant f_{cd}bx\left(h_0 - \frac{x}{2}\right) + f_{scd}A'_s(h_0 - a'_s) + (\sigma'_{p0} - f'_d)A'_p(h_0 - a'_p)$$

$$e = \eta e_i + y_{sp}$$

$$e_i = e_0 + e_a$$

式中 N_d——按最不利荷载组合求得的轴向力设计值(MN)；

b——构件截面宽度(m)；

σ_s、σ_p——钢筋 A_s 与预应力钢筋 A_p 的应力(MPa)；

σ'_{p0}——受压区预应力钢筋合力点处混凝土法向应力为零时，预应力钢筋的应力(MPa)；

h_0——构件截面有效高度(m)；

A_s、A'_s——分别为受拉区、受压区的钢筋截面面积(m^2)；

A_p、A'_p——分别为受拉区，受压区的预应力钢筋截面面积(m^2)；

a'_s、a'_p——分别为受压区钢筋合力点、受压区预应力钢筋合力点至截面近边的距离(m)；

e——轴向力作用点到受拉边(或较小受压边)钢筋 A_s 与预应力钢筋 A_p 的合力点的距离(m)；

η——考虑挠度影响的轴向力偏心距增大系数；

e_i——初始偏心距(m)；

y_{sp}——自截面重心至 A_s 与 A_p 合力点的距离(m)；

e_0——轴向力对截面重心的偏心距(m)；

e_a——附加偏心距(取 $e_a = h/30$)(m)。

①当 $x \leqslant x_b$ 时，称为大偏心受压构件，可取：$\sigma_s = f_{std}$，$\sigma_p = f_{ptd}$；

②当 $x > x_b$ 时，称为小偏心受压构件，可按下式计算：

$$\sigma_{si} = \frac{f_{std}}{\zeta_b - 0.8}\left(\frac{x}{h_{0i}} - 0.8\right)，且 -f_{std} \leqslant \sigma_{si} \leqslant f_{std}$$

$$\sigma_{pi}=\frac{f_{ptd}-\sigma_{p0i}}{\zeta_b-0.8}\left(\frac{x}{h_{0i}}-0.8\right)+\sigma_{p0i}\text{，且 }\sigma_{p0i}-f_{ptd}\leqslant\sigma_{pi}\leqslant f_{ptd}$$

对有屈服点的钢筋(热轧钢筋)为：

$$x_b=0.8h_0\Big/\left(1+\frac{f_{std}}{0.0033E_s}\right)$$

式中　x_b——破坏时截面界限受压区高度。

对无明显屈服点的钢筋(钢丝和钢绞线)为：

$$x_b=0.8h_0\Big/\left(1.6+\frac{f_{std}}{0.0033E_s}\right)$$

式中　f_{std}、f_{ptd}——分别为钢筋及预应力钢筋抗拉强度设计值(MPa)；

f_{pcd}——预应力钢筋的抗压强度设计值(MPa)；

ζ_b——破坏时截面相对界限受压区高度，($\zeta_b=x_b/h_0$)；

σ_{p0}——钢筋 A_p 截面重心处混凝土法向应力为零时，预应力钢筋 A_p 的应力(MPa)；

i——钢筋所处位置(第 i 层)；

h_{0i}——第 i 层钢筋 A_{pi}(或 A_{si})截面重心处至受压区边缘的距离(m)。

当钢筋为预应力钢筋时，f_{std} 用 $f_{ptd}-\sigma_{p0}$ 代替。

③当 $x>h$ 时，可取 $x=h$，σ_x 与 σ_p 仍按求出的 x 进行计算。

如计算中考虑非预应力受压钢筋，则受压区高度应符合 $x\geqslant 2a'$ 的条件，当不符合该条件时，其正截面承载力可按下式计算：

$$N_d e'_s\leqslant f_{ptd}A_p(h-a_p-a'_s)+f_{std}A_s(h-a_s-a'_s)-(\sigma'_{p0}-f_{pcd})A'_p(a'_p-a'_s)$$

式中　e'_s——轴向力作用点至受压区钢筋 A_s 合力点的距离(m)。

④小偏心受压构件应按下式进行检算：

$$N_d\left[\frac{h}{2}-a'-(e_0-e_a)\right]\leqslant f_{cd}bh\left(h'_0-\frac{h}{2}\right)-f_{scd}A_s(h'_0-a_s)-(\sigma_{po}-f_{pcd})A_p(h'_0-a_p)$$

式中　a'——受压区全部钢筋合力点至截面近边的距离(m)。

⑤矩形截面对称配筋的钢筋混凝土小偏心受压构件，可按下述近似公式计算钢筋截面面积(图 5-30)：

$$A_s=A'_s=\frac{N_d e-\zeta(1-0.5\zeta)f_{cd}bh_0^2}{f_{scd}(h_0-a'_s)}$$

相对受压区高度可按下式计算：

$$\zeta=\frac{N_d-\zeta_b f_{cd}bh_0}{\dfrac{N_d e-0.45f_{cd}bh_0^2}{(0.8-\zeta_b)(h_0-a'_s)}+f_{cd}bh_0}+\zeta_b \tag{a}$$

(4)翼缘位于较大受压边的 T 形或工字形截面偏心受压构件

其正截面承载力应按下列规定计算(图 5-31)：

①当受压区高度 $x\leqslant h'_f$ 时，应按宽度为 b'_f 的矩形截面计算；

②当受压区高度 $x>h'_f$ 时，应按下列公式计算：

$$N_b\leqslant f_{cd}[bx+(b'_f-b)h'_f]+f_{scd}A'_s-\sigma_s A_s-\sigma_p A_p+(\sigma'_{p0}-f_{pcd})A'_p$$

$$N_d e\leqslant f_{cd}\left[bx\left(h_0-\frac{x}{2}\right)+(b'_f-b)h'_f\left(h_0-\frac{h'_f}{2}\right)\right]+f_{scd}A'_s(h_0-a'_s)+(\sigma'_{p0}-f_{pcd})A'_p(h_0-a'_p)$$

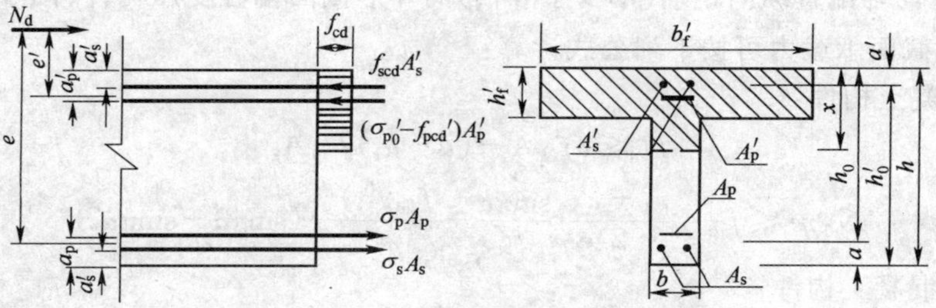

图 5-31 T 形截面偏心受压构件正截面强度计算图式

当翼缘位于截面较小受压边(或受拉边)且 $x > h - h_f$ 时,在正截面承载力计算中应考虑翼缘受压部分的作用。

翼缘位于截面受拉边或较小受压边的小偏心受压构件,应按下式进行检算:

$$N_d\left[\frac{h}{2}-a'-(e_0-e_a)\right]\leqslant f_{cd}\left[bh\left(h'_0-\frac{h}{2}\right)+(b_f-b)h_f\left(h'_0-\frac{h_f}{2}\right)\right]+$$
$$f_{scd}A_s(h'_0-a_s)+(\sigma_{p0}-f_{pcd})A_p(h'_0-a_p)$$

(5)沿截面腹部均匀配置纵向钢筋(每排不少于 4 根)的矩形、T 形或工字形截面钢筋混凝土偏心受压构件(图 5-32),其正截面承载力可按下述近似公式计算:

$$N_d\leqslant f_{cd}[\zeta bh_0+(b'_f-b)h'_f]+f_{scd}A'_s-\sigma_sA_s+N_{sw}$$

$$N_de\leqslant f_{cd}\left[\zeta(1-0.5\zeta)bh_0^2+(b'_f-b)h'_f\left(h'_0-\frac{h_f}{2}\right)\right]+f_{scd}A_s(h_0-a'_s)+M_{sw}$$

$$N_{sw}=\left(1+\frac{\zeta-0.8}{0.4\omega}\right)f_{std}^{w}A_{sw}$$

$$M_{sw}=\left[0.5-\left(\frac{\zeta-0.8}{0.8w}\right)^2\right]f_{std}^{w}A_{sw}h_{sw}$$

式中 N_{sw}——沿截面腹部均匀配置的纵向钢筋所承担的轴向力(MN),且 $-f_{scd}^{w}A_{sw}\leqslant N_{sw}\leqslant f_{std}^{w}A_{sw}$;

σ_s——受拉边或较小受压边钢筋 A_s 的应力(MPa);

f_{std}^{w}——钢筋的 A_{sw} 抗拉强度设计值(MPa);

A_{sw}——沿截面腹部均匀配置的全部纵向钢筋截面面积(m^2);

M_{sw}——N_{sw} 对钢筋 A_s 重心的力矩(MN·m),$-0.5f_{scd}^{w}A_{sw}h_{sw}\leqslant M_{sw}\leqslant 0.5f_{std}^{w}A_{sw}h_{sw}$;

ω——沿截面腹部均匀配置纵向钢筋的区段高度 h_{sw} 与截面有效高度 h_0 的比值,$\omega=h_{sw}/h_0$;

ζ——相对受压区高度,可按前述公式(a)计算。

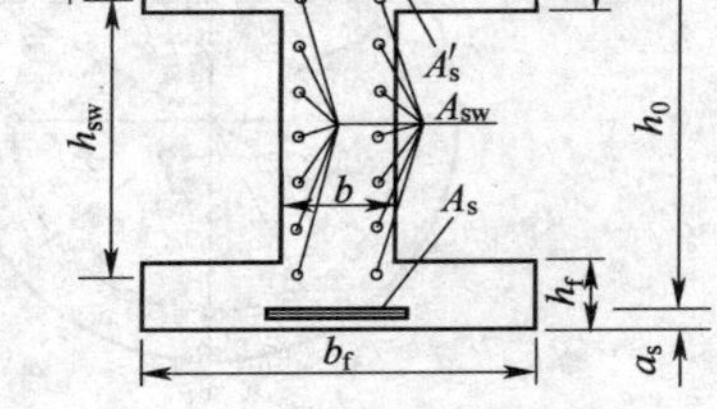

图 5-32 沿截面腹部均匀配筋的工字形截面承载力计算图式

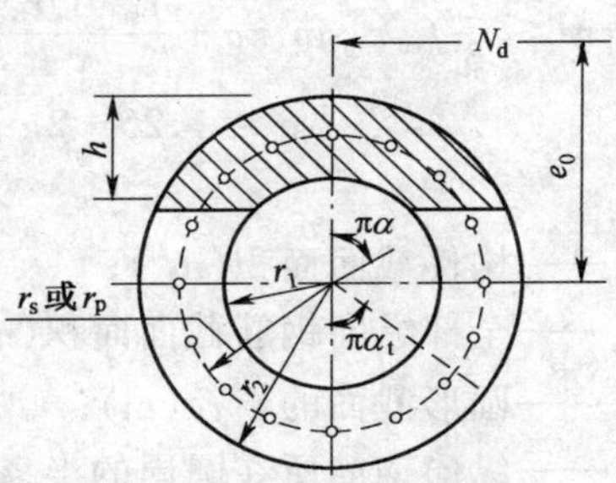

图 5-33 沿周边均匀配筋的环形截面承载力计算图式

(6)沿周边均匀配置纵向钢筋(不少于6根)的环形截面偏心受压构件(图5-33),当 $r_1/r_2 \geqslant 0.5$ 时,其正截面承载力可按下列公式计算:

①钢筋混凝土构件:

$$N_d \leqslant \alpha f_{cd} A + (\alpha - \alpha_t) f_{std} A_s$$

$$N_d \eta e_i \leqslant f_{cd} A \frac{r_1 + r_2}{2} \cdot \frac{\sin\pi\alpha}{\pi} + \frac{f_{std} A_s r_s}{\pi} \cdot (\sin\pi\alpha + \sin\pi\alpha_t)$$

②预应力混凝土构件:

$$N_d \leqslant \alpha f_{cd} A - \sigma_{p0} A_p + \alpha f_{pcd} A_p - \alpha_t (f_{ptd} - \sigma_{p0}) A_p$$

$$N_d \eta e_i \leqslant f_{cd} A \frac{r_1 + r_2}{2} \cdot \frac{\sin\pi\alpha}{\pi} + f_{pcd} A_p r_p \cdot \frac{\sin\pi\alpha}{\pi} + (f_{ptd} - \sigma_{po}) A_p r_p \cdot \frac{\sin\pi\alpha_t}{\pi}$$

上述各式中的系数和偏心距按下列公式计算:

$$\alpha_t = 1 - 1.5\alpha$$

$$e_i = e_0 + e_a$$

式中 A——构件截面面积(m^2);

A_s——全部纵向钢筋截面面积(m^2);

A_p——全部预应力钢筋截面面积(m^2);

α——受压混凝土面积与全截面面积的比值;

α_t——受拉纵向钢筋截面面积与全部纵向钢筋截面面积的比值,当 $\alpha > 2/3$ 时,取 $\alpha_t = 0$;

r_1、r_2——分别为环形截面的内外半径(m);

r_s、r_p——分别为钢筋及预应力筋所在圆周的半径(m);

e_0——轴向力对截面重心的偏心距(m);

e_a——附加偏心距(m),取 $e_a = 0.03(r_2 + r_s)$ 或 $0.03(r_2 + r_p)$。

中性轴位置应由试算确定,先假定中性轴位置,求出 α_t 及 α,根据 α、α_t 求出截面上混凝土及钢筋内力合力 N 及对中性轴之矩 M,$e_0 = \frac{M}{N}$ 与截面上外荷载的偏心距作比较,如不符合则重新假定中性轴位置,一直到二者接近为止。

(7)沿周边均匀配置纵向钢筋(不少于6根)的圆形截面钢筋混凝土偏心受压构件(图5-34),其正截面承载力可按下列公式计算:

$$N_d \leqslant \alpha f_{cd} A \left(1 - \frac{\sin 2\pi\alpha}{2\pi\alpha}\right) + (\alpha - \alpha_t) f_{std} A_s$$

$$N_d \eta e_i \leqslant \frac{2}{3} f_{cd} r^3 \sin^3 \pi\alpha + \frac{f_{std} A_s r_s}{\pi} \cdot (\sin\pi\alpha + \sin\pi\alpha_t)$$

$$\alpha_t = 1.25 - 2\alpha$$

$$e_i = e_0 + e_a$$

式中 A——构件截面面积(m^2);

A_s——全部纵向钢筋截面面积(m^2);

r——圆形截面的半径(m);

r_s——纵向钢筋所在圆周的半径(m);

e_0——轴向力对截面重心的偏心距(m);

e_a——附加偏心距(m),取 $e_a = r/15$;

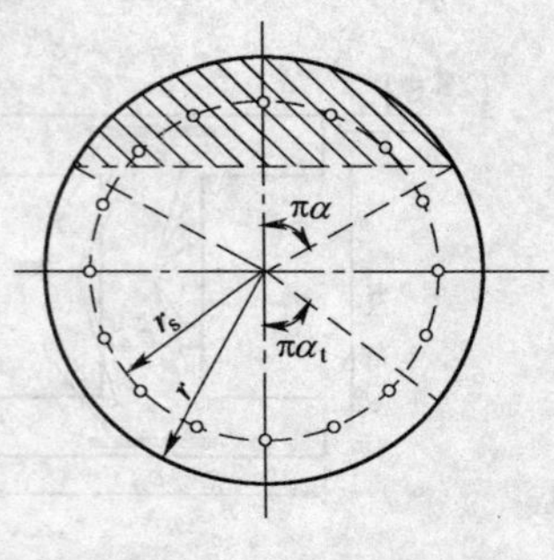

图5-34 沿周边均匀配筋的圆形截面承载力计算图式

α——对应于受压区混凝土截面面积的圆心角(rad)与 2π 的比值；

α_t——受拉纵向钢筋的相对面积，当 $\alpha>0.625$ 时取 $\alpha_t=0$。

(8)计算偏心受压构件时应考虑构件在弯矩作用平面内挠曲对轴向力偏心距的影响，将轴向力对截面重心的初始偏心距 e_i 乘以偏心距增大系数 η。

对矩形、T形、工字形、环形及圆形截面偏心受压构件，偏心距增大系数 η 值可按下列公式计算：

$$\eta=1+\frac{1}{1\,400e_i/h_0}\left(\frac{l_0}{h}\right)^2\zeta_1\zeta_2$$

$$\zeta_1=\frac{0.4f_{cd}A}{N_d}\leqslant1.0$$

$$\zeta_2=1.15-0.01\frac{l_0}{h}\leqslant1.0$$

式中 l_0——构件的计算长度(m)；

h——截面高度(m)，对环形截面取外直径 d，对圆形截面取直径 d；

ζ_1——偏心距对截面曲率的影响系数；

A——构件截面积(m^2)，对T形、工字形截面均取 $A=bh+2(b'_f-b)h'_f$；

ζ_2——构件长细比对截面曲率的影响系数；

h_0——截面的有效高度(m)，对环形截面，$h_0=r_2+r_s$，对圆形截面，$h_0=r+r_s$。

当构件长细比 l_0/h(或 l_0/d)$\leqslant8$ 时，可不考虑挠度对偏心距的影响。

计算偏心受压构件时尚应按轴心受压构件检算垂直于弯矩作用平面的稳定性，此时不考虑弯矩作用，但应考虑稳定系数 φ 的影响。

5.3.5 预应力钢筋的预应力损失

预应力损失估计的准确性对运营阶段梁截面抗裂极限状态的可靠性及质量检验的正确性都具较大的影响；特别是部分预应力的应用，预应力值控制的精确性对保证梁设计所需要的预应力度及疲劳可靠性是重要的。

1. 收缩、徐变应力损失

CEB-FIP 混凝土结构设计与施工规范建议采用线性徐变理论，在恒定应力 σ_n 下的徐变变形 Δ_{cc} 计算式为：

$$\Delta_{cc}=\frac{\sigma_n}{E_{2B}}\phi_t$$

ϕ_t 值由环境影响系数 K_L、受荷龄期系数 K_m、混凝土配合比系数 K_c、构件有效厚度系数 K_e 和时间系数 K_j 五个系数的乘积决定：

$$\phi_t=K_L\cdot K_m\cdot K_c\cdot K_e\cdot K_j$$

式中

$$K_L=-2.73\times10^{-4}H^2+3.53\times10^{-3}H+3.38$$

$$\begin{cases}K_m=\dfrac{2.82\tau+173}{5.79\tau+94.3} & \text{(普通水泥)}\\[2ex] K_m=\dfrac{2.95\tau+127}{8.92\tau+68.5} & \text{(早强水泥)}\end{cases}$$

$$K_c=(7.9\times10^{-3}C+0.766)\frac{W}{C}-(9.4\times10^{-4}C+0.397)$$

$$K_e = \frac{4.64h_m + 94.2}{8.34h_m + 54.7}$$

$$K_j = 1 - 0.633e^{-[(0.0879 - 1.85\times10^{-5}h_m)/(2.58h_m - 3.99)\times(t-\tau)]} - 0.367e^{-[(1.6 - 1.61\times10^{-2}h_m)/(3.34h_m - 9.36)\times(t-\tau)]}$$

其中 H——相对湿度乘以 100 的值；

τ——等效养护时间，$\tau = \frac{(T+10)}{30}$(d)；

C——每 1 m^3 混凝土水泥用量(kg/m^3)；

W——每 1 m^3 混凝土的用水量(kg/m^3)；

h_m——构件理论厚度(cm)，$h_m = 2A/U$；

t——自加荷起至所计算的时段的历时(d)。

收缩变形 Δ_{cs} 采用环境湿度决定的基本收缩应变 K_L，混凝土配合比影响系数 K_c、构件有效厚度 K_e 和随时间的发展系数 K_j 四项的乘积。

$$K_L = (-8.68\times10^3H^2 + 0.545H + 32.4)\times10^{-5}$$

$$K_e = \frac{0.476h_m + 155}{5.25h_m + 101}$$

K_c、K_j 与徐变计算相同。

由上列系数计算的徐变、收缩应变是一个平均值，其可能有 ±15% 的误差。

各国规范徐变、收缩损失计算表达式基本趋于一致。

英国标准 BS 5400 $\quad \sigma_{sl} = \frac{n\sigma_{h0}\phi_t + \varepsilon_t E_g}{1 + n\mu\rho(1 + \eta\phi_t)}$

式中 n——钢筋与混凝土弹性模量比；

ϕ_t——在施荷后 t 时刻的徐变系数；

σ_{h0}——预施应力终了时，由初始预应力及恒载在预应力钢筋重心处产生的混凝土应力；

ε_t——$(t-\tau)$时刻的收缩应变；

μ——单面配筋的配筋率；

ρ——$\rho = 1 + \frac{e_y^2 A_h}{J_h}$($e_y$ 为预应力重心至截面重心的距离；A_h、J_h 为混凝土截面积、惯性矩)；

η——松弛系数，$\eta = \int_\tau^\infty \frac{d\sigma_{nt}}{dt}\cdot\frac{1}{\Delta\sigma_h}\cdot\frac{K_{mt}}{K_{m\tau}}\cdot dt$。

日本混凝土结构规范 $\quad \sigma_{sl} = \frac{n\sigma_{h0}\phi_t + \varepsilon_t E_g}{1 + n\mu\rho(1 + \phi_t/2)}$

我国建工混凝土结构规范 $\quad \sigma_{sl} = \frac{n\sigma_{h0}\phi_t + \varepsilon_t E_g}{1 + 15\mu\rho}$ （对 C30～C40 以下构件）

我国公路混凝土结构规范 $\quad \sigma_{sl} = \frac{n\sigma_{h0}\phi_t + \varepsilon_t E_g}{1 + 10\mu\rho}$ （对高等级混凝土）

可靠度桥规建议公式 $\quad \sigma_{sl} = \frac{0.8n_p\sigma_{h0}\phi_\infty + E_p\varepsilon_\infty}{1 + (1 + \phi_\infty/2)n_p\mu\rho}$

$$\mu = \frac{A_p + A_s}{2},\quad \rho = 1 + \frac{e_A^2}{r^2},\quad r = \sqrt{\frac{I}{A}}$$

可以近似认为收缩、徐变是在不变的$(\sigma_{y_0}-\sigma_s/2)A_y$预应力和恒载的作用下产生的，可导出$\sigma_{s1}$的公式：

$$\frac{\sigma_{s1}}{E_g}=\frac{1}{E_n}\left(\sigma_{y_0}-\frac{\sigma_{s1}}{2}\right)A_y\left(\frac{1}{A_h}+\frac{e_y^2}{J_h}\right)\phi_t+\frac{1}{E_h}\cdot\frac{M_Z e_y}{J_h}\phi_t+\varepsilon_t-\frac{1}{E_n}\sigma_{s1}A_y\left(\frac{1}{A_h}+\frac{e_y^2}{J_h}\right)$$

$$\sigma_{s1}=\frac{E_g}{E_h}\left[\sigma_{y_0}A_y\left(\frac{1}{A_h}+\frac{e_y^2}{J_h}\right)+\frac{M_z e_y}{J_h}\right]\phi_t-\frac{E_g}{E_h}\sigma_{s1}A_y\left(\frac{1}{A_h}+\frac{e_y^2}{J_h}\right)\left(1+\frac{\phi_t}{2}\right)+E_g\varepsilon_t$$

$$\sigma_{s1}\left[1+\frac{E_g}{E_h}\cdot\frac{A_y}{A_h}\left(1+\frac{e_y^2A_h}{J_h}\right)\left(1+\frac{\phi_t}{2}\right)\right]=\frac{E_g}{E_h}\left[\sigma_{y_0}A_y\left(\frac{1}{A_h}+\frac{e_y^2}{J_h}\right)+\frac{M_z e_y}{J_h}\right]\phi_t+E_g\varepsilon_t$$

$$\sigma_{s1}\left[1+n\mu\rho\left(1+\frac{\phi_t}{2}\right)\right]=n\sigma_{h_0}\phi_t+E_g\varepsilon_t$$

$$\sigma_{s1}=\frac{n\sigma_{h_0}\phi_t+E_g\varepsilon_t}{1+n\mu\rho\left(1+\frac{\phi_t}{2}\right)}$$

当$t\to\infty$时即为最终收缩、徐变计算公式。

为估计其精度，可与两极端情况进行对比：

①在$\sigma_{y0}A_y$不变预应力作用下发生的最大收缩、徐变损失：

$$\sigma_{s1,\max}=\frac{n\sigma_{h_0}\phi_t+E_g\varepsilon_t}{1+n\mu\rho}$$

②在$(\sigma_{h0}-\sigma_s)A_y$的最小不变预应力作用下的最小收缩、徐变损失：

$$\sigma_{s1,\min}=\frac{n\sigma_{h_0}\phi_t+E_g\varepsilon_t}{1+(1+\phi_t)n\mu\rho}$$

统计分析得出16～40 m梁的$\mu\rho$平均值为$\overline{\mu\rho}=0.019\ 51$(变化范围为0.012 28～0.028 54)，可以估计建议公式误差在±5%之内。

图5-35绘出标准设计$l_p=32.0$直线预应力混凝土梁应力损失与时间对数的关系曲线，说明计算值与实测值符合较好。

图5-36为16 m先张预应力梁在工厂存放和架设运营的对比试验，可以认为在厂内存放半年的梁大致相当于架设于线路上运营使用的长期收缩、徐变结果。

综合各类桥梁实测收缩、徐变值与计算值的比较说明桥梁终极收缩、徐变值在施加预应力之后1～3年即可完成绝大部分，表5-49列出实测中间损失值与计算终极值的比例关系，其可作为合理地检测桥梁产品质量的标准。

表5-49　中间值和终极值的比值表

时间	3 d	10 d	40 d	180 d	1年	3年
η	0.20	0.30	0.50	0.75	0.90	1.00

2. 管道摩阻损失

各国规范对于管道摩阻损失计算规定基本一致。

日本规范：

预应力钢材	μ	k
钢丝、钢绞线	0.3	0.004
钢筋	0.3	0.003

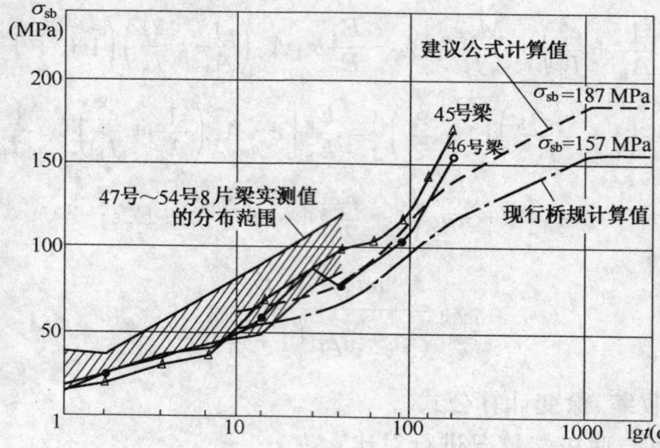

图 5-35 $L_p = 32$ m 直线梁收缩徐变应力损失值

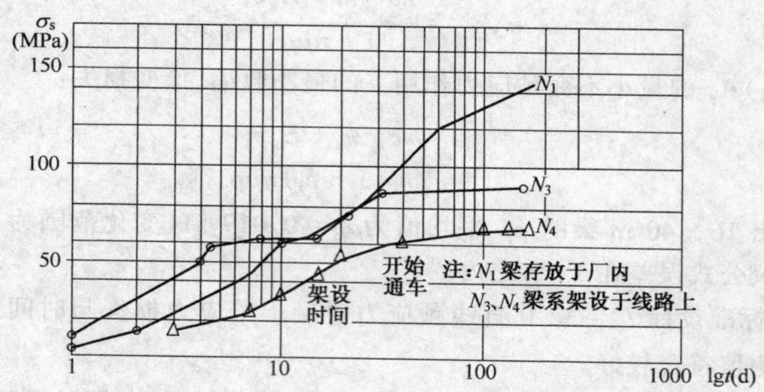

图 5-36 $L_p = 16$ m 先张梁收缩徐变应力损失值

英国标准 BS 5400：

μ 值：
- 钢筋在混凝土上移动 $\mu = 0.55$
- 钢筋在钢上移动 $\mu = 0.30$
- 钢筋在铅上移动 $\mu = 0.25$
- 钢筋在涂有二硫化钼润滑剂的劲性钢隔板上移动 $\mu = 0.10$

k 值：
- 一般情况 $k = 0.003\,3$
- 当使用紧密支承的刚劲套管式孔道形成器时 $k = 0.001\,7$

中国铁道科学研究院的试验统计值为：$\bar{\mu} = 0.493$，$\bar{k} = 0.002\,55$。

可靠度桥规建议：

预应力筋张拉时，钢筋与管道间的摩擦引起的应力损失为：

$$\begin{cases} \sigma_{s2} = \beta \sigma_{con} \\ \beta = 1 - e^{-(\mu\theta + kx)} \end{cases}$$

式中 σ_{con}——预应力筋控制应力(MPa)；

β——摩阻损失系数，与钢筋总弯起角 θ 和管道投影长度 x 有关；

μ、k——钢筋与管道间摩阻系数、管道偏差系数(表 5-50)。

表 5-50 μ、k 值

管 道 类 型	μ	k
灌筑混凝土后抽出橡胶管或抽拔棒形成的管道	0.55	0.001 5
铁皮套管	0.35	0.003 0
钢管抽芯成型的管道	0.55	0.001 5
金属波纹管道	0.20～0.26	0.002～0.003

注：①计算中需考虑钢筋与锚圈口之间摩擦引起的应力损失，应根据试验确定；

②计算中需考虑预应力钢束张拉时，钢束在垫板喇叭口处，因弯折产生的摩擦损失值，应根据试验确定。

3. 锚具回缩、垫板压实等应力损失

中国铁道科学研究院在北京通惠河桥摩阻损失测定中明显看出垫板压实的应力损失由于反摩阻的存在仅在梁端部产生影响，跨中则并未产生应力损失。日本规范也给出考虑反摩阻的计算原则，设反摩阻与正摩阻系数相同；我国建工、公路规范均规定允许在考虑锚具回缩时计入反摩阻影响，建工规范仅考虑圆曲线段的计算公式，应力不动点至梁端距 l_m 为(图 5-37)：

$$l_m = \sqrt{\frac{\lambda E_g}{\sigma_k\left(k + \frac{\mu}{R}\right)}}$$

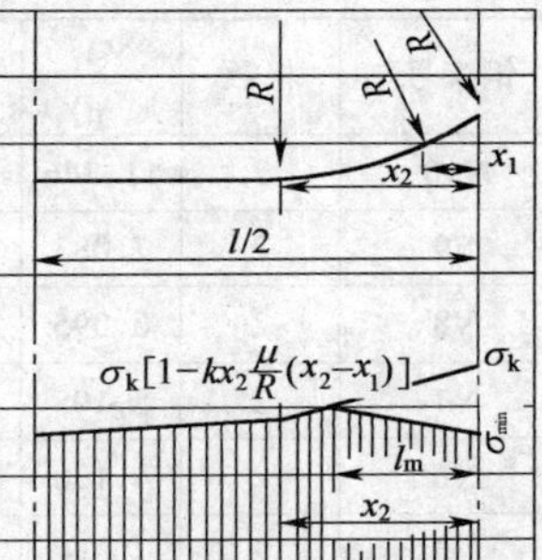

图 5-37 反向摩阻计算图

当有直线段及曲线时，考虑反摩阻的锚塞回缩及摩阻损失的计算公式为：

①当 $x_1 < l_m < x_2$ 时

$$l_m = \sqrt{\left(\frac{\lambda E_g}{\sigma_k} + \frac{\mu}{R}x_1^2\right) \Big/ \left(k + \frac{\mu}{R}\right)}$$

梁端处 $$\sigma_{min} = \sigma_n\left[1 - 2kl_m - \frac{2\mu}{R}(l_m - x_1)\right]$$

应力不动点 l_m 处： $$\sigma_{l_m} = \sigma_k\left[1 - kl_m - \frac{\mu}{R}(l_m - x_1)\right]$$

②当 $x_2 < l_m < l/2$ 时

$$l_m = \sqrt{\frac{1}{k}\left[\frac{\lambda E_g}{\sigma_k} - \frac{\mu}{R}(x_2^2 - x_1^2)\right]}$$

梁端处 $$\sigma_{min} = \sigma_k\left[1 - 2kl_m - \frac{2\mu}{R}(x_2 - x_1)\right]$$

应力不动点 l_m 处： $$\sigma_{l_m} = \sigma_k\left[1 - kl_m - \frac{\mu}{R}(x_2 - x_1)\right]$$

③当 $l_m > l/2$ 时

梁端处 $$\sigma_{min} = \sigma_k\left[1 - \frac{kl}{2} - 2\mu\frac{(x_2 - x_1)}{R}\left(1 - \frac{x_2}{l} - \frac{x_1}{l}\right)\right] - \frac{2\lambda E_g}{l}$$

④在其他各位置的预应力值 σ_x：

当 $x \leqslant x_1$ 时 $$\sigma_x = \sigma_{min} + \sigma_k kx$$

当 $x_1 < x \leqslant x_2$ 时 $$\sigma_x = \sigma_{min} + \sigma_k \left[kx + \frac{\mu}{R}(x - x_1) \right]$$

当 $x_2 < x \leqslant \frac{l}{2}$ 时 $$\sigma_x = \sigma_{min} + \sigma_k \left[kx + \frac{\mu}{R}(x_2 - x_1) \right]$$

式中 λ——锚塞回缩、垫板压实值(m)；

σ_k——预应力筋的锚下张拉控制应力(MPa)；

E_g——预应力筋的弹性模量(MPa)；

x_1——预应力筋自张拉端至直线段终点长度(m)；

x_2——预应力筋自张拉端至曲线段终点长度(m)。

表 5-51 为 32 m 直线梁和 24 m 曲线梁锚具回缩及管道摩阻损失计算表。

表 5-51(a) L_p = 32 m 直线梁锚具回缩及管道摩阻损失计算表

钢束号	根数	x_1 (m)	x_2 (m)	R (m)	l_m (m)	σ_{l_m}	σ_{min}	σ_{x_1}	σ_{x_2}	$\sigma_{l/2}$	现行桥规
N10	2	11.346	14.627	25	13.30	10 915	10 161	10 359.9	11 254.7	11 279.7	10 046.9
N9	2	7.083	13.608	50	12.403	10 769	9 867	9 992.97	10 944.7	10 986.6	10 047.0
N8	2	6.095	12.62	50	11.933	10 710	9 752.7	9 859.4	10 811.1	10 870.3	10 047.0
N7	2	5.108	11.633	50	11.518	10 644	9 620.3	9 709.8	10 661.5	10 738	10 047.0
N6	2	4.120	10.645	50	14.408	10 579.3	9 466.5	9 561.6	10 513.4	10 607.1	10 047.0
N5	2	2.03	2.683	5	$>l/2$	—	8 959.5	8 995.0	9 844.6	10 077.7	10 046.4
N4	2	0.993	1.298	5	$>l/2$	—	9 662.0	9 679.4	10 076.2	10 333.6	10 493.1
N3	2	3.133	9.658	50	17.38	—	9 383.4	9 438.3	10 390	10 601	10 047.0
N2	2	0.829	1.134	5	$>l/2$	—	9 654.0	9 668.5	10 065.3	10 325.5	10 493.1
N1	2	0.502	0.807	5	$>l/2$	—	9 638.0	9 546.8	10 043.6	10 109.5	10 493.1
									平均值	10 592.9	10 180.8

表 5-51(b) L_p = 24 m 曲线梁锚具回缩及管道摩阻计算表

钢束号	根数	x_1 (m)	x_2 (m)	R (m)	l_m (m)	σ_{l_m}	σ_{min}	σ_{x_1}	σ_{x_2}	$\sigma_{l/2}$	现行桥规
N1	4	0.116	0.726	10	$>l/2$	—	9 531.5	9 533.6	9 941.8	10 142.2	10 563
N2	2	3.293	3.903	10	$>l/2$	—	9 742	9 800	10 209	10 353	10 563
N3	2	4.274	4.884	10	$>l/2$	—	9 806.9	9 883	10 291	10 418	10 563
N4	2	2.668	5.417	20	$>l/2$	—	9 411	9 158	10 103	10 220	10 065
N5	1	5.264	8.013	20	$>l/2$	—	9 498	9 592	10 536	10 607	10 065
N6	1	5.983	8.732	20	$>l/2$	—	9 606	9 712	10 656	10 714	10 065
N7	1	7.351	10.10	20	9.80	10 842	9 839	9 970	10 914	10 948	10 065
N8	1	8.073	10.822	20	10.42	10 899	9 952	10 096	11 040	11 061	10 065
N9	0.5	8.793	11.534	20	10.95	10 948	10 050	10 207	11 149	11 157	10 065
									平均值	10445.5	10 339.8

比较可见，在跨中截面由于反摩阻的存在，锚具回缩几乎被反摩阻所抵消。

5.3.6 正常使用极限状态

铁路桥梁混凝土结构在正常使用极限状态荷载效应短期组合作用下应满足应力、裂缝宽度和变形的要求。

1. 抗裂性

对预应力混凝土构件需进行正截面和斜截面的抗裂性验算。

(1)混凝土受弯构件正截面抗裂性

①对不允许出现拉应力的预应力混凝土构件，由预加力引起的受拉区边缘混凝土的预压应力 σ_{cp}应大于或等于由荷载效应短期组合作用下受拉区边缘混凝土的拉应力 σ_{ct}；

②对允许出现拉应力的预应力混凝土构件，在预加力和荷载效应短期组合作用下受拉区边缘混凝土拉应力小于或等于 $0.7f_{ctk}$时，可不检算裂缝；

③对拉应力不受限制、允许出现裂缝的混凝土构件，其裂缝宽度应不大于表 5-52 的限值。

表 5-52 特征裂缝宽度容许值[ω_{fk}] 单位：mm

环境条件	钢筋混凝土构件	允许出现裂缝的预应力混凝土构件
		钢丝、钢绞线
无侵蚀性气体	0.25	0.10
有侵蚀性气体	0.20	0

注：①容许值为零，表示不得采用允许出现裂缝的预应力混凝土结构；

②允许出现裂缝的预应力混凝土构件，在永久荷载作用下，截面受拉边缘混凝土预压应力不得小于 1.0 MPa。

预应力混凝土构件，预加力产生的预应力筋和非预应力筋的合力按下式计算(图 5-38)：

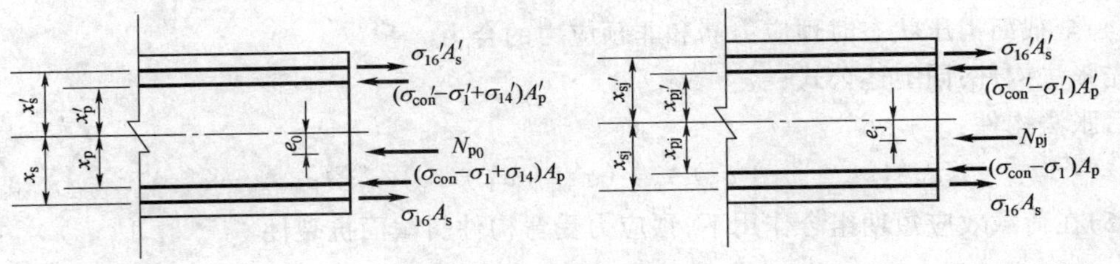

图 5-38 预应力筋和非预应力筋合力位置图式

先张法构件：

$$N_{p0}=(\sigma_{con}-\sigma_l+\sigma_{l4})A_p+(\sigma'_{con}-\sigma'_l+\sigma'_{l4})A'_p-\sigma_{l6}A_s-\sigma'_{l6}A'_s$$

N_{p0}的合力点到换算截面重心轴的偏心距 e_0：

$$e_0=[(\sigma_{con}-\sigma_l+\sigma_{l4})A_px_p-(\sigma'_{con}-\sigma'_l+\sigma'_{l4})A'_px'_p-\sigma_{l6}A_sx_s+\sigma'_{l6}A'_sx'_s]/N_{po}$$

后张法构件：

$$N_{pj}=[(\sigma_{con}-\sigma_l)A_p+(\sigma'_{con}-\sigma'_l)A'_p-\sigma_{l6}A_s-\sigma'_{l6}A'_s]$$

N_{pj}的合力点至净截面重心的偏心距 e_j：

$$e_j=[(\sigma_{con}-\sigma_l)A_px_{pj}-(\sigma'_{con}-\sigma'_l)A'_px'_{pj}-\sigma_{l6}A_sx_{sj}+\sigma'_{l6}A'_sx'_{sj}]/N_{pj}$$

式中 σ_{con}、σ'_{con}——受拉及受压区的预应力筋张拉控制应力值(MPa)；

σ_l、σ'_l——受拉及受压区的预应力筋全部应力损失(MPa)；

σ_{l4}、σ'_{l4}——受拉及受压区的预应力筋弹性压缩损失(MPa)；

σ_{l6}、σ'_{l6}——受拉及受压区的预应力筋收缩、徐变损失(MPa)；

x_{p}、x'_{p}——受拉及受压区的预应力筋合力点到换算截面重心的距离(m)；

x_{s}、x'_{s}——受拉及受压区的非预应力筋合力点到换算截面重心距离(m)；

x_{pj}、x'_{pj}——受拉区及受压区的预应力筋合力点到净截面重心的距离(m)；

x_{sj}、x'_{sj}——受拉区及受压区的非预应力筋合力点到净截面重心的距离(m)。

(2)不出现裂缝的预应力混凝土构件，其预加力产生的混凝土正应力

先张法构件：

$$\sigma_{cp}=\frac{N_{p0}}{A_0}\left(1+\frac{e_0 x_0}{i_0^2}\right)$$

后张法构件：

$$\sigma_{cp}=\frac{N_{pj}}{A_j}\left(1+\frac{e_j x_j}{i_j^2}\right)$$

式中 A_0、i_0——构件换算截面的面积(m^2)和回转半径(m)；

A_j、i_j——构件净截面的面积(m^2)和回转半径(m)；

x_0、x_j——计算纤维层至换算和净截面重心轴的距离(m)。

(3)消压时预应力钢筋的应力增量

$$\Delta\sigma_{p1}=10\frac{N_{pj}}{A_j}\left(1+\frac{e_j\cdot x_{pj}}{i_j^2}\right)$$

$$\Delta\sigma'_{p1}=10\frac{N_{pj}}{A_j}\left(1+\frac{e_j\cdot x'_{pj}}{i_j^2}\right)$$

式中 $\Delta\sigma_{p1}$、σ'_{p1}——受拉区及受压区的预应力钢筋的应力增量(MPa)。

(4)全截面消压状态时预应力筋和非预应力的合力

先张法构件：同上述公式；

后张法构件：

$$N_{pj}=(\sigma_{con}-\sigma_l+\sigma_p)A_p+(\sigma'_{con}-\sigma'_l+\sigma'_p)A'_p-\sigma_{l6}A_s-\sigma'_{l6}A'_s$$

(5)在荷载效应短期组合作用下，预应力受弯构件斜截面抗裂性

$$\gamma_{cd}\cdot\sigma_{tp}\leqslant f_{ctk}$$

式中 γ_{cd}——斜截面抗裂性检算分项系数，$r_{cd}=1.5$；

σ_{tp}——检算部位混凝土的最大主拉应力值(MPa)；

f_{ctk}——混凝土轴心抗拉强度标准值(MPa)。

(6)斜截面的混凝土主拉应力

$$\sigma_{tp}=\frac{\sigma_{cx}+\sigma_{cy}}{2}-\sqrt{\frac{(\sigma_{cx}-\sigma_{cy})^2}{4}+\tau_0^2}$$

$$\sigma_{cx}=\sigma_{cp1}+\frac{My_0}{I_0}$$

$$\sigma_{cy}=n_{sk}\frac{\sigma_{pk}A_{pk}}{b\cdot s_{pk}}$$

$$\tau_0=\tau-\tau_{pv}$$

$$\tau_{pv}=\frac{V_{p\omega}\cdot S}{b\cdot I}$$

式中 σ_{tp}——混凝土的主拉应力(MPa);

σ_{cx}——计算纤维处混凝土的法向压应力(MPa);

σ_{cp1}——计算纤维处混凝土的有效预应力(MPa);

M——荷载效应短期组合作用下的计算弯矩(MN·m);

y_0——计算纤维处至换算截面重心轴的距离(m);

I_0——换算截面的惯性矩(m^4);

σ_{cy}——由预应力箍筋引起的混凝土竖向压应力(MPa);

n_{sk}——预应力箍筋的肢数;

A_{pk}——单肢预应力箍筋的截面面积(m^2);

σ_{pk}——预应力箍筋的有效预应力(MPa);

b——计算主应力点的截面宽度(m);

s_{pk}——预应力箍筋的间距(m);

τ_0——计算纤维处混凝土的剪应力(MPa);

τ——相应于计算弯矩 M 的荷载作用下,计算纤维处的混凝土剪应力(MPa);

τ_{pv}——在计算纤维处由弯起预应力钢筋和预加力引起的混凝土剪应力(MPa);

$V_{p\omega}$——由弯起预应力钢筋预加力产生的剪力(MN);

S、I——截面的面积矩(m^3)及惯性矩(m^4)。

斜截面应选择跨度内不利位置截面的换算截面重心处和截面宽度突变处进行检算。

2. 裂缝宽度

混凝土结构裂缝宽度应具有足够的保证率,使裂缝不会损伤结构的正常使用和耐久性。

混凝土结构裂缝宽度计算理论主要有三类:

(1)黏结滑移理论:认为裂缝的开展是由于钢筋与混凝土之间不再保持变形协调而出现相对滑移所致,裂缝间距与钢筋应力密切相关,裂缝间距随钢筋的应力增加而减小,当应力达到一定值时,间距趋于某一定值,为稳定裂缝间距。

(2)无滑移理论:认为裂缝开展后混凝土表面在局部范围内不再保持为平面,钢筋与混凝土间黏结力并不破坏,无滑移产生。

(3)综合裂缝理论:上述两种理论中均在一定程度上存在缺陷,黏结滑移理论忽略了钢筋与混凝土之间黏结力所导致的混凝土保护层的应变梯度,无滑移理论则忽略了由于混凝土开裂而使钢筋应力发生"跳跃"所导致的钢筋与混凝土间的黏结损失,而使内部钢筋表面形成裂缝,因此综合裂缝理论则认为混凝土保护层厚度影响裂缝宽度,同时钢筋与混凝土间也存在一定的滑移。

表 5-53 所示试验梁裂缝间距实测数值说明裂缝间距与构件所配非预应力钢筋的数量有关,非预应力筋的数量和布置可以使裂缝间距减小,且分布更均匀。

表 5-53 试验梁裂缝间距实测值

梁号 / 平均间距	R-PC			R-PPC-A			R-PPC-E		
	1	2	3	1	2	3	1	2	3
A 面 l_m	13.09	10.64	13.44	10.91	10.95	12.44	11.03	9.58	8.56
B 面 l_m	13.19	11.78	11.82	11.72	9.79	10.64	7.82	8.71	8.67

续上表

梁号 / 平均间距	R-PC			R-PPC-A			R-PPC-E		
	1	2	3	1	2	3	1	2	3
$\bar{l}_m$	13.14	11.21	12.63	11.32	10.37	11.54	9.43	9.15	8.62
总　平　均	12.33			11.08			9.07		

注：表中单位以 cm 计。

图 5-39 所示实测裂缝宽与平均裂缝宽之比（W_i/W_m）的统计分布服从正态分布 $N(1.00, 0.3107^2)$。

静载试验梁最大裂缝宽度 W_{max} 与预应力度（$\lambda=M_0/M$）间大致呈线性关系。

图 5-40 示出以重复荷载作用 200 万次后的实测裂缝宽度与平均裂缝宽度之比（W_i/W_m）的统计分布服从正态分布 $N(1.001, 0.257^2)$；

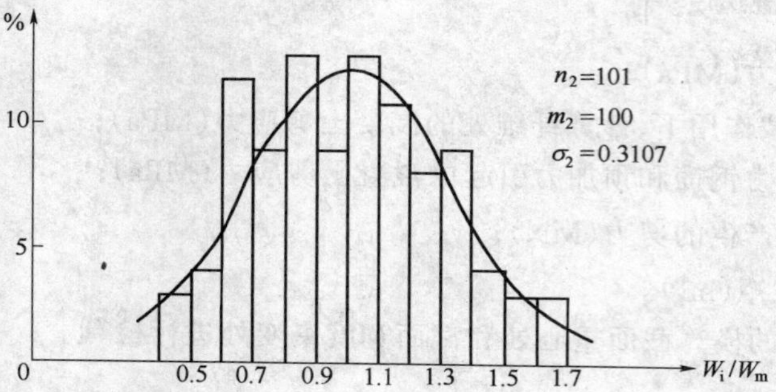

图 5-39　静载下裂缝宽度直方图

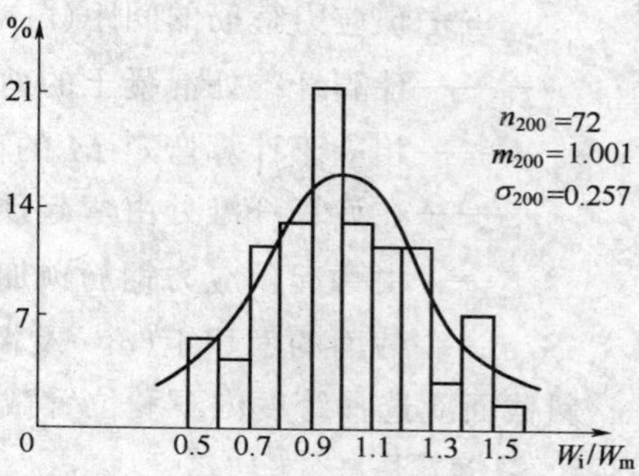

图 5-40　200 万次后裂缝宽度与平均缝宽比值的直方图

动载试验梁裂缝宽度在设计荷载循环次数 0～50 万次之间增加较多，50 万～100 万次后渐趋稳定，其增大值在 1.33～2.14 倍之间；图 5-41 为 PPC 梁（部分预应力梁）在动载下裂缝宽度扩大系数与荷载循环次数 N 间的关系，可拟合为以下方程式：

$$\alpha=(0.33-0.012\lg N)\lg N\ (N\geqslant 2\,000)$$

当 $N=2\times10^6$ 次时　$\alpha\approx1.6$。

RC（钢筋混凝土梁）梁实测结果说明重复荷载对裂缝宽的影响扩大系数（$W_{200万}/W_{max}$）约在 1.06～1.62 间，平均值为 1.195，变异系数 $\delta=0.111$，服从正态分布 $N(1.195, 0.133^2)$，95％保证率的裂缝宽度扩大系数 $\alpha\approx1.4$；由于在动载作用下，钢筋与混凝土的黏结退化，受压

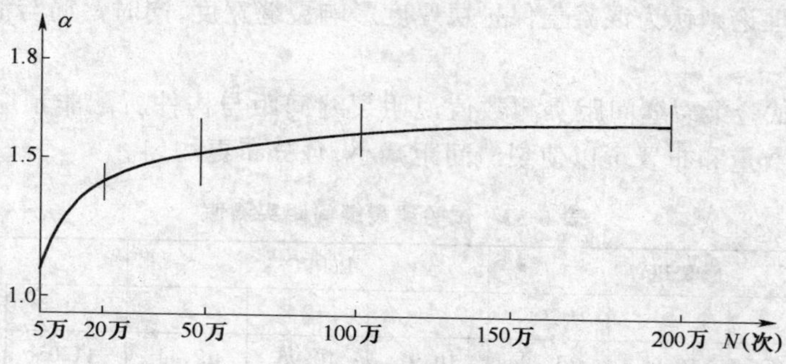

图 5-41　PPC 梁最大裂缝宽度增长系数随荷载循环次数 N 的拟合曲线

区混凝土的动力徐变及混凝土弹性模量的下降，钢筋应力松弛及钢筋应力增量的增加等原因引起裂缝宽度的增加；PPC 梁更由于力筋有效预应力值随循环次数有所降低比 RC 梁影响更大。

对于铁路 RC 和 PPC 受弯构件的具有 95% 保证率的考虑荷载长期作用或重复荷载作用后的梁底特征裂缝宽度 ω_{fk} 可用构件平均裂缝宽度 ω_{fm} 的函数式表达：

$$\omega_{fk} = \alpha_1 \alpha_2 \gamma \omega_{fm}$$

式中 α_1——计算不定性系数；

α_2——长期、重复荷载作用影响系数；

γ——受拉钢筋相对位置系数。

根据前述静载试验资料相对裂缝宽度 α_1 服从正态分布 $N(1.00, 0.3107^2)$，其 95% 保证率 $\alpha_{1,0.05} = 1.00 + 1.645 \times 0.3107 = 1.511 \approx 1.50$。

与荷载重复、长期作用有关的系数 α_2 可表达为荷载效应比的线性方程式：

$$\alpha_2 = 1 + a\frac{M_1}{M} + b\frac{M_2}{M}$$

式中 M_1、M_2、M——活载、恒载、总荷载效应。

表 5-54 列出 PPC 梁试验结果，$\bar{\alpha}_2 = 1.310\ 3$，$\bar{a} = 0.575\ 3$，起控制作用的平均裂缝宽度较大时 a 值较小，取 $a = 0.5$，b 与荷载长期作用有关，也取 $b = 0.5$，上式简化为：

$$\alpha_2 = 1 + 0.5\frac{M_1 + M_2}{M}$$

由于 $\frac{M_1 + M_2}{M} \leqslant 1$，可取 $\alpha_2 = 1.5$。

表 5-54 PPC 梁试验结果汇总表

配筋种类	粗钢筋			钢绞线					平均值
梁号	A-3	B-3	C-3	A1-0	A2-1	A2-3	A2-4	A3-4	
$\rho = \frac{M_{min}^{P}}{M_{max}^{P}}$	0.320	0.5	0.4	0.5	0.456	0.5	0.5	0.585 0	0.474 6
α_2	1.461 8 1.684 9	1.181 0 1.127 8	1.129 0 1.276 9	1.172 0 1.038 7	1.262 5	1.891 1 1.563 7	1.060 5 1.234 0	1.259 9	1.310 3
$a = \frac{\alpha_2 - 1}{1 - \rho}$	0.679 1 1.007 2	0.369 4 0.269 8	0.215 0 0.459 5	0.344 0 0.077 4	0.478 1	1.732 2 1.127 4	0.129 0 0.498 9	0.626 3	0.575 3

平均裂缝宽度 ω_{fm} 采用根据试验资料建立的钢筋混凝土和部分预应力混凝土构件的统一公式，其全面地考虑了保护层厚度、钢筋直径和有效配筋率的影响。

$$\omega_{fm} = \left(2.4C_s + \nu\frac{d}{\mu_2}\right)\frac{\Delta\sigma_s}{E_s}$$

式中 C_s——受拉侧非预应力筋净保护层最大值(mm)；

d——非预应力筋直径(m)；

μ_2——纵向受拉钢筋有效配筋率；

ν——钢筋黏结特性系数(表 5-55)。

表 5-55　钢筋黏结系数

钢筋种类	带肋钢筋	钢丝、钢绞线、光钢筋
非预应力筋及先张法构件预应力筋	0.02	0.04
后张法构件孔道压浆的预应力筋	0.04	0.06

原长沙铁道学院 RC、PPC 试验梁统计结果说明上述平均裂缝宽度 ω_{fm} 计算式比较符合实际。

(4)铁路可靠度《桥规》(荷载和抗力系数极限状态设计法)建议的钢筋混凝土和允许出现裂缝的预应力混凝土受弯构件的特征裂缝宽度 ω_{fk} 计算公式为：

$$\omega_{fk}=\alpha\gamma\left(2.4C_s+\nu\frac{d}{\mu_e}\right)\frac{\Delta\sigma_s}{E_s}$$

$$d=\frac{4(A_s+A_p)}{u}$$

$$\mu_e=\frac{A_s+A_p}{A_{ce}}$$

式中　ω_{fk}——特征裂缝宽度(mm)；

$\Delta\sigma_s$——钢筋混凝土梁正常使用状态荷载效应短期组合作用下的钢筋应力(MPa)，对允许出现裂缝的预应力梁，则另有消压后按开裂截面计算非预应力筋的应力增量；

α——考虑特征裂缝不均匀性、重复荷载及长期荷载作用的综合影响系数，对钢筋混凝土构件，$\alpha=2.3$；对允许出现裂缝的预应力混凝土构件，$\alpha=2.5$；

γ——受弯构件边缘裂缝放大系数，梁式结构：$\gamma=1.1$；板式结构：$\gamma=1.2$；

C_s——最外层纵向受拉非预应力钢筋的侧面或底面净保护层厚度的最大值(mm)，$C_s\leqslant0.04$ m；当 $C_s>0.04$ m 时，取 $C_s=0.04$ m；

ν——钢筋黏结特性系数；

d——普通钢筋和预应力混凝土构件中非预应力钢筋直径(m)；

A_s、A_p——分别为非预应力筋和预应力筋的截面面积(m^2)；

u——钢筋周长的总和(m)；

A_{ce}——受钢筋影响的有效混凝土截面面积(m^2)，可按图 5-42 计算(阴影部分)；

E_s——钢筋的弹性模量(GPa)。

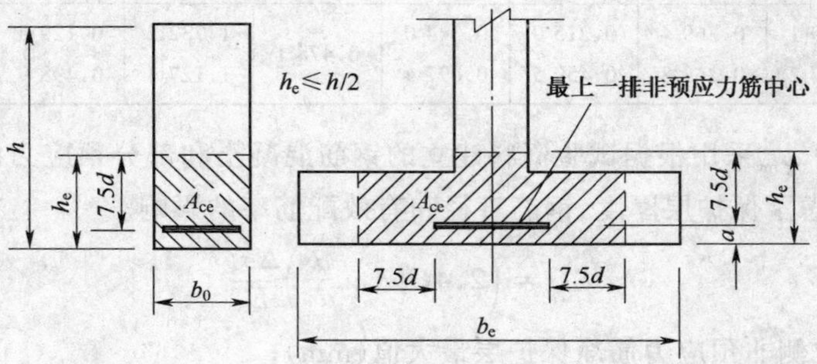

图 5-42　受钢筋影响的有效混凝土面积

3. 变形

混凝土受弯构件在正常使用极限状态下的变形(挠度),按荷载短期效应组合计算,并考虑荷载长期作用效应对构件刚度的影响,所求得的构件最大挠度应小于允许挠度:

$$f_{\max} \leqslant [f]$$

(1)RC 梁在静、动载作用下的挠度

图 5-43 示出 RC 试验梁在静、动载作用下跨中挠度 f 与荷载效应 M 的关系曲线(M—f 曲线),第一次加载时,梁体由没有开裂到逐渐出现裂缝,挠度曲线斜率随着构件刚度的变化逐渐减小,卸载后有较大残余变形,可达 20%左右;第二次加载时,挠度曲线基本呈直线形,且挠度值比第一次加载时减小,卸载后只有微量残余变形;在动载试验中,随着重复加载次数 N 的增加,挠度也逐渐增大。

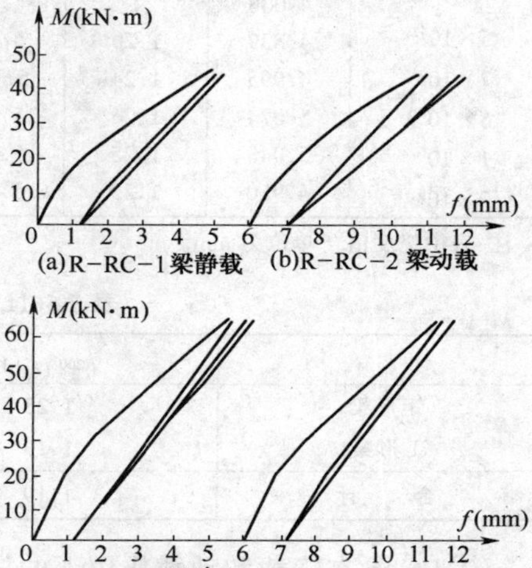

图 5-43 RC 梁静载和动载下 M—f 曲线

当不考虑重复荷载作用影响时,构件刚度为:

$$B = E_{\rm n} I_{\rm er}$$

上式中 $I_{\rm er}$ 为忽略混凝土受拉区面积而计入受拉钢筋换算面积的截面最小刚度,试验证明构件截面刚度与配筋率有关,即截面配筋率 μ 大的梁,计算变形较实测值小,反之,μ 较小的梁,计算变形较实测值大,因此需以刚度修正系数 α 考虑配筋率 μ 的影响。

$$B = \alpha E_{\rm n} I_{\rm er}$$

图 5-44 为 225 根梁 α 值与配筋率 μ 的关系图,可得 α 回归公式为(图中实线所示):

$$\alpha = 0.80 + 0.34/\mu \qquad (\text{相关系数 } r = 0.70, \text{标准差 } \sigma = 0.18)$$

$$\mu = \frac{A_s}{bh_0} \times 100\%$$

上述试验梁静载试验实测挠度与计算值之比的概率分布服从正态分布 $N(1.019\,2, 0.144\,1^2)$;可见考虑刚度修正的计算值与实测值相符,则 RC 梁静载下挠度计算的截面刚度公式为:

$$B = (0.80 + 0.34/\mu) E_{\rm n} I_{\rm cr}$$

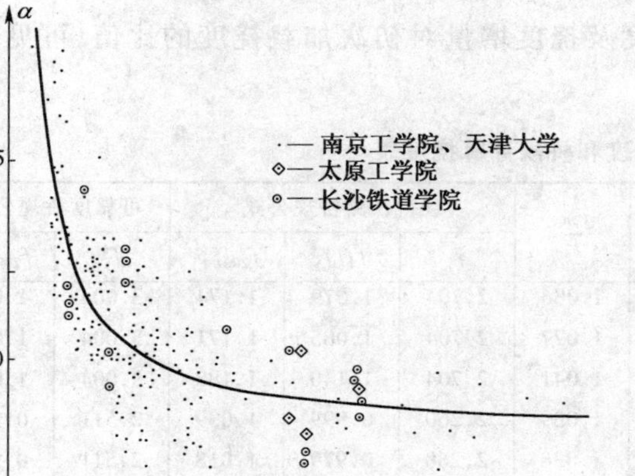

图 5-44 刚度系数 α 与配筋率 μ 关系图

表 5-56(a)给出了动载作用下 RC 梁挠度实测结果,以及相对于第二次加载挠度值的挠度增量比,表明动载初期,特别是 5 万次以前挠度增加迅速,完成了变形增量的大部分,之后逐渐稳定,50 万次之后挠度基本不变;表 5-56(a)给出动载 200 万次后挠度增量比统计数据,动载引起梁的静挠度增加 19%左右,以其倒数作为梁体挠度疲劳影响系数 $\alpha_{\rm p}$,则动载作用下 RC 梁挠度计算刚度公式为:

$$B = \alpha_{\rm p} \cdot \alpha \cdot E_n I_{\rm cr}$$

α_p 为考虑动载作用的梁体疲劳影响系数，取 $\alpha_p = 0.80$。

表 5-56(a) 动载作用下 RC 梁挠度实测结果

振动次数	R－RC－2		R－RC－3		T－RC－1		T－RC－3	
	f	f/f_2	f	f/f_2	f	f/f_2	f	f/f_2
1	4.957		5.202		5.289		5.412	
2	4.038	1	4.144	1	4.366	1	4.510	1
5×10^4	4.839	1.20	5.087	1.24	4.778	1.09	4.937	1.09
2×10^5	4.995	1.24	5. 195	1.26	4.760	1.09	4.955	1.10
5×10^5	5.074	1.26	5.340	1.29	4.797	1.10	5.040	1.12
1×10^6	5.048	1.25	5.302	1.28	4.908	1.12	5.110	1.13
2×10^6	4.960	1.23	5.205	1.26	4.910	1.12	5.147	1.14

注：表中挠度值 f 单位为 mm。

表 5-56(b) 200 万次后的挠度增量比

	$f_{200万}/f_2$	标准差 σ	样本数 n
矩形梁	1.25	0.0191	24
T 形梁	1.13	0.0119	12
合　计	1.19		36

(2)PC 梁在静载和动载作用下的挠度

图 5-45 给出 PC 梁在静载、动载作用下的 $M—f$ 曲线，基本上呈直线形，第一次加载和其后重复加载测出的挠度曲线接近，卸载后的残余挠度也很小，主要是由于 PC 梁在设计荷载作用下没有开裂，全截面保持压应力状态而处于弹性变形的缘故。

PC 梁在外载作用下全截面参与工作，其截面刚度计算式为：

$$B = E_n I_0$$

式中 I_0——计入全部混凝土面积及钢筋换算面积的截面惯性矩。

PC 梁试验的实测挠度与计算挠度比的均值为 1.057，标准差为0.143 4，说明实测挠度大于由上式计算的挠度值，则 PC 梁的修正刚度式为：

$$B = \alpha E_n I_0 = 0.95 E_n I_0$$

表 5-57 给出试验梁实测挠度与计算挠度及挠度增量对初次加载挠度的比值，可见加载 2×10^6 次后可引起挠度增量平均为 5%左右。

表 5-57 实测挠度和桥规计算挠度表

	λ	M	f_1	f_{200}	$\frac{f_{200}}{f_1}$	现行铁路桥规公式			可靠度桥规公式	
						f_j	f_1/f_j	f_{200}/f_j	f_j'	f_{200}/f_j'
T-PC-1	1.0	48.65	2.920	3.174	1.086	2.704	1.079	1.174	3.004	1.056
T-PC-2	1.0	48.65	2.936	3.164	1.077	2.704	1.085	1.171	3.004	1.053
T-PC-3	1.0	48.65	3.084	3.213	1.041	2.704	1.140	1.188	3.004	1.070
R-PC-1	1.0	28.00	2.258	2.348	1.039	2.260	0.999	1.039	2.511	0.935
R-PC-2	1.0	28.00	2.214	2.300	1.038	2.260	0.979	1.018	2.511	0.915
R-PC-3	1.0	28.00	2.207	—	—	2.196	1.005		2.440	
均方差					1.056		1.058	1.136		1.006

动载挠度值 $f_{动}$ 与计算值 f_j 关系可表达为：

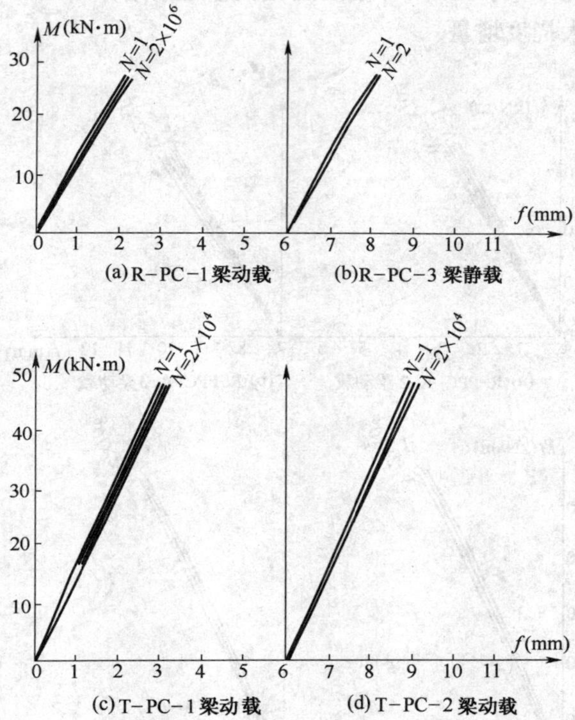

图 5-45 PC 梁静载和动载下 $M—f$ 曲线

$$f_{动}=\frac{f_{200万}}{f_1}\cdot\frac{f_1}{f_j}\cdot f_j=\frac{1}{\alpha_p}\cdot\frac{1}{\alpha}\cdot f_j$$

式中 $f_{200万}$，f_1——动载 2×10^6 次和初次加载实测挠度值；

α——刚度不定性系数，$\alpha=f_j/f_1$；

α_P——动载作用梁体疲劳影响系数，$\alpha_P=f_1/f_{200万}$。

由表 5-57 知 $f_{200万}/f_1=1.056$，$\alpha_P\approx0.95$

$f_1/f_j=1.058$，$\alpha\approx0.95$

在动载作用下 PC 梁挠度计算刚度公式为：

$$B=\alpha_p\cdot\alpha\cdot E_n I_0=0.9E_n I_0$$

(3)PPC 梁在静载、动载作用下的挠度

PPC 梁在设计荷载作用下可分为截面不开裂和截面开裂两种情况，即部分预应力混凝土结构中的 A 类梁和 B 类梁。

对截面不开裂的 A 类梁，$M\leqslant M_f$，在设计荷载作用下，$M—f$ 曲线呈线性，且卸载后残余应变很小；在多次重复动载作用后，$M—f$ 曲线仍保持良好的线性，图 5-46 为设计荷载下动载试验得出的截面不开裂梁实测 $M—f$ 曲线，虽然梁下缘混凝土设计拉应力在容许范围内，但在荷载重复到 50 万次左右时，梁下缘会出现一两条细微裂纹，导致梁体刚度降低，挠度有所增加。

对截面开裂的 PPC 梁，在设计荷载作用下，跨中区域可观察到细裂缝，卸载后裂缝基本闭合，图 5-47 绘出 B 类梁的 $M—f$ 曲线，在初次加载时曲线没有明显转折点，随着多次加载后，

裂缝条数有所增加，缝宽加大，导致梁体刚度退化变形逐渐增大，在 200 万次动载后 $M—f$ 曲线呈明显的弯曲，有较大挠度增量。

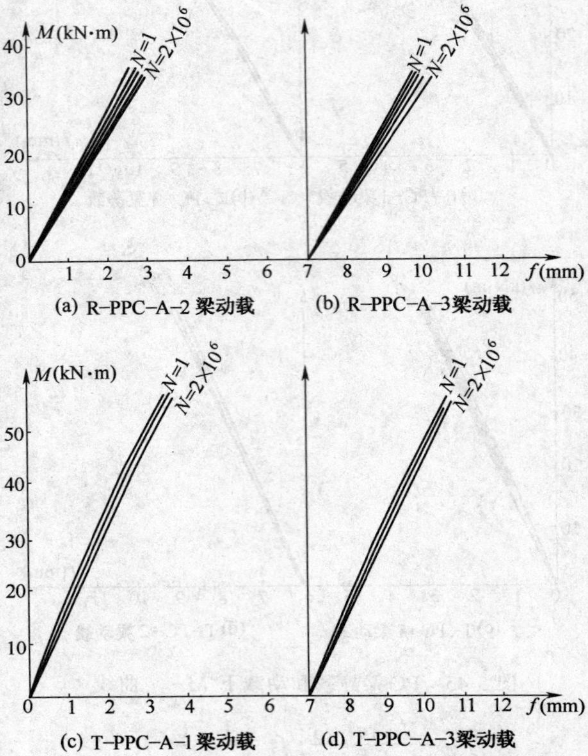

图 5-46 PPC－A 梁静载和动载下 $M—f$ 曲线（$M \leqslant M_f$）

对于 PPC-A 类梁，在荷载达到使用荷载最大值时，考虑刚度略有降低及混凝土受拉区的非线性影响，其综合刚度可采用：

$$B = \alpha E_n I_0$$

刚度修正系数 α 根据试验结果综合取 $\alpha = 0.85$。

对于 PPC-B 类梁，国内外规范及资料认为以双折线模式为基础的综合刚度法和试验结果吻合较好，因此对 B 类梁刚度计算式采用：

$$B = \alpha E_n I_0$$

$$\alpha = \frac{0.85\beta M}{\beta M_f + 0.85(M - M_f)}$$

$$\beta = 0.1 + 0.2 n_p \mu$$

根据 A、B 类梁实测挠度与计算挠度比的直方图统计分析可以得到：

A 类梁，$M \leqslant M_f$ 时，均值为 1.039，$\sigma = 0.191$；

B 类梁，$M > M_f$ 时，均值为 1.084，$\sigma = 0.211$。

实测值略高于计算值是由于实际混凝土弹性模量略高于计算值所致。

动载试验梁实测结果表明，PPC 梁在动载下挠度增量与梁的预应力度 λ 有关，也和梁的高跨比 h/l 有关，图 5-48 绘出相对挠度增量系数 $\alpha_f = f_{200万}/f_2$ 实测值和预应力度 λ 的关系，不同高跨比的试验资料综合统计分析，回归得出 α_f 与 λ 的关系函数为：

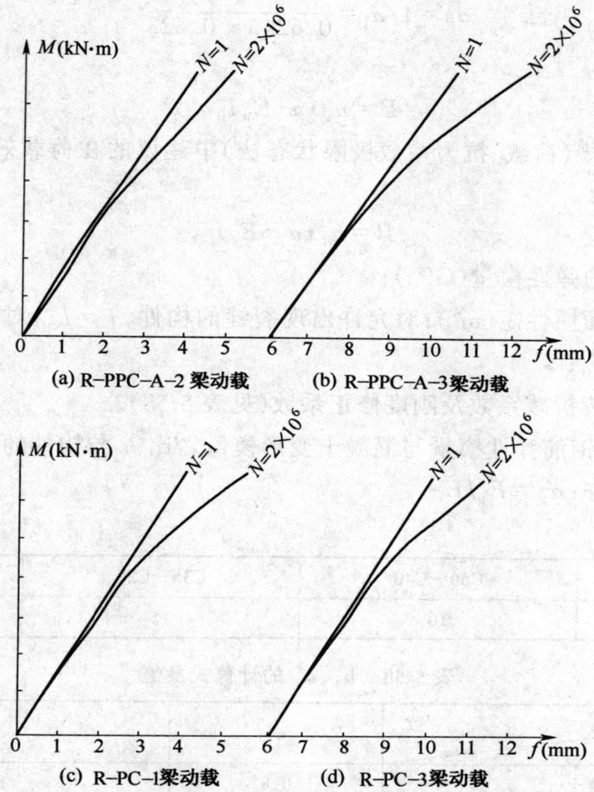

图 5-47 PPC 梁和 PC 梁超载开裂下作动载试验 $M—f$ 曲线

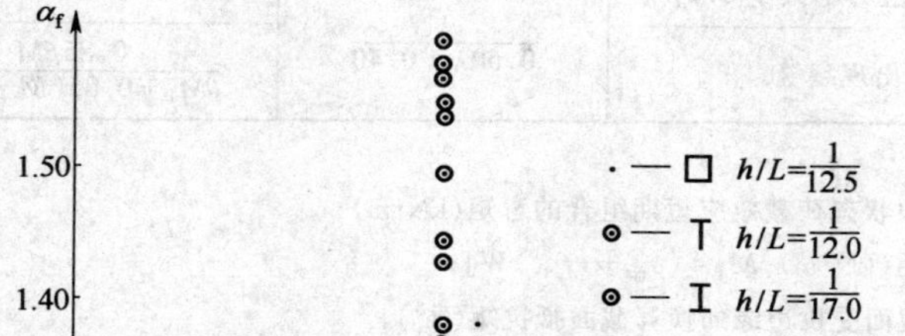

图 5-48 相对挠度增量系数 α_f 与预应力度 λ 关系图

$$\alpha_f = 0.624 + \frac{0.423}{\lambda} \qquad (\text{相关系数 } \gamma = 0.74,\text{标准差 } \sigma = 0.099)$$

因此对于承受动载的 PPC 梁需考虑刚度动载影响系数：

$$\alpha_P = 1/\alpha_f = \frac{\lambda}{0.624\lambda + 0.423}$$

其刚度表达式为：

$$B = \alpha_P \cdot \alpha \cdot E_n I_0$$

(4)铁路可靠度桥规(荷载、抗力系数极限状态法)中建议的在荷载效应短期组合作用下，受弯构件刚度计算式为：

$$B = \alpha_1 \cdot \alpha_2 \cdot E_c I$$

式中 E_c——混凝土的弹性模量(GPa)；

I——换算截面惯性矩(m^4)；对允许出现裂缝的构件，$I = I_{cr}$；对不允许出现裂缝的构件，$I = I_0$；

α_1、α_2——刚度疲劳折减系数及刚度修正系数(见表 5-58)。

计算换算截面时，钢筋弹性模量与混凝土变形模量之比 n 与构件的性质有关。

预应力混凝土构件：$n_p = E_p/E_c$

钢筋混凝土构件：

混凝土强度等级	C60～C40	C35～C25	≤C20
n_s	10	15	20

表 5-58 α_1、α_2 的计算式及值

结构类别 \ 系数		α_1	α_2
钢筋混凝土		0.8	1.0
预应力混凝土	下缘混凝土不出现拉应力	1.0	0.95
	下缘混凝土拉应力不大于 $0.7f_{ctk}$	$\frac{\lambda}{0.60\lambda + 0.40}$	0.90
	允许出现裂缝		$\frac{0.85\beta M}{\beta M_f + 0.85(M - M_f)}$　$\beta = 0.1 + 2n_p\mu$

表中 λ——预应力度；

M——正常使用极限状态荷载效应短期组合的弯矩(kN·m)；

M_f——截面开裂弯矩(kN·m)，$M_f = (\sigma_{cp} + rf_{ctk})W_0$；

其中 W_0——检算截面受拉边缘的换算截面抵抗矩(m^3)，

σ_{cp}——由预加力引起的受拉区边缘混凝土的预压应力(MPa)，

r——考虑受拉区混凝土塑性的系数，$r = \frac{2S_0}{W_0}$，S_0 换算截面重心轴以下的面积对重心轴的面积矩(m^3)；

β——考虑截面配筋率对刚度的影响系数 $\beta \leq 0.5$；

μ——纵向受拉钢筋的配筋率，$\mu = (A_p + A_s)/bh_0$。

5.4 结构分析

对于每一种极限状态设计应首先建立设计模型。

(1)结构、结构组成材料和结构环境模型；

(2)整个结构或结构构件性能模型；

(3)作用和加载模型。

对正常使用极限状态计算可采用线性弹性方法或考虑开裂、徐变等所致的刚度折减。弯曲刚度可采用：

(1)只计混凝土截面而忽略钢筋；

(2)毛截面并包括换算的钢筋面积；

(3)换算截面，包括受压区混凝土和全部钢筋的换算面积。

对破坏极限状态可采用弹性分析方法或塑性分析方法。结构的刚度可根据横截面标准尺寸和材料的弹性模量决定，也可以考虑剪力滞和开裂对刚度进行修正。

当设计箱梁或梁—板式结构的桥面板时，除考虑整体作用外，还应考虑车轮荷载对板的局部效应。

1. 弹性分析方法

(1)正交异性板：是在两个正交方向刚度不同的板，空心板、梁—板式桥道梁都是正交异性的(几何异性)。

(2)折板法：蜂窝状空心板、分离式箱梁或箱梁均可视为块板组成的板的集合，可以考虑平面力和板中弯曲效应，从而可以处理局部弯曲和扭转效应。

(3)有限单元法：可用于分析桥梁的任何复杂问题。

(4)有限条法：特别适用于箱梁和蜂窝状空心板的分析。

(5)格子梁法：将结构理想化为一个相互连接的梁格，梁格的挠曲和扭转刚度相应于其所代表的结构部分。

2. 塑性分析方法

(1)极限分析：可用于破坏极限状态计算，极限分析中破坏荷载处于荷载上限(上界)和荷载下限(下界)之间，因此考虑两种分析形式：上限法和下限法。上限法提供的破坏荷载值大于或等于真正的破坏荷载，因而是不安全的；下限法所提供的破坏荷载值总是小于或等于真正的破坏荷载，因而是安全的。

(2)下限法：

①板条法：将二维板化为两个方向的一维梁设计，假设扭曲力矩 $M_{xy}=0$，当任意点荷载集度 x 方向分量为 $\alpha \cdot q$ 和 y 方向分量为 $(1-\alpha)q$ 时，则两方向平衡方程为：

$$\begin{cases} \dfrac{\partial^2 M_x}{\partial x^2} = -\alpha q \\ \dfrac{\partial^2 M_y}{\partial y^2} = -(1-\alpha)q \end{cases} \qquad (a=0 \text{ 或 } 1)$$

②箱形梁的下限设计：该法基础是不作畸变和翘曲计算，把偏心荷载用一等代的作用于腹板上的对称和反对称荷载代替，将梁作为一个整体，像在荷载作用处有一刚性隔板分析其弯和扭，而导出箱梁腹板中的一组平面力，将其叠加到角隅弯矩和翘曲弯矩上去，再设计钢筋。

③弯矩重分布：可用于等截面箱梁。设一跨度为 L 的端部嵌固梁承受均布荷载(总值为 W)；计算弹性弯矩，当支承处抵抗弯矩为 $-\lambda WL/12$ 时，跨中截面抵抗弯矩为 $\left[\dfrac{WL}{24}+\left(\dfrac{WL}{n}-\dfrac{\lambda WL}{12}\right)\right]$；以 $\beta=1-\lambda$ 定义重分布量，应对 β 按使用条件要求(刚度或裂缝)加以限制。

弯矩重分布必须满足的重要条件为：保持弯矩图变化范围等于简支梁弯矩；任意设计断面应能抵抗不低于弹性分析所得弯矩的 70%(钢筋混凝土梁)或 80%(预应力混凝土梁)；弯矩折减后，截面中性轴高度不应大于：

$$x=(0.6-\beta_{red})d \qquad (钢筋混凝土)$$
$$x=(0.5-\beta_{red})d \qquad (预应力混凝土)$$

式中 d——梁的有效高度；

β_{red}——截面折减后弯矩与相应极限荷载下最大弹性弯矩之比。

梁的剪力按重分布和不重分布两者中的大者设计。

3. 混凝土收缩、徐变的结构效应

由于混凝土收缩和徐变引起的非弹性应变，可能导致结构和构件变形和(或)应力的长期状态中不可忽略的影响(施工状态，正常使用极限状态)。

截面和位移方面徐变效应的结构总体分析可以在线性和迭加原理的假定下进行。

在时间 t_0 轴向承载具有不变应力 $\sigma_c(t_0)$ 的混凝土构件，其在时间 t 的总应变 $\varepsilon_c(t)$ 为：

$$\varepsilon_c(t)=\varepsilon_{ci}(t_0)+\varepsilon_{cc}(t)+\varepsilon_{cs}(t)+\varepsilon_{cT}(t)=\varepsilon_{c\sigma}(t)+\varepsilon_{cn}(t)$$

式中 $\varepsilon_{ci}(t_0)$——加载时(t_0)的初始应变；

$\varepsilon_{cc}(t)$——时间 $t>t_0$ 时的徐变应变；

$\varepsilon_{cs}(t)$——收缩应变；

$\varepsilon_{cT}(t)$——温度应变；

$\varepsilon_{c\sigma}(t)$——依应力而定的应变，$\varepsilon_{c\sigma}(t)=\varepsilon_{ci}(t_0)+\varepsilon_{cc}(t)$；

$\varepsilon_{cn}(t)$——不依应力而定的应变，$\varepsilon_{cn}(t)=\varepsilon_{cs}(t_0)+\varepsilon_{cT}(t)$。

在使用应力 $|\sigma_c|<0.4f_{cm}(t_0)$ 范围内，徐变与应力线性相关。

对在时间 t_0 施加不变应力的徐变应变为：

$$\varepsilon_{cc}(t,t_0)=\frac{\sigma_c(t_0)}{E_c}\phi(t,t_0)$$

式中 $\phi(t,t_0)$——徐变系数；

E_c——混凝土龄期28 d时的弹性模量。

依应力而定的应变 $\varepsilon_{c\sigma}(t,t_0)$ 表达式为：

$$\varepsilon_{c\sigma}(t,t_0)=\sigma_c(t_0)\left[\frac{1}{E_c(t_0)}+\frac{\phi(t,t_0)}{E_c}\right]=\sigma_c(t_0)\cdot J(t,t_0)$$

式中 $J(t,t_0)$——徐变函数；

$E_c(t_0)$——混凝土加载时(t_0)的弹性模量。

则混凝土本构方程可写为：

$$\varepsilon_c(t)=\sigma_c(t_0)J(t,t_0)+\int_{t_0}^{t}J(t,\tau)\frac{\partial\sigma_c(\tau)}{\partial\tau}\mathrm{d}\tau+\varepsilon_{cn}(t)$$

对变动的施加应变历程的应力反应为：

$$\sigma_c(t)=[\varepsilon_c(t_0)-\varepsilon_{cn}(t_0)]R(t,t_0)+\int_{t_0}^{t}R(t,\tau)\mathrm{d}[\varepsilon_c(\tau)-\varepsilon_{cn}(\tau)]$$

式中 $R(t,t_0)$——松弛函数；表示不变的与应力有关的单位应变的应力反应。

由 $\varepsilon_c(t)-\varepsilon_{cn}(t)=\varepsilon_{c\sigma}(t)=\sigma_c(t_0)J(t,t_0)+\int_{t_0}^{t}J(t,\tau)\frac{\partial\sigma_c(I)}{\partial\tau}\mathrm{d}\tau=1$ 可以求积分得出松弛函数 $R(t,t_0)$，并引入时效系数 $\chi(t,t_0)$。

根据大量平均徐变值和长期徐变效应的实际情况，时效系数可足够正确的由下式表达：

$$\chi = t_0^{0.5}/(1+t_0^{0.5})$$

对在 10～30 d之间的典型加载全期,可采用不变值 $\chi=0.8$。

当采用 $\chi=1.0$ 时,可给出 $\varepsilon_c(t)$的简化表达式:

$$\varepsilon_c(t)=\sigma_c(t)J(t,t_0)+\varepsilon_{cn}(t)$$

应力变化小于 10%～20%时,上式为所考虑时段$(t-t_0)$终点处应力 $\sigma_c(t)$最终值的等效弹性应变值。

5.5 混凝土结构可靠度校准

对既有混凝土结构标准设计可靠指标的校准,可以综合掌握既有桥跨结构的相对可靠度,作为确定结构构件目标可靠指标 β_{nom} 和分项安全系数的基础,下面简述混凝土桥跨结构可靠度校准例作为参考。

5.5.1 正截面承载能力可靠度校准

1.统计参数

(1)混凝土

混凝土强度等级由15 cm立方体抗压强度总体分布的 0.05 分位值确定。而棱柱体抗压强度为立方体强度的 0.76,由于构件尺寸、养护条件、加载速度的差异用系数 K_0 表示,$\mu_{k_0}=0.88$,$\delta_{k_0}=0.1$,则结构中混凝土强度为:

$$\mu_{fc,st}=0.76\times0.88\times\mu_{fc,cu}=0.67\mu_{fc,cu}$$

$$\delta_{fc,st}=\sqrt{\delta_{fc,cu}^2+\delta_{k_0}^2}$$

当折算成20 cm立方体强度均值需乘以 0.95,各种标号混凝土强度统计参数列于表 5-59。

表 5-59 混凝土强度影响因素统计值

混凝土标号	15 cm 立方体 $f_{c.cu}$(MPa)		15 cm 立方体 $f_{c.st}$(MPa)		20 cm 立方体 $f_{c.st}$(MPa)	
	$\mu_{fc,cu}$	$V_{fc,cu}$	$\mu_{fc,st}$	$V_{fc,st}$	$\mu_{fc,st}$	$V_{fc.st}$
600	67.3	0.073	45.1	0.124	42.8	0.124
550	64.9	0.076	43.5	0.126	41.3	0.126
500	60.5	0.073	40.5	0.124	38.5	0.124
450	58.5	0.087	39.2	0.133	37.2	0.133
400	50.6	0.133	33.9	0.166	32.2	0.166
350	37.6	0.135	25.2	0.168	23.9	0.168
300	38.3	0.139	25.7	0.171	24.4	0.171
250	34.4	0.177	23.0	0.203	21.9	0.203
200	27.7	0.232	18.6	0.253	17.7	0.253
150	23.5	0.236	15.7	0.256	14.9	0.256

(2)普通钢筋

A_3、20MnSi、16Mn 钢筋的统计参数列于表 5-60，结构中钢筋平均强度为 $\mu_{fs,st}=\mu_{fs,sp}\cdot\mu_{kA}\cdot\mu_{kv}$，变异系数 $\delta_{fs,st}=\sqrt{\delta_{fs,sp}^2+\delta_{kA}^2+\delta_{kv}^2}$。

(3)高强度预应力钢筋

高强钢丝、钢绞线及冷拉Ⅳ级钢筋的统计参数列于表 5-61，结构中预应力筋抗拉极限强度 f_b 乘以 0.9 系数。

表 5-60　钢筋强度影响因素统计值

钢筋种类	标准强度 $f_{s,k}$(MPa)	试件强度 $f_{s,sp}$(MPa)		面积因素 K_A		加荷速度因素 K_V		结构中钢筋强度 $f_{s\cdot st}$(MPa)	
		$\mu_{fs,sp}$	$V_{fs\cdot sp}$	μ_{KA}	V_{KA}	μ_{KV}	V_{KV}	$\mu_{fs,st}$	$V_{fs,st}$
A_3	235	260	0.0755	1.0	0.035	0.92	0.033	239.2	0.089
20MnSi	335	397.3	0.0617	1.0	0.035	0.95	0.022	377.4	0.0743
16Mn	315	406.9	0.0884	1.0	0.035	0.95	0.022	386.4	0.0976

表 5-61　高强度预应力钢筋统计值

材料名称	规格(mm)	弹性模量	屈服强度 $\sigma_{0.2}(\sigma_s)$				抗拉强度 σ_b				计算采用值 $0.9f_b$
		均值 f_E (GPa)	均值 $f_{0.2}$ (MPa)	标准差 $\sigma_{0.2}$ (MPa)	变异系数 $V_{0.2}$	标准值 $f_{k0.2}$ (MPa)	均值 f_b (MPa)	标准差 σ_b (MPa)	变异系数 V_b	标准值 f_{kb} (MPa)	
碳素钢丝	$\phi5$	206.75	1 502.3	87.22	0.058 1	1 358.8	1 680.5	67.03	0.039 9	1 570.3	1 512.45
钢 绞 线	$\phi5$	195.03	1 355.7	27.01	0.019 9	1 311.3	1 614.1	33.39	0.020 7	1 559.2	1 452.69
冷拉Ⅳ级精轧螺纹筋	$\phi25$	203.21	639.72	35.76	0.055 9	580.9	972.9	40.03	0.041 1	907.1	875.61

(4)几何尺寸

用系数 K_1 表示梁体实际制造尺寸与设计图的差异，列于表 5-62。

表 5-62　梁体几何尺寸偏差统计值

项　目	K_1		
	样本数	μ_{k1}	μ_{k1}
梁　高　H	477	1.002 9	0.002 8
道碴槽板宽 b_i	715	1.000 5	0.003 7

(5)荷载

混凝土桥梁恒载 G_1、附加恒载(上建)G_2 的实测值与设计值的比值分布及统计参数列于表 5-63。

表 5-63　恒 载 参 数

桥　梁	恒　载　名　称	均值 μ	变异系数	均方差 σ	分布类型
混凝土桥梁	实际梁重/设计梁重	1.020 2	0.021 48	0.021 91	正态分布
	人行道加线构重/设计值	1.320 5	0.068 11	0.089 94	正态分布

列车活载 Q_3：

列车活载服从对数正态分布，考虑超载、偏载、动力影响，列车活载计算式为：

$$Q_3 = K_h \cdot K_s \cdot (1+\mu) \cdot Q_{(中-活载)}$$

K_h 为列车竖向静载模型不定性系数：

$$\overline{K_h} \sim N(1.050\ 5, 0.078\ 11^2),\ \delta_{kh} = 0.074\ 45,\ l_p \leqslant 4m,$$
$$\overline{K_h} \sim N(0.961\ 86, 0.037\ 13^2),\ \delta_{kh} = 0.038\ 60,\ l_p > 4m$$

K_s 为偏载系数，其服从三角形分布，$K_{s,max} = 1.031\ 85$，$K_{s,min} = 0.968\ 15$，$\overline{K_s} = 1.0$，$\sigma = 0.013\ 01$；

动力系数 $1+\mu$ 统计分布服从正态分布，$\overline{1+\mu} = \dfrac{0.92}{\sqrt{l_p} - 0.2} + 1.014$，$\sigma = 0.038$

$$\overline{Q_3} = 1.050\ 5 \times 1.0 \times (\overline{1+\mu}) \times Q_{(中-活载)} \qquad l_p \leqslant 4m$$
$$\delta_{Q3} = \sqrt{0.074\ 45^2 + 0.013\ 01^2 + \delta^2_{(1+\mu)}}$$
$$\overline{Q_3} = 0.961\ 86 \times 1.0 \times (\overline{1+\mu}) \times Q_{(中-活载)} \qquad l_p > 4m$$
$$\delta_{Q3} = \sqrt{0.038\ 6^2 + 0.013\ 01^2 + \delta^2_{(1+\mu)}}$$

(6)计算不定性系数

$$\overline{K_j} = 1.050, \quad \delta_{k_j} = 0.064\ 7$$

(7)可靠度校准

混凝土桥跨结构跨中截面抗弯承载能力极限状态方程为：

$$E = M_R - M_s = 0$$
$$K\left(f_{s,st} \cdot A_s \cdot h_0 - \frac{f^2_{s,st} \cdot A^2}{2Bf_{c,st}}\right) - M_{G_1} - M_G - M_{Q_3} = 0$$

根据结构可靠指标计算的分位值法计算结构可靠指标 β_j，各种标准设计和跨度的校准结果列于表 5-64(a)、(b)。

表 5-64(a) 普通高度、低高度钢筋混凝土梁 β 值

梁别 \ 跨度		4 m	5 m	6 m	8 m	10 m	12 m	16 m	20 m
(叁标桥) 1023	直	4.75	5.24	5.51	5.65	5.60	5.65	5.69/6.23	5.74/6.37
	曲	4.53	5.26	5.32	5.62	5.52	5.61	5.69/6.31	5.83/6.64
(叁标桥) 1024	直	4.89	5.53	5.73	5.78	5.79	5.87		/6.53
	曲	4.67	5.49	5.56	5.61	5.60	5.85		/6.59

注：斜线下为 1023A 及 1024A 数据。平均值为 5.49。

表 5-64(b) 先、后张法预应力混凝土梁 β 值

梁别 \ 跨度		8 m	10 m	12 m	16 m	20 m	24 m	32 m
(叁标桥) 2019	直/曲						8.26/8.04	8.04/8.30
(叁标桥) 2018	直/曲				8.50/8.29	8.39/8.54		
(叁标桥) 2017	直/曲	6.15/5.88	8.78/8.56	8.58/8.25				
(叁标桥) 2022	直/曲	/8.27	8.22/8.39	8.10/8.38	8.79/8.43			
(叁标桥) 2020	直/曲			8.63/8.69				

5.5.2 正截面疲劳可靠度校准

对于混凝土桥跨结构,需分别对验算截面的混凝土、钢筋进行疲劳可靠度计算,当结构构件荷载效应和抗力相互独立,且近似符合对数正态分布时,疲劳破坏极限状态方程为:

混凝土: $\ln f_{ce} - \ln \sigma_{ce} = 0$

预应力筋: $\ln \Delta f_{pe} - \ln \Delta\sigma_{pe} = 0$

非预应力筋: $\ln \Delta f_{se} - \ln \Delta\sigma_{se} = 0$

1. 混凝土疲劳可靠指标

$$\beta_c = \frac{\ln \bar{f}_{ce} - \ln \bar{\sigma}_{ce}}{\sqrt{\delta_{cef}^2 + \delta_{ce}^2}}$$

式中 $\bar{f}_{ce}$——抗力均值,$\bar{f}_{ce} = \frac{f_{max}}{f_c} \cdot \bar{f}_c$;

$\bar{\sigma}_{ce}$——等效等幅重复应力幅均值,$\sigma_{ce} = [\sigma_{min} + K_1 \cdot K_2 \cdot K_3(\sigma_{max} - \sigma_{min})(1+\mu)]\gamma_{fat}$;

其中 σ_{min}——检算部位混凝土最小应力,即恒载应力,

σ_{max}——按中—活载影响线加载求得的最大应力,

K_1——等效等幅重复应力换算系数,

K_2——力形系数,对跨中截面 $K_2 = 1.0$,

K_3——构造系数:RC 梁,$l_p \leqslant 8$ m时 $K_3 = 0.5$;$l_p > 8$ m时,$K_3 = 0.6$,

PC 梁,$K_3 = 1.0$,

$1+\mu$——列车运营动力系数,$\overline{1+\mu} = -\frac{0.92}{\sqrt{l_p} - 0.2} + 1.014$,$\sigma_{1+\mu} = 0.034$;

δ_{cef}——抗力变异系数,$\delta_{cef} = \delta_{fc}/(f_{max} - f_c)$;

δ_{ce}——荷载效应变异系数,$\delta_{ce} = 0.080$。

表 5-65(a)、(b)、(c)分别列出 RC 梁、先张低高度 PC 梁及后张 PC 梁的混凝土可靠指标。

表 5-65(a) RC 梁混凝土疲劳可靠指标 β

跨度(m) \ 运量(万 t) \ 梁类		正常高度梁			低高度梁		
		<1 500	1 500~3 000	>3 000	<1 500	1 500~3 000	>3 000
4	直	3.27	3.21	3.10	2.95	2.81	2.75
	曲	3.14	3.08	2.97	2.79	2.72	2.58
8	直	4.43	4.38	4.30	3.37	3.31	3.19
	曲	4.19	4.14	4.05	2.99	2.93	2.87
12	直	4.38	4.34	4.25	3.25	3.19	3.07
	曲	4.08	4.03	3.95	3.04	2.96	2.84
16	直	3.80	3.76	3.68	4.08	4.03	3.93
	曲	3.42	3.38	3.30	3.87	3.82	3.72
20	直	4.37	4.82	4.22	3.54	3.49	3.39
	曲	3.90	3.85	3.76	3.07	3.02	2.92

表 5-65(b) 先张低高度 PC 梁混凝土疲劳可靠指标 β

跨度(m) \ 运量(万 t)		<1 500	1 500~3 000	>3 000
8	直	5.65	5.52	5.26
	曲	6.36	5.24	4.99
12	直	5.93	5.81	5.56
	曲	5.62	5.60	5.25
16	直	3.64	3.51	3.27
	曲	3.20	3.07	2.83

表 5-65(c) 后张预应力 PC 梁混凝土疲劳可靠指标 β

跨度(m) \ 运量(万 t)		<1 500	1 500~3 000	>3 000
16	直	8.44	8.31	8.07
	曲	7.99	7.86	7.62
20	直	7.93	7.81	7.57
	曲	7.44	7.31	7.07
24	直	7.16	7.04	6.79
	曲	6.68	6.55	6.31
32	直	5.91	5.78	5.53
	曲	5.45	5.33	5.03

2. 预应力筋、非预应力筋的疲劳可靠指标

$$\begin{cases} \beta_{\rm p} = \dfrac{\lg\Delta f_{\rm pe} - \lg\Delta\sigma_{\rm pe}}{\sqrt{\sigma_{\rm PR}^2 + \sigma_{\rm e}^2}} \\ \beta_{\rm S} = \dfrac{\lg\Delta f_{\rm Se} - \lg\Delta\sigma_{\rm Se}}{\sqrt{\sigma_{\rm SR}^2 + \sigma_{\rm e}^2}} \end{cases}$$

式中 $\Delta f_{\rm pe}$、$\Delta f_{\rm Se}$——预应力筋及非预应力筋的疲劳强度均值；

$\Delta\sigma_{\rm pe}$、$\Delta\sigma_{\rm Se}$——预应力筋及非预应力筋等效等幅应力均值，其值为

$$\Delta\sigma_{\rm pe} = K_1 \cdot K_2 \cdot K_3 \Delta\sigma_{\rm p}(1+\mu) \cdot \gamma_{\rm fat}$$

$$\Delta\sigma_{\rm Se} = K_1 \cdot K_2 \cdot K_3 \Delta\sigma_{\rm S}(1+\mu) \cdot \gamma_{\rm fat}$$

其中 $\Delta\sigma_{\rm p}$、$\Delta\sigma_{\rm S}$——按中—活载加载求得的预应力筋及非预应力筋应力变程；

$\sigma_{\rm PR}$、$\sigma_{\rm SR}$——预应力筋及非预应力筋疲劳抗力对数标准差：

ϕ5 钢丝：$\sigma_{\rm PR} = 0.072$；

7ϕ5 钢绞线：$\sigma_{\rm PR} = 0.0353$；

20MnSi 钢筋：$\sigma_{\rm SR} = 0.0749$；

$\sigma_{\rm e}$——荷载效应变异性，$\sigma_{\rm e} = 0.024$。

表 5-66(a)、(b)、(c)分别列出 RC 梁钢筋、先张低高度 PC 梁及后张 PC 梁预应力筋的可靠指标，可见 $l_{\rm p} = 16$、20 m的 RC 梁由于主筋的焊接，疲劳可靠指标平均在 3.0。

表 5-66(a) RC 梁钢筋疲劳可靠指标 β

跨度(m) \ 运量(万 t) \ 梁类		正常高度梁			低高度梁			
		<1 500	1 500～3 000	>3 000	<1 500	1 500～3 000	>3 000	
4	直	2.89	1.94	0.69	4.70	3.75	2.50	非焊接钢筋
	曲	2.63	1.67	0.50	4.55	3.60	2.35	
8	直	7.65	6.79	5.44	7.61	6.76	5.41	
	曲	7.98	7.12	5.77	7.85	6.99	5.64	
12	直	9.57	8.86	7.82	8.23	7.52	6.49	
	曲	10.0	9.30	8.27	8.58	7.86	6.83	
16	直	3.82	3.07	2.29	4.11	3.11	2.49	焊接钢筋
	曲	3.94	3.19	2.42	4.26	3.48	2.67	
20	直	4.04	3.26	2.64	4.37	3.54	2.89	
	曲	4.19	3.06	2.79	4.45	3.62	2.97	

表 5-66(b) 先张低高度预应力梁预应力筋疲劳可靠指标 β

跨度(m) \ 运量(万 t)		<1 500	1 500～3 000	>3 000	备注
8	直	10.10	8.24	5.72	钢绞线
	曲	9.65	7.80	5.28	
12	直	12.34	10.76	8.61	
	曲	10.78	9.20	7.04	
16	直	9.04	7.58	5.65	
	曲	8.33	6.83	4.90	

表 5-66(c) 后张预应力梁预应力筋可靠指标 β

跨度(m) \ 运量(万 t)		<1 500	1 500～3 000	>3 000	备注
16	直	16.10	14.01	12.68	钢绞线
	曲	15.32	13.84	11.92	
20	直	16.12	14.91	14.09	
	曲	15.21	13.98	12.45	
24	直	11.80	11.29	10.60	钢丝
	曲	11.34	10.82	10.14	
32	直	10.70	10.10	9.47	
	曲	10.34	9.81	9.11	

5.5.3 斜截面抗剪强度可靠度校准

混凝土梁斜截面剪力破坏的极限状态方程为

$$R_V - V = 0$$

式中 R_V——斜截面抗剪强度；

V——外荷载在斜截面上产生的剪力。

斜截面抗剪强度采用叠加形式：

$$R_V = V_C + V_S + V_W$$

式中 V_S——箍筋承受的剪力，$V_S=(0.28+0.32m)\frac{A_S f_S}{S}h$；

V_W——弯起钢筋承受的剪力，$V_W=0.81f_y^{i}\sum A_{yW}\cdot\sin\alpha$；

混凝土所承担的剪力 V_C 按 RC、PC、PPC 梁统一模式：

$$V_C=\frac{0.43}{m}(2+P)f_{ct}bh\cdot\beta'\alpha$$

式中 $\beta'=1+\frac{M_0}{M}$，$M=\frac{M_P}{2}$（M_0——截面上消压弯矩，M_P——破坏弯矩）；

$\alpha=1+\frac{h'^{2}_{i}}{bh_0}\leqslant 1.2$；

斜截面抗剪强度极限状态方程为

$$K_P R_V - V_1 - V_2 - (1+\mu)K_V\cdot V_2 = 0$$

式中 K_P——计算模式不定性系数，$\mu_{K_P}=1.039$，$\sigma_{K_P}=0.202$；

V_1——桥梁自重剪力；

V_2——附加恒载（上部建筑及人行道）剪力；

K_V——列车荷载发展系数；

V_2——列车活载剪力。

各统计参数如下。

桥梁结构实测自重与设计值之比为 K_1，实测附加恒载与设计值之比为 K_2，其统计值为：

$$\begin{cases}\overline{K_1}=1.020\,2, & \sigma_{K_1}=0.219\,1\\ \overline{K_2}=1.053\,3, & \sigma_{K_2}=0.163\,9\end{cases}\quad 正态分布$$

动力系数 $(1+\mu)$ 服从正态分布：

$$\overline{1+\mu}=1+\frac{12}{30+L}$$

$$\sigma_{1+\mu}=\frac{2}{30+L}$$

列车活载发展系数 K_V：$\overline{K}_V=1.25$，$\sigma_{KV}=0.105$。

列车静活载服从极值Ⅰ型分布，其参数见表 5-67。

表 5-67 参 数

跨 度 l_p(m)	≤8 m	>8 m
原始分布均值 μ	0.877 2	0.748 2
原始分布均方差 σ	0.01	0.01
极值分布尺度参数 u_n	0.918 0	0.787 5
极值分布的位置参数 A_n	455.18	472.55

极值Ⅰ型分布统计参数计算式：

$$\mu_X=0.577\,2/A_n+u_n$$

$$\sigma_X = 1.282\,6/A_n$$

$$l_p \leqslant 8\text{ m 时},\begin{cases}\mu_X = 0.919\,3,\ \sigma_X = 0.002\,82\\ \mu = 1.25\mu_X = 1.149,\ \sigma = 0.096\,6\end{cases}$$

$$l_p > 8\text{ m 时},\begin{cases}\mu_X = 0.788\,7,\ \sigma_X = 0.002\,71\\ \mu = 1.25\mu_X = 0.989\,5,\ \sigma = 0.089\,21\end{cases}$$

混凝土抗拉强度为：

$$\begin{cases}f_{ct} = 0.5 f_{cu}^{2/3}\\ \sigma_{fct} = \dfrac{1}{3} f_{cu}^{-1/3}\cdot\sigma_{fcu}\end{cases}$$

混凝土构件立方体抗压强度 f_{cu} 统计参数见表 5-68。

表 5-68　f_{cu} 统计参数

混凝土强度等级	f_{cu}	σ_{fcu}	δ_{fcu}
C20	24.4	6.173	0.253
C25	30.3	6.151	0.203
C40	44.5	7.387	0.166
C45	51.6	6.863	0.133
C50	53.2	6.602	0.124

混凝土抗拉强度 f_{ct} 统计参数见表 5-69。

表 5-69　f_{ct} 统计参数

混凝土强度等级	f_{ct}	σ_{fct}
C20	1.874	0.316
C25	2.165	0.293
C40	2.797	0.310
C45	3.088	0.274
C50	3.153	0.261

预应力筋及非预应力筋强度统计参数见表 5-70。

表 5-70　强度统计参数

钢　　种	均值(MPa)	方差(MPa)	变异系数
A_3	239.2	21.408	0.089 5
20MnSi	377.4	20.04	0.074 3
16Mn	398.76	35.231	0.088 35
ϕ5(屈服强度)	1502.3	87.22	0.058 1
ϕ5(屈服强度)	1 680.5	67.03	0.039 9

标准设计8 m、12 m、16 m的 RC 简支梁，16 m，20 m、24 m、32 m的预应力混凝土简支梁斜截面抗剪强度可靠指标及参数列于表 5-71，RC 梁 $\beta = 2.84 \sim 3.91$，$\overline{\beta} = 3.42$，PC 梁 $\beta = 3.25 \sim 3.58$，$\overline{\beta} = 3.42$，以上可靠度校准是以混凝土强度为准。

表 5-71 危险截面可靠指标及参数汇总

类型	跨度 L(m)	纵向配筋率 100μ	预应力度 $1+\lambda$	剪跨比 m	破坏位置 l	可靠指标 β
RC 梁	8	0.89	1.00	1.81	1/4	3.91
	12	1.08	1.00	2.25	1/4	3.50
	16	1.42	1.00	1.87	1/5.44	2.84
PC 梁	16	1.27	2.01	3.38	1/4	3.34
	20	1.21	2.04	3.34	1/4	3.25
	24	1.45	2.07	3.75	1/4	3.58
	32	2.14	2.00	2.34	1/8	3.51

5.5.4 偏心受压构件可靠度校准

表 5-72 列出校准用荷载和抗力随机变量统计参数。

表 5-72 随机变量统计参数

统计项目			均值 m	均方差 σ	变异系数 V	变是分布
G. 恒载：实测/设计值			1.03	0.030		正态
L. 活载：实测/设计值			0.877	0.01		极值 I 型
20MnSi 钢筋屈服强度			377.4 MPa	28.04 MPa	0.074 3	对数正态
$\phi5$ 高强钢丝名义屈服强度			1 502 MPa	87.22 MPa	0.058 1	正态
混凝土强度等级	20 cm×20 cm×20 cm	C20	26.3	6.105	0.232	
		C30	36.4	5.058	0.139	
		C40	48.1	6.394	0.133	
		C50	57.5	4.196	0.073	
		C60	63.9	4.667	0.073	
	15 cm×15 cm×15 cm	C20	27.7	6.426	0.232	
		C30	38.3	5.324	0.139	
		C40	50.6	6.730	0.133	
		C50	60.5	4.417	0.073	
		C60	67.3	4.913	0.073	

表 5-73 列出计算模式不定性系数统计参数。

表 5-73 模式不定性系数统计参数

计算模式		均值 m	均方差 σ	统计样本 n
允许应力法公式	1. 全截面受压	1.223	0.170 7	38
	2. 部分截面受压但 $\sigma_h < R_a, \sigma_g = R_g$	1.16	0.130	
	3. 部分截面受压但 $\sigma_g < R_g, \sigma_h = R_a$	1.537	0.204	169
预应力偏压构件计算公式	1. 小偏压	1.30	0.150	
	2. 大偏压	1.16	0.130	

表 5-74(a)为钢筋混凝土偏压构件正截面强度可靠指标校准结果，全截面受压时 $\overline{\beta}=4.557$，部分截面受压，混凝土控制时，$\overline{\beta}=5.217$，钢筋控制时 $\overline{\beta}=5.214$；表 5-74(b)为预应力偏

压构件正截面强度可靠指标校准，小偏压 $\overline{\beta}=5.48\sim5.75$，大偏压 $\overline{\beta}=5.72$。

表 5-74(a) 钢筋混凝土偏压构件正截面强度可靠指标 β

混凝土等级 \ L/G		0.1	0.5	1.0	1.5	2.0	2.50	平均值	
全截面受压	C20	3.227	3.276	3.310	3.330	3.343	3.363	3.307	平均 4.557
	C30	4.684	4.787	4.867	4.898	4.926	4.945	4.851	
	C40	4.711	4.811	4.879	4.919	4.946	4.965	4.872	
	C50	4.834	4.923	4.984	5.020	5.043	5.060	4.977	
	C60	4.645	4.741	4.806	4.845	4.871	4.889	4.780	
部分截面受压混凝土控制	C20	3.505	3.545	3.571	3.587	3.597	3.604	3.568	平均 5.217
	C30	5.465	5.565	5.634	5.675	5.703	5.722	5.627	
	C40	5.486	5.573	5.631	5.665	5.688	5.704	5.625	
	C50	5.587	5.661	5.712	5.742	5.762	5.776	5.707	
	C60	5.508	5.508	5.563	5.596	5.617	5.632	5.557	
钢筋控制	$\sigma_g=R_g$	4.965	5.120	5.225	5.287	5.328	5.357	5.214	5.214

表 5-74(b) 预应力偏压构件正截面强度可靠指标 β

a. $\mu_p=0.002bh$, $\mu'_p=0$, $\mu_s=\mu'_s=0.005bh$									
混凝土等级 \ L_0/G		0.1	0.5	1.0	1.5	2.0	2.5	β	$\overline{\beta}$
小偏压	C40	4.873	4.928	4.964	4.986	5.000	5.010	4.960	5.745
	C50	6.093	6.193	6.261	6.301	6.328	6.347	6.254	
	C60	5.843	5.954	6.028	6.072	6.102	6.122	6.020	
大偏压	C40	5.490	5.628	5.718	5.773	5.809	5.834	5.709	5.716
	C50	5.578	5.709	5.796	5.848	5.882	5.907	5.787	
	C60	5.435	5.571	5.662	5.716	5.752	5.778	5.652	
$x<2x'_s$		5.091	5.240	5.341	5.400	5.439	5.467	5.330	
b. $\mu_p=0.002bh=\mu'_p$, $\mu_s=\mu'_g=0.005bh$									
小偏压	C40	4.048	4.093	4.123	4.142	4.154	4.163	4.121	5.475
	C50	6.128	6.230	6.298	6.339	6.365	6.384	6.291	
	C60	5.833	5.946	6.022	6.067	6.097	6.118	6.014	
大偏压	C40	5.477	5.614	5.707	5.762	5.799	5.824	5.697	5.719
	C50	5.593	5.723	5.811	5.862	5.897	5.921	5.801	
	C60	5.441	5.577	5.669	5.723	5.758	5.784	5.659	

5.5.5 正常使用极限状态可靠度校准

1. 竖向挠度可靠指标

变形极限状态方程为：

$$R-S=0$$

式中 R——构件抗力，表示为截面刚度 B 的函数；

$$R=\frac{1}{800}B=\frac{1}{800}\alpha_P\cdot\alpha E_n I$$

S——列车静活载效应，表示为换算活载 q 的函数。

抗力不定性系数：

$$K_R = K_Z \cdot K_P \cdot K_{\alpha_P} \cdot K_e$$

式中 K_Z 为结构系数，可以用实测梁挠度 f_s 与理论计算桥梁挠度 f_j 之比代替，即

$$K_Z = f_s / f_j$$

由实测结果得到（K_Z服从正态分布）：

$$\text{RC 梁}\quad \overline{K}_Z = 0.478,\quad \delta_{K_Z} = 0.218$$

$$\text{PC 梁}\quad \overline{K}_Z = 0.75,\quad \delta_{K_Z} = 0.149$$

K_P为计算模型不定性系数，$K_P = f_s/f_j$；考虑模拟梁的不定性，f_s 为模拟梁实测挠度；f_j 为理论计算挠度值，K_P服从正态分布。

$$\text{RC 梁}\quad \overline{K}_P = 1.02,\quad \delta_{K_P} = 0.141$$

$$\text{PC 梁}\quad \overline{K}_P = 0.95,\quad \delta_{K_P} = 0.135$$

$$\text{PPC 梁}\begin{cases} M \leqslant M_f \text{ 时},\quad \overline{K}_P = 1.03,\quad \delta_{K_P} = 0.162 \\ M > M_f \text{ 时},\quad \overline{K}_P = 1.08,\quad \delta_{K_P} = 0.201 \end{cases}$$

K_{α_P}为动载效应不定性系数（服从正态分布）：

$$\text{PC 梁}\quad \overline{K}_{\alpha_P} = 1.032,\quad \delta_{K_{\alpha P}} = 0.0507$$

$$\text{PC、PPC 梁}\quad \overline{K}_{\alpha_P} = 0.967,\quad \delta_{K_{\alpha P}} = 0.0618$$

K_e为材料和尺寸不定性系数，若不考虑尺寸变异，$K_e = E_n/E_{nk}$（K_e服从正态分布）。

$$K_e = 0.987\ 3,\quad \delta_{K_e} = 0.085\ 32$$

据此可以得出 RC、PC、PPC 梁的 $\overline{K}_R$ 和 δ_{K_R}：

$$\begin{cases} \overline{K}_R = \overline{K}_Z \cdot \overline{K}_P \cdot \overline{K}_{\alpha_P} \cdot \overline{K}_C \\ \delta_{K_R} = \sqrt{\delta_{K_Z}^2 + \delta_{K_P}^2 + \delta_{K_{\alpha P}}^2 + \delta_{K_e}^2} \end{cases}$$

列车活载设计基准期最大值分布服从对数正态分布，其均值与中—活载之比 K_q 的参数为：

$$\begin{cases} \overline{K}_q = 0.961\ 86 \\ \delta_{K_q} = 0.040\ 7 \end{cases}$$

则正常使用极限状态可靠指标为：

$$\beta = \frac{\ln(M_R/M_S)}{\sqrt{\delta_R^2 + \delta_S^2}} = \frac{\ln[K \cdot K_R/K_S]}{\sqrt{\delta_R^2 + \delta_S^2}}$$

式中 K——正常使用极限状态下安全系数，取 $K = 1.0$；

K_R, K_S——构件抗力 R 和荷载效应 S 平均值与标准值之比；

δ_R, δ_S——构件抗力 R 和荷载效应 S 的变异系数。

$$K_S = \overline{K}_q \cdot \overline{K}_1^3,\quad \delta_S = \sqrt{\delta_{K_q}^2 + 3\delta_{K_1}^2}$$

由统计分析知，构件尺寸效应不定性很小，不考虑尺寸效应变异性，作为常量：

$$\overline{K}_1 = 1.0,\quad \delta_1 = 0.0$$

$$\overline{K}_S=\overline{K}_q=0.961\ 86,\quad \delta_S=\delta_q=0.040\ 7$$

表 5-75 列出 RC、PC、PPC 梁的抗力和荷载效应统计参数，计算得出各类梁的可靠指标 β 为：

RC 梁 $\bar{\beta}=2.74$，PC 梁 $\bar{\beta}=1.46$

PPC(A)梁 $\bar{\beta}=1.04$，PPC(B)梁 $\bar{\beta}=0.75$

表 5-75 抗力和荷载效应统计参数

类别 \ 系数	K_S	V_S	K_R	V_R
RC	0.961 86	0.040 7	2.075	0.227 9
PC	0.961 86	0.0407	1.347	0.226 9
PPC(A)	0.961 86	0.040 7	1.244	0.244 0
PPC(B)	0.961 86	0.040 7	1.183	0.271 4

2. 裂缝宽度可靠指标校准

混凝土结构构件裂缝宽度正常使用极限状态方程为：

$$R-H=0$$

抗力 R 可用一系列不定性系数的函数表示：

$$R=R_K\cdot\varphi_K\cdot\varphi_j\cdot\varphi_S=\varphi_R\cdot R_K$$

式中 φ_K——构件抗力计算值R_j与标准值之比，可表示为失效裂缝宽度不定性φ_δ、材料不定性 φ_e、几何特征不定性 φ_a 及预应力度不定性 φ_p 之积，即

$$\varphi_K=\varphi_\delta\cdot\varphi_e\cdot\varphi_a\cdot\varphi_p(\text{RC 构件 }\varphi_p=1.0)$$

φ_j——计算模式不定性系数，为模型试验实测裂缝宽度与计算裂缝宽度之比；

$$\varphi_j=\delta_{fj}/\delta_f$$

φ_S——实际结构不定性系数。

荷载效应按主要组合考虑时：

$$H=H_{LK}\varphi_L+H_{DK}\varphi_D$$

式中 H_{LK}——按标准活载计算得到的荷载效应；

φ_L——活载效应的不定性系数；

H_{DK}——标准恒载效应；

φ_D——恒载效应的不定性。

设 $H_{DK}=\alpha H_{LK}$，则

$$H_K=H_{LK}+H_{DK}=(1+\alpha)H_{LK}$$

$$H=H_{LK}(\varphi_L+\alpha\varphi_D)=H_K\frac{\varphi_L+\alpha\varphi_D}{1+\alpha}=\varphi_H\cdot H_K$$

式中

$$\varphi_H=H/H_K=\frac{\varphi_L}{1+\alpha}+\frac{\alpha\varphi_D}{1+\alpha}$$

则混凝土构件的裂缝宽度正常使用极限状态方程为：

$$\varphi_R-\frac{1}{1+\alpha}\varphi_L-\frac{\alpha}{1+\alpha}\varphi_D=0$$

活载不定性 φ_L 的统计特征（φ_L 服从极值 I 型分布）如表 5-76。

表 5-76 φ_L 的统计特征

	$l_p \leqslant 10$ m	10 m $< l_p \leqslant 40$ m
$\bar{\varphi}_L$	0.877 2	0.662 6
$\sigma_{\varphi L}$	0.010 1	0.005 9

恒载不定性 φ_D 的统计特征如表 5-77。

表 5-77 φ_D 的统计特征

	均 值	标 准 差	分 布
实测梁重/设计梁重 K_{G1}	1.020 2	0.021 9	正态分布
实测上部建筑/设计值 K_{G2}	1.320 5	0.089 9	正态分布

φ_D 统计参数见表 5-78。

失效裂缝不定性 $\varphi_\delta = [\delta_f]_j / [\delta_f]_K$ 的统计特征：

RC 梁 $\bar{\varphi}_\delta = 1.50, \quad \delta_{\varphi\delta} = 0.10$

PPC 梁 $\bar{\varphi}_\delta = 1.25, \quad \delta_{\varphi\delta} = 0.10$

由于 PPC 梁裂缝控制比 RC 梁严格，因而采用不同的 $\bar{\varphi}_\delta$ 值。

几何特征与材料性能不定性的统计特征：

φ_a、φ_e 的离散性很小，取 $\bar{\varphi}_{KL} = \bar{\varphi}_a \cdot \bar{\varphi}_e = 1.05, \delta_{KL} = 0.07$；

预应力度不定性 φ_P 的统计特征：$\bar{\varphi}_P = 1.00, \delta_{\varphi_P} = 0.05$。

计算模式不定性 $\varphi_j = \delta_f^j / \delta_f^s$ 的统计特征：特征裂缝宽度计算值 δ_f^j 可直接用公式计算，其各项几何特征、材料性能及钢筋应力用模型梁实际值；而实测值 δ_f^s 用短期荷载作用下的平均裂缝宽度乘以系数 α_1、α_2 推算，$\alpha_1 = 1.66, \alpha_2 = 1.50, \alpha_1 \cdot \alpha_2 = 2.49$。表 5-79 为 RC 梁计算模式不定性 φ_j 的统计特征值。

表 5-79 RC 梁 φ_j 的统计特征值

	现行桥规*	$\alpha_1 \cdot \alpha_2$(可靠度桥规)	$\alpha_1 \cdot \alpha_2$(《部分预应力混凝土结构设计建议》)
$\bar{\varphi}_j$	0.891 3/0.902 1	0.983 5	0.995 3
$\delta_{\varphi j}$	0.279 7	0.257 8	0.257 8

* 分子为 $l_p \leqslant 10$ m，分母为 10 m $< l_p \leqslant 32$ m 梁。

PPC 梁 φ_j 的统计特征值见表 5-80。

表 5-80 PPC 梁 φ_j 的统计特征值

	$\alpha_1 \cdot \alpha_2$(可靠度桥规)	$\alpha_1 \cdot \alpha_2$ (《部分预应力混凝土结构设计建议》)
$\bar{\varphi}_j$	1.075 8	1.339 2
$\delta_{\varphi j}$	0.207 3	0.209 3

实际结构不定性 $\varphi_S = R/R_S$，反映了实际结构抗力 R 与模型梁抗力 R_S 的差异，实测结果表明实际结构裂缝间距的变异($\delta_l^s = 0.307\ 5$)小于模型梁裂缝间距的变异($\delta_l^m = 0.354\ 2$)，可以按模型梁特征代表实际结构特征。

铁路 RC、PPC 梁裂缝可靠指标计算抗力不定性系数参数为：

$$\begin{cases} \bar{\varphi}_R = \bar{\varphi}_S \cdot \bar{\varphi}_{KS} \cdot \bar{\varphi}_P \cdot \bar{\varphi}_j \cdot \bar{\varphi}_S \\ \delta_{\varphi_R} = \sqrt{\delta_{\varphi_\delta}^2 + \delta_{\varphi_{KS}}^2 + \delta_{\varphi_P}^2 + \delta_{\varphi_j}^2 + \delta_{\varphi_S}^2} \end{cases}$$

表 5-81(a)为 RC 梁可靠指标 β 各种计算方法之比较，表 5-81(b)为 PPC 梁可靠指标 β 值的比较；RC 梁 $\bar{\beta}$ 在 1.63～2.13 间，PPC 梁 $\bar{\beta}$ 在 2.08～2.96 间。

表 5-78 铁路标准混凝土梁的恒载统计参数

	正常高度/低高度												
	RC 标准设计梁					PC 标准设计梁							
						先张				后张			
跨度 L(m)	8	10	12	16	20	8	10	12	16	16	20	24	32
$\alpha=\frac{M_{DK}}{K_V(1+\mu)M_{LK}}$	0.384 5/0.364 0	0.427 2/0.434 4	0.443 8/0.474 3	0.519 2/0.535 4	0.590 1/0.632 3	0.367 8/0.360 0	0.413 8/0.398 2	0.424 5/0.408 5	0.506 2/0.479 5	0.483 3	0.561 7	0.622 9	0.704 0
$\frac{1}{1+\alpha}$	0.722 6/0.733 1	0.700 7/0.697 1	0.692 6/0.678 3	0.658 3/0.651 3	0.628 9/0.612 6	0.731 1/0.735 3	0.707 3/0.715 2	0.702 0/0.709 98	0.663 9/0.675 9	0.674 2	0.640 3	0.616 2	0.585 9
$\frac{\alpha}{1+\alpha}$	0.277 7/0.266 9	0.299 3/0.302 9	0.307 4/0.321 7	0.341 7/0.343 7	0.371 1/0.387 4	0.268 9/0.264 7	0.292 7/0.284 8	0.298 0/0.290 0	0.336 1/0.324 1	0.325 8	0.359 7	0.383 8	0.413 1
$\bar{\varphi}_D$	0.953 9/0.950 2	0.955 5/0.956 6	0.957 6/0.961 6	0.960 3/0.962 1	0.962 1/0.966 0	0.950 9/0.949 4	0.953 4/0.950 8	0.954 8/0.952 2	0.958 7/0.955 3	0.955 8	0.959 1	0.961 0	0.963 5
σ_D	0.053 25/0.055 99	0.052 09/0.051 30	0.050 56/0.047 67	0.048 67/0.047 37	0.047 36/0.044 63	0.055 45/0.056 56	0.053 61/0.055 52	0.052 61/0.054 48	0.049 77/0.052 24	0.051 87	0.049 46	0.048 13	0.046 33
平均 $\frac{1}{1+\alpha}$	0.713 3		0.653 7			0.722 2		0.658 7					
平均 $\frac{\alpha}{1+\alpha}$	0.286 7		0.341 6			0.277 8		0.341 3					
平均 $\bar{\varphi}_D$	0.954 1		0.961 6			0.951 1		0.957 6					
平均 σ_D	0.053 16		0.047 71			0.055 29		0.0506					

表 5-81(a) RC 标准设计梁裂缝宽度可靠指标 β

	$\bar{\varphi}_R$	σ_R	$\bar{\varphi}_L$	σ_L	$\bar{\varphi}_D$	σ_D	$\frac{1}{1+\alpha}$	$\frac{\alpha}{1+\alpha}$	β	$P_Z(\beta)$ (%)	平均 β	P_Z (%)
现行《桥规》	$\frac{1.403\ 8^*}{1.420\ 8}$	$\frac{0.428\ 4}{0.433\ 6}$	0.877 16	0.010 07	0.954 1	0.053 16	0.713 3	0.286 7	$\frac{1.345\ 0^*}{1.916\ 8}$	$\frac{91.07}{97.24}$	1.630 9	94.85
按可靠度规范 $\alpha_1\alpha_2$ 值计算	1.549	0.441 8	0.662 55	0.005 91	0.961 6	0.044 71	0.653 7	0.346 3	$\frac{1.805\ 6}{2.372\ 2}$	$\frac{96.45}{99.12}$	2.088 9	98.16
按部分预应力建议 $\alpha_1\alpha_2$ 值计算	1.567 6	0.447 1							$\frac{1.848\ 2}{2.414\ 8}$	$\frac{96.77}{99.21}$	2.131 5	98.35

*：横线上 $L=3\sim10$ m，横线下 10 m$<L<$20 m。

表 5-81(b) PPC 梁裂缝宽度可靠指标 β

	$\bar{\varphi}_R$	σ_R	$\bar{\varphi}_L$	σ_L	$\bar{\varphi}_D$	σ_D	$\frac{1}{1+\alpha}$	$\frac{\alpha}{1+\alpha}$	β	$P_Z(\beta)$ (%)	平均 β	P_Z (%)
按可靠度桥规 $\alpha_1\alpha_2$ 值计算	1.412	0.346 9	0.877 16	0.010 07	0.951 1	0.055 29	0.722 2	0.277 8	$\frac{1.750\ 0}{2.407\ 8}$	$\frac{95.99}{99.02}$	2.078 9	98.12
按部分预应力建议 $\alpha_1\alpha_2$ 值计算	1.757 7	0.434 9	0.662 55	0.005 91	0.957 6	0.050 61	0.658 7	0.341 3	$\frac{2.632\ 6}{3.284\ 6}$	$\frac{99.58}{99.95}$	2.958 6	99.85

6 支　　座

6.1 引　　言

桥梁支座是连接桥梁上部结构和下部结构的重要结构部件。桥梁支座必须具有足够的承载能力,以保证安全可靠地传递反力。支座对桥梁变位(位移和转角)的约束应尽可能的小,以适应桥梁自由伸缩和转动的需要。

桥梁支座按变形可能性分为:

(1)固定支座:反力 N,H_x,H_y;

变形 γ_z,γ_y。

(2)单向活动支座:反力 H_x 和 N 或 H_y 和 N;

变形 V_x 或 V_y、γ_x 和 γ_y。

(3)多向活动支座:反力 N;

变形 V_x,V_y,γ_x 和 γ_y。

按支座所用材料分为:

(1)钢支座:平板支座、弧形支座、摇轴支座和辊轴支座;

(2)橡胶支座:板式橡胶支座、盆式橡胶支座。

桥梁支座所承受的反力、位移和转角的荷载组成如下:

(1)垂直反力 N_{max},N_{min}

恒载:结构自重、二次恒载;

活载:无动力效应、有动力效应;

施加预应力产生的竖向反力;

离心力(曲线上)产生的竖向反力;

地基沉降产生的支座附加竖向反力。

(2)桥轴向的水平力 H_{xmax},H_{xmin}

制动力或牵引力、支座位移阻力、长钢轨纵向力。

(3)垂直于桥轴向的水平反力 H_{ymax},H_{ymin}

离心力水平分力;

风力:桥上有车、桥上无车;

列车横向摇摆力;

地震力:桥上有车、桥上无车。

(4)桥轴向支座位移 $\pm V_x$

施加预应力产生的支座位移;

混凝土收缩和徐变变位；

温度伸缩变位；

活载作用下梁下翼缘的伸长；

下部结构的位移。

(5)垂直桥轴向支座位移 $\pm V_y$

施加预应力产生的支座位移；

混凝土收缩徐变变位；

温度(日照)梁体横向弯曲变位；

下部结构横向位移。

(6)桥轴向的转角 $\pm \gamma_y$

自重产生的梁端转角；

二次恒载转角；

活载转角；

梁体上、下翼缘温差产生的转角；

施加预应力产生的转角；

下部结构的转角。

(7)横桥向转角 $\pm \gamma_x$

恒载；

活载(偏载)；

横向施加预应力；

梁体混凝土横向收缩、徐变；

下部结构横桥向转角。

桥梁支座形式根据桥梁跨度等因素选择见表 6-1。

表 6-1 桥 梁 支 座 形 式

跨度(m) 种类	≤6	8	10~20	≥20
钢支座	—	平板支座	弧形支座	辊轴(摇轴)支座
橡胶支座	板式橡胶支座			盆式橡胶支座
其　他	弹性垫板	—		

6.2 材　　料

钢支座所用钢材的强度标准值和设计值见表 6-2(a)、(b)。

表 6-2(a) 钢材的强度标准值

钢材类别及规格(mm) 强度种类	Q235-B.Z 钢板			HRB335		铸　钢		35 号锻钢
	≤16	>16~40	40~60	≤25	20~40	ZG230-450	ZG270-500	
抗拉、抗压和抗弯 f_{ak}(MPa)	235	225	275	335	315	230	270	315
抗剪 f_{avk}(MPa)	135	130	125	200	185	135	160	190
销孔承压力 f_{ack}(MPa)	—	—	—	—	—	—	230	—

表 6-2(b) 钢材的强度设计值

强度种类 \ 钢材类别及规格(mm)	Q235-B.Z 钢板			HRB335		铸钢		35 号锻钢
	≤16	>16～40	40～60	d≤25	d=20～40	ZG230-450	ZG270-500	
抗拉、抗压和抗弯 f_{ad}(MPa)	188	180	172	268	252	184	216	252
抗剪 f_{avd}(MPa)	113	108	103	161	151	110	130	151
销孔承压力 f_{acd}(MPa)	—	—	—	—	—	—	—	192
辊轴(摇轴)与平板自由接触的径向受压 f_{ard1}(MN/m)	—	—	—	—	—	$0.73d_0$	$0.86d_0$	$1.0d_0$
铰轴放置在铸钢铰轴颈上时的径向受压 f_{ard2}(MN/m)	—	—	—	—	—	$10.22d_0$	$12.04d_0$	$14.0d_0$
线接触应力 f_{atd}(MPa)	—	—	—	—	—	740	800	870

注:①辊轴(摇轴)与接触的平板用不同的钢种时,径向受压设计值应采用其较低者;

②表中符号 d_0 为辊轴、摇轴或铰轴的直径(cm)。

板式橡胶支座成品力学性能指标见表 6-3。

表 6-3 板式橡胶支座成品力学性能指标

项目	指标	
	矩形支座	圆形支座
极限抗压强度 R_u(MPa)	≥70	≥75
抗压弹性模量 E(MPa)	$[E]\pm[E]\times20\%$	$[E]\pm[E]\times20\%$
剪切弹性模量 G(MPa)	$[G]\pm[G]\times15\%$	$[G]\pm[G]\times15\%$
最大剪切角 $\tan\alpha$	≥0.7	≥0.7

橡胶材料的抗压缩性能与橡胶层的形状有关,形状系数 S 可按下式计算:

当 $b/a\leqslant2$ 时, $$S=\frac{a\cdot b}{2(a+b)h_0}$$

当 $b/a>2$ 时, $$S=\frac{a}{2h_0}$$

式中 a——板式橡胶支座的宽度;

b——板式橡胶支座的长度;

h_0——支座中间每层橡胶片的厚度。

橡胶硬度为 HS60 时,抗压弹性模量 E 与 S 的关系列于表 6-4。

表 6-4 板式橡胶支座的受压弹性模量 E(MPa)

S	4	5	6	7	8	9	10	11	12
E	200	270	340	420	500	590	670	760	860
S	13	14	15	16	17	18	19	20	
E	950	1060	1180	1310	1450	1590	1740	1900	

不同硬度橡胶支座的抗压弹性模量之比为 1(HS60):1.3(HS70):0.7(HS50)。

铁路桥梁制动力对支座快速加载时,其对剪切弹性模量的影响系数为 1.5。

若以温度15 ℃时的抗压弹性模量为准,将天然橡胶与氯丁橡胶支座抗压弹性模量的相对增长率的平均值列于表6-5,可见天然橡胶当温度达到 -50 ℃时,抗压弹性模量急剧增大,因而一般使用环境不宜低于 -40 ℃;而氯丁橡胶支座在达到 -30 ℃时,抗压弹性模量剧增,因而规定氯丁橡胶支座的使用环境不低于 -25℃。

表6-5　支座抗压弹性模量随温度降低的相对增长率

温度(℃)		+15	0	-10	-20	-30	-40	-50	-55
E 值增长率(%)	天然橡胶	0	5.53	13.01	28.03	43.33	63.13	102.0	169.53
	氯丁橡胶	0	4.38	8.90	18.83	27.88	56.38	149.38	

不同温度下,橡胶剪切模量的相对变化率列于表6-6。

表6-6　橡胶剪切模量随温度的变化率

温度(℃)	+15	0	-10	-20	-30	-40	-50
剪切模量变化率(%)	0	6.12	8.98	14.28	35.52	56.22	129.02

在低温地区使用板式橡胶支座时,必须考虑低温对支座抗压弹性模量及剪切弹性模量的影响,其影响系数列于表6-7。

表6-7　温度对板式橡胶支座抗压及剪切模量的影响

使用温度(℃)	10	-10	-20	-30	-40
影响系数 T	1.0	1.1	1.2	1.4	1.6

不同厚度规格的氯丁橡胶板式支座的振动频率及利用振幅求得的对数衰减率列于表6-8,可见板式橡胶支座的水平振动频率相当于垂直振动频率的1/3;由于橡胶支座的弹性和阻尼作用,能减少动力对梁墩的冲击作用,可以适当增加桥梁体系的周期,对桥梁抗震有利。

表6-8　氯丁橡胶板式支座的振动频率及对数衰减率

项目名称	试件厚度	频率(Hz)	$\ln\frac{A_n}{A_{n+1}}$	
垂直振动	21	60.4	0.693	0.693
	28	60.4	0.693	0.513
水平振动	21	19.0	0.693	0.588
	28	19.0	0.693	0.864

表6-9是××铁路局二座上承式钢板梁桥的板式橡胶支座动力性能测试结果,可见由于板式橡胶支座的缓冲阻尼作用,桥梁动挠度及动应力均下降约30%左右,减小了动载对梁跨和墩台的冲击作用,桥墩墩顶振动频率提高,振幅减小。

盆式橡胶支座构造简单、滑动摩擦系数小,转动灵活,与一般铸钢辊轴支座相比有重量轻,建筑高度低,节省钢材等优点,表6-10为盆式橡胶支座与铸钢支座的比较,由表可知,盆式橡胶支座可节约用钢量3/4,支座高度降低3/4。

表 6-9 板式橡胶支座对桥梁动力性能的影响

桥 名			××桥(5×16.08 m)	××桥(8×22.33 m)	
橡胶支座尺寸(mm)			$220\times450\times28$	$240\times480\times35$	
冲击系数 μ		动挠度	比钢支座下降 35%	比钢支座下降 31%	
		动应力	比钢支座下降 30%	比钢支座下降 27%	
		竖向振动		比钢支座下降 21%	
桥墩频率与振幅变化	墩 号		2号	6号	7号
	频率(Hz)	钢支座	6.09	3.23～9.27	3.17～9.77
		橡胶支座	8.20	6.5～10.24	6.41～10.67
	振幅(mm)	钢支座	0.168	0.054～0.122	0.041～0.202
		橡胶支座	0.098	0.021～0.061	0.016～0.067

表 6-11 列出钢盆中橡胶中心的受压试验结果，钢盆内橡胶的弹性模量比纯橡胶提高 30 多倍；在使用应力 $\sigma=25$ MPa时，压缩变形仅为 1%～2%；钢盆中橡胶的应力—应变曲线在 $\sigma<5$ MPa时，呈非线性关系，在 $\sigma=5\sim25$ MPa 时呈线性关系；钢盆中橡胶弹性压缩量与橡胶和钢盆紧密程度有关，因此钢盆内径应比橡胶直径小 0.2%。

表 6-10 盆式橡胶支座与铸钢支座比较表

项 目	盆式橡胶支座	铸 钢 支 座
支座反力(kN)	33450	33450
支座重量(t/个)	1.93	11.47
支座总用钢量(t)	7.72	34.40
支座高度(m)	0.38	1.40

在实际支座设计时，支座转角 φ 与橡胶反力矩 M_φ 的关系可用下述经验公式估算：

$$M_\varphi=1.5\cdot K_1\cdot K_2\cdot K_\varphi\cdot D^3$$

式中 X_φ——试验系数见图 6-1；

D——橡胶直径；

K_1——橡胶硬度修正系数，见表 6-12；

K_2——橡胶温度修正系数，见表 6-13。

表 6-12 硬度修正系数 K_1

橡胶硬度(HS)	55	65	75
硬度修正系数 K_1	0.75	1.0	1.45

表 6-13 橡胶温度修正系数

温度(℃)	20 ℃	−20 ℃
硬度修正系数 K_2	1.0	1.45

盆式橡胶支座以聚四氟乙烯板或填充聚四氟乙烯板与不锈钢板(或镀铬钢板)产生平面滑动，以满足支座水平位移的需要。

纯聚四氟乙烯板在无侧限约束条件下抗压弹性模量 $E=500\sim800$ MPa；抗压比例极限 $\sigma=16\sim24$ MPa；当其部分厚度镶嵌在钢盆内时，其抗压弹性模量可达 $E=1\,520$ MPa，比例极限 $\sigma=99.3$ MPa；当应力 $\sigma>125$ MPa时，聚四氟乙烯板向四周鼓出部分剪切破坏，图 6-2 为聚四氟乙烯板抗压应力—应变曲线。

表 6-14 列出聚四氟乙烯疲劳试验结果，可见经过 200 万次疲劳荷载后，其抗压弹性模量变化很小，压缩变形的残余变形小于 5%。

表 6-15 为聚四氟乙烯板与不锈钢板、镀铬钢板摩擦系数汇总表，其摩擦系数随正应力的增加而降低，应力越高摩擦系数越小，当初始静摩擦系数小于 0.05 时，聚四氟乙烯板的使用应

表 6-11 盆式橡胶中心受压试验汇总表

试件直径 D(mm)			$\phi 240$			$\phi 400$					$\phi 550$	
试件厚度 h(mm)			12	18	22	20	30	40	40 带凹边	50	40	55
D/h			20	15	10.9	20	13.3	10	10	8	13.75	10
抗压弹性模量(MPa)	试件硬度(HS)	55	34 720	38 960	40 000	31 700	32 700	35 100	36 700	34 100	109 900	68 700
		65	42 130	38 200	47 200	34 500	34 600	36 200	37 600	35 000	125 400	75 100
		75	40 000	38 500	50 500	36 100	35 700	38 000	39 500	37 740	158 600	84 500
		85			55 970							
$\sigma=25$ MPa 时弹性压缩(%)	试件硬度(HS)	55	2.38	1.53	1.26	1.32	1.37	0.97	0.91	1.38	0.83*	0.87*
		65	2.40	2.33	1.88	1.55	1.66	1.01	1.07	1.15	0.81*	0.78*
		75	2.29	1.94	1.79	1.73	1.80	0.97	1.00	1.10	0.89*	0.79*
		85			1.32							
$\sigma=25$ MPa 作用后的残余变形(%)	试件硬度(HS)	55				0.070	0.049	0.033	0.038	0.064	0.018*	0.025*
		65				0.109	0.068	0.075	0.042	0.033	0.023*	0.066*
		75				0.067	0.132	0.038	0.055	0.036	0.061*	0.041*
		85										
试件草图			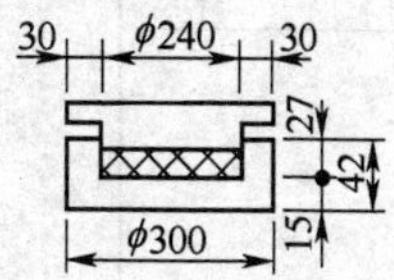			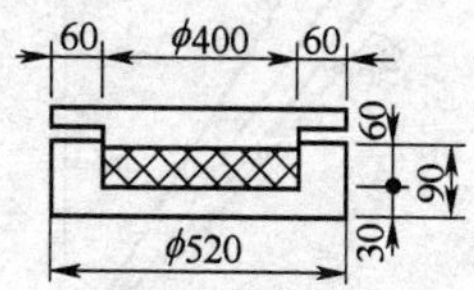					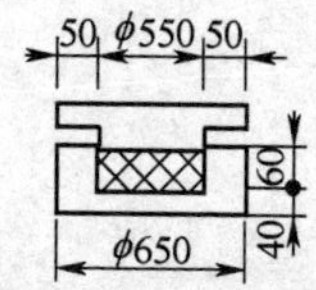	

注：* 表示 $\sigma=20$ MPa时的弹性压缩及相应的残余变形。

力可为24 MPa；此时其线磨耗率为139.04 μm/km，对保证盆式橡胶支座的使用寿命有利。

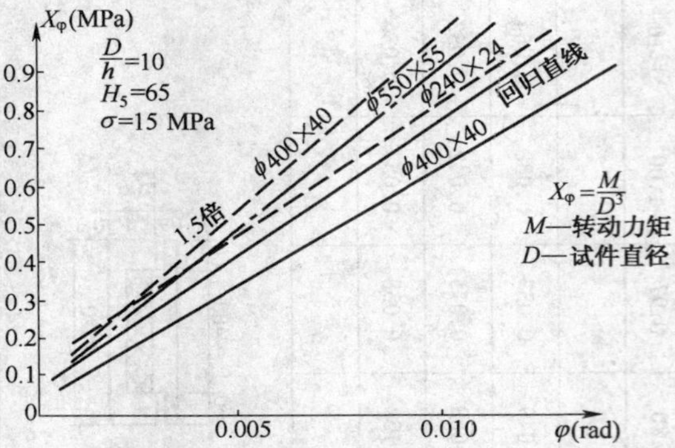

图 6-1　盆式橡胶支座转动力矩经验曲线

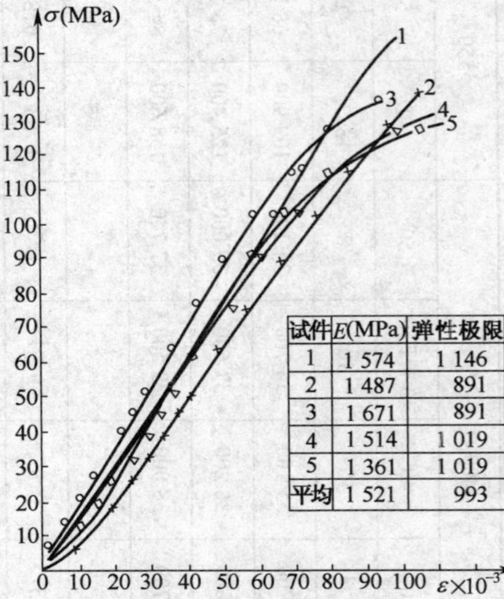

图 6-2　聚四氟乙烯板抗压应力应变曲线

表 6-14　聚四氟乙烯疲劳试验结果汇总表

试件应力（MPa）	ρ	试件号	抗压弹性模量（MPa）		残余变形 γ（%）
			疲劳前	疲劳后	
45	0.7	疲 1	1 018	1 020	4.07
	0.7	疲 2	1 040	1 120	1.92
	0.7	疲 3	1 000	1 090	3.14
	0.7	疲 4	971	1 030	4.50

表 6-15(a)　聚四氟乙烯板与不锈钢板、镀铬钢板摩擦系数汇总表

板厚(mm) / 正应力(MPa)		6				18			
对磨件	摩擦系数类别	12	15	18	24	6	12	18	24
R_A6.3 不锈钢板	初始静摩擦 μ_0(%)	5.50		4.90	4.26	7.36	6.55	5.38	4.23
	动摩擦 μ'(%)	3.52		3.06	2.85	3.68	3.80	3.20	2.90
	稳定后静摩擦 μ(%)	3.23		2.89	2.52	3.57	3.42	3.07	2.34
	μ/μ_0	58.7		58.9	59.2	48.5	52.2	57.1	54.2
R_A1.6 不锈钢板	初始静摩擦 μ_0(%)	6.80		5.45	4.46	7.74	7.13	6.38	
	动摩擦 μ'(%)	3.86		3.23	2.74	4.80	4.30	3.64	
	稳定后静摩擦 μ(%)	3.45		2.96	2.59	4.40	3.84	3.45	
	μ/μ_0	50.7		54.3	58.1	56.8	53.9	54.1	
R_A1.6 镀铬钢板	初始静摩擦 μ_0(%)	5.97	5.87	5.21	4.51				
	动摩擦 μ'(%)	3.47	3.23	3.09	2.57				
	稳定后静摩擦 μ(%)	3.62	3.32	3.17	2.38				
	μ/μ_0	60.6	56.6	60.8	52.8				

注：R_A×·×代表表面粗糙度。

表 6-15(b) R_A6.3 不锈钢板与聚四氟乙烯板的初始静摩擦系数

正应力(MPa)	12	24	30	36	45
初始静摩擦系数	0.067	0.052	0.048	0.039	0.031

表 6-16 为盆式橡胶活动支座用聚四氟乙烯板的设计参数值。

表 6-16 聚四氟乙烯滑板

材料	抗压强度设计值(MPa)	摩擦系数	平面滑动线磨耗率(mm/km)
纯聚四氟乙烯滑板	24	0.05	0.14
纯聚四氟乙烯滑板加硅脂 295	30	0.03	0.032
填充纯聚四氟乙烯滑板(80%聚四氟乙烯、15%玻璃纤维、5%石墨)	36	0.075	0.06

6.3 极限状态

支座应在正常使用极限状态保证桥梁正常功能不受影响,或在设计寿命期不需更换或支付过多的维修费用;

支座在承载能力极限状态的承载力和稳定性不应小于上部结构极限状态的设计荷载和结构位移的要求。

支座应在考虑其正常的维护或使用寿命与桥梁结构设计寿命相适应。

1. 钢支座

活动支座纵向位移应保证不小于上部结构承载能力极限状态荷载组合作用下所产生的变形,还应考虑列车活载(包括动力效应)、温度变化或地震位移后的偏心影响;

固定支座应能承受设计荷载产生的全部纵向水平力(制动力或牵引力、长钢轨纵向力等),且不小于活动支座的极限摩阻力;

支座与梁的连接、支座与墩台的连接所用锚栓、支座销钉应能承受上部结构承载能力极限状态荷载组合作用下产生的水平力。

辊轴(摇轴)支座接触面按正常使用极限状态计算。

2. 橡胶支座

板式橡胶支座按正常使用极限状态设计,盆式橡胶支座分别按承载能力和正常使用极限状态设计。

板式橡胶支座,当不分固定及活动支座时,纵向水平力由各支座平均承受;当需区分固定及活动支座时,则固定支座承受全部纵向水平力;活动支座承受的水平力,当两支座为等厚时为纵向水平力的 50%,当两支座不等厚时,按支座纵向抗剪刚度分配计算。

盆式橡胶支座的固定支座承受全部纵向水平力,活动支座承受的水平力等于支座的摩阻力。

计算移动量及转角时应考虑:

(1)因温度变化引起梁的伸缩量;

(2)因制动力或牵引力引起的移动量;

(3)因梁挠曲引起的梁下缘的移动和转动;

(4)因施加预应力引起的梁的弹性压缩;

(5)因收缩、徐变引起的位移;

(6)地震位移;

(7)其他原因引起的位移。

6.4 结构分析

1. 钢支座

钢支座的设计主要包括确定支座平面尺寸 a 和 b,支座上下板厚度 h 和圆弧面的曲面半径,固定支座销钉及锚栓等的抗剪强度。

弧形支座上、下座板间接触应力按下式计算:

$$0.423\sqrt{\frac{R_{\mathrm{vd}}}{l}E_{\mathrm{a}}\left(\frac{1}{r_1}\pm\frac{1}{r_2}\right)}\leqslant f_{\mathrm{atd}}$$

式中 R_{vd}——支座竖向反力设计值(MN),(正常使用极限状态);

E_{a}——钢材弹性模量标准值(MPa),采用 2.1×10^5 MPa;

l——接触长度(扣孔)(m);

r_1,r_2——上、下座板半径(m),当其一为平面时,$r\to\infty$;

f_{atd}——钢材线接触强度设计值(MPa)。

上式中,当弧线内切时取 - 号,当弧线外切时取 + 号。

摇轴支座柱形铰的挤压计算:

$$\frac{R_{\mathrm{vd}}}{l}\leqslant f_{\mathrm{ard2}}$$

式中 R_{vd}——支座竖向反力设计值(MN);

l——铰的长度(扣孔)(m);

f_{ard2}——铰轴颈径向受压强度设计值(MN/m)。

辊轴的径向受压计算:

$$\frac{R_{\mathrm{vd}}}{nl}\leqslant f_{\mathrm{ard1}}$$

式中 n——辊轴数目;

f_{ard1}——辊轴径向受压强度设计值(MN/m)。

平板支座无需检算接触应力,但应检算平板之间的焊缝应力:

$$F_{\mathrm{h1}}/(2\times0.7l_1h_1\cdot n)\leqslant f_{\mathrm{ard}}$$

式中 l_1——焊缝有效长度(等于实有效长 - 10 mm)(m);

h_1——焊缝高度(m);

n——一片梁一端的支座数目;

F_{h1}——一片梁一端所受水平力(MN);

f_{avd}——Q235 钢抗剪强度设计值(MPa)。

销钉剪应力计算:

$$F_{\mathrm{h1}}\Big/\left(n_1\cdot\frac{\pi}{4}d_1^2\right)\leqslant f_{\mathrm{avd}}$$

式中 d_1——销钉直径(m)；

F_{h1}——每片梁一端销钉所受的纵向水平力(MN)；

n_1——每片梁一端的销钉数目；

f_{avd}——35 号锻钢销钉抗剪强度设计值(MPa)。

锚栓剪应力计算：

$$F_{h2}\bigg/\left(n_2\cdot\frac{\pi}{4}d_2^2\right)\leqslant f_{avd}$$

$$F_{h2}=T_{h1}-0.4R_V\text{(对平板支座及弧形支座)}$$

$$T_{h1}=\sqrt{F_c^2+F_b^2}\text{(不小于支座摩阻力 }F_{fmax}\text{)}$$

式中 F_{h2}——一片梁一端锚栓所受水平力(MN)；

R_V——不计动力效应的支座反力(MN)；

F_c——横向风力+离心力(+摇摆力)(MN)；

n_2——每片梁一端设有的锚栓数目；

d_2——锚栓直径(m)；

f_{avd}——锚栓抗剪强度设计值(MPa)；

F_b——制动力或牵引力(MN)或长钢轨纵向力(MN)。

2. 板式橡胶支座

板式橡胶支座的平均压应力计算：

$$\sigma_m=\frac{R_{vd}}{ab}\quad(\sigma_{max}\leqslant 8\text{ MPa},\sigma_{min}\geqslant 2\text{ MPa})$$

式中 R_{vd}——支座竖向反力设计值(MN)；

a、b——支座短边及长边长度(m)。

板式橡胶支座最大容许剪切角 α 应满足：

$$\tan\alpha\leqslant 0.7$$

由制动力快速加载产生的剪切角应满足：

$$\tan\alpha<0.25$$

板式橡胶支座转角应满足：

$$\tan\theta\leqslant\frac{4\delta}{\alpha}$$

$$\delta=\frac{\sigma h}{E}$$

式中 a——支座短边长度(mm)；

σ——支座压应力(MPa)；

h——支座总厚度(mm)；

E——支座抗压弹性模量(MPa)。

板式橡胶支座稳定条件：支座总厚 $h<a/5$；支座与钢板抗滑摩擦系数 μ 为 0.2；与混凝土的抗滑摩擦系数 μ 为 0.3。

3. 盆式橡胶支座

盆式橡胶支座橡胶承压板的平均压应力计算：

$$\sigma_m = \frac{R_{vd}}{A} \leqslant 25$$

式中 A——橡胶承压板承压面积(m^2)；

R_{vd}——支座竖向反力设计值(MN)。

盆式橡胶支座钢盆盆环最大环向拉应力 σ_R(MPa)的计算：

$$\sigma_R = \frac{\frac{R^2}{r^2}+1}{\frac{R^2}{r^2}-1} \cdot \sigma_m \cdot \frac{h}{H} \leqslant f_{ad}$$

式中 f_{ad}——盆环抗拉强度设计值(MPa)；

R、r——盆环的外径和内径(m)；

σ_m——橡胶平均应力(MPa)；

h、H——橡胶高度和盆环全高(m)。

盆式橡胶支座固定支座上支座板盆凸与下支座盆环的接触应力 σ_j(MPa)检算：

$$\sigma_j = 0.59\sqrt{\frac{F_h}{h} \cdot E_a \cdot \frac{d_1 - d_2}{d_1 \cdot d_2}} \leqslant f_{atd}$$

式中 d_1——下支座盆环内径(m)；

d_2——上支座盆凸外径(m)；

f_{atd}——接触强度设计值(MPa)；

F_h——固定支座承受的水平力(MN)；

h——上支座盆凸厚度(m)；

E_a——钢材弹性模量(MPa)。

钢盆内承压橡胶板的板厚与支径比值宜为 1/12～1/10。

7 桥梁墩台、基础与地基

7.1 引　言

铁路桥梁的桥墩、桥台及基础承担着把上部结构的荷载传递到地基上去的作用，其强度和稳定性是桥梁结构整体强度和稳定性的基础。由于桥梁墩台及基础承受的荷载和组合的不定性和复杂性，地基土质参数的不定性均比上部结构复杂，其试验和实测资料少且离散性大，给统计分析带来困难。地基参数不仅受点效应影响，而且受空间场效应的影响，因此对桥梁墩台、基础及地基进行结构可靠性评估困难大且精确度低，很多规范对其设计仍然沿用传统的容许应力设计方法，或者采用校准转换方法表达为极限状态形式。

对于采用钢结构或钢筋混凝土（及预应力混凝土）结构的桥梁墩台及基础的极限状态设计可以采用相关结构形式的设计方法，而对于混凝土（无筋或少筋）结构或石砌结构等圬工结构的极限状态需作详细的可靠度分析。

7.2 荷载及组合

铁路桥梁下部结构上作用的荷载按其随时间的变异性分三类：

(1)永久荷载；

(2)可变荷载：基本可变荷载、其他可变荷载；

(3)偶然荷载。

表 7-1 列出下部结构荷载分类表，并根据荷载同时作用的概率和工程经验列出不同时参与组合的荷载作为设计参考。

表 7-1　桥涵下部结构荷载分类与荷载组合表

编号	荷载分类		荷载名称	不与该荷载同时参与组合的荷载编号
1	永久荷载		结构自重 G_1	…
2			结构附加恒载（线路设备及人行道等）G_2	…
3			预加力 P	…
4			混凝土收缩和徐变作用 F_{cs}、F_{cc}	…
5			不均匀沉降作用 F_s	…
6			土压力 F_{ep}	…
7			静水压力及浮力 F_{ws}	…
8	可变荷载	基本可变荷载	列车活载及动力效应 $(1+\mu)Q_1$	19,20,21
9			列车离心力 F_c	19,20,21
10			列车活载产生的土压力 $F_{q,ep}$	19,20,21

续上表

编号	荷载分类		荷　载　名　称	不与该荷载同时参与组合的荷载编号
11	可变荷载	其他可变荷载	列车横向摇摆力 F_{ts}	12,19～23
12			列车制动力或牵引力 F_b	11,15,16,18～23
13			风荷载 W	15,22～23
14			温度作用 F_t	22～23
15			长钢轨纵向力 F_{lon}	12,13,16～19,21～23
16			支座摩阻力 F_f	12,15,22～23
17			流水压力 F_{wd}	12,15,18,19,22,23
18			冰压力 F_{ic}	12,15,17,19,22～23
19			冻胀力 F_{fh}	8～12,15～18,20～23
20			人行道荷载 F_{sw}	8～12,19,22～23
21			施工荷载 F'	8～12,15,22～23
22	偶然荷载		地震作用 E	11～21,23
23			船舶或排筏撞击力 F_{si}	11～22

对不同的极限状态确定下部结构的组合状况。

1. 承载能力极限状态荷载(效应)组合

(1)基本荷载组合

组合一：一种或几种永久荷载＋一种或几种基本可变荷载。

如$(G_1+G_2+F_{ep}+F_{ws})+(Q_1+F_c+F_{q,ep}+F_{ts})$的效应组合。

组合二：一种或几种永久荷载＋一种或几种基本可变荷载＋一种或几种其他可变荷载。

如组合一$+W+F_b$；

组合一$+W+F_{wd}$；

组合一$+F_{wd}+F_b$；

组合一$+W+F_{ic}$。

组合三：一种或几种永久荷载＋一种或几种基本可变作用＋一种或几种其他可变作用＋温度作用。

如组合一$+F_t$；

组合一$+F_{lon}$。

组合四：一种或几种永久荷载＋一种或几种其他可变荷载＋施工荷载。

如$(G_1+G_2+F_{ep}+F_{ws})+W+F_t+F'$。

(2)偶然荷载组合

组合五：一种或几种永久荷载＋一种或几种基本可变荷载＋偶然荷载。

如$(G_1+G_2+F_{ep}+F_{ws})+(Q_1+F_c)+E$。

2. 正常使用极限状态荷载(效应)组合

短期组合：一种或几种永久荷载＋一种或几种基本可变荷载＋一种或几种其他可变荷载。

表 7-2 列出根据下部结构采用与上部结构相同的目标可靠指标 β_{nom} 得出的荷载分项安全系数作为设计参考。

表 7-2 荷载组合分项系数表

序号	荷载名称		承载能力极限状态					正常使用极限状态
			基本组合				偶然组合	
			组合一	组合二	组合三	组合四	组合五	短期组合
1	结构自重	上部结构	1.1	1.1	1.1	1.1	1.0	1.0
		下部结构	1.2	1.2	1.2	1.2	1.0	1.0
2	结构附加恒载	混凝土结构	1.4	1.4	1.4	1.2	1.0	1.0
		钢结构	1.1	1.1	1.1	1.1	1.0	1.0
3	土压力		1.2	1.2	1.2	1.1	1.0	1.0
4	静水压力及浮力		1.1	1.1	1.1	1.1	—	1.0
5	列车活载		1.4	1.2	1.2	—	0.75	1.0
6	离心力		1.4	1.2	1.2	—	0.75	1.0
7	列车活载土压力		1.4	1.2	1.2	—	—	1.0
8	列车横向摇摆力		—	1.2	1.2	—	—	1.0
9	列车纵向力(制动力或牵引力)		—	1.0	—	—	—	1.0
10	风荷载		—	1.0/0.8	—	0.75	—	0.6
11	流水压力		—	0.8	—	1.1	—	1.0
12	温度作用		—	—	1.0	—	—	1.0
13	冰压力		—	1.1	—	1.0	—	1.0
14	施工荷载		—	—	—	1.15	—	—
15	人行道荷载		—	—	—	1.4	—	—
16	长钢轨纵向力		—	—	1.0	—	—	1.0
17	船舶或排筏撞击力		—	—	—	—	1.0	—
18	地震作用		—	—	—	—	1.0*	—
19	汽车撞击力		—	—	—	—	1.0	—

注:在偶然组合中地震作用(1.0*)的检算将依照《铁路工程抗震设计规范》(GBJ 111—87)的相应规定办理。

7.3 桥梁墩台极限状态

7.3.1 墩台截面承载能力极限状态

混凝土及石砌体截面极限承载力按考虑材料塑性的简化计算模式分析:一种是不计截面受拉区材料抗力,受压区按矩形应力图形计算;一种是根据实验数据统计建立偏心、构件长细比等因素的计算式。

1. 矩形截面受压构件

基本假定:在偏心压力作用下,截面变形符合平面变形假设。

材料的应力—应变关系,对于混凝土:

$$\sigma=\begin{cases}\sigma_0\left[2\left(\dfrac{\varepsilon}{\varepsilon_0}\right)-\left(\dfrac{\varepsilon}{\varepsilon_0}\right)^2\right] & 0<\varepsilon\leqslant\varepsilon_0\\ \sigma_0 & \varepsilon_0<\varepsilon\leqslant\varepsilon_u\end{cases}$$

式中 ε_0——混凝土极限压应力应变,$\varepsilon_0=0.002$;

ε_u——混凝土极限压应变，$\varepsilon_u = 0.003\,5$。

对于砌体： $$\sigma = f_m\left(1 - e^{-460\varepsilon\sqrt{f_m}}\right)$$

或 $$\varepsilon = \frac{1}{460\sqrt{f_m}}\ln\left(1 - \frac{\sigma}{f_m}\right)$$

式中 f_m——砌体抗压强度平均值。

(1)大偏心受压构件(图 7-1)

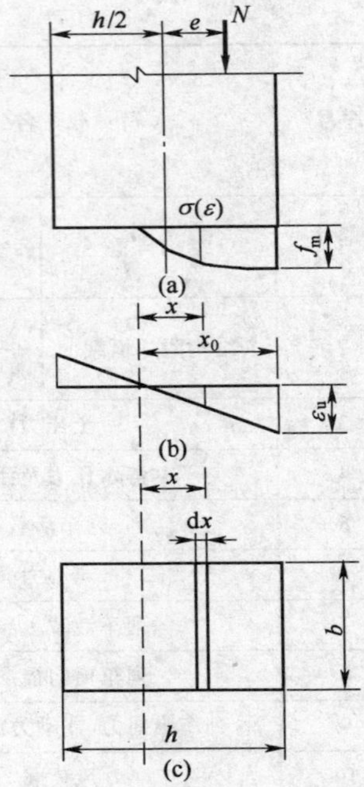

图 7-1 大偏心受压构件计算图式

由平面变形假定： $$\frac{\varepsilon}{\varepsilon_u} = \frac{x}{x_0}$$

在 $\varepsilon \leqslant \varepsilon_0$ 范围内： $$\sigma = \sigma_0\left[2\left(\frac{x}{x_0}\,\frac{\varepsilon_u}{\varepsilon_0}\right) - \left(\frac{x}{x_0}\,\frac{\varepsilon_u}{\varepsilon_0}\right)^2\right]$$

由力平衡方程：

$$N = \int_0^{x_0}\sigma(x)b\,dx = b\sigma_0 x_0\left(1 - \frac{\varepsilon_0}{3\varepsilon_u}\right)$$

由力矩平衡方程：

$$N\left(\frac{h}{2} + e\right) = \int_0^{x_0}\sigma_0(x)(h - x_0 + x)b\,dx$$

极限承载力 N 为：

$$N = \sigma_0 A\left(1 - \frac{2e}{h}\right)\frac{\left(1 - \dfrac{\varepsilon_0}{3\varepsilon_u}\right)^2}{1 - \dfrac{2\varepsilon_0}{3\varepsilon_u} + \dfrac{1}{b}\left(\dfrac{\varepsilon_0}{\varepsilon_u}\right)^2}$$

以 ε_0、ε_u 值代入得：

$$N = 0.973\sigma_0 A(1 - 2e/h) \approx f_c A\left(1 - \frac{2e}{h}\right)$$

式中 f_c——混凝土极限抗压强度。

对于石砌体受压构件，其极限承载力为：

$$N = \left(0.934 - 1.868\,\frac{e}{h}\right)Af_c$$

二者可以采用相同的承载力计算公式。

(2)小偏心受压构件(图 7-2)

小偏心受压构件全截面受压。

根据力平衡方程：

$$N = \int_y^{x_0}\sigma(x)b\,dx = b\sigma_0\left[x_0\left(1 - \frac{\varepsilon_0}{3\varepsilon_u}\right) - \frac{\varepsilon_u}{\varepsilon_0}\frac{y^2}{x_0} + \frac{1}{3}\left(\frac{\varepsilon_u}{\varepsilon_0}\,\frac{1}{x_0}\right)^2 y^3\right]$$

根据力矩平衡方程：

$$N\left(\frac{h}{2} + e + y\right) = \int_y^{x_0}\sigma(x)xb\,dx = b\sigma_0\left\{\left[\frac{1}{2} - \frac{1}{12}\left(\frac{\varepsilon_0}{\varepsilon_u}\right)^2\right]x_0^2 - \frac{2}{3}\left(\frac{\varepsilon_u}{\varepsilon_0}\frac{1}{x_0}\right)y^3 + \frac{1}{4}\left(\frac{\varepsilon_u}{\varepsilon_0}\,\frac{1}{x_0}\right)^2 y^4\right\}$$

令 $\dfrac{y}{h} = u$，联立求得极限承载力 N：

$$N = A\sigma_0\left[0.809\,5(1 + u) - \frac{1.75u^2}{1 + u} + 1.020\,8\,\frac{u^3}{(1 + u)^2}\right] = \alpha A\sigma_0$$

式中 α 为方括号中值，为偏心影响承载力折减系数，u 应满足几何条件，$0\leqslant u\leqslant\frac{\varepsilon_0}{\varepsilon_u-\varepsilon_0}=1.3333$，即 $0\leqslant\frac{e}{h}\leqslant0.084$。

大小偏心受压的折减系数理论值见表 7-3。

表 7-3 矩形截面折减系数

e/h	0.00	0.02	0.04	0.084	0.1	0.2	0.3	0.4	0.5
理论值	1.000	0.960	0.920	0.832	0.800	0.600	0.400	0.200	0.000
建议值	1.000	0.952	0.904	0.810	0.778	0.584	0.389	0.195	0.000

(3)大小偏心受压界限

在图 7-2 中 $x_0=h$ 为大小偏心界限；表 7-3 中 $e/h=0.084$ 为大小偏心受压界限。

2. 圆形截面混凝土受压构件

(1)大偏心受压构件(图 7-3)

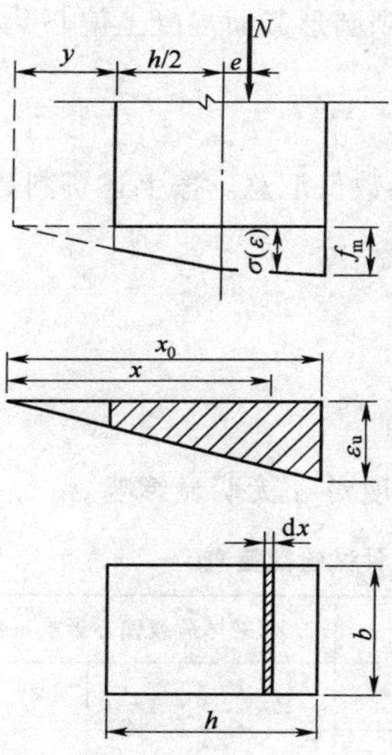

图 7-2 小偏心受压构件计算图式

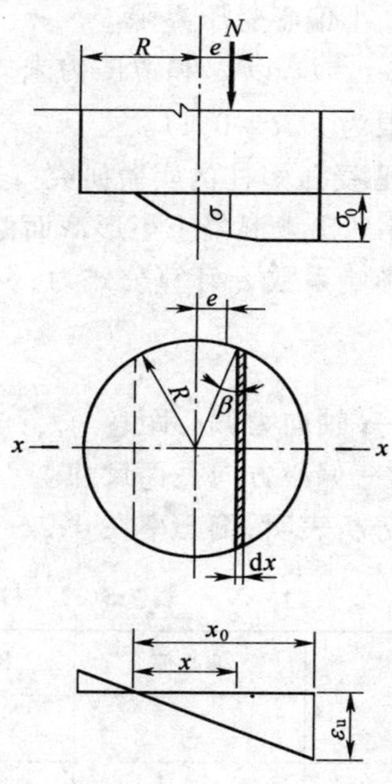

图 7-3 大偏心受压计算图式

截面受压区高度 x_0 小于截面直径 D 为大偏心受压，根据平截面假设，$\varepsilon=\frac{x}{x_0}\varepsilon_u$，并令 $k=\frac{\varepsilon_u}{\varepsilon_0 x_0}$得到应力应变表达式为：

$$\sigma(x)=\begin{cases}\sigma_0(2kx-k^2x^2) & 0<x\leqslant1/k\\ \sigma_0 & 1/k<x\leqslant x_0\end{cases}$$

根据力平衡方程：

$$N(R+e)=\int_0^{x_0}\sigma(x)\cdot2R\cos\beta\mathrm{d}x$$

及力矩平衡方程：

$$N(R+e)=\int_0^{x_0}\sigma(x)(2R-x_0+x)2R\cos\beta\mathrm{d}x$$

可以转化为承载力折减系数 $\alpha=\dfrac{N}{\sigma_0\pi R^2}$ 相对偏心受压区高度 $\lambda=\dfrac{x_0}{R}$ 的非线性方程组，可求得不同偏心率 e/R 下的 α 值(表 7-4)。

表 7-4　圆形截面折减系数 α

e/R	0.00	0.05	0.10	0.15	0.20	0.25	0.3	0.35	0.40	0.45	0.50
理论值	1.000	0.865	0.744	0.625	0.508	0.395	0.290	0.192	0.106	0.038	0.003
建议值	1.000	0.893	0.770	0.653	0.531	0.413	0.307	0.202	0.111	0.041	0.000

(2)小偏心受压构件

在荷载作用下，截面计算受压区高度 x_0 大于截面直径 D，为小偏心受压。

根据力和力矩平衡方程同样可求得 α—λ 非线性方程，可求得不同偏心率 e/R 下的 α 值(表 7-4)。

(3)大、小偏心受压界限

给定 $x_0=D$，以 α 和 e/R 为未知数，求解方程组可得到圆形截面混凝土偏心受压构件大、小偏心界限为 $e/R=0.11$。

3. 偏心受压短柱的实验研究

表 7-5 列出素混凝土矩形截面偏心受压构件短柱实验数值汇总。按上述资料建立极限承载力偏心影响系数 α 计算公式为：

$$\alpha=1-3\left(\frac{e}{h}\right)^{1.5}$$

式中　e——轴向力偏心距；

h——偏心方向截面尺寸。

试验分析表明，偏心率在 0.2～0.5 范围内，混凝土强度对 α 无明显影响。

表 7-5(a)　17.5 cm×12 cm×45 cm 试件试验数值表

试件号	偏心值	破坏荷载	平均值	破坏荷载偏心影响系数 P 值	
	e	$N_{破}$(kN)	$\overline{N}_{破}$(kN)	$P_{破}$	$P_{破m}$
D4	0	584	600	1.0	1.0
D6	0	640			
D11	0	575			
D2	0.175h	385	385	0.64	0.64
D13	0.25h	358	365	0.60	0.61
D14	0.25h	355		0.59	
D15	0.25h	383		0.64	
D1	0.325h	248	237	0.41	0.28
D7	0.325h	226		0.38	
D8	0.40h	152	138	0.25	0.16
D9	0.40h	124		0.21	

表 7-5(b) 25 cm×25 cm×100 cm 试件试验数值表

试件号	混凝土标号	偏心值 e	破坏荷载 $N_{破}$(kN)	平均值 $\overline{N}_{破}$(kN)	破坏荷载偏心影响系数 P 值	
					$P_{破}$	$P_{破m}$
1	2	3	4	5	6	7
9	140	$0h$	543	613	1.0	1.0
10	140	$0h$	648			
11	140	$0h$	648			
19	140	$0.2h$	455	478.5	0.74	0.78
20	140	$0.2h$	502		0.82	
12	140	$0.3h$	398	398	0.65	0.65
13	140	$0.3h$	379		0.62	
14	140	$0.3h$	418		0.68	
7	140	$0.4h$	260	237	0.42	0.39
8	140	$0.4h$	284		0.46	
15	140	$0.4h$	166		0.27	

表 7-6 列出素混凝土圆形截面偏心受压构件短柱试验数值汇总，依此建立的构件极限承载力偏心影响系数 α 计算公式为：

$$\alpha = 1 - 1.98\left(\frac{e}{h}\right)^{1.03}$$

表 7-6 ϕ25 cm×90 cm 试件试验数值表

试件号	混凝土标号	偏心值 e	破坏荷载 $N_{破}$(kN)	平均值 $\overline{N}_{破}$(kN)	破坏荷载偏心影响系数 P 值	
					$P_{破}$	$P_{破m}$
1	2	3	4	5	6	7
40	140	0.0	451	470	1.0	1.0
42	140	0.0	502			
49	140	$0.2h$	296	328	0.62	0.69
52	140	$0.2h$	341		0.71	
53	140	$0.2h$	348		0.73	
46	140	$0.3h$	216	259	0.45	0.54
47	140	$0.3h$	281		0.59	
48	140	$0.3h$	281		0.59	
50	140	$0.4h$	128	120	0.27	0.25
51	140	$0.4h$	111		0.23	

表 7-7 列出毛石砌体偏心受压强度试验数值汇总，说明随着偏心距 e_0 的增加，实验偏心影响系数 α 与我国建工《混凝土设计规范》值(GBJ 10—89)差异增大，规范值偏于安全侧。

表 7-7 毛石砌体抗压强度试验

序号	试件编号	石材标号 R_1 (N/cm^2)	砂浆强度 R_2(N/cm^2)		偏心 e_0	实测砌体强度 R(N/cm^2)		偏心受压影响系数 α	GBJ—89 系数 α
			R_2	平均值		R	平均值		
1	2	3	4	5	6	7	8	9	10
1	E-2	9030	376			382			
2	E-8	9030	380			425			
3	E-9	9030	380	393	0.15Y	321	365.6	0.968	0.85
4	E-20	9030	390			340			
5	E-24	9030	437			36.0			
6	E-1	9030	376			386			
7	E-7	9030	380			297			
8	E-10	9030	391			430			
9	E-18	9030	407	373	0.30Y	393	344.1	0.914	0.70
10	E-21	9030	390			291			
11	E-25	9030	348			303			
12	E-34	9030	347			309			
13	E-3	9030	376			381			
14	E-6	9030	319			414			
15	E-11	9030	391			362			
16	E-17	9030	407	374	0.45Y	276	327.4	0.868	0.55
17	E-22	9030	437			351			
18	E-31	9030	342			260			
19	E-35	9030	347			248			
20	E-4	9030	319			301			
21	E-5	9030	319			279			
22	E-12	9030	391			323			
23	E-19	9030	390	362	0.60Y	406	307.1	0.815	0.40
24	E-23	9030	437			265			
25	E-27	9030	348			317			
26	E-32	9030	342			302			
27	E-36	9030	347			264			
28	E-14	9030	378			398			
29	E-15	9030	378	388	0	380	376.6	1	1
30	E-16	9030	407			352			

表 7-8(a)、(b)给出矩形、圆形截面偏心影响系数各种规范及建议公式的对比，表 7-8(a)说明各种计算方法计算结果相当接近；对于铁路桥梁墩台截面，一般相对偏心距 $e_0/h=0.35\sim0.45$ 范围内，《砌体结构设计规范》(GBJ 3—88)、《铁路隧道设计规范》(TBJ 3—85)、《公路桥规》(JTJ 022—85)计算结果高于实验统计公式，偏于不安全侧。实验统计公式与英国规范(BS 5286)相

近。表 7-8(b)中理论计算值与《混凝土设计规范》(GBJ 10—89)计算结果相近,且偏于安全侧,但当相对偏心值较大时(例 $e_0/h=0.3\sim0.4$ 范围)比实验值偏低较多(约低 30%～50%)。

表 7-8(a) 矩形截面偏心影响系数对比

计算方法 \ e/h	0	0.05	0.10	0.15	0.20	0.25	0.30	0.35	0.40	0.45	0.50
理论方法	1.00	0.90	0.80	0.70	0.60	0.50	0.40	0.30	0.20	0.10	0.00
GBJ 3—88	1.00	0.97	0.89	0.79	0.68	0.57	0.48	0.41	0.34	0.29	0.25
TBJ 3—85	1.00	0.925	0.85	0.78	0.70	0.63	0.55	0.48	0.40	0.33	0.25
BS 5286	1.10	0.99	0.88	0.77	0.66	0.55	0.44	0.33	0.22	0.11	0.00
JTJ 022—85	1.00	0.97	0.89	0.79	0.68	0.57	0.47	0.38	0.29	0.17	0.00
$1-3(e/h)^{1.5}$	1.00	0.97	0.91	0.83	0.73	0.63	0.51	0.38	0.24	0.09	-0.06
石家庄铁道学院建议	1.00	1.00	0.955	0.87	0.75	0.62	0.48	0.35	0.24	0.15	0.11

表 7-8(b) 圆形截面偏心影响系数对比

计算方法 \ e/D	0.00	0.05	0.10	0.15	0.20	0.25	0.30	0.35	0.40	0.45	0.50
GBJ 10—89	1.00	0.89	0.77	0.65	0.53	0.41	0.31	0.20	0.11	0.04	0.00
GBJ 3—88	1.00	0.96	0.86	0.74	0.61	0.50	0.41	0.34	0.28	0.26	0.20
TBJ 3—85	1.00	0.93	0.85	0.78	0.70	0.63	0.55	0.48	0.40	0.33	0.25
BS 5286	1.10	0.99	0.88	0.77	0.66	0.55	0.44	0.33	0.22	0.11	0.00
JTJ 022—85	1.00	0.96	0.85	0.70	0.55	0.41	0.30	0.20	0.12	0.05	0.00
实验值	1.00	0.91	0.82	0.72	0.62	0.53	0.43	0.33	0.23	0.13	0.03
理论方法	1.00	0.87	0.74	0.63	0.51	0.40	0.29	0.19	0.11	0.04	0.00

根据以上分析,对混凝土、石砌体偏心受压结构截面承载力可采用相同计算模式,可不考虑受拉区材料工作,并假定受压区法向应力图形为矩形,其应力值等于材料轴心抗压强度设计值 f_{cd};

$$N\leqslant f_{cd}A'$$

式中 A'——受压区截面面积,计算中应考虑轴向力偏心增大。

对矩形截面单向偏心受压构件:

$$A'=b(h-2\eta e_0)$$

偏心增大系数 η 可采用现行《铁路桥规》(TBJ 2—85)计算公式:

$$\eta=\frac{1}{1-\dfrac{KN_d}{N_{cr}}}\approx\frac{1}{1-\dfrac{N_d}{N_{cr}}}$$

式中 N_{cr}——受压构件纵向弯曲(屈曲)临界荷载轴力;

N_d——构件设计荷载轴力。

考虑到在设计荷载 N_d 时，材料弹性模量比 N_{cr} 高，可对 N_d 乘以修正系数 B：

$$B=\frac{1.1f_cA_0-N_{cr}}{1.1f_cA_0-KN_d}$$

对于偏心受压承载力折减系数 α 可用前述表 7-3、表 7-4。

7.3.2 墩台身纵向稳定极限状态

墩台身的纵向稳定问题多属于无平衡分支的稳定问题，受压杆件的最初受荷阶段在弹性阶段工作，当荷载达到临界荷载 N_{cr} 时，杆件承载能力达到极限，这时荷载虽然不再增加，而变形仍会自行增加，直至压杆完全压溃，所以荷载 N_{cr} 即为压杆弯曲稳定极限承载力——压溃荷载，计算混凝土及石砌体结构偏心受压临界荷载时均考虑材料非线性应力—应变关系，采用数值积分法全过程分析，以确定构件的极限承载力。

墩台身作为底部固定于基础上的悬臂杆件，沿高度划分为若干段，计算出各杆段截面的 M—ϕ—R 关系曲线(弯矩—曲率—轴力)。假设构件受压变形后截面符合平面变形假设，构件材料的应力—应变关系已知，对于混凝土、石砌材料可采用：

$$\varepsilon=-\frac{1.1f_c}{E_0}\ln\left(1-\frac{\sigma}{1.1f_c}\right)$$

$$E=E_0\left(1-\frac{\sigma}{1.1f_c}\right) \qquad (E_0\text{ 为初始弹性模量})$$

构件受压变形属小变形问题，剪力对变形的影响可忽略不计。

计算方法：

(1)截面 M—ϕ—R 关系曲线计算；

(2)截面弯矩计算：

$$M_i=M_0+Ph_i+Wbh_i^2/2+R(f_n-f_i)$$

式中 f_n, f_i——杆顶、计算点侧向变形；

h_i——计算点到杆顶距离。

(3)截面轴力 R_i 计算：

$$R_i=P+G_i$$

式中 P——杆件顶端轴力；

G_i——计算截面以上构件自重。

(4)压杆侧向变形计算，可通过 ϕ_i 二次积分求得：

$$i=0,\quad \theta_0=0,\quad f_0=0$$

$$i=1,2,\cdots,n\ ;\quad \theta_i=\theta_{i-1}+(\phi_{i-1}+\phi_i)l_i/2$$

$$f_i^{(2)}=f_{i-1}^{(1)}+(\theta_i+\theta_{i-1})l_i/2$$

直到计算 $f_i^{(2)}\approx f_i^{(1)}$ 为止。

(5)N—Δ 曲线：

把各荷载 N_i 及相应构件顶端变形 Δ_i 关系绘出 N_i—Δ_i 曲线，其顶点对应的 N 值即为 N_{cr}，为构件极限承载力。

表 7-9(a)、(b)给出计算值 N_{cr}^j 与试验值 N_{cr}^s 的对比值，说明用非线性分析方法的计算值与试验值基本相符。

表 7-9(a) 计算值 N_{cr}^{j} 与实验值 N_{cr}^{s} 表

模型编号	高厚比(l/h)	偏心距 e_0 (cm)	试验值 N_{cr}^{s} (kN)	计算值 N_{cr}^{j} (kN)	比值 N_{cr}^{j}/N_{cr}^{s}
*HF*1	22.40	2.3	375.7	362.6	0.964
*HF*2	22.40	3.2	258.6	241.0	0.931
*HF*3	22.13	3.5	230.0	204.8	0.890
*HF*4	22.40	3.8	199.0	170.6	0.857

表 7-9(b) 计算值 N_{cr}^{j} 与实验值 N_{cr}^{s} 表

模型编号	立方体抗压强度 R_a	高厚比 (l/h)	偏心距 e_0 (cm)	试验值 N_{cr}^{s} (kN)	计算值 N_{cr}^{j} (kN)	比 值 N_{cr}^{j}/N_{cr}^{s}
*YA*2	197.4	10.0	5.0	420.0	327.0	0.78
*YC*1	215.0	10.0	3.0	530.0	558.0	1.05
*YC*2	212.0	10.0	5.0	420.0	343.0	0.82
*YC*3	254.8	10.0	3.0	550.0	640.0	1.16

表 7-10 为各种规范纵向稳定系数 φ 计算比较，说明除英国规范(BS 5628)之外，其余规范计算值比较接近，对于 $e_0/D\leqslant 0.3$ 时，可用各种规范计算 φ 值。

表 7-10 偏心受压长柱承载力影响系数 φ 值对比

荷载偏心 (e/D)	0	0.1	0.2	0.3	0.4	0.5
GBJ 10—89	0.62	0.496	0.372	0.248	0.124	0.0
GBJ 3—88	0.62	0.46	0.32	0.21	0.13	0.09
TBJ 3—85	0.62	0.527	0.434	0.341	0.248	0.155
BS 5286	0.933	0.713	0.493	0.273	0.053	−0.167
JTJ 022—85	0.62	0.554	0.419	0.298	0.212	0.154

表 7-11(a)、(b)列出32 m预应力混凝土梁，墩高 10～30 m圆墩、圆端形墩非线性分析与现行《铁路桥规》(TBJ 2—85)计算值的比较，现行桥规$(N_{cr}/K)/N$ 值稍大于理论计算值偏于安全侧。

表 7-11(a) 圆形墩的比较

墩身高度(m)	理论计算值		现行《铁路桥规》计算值		
	N_{cr}	$(N_{cr}/K)/N$	N_{cr}	$N_{cr}/K(K=2)$	$(N_{cr}/K)/N$
10.0	7 503.0	5.84	8 198.0	4099.0	6.4
15.0	7 496.0	5.83	8 318.0	4 159.0	6.5
20.0	7 491.0	5.83	8 410.0	4 205.0	6.5
25.0	7 483.0	5.82	8 497.0	4 249.0	6.6
30.0	7 480.0	5.82	8 535.0	4 268.0	6.6

表 7-11(b) 圆端形墩的比较

墩身高度(m)	理论计算值		现行《铁路桥规》计算值		
	N_{cr}	$(N_{cr}/K)/N$	N_{cr}	$N_{cr}/K(K=2)$	$(N_{cr}/K)/N$
10.0	6460.0	5.02	7683.0	3842.0	6.0
15.0	6459.0	5.02	8054.0	4027.0	6.3
20.0	6457.0	5.02	8462.0	4213.0	6.6
25.0	6456.0	5.02	8786.0	4396.0	6.8
30.0	6455.0	5.02	9079.0	4540.0	7.1

对混凝土及石砌体构件的截面刚度引入修正系数 α',以考虑截面受压区出现横向裂缝后刚度的降低和材料弹性模量随应力变化的影响。根据材料实际非线性应力—应变关系对不同长细比、偏心距的不同组合的偏压构件全过程分析得到 $\alpha' \sim e_0/h$ 的回归方程式为:

$$\alpha' = 0.9 - 2.0\frac{e_0}{h}$$

表 7-12 列出不同偏心情况下上式与现行《铁路桥规》系数 α'的比较。

表 7-12 刚度修正系数 α的计算值

e_0/h	现行《铁路桥规》(TBJ 2—85)	公 式(a)
0.10	0.49	0.70
0.15	0.45	0.60
0.20	0.41	0.50
0.25	0.38	0.40
0.30	0.36	0.30

两者在小偏心时差异较大,主要是因为现行《铁路桥规》公式为钢筋混凝土构件计算公式,由于钢筋的作用使截面刚度变化较小。

桥梁墩台强度极限状态表达式为:

$$N_d \leqslant N_{cr}$$

式中 N_d——作用于构件顶面轴向力设计值;

N_{cr}——受压构件临界荷载,按现行《铁路桥规》(TBJ 2—85)公式计算:

$$N_{cr} = \alpha'\frac{4mE_a I_d}{L_0^2}\left[\frac{1}{1+\alpha'\frac{4mE_0 I_d}{L_0^2}\frac{1}{1.1f_c A_0}}\right]$$

7.3.3 墩台抗倾覆及抗滑动稳定性极限状态

墩台基底的倾覆稳定性极限状态表达式为:

$$M_W - M_Q = S\sum\gamma_{fi}N_{ik} - (\sum\gamma_{fi}N_{ik}e_i + \sum\gamma_{pi}P_{ik}h_i) \geqslant 0$$

式中 M_W——稳定力矩;

M_Q——倾覆力矩;

S——在沿截面重心与合力作用点连线上,自截面重心至检算倾覆轴的距离;

γ_{fi}——竖直力 N_i 荷载分项系数,起有利作用时 $\gamma_{fi} \leqslant 1.0$,起不利作用时 $\gamma_{fi} \geqslant 1.0$;

N_{ik}——竖直力 N_i 的标准值;

e_i——竖直力 N_i 对基底截面重心的力臂;

γ_{pi}——水平力 P_i 的荷载分项系数;

P_{ik}——水平力 P_i 的标准值;

h_i——水平力 P_i 对基底截面重心的力臂。

墩台基底滑动稳定性极限状态表达式为:

$$T_W - T_H = \mu\sum\gamma_{fi}N_{ik} - \sum\gamma_{pi}P_{ik} \geqslant 0$$

式中 T_W——抗滑稳定力；

T_H——滑动力；

μ——基底摩擦系数。

表 7-13(a)、(b)列出的 T 形桥台、耳墙式桥台滑动稳定性极限状态检算结果，均能满足要求。

表 7-13(a) T 形桥台滑动稳定性检算结果

跨度(m)	填土高(m)	埋深(m)	混凝土基础	片石基础
5.0	4.0	1.0	1.007	1.008
	6.0	1.0	0.991	0.991
	8.0	1.0	0.982	0.985
6.0	4.0	1.0	1.010	1.008
	6.0	1.0	0.992	0.992
	8.0	1.0	0.985	0.983
8.0	4.0	1.0	1.011	1.012
	7.0	1.0	0.984	0.984
	10.0	1.0	0.975	0.975
10.0	4.0	1.0	1.007	1.009
	8.0	1.0	0.980	0.982
	12.0	1.0	0.973	0.974
12.0	4.0	1.0	1.010	1.011
	8.0	1.0	0.982	0.980
	12.0	1.0	0.971	0.969
16.0	4.0	1.0	1.011	1.010
	8.0	1.0	0.983	0.983
	12.0	1.0	0.969	0.972
20.0	4.0	1.0	1.010	1.009
	8.0	1.0	0.980	0.982
	12.0	1.0	0.970	0.973
24.0	6.0	2.0	1.007	1.008
	9.0	2.0	0.987	0.990
	12.0	2.0	0.978	0.977
32.0	6.0	2.0	1.009	1.005
	9.0	2.0	0.988	0.991
	12.0	2.0	0.979	0.974

表 7-13(b) 耳墙式桥台滑动稳定性检算结果

跨度(m)	填土高(m)	埋深(m)	混凝土基础	片石基础
6.0	3.0	1.0	1.002	1.001
	5.0	1.0	0.981	0.979
	7.0	1.0	0.967	0.964
8.0	3.0	1.0	1.005	1.004
	5.5	1.0	0.979	0.978
	8.0	1.0	0.959	0.957
10.0	4.0	1.0	0.991	0.990
	6.5	1.0	0.968	0.968
	9.0	1.0	0.953	0.953
12.0	4.0	1.0	0.992	0.991
	6.5	1.0	0.969	0.968
	9.0	1.0	0.954	0.954
16.0	4.0	1.0	0.995	0.996
	6.5	1.0	0.972	0.971
	9.0	1.0	0.955	0.956
20.0	5.0	2.0	0.986	0.985
	7.5	2.0	0.967	0.966
	10.0	2.0	0.952	0.954
24.0	5.0	2.0	0.988	0.987
	7.5	2.0	0.968	0.966
	10.0	2.0	0.954	0.957
32.0	5.0	2.0	0.992	0.991
	7.5	2.0	0.972	0.971
	10.0	2.0	0.957	0.962

表 7-14 列出24 m + 24 m预应力梁直曲线上石砌圆形桥墩的横向倾覆稳定检算结果，从表中可看出极限状态法较为合理。

表 7-14(a) 直线上桥墩倾覆

	单孔轻载	双孔轻载	双孔空车	要求值
极限状态法	2.29	1.63	1.53	≥1.0
容许应力法	3.66	3.57	2.63	≥1.5

表 7-14(b) 曲线上桥墩倾覆

	单孔轻载	双孔轻载	双孔空车	要求值
极限状态法	2.40	1.72	2.77	≥1.0
容许应力法	3.86	2.91	4.90	≥1.5

由于对墩台身截面上合力偏心距的限制，保证了圬工结构截面上不出现拉应力或出现拉应力而不产生裂缝，此时结构不会达到强度极限状态，应采用正常使用极限状态的荷载(效应)组合进行检算。表 7-15(a)、(b)、(c)、(d)列出各式桥墩截面上合力偏心、强度和墩顶位移极限状态法和容许应力法计算结果的比较，说明强度比的变异系数较大，因为在强度极限状态计算中对不同类型荷载分别采用不同的分项安全系数，体现荷载变异性的影响。

表 7-15(a) 矩形桥墩检算结果对比

	偏心	强度	墩顶位移
平均值	0.971 2	1.117 1	1.081 2
标准差	0.072 5	0.137 3	0.034 8
变异系数	0.074 6	0.122 9	0.032 2

表 7-15(b) 圆形桥墩检算结果对比

	偏心	强度	墩顶位移
平均值	1.025 8	1.072 5	1.001 6
标准差	0.028 1	0.132 4	0.012 6
变异系数	0.027 4	0.123 4	0.012 6

表 7-15(c) 圆端形桥墩检算结果对比

	偏心	强度	墩顶位移
平均值	1.022 4	0.981 8	1.024 1
标准差	0.031 6	0.205 9	0.022 9
变异系数	0.030 9	0.209 7	0.022 4

表 7-15(d) 空心桥墩检算结果对比

	偏心	强度	墩顶位移
平均值	1.022 7	0.920 9	0.984 8
标准差	0.013 6	0.013 4	0.031 9
变异系数	0.013 3	0.014 6	0.032 4

7.4　墩台结构材料

铁路桥梁墩台结构所用混凝土等级常在C15～C30范围之内，由于为现场制作，其强度变异性较大，统计变异系数值在0.14～0.24间，因此现场用混凝土的质量控制较为重要，墩台混凝土的特征值与混凝土结构章节所列值相同。

我国建筑工程用石材按其外形规则程度可分为料石和毛石两种，铁路桥涵中常用的毛料石（块石）和毛石（片石），其中部厚度不少于200 mm。石材的强度等级按国家标准《各分量、单位和符号的一般原则》（GB 3101—82）的规定用符号"MU"表示，石材的强度等级由边长为70 mm的立方体试块，在饱和湿度条件下进行抗压试验确定，以其（3个试块）极限抗压强度平均值表示（MPa），当试块为其他尺寸的立方体时应将试验值乘以表7-16的换算系数的值作为石材的强度等级。

表7-16　石材强度换算系数

立方体边长（mm）	200	150	100	70	50
换算系数	1.43	1.28	1.14	1.00	0.86

《砌体结构设计规范》（GBJ 3—88）规定铁路桥涵结构受力部分采用的石材不得低于MU45和MU60。

GBJ 3—88规定砂浆强度等级用"M"表示，以边长70.7 mm的立方体试块在标准养护条件下28 d抗压试验，以其抗压强度平均值（6个试块）（MPa）作为砂浆的强度等级，铁路桥梁墩台身及基础砌石圬工水泥砂浆应不低于M10。

大量试验表明，砌体的抗压强度均低于块体强度，由于在竖向力作用下砂浆层横向变形大于块体的横向变形，使块体受到附加水平拉应力而处于竖向受压、横向受拉的不利受力状态；以及由于石材外形不十分平整，在轴向力作用下处于复杂受力状态，因此所有影响石材抗压强度及应力状态的各种因素都将影响砌体的抗压强度。

图7-4示出块材强度对砌体强度的影响，石材的强度越高，砌体的抗压强度也高；外形规则且尺寸较厚的石材，砌体抗压强度也高，细料石砌体的抗压强度比粗料石砌体的抗压强度高50%左右。

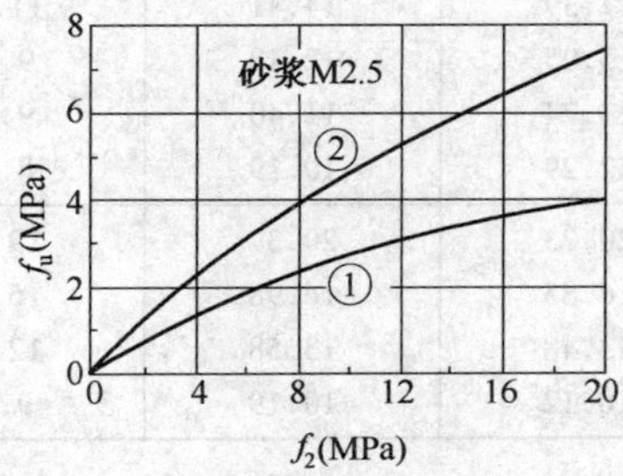

图7-4　块材强度对砌体强度的影响
①—砖砌体；②—2块体高度为400 mm的一砌块砌体。

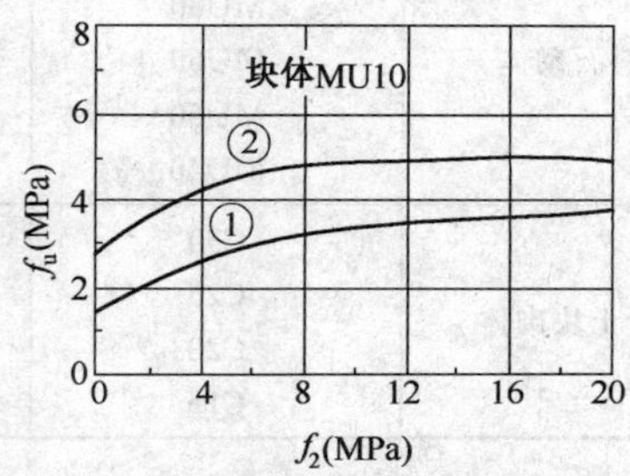

图7-5　砂浆强度对砌体抗压强度的影响
①—砖砌体；②—2块体高度为400 mm的一砌块砌体。

图7-5示出砂浆强度对砌体抗压强度的影响，初始砌体强度随砂浆强度等级的提高而提高，当砂浆强度提高到一定等级时，砌体抗压强度提高渐缓，这是由于当砂浆强度达一定等级后，砂浆受力变形明显减小，大大降低了对砌体强度的影响。砂浆的饱满度高，砌体强度也提高，试验表明当砂浆饱满度由80%降到65%时，砌体强度降低20%左右。

《砌体结构设计规范》(GBJ 3—88)根据大量试验资料统计分析得出适用于各类砌体强度平均值 f_m 的计算公式如下：

$$f_m = K_1 f_1^a (1+0.07f_2) K_2$$

式中 f_1、f_2——块材和砂浆的抗压强度平均值；

K_1、a——不同类型砌体的砌块尺寸、砌筑方式的影响系数；

K_2——砂浆强度变化时的砌体强度修正系数。

表 7-17 列出各种砌体的系数值，在表列条件之外，$K_2=1$。

表 7-17 各种砌体系数值

砌体种类	K_1	a	K_2
中型砌块	0.47	1.0	当 $f_2>5$ 时，$K_2=1.15-0.03f_2$
毛料石	0.79	0.5	当 $f_2<1$ 时，$K_2=0.6+0.4f_2$
毛石	0.22	0.5	当 $f_2<2.5$ 时，$K_2=0.4+0.24f_2$

表 7-18 为各类砌体抗压强度平均值，其结果与试验值相比均较好。

表 7-18 各类砌体抗压强度平均值(MPa)

砌体种类	石料、混凝土强度等级	砂浆强度等级			
		M20	M15	M10	M5
毛(片)石砌体	MU100	5.28	4.51	3.74	2.97
	MU80	4.72	4.03	3.35	2.66
	MU60	4.09	3.49	2.90	2.30
	MU50	3.73	3.19	2.64	2.10
	MU40	3.34	2.85	2.37	1.88
毛料(块)石砌体	MU100	18.96	16.20	13.43	10.67
	MU80	16.96	14.49	12.01	9.54
	MU60	14.69	12.54	10.40	8.26
	MU50	13.41	11.45	9.50	7.54
	MU40	11.99	10.24	8.49	6.75
粗料石砌体	MU100	22.75	19.44	16.12	12.80
	MU80	20.35	17.39	14.41	11.45
	MU60	17.63	15.05	12.48	9.91
	MU50	16.09	13.74	11.40	9.05
	MU40	14.39	12.29	10.19	8.10
混凝土块砌体	C30	18.61	20.23	20.37	19.04
	C25	15.50	16.85	16.98	15.86
	C20	12.42	13.48	13.58	12.69
	C15	9.31	10.12	10.19	9.50

各类砌体强度服从正态分布，取其概率分布 0.05 分位值作为石砌体的抗压强度标准值 f_k：

$$f_k = f_m(1-1.645\delta_f)$$

式中 δ_f——砌体抗压强度变异系数。

根据资料统计分析：毛石砌体 $\delta_f=0.24$；其他砌体 $\delta_f=0.17$。

由此可得出：毛石砌体，$f_k=0.60f_m$；其他砌体，$f_k=0.72f_m$。

当砌体材料分项系数 $\gamma_f=1.5$ 时，砌体强度设计值 f_d 为：毛石砌体为 $f_d=0.4f_m$；其他砌

体为 $f_d = 0.48 f_m$。

表 7-19 列出现行《铁路桥规》各类砌体抗压强度设计值。

表 7-19 各类砌体抗压强度设计值(MPa)

砌体类型	石料、混凝土强度等级	砂浆强度等级			
		M20	M15	M10	M5
片石砌体	MU100	2.88	2.50	2.11	1.63
	MU80	2.54	2.22	1.91	1.43
	MU60	2.21	1.93	1.66	1.24
	MU50	2.04	1.79	1.54	1.05
	MU40	1.87	1.64	1.41	0.92
块石砌体	MU100	5.81	5.45	5.08	—
	MU80	4.85	4.52	4.19	
	MU60	3.90	3.61	3.32	
	MU50	3.44	3.17	2.89	
	MU40	2.97	2.72	2.46	
粗料石砌体	MU100	6.82	5.81	4.80	—
	MU80	5.73	5.17	4.60	
	MU60	4.51	4.23	3.94	
	MU50	4.14	3.88	3.61	
	MU40	3.61	3.45	3.28	
混凝土块砌体	C30	5.43	4.96	4.51	—
	C25	4.84	4.44	4.03	
	C20	4.21	3.85	3.49	
	C15	—	3.22	2.86	
小石子混凝土砌片石砌体	MU100	3.94	3.51	3.07	2.21
	MU80	3.18	2.82	2.46	1.73
	MU60	2.60	2.31	2.01	1.42
	MU50	2.37	2.11	1.85	1.32
	MU40	2.03	1.86	1.68	1.22

图 7-6 示出石砌体在偏心受压情况下的截面上应力分布情况,其呈抛物线变化,且随着偏心的增大,截面上可能出现拉应力区,导致开裂。

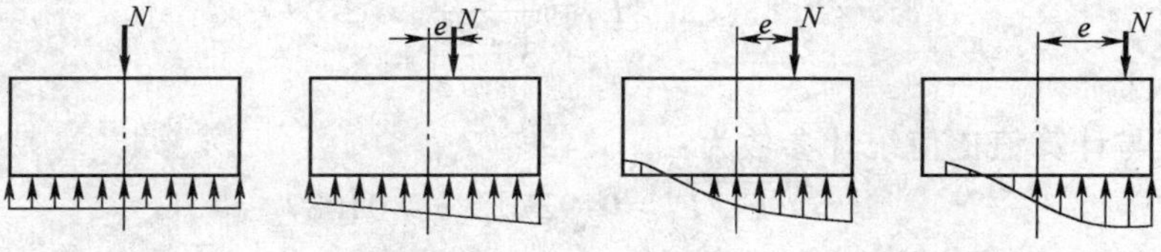

图 7-6 偏心受压截面应力分布

试验表明,偏心受压构件假定截面受压区应力为矩形分布时,石砌体材料强度比中心受压时为高,由此得出偏心受压强度提高系数,现列于表 7-20。

表 7-20 偏心受压材料强度提高系数

荷载偏心率 $e/\left(\frac{h}{2}\right)$	0.00	0.15	0.30	0.45	0.60
实测值	1.00	1.14	1.31	1.58	2.04
建议值	1.00	1.075	1.15	1.225	1.30

砌体是弹塑性材料，其应力—应变关系呈曲线变化规律，因此砌体的弹性模量取值有3种方法(图7-7)。

初始弹性模量：在应力—应变曲线原点作曲线的切线，其斜率即为原点的切线模量——初始弹性模量：

$$E_0 = \tan\alpha_0$$

割线模量：在应力—应变曲线上某点 A 与原点连线的正切为割线模量：

$$E = \tan\alpha_1$$

一般取 $\sigma_A = 0.3f_m$ 时的割线模量作为砌体的弹性模量 $E \approx 0.8E_0$，可用于计算砌体结构的变形。

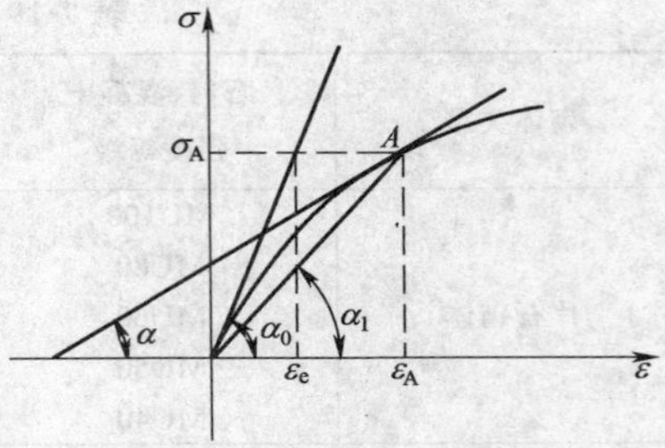

图7-7 砌体弹性模量取值

切线模量：应力—应变曲线上某点切线的正切：

$$E' = \tan\alpha$$

切线模量用于结构受力过程分析中。

三者的关系为： $E_0 \geqslant E \geqslant E'$

试验研究结果表明，砌体的变形主要取决于灰缝砂浆的变形，所以砌体弹性模量主要取决于砂浆强度 f_2，$\sigma/f_m = 0.3$ 的割线模量回归方程为：

$$E = 588 + 690f_2$$

将砌体试验值与计算值统计比较得到：

$$\overline{E^s/E^j} = 0.975,\quad \sigma = 0.143$$

砌体弹性模量取决于砂浆强度等级：

$$E = \left(1 + \frac{h_2}{\delta_f}\right)E_f$$

式中 h_2——每层砌块高度；

δ_f——水平灰缝厚度；

E_f——砂浆弹性模量，由试验建立公式为：

$$E_f = \frac{10^4}{3 + \dfrac{48}{f_2}}$$

试验值与计算值比值统计参数为：

$$\overline{E^s/E^j} = 0.927,\quad \sigma = 0.087$$

石砌体的初始弹性模量近似式为：

$$E_0 = 1.189E \approx 1.2E$$

表7-21列出各类石砌体的初始弹性模量。

表7-21 石砌体的初始弹性模量(MPa)

石材种类	水泥砂浆强度等级		
	M20	M10	M5
片石砌体	6 750	5 130	3 780
块石砌体	10 449	8 991	
粗料石砌体	15 975	10 688	

7.5　铁路桥梁墩台可靠度校准

7.5.1　荷载、抗力统计参数

在参数统计分析中以均值系数 k 作为统计量：

$$k=\mu/X_{\mathrm{k}},\quad \delta_{\mathrm{k}}=\delta_{\mu}(\text{变异系数})$$

式中　μ——荷载、抗力均值；

X_{k}——荷载、抗力标准值。

(1)上部结构自重 G_1[表 7-22(a)]

表 7-22(a)　结构自重分布的统计值

桥梁类型	恒载名称	分布类型	均值系数	均方差	变异系数
混凝土桥	实测梁重/设计梁重	正　态	1.020 2	0.021 9	0.021 5
钢　　桥			1.019 0	0.011 3	0.011 1

(2)上部结构附加恒载 G_2[表 7-22(b)]

表 7-22(b)　桥跨结构附加恒载分布的统计值

桥梁类型	恒载名称		分布类型	均值系数	均方差	变异系数
混凝土桥	人行道加线构重/设计值	任意时点分布	正　态	1.053 8	0.163 9	0.155 5
		最大值分布		1.320 5	0.089 9	0.068 1
钢　　桥	人行道明桥面重/设计重			1.000 0	0.044 3	0.044 3

(3)混凝土桥墩自重 G_3

以墩重 G_3 作为随机变量，其表达式为：

$$G_3=\gamma abh$$

均值　$$\mu_{G_3}=\mu_{\mathrm{r}}\mu_{\mathrm{a}}\mu_{\mathrm{b}}\mu_{\mathrm{h}}$$

标准差　$$\mu_{G_3}=\sqrt{\mu_{\mathrm{a}}\mu_{\mathrm{b}}\mu_{\mathrm{h}}\sigma_{\mathrm{r}}^2+\mu_{\mathrm{r}}\mu_{\mathrm{b}}\mu_{\mathrm{h}}\sigma_{\mathrm{a}}^2+\mu_{\mathrm{r}}\mu_{\mathrm{a}}\mu_{\mathrm{h}}\sigma_{\mathrm{b}}^2+\mu_{\mathrm{r}}\mu_{\mathrm{a}}\mu_{\mathrm{b}}\sigma_{\mathrm{h}}^2}$$

变异系数　$$\delta_{G_3}=\sigma_{G_3}/\mu_{G_3}$$

根据实际经验分别取：

$$\mu_{\mathrm{r}}=1.03,\quad \delta_{\mathrm{r}}=0.018$$

$$\mu_{\mathrm{a}}=\mu_{\mathrm{b}}=1.0,\quad \delta_{\mathrm{a,b}}=0.01$$

$$\mu_{\mathrm{h}}=1.0,\quad \delta_{\mathrm{h}}=0.0$$

$$\mu_{G_3}=1.03\times1.0\times1.0\times1.0=1.03$$

$$\delta_{G_3}=\sqrt{0.018^2+1/1.03\times0.01^2+1/1.03\times0.01^2}=0.023$$

(4)列车静活载 Q_1[表 7-22(c)]

表 7-22(c)　列车静活载分布的统计值

跨度类型	分布类型	任意时点分布			设计基准期最大值分布		
		均值系数	标准差	变异系数	均值系数	标准差	变异系数
$l\leqslant4$ m	正　态	0.855 4	0.062 6	0.073 2	1.050 5	0.078 2	0.074 4
$l>4$ m	正　态	0.712 2	0.039 4	0.055 3	0.961 9	0.037 1	0.038 6

(5)列车横向摇摆力 F_{ts}

$$\mu_{f_{ts}}=0.67,\quad \delta_{F_{ts}}=0.32$$

(6)列车制动力或牵引力 F_b

$$\mu_{F_b}=0.1,\quad \delta_{F_b}=0.21$$

(7)风载 W(极值Ⅰ型分布)

$$\mu_W=1.0,\quad \delta_W=0.162$$

结构抗力的不定性源自结构构件材料性能的不定性、结构构件几何尺寸的不定性和计算模型的不定性。

材料性能是就标准试验条件而言,而真实结构构件与试件间还存在差异,结构构件性能不定性可用随机变量 K_m 表示:

$$K_m=\frac{f_j}{K_0 f_k}$$

式中 f_j——结构构件中实际材料性能;

$K_0 f_k$——考虑试件与构件材料差异的影响系数 K_0 后的材料性能,f_k 为标准值。

铁路工程结构中混凝土强度的统计参数列于表 7-22(d)。

表 7-22(d) 混凝土强度统计参数

强 度 等 级	C13	C15	C20	C25	C30	C35	C40	C45	C50
均值系数 $1/(1-1.645\delta)$	1.57	1.53	1.42	1.36	1.30	1.27	1.25	1.22	1.20
变异系数	0.22	0.21	0.18	0.16	0.14	0.13	0.12	0.11	0.10

结构构件几何参数的不定性主要由制作尺寸偏差和安装误差引起,其不定性可用随机变量 K_a 表示:

$$K_a=a/a_k$$

式中 a——构件几何参数实际值;

a_k——构件几何参数标准值(设计图值)。

$$\mu_{k_a}=1.0,\quad \delta_{k_a}=0.01$$

结构构件计算模式不定性由计算假定的近似性和计算公式的不精确性引起,可用随机变量 K_p 表示:

$$K_p=R_s/R_j$$

式中 R_s——构件实际抗力值(试验实测值);

R_j——公式计算构件抗力值。

$$\mu_{k_a}=1.0,\quad \delta_{k_p}=0.16$$

结构抗力的不定性(现浇 C15～C20 混凝土):

$$\mu_R=\mu_{k_m}\cdot\mu_{k_a}\cdot\mu_{k_p}=1.57\times1.0\times1.0=1.57$$

$$\delta_R=\sqrt{0.22^2+0.01^2+0.16^2}=0.27$$

荷载和抗力统计参数汇总于表 7-22(e)。

表 7-22(e) 荷载和抗力统计参数汇总表

序号	荷载名称	分布类型	平均值/标准值	变异系数
1	上部结构自重	正态分布	1.0202	0.0215
2	结构附加恒载	正态分布	1.3205	0.0681
3	下部结构自重	正态分布	1.0300	0.0230
4	列车活载	正态分布	0.9619	0.0386
5	离心力	正态分布	1.0000	0.0386
6	摇摆力	正态分布	0.6700	0.3220
7	牵引力	正态分布	1.0000	0.2100
8	制动力	正态分布	1.0000	0.2100
9	风力	极值Ⅰ形	1.0000	0.1620
10	桥墩结构抗力	对数正态分布	1.5700	0.2700

7.5.2 结构极限状态方程

铁路重力式桥墩台可靠度校准按 2 种极限状态:正常使用极限状态,以墩台身截面合力偏心距控制;承载能力极限状态,以墩台身截面强度控制。

截面偏心极限状态方程:

$$G = R - S = [e] - e = [e] - e(G_1, G_2, G_3, Q_1, F_c, F_{ts}, F_b, W) = 0$$

承载能力极限状态方程:

$$G = R - S = \lambda f_c A_c - N = \lambda(G_1, G_2, G_3, Q_1, F_c, F_{ts}, F_b, W) f_c A_c - N(G_1, G_2, G_3, Q_1)$$

式中 N——最不利轴向力设计值;

f_c——混凝土轴向抗压强度设计值;

λ——承载力折减系数,$\lambda = A'_c / A_c$;A'_c,A_c 分别为检算截面受压区面积、全截面面积。

7.5.3 桥墩可靠度校准

桥墩可靠度校准结果列于表 7-23。

表 7-23 混凝土桥墩结构可靠指标 β

桥墩形状	统计指标	偏心距	承载力	
			受压区为矩形应力图	实验建立的计算式
矩形	平均值	2.099 0	6.4830	4.6648
	标准差	1.0160	1.2039	1.8185
	变异系数	0.4840	0.2010	0.3898
	推算值	1.3028	6.1524	4.0236
圆形	平均值	2.0585	6.7585	5.7515
	标准差	1.0218	1.2549	1.5323
	变异系数	0.4964	0.1857	0.2664
	推算值	1.2419	6.4530	5.3133
圆端形	平均值	2.1945	5.6569	4.4665
	标准差	0.7968	1.6933	2.1830
	变异系数	0.3631	0.2993	0.4888
	推算值	1.5972	5.1645	3.6625
重力式桥墩汇总	平均值	2.1176	6.3223	4.9657
	标准差	0.9474	1.4503	1.9422
	变异系数	0.4474	0.2294	0.3911
	推算值	1.3816	5.9450	4.3223

桥墩可靠度受正常使用极限状态(偏心)控制,$\bar{\beta}=2.0$。

7.5.4 桥台抗滑稳定可靠度校准

影响重力式桥台土压力的主要因素为:填土的性能(重度 γ、内摩擦角 ϕ、外摩擦角 δ)、几何参数 B、台后填土高度 H、轨底平面均布活载 q。

台后填土的重度 γ 和内摩擦角 ϕ 的不定性分别用随机变量 K_r 和 K_ϕ 表示(服从正态分布):

$$K_r=\gamma/\gamma_k,\quad K_\phi=\phi/\phi_k$$

$$\mu_{k_r}=1.0,\quad \delta_{k_r}=0.03;\qquad \mu_{k_\phi}=1.0,\quad \delta_{k_\phi}=0.05$$

外摩擦角 $\delta=\phi/2$。

土压力计算模式不定性主要由假设的近似和计算公式的不精确性引起,用随机变量 K_{PE} 表示(正态分布):

$$K_{PE}=E^s/E^j$$

$$\mu_{K_{PE}}=1.0,\quad \delta_{K_{PE}}=0.02$$

列车活载取:$\mu_{K_a}=0.961\,9$,$\delta_{k_a}=0.038\,57$;

几何参数不定性取:$\mu_{K_A}=1.0$,$\delta_{k_A}=0.01$。

基础与地基间摩擦系数与土质性质相关,表 7-24 给出各类土摩擦系数的特征参数。

表 7-24 各类土摩擦系数的特征表

特征土类	黏　土	砂黏(黏砂)土	砂砾土	碎石土	岩　石
均值 μ_f	0.25～0.35	0.30～0.45	0.4～0.55	0.45～0.65	0.5～0.75
变异系数 δ_f	0.111	0.127	0.100	0.113	0.122

各随机变量统计参数汇总于表 7-25。

表 7-25 随机变量汇总表

随机变量	均　值	变异系数	概　型
摩擦系数	f	参见上表	正态
内摩擦角	33°	0.05	正态
混凝土重度	23(kN/m³)	0.02	正态
片石重度	22(kN/m³)	0.02	正态
钢筋混凝土重度	25(kN/m³)	0.02	正态
填土重度	17(kN/m³)	0.03	正态
梁　重	1.0202×设计值	0.0215	正态
桥跨附加恒载	1.0538×设计值	0.1555	正态
列车静活载	0.9619×设计值	0.0386	正态
构件尺寸	设计值	0.01	正态
土压力计算不定性	1.0	0.02	正态

抗滑稳定极限状态方程为:

$$\left(\sum_{i=1}^{n}G_i+K_{PE}\sum_{j=1}^{m}E_{yj}\right)f+K_{PE}E_0-K_{PE}\sum_{j=1}^{m}E_{xj}=0$$

式中 G_i——第 i 个恒载重；

K_{PE}——土压力计算模式不定性系数；

E_{xj}，E_{yj}——第 j 层土压力的水平土压力和竖向土压力分量；

f——摩擦系数；

E_0——台前静止土压力。

T 形、耳墙式桥台和埋台的抗滑稳定可靠度校准结果列于表 7-26，桥台抗滑稳定性属于承载能力极限状态，其结构可靠指标平均值为 4.0 左右。

表 7-26 铁路桥台抗滑稳定可靠指标 β

类型 \ 材料		混凝土台身及基础			片石台身及基础		
		均值	标准差	变异系数	均值	标准差	变异系数
T台	无水	3.942	0.566	0.144	4.123	0.533	0.129
	有水	3.901	0.584	0.150	4.004	0.500	0.125
耳台	无水	3.529	0.504	0.144	3.644	0.560	0.154
	有水	4.194	0.526	0.125	4.229	0.527	0.125
埋台		/			4.302	0.687	0.160
全部	无水	3.745	0.576	0.154	3.883	0.591	0.152
	有水	4.041	0.574	0.142	4.138	0.519	0.126

7.6 桥梁墩台地基、基础可靠度分析

地基基础工程作为桥梁结构的基础部分，其可靠度具有十分重要的意义，但岩和土是大自然的产物，不仅不同地点的岩土性质有较大差异，即使同一地点、同一土层的岩土也有差异，因此在岩土勘察取样、试验及成果整理分析中均可产生不定性，往往采用比上部结构较大的安全系数进行设计，以保证其安全可靠。作为桥梁地基、基础小区域，由于具有实际勘察样品和试验资料，又具有一定的可信度和可靠性，因此在设计中如何利用好勘察试验资料对结构的可靠性非常重要，设计采用的数据与现场实际结构试验实测数据的对比分析是地基、基础工程可靠度分析的重要基础。

铁路桥梁墩台基础的稳定性受基础作用外力的合力偏心控制，以偏心限值[e]对桥墩台基础正常使用极限状态进行检算；对承载能力极限状态检算除受地基强度控制外，还需考虑结构位移限制。

7.6.1 地基基础统计参数

地基基础承载力的变异性 δ_R 受到地基土强度性能变异性 δ_M、计算不定性变异系数 δ_E、基础几何尺寸变异系数 δ_F 和地质勘察取样数量的影响：

$$\delta_R = \sqrt{[n/(n-1)]\delta_M^2 + \delta_E^2 + \delta_F^2}$$

地基承载力一般表达形式为 $R(X_{ij}、Y_{ij})$，X_{ij}、Y_{ij} 为岩土的物理力学特性参数（有时可用一个参数 X_i 表达），见下表。

土类 \ 参数 Y_j \ 参数 X_i \ 状态		上限		一般		下限	
		X_1	X_2	X_3	X_4	X_5	X_6
①类土	Y_1	R_{11}	R_{21}	R_{31}	R_{41}	R_{51}	R_{61}
②类土	Y_2	R_{12}	R_{22}	R_{32}	R_{42}	R_{52}	R_{62}
③类土	Y_3	R_{13}	R_{23}	R_{33}	R_{43}	R_{53}	R_{63}

设 σ_M、σ_E、σ_F 和 δ_M、δ_E、δ_F 分别为随机变量 R、X、Y 的均方差和变异系数。则

$$\sigma_M=\sqrt{\left(\frac{\partial R}{\partial X}\sigma_X\right)^2+\left(\frac{\partial R}{\partial Y}\sigma_Y\right)^2}$$

或

$$\delta_M=\sqrt{\left(\frac{\Delta R}{\Delta X}\right)^2\cdot\left(\frac{X}{R}\right)^2\cdot\delta_X^2+\left(\frac{\Delta R}{\Delta Y}\right)^2\cdot\delta_Y^2}$$

随着地基勘察钻探量 n 的不同，对地基土强度性能变异系数 δ_M 乘以修正系数 $n/(n-1)$，当钻孔量 $n>20$ 时，即可认为 $n/(n-1)\approx1.0$。

土力学中有关承载力理论公式分析与应用的变异性取决于该公式的实际应用检验，当公式应用成熟时，可取 $\delta_E=0.025$；当为一般常用公式时，可取 $\delta_E=0.10$；对于初步试用的公式，可取 $\delta_E=0.20$，在规范中可采用 $\delta_E=0.1$ 值。

基础尺寸变异随施工安装质量控制而异，可取 $\delta_F=0.07$(包括尺寸大、小和位置偏移的影响)。

各类岩、土强度变异系数 δ_M 和地基承载力变异系数 δ_R 列于表 7-27，可作为地基基础可靠度分析时参考应用。

表 7-27(a)　岩石地基极限承载力变异系数表

岩石名称 \ 变异性	节理很发育 2～20 cm		节理发育 20～40 cm		节理不发育 40～60 cm	
	δ_M(MPa)	δ_R(MPa)	δ_M(MPa)	δ_R(MPa)	δ_M(MPa)	δ_R(MPa)
硬岩 30～60 MPa	3.75～5.00	0.124	5.0～7.5	0.173	7.5～14.0	0.263
软岩 5～30 MPa	2.0～3.0	0.175	3.0～4.5	0.174	4.5～8.0	0.244
极软岩 1～5 MPa	1.0～2.0	0.214	1.5～2.5	0.185	2.0～3.0	0.103
$\delta_M=\sqrt{\sum\delta^2/N}=0.190$　$\delta_R=\sqrt{\delta_M^2+\delta_E^2+\delta_F^2}=0.251$						

表 7-27(b)　碎石类土极限承载力变异系数表

土类名称 \ 变异性	松散 $D_r=0.2$～0.33		中密 $D_r=0.33$～0.67		密实 $D_r=0.67$～0.95	
	δ_M(MPa)	δ_R(MPa)	δ_M(MPa)	δ_R(MPa)	δ_M(MPa)	δ_R(MPa)
块、漂石	0.7～1.5	0.313	1.5～2.4	0.200	2.4～3.3	0.129
碎、卵石	0.6～1.2	0.289	1.2～2.0	0.218	2.0～2.8	0.138
角、圆砾石	0.5～0.9	0.248	0.9～1.5	0.218	1.5～2.2	0.127
$\delta_M=\sqrt{\sum\delta^2/N}=0.219$　$\delta_R=\sqrt{\delta_M^2+\delta_E^2+\delta_F^2}=0.281$						

表 7-27(c) 砂性土极限承载力系数表

变异性 / 土类名称	松散 $D_r=0.2\sim0.4$		中密 $D_r=0.4\sim0.67$		密实 $D_r=0.67\sim0.90$	
	δ_M(kPa)	δ_R(kPa)	δ_M(kPa)	δ_R(kPa)	δ_M(kPa)	δ_R(kPa)
砾砂、粗砂	450～750	0.173	750～1200	0.158	1200～1500	0.076
中砂	350～360	0.229	600～950	0.195	950～1200	0.106
细砂	250～450	0.254	450～750	0.220	750～950	0.104
粉砂			300～600	0.274	600～750	0.092
$\delta_M=\sqrt{\sum\delta^2/N}=0.183$　$\delta_R=\sqrt{\delta_M^2+\delta_E^2+\delta_F^2}=0.244$						

表 7-27(d) 一般黏土极限承载力变异系数表

变异性 / 天然孔隙比	软塑 $I_L=0\sim0.15$		可塑 $I_L=0.25\sim0.75$		硬塑 $I_L=0.75\sim1.0$	
	δ_M(kPa)	δ_R(kPa)	δ_M(kPa)	δ_R(kPa)	δ_M(kPa)	δ_R(kPa)
0.5～0.6	500～700	0.125	700～1020	0.166	1020～1100	0.035
0.6～0.7	460～610	0.125	610～900	0.171	900～1040	0.067
0.7～0.8	400～530	0.126	530～790	0.175	790～960	0.090
0.8～0.9	350～460	0.123	460～680	0.172	680～860	0.108
0.9～1.0	300～390	0.118	390～580	0.175	580～710	0.094
1.0～1.1	—	—	310～460	0.174	—	—
$\delta_M=\sqrt{\sum\delta^2/N}=0.134$　$\delta_R=\sqrt{\delta_M^2+\delta_E^2+\delta_F^2}=0.197$						

表 7-27(e) 软土地基承载力变异系数

内聚力 C 和摩擦角的取值情况	δ_M	δ_R
均能通过试验取值	0.086	0.150
C 为试验取值、ϕ 估计值	0.266	0.293
ϕ 为试验取值、C 估计值	0.214	0.275
C、ϕ 均为估计值	0.320	0.343

表 7-27(f) 多年冻土承载力变异系数表

基底月平均最高土温判断情况	δ_M	δ_R
实测判断	0.105	0.161
估计判断	0.271	0.298

表 7-28(a)、(b)分别给出黏性土孔隙比和黏土液性指数变异性理论与实际工程值的对比，由表可见其变异系数相近。

表 7-28(a) 黏性土孔隙比变异系数理论与实际对比表

统计特征值 / 孔隙比	理论值		实际值	
	均值	变异系数	均值	变异系数
0.5～0.6	0.55	0.060	0.567	0.055
0.6～0.7	0.65	0.051	0.638	0.038
0.7～0.8	0.75	0.044	0.754	0.038
0.8～0.9	0.85	0.039	0.844	0.036
0.9～1.0	0.95	0.035	0.949	0.035
1.0～1.1				

表 7-28(b) 黏土液性指数变异性理论与实际对比表

统计特征值 / 土质状态	理论值		实际值	
	均 值	变异系数	均 值	变异系数
硬 塑	0.125	0.641	0.131	0.455
可 塑	0.5	0.297	0.489	0.292
软 塑	0.875	0.087	0.875	0.069

图 7-8(a)～(d)给出天然黏土和填筑土重度 γ 的分布和参数实例，可见天然饱和黏土 $\bar{\gamma}_t=14.9\ \mathrm{kN/m^3}$，$\delta_t=0.035$；不饱和黏土 $\bar{\gamma}_t=15.7\sim16.0\ \mathrm{kN/m^3}$，$\delta_t=0.067\sim0.107$；而填筑土 $\bar{\gamma}_b=17.5\sim21.6\ \mathrm{kN/m^3}$，$\delta_b=0.081\sim0.049$，说明填筑土 γ 的变异系数与地基土强度变异系数相比较小，有时在填土设计问题中可假定 γ 为常量。

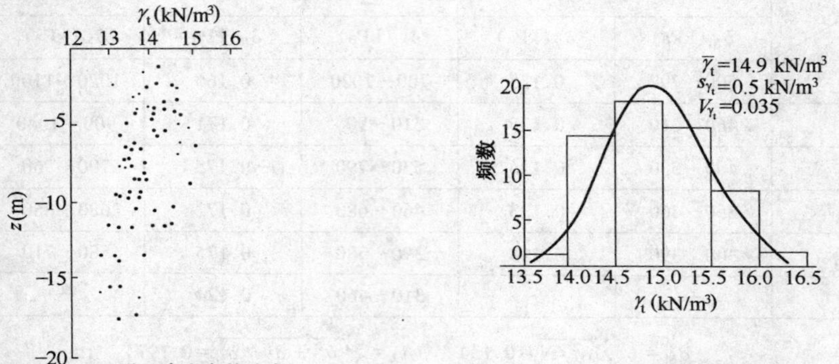

(a) 沿深度方向的分布　　(b) 频数分布

图 7-8(a) 饱和黏土的 γ_t 分布

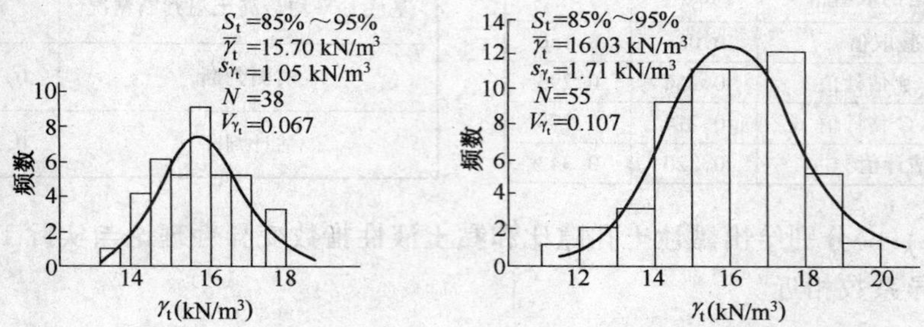

(a) 黏土　　(b) 粉土

图 7-8(b) 不饱和土的 γ_t 分布

对于考虑填筑土变异性的桥墩台土压力计算可取土重度变异系数 $\delta_r=0.047$；计算模式不定性变异系数 $\delta_j=0.15$；几何尺寸变异系数 $\delta_L=0.08$，则土压力变异系数为：$\delta_E\approx0.18$。

7.6.2 极限状态

对于承载能力极限状态，基底压应力按梯形或三角形分布，不考虑基底承受拉应力，其极限状态表达式为：

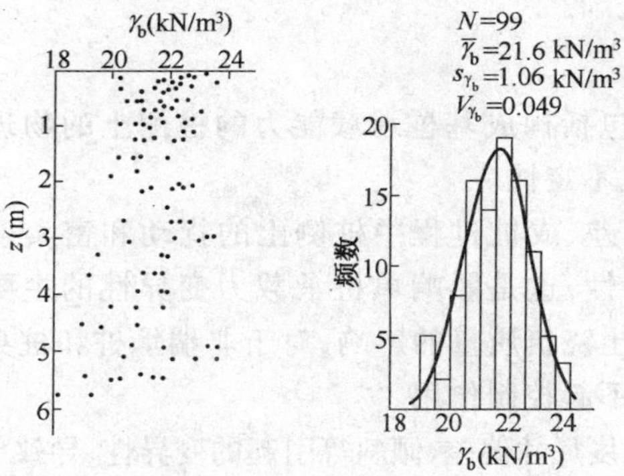

图 7-8c 道路用填土的 γ_b 分布

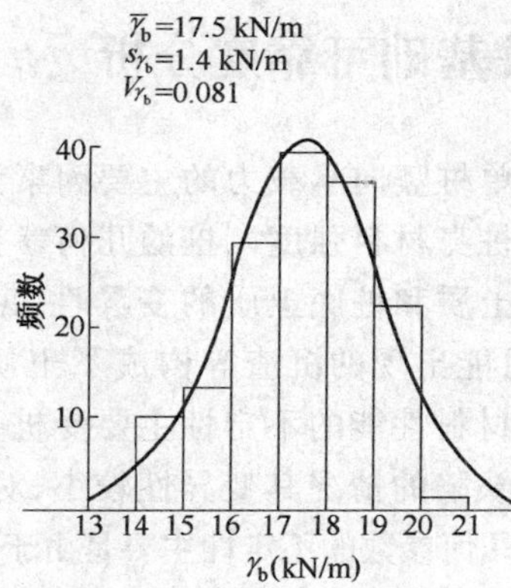

图 7-8d 河堤防的 γ_b 分布

$$S_d \leqslant f_{sd}$$

式中 S_d——荷载最不利组合的压应力效应；

f_{sd}——地基土的极限强度。

对于正常使用极限状态墩台基础偏心检算的极限状态表达式为：

$$\frac{e_{max}}{\rho} \leqslant C$$

式中 e_{max}——最不利荷载组合下合力对基底截面重心的偏心距；

ρ——基底截面核心半径；

C——极限约束限值，按不同地基状况确定。

对正常使用极限状态墩台基础沉降检算的极限状态表达式为：

$$S = m_s \sum_{i=1}^{n} \Delta S_i \leqslant C$$

式中 S——基底下受压土层总沉降量；

m_s——修正系数；

ΔS_i——受压土层中第 i 层土的压缩量；

C——约束限值。

表 7-29 列出各种桥墩台、不同地基状况下的检算结果。

表 7-29 偏心/强度检算汇总

地基状况	耳墙式桥台		T形桥台		埋式桥台		圆端形桥墩		圆形桥墩		矩形桥墩	
	均值 m	变异系数 δ	均值 m	变异系数 δ	均值 m	变异系数 δ	均值 m	变异系数 δ	均值 m	变异系数 δ	均值 m	变异系数 δ
全体样本	1.028/ 1.282	0.034/ 0.05	1.01/ 1.299	0.011/ 0.038	1.003/ 1.351	0.008/ 0.036	0.992/ 1.379	0.012/ 0.036	1.015/ 1.414	0.02/ 0.042	1.014/ 1.399	0.016/ 0.039
硬岩	1.033/ 1.293	0.036/ 0.049	1.01/ 1.316	0.011/ 0.043	1.003/ 1.359	0.004/ 0.018	0.994/ 1.353	0.01/ 0.024	1.015/ 1.421	0.02/ 0.054	1.013/ 1.350	0.011/ 0.05
软岩	1.036/ 1.282	0.037/ 0.057	1.01/ 1.316	0.007/ 0.034	1.002/ 1.348	0.008/ 0.033	0.993/ 1.367	0.011/ 0.027	1.015/ 1.421	0.02/ 0.049	1.015/ 1.406	0.021/ 0.042
非岩石	1.01/ 1.278	0.015/ 0.032	1.01/ 1.282	0.011/ 0.028	1.003/ 1.348	0.009/ 0.043	0.988/ 1.408	0.014/ 0.038	1.014/ 1.409	0.019/ 0.034	1.013/ 1.406	0.015/ 0.029

注：/上为偏心检算值，/下为强度检算值。

由表 7-29 可见墩台偏心可靠度与容许应力法较一致；强度检算极限状态法可较容许应力法乘以强度增大系数 1.25～1.40。

7.7 桩基础可靠度分析

影响单桩竖向承载力的主要因素为材料性能(包括构成基桩承载能力的桩侧土的物理力学性能和桩身材料强度)、桩的几何参数和计算模式不定性。

桩侧土质和桩底土质的变异性、勘探试验的误差、成桩过程中桩侧土的扰动和密实度变化、孔底可能出现的沉渣等构成了土质条件的不定性,这是影响单桩承载力变异性的主要因素。桩身材料性能的不定性主要受桩身材质、混凝土浇筑质量的影响,对于非端承桩和桩身质量无显著缺陷的情况其变异性较小,对单桩承载力不起控制作用。

单桩几何参数的不定性主要是由于成桩截面和长度尺寸偏差、倾斜等引起的变异性,导致单桩设计承载力与实际承载力的差异。对于各种灌注桩几何参数不定性对单桩承载力影响很大。

计算模式的不定性主要是计算基本假定和计算公式不精确性等引起的承载力的变异性,单桩设计模式主要有根据室内土工参数估算承载力公式和现场原位试验(静力触探、标贯等)估算承载力公式,因此计算模式的不定性可由计算承载力与实桩测试承载力的比值确定。

在单桩竖向承载力可靠度分析中,计算模式的不定性中包含了土质参数及几何尺寸的变异性,通过对不同工艺成桩的单桩承载力分析以确定不同的承载力参数来反映土质及几何参数的影响,这样,单桩承载力的可靠度分析主要与随机变量 K_R 的变异性有关:

$$K_R = R / R_K$$

式中 R、R_K——单桩竖向承载力实测值与计算值。

图 7-9(a)~(f)给出不同桩型单桩承载力随机变量 K_R 的实际分布直方图;表 7-30 给出各种桩型随机变量 K_R 统计特征值及单桩、群桩可靠度 β 值及群桩基础抗力分项系数 γ_{sp}、γ_c。

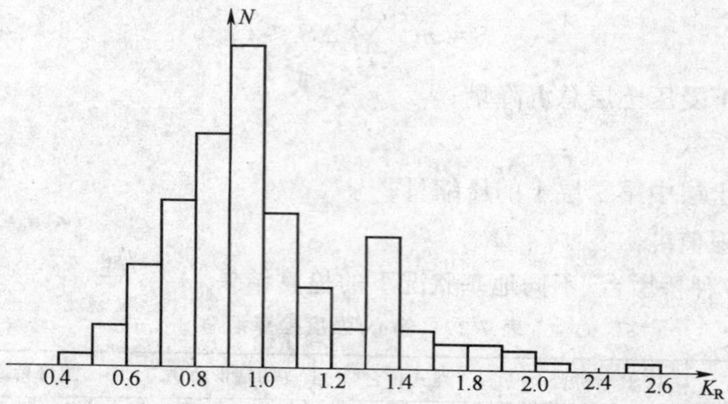

图 7-9(a) 229 根预制桩土工参数法 K_R 分布图

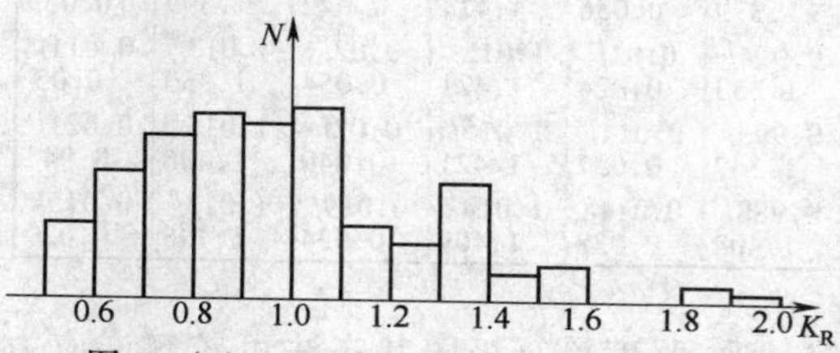

图 7-9(b) 138 根现场灌注桩 K_R 分布图

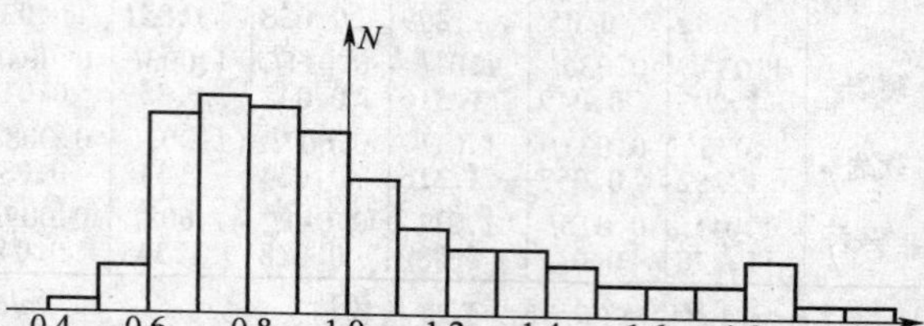

图 7-9(c) 150 根干作业钻孔桩 K_R 分布图

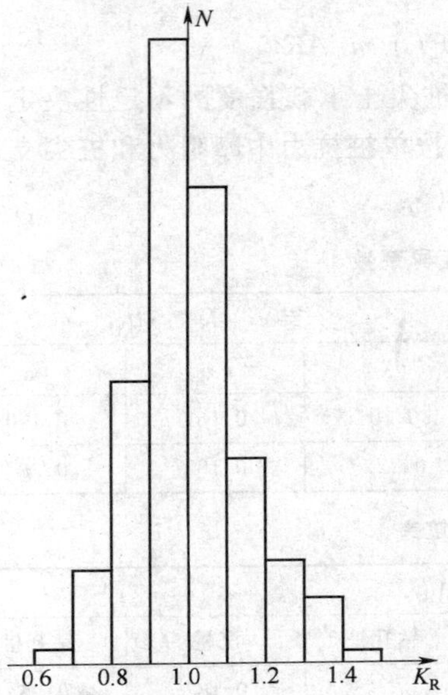

图 7-9d　275 根预制桩静力触探法 K_R 分布图

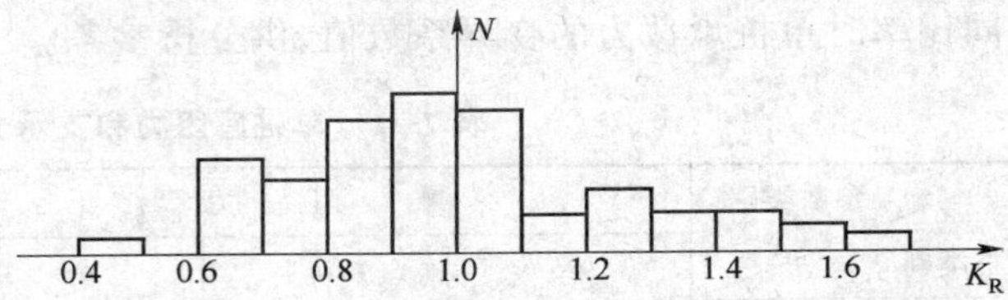

图 7-9e　73 根冲(钻)孔灌注桩 K_R 分布图

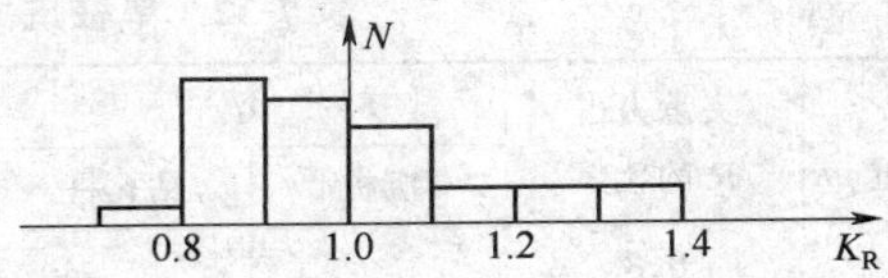

图 7-9f　30 根嵌岩桩 K_R 分布图

表 7-30(a)　**不同桩型与计算模式的统计参数**

桩型及计算模式	概率分布	$\mu_{\Omega R}$	$\delta_{\Omega R}$	$\mu_{\Omega\eta R}$	$\delta_{\Omega\eta R}$	$\beta_{单}$	$\beta_{群}$
预制桩(土工参数法)	对数正态	1.000 0	0.291 7	1.064 2	0.303 9	2.36	2.47
预制桩(静力触探法)	正　态	1.000 0	0.137 9	1.064 2	0.162 1	4.70	4.50
沉管桩	对数正态	1.000 0	0.343 2	1.064 2	0.353 6	2.02	2.14
冲(钻)孔桩	正　态	1.000 0	0.250 8	1.064 2	0.264 9	2.11	2.11
干作业法	对数正态	1.007 4	0.351 8	1.072 1	0.361 4	1.99	2.11
嵌岩桩	正　态	1.000 0	0.148 7	1.064 2	0.171 4	3.46	3.20

表 7-30(b)　**不同桩型的群桩抗力统计参数及计算 β 值**

桩　　型	概率分布类型	$\mu_{\Omega\eta R}$	$\delta_{\Omega\eta R}$	β_R (独立单桩)	$\beta_{\eta R}$ 等效单桩(群桩)
预　制　桩	对数正态	1.021 7	0.303 4	2.27	2.24
沉　管　桩	对数正态	1.021 7	0.334 1	1.95	1.95
冲(钻)孔桩	正　态	1.021 7	0.265 4	2.06	2.00
干作业法	对数正态	1.029 3	0.361 7	1.93	1.92

表 7-30(c)　**群桩基础抗力分项系数表**

标准值计算方法	桩　　型	γ_{sp}	γ_c
土工参数法	预制桩	0.61	0.63
静力触探法	预制桩	0.63	0.63
土工参数法	沉管桩	0.57	0.63
土工参数法	干作业钻孔桩	0.60	0.63
土工参数法	水下冲(钻)孔桩	0.55	0.63
土工参数法	嵌岩桩	0.63	0.63

注:表中分项系数 γ_{sp} 为群桩等效综合抗力系数,γ_c 为群桩中承台土反力抗力系数。

单桩极限承载力表达式为：

$$R=R_{\mathrm{f}}+P_{\mathrm{c}}=U\sum f_i l_i+m_0 AR'=Ff+m_0 AR'$$

单桩承载力的不定性由桩身几何尺寸、桩周摩阻力及桩尖土承载强度的不定性决定。表7-31给出单桩摩阻力和桩尖支承力的变异系数，表7-32为按单桩抗力中摩阻力和桩尖支承力不同比率时单桩承载力的变异系数值，供分析参考。

表 7-31 单桩摩阻力和支承力的变异系数

参数类别 / 桩类别	摩阻力			支承力		
	δ_{F}	δ_{fi}	δ_{f}	δ_{A}	δ_{R}'	δ_{C}
沉　桩	0.05	0.216	0.222	0.10	0.161	0.190
钻孔桩	0.111	0.194	0.224	0.222	0.182	0.287

表 7-32 单桩抗力变异系数计算表

摩阻力占R的比重	支承力占R的比重	δ_{f}		δ_{C}		δ_{R}	
		沉桩	钻孔桩	沉桩	钻孔桩	沉桩	钻孔桩
0.2	0.8					0.187	0.254
0.35	0.65					0.177	0.226
0.5	0.5	0.222	0.224	0.190	0.287	0.177	0.208
0.65	0.35					0.188	0.202
0.8	0.2					0.207	0.213
沉桩 $\delta_{\mathrm{R}}=\sqrt{\sum\delta_{\mathrm{R}}^2/5}=0.188$				钻孔桩 $\delta_{\mathrm{R}}=\sqrt{\sum\delta_{\mathrm{R}}^2/5}=0.222$			
推荐值：沉桩 $\delta_{\mathrm{R}}=0.19$				钻孔桩 $\delta_{\mathrm{R}}=0.22$			

由静力触探(CPT)资料决定单桩承载力时，其表达式为：

$$R_{\mathrm{uj}}=U_{\mathrm{p}}\sum_{i=1}^{n} f_{\mathrm{s}i} l_i+a_{\mathrm{b}}\cdot P_{\mathrm{sb}}\cdot A_{\mathrm{p}}$$

式中　P_{sb}——桩端土贯入阻力计算值，其计算公式为

$$R_{\mathrm{sb}}=\begin{cases}(P_{\mathrm{sb1}}+\zeta P_{\mathrm{sb2}})/2, & (\bar{P}_{\mathrm{sb1}}\leqslant\bar{P}_{\mathrm{sb2}})\\ P_{\mathrm{sb2}} & (\bar{P}_{\mathrm{sb1}}>\bar{P}_{\mathrm{sb2}})\end{cases}$$

f_{si}——用 P_{s} 值估算的桩侧 i 层土的极限摩阻力，其计算公式为

$$f_{si}=a_{si}\cdot P_{si}+C_i$$

a_{b}、a_{si}、C_i、ζ——与土类有关的修正系数。

以 P_{si}、P_{sb} 为随机变量分析单桩承载力的概率特性：

对于桩侧土 P_{si}，从CPT曲线中对应于各土层 i 的相关距离 S_i 选取 P_{si} 的统计子样：X_1，X_2，…，X_K，…，X_n，第 i 层土的厚度为 l_i，总子样数 $n_i=l_i/S_i$，P_{si} 在 l_i 范围内空间均值和方差为：

$$\begin{cases}\bar{P}_{si}=m_i\approx\dfrac{1}{n_i}\sum\limits_{k=1}^{n_i}X_k\\ \sigma_{\mathrm{P}_{si}}\approx\sigma_i^2 S_i/l_i\end{cases}$$

对于桩端土 P_{sb}，当上层土比下层土软时，$\bar{P}_{sb1} \leqslant \bar{P}_{sb2}$：

$$\begin{cases} \bar{P}_{sb1} = m_{b1} \\ \sigma_{psb1} = \sigma_{b1}^2 S_{b1} / l_{b1} = \sigma_{b1}^2 S_{b1} / 8d \end{cases}$$

$$\begin{cases} \bar{P}_{sb2} = m_{b2} \\ \sigma_{psb2} = \sigma_{b2}^2 S_{b2} / l_{b2} = \sigma_{b2}^2 S_{b2} / 4d \end{cases}$$

$$\sigma_{sb} = \frac{1}{16d}\left(\frac{1}{2} S_{b1} \sigma_{b1}^2 + S_{b2} \sigma_{b2}^2\right)$$

当上层土比下层土坚硬时，$\bar{P}_{sb1} > \bar{P}_{sb2}$：

$$\begin{cases} \bar{P}_{sb} = m_{b2} \\ \sigma_{sb} = \sigma_{sb2} = \dfrac{1}{4d} S_{b2} \sigma_{b2}^2 \end{cases}$$

考虑单桩承载力估算式 R_{uj} 的误差，引入随机变量 η：

$$R_u = \eta R_{uj}$$

$$\begin{cases} \bar{R}_u = \overline{\eta R_{uj}} = \bar{\eta}\left[U_p \sum_{i=1}^{n} \bar{f}_{si} l_i + a_b \bar{P}_{sb} A_p \right] \\ \sigma_{Ru} = \sqrt{\bar{R}_{uj}^2 \sigma_\eta^2 + \bar{\eta}^2 \sigma_{Ruj}^2} \end{cases}$$

8 结构系统可靠度概念

8.1 引　言

结构可靠度分析分为结构构件(或截面)可靠度和结构系统可靠度两个层次,对于常规结构,可以根据结构荷载作用的最不利组合对结构构件(截面)的可靠度进行分析,其可靠度最小的截面控制结构构件的设计;但对于由多结构构件组成的复杂组合体,在结构系统失效过程中系统的拓扑结构将产生明显的变化,因此对于随机结构系统在失效过程中,只有其拓扑结构发生演化的结构才需进行结构系统可靠度分析,弄清楚结构系统失效模式的演化过程,以寻求结构系统的可靠度;对不发生拓扑结构演化的结构系统,最不利控制构件(截面)的可靠度即为结构系统的可靠度。

结构系统可靠度分析包括:结构系统主要失效模式的识别;主要失效模式的失效概率计算和系统综合失效概率或上下界的分析。

8.2 失效模式的失效概率计算

在第 2 章中对构件的失效概率计算方法已作详述,本章中再对其计算方法和过程简要汇总。

8.2.1 模式失效概率计算的一次二阶矩法(First Order Second Moment,FOSM)(中心点法)

该法是将结构功能函数方程(或极限状态方程)在均值点 $\bar{\mu}^*$ 处作线性展开,并利用随机变量 $\overline{X}$ 的一阶、二阶矩进行计算。

结构功能函数方程为:

$$M = g(\overline{X})$$

其中 $\overline{X} = (X_1, X_2, \cdots, X_n)$ 为随机变量集。

将 $g(\overline{X})$ 在特定点 $\bar{x}^*$ 处按 Taylor 级数展开,保留一阶项:

$$g(\overline{X}) = g(\bar{x}^*) + \sum_{i=1}^{n}(X_i - x_i^*)\left(\frac{\partial g}{\partial X_i}\right)_{\bar{x}^*}$$

当 $\bar{x}^*$ 为均值点 $\bar{\mu}^*$ 时:

$$\begin{cases} \mu_g = g(\bar{\mu}^*) + \sum_{i=1}^{n}(X_i - \mu_i^*)\left(\frac{\partial g}{\partial X_i}\right)_{\bar{\mu}^*} \\ \sigma_g^2 = \sum_{i=1}^{n}\sum_{j=1}^{n}\left(\frac{\partial g}{\partial X_i} \cdot \frac{\partial g}{\partial X_j}\right)\sigma_{X_i}\sigma_{X_j}\rho_{ij} \end{cases} \qquad \beta = \frac{\mu_g}{\sigma_g}$$

式中 ρ_{ij} 为随机变量 X_i 和 X_j 间的相关系数。

8.2.2 模式失效概率计算的改进一次二阶矩法(AFOSM)

在实际工程问题中,安全性要求在中心点法中 $g(\bar{\mu})\geqslant 0$,即设计点在实际临界破坏面的安全域内,因此 $\beta\leqslant\beta^*$,中心点法常会过高估计结构的实际破坏概率。而改进法将随机变量 X_i 正则化处理

$$Z_i=\frac{X_i-\mu_i}{\sigma_i}$$

在 n 维正则化空间 $\overline{Z}=(Z_1,Z_2,\cdots,Z_n)$ 中,失效模式的状态方程为 $g(\overline{Z})$,相应可靠度 β^* 定义为:

$$\begin{cases}\beta^*=\min\sqrt{\sum\limits_{i=1}^{n}Z_i^2}\\ g(\overline{Z})=0\end{cases}$$

设计点 $\overline{Z}^*=(Z_1^*,Z_2^*,\cdots,Z_n^*)$,是半径为 β^* 的球面和临界破坏面 $g(\overline{Z})=0$ 的切点。

对于状态函数 $g(\overline{X})$ 在特定点 $\bar{x}^*$ 处按 Tarlor 级数展开:

$$g(\overline{X})=g(\bar{x}^*)+\sum_{i=1}^{n}(X_i-x_i^*)\left(\frac{\partial g}{\partial X_i}\right)_*+\sum_{i=1}^{n}\sum_{j=1}^{n}(X_i-x_i^*)(X_j-x_j^*)\left(\frac{\partial g}{\partial X_i}\cdot\frac{\partial g}{\partial X_j}\right)_*+\cdots$$

当特定点 $\bar{x}^*$ 在破坏面上时,$g(\bar{x}^*)=0$,则

$$g(\overline{X})=\sum_{i=1}^{n}(X_i-x_i^*)\left(\frac{\partial g}{\partial X_i}\right)_*+\sum_{i=1}^{n}\sum_{j=1}^{n}(X_i-x_i^*)(X_j-x_j^*)\left(\frac{\partial g}{\partial X_i}\cdot\frac{\partial g}{\partial X_j}\right)_*+\cdots$$

由

$$\begin{cases}X_i-x_i^*=\sigma_{x_i}(Z_i-Z_i^*)\\ \dfrac{\partial g}{\partial X_i}=\dfrac{1}{\sigma_{x_i}}\cdot\dfrac{\partial g}{\partial Z_i}\end{cases}$$

并取一次项时:

$$g(\overline{X})\approx\sum_{i=1}^{n}(Z_i-z_i^*)\left(\frac{\partial g}{\partial Z_i}\right)_*$$

其参数为:

$$\begin{cases}\mu_g=-\sum\limits_{i=1}^{n}z_i^*\left(\dfrac{\partial g}{\partial Z_i}\right)_*\\ \sigma_g^2\approx\sum\limits_{i=1}^{n}\left(\dfrac{\partial g}{\partial Z_i}\right)_*^2\end{cases}\quad(\text{随机变量 } Z_i,Z_j \text{ 线性无关})$$

当特定点 $\bar{x}^*$ 为破坏面上设计点时:

$$\beta^*=\frac{\mu_g}{\sigma_g}=\frac{-\sum\limits_{i=1}^{n}z^*\left(\dfrac{\partial g}{\partial Z_i}\right)_*}{\sqrt{\sum\limits_{i=1}^{n}\left(\dfrac{\partial g}{\partial Z_i}\right)_*^2}}=-\frac{[z]^*[\boldsymbol{G}^*]^{\mathrm{T}}}{\sqrt{[\boldsymbol{G}^*][\boldsymbol{G}^*]^{\mathrm{T}}}}=[\overline{\boldsymbol{\eta}}_\alpha]^{\mathrm{T}}[\bar{z}]^*$$

式中 $\boldsymbol{G}^*=\left(\dfrac{\partial g}{\partial Z_1},\dfrac{\partial g}{\partial Z_2},\cdots,\dfrac{\partial g}{\partial Z_n}\right)_*$,为设计点处梯度矢量;

$[\overline{\boldsymbol{\eta}}_\alpha]^{\mathrm{T}}=-\dfrac{[\boldsymbol{G}^*]^{\mathrm{T}}}{\sqrt{[\boldsymbol{G}^*][\boldsymbol{G}^*]^{\mathrm{T}}}}$,为确定设计点距 OZ^* 的矢量,即 $\bar{\eta}_\alpha$ 的第 i 个元素表示射线 Oz^* 和坐标轴 Z_i 的夹角方向余弦。

计算程序为:

(1)设定初始点 $\bar{x}^*=(x_1^*,x_2^*,\cdots,x_n^*)$ 和初始 β^*,定义 $z_i^*=\dfrac{x_i^*-\mu_i}{\sigma_i}$;

(2)形成状态方程 $g(\bar{z}^*)=0$；

(3)在 $\bar{z}^*$ 处计算 $\boldsymbol{G}^*$ 和$[\overline{\boldsymbol{\eta}}_\alpha]$；

(4)把 $\bar{z}^*=\beta_0^*[\overline{\boldsymbol{\eta}}_\alpha]$代入 $g(\bar{z}^*)=0$ 解得 β^*；

(5)用 β^* 重新计算 $\bar{z}^*=\beta[\overline{\boldsymbol{\eta}}_\alpha]$；

(6)重复(1)～(5)直到 $\Delta\beta^*\leqslant\varepsilon$ 为止；

(7)计算 $\sigma_g=\sqrt{[\boldsymbol{G}^*][\boldsymbol{G}^*]^T}$ 和 $\mu_g=\beta^*\sigma_g$；

(8)计算设计点 $x_i^*=\mu_i+\sigma_i z_i^*$。

8.2.3 非正态随机变量矢量的当量正态化法

对于任意非正态随机变量矢量 $\overline{\boldsymbol{X}}$ 可通过 Rosenblatt 变换转化为线性无关的标准正态随机矢量 $\overline{\boldsymbol{Z}}$；在工程中把 Rosenblatt 变换以简化的 $R—F$ 变换替代。

设 x_i^* 为临界破坏面上的特定点，令原始分布 $F_{Xi}(x_i)$和当量正态分布 $N(\hat{\mu}_{x_i},\hat{\sigma}_{x_i}^2)$在特定点 x_i^* 处具有相等的概率密度函数和分布函数，求得当量正态分布的参数 $\hat{\mu}_{x_i}$ 和$\hat{\sigma}_{x_i}$。

$$\hat{\sigma}_{x_i}=\frac{\phi\{\Phi^{-1}[F_{X_i}(x_i^*)]\}}{f_{X_i}(x_i^*)}$$

$$\hat{\mu}_{x_i}=x_i^*-\hat{\sigma}_{x_i}\Phi^{-1}[F_{X_i}(x_i^*)]$$

即在上述 AFOSM 法的设计点 $x_i^*=\mu_{x_i}+\sigma_{x_i}z_i^*$ 处进行 $R—F$ 变换，用$\{\hat{\mu}_{xi},\hat{\sigma}_{xi}\}$替换$\{\mu_{x_i},\sigma_{x_i}\}$。

8.2.4 相关随机矢量的可靠度计算

以上所述算法中均假设随机变量矢量 $\overline{\boldsymbol{X}}=(X_1,X_2,\cdots,X_n)$各分量间线性无关或统计独立，当其中分量为相关正态随机变量时，需用线性变换把 $\overline{\boldsymbol{X}}=(X_1,X_2,\cdots,X_n)$转换为线性无关的正态随机变量矢量$\overline{\boldsymbol{Y}}=(Y_1,Y_2,\cdots,Y_n)$，再对其进行正则化变换为线性无关的标准正态随机矢量 $\overline{\boldsymbol{Z}}=(Z_1,Z_2,\cdots,Z_n)$，再用前述方法计算失效模式的可靠度，其表达形式为：

$$\overline{\boldsymbol{X}}=E(\overline{\boldsymbol{X}})+\overline{\overline{\boldsymbol{A}}}^{\mathrm{T}}[\overline{\overline{\boldsymbol{A}\boldsymbol{C}_{\bar{X}}}}\overline{\overline{\boldsymbol{A}}}^{\mathrm{T}}]^{1/2}\overline{\boldsymbol{Z}}$$

式中 $\overline{\overline{\boldsymbol{C}_{\bar{X}}}}$——原始随机矢量 $\overline{\boldsymbol{X}}$ 的协方差矩阵；

$\overline{\overline{\boldsymbol{A}}}$——列向量等于矩阵$\overline{\overline{\boldsymbol{C}}}_{\bar{X}}$的特征向量的正交矩阵。

将上式代入原始状态方程 $g_x(\bar{x})=0$ 可得到转换后的状态方程 $g_z(\overline{Z})=0$ 进行可靠度计算。

当随机矢量 $\overline{\boldsymbol{X}}=(X_1,X_2,\cdots,X_n)$中含有相关非正态随机变量时，需对非正态随机变量进行 $R—F$ 变换，形成新的当量正态随机矢量 $\overline{\boldsymbol{X}}^*=(X_1^*,X_2^*,\cdots,X_n^*)$；对 $\overline{\boldsymbol{X}}^*$ 进行正则化变换形成新的随机矢量 $\overline{\boldsymbol{Y}}^*=(Y_1^*,Y_2^*,\cdots,Y_n^*)$，再线性变换为线性无关正态随机矢量 $\overline{\boldsymbol{Y}}=(Y_1,Y_2,\cdots,Y_n)$，再正则化变换为线性无关的标准正态随机矢量 $\overline{\boldsymbol{Z}}=(Z_1,Z_2,\cdots,Z_n)$，再计算失效模式的可靠度，其表达式为：$\overline{\boldsymbol{X}}=E(\overline{\boldsymbol{X}})+\overline{\overline{\boldsymbol{D}}}_x\overline{\overline{\boldsymbol{B}}}^{\mathrm{T}}[\overline{\overline{\boldsymbol{B}\boldsymbol{\rho}_{\bar{x}}}}\overline{\overline{\boldsymbol{B}}}^{\mathrm{T}}]^{1/2}\overline{\boldsymbol{Z}}$

式中 $\overline{\overline{\boldsymbol{B}}}$——列向量等于矩阵$\overline{\overline{\boldsymbol{\rho}}}_{\bar{x}}$的特征向量的正交矩阵。

$$\rho_{x_i,x_j}=\mathrm{cov}(Y_i^*,Y_j^*)=\frac{\mathrm{cov}(X_i,X_j)}{\sigma_{xi}\sigma_{x_j}}$$

$\overline{\overline{\boldsymbol{\rho}}}_{\bar{x}}$——为随机矢量 $\overline{\boldsymbol{Y}}^{*}=(Y_1^{*},Y_2^{*},\cdots,Y_n^{*})$ 的协方差矩阵 $\overline{\overline{\boldsymbol{C}}}_{y^{*}}$；

$E(\overline{\boldsymbol{X}})$、$\overline{\overline{\boldsymbol{D}}}_{\bar{x}}$——当量正态随机变量的均值和方差矢量。

将 $\overline{\boldsymbol{X}}$ 代入状态方程 $g_{\bar{x}}(\overline{\boldsymbol{X}})=0$，即可得到转换后的状态方程 $g_{\bar{z}}(\overline{\boldsymbol{Z}})=0$，进行可靠度计算。

8.3 系统综合失效概率计算

在各失效模式状态方程由上述方法转化为标准正态随机变量线性函数基础上，由模式失效概率和模式间相关关系计算系统综合失效概率或其上下界。

定义 $S_{E_{fs}}$ 和 S_E 分别由事件 e 发生的状态和不发生的状态所构成的集合：

$$e=\begin{cases}1 & (e\in S_{E_{fs}})\\ 0 & (e\in S_E)\end{cases}$$

系统失效事件表示为：

$$\begin{cases}E_{fs}=\bigcup\limits_{j=1}^{n}E_i\\ E_i=\bigcap\limits_{k=1}^{q}E_i^{(k)}\end{cases}$$

式中 $E_i,E_i^{(k)}$——表示第 i 个失效模式发生的事件和第 i 个失效模式第 k 个失效状态发生的事件。

布尔代数表示形式为：

$$\begin{cases}e_{fs}=1-\prod\limits_{i=1}^{n}(1-e_i)\\ e_i=\prod\limits_{k=1}^{q_i}e_i^{(k)}\end{cases}$$

系统失效概率 P_{fs} 为：

$$P_{fs}=P\quad(e_{fs}=1)$$

P_{fs} 的计算归结为串并联混合模式的失效概率的计算。

由于 $1-\prod\limits_{i=1}^{n}(1-e_i)=e_1+e_2(1-e_1)+\cdots+e_{n-1}\prod\limits_{i=1}^{n-2}(1-e_i)+e_n\prod\limits_{i=1}^{n-1}(1-e_i)$

$$P_{fs}=P[e_1]+P[e_2(1-e_1)]+\cdots+P\left[e_{n-1}\prod_{i=1}^{n-2}(1-e_j)\right]+P\left[e_n\prod_{i=1}^{n-1}(1-e_i)\right]$$

上式中 $\prod\limits_{i=1}^{s}(1-e_i)=1-e_1-e_2(1-e_1)-\cdots-e_{s-1}\prod\limits_{i=1}^{s-2}(1-e_i)-e_s\prod\limits_{i=1}^{s-1}(1-e_i)$

$$1-\sum_{i=1}^{s}e_i\leqslant\prod_{i=1}^{s}(1-e_i)\leqslant(1-e_j)\qquad[j\leqslant s,s\in(1,2,\cdots,n)]$$

$$\begin{cases}P_{fs}\leqslant\sum\limits_{i=1}^{n}P[e_i=1]-\sum\limits_{i=2}^{n}\max\limits_{j<i}P[e_i=1\cap e_j=1]=\sum\limits_{i=1}^{n}P_i-\sum\limits_{i=2}^{n}\max\limits_{j<i}P_{ij}\\ P_{fs}\leqslant P[e_1=1]+\sum\limits_{i=2}^{n}\max\left\{\left(P[e_i=1]-\sum\limits_{j=1}^{i-1}P[e_i=1\cap e_j=1]\right);0\right\}\\ \quad=P_1+\sum\limits_{i=2}^{n}\max\left\{P_i-\sum\limits_{j=1}^{i-1}P_{ij}\right\}\end{cases}$$

上式称为 Ditlevsen 上下界(2 阶上下阶),求解上式需计算联合失效概率 P_{ij}。

对于线性状态方程:

$$g_k = \boldsymbol{a}_{k0} + \boldsymbol{a}_k^{\mathrm{T}}\overline{Z}$$

可转换为等价形式:

$$g_k = \beta_k + \overline{\boldsymbol{a}}_k^{\mathrm{T}}\overline{Z} \qquad \left[\begin{cases}\beta_k = \boldsymbol{a}_{k0}/\sigma_{g_k} \\ \overline{a}_k = \boldsymbol{a}_k/\sigma_{g_k}\end{cases}, \sigma_{g_k} = \sqrt{\overline{\boldsymbol{a}}_k^{\mathrm{T}}\boldsymbol{a}_k}\right]$$

$$P_{ij} = P\left(\bigcap_{k=1}^{m}(\overline{\boldsymbol{a}}_k^{\mathrm{T}}\overline{Z} \leqslant -\beta_k)\right) = \Phi_m(\overline{\beta}, \bar{\rho}), \left[\begin{cases}\overline{\boldsymbol{\beta}} = (-\beta_1, -\beta_2, \cdots, -\beta_m) \\ [\bar{\rho}]_{kj} = \overline{\alpha}_k^{\mathrm{T}}\overline{\alpha}_j\end{cases}\right]$$

当 $m=2$ 时:

$$P_{ij} = \Phi_2(-\beta_1, -\beta_2, \rho_{12}) = \int_{-\infty}^{-\beta_1}\int_{-\infty}^{-\beta_2}\phi_2(t_1, t_2, \rho_{12})\mathrm{d}t_1\mathrm{d}t_2$$

$$= \Phi_2(-\beta_1, -\beta_2, o) + \int_0^{\rho_{12}}\phi_2(-\beta_1, \beta_2, y)\mathrm{d}y$$

Ditlevsen 给出 ρ_{ij} 近似计算式及 P_{ij} 界限表达式:

$$\rho_{ij} = \frac{\mathrm{cov}[g_i, g_j]}{\sqrt{\mathrm{Var}[g_i]\mathrm{Var}[g_j]}} = \frac{\overline{\boldsymbol{a}}_i^{\mathrm{T}}\overline{\boldsymbol{a}}_j}{\sqrt{\overline{\boldsymbol{a}}_i^{\mathrm{T}}\boldsymbol{a}_i}\sqrt{\overline{\boldsymbol{a}}_j^{\mathrm{T}}\boldsymbol{a}_j}} = \cos\theta_{ij}$$

$$\begin{cases}\max[P_A, P_B] \leqslant P_{ij} \leqslant P_A + P_B & (\rho_{ij} > 0) \\ 0 \leqslant P_{ij} \leqslant \min[P_A, P_B] & (\rho_{ij} \leqslant 0)\end{cases}$$

式中

$$\begin{cases}P_A = \Phi[-\beta_i]\Phi\left[-\dfrac{\beta_j - \rho_{ij}\beta_i}{\sqrt{1-\rho_{ij}^2}}\right] \\ P_B = \Phi[-\beta_j]\Phi\left[-\dfrac{\beta_i - \rho_{ij}\beta_j}{\sqrt{1-\rho_{ij}^2}}\right]\end{cases}$$

对于 $\Phi_m(\overline{\beta}, \overline{\overline{\rho}})$ 的计算可采用递归法:

$$\Phi_m(\overline{\beta}, \overline{\overline{\rho}}) \approx \Phi(-\beta_1)\Phi_{m-1}(\overline{\beta}_{(2)}^{e}, \overline{\overline{\rho}}_{12}^{e})$$

$$\approx \Phi(-\beta_1)\Phi(\overline{\beta}_{(2)2}^{e})\cdots\Phi(\overline{\beta}_{(m)m}^{e})$$

对于 $\overline{\beta} = (-\beta_1 - \beta_2)$, $\beta_1, \beta_2 > 0$, 当 $\rho_{12} \geqslant 0.9$ 且 $|\beta_1 - \beta_2| \geqslant 0.5$ 时:

$$\beta_s^e = -\Phi^{-1}[\Phi_2(-\beta_1, -\beta_2, \rho_{12})] \approx \max(\beta_1, \beta_2)$$

对于 $\overline{\beta} = (-\beta_1, -\beta_2, \cdots, -\beta_m)$, $\beta_k > 0(k=1,2,\cdots,m)$, $\beta_1 < \beta_2 < \cdots < \beta_m$。

当 $\rho_{k-1,k} \geqslant 0.9$,且 $|\beta_m - \beta_{m-1}| \geqslant 0.5$ 时:

二阶近似: $\beta_s^e = -\Phi^{-1}[\Phi_m(-\overline{\beta}, \overline{\overline{\rho}})] \approx -\Phi^{-1}[\Phi_2(-\beta_{m-1}, -\beta_m, \rho_{m-1,m})]$

一阶近似: $\beta_s^e = -\Phi^{-1}[\Phi_m(-\overline{\beta}, \overline{\overline{\rho}})] \approx \beta_m$

计算中当 $|\Phi_m(\overline{\beta}, \overline{\overline{\rho}})_k - \Phi_m(\overline{\beta}, \overline{\overline{\rho}})_{k-1}| \leqslant \varepsilon$ 时结束计算,取 $P_{ij} = \Phi_m(\overline{\beta}, \overline{\overline{\rho}})_k$ 作为联合失效概率。

8.4 联合失效概率分枝——约界法计算

在由 n 个单元组成的结构系统中,设 $r_1, r_2, \cdots, r_{k-1}$ 共 $k-1$ 个单元相继失效,单元的失效事件表示为 $E_{r_1|}^{(1)}, E_{r_2|}^{(2)}, \cdots, E_{r_{k-1}|}^{(k-1)}$ 在失效历程的第 k 阶段,单元 $r_k[r_k \in (1,2,\cdots,n), r_k \notin$

$(r_1, r_2, \cdots, r_{k-1})$]的失效事件表示为 $E_{r_k|}^{(k)}$，满足 $P\left(\bigcap_{i=1}^{k} E_{r_i|}^{(1)} \geqslant \max\left\{P \bigcap_{i=1}^{p_q} E_{r_i|}^{(1)}\right\}\right)$（最终失效事件为 $E_{r_{p_q}}^{(p_q)}$）的单元 r_k 将成为 k 阶段的失效单元，删除 r_k，在 r_k 所在节点外加虚载改变结构状态，进入失效历程的第$(k+1)$阶段(对于延性破坏，虚载大小等于单元临界承载力；对于脆性破坏，虚载大小等于零)。

对于一个由理想弹塑性材料组成的结构系统，若系统的最终失效定义为机构的形成，则失效节点序列 $r_1 \to r_2 \to r_k \to \cdots \to r_{p-1} \to r_p$ 为完整失效路径，其历程间失效节点序列 $r_1, r_1 \to r_2$，$r_1 \to r_2 \to \cdots \to r_k \to \cdots r_{p-1}$ 为部分失效路径。在失效节点序列中若删除失效节点 r_k，剩余失效节点序列仍构成一个完整失效路径，则 r_k 为冗余失效节点，否则称 r_k 为基本失效节点，全部由基本失效节点构成的完整失效路径为最小失效路径；失效路径中的最小失效概率为模式失效概率。结构系统的任意一个由相同基本失效节点集合组成的完整失效路径，完整失效模式所对应的条件状态方程，不因冗余失效节点存在与否而改变，也不因节点失效顺序的改变而改变，阶段失效模式所对应的条件状态方程不因前序节点的失效顺序的改变而改变。

对应于事件 $E_{r_k|}^{(k)}$ 的失效模式 $M_{r_k|}^{(k)}$ 为条件失效模式，其对应的可靠度指标 $\beta_{rk|}$ 为条件可靠度指标，失效路径概率(模式失效概率)为联合失效概率：

$$
\begin{aligned}
P_{f_p}(r_1, r_2, \cdots, r_k) &= P\left[\bigcap_{i=1}^{k} M_{r_i}^{(i)} \leqslant 0\right] = P\left[\bigcap_{i=1}^{k} E_{r_i|}^{(i)}\right] \\
&= P\left[M_{r_1, r_2, \cdots, r_k}^{(k)} \leqslant 0\right] = \Phi\left[-\beta_{r_1, r_2, \cdots, r_k}\right]
\end{aligned}
$$

对 E_{ri} 按大小排序： $P[E_1] \leqslant P[E_2] \leqslant \cdots \leqslant P[E_k]$

失效路径概率的上下界为：

$$
P_{f_p(r_k)(U)} = \min_{j \in (2,3,\cdots,k),\, i<j} P[E_i \cap E_j]
$$

$$
P_{f_p(r_k)(L)} = \max\begin{cases} 0, \\ P[E_1] - P[E_1 \cap \overline{E}_2] - \sum_{j=3}^{k} \min\begin{Bmatrix} P_{fp(r_{j-1})(U)}, \\ P[E_1 \cap \overline{E}_j] \end{Bmatrix} \end{cases}
$$

式中 $E_{r_i} = M_{r_i|}^{(i)} \leqslant 0, \overline{E}_{r_i} = M_{r_i|}^{(i)} > 0$

8.5 结构系统疲劳寿命可靠度

疲劳荷载作用下的结构系统可靠度问题，目前主要着重在对结构构件的失效模式研究，失效历程中任一阶段一个构件因疲劳损伤累积而失效时，结构其他构件也会受到一定程度的损伤，构件的损伤程度不仅取决于外载的类型、大小和频谱特性，也取决于前序失效单元的应力水平和疲劳承载能力。

1.疲劳累积损伤计算模型

(1)结构构件所承受的循环应力幅为随机变量，其长期分布可用概率密度函数表示；

(2)结构构件的疲劳损伤累积规律服从 Miner 准则；任意时间 T 内，结构构件的累积损伤为：

$$
\begin{aligned}
D &= \frac{T}{\zeta}\int_0^{\infty} \frac{n(s)}{N(s)} ds = \frac{T}{\zeta}\int_0^{\infty} \frac{N_f f_s(s)}{KS^{-m}} ds = \frac{TN_f}{K\zeta}\int_0^{\infty} S^m f_s(s) ds \\
&= \frac{TN_f}{K\zeta}\mu_s = \frac{T}{K} f_0 \mu_s = \frac{T}{K}\Omega = \frac{T}{K}\delta^m \Omega
\end{aligned}
$$

式中 $N(s)=KS^{-m}$ 为 $S—N$ 曲线表达式；s 为应力幅，δ 为应力幅修正系数 $s_a=\delta s$；$\Omega=f_0\mu_s$ 为应力参数，与应力平均作用频率 $f_0=\dfrac{N_f}{\zeta}$ 和随机变量 s^m 的平均值 $\mu_s=\int_0^{\infty}s^m f_s(s)\mathrm{d}s$ 有关。

当结构构件当前的疲劳损伤度为 D，疲劳损伤阈为 D_c 时，结构构件的剩余疲劳寿命 T_r 为：

$$T_r=\frac{(D_c-D)}{\delta^m\Omega}K$$

2. 结构系统疲劳可靠度分析程序

图 8-1 为结构系统疲劳可靠度分析程序。

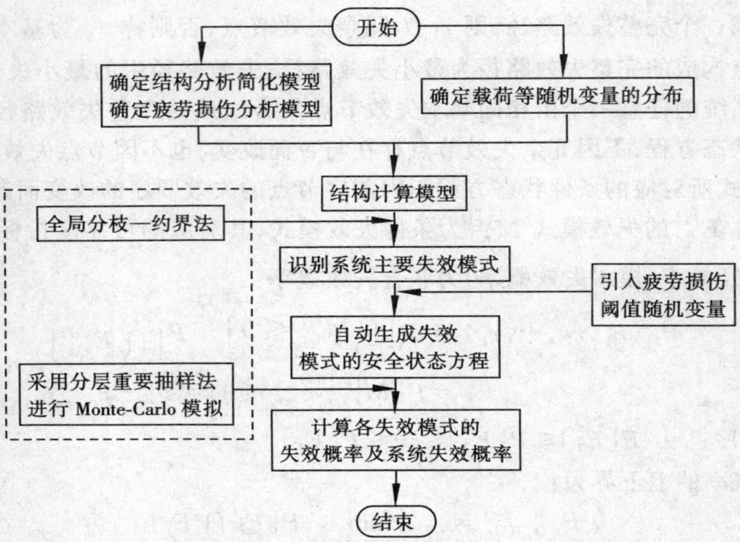

图 8-1 结构系统疲劳可靠度分析程序图

图 8-1 中示出用全局分支—约界法识别系统主要疲劳失效模式，用分层重要抽样法 Mente-Carlo 模拟计算各失效模式失效概率及系统失效概率。

3. 全局分枝—约界法

由 n 个构件组成的结构系统，在疲劳荷载谱作用下，设 $r_1,r_2,\cdots,r_{k-1}$ 个单元相继失效，相应应力循环次数分别为 $n_{r_1}^{(1)},n_{r_2}^{(2)},\cdots,n_{r_{k-1}}^{(k-1)}$，在失效历程第 k 阶段开始时结构单元 r_k 的累积损伤为：

$$D_{r_k}^{(k-1)}=\sum_{i=1}^{k-1}\Delta D_{r_k}^{(i)}=\sum_{i=1}^{k-1}\frac{n_{r_i}^{(i)}}{k_{r_k}}\delta_{r_k}^m\mu_{s_{rk}}^{(i)}$$

结构系统经历的循环加载总次数为：

$$N_{\sum(r_k-1)}^{(k-1)}=\sum_{i=1}^{k-1}n_{r_i}^{(i)}$$

在失效历程第 k 阶段单元 r_k 为失效单元时循环总数为：

$$N_{\sum(r_k)}^{(k)}\leqslant C_k\min[N_{\sum(rk)}^{(k)}]$$

式中 C_k 为分枝—约界参数，通常取 $C_k\approx1.20$，上式为阶段疲劳寿命分枝—约界准则。

将阶段分枝—约界准则选出的 N_k 个预选失效单元按其阶段疲劳寿命由小到大顺序排列，若 $N_{\Sigma(r_k)}^{(k)}\leqslant C_s\times N_s^*$ 时继续下阶段 $(k+1)$ 失效单元预选，否则，本失效模式识别过程结束，返回上一阶段$(k-1)$继续其他不完全失效路径的识别处理（C_s为系统寿命散布控制界宽参数，取值相当于C_k；N_s^*为系统终态疲劳寿命取小界限值）。

全局分枝—约界准则为：

$$N_{\Sigma(r_k)}^{(k)} \leqslant \min[C_s \times N_s^*, C_k \times N_{\Sigma(\min)}^{(k)}]$$

当$C_s \to \infty$时，上式即退化为阶段分枝—约界准则。

失效模式$r_1 \to r_2 \to \cdots \to r_q$的状态方程为：

$$M_{(r_q)}^{(q)} = N_{\Sigma(r_q)}^{(q)} - N_s = \frac{N_{\Sigma(r_q)}^{(q)}}{N_s} - 1 < 0$$

式中 N_s——结构系统设计寿命。

失效模式$M_{(i)}$和$M_{(j)}$（相关系数为ρ_{ij}）的联合失效概率下界为：

$$P\left[\bigcap_{k=1}^{q}\left(N_{\Sigma(r_k)}^{(k)} - N_s < 0\right)\right] \approx \min P\left[\left(N_{\Sigma(r_i)}^{(i)} - N_s < 0\right) \cap \left(N_{\Sigma(r_j)}^{(j)} - N_s < 0\right)\right]$$

4. 分层重要抽样法

将失效域Ω_f划分成m个互不相交的子域Ω_{fi}^*，$i=1,2,\cdots,m$；$\Omega_f = \bigcup_{i=1}^{m}\Omega_{fi}^*$；在$f_{\bar{X}}(\bar{x})$值较大的子域中抽取较多的子样：

$$\begin{cases} P_f = \sum_{i=1}^{m} P_{fi}^* \\ P_{fi}^* = \int_{\Omega_{fi}^*}\cdots\int f_{\bar{X}}(\bar{x})\mathrm{d}\bar{x} = \int_{\Omega_{fi}^*}\cdots\int f_{\bar{X}(i)}(\bar{x}_i^*)\mathrm{d}\bar{x}_{(i)}^* \end{cases}$$

式中 $\bar{x}_{(i)}^*$——由前i个失效模式含有的随机变量组成的随机矢量。

P_{fi}^*在抽样中心$\bar{x}_i^*$求解：

$$\begin{cases} f_{\bar{X}_{(i)}^*}[\bar{x}_{(i)}^*] = \max f_{\bar{X}_{(i)}^*}[\bar{x}_{(i)}^{**}] \\ g_i[\bar{x}_{(i)}^{**}] \leqslant 0 \\ g_k[\bar{x}_{(i)}^{**}] > 0 \qquad (k=1,2,\cdots,i-1) \end{cases}$$

每一子域Ω_{fi}^*中抽样点数N_i为：

$$N_i = Na_i$$

$$a_i = \frac{P_{fi}^*}{\sum_{i=1}^{m} P_{fi}^*} \approx \frac{\Phi(-\beta_i^*)}{\sum_{i=1}^{m}\Phi(-\beta_i^*)}$$

式中 β_i^*——子域Ω_{fi}^*对应的可靠指标。

系统失效概率的判定为：

$$\begin{cases} \dfrac{(m-i)P_{fi}^*}{\hat{P}_f} < \varepsilon \\ \hat{P}_f = \sum_{k=1}^{i} P_{f_k}^* \end{cases}$$

式中 m——失效模式总数；

ε——系统失效概率相对计算误差，通常取$\varepsilon = 10^{-2}$。

9 结构动力可靠度概念

9.1 引　言

作用于结构物上的荷载中,很多是地震作用、风荷载、列车荷载等不规则变化的动力荷载,它们对结构的安全性和可靠性有着重要的影响。

当外荷载以随机过程 $X(t)$作用在结构物上时,结构物响应 $Y(t)$也是随机过程,当 $Y(t)$与 $X(t)$存在线性关系时,有

$$L[Y(t)]=X(t)$$

式中　L——对时间(t)的线性常系数算子。

单位脉冲响应函数为 $h(t)$,频率响应函数为 $H(\omega)$:

$$\begin{cases} H(\omega)=\int_{-\infty}^{\infty} h(t)\mathrm{e}^{\mathrm{i}\omega t}\mathrm{d}t \\ h(t)=\int_{-\infty}^{\infty} H(\omega)\mathrm{e}^{\mathrm{i}\omega t}\mathrm{d}\omega \end{cases}$$

则响应函数 $Y(t)$可表示为 $X(t)$与 $h(t)$的卷积:

$$Y(t)=\int_{-\infty}^{\infty} h(t-\tau)X(\tau)\mathrm{d}\tau=\int_{-\infty}^{\infty} h(\tau)X(t-\tau)\mathrm{d}\tau$$

当 $X(t)$是弱平稳过程时:

$$E[Y(t)]=\int_{-\infty}^{\infty} h(t-\tau)E[X(\tau)]\mathrm{d}\tau=\int_{-\infty}^{\infty} h(\tau)E[X(t-\tau)]\mathrm{d}\tau$$

$$=\mu_{\mathrm{x}}\int_{-\infty}^{\infty} h(\tau)\mathrm{d}\tau=\mu_{\mathrm{x}}H(0)=\mu_{\mathrm{y}}=\text{常数}$$

自相关函数 $R_{\mathrm{yy}}(\tau)$为:

$$R_{\mathrm{yy}}(\tau)=\int_{-\infty}^{\infty}\int_{-\infty}^{\infty} h(\tau_1)h(\tau_2)R_{\mathrm{xx}}(\tau+\tau_1-\tau_2)\mathrm{d}\tau_1\mathrm{d}\tau_2$$

均方谱密度 $S_{\mathrm{yy}}(\omega)$为:

$$S_{\mathrm{yy}}(\omega)=\int_{-\infty}^{\infty} R_{\mathrm{yy}}(\tau)\mathrm{e}^{-\mathrm{i}\omega\tau}\mathrm{d}\tau=|H(\omega)|^2 S_{\mathrm{xx}}(\omega)$$

图 9-1 示出输入谱密度 $S_{\mathrm{xx}}(\omega)$与反应谱密度 $S_{\mathrm{yy}}(\omega)$的关系,即 $Y(t)$的均方谱密度等于 $X(t)$的均方谱密度乘以体系的频率响应函数绝对值的平方。

由图 9-1(b)可见当$|H(\omega)|^2$ 的波峰与 $S_{\mathrm{xx}}\omega$ 的波峰位置大体重合时,可出现共振情况,因此在设计时必须以不发生共振来决定 $H(\omega)$。

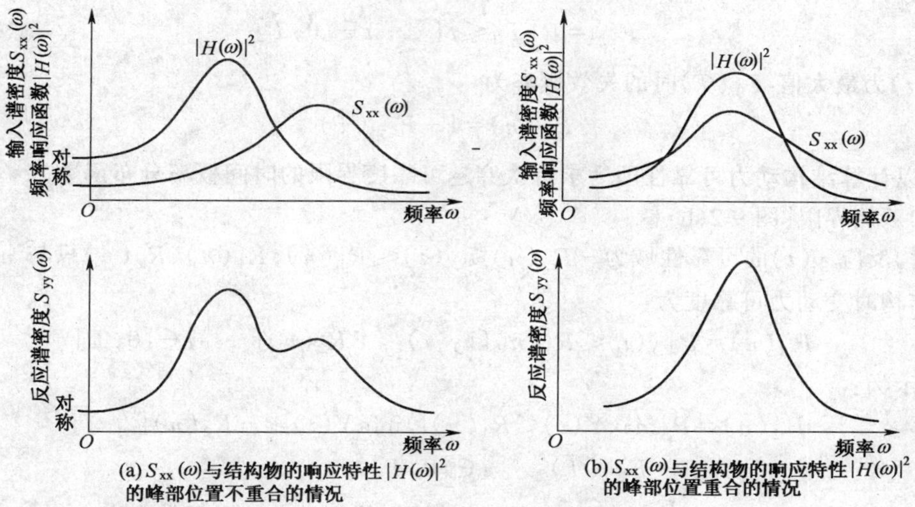

图 9-1 输入谱密度 $S_{xx}(\omega)$与反应谱密度 $S_{yy}(\omega)$的关系

9.2 结构动力失效机制及可靠度

1. 结构首次穿越失效机制及可靠度

结构失效以其动力反应(应力、位移、加速度等)首次穿越临界限值或安全界限为准则,分析结构穿越限值的概率即为结构动力可靠度问题。

(1)单侧界限[图 9-2(a)]

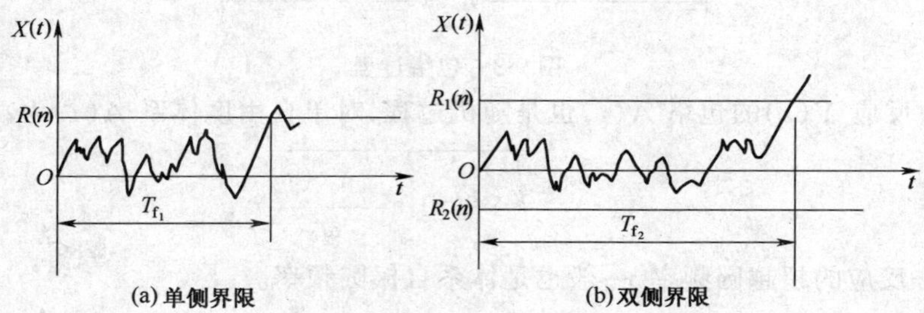

图 9-2 双侧与单侧界限图

结构反应 $Y(t)$的可靠性域为 $y(t)\leqslant R(n)$,$R(n)$为结构在第 n 年的剩余抗力。

$$R(n)=\alpha(n,k)R_0$$

式中 R_0 为结构初始抗力,$\alpha(n,k)$为结构抗力的确定性衰减函数,k 为结构抗力衰减系数。$R(n)$只与 n 有关与 t 无关,结构时变动力可靠度为:

$$P_{s1}(n)=P\{Y(t)\leqslant R(n)\}\qquad t\in[0,T]$$

为使 $Y(t)$在时段 T 内不超越界限 $R(n)$的概率,且

$$P_{s1}(n)=P\{\max Y(t)\leqslant R(n)\}$$

式中 $\max Y(t)$为在时间域$[0,T]$内结构反应的最大值。

随机过程 $Y(t)$在适当的初始条件下首次穿越界限 $R(n)$的时间 T_{f1}为随机变量,其概率

分布函数为：

$$F_{T_{f1}} = P\{T_{f1} \leqslant t\} \qquad t \in [0, T]$$

则 $T_{f1}(t)$为最大值 $T_{f1}(T)$时的失效概率为

$$P_{s1}(n) = 1 - F_{T_{f1}}(T)$$

所以计算结构动力可靠性即为求首次穿越可靠度界限的时间概率分布函数。

(2)双侧界限[图 9-2(b)]

结构反应 $y(t)$的可靠性域为 $-R_2(n) \leqslant y(t) \leqslant R_1(n)$，$R_1(n)$、$R_2(n)$只与 n 有关与 t 无关;结构时变动力可靠度为：

$$P_{s2}(n) = P\{y(t) \leqslant R_1(n) \cap y(t) \geqslant -R_2(n)\} \qquad t \in [0, T]$$

也可表示为：

$$\begin{aligned} P_{s2}(n) &= P\{\max Y(t) \leqslant R_1(n) \cap \min Y(t) \geqslant -R_2(n)\} \\ &= 1 - F_{T_f 2}(T) \qquad t \in [0, T] \end{aligned}$$

对于 $R_1(n) = R_2(n) = R(n)$的对称双侧界限，结构时变动力可靠度为：

$$\begin{cases} P_{s2}(n) = P\{Z_m \leqslant R(n)\} = 1 - F_{Zm}(T) \qquad t \in [0, T] \\ Z_m = \max |Y(t)| \end{cases}$$

(3)包络界限(图 9-3)

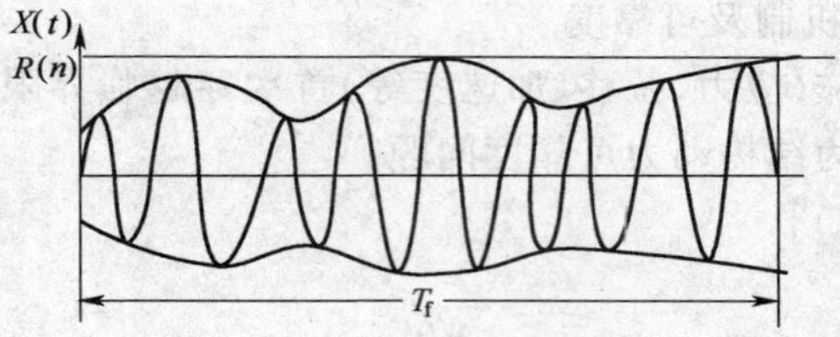

图 9-3 包络过程

结构动力反应 $Y(t)$的包络 $A(t)$也是随机过程，对单自由度体系 $A(t)$为：

$$A(t) = \sqrt{Y^2(t) + \frac{\dot{Y}^2(t)}{\omega_0^2}}$$

式中 ω_0——反应的超越圆频率，一般也是体系自振圆频率。

包络过程的时变动力可靠度为：

$$\begin{cases} P_s(n) = P\{\max A(t) \leqslant R(n)\} \quad t \in [0, T] \\ P_s(n) = 1 - F_{T_f}(T) \end{cases}$$

对于设计基准期 T(年)的可靠度为：

$$P_s(T) = 1 - \sum_{n=1}^{T} P_f(n) = 1 - \sum_{n=1}^{T} [1 - P_s(n)]$$

或

$$P_s = \prod_{n=1}^{T} P_s(n)$$

图 9-4 绘出三种界限域图。

结构动力响应随机过程 $Y(t)$具有 $E[Y(t)] = 0$ 和 $t = 0$，在时段$[0, T]$内上穿越界限的次数为 $n_b^+(T)$，其期望值为：

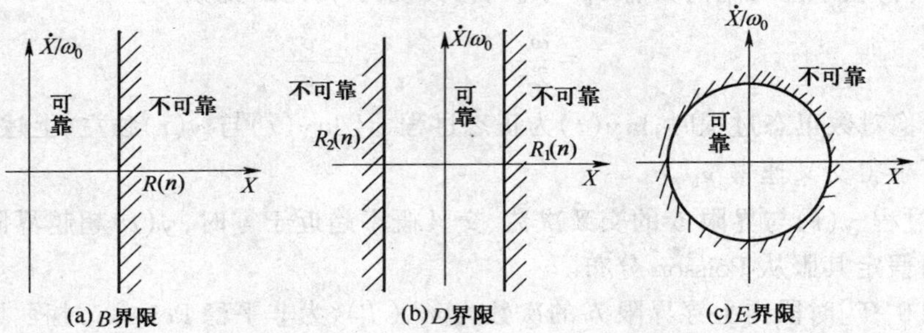

图 9-4 界限域图

$$N_b^+(T)=E[n_b^+(T)]=\int_0^T \nu_b^+(t)\mathrm{d}t$$

式中 $\nu_b^+(t)$为单位时间内 $y(t)$上穿界限次数的期望值，若 $y(t)$为平稳过程，$\nu_b^+(t)$与 t 无关，则

$$N_b^+(T)=\nu_b^+ T$$

$y(t)$在$[t,t+\mathrm{d}t]$时段内上交界限的必要且充分条件为：

$$y(t)<b \quad 且 \quad y(t+\mathrm{d}t)>b$$

或

$$y(t)<b \quad 且 \quad \dot{y}(t)>\frac{b-y(t)}{\mathrm{d}t}$$

$$\begin{aligned}\nu_b^+(t)\mathrm{d}t &= P\{y(t)<b\cap y(t+\mathrm{d}t)>b\}\\ &= P\left\{y(t)<b\cap \dot{y}(t)>\frac{b-y(t)}{\mathrm{d}t}\right\}\\ &= \int_0^{\infty}\mathrm{d}\dot{y}\int_{b-\dot{y}(t)\mathrm{d}t}^{b} f_{y\dot{y}}(y,\dot{y},t)\mathrm{d}y\end{aligned}$$

当积分上下限间隔$[b-\dot{y}(t)\mathrm{d}t,b]$很小时，视 $f_{y\dot{y}}(y,\dot{y},t)$为常数，则

$$\nu_b^+(t)=\int_0^{\infty}\dot{y}f_{y\dot{y}}(b,\dot{y},t)\mathrm{d}\dot{y}$$

上式为 $y(t)$在 t 时刻单位时间内上穿界限$y=b$ 的次数期望值，其关键在于计算 $y(t)$与 $\dot{y}(t)$的联合概率密度函数，当 $y(t)$为具有零均值的平稳正态过程时，$y(t)$与 $\dot{y}(t)$不相关，且 $f_{y\dot{y}}$与 t 无关，则可求得：

$$\nu_b^+=\frac{\sigma_{\dot{y}}}{2\pi\sigma_y}\exp\left(-\frac{b^2}{2\sigma_x^2}\right)$$

$b=0$ 时，$y(t)$单位时间内上穿零线次数的期望值为：

$$\nu_0^+=\frac{\sigma_{\dot{y}}}{2\pi\sigma_y}$$

$$\nu_b^+=\nu_0^+\exp\left(-\frac{b^2}{2\sigma_x^2}\right)$$

同理对于下穿界线 $y=-b$ 次数的期望为：

$$\nu_b^-=\nu_b^+$$

$y(t)$在单位时间内上、下穿越界限 $y=\pm b$ 次数的期望(交叉速率)ν_b 为：

$$\nu_b=2\nu_b^+=2\nu_b^-=\frac{\sigma_{\dot{y}}}{\pi\sigma_y}\exp\left(-\frac{b^2}{2\sigma_y^2}\right)$$

ν_0^+ 可认为 $y(t)$在单位时间内具有 ν_0^+ 个波,将其视为 $y(t)$的视频率:

$$\nu_0^+=\frac{\omega_2}{2\pi}\qquad\qquad \omega_2=\frac{\sigma_{\dot y}}{\sigma_y}$$

当 $y(t)$为平稳对数正态过程时,$\ln y(t)$为正态过程,且 $\ln y(t)$与 $\dot y(t)$独立,上述各式中以 $\sigma_{\ln y}$ 代替 σ_y 即可求得交叉速率 ν_b。

当随机过程 $y(t)$与界限 b 的交叉次数、交叉概率趋近于零时,$y(t)$超越界限的事件属于稀有事件,可假定其服从 Poisson 分布。

$y(t)$在$[0,T]$时段内上穿界限 b 的次数为 $n_b^+(T)$,为非平稳 Poisson 过程,则 $n_b^+(T)=i$ 的概率为:

$$P\{n_b^+(T)=i\}=\frac{1}{i!}\left[\int_0^T\nu_b^+(t)\mathrm{d}t\right]^i\exp\left[-\int_0^T\nu_b^+(t)\mathrm{d}t\right]$$

当 $i=0$ 时即为 $y(t)$不超越界限 b 的概率,则对于结构反应 $y(t)$即为结构在$[0,T]$时段的动力可靠度。

对于单侧界限,第 n 年的可靠度为:

$$P_{s1}(n)=P\{n_{R_n}^+(T)=0\}=\exp\left[-\int_0^T\nu_{R_n}^+(t)\mathrm{d}t\right]$$

若结构反应为平稳随机过程,$n_{R_n}(T)$也为平稳 Poisson 过程,$\nu_{R_n}^+(t)$与 t 无关,则

$$R_{s1}(n)=\exp(-\nu_{R_n}^+T)$$

$$P_{s1}(n)=\exp\left[-\frac{\sigma_{\dot y}T}{2\pi\sigma_y}\exp\left(\frac{R_n^2}{2\sigma_x^2}\right)\right]$$

对于双侧界限,其动力可靠度为:

$$\begin{aligned}P_{s2}(n)&=P\{\max Y(t)\leqslant R_{n1}\cap\min Y(t)\geqslant -R_{n2}\}\\&=\exp\left[-\int_0^T\nu_{R1}^+(t)\mathrm{d}t\right]\cdot\exp\left[-\int_0^T\nu_{R_{n2}}^-(t)\mathrm{d}t\right]\\&=\exp\left\{-\int_0^T\left[\nu_{R_{n1}}^-(t)+\nu_{R_{n2}}^-(t)\right]\mathrm{d}t\right\}\end{aligned}$$

当结构反应为零均值的平稳正态过程时,其动力可靠度为:

$$P_{s2}(n)=\exp\left\{-\frac{\sigma_{\dot y}T}{2\pi\sigma_y}\left[\exp\left(-\frac{R_{n1}^2}{2\sigma_y^2}\right)+\exp\left(-\frac{R_{n2}^2}{2\sigma_y^2}\right)\right]\right\}$$

对于对称的双侧界限,$R_{n1}=R_{n2}=R_n$ 时,

$$P_{s2}(n)=\exp\left[-\frac{\sigma_{\dot y}T}{\pi\sigma_y}\exp\left(-\frac{R_n^2}{2\sigma_y^2}\right)\right]$$

2. 极值(峰值)分布的时变可靠度

(1)窄带随机过程(图 9-5 点划线所示)

对于窄带过程 $y(t)$上穿界限 b,只有一个比 b 大的极值,则 ν_0^+ 即为 $y(t)$在单位时间上穿界线的次数:

$$\nu_0^+=\frac{1}{2\pi}\cdot\frac{\sigma_{\dot y}}{\sigma_y}=\frac{\omega_2}{2\pi}$$

若 $y(t)$具有遍历性,则期望值 ν_b^+ 与 ν_0^+T 均与 t 无关,可用 ν_b^+T 和 ν_0^+T 代替,则比值 $\frac{\nu_b^+T}{\nu_0^+T}=\frac{\nu_b^+}{\nu_0^+}$为比界限 b 大的极大值个数与极大值总数的比值,则任意极大值 P(随机变量)比 b

大的概率为：

$$P\{p>b\}=\frac{\nu_b^+}{\nu_0^+}$$

p 的概率分布函数 $F_p(b)$ 为：

$$F_p(b)=P\{p\leqslant b\}=1-\frac{\nu_b^+}{\nu_0^+}$$

当 $y(t)$ 是正态遍历性窄带随机过程时，其极大值或峰值的概率分布函数及密度函数为（Rayleigh 分布）：

$$\begin{cases}F_p(b)=1-\exp\left(-\dfrac{b^2}{2\sigma_y^2}\right) & (b\geqslant 0)\\ f_p(b)=\dfrac{b}{\sigma_y^2}\exp\left(-\dfrac{b^2}{2\sigma_y^2}\right) & (b>0)\end{cases}$$

在时段 $[0,T]$ 内的最大值分布函数为：

$$F_n(n)=F_p^n(b)=F_p^{\nu_0^+T}(b)$$

当单侧可靠性界限为 R_{n1} 时，结构在 $[0,T]$ 中可靠度为：

$$P_{s1}(n)=F_p^n(R_{n1})=F_p^{\nu_0^+T}(R_{n1})$$

当双侧界限为 R_{n1}、R_{n2} 时，结构可靠度为：

$$P_{s2}(n)=F_p^n(R_{n1})\times F_p^n(R_{n2})$$

(2)非窄带随机过程的极值分布（图 9-5 虚线所示）

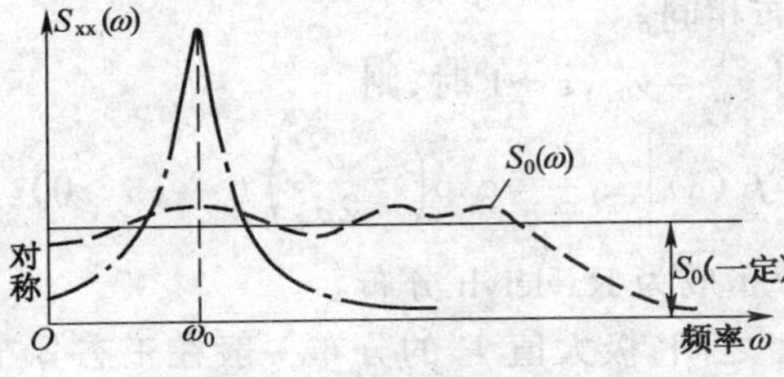

图 9-5 窄带(narrow band)谱密度与宽带(wide band)谱密度

非窄带随机过程 $y(t)$，其期望 $E[y(t)]=0$，当 $y(t)$ 的极大值在 α 与 $\alpha+d\alpha$ 之间，其在时刻 t 与 $t+dt$ 之间发生的概率为：

$$g(\alpha)d\alpha dt=d\alpha dt\int_0^{-\infty}\zeta f_{y\dot{y}\ddot{y}}(\alpha,0,\zeta)d\zeta$$

若 $y(t)$ 是非平稳，$g(\alpha)$ 一般为 t 的函数，则任意值的极大值在单位时间内出现次数的期望在时刻 t 的值为：

$$\nu_m^+=\int_{-\infty}^{\infty}g(\alpha)d\alpha=\int_0^{-\infty}\zeta d\zeta\int_{-\infty}^{\infty}f_{y\dot{y}\ddot{y}}(\alpha,0,\zeta)d\alpha=\int_0^{-\infty}\zeta f_{\dot{y}\ddot{y}}(0,\zeta)d\zeta$$

若 $y(t)$ 具有遍历性，则 $g(\alpha)$、ν_m^+ 均与 t 无关，极大值 P 的概率密度函数为：

$$f_p(\alpha)d\alpha=\frac{g(\alpha)d\alpha}{\nu_m^+}$$

若 $y(t)$ 有 $E[y(t)]=0$ 且有遍历性，又是正态随机过程，则联合概率密度函数为：

$$f_{y\dot{y}\ddot{y}}(\xi,0,\zeta)=(2\pi)^{-3/2}\,|\boldsymbol{K}|^{-1/2}\exp\left[-\frac{1}{2}(K_{11}\xi^2+2K_{31}\xi\zeta+K_{33}\zeta^2)\right]$$

式中 $\boldsymbol{K}$ 是 $y(t)$、$\dot{y}(t)$、$\ddot{y}(t)$的协方差矩阵，其元素 K_{mn} 为：

$$K_{mn}=E\left[\frac{\mathrm{d}^{m-1}y(t)}{\mathrm{d}t^{m-1}}\cdot\frac{\mathrm{d}^{n-1}y(t)}{\mathrm{d}t^{n-1}}\right]$$

$$\boldsymbol{K}=\begin{bmatrix}K_{11} & K_{12} & K_{13}\\ K_{21} & K_{22} & K_{23}\\ K_{31} & K_{32} & K_{33}\end{bmatrix}=\begin{bmatrix}\sigma_y^2 & 0 & -\sigma_{\dot{y}}^2\\ 0 & \sigma_{\dot{y}}^2 & 0\\ -\sigma_{\dot{y}}^2 & 0 & \sigma_{\ddot{y}}^2\end{bmatrix}$$

可以导出极大值 P 的概率密度函数为：

$$f_{\mathrm{p}}(\alpha)=\frac{\sqrt{1-\varepsilon^2}}{\sqrt{2\pi}\sigma_y}\exp\left[-\frac{\alpha^2}{2\sigma_y^2(1-\varepsilon^2)}\right]+\frac{\varepsilon\alpha}{\sigma_y^2}\Phi\left[\frac{\varepsilon}{\sqrt{1-\varepsilon^2}}\left(\frac{\alpha}{\sigma_y}\right)\right]\exp\left(-\frac{\alpha^2}{2\sigma_y^2}\right)$$

式中 ε 为不规则率，其为单位时间内 0 交叉率 ν_0^+ 与极大值出现次数 ν_{m}^+ 的比值：

$$\varepsilon=\frac{\nu_0^+}{\nu_{\mathrm{m}}^+}=\frac{\sigma_{\dot{y}}^2}{\sigma_y\sigma_{\ddot{y}}}$$

若 $y(t)$是 $E[y(t)]=0$ 的遍历性正态宽带随机过程，则

$$\frac{\nu_{\mathrm{m}}^+}{\nu_0^+}\to\infty\qquad\varepsilon\to 0$$

$$f_{\mathrm{p}}(\alpha)\bigg|_{\varepsilon\to 0}=\frac{1}{\sqrt{2\pi}\sigma_y}\exp\left(-\frac{\alpha^2}{2\sigma_y^2}\right)\qquad(-\infty<\alpha<\infty)$$

上式说明，期望值为 0 的遍历性正态随机过程 $y(t)$是理想的宽带过程时，其样本函数的极大值的分布函数与 $y(t)$的分布相同。

若 $y(t)$是窄带过程，则 $\nu_{\mathrm{m}}^+=\nu_0^+$，$\varepsilon\to 1$ 时，则

$$f_{\mathrm{p}}(\alpha)\bigg|_{\varepsilon\to 1}=\frac{\alpha}{\sigma_y^2}\exp\left(-\frac{\alpha^2}{2\sigma_y^2}\right)\qquad(\alpha>0)$$

说明其样本函数的极大值分布成为 Rayleiyh 分布。

因此实际上 ε 在 0 与 1 之间，极大值 P 的分布一般在正态分布与 Rayleigh 分布之间(见图 9-6)，当 $\varepsilon\to 1$ 时 $f_{\mathrm{P}}(\alpha)$的分布接近 Rayleigh 分布，而 $\varepsilon\to 0$ 时 $f_{\mathrm{P}}(\alpha)$接近正态分布。

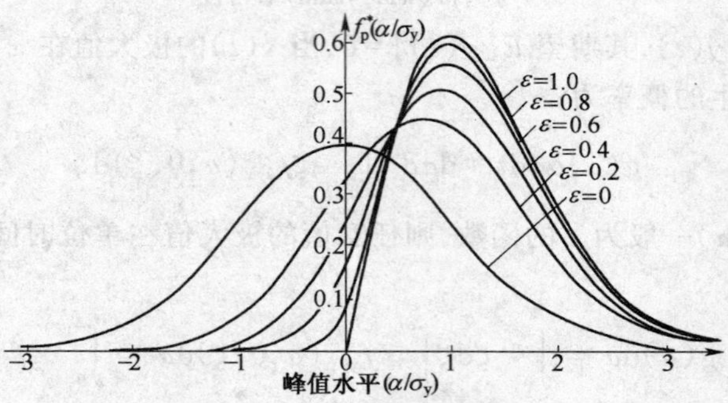

图 9-6 峰值随不规则率 ε 变化的情况

3. 随机过程的包络线分布

一般具有遍历性的窄带随机过程 $y(t)$的样本函数 $y(t)$具有包络曲线 $a(t)$存在，则

$$\begin{cases} y(t)=a(t)\sin\omega_{\mathrm{a}}t \\ \dot{y}(t)=a(t)\omega_{\mathrm{a}}\cos\omega_{\mathrm{a}}t \end{cases}$$

若求以 $a(t)$为样本函数的随机过程 $A(t)$在时刻 t 的概率分布时,则随机过程为:

$$\begin{cases} y(t)=A(t)\sin\omega_{\mathrm{a}}t \\ \dot{y}(t)=A(t)\omega_{\mathrm{a}}\cos\omega_{\mathrm{a}}t \end{cases}$$

$$A^2(t)=y^2(t)+\frac{\dot{y}^2(t)}{\omega_{\mathrm{a}}^2}$$

随机过程 $A(t)$在时刻 t 的概率分布函数为:

$$F_{\mathrm{A}}(a)=P[A(t)\leqslant a]=P\left[y^2(t)+\frac{\dot{y}^2(t)}{\omega_{\mathrm{a}}^2}\leqslant a^2\right]$$

$$=\iint_{\mathrm{D}} f_{y\dot{y}}(\xi,\eta)\mathrm{d}\xi\mathrm{d}\eta$$

经过变换可以得到简单的概率密度函数为:

$$f_{\mathrm{A}}(a)=\frac{a}{\sigma_{\mathrm{y}}^2}\exp\left(-\frac{a^2}{2\sigma_{\mathrm{y}}^2}\right)$$

上式与窄带随机过程 $y(t)$的极大值 P 的概率分布函数一样。

9.3 结构风荷载作用动力可靠度

对于作用在结构上的风载,其风速 $V(t)$可以看作平均风速 $\overline{V}$ 和变化风速 v 之和,即

$$V(t)=\overline{V}+v(t)$$

上式中 $\overline{V}$ 可视为定值,$v(t)$是平均值为 0 的平稳正态随机过程。

对于结构响应 $y(t)$也可分为风力的静响应 $\bar{y}$和变化风速引起的风力的动响应 $y(t)$:

$$y(t)=\bar{y}+y(t)$$

则可建立方程式:

$$M\ddot{y}+C'\dot{y}+ky=\rho C_{\mathrm{D}}Av$$

式中C'表示气动阻尼和机械阻尼之和,即 $C'=C+\rho C_{\mathrm{D}}A$。

上述方程可以转换为:

$$\ddot{y}+2\eta\omega_0\dot{y}+\omega_0^2y=D'v$$

式中 $2\eta\omega_0=C'/M$,$\omega_0^2=K/M$,$D'=\rho C_{\mathrm{D}}A/M$,$\eta$ 是含有空气力学因素的阻尼比:

$$\eta=\eta_0+\eta_{\mathrm{aero}}$$

$$2\eta_0\omega_0=C/M,\quad 2\eta_{\mathrm{aero}}\omega_0=\rho C_{\mathrm{D}}A/M$$

图 9-7 示出强风风速变化,当平均风速 $\overline{V}$ 达到某值时将持续时间 T,该时段在结构物动力分析上很重要,可以作为平稳过程处理,因此对于响应 $\overline{Y}+y(t)$是在时段 T 内的最大值随机变量,即为在时段 T 脉动风速 $v_{\mathrm{m}}(t)$的最大响应 $y_{\mathrm{m}}(t)$问题,响应 $y(t)$的谱密度 $S_{yy}(\omega)$及标准差 σ_{y} 为:

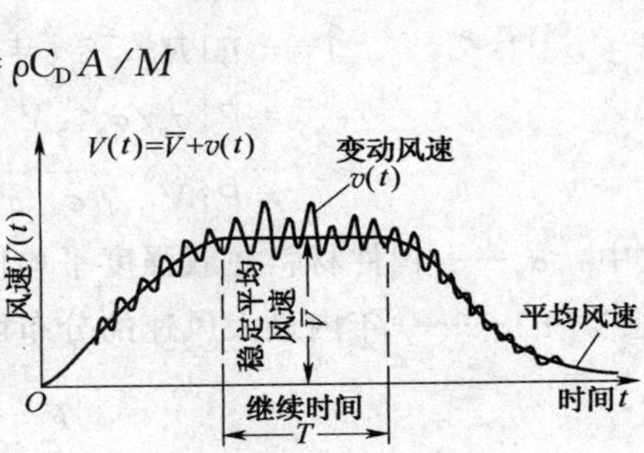

图 9-7 强风时的风速变化

$$\begin{cases} S_{yy}(\omega)=|H(\omega)|^2 S_{vv}(\omega) \\ \sigma_y^2=\int_{-\infty}^{\infty} S_{yy}(\omega)\mathrm{d}\omega \end{cases}$$

式中 $S_{vv}(\omega)$是脉动风 $v(t)$的谱密度,$H(\omega)$是频率响应函数:

$$H(\omega)=\frac{D'}{\omega_0^2-\omega^2+2\mathrm{i}\eta\omega}$$

在时间间隔 T 内 $y(t)$的最大值 ξ 分布近似为:

$$F_\xi(z)=\exp\left[-\exp\left\{-G'\left(\frac{z}{\sigma_y}-G'\right)\right\}\right]$$

$$G'=\sqrt{2\ln\nu T}$$

最大值 ξ 的期望值为:

$$E[\xi]=G\sigma_y\approx G'\sigma_y$$

$$G=G'+\frac{0.577\,2}{G'}\approx G'$$

则风载最大响应的期望值为:

$$\bar{y}+E[\xi]=\bar{y}\left(1+G\frac{\sigma_y}{\bar{y}}\right)=g_T^2\cdot\bar{y}$$

上式中 g_T^2 为阵风响应系数,相应的 $\sigma_y/\bar{y}$为阵风响应强度系数,而脉动风 $v(t)$的标准差 σ_v 与平均风速 $\bar{V}$ 的比值$\sigma_v/\bar{V}$ 为阵风强度系数,其与地面粗糙度有关:

$$\sigma_v/\bar{V}=\sqrt{6K}$$

式中 K 为地面粗糙度系数。

上述阵风响应系数 g_T^2 的平方根 g_T 即为风速修正系数,以阵风修正系数和平均风速 $\bar{V}$ 的积即可方便计算包括动力影响的风载动力响应 $\bar{y}(t)$。

风速修正系数 g_T 对地面粗糙度系数 K 非常敏感,而对平均风的垂直分布指数 α 和持续时间 T 不敏感,因此在桥梁风动力可靠度研究中要着力在地面粗糙度系数的分析。

桥梁使用寿命期 L 年内,出现比设计风速更大值的概率 p 与风速重现期 T_R 间具有指数分布关系:

$$p=1-\exp(-L/T_R)$$

结构构件强度与风荷载存在如下关系:

$$A_i\sigma_a=C_iG_i^2V_D^2$$

构件 i 的年破坏概率P_i 为:

$$\begin{aligned} P_i &= P\{R_i\leqslant S_i\}=P\{A_i\bar{\sigma}_y\leqslant C_iG_i^2V^2\} \\ &= P\{\bar{\sigma}_y/\sigma_a\leqslant V^2/V_D^2\} \\ &= P\{V_D\sqrt{\bar{\sigma}_y/\sigma_a}\leqslant V\}=1-F_V(V_D\sqrt{\bar{\sigma}_y/\sigma_a}) \end{aligned}$$

式中 $\bar{\sigma}_y$——构件材料屈服强度平均值;

$F_V(v)$——一年内最大风速的分布函数,可表示为:

$$F_V(v)=\exp\left[-\left(\frac{V}{V_c}\right)^{-\gamma}\right]$$

其中 γ——正的常系数,

V_c——一年内最大风速的特征值。

$$p_i = 1 - \exp\left[-\left(\frac{V_D}{V_C}\sqrt{\frac{\bar{\sigma}_y}{\sigma_a}}\right)^{-\gamma}\right]$$

由于 $\left(\frac{V_D}{V_C}\sqrt{\frac{\bar{\sigma}_y}{\sigma_a}}\right)^{-\gamma} \leqslant 1$，则

$$p_i \approx \left(\frac{V_D}{V_a}\sqrt{\frac{\bar{\sigma}_y}{\sigma_a}}\right)^{-\gamma}$$

或

$$\frac{V_D}{V_C} \approx \left(\frac{1}{p_i}\right)^{1/\gamma}\left(\frac{\sigma_y}{\sigma_a}\right)^{-1/2}$$

则设计风速 V_D 的重现期 T_D 为：

$$T_D = \frac{1}{1 - F_V(V_p)} = \frac{1}{1 - \exp\left[-p_i\left(\frac{\bar{\sigma}_y}{\sigma_a}\right)^{r/2}\right]}$$

一般情况 $p_i\left(\frac{\bar{\sigma}_y}{\sigma_a}\right)^{r/2} \leqslant 1$，则

$$T_D \approx \frac{1}{p_i}\left(\frac{\bar{\sigma}_y}{\sigma_a}\right)^{-r/2}$$

表 9-1 中列出不同 p_i、$\bar{\sigma}_y/\sigma_a$、γ 时的设计风速的重现期(年)作为参考，例如对于桥梁的年破坏概率为 10^{-4}，$\bar{\sigma}_y/\sigma_a = 2$，$\gamma = 10$ 时，$T_D = 10^4 \times 2^{-5} = 313$ 年，因此，说明设计风速重现期 T_D 对构件破坏概率 p_i 值的影响是非常敏感的。

表 9-1(a)　$p_i = 5\times10^{-4}$ 时设计风速的重现期(年)

γ \ $\bar{\sigma}_y/\sigma_a$	1.75	2.00	2.25	2.50
8	213.0	125.0	78.0	51.2
9	161.0	88.3	52.0	32.4
10	121.0	62.5	34.7	20.5

表 9-1(b)　$p_i = 10^{-4}$ 时设计风速的重现期(年)

γ \ $\bar{\sigma}_y/\sigma_a$	1.75	2.00	2.25	2.50
8	1 065	625	390	256
9	805	442	260	162
10	605	313	174	103

表 9-1(c)　$p_i = 5\times10^{-5}$ 时设计风速的重现期(年)

γ \ $\bar{\sigma}_y/\sigma_a$	1.75	2.00	2.25	2.50
8	2 130	1 250	780	312
9	1 610	884	520	324
10	1 210	626	348	206

桥梁结构不发生空气动力失稳往往是使结构的临界基本风速大于结构所在场地的基本风速，但要考虑结构与风速的随机性，临界基本风速与结构质量、刚度、自振频率和振型等因素有

关，因此临界风速 $V_{cr}(t)$ 是多个随机因素的综合随机变量，结构所在场地基本风速 $V(t)$ 也是随机变量，则分析桥梁结构不发生空气动力失稳的可靠度时，其状态函数为：

$$Z=g(V_{cr},V)=V_{cr}-V$$

则结构不发生动力失稳的可靠度和失效概率为：

$$\begin{cases} P_s = P(Z\geqslant 0) = P(V_{cr}-V\geqslant 0) = P(V_{cr}\geqslant V) = \int_0^{\infty} f_z(z)\mathrm{d}z \\ P_f = P(z<0) = P(V_{cr}-V<0) = P(V_{cr}<V) = \int_{-\infty}^{0} f_z(z)\mathrm{d}z \end{cases}$$

当结构设计基准期为 T 年，重现期为 T 年的最大风速概率密度函数为 $f(v)$，则结构可靠度为：

$$P_s=\int_0^{\infty} P(S\leqslant\lambda\,|_{V=v})f(v)\mathrm{d}v$$

式中 $P(S\leqslant\lambda\,|_{V=v})$ 为发生年最大风速 $V=v$ 条件下的结构可靠度，S 为结构响应，λ 为可靠度界限。

结构动力可靠度界限为抗力与平均风静响应 S_S 的代数和：

$$\lambda_1=R-S_s,\quad \lambda_2=R+S_s$$

当 λ_1、λ_2 为确定性常数时，结构反应与界限交叉次数服从 Poisson 分布，则可靠度为：

$$P(S\leqslant\lambda_1\cap S\geqslant\lambda_2\,|_{V=v})=\exp\left\{-\frac{\sigma_{\dot{s}}T}{2\pi\sigma_s}\left[\exp\left(-\frac{\lambda_1^2}{2\sigma_s^2}\right)+\exp\left(-\frac{\lambda_2^2}{2\sigma_s^2}\right)\right]\right\}$$

当 λ_1、λ_2 为服从正态分布的随机变量，而交叉次数服从 Poisson 分布时，则

$$\begin{aligned} &P(S\leqslant\lambda_1\cap S\geqslant-\lambda_2\,|_{V=v}) \\ &=\exp\left\{-\frac{\sigma_{\dot{s}}T}{2\pi\sqrt{\sigma_s^2+\sigma_{\lambda1}^2}}\left[\exp\left(-\frac{\bar{\lambda}_1^2}{\sigma_s^2+\sigma_{\lambda1}^2}\right)\right]-\frac{\sigma_{\dot{s}}T}{2\pi\sqrt{\sigma_s^2+\sigma_{\lambda1}^2}}\left[\exp\left(-\frac{\bar{\lambda}_2^2}{\sigma_s^2+\sigma_{\lambda2}^2}\right)\right]\right\} \end{aligned}$$

式中 $\bar{\lambda}_1$、$\bar{\lambda}_2$ 分别为 λ_1 和 λ_2 的均值。

设年最大风速的概率密度函数为 $f(V_{10})$，则年可靠度为：

$$P_s(n)=\int_0^{\infty} P(S\leqslant R(n)\,|_{V=V_{10}})f(V_{10})\mathrm{d}V_{10}$$

式中 V_{10} 为离地面10 m高的风速。

若结构设计基准期为 T，则结构在 T 年内的时变可靠度为：

$$P_s=1-\sum_{n=1}^{T}[1-P_s(n)]=\prod_{n=1}^{T}P_s(n)$$

若 T 年划分为 m 个时段，则

$$P_s=1-\sum_{i=1}^{m}[1-P_s(i)]=\prod_{i=1}^{m}P_s(i)$$

上述可靠度 P_s 是构件或截面的可靠度，而结构体系的可靠度可表达为：

$$P_s(n)=\min[P_{si}(n)]\qquad(i=1,2,\cdots,m)$$

式中 $P_{si}(n)$ 为第 i 构件或单元的时变可靠度，m 为构件数。

或
$$P_s(n)=\prod_{i=1}^{m}P_{si}(n)$$

9.4 结构地震作用动力可靠度

作用于结构上的地震作用一般作为复合随机过程处理，即作为地震作用由规定的持续时间和强度二个随机变量的联合概率和条件随机过程进行预测。

作为地震动加速度模型可以认为是均值为 0 的平稳正态随机过程，设其自相关函数 $R(\tau)=S\cdot r(\tau)$，$r(\tau)$为标准化自相关函数 $r(0)=1$，又$\sqrt{R(0)}=\sqrt{s}$为该正态随机过程的标准差，即地震动加速度强度、自相关函数 $S\cdot r(\tau)$与谱密度 $S_g(\omega)$间关系为：

$$\begin{cases} S_g(\omega)=\dfrac{1}{2\pi}\displaystyle\int_{-\infty}^{\infty} S\cdot r(\tau)\exp(-\mathrm{i}\omega\tau)\mathrm{d}\tau \\ S\cdot r(\tau)=\displaystyle\int_{-\infty}^{\infty} S_g(\omega)\exp(\mathrm{i}\omega\tau)\mathrm{d}\omega \end{cases}$$

地震加速度谱密度 $S_g(\omega)$模型式为：

$$S_g(\omega)=\frac{S}{(\omega^2-\omega_g^2)^2+4\eta_g^2\omega^2\omega_g^2}$$

式中 S 为在时间间隔$[0,T]$内地震动加速度过程 $X_T(t、s)$中度量地震加速度强度的参数。

对于结构上部具有质量 m 的单自由度体系，在地震加速度 $X(t)$作用下该体系的振动方程为(图 9-8)：

$$\ddot{y}(t)+2\eta_g\omega_0\dot{y}(t)+\omega_0^2y(t)=-X(t)$$

式中 η_g——近似表示结构衰减的线性黏滞减震器的阻尼比；

ω_0——无阻尼自振频率，$\omega_0^2=k/m$（k 为弹簧系数），$k=24\,EI/h^3$（E 为支柱材料弹性模量，h 为支柱高度，I 为各支柱弯曲方向上断面惯性矩）。

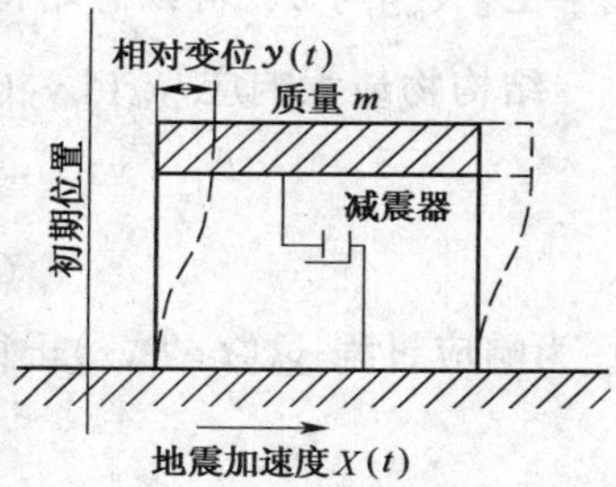

图 9-8 单自由度体系模型

若加速度输入是均值为 0 的平稳正态随机过程 $X(t)=X_0(t,s)$，则上式规定的结构物响应过程也是均值为 0 的正态随机过程 $Y_0(t,s)$。在时间间隔$[0,T]$内，把 $X_T(t,s)$作为地震加速度过程，把 $Y_T(t,s)$作为其响应过程，对于强度大的地震振动在短时段 $t=10\sim30$ s内出现，可以近似地作为平稳过程。

具有 $S_g(\omega)$均方谱密度的随机过程 $X_0(T,S)$的微分方程式为：

$$\ddot{X}_0(t,s)+2\eta_g\omega_g\dot{X}_0(t,s)+\omega_g^2X_0(t,s)=2\pi Sn(t)$$

式中具有均匀谱密度 S 的白噪声过程 $2\pi Sn(t)$具有 $E[n(t)]=0$，而 $E[n(t)n(s)]=\delta(t-s)$，$\delta(t)$为狄拉克 δ 函数。对两个方程比较，可见 $X_0(t,s)$与 $Y_0(t,s)$可用下列单位脉冲函数在时间域内的积分进行数值模拟：

$$X_0(t,s)=2\pi S\int_{-\infty}^{\infty}h_0(t-\tau)n(\tau)\mathrm{d}\tau$$

$$Y_0(t,s)=\int_{-\infty}^{\infty}h_1(t-\tau)X_0(\tau,s)\mathrm{d}\tau$$

当进行结构物安全性分析时，首先要导出在给定持续时间 T 及强度 S 下，其最大值的条件分布，再与 S 与 T 的联合概率相结合，求出最大值的分布函数。

最大地面加速度的分布函数可以用极值Ⅰ型渐近分布表示：

$$F_{X_m}(x,T,s)=P\{X_m\leqslant x|_{T,s}\}=\exp\{-e^{-G'\left(\frac{x}{\sigma_x}-G'\right)}\}$$

式中 X_m 是用绝对值表示的最大加速度，$P\{X_m\leqslant x|_{T,S}\}$ 为在给出持续时间 T 及强度 S 时，$X_m\leqslant x$ 的条件概率，$G'=\sqrt{2\ln\nu_x T}$ 为加速度过程在单位时间内正负穿越 0 线的平均次数，其中 $\nu_x=\sigma_{\dot{x}}/(\pi\sigma_x)$。

σ_x 和 $\sigma_{\dot{x}}$ 分别为 $X_0(t,s)$ 及 $\dot{X}_0(t,s)$ 的标准差：

$$\begin{cases}\sigma_x^2=\int_{-\infty}^{\infty}S_g(\omega)\mathrm{d}\omega=\dfrac{S\pi}{2\eta_g\omega_g^3}\\ \sigma_{\dot{x}}^2=\int_{-\infty}^{\infty}\omega^2S_g(\omega)\mathrm{d}\omega=\dfrac{S\pi}{2\eta_g\omega_g}\end{cases}$$

则

$$\nu_x=\omega_g/\pi$$

最大加速度绝对值 X_m 的期望值 $E[X_m]$ 及标准差 σ_{X_m} 为

$$\begin{cases}E[X_m]=G\sigma_x, \qquad G=G'+\dfrac{0.5772}{G'}\\ \sigma_{X_m}=1.28\sigma_x/G'\end{cases}$$

式中 $E[X_m]$ 与 σ_{X_m} 可以忽略持续时间 T 的影响。

结构物最大响应 y_m($|y_T(t,s)|$ 的最大值)的条件分布函数可用极值Ⅰ型渐近分布表示：

$$F_{y_m}(y;T,s)=P\{y_m\leqslant y|_{T,S}\}=\exp[-e^{-G'\{(y/\sigma_y)-G'\}}]$$

$$G'=\sqrt{2\ln\nu_y T}$$

v_y 为响应过程 $y_0(t;T,s)$ 正负穿越 0 线的平均相交次数：

$$\nu_y=\sigma_{\dot{y}}/(\pi\sigma_y)$$

σ_y，$\sigma_{\dot{y}}$ 分别为 $y_0(t;T,s)$ 及 $\dot{y}_0(t;T,s)$ 的标准差：

$$\sigma_y^2=\int_{-\infty}^{\infty}S_g(\omega)|H_1(\omega)|^2\mathrm{d}\omega=\left(\frac{s\pi}{2\omega_0^2\omega_g^5}\right)f(D_1,D_2,D_3,q)$$

$$\sigma_{\dot{y}}^2=\int_{-\infty}^{\infty}\omega^2S_g(\omega)|H_1(\omega)|^2\mathrm{d}\omega=\left(\frac{s\pi}{2\omega_g^5}\right)f(D_1,D_2,D_3,q)$$

则

$$\nu_y=\frac{\omega_0}{\pi}(D_3/D_1)^{1/2}$$

$$\begin{cases}D_1=\eta_g+\eta q^3+4\eta_g q(\eta_g+\eta q)\\ D_2=\eta_g+\eta_g q^2\\ D_3=\eta_g+\eta q\\ q=\omega_0/\omega_g\end{cases}$$

在 η 值很小时($\eta=0.1$)，随机过程 $y_0(t;T,s)$ 成为均值为 0 的窄带正态过程，y_m 的期望值和标准差为：

$$E[y_m]=G\sigma_y$$

$$\sigma_{y_m}=1.28\sigma_y/G'$$

由上可见 y_m 的敏感性依赖于结构物自振频率 ω_0 和阻尼比 η。

速度谱 $S_V=\omega_0 y_m$ 的期望值及标准差为：

$$E[S_v]=\omega_0 E[y_m]=\omega_0 G\sigma_y$$

$$\sigma_{S_V}=\omega_0\sigma_{y_m}=1.28\sigma_y\omega_0/G'=1.28E[S_V]/GG'$$

变异系数

$$\delta_{S_V}=\frac{\sigma_{S_V}}{E[S_V]}=\frac{1.28}{GG'}$$

可见 ν_y, G, G' 及 δ_{S_V} 都对阻尼比 η 不敏感，当 $T_0=0.2\sim2.5$ s时变异系数 $\delta_{S_V}=0.12\sim0.23$。

由于地震最大加速度及最大响应的条件分布函数受地震持续时间 T 影响较小，因此其分布函数取决于强度 S。

地震加速度最大期望值可表示为：

$$E[X_m]=\sqrt{\frac{\pi s}{2\eta_g\omega_g^3}}\left[\sqrt{2\ln\nu_x T}+\frac{0.577\,2}{\sqrt{2\ln\nu_x T}}\right]=G\sqrt{\frac{\pi s}{2\eta_g\omega_g^3}}$$

对应于地震烈度 I 的强度 S 和 $E[X_m]$ 为 S_I 和 $E[X_{mI}]$：

$$\begin{cases}E[X_{mI}]=X_I\\ S_I=\dfrac{2\eta_g\omega_g^3X_I^2}{\pi G}\end{cases}$$

结构物所在地地震烈度≥I 的地震重现期为：

$$Z_R(I)=C_6\exp(kI),\qquad (I\geqslant I(0)=6;C_6,k\text{ 是正常数})$$

当地震的发生服从 Poisson 分布时，结构物所在地在 z 年不受到≥I 地震的概率 P_I 为：

$$P_I=\exp[-z/z_R(I)]=\exp(-e^{-kI}z/C_6)$$

由上式引申求地震重现期 Z_{RI}的公式为：

$$z_{RI}=1/\{z_R^{-1}(I)-z_R^{-1}(I+1)\}=C_6\exp(kI)/\{1-\exp(-k)\}$$

地震烈度≥I 的有效地震发生次数对地震烈度为 6 的地震发生次数的相对频率比 f_I 为：

$$f_I=z_R[I(0)]/z_{RI}=\{1-\exp(k)\}\exp\{-k[I-I(0)]\}\qquad (I\geqslant I(0)=6)$$

z 年中最大加速度(无条件)分布为：

$$\begin{aligned}F_{Xm}(x)&=\sum_{k=1}^{\infty}\frac{\{z/z_R[I(0)]\}^k}{k!}\{\bar F_{Xm}(x)\}^k\exp\{-z/z_R[I(0)]\}\\&=\exp\{-[1-\bar F_{Xm}(x)]z/z_R[I(0)]\}-\exp\{-z/z_R[I(0)]\}\end{aligned}$$

式中

$$\bar F_{Xm}(x)=\sum_{I=I(0)}^{12}f_I F_{ym}(y;T,S_I)$$

同样，Z 年中响应 y_m 的无条件分布函数为：

$$F_{ym}(y)=\exp\{-[1-\bar F_{ym}(y)]z/z_R(I(0))\}-\exp\{-z/z_R[I(0)]\}$$

式中

$$\bar F_{ym}(y)=\sum_{I=I(0)}^{12}f_I F_{ym}(y;T,S_I)$$

图 9-9(a)中示出 $z_R(6)=1$ 年，$z_R(7)=10$ 年 $z_R(8)=100$ 年，…，$z_R(12)=10^6$ 年，常数 $C_6=10^{-6}$，$k=2.303$ 的 $F_{Xm}(x)$图，图 9-9(b)示出 $T=15$ s，$\eta=0.05$，$\omega_0=2\pi$ 的相应 $F_{Ym}(y)$

图的示例。

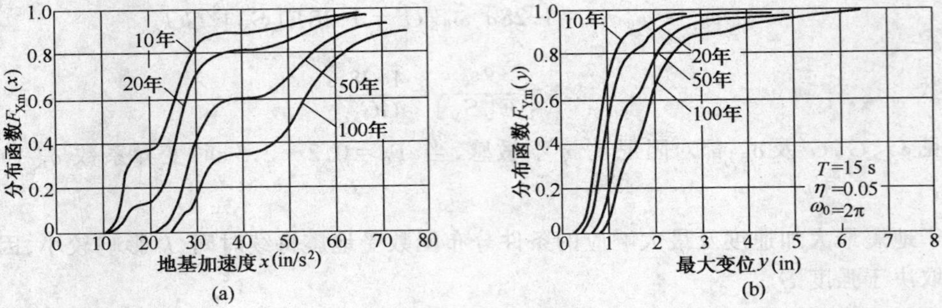

图 9-9　某时期内最大地基加速度和最大响应 Y_m 的无条件分布(英制单位)

图 9-10 示出 $T=15$ s, $\eta=0.05$ 与无阻尼自振频率 f_0 和自振周期 T_0 相关的最大期望速度 $E[S_V]$示例，由此可求出在某指定年限内结构物相对变位的最大期望值。

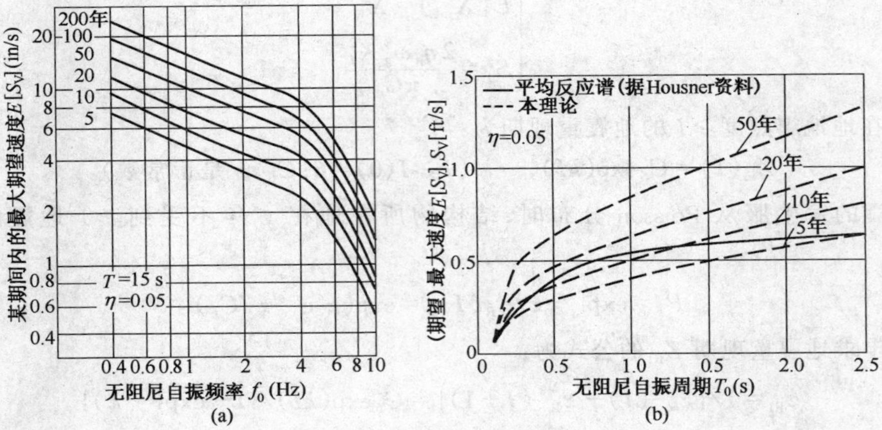

图 9-10　某时期内的期望最大速度(英制单位)

10 工程结构质量保证、质量控制和维护

10.1 引　言

工程结构系统及其构件的设计、施工和维护应能保证结构在设计工作寿命期内满足其运营功能且是经济合理的，特别是须具有一定的可靠度以满足在各种不利状况下的功能要求：

(1)结构必须在全部预期的运营荷载作用下正常运用(使用极限状态要求)；

(2)结构必须在承受发生在其施工和预定使用期的可能最大或重复荷载作用下仍然可以运用(最终极限状态要求)；

(3)结构必须在偶然事件或荷载发生时(如特大地震、洪水、撞击或人为失误后果等)不出现整体性破坏(结构整体性要求)。

即要求结构在规定的使用寿命期内，在正常施工和运营时，能承受各种可能出现的不利荷载组合作用；在正常使用时，具有良好的工作性能；在正常维护下具有足够的耐久性，在预计的偶然事件发生时及发生后，仍能保持结构的整体不破坏。结构要达到以上所要求的适宜的可靠度需保证结构在建造实施过程满足：

(1)选择正确合理的结构体系，正确地设计和分析；

(2)执行质量保证体系；

(3)耐久性和运营维护设计；

(4)安全防护措施。

结构具有适宜的可靠度建立于对结构所有不定性的认知程度和既有结构构件的校准分析，要考虑：

(1)结构失效原因和模式分析，应设计成对结构或构件破坏具有预兆的结构，以采取相应的措施限制结构破坏的后果；

(2)结构失效对生命危害、经济损失和社会影响的程度分析；

(3)为减少结构失效风险所需增加费用的分析；

(4)结构所在地区特定环境和条件分析。

因此需根据结构的重要性分成等级以确定适宜的结构可靠度。

结构安全性或使用性相关所要求的可靠性由以下措施的总体性保证：

(1)设计措施

运营使用性要求；

荷载作用特征值的选择；

设计计算可靠度的选择(结构安全等级)；

耐久性考虑；

结构整体性考虑；

地质条件及环境影响的调查研究数量和质量；

结构计算采用的力学模型及程序的校核；

结构构造细节的规定。

(2)质量保证措施

总体人为错误的防止；

设计偏差防止及纠正；

施工质量保证和控制体系。

为满足结构可靠性要求，结构及构件在其所处环境中，在整个寿命期内及正常的维护下的结构耐久性是必要条件，结构正常维护包括常规检查、特定事件后检查、结构防护系统改进和结构构件的维修。为保证结构的耐久性需考虑下列相互有关的各因素：

(1)结构预期用途；

(2)结构性能要求准则；

(3)结构环境条件；

(4)结构材料性能、特性等；

(5)结构体系及构件的细部结构；

(6)结构施工工艺水平和质量控制；

(7)特殊结构防护措施；

(8)结构设计工作寿命期的正常维护。

10.2 结构材料质量控制与可靠度

10.2.1 材料性能的统计特征

工程结构的可靠度与结构(构件)所承受的荷载及其抗力的不定性有关，而结构抗力又与结构材料性能、结构几何尺寸及计算模式的不定性有关，其中以材料性能的不定性影响为显著。

材料性能的不定性主要有两个方面：

(1)材质的不均匀性引起的不定性，这是在材料生产过程中形成的，与生产过程质量控制有关，因此其差异较为明显；

(2)结构施工环境条件的多样性引起的不定性，包括环境因素(温度、湿度等)、工艺因素(场制及工地制造，试件与构件的工艺条件等)、结构尺寸及施工机具荷载等等因素。

对于第一类不定性，可根据结构施工制造中的试件材料性能数据统计分析，据此对结构材料性能给出定量预测；第二类不定性可以结构材料性能 f_j 与试件性能 f_s 的比值度量：$I_1 = f_j/f_s$。

1. 试件材料性能的统计分析

我们所要研究和了解的材料性能的样本全体为目标总体(或母体)，对总体的统计分布形式和参数的描述，只能通过其样本(子样)作出统计推断，在实际工作中，样本不可能直接从目标总体中按某种方式抽取，只能从与总体相关联的总体某部分中抽取，其为抽样总体，因此抽样总体与目标总体间存在差异，需根据工程经验为两者建立某种数量关系。

(1)简单随机抽样

从总体中以随机方法抽取样本作为对总体的概率描述，其总体均值 $\hat{m}_x$ 的估计为

$$\hat{m}_x = \bar{X}_n = \frac{1}{n}\sum_{i=1}^{n} X_i$$

标准差为

$$\sigma_{x_m} = \sqrt{\frac{\sum_{i=1}^{n}(X_i - \bar{X}_n)^2}{n(n-1)}}$$

式中 X_i 是样本值，n 是样本量。总体均值 X_m 将以置信度$(1-\alpha)$在置信区间$[\bar{X}_n - t\sigma_m, \bar{X}_n + t\sigma_m]$内，系数 t 取决于置信度$(1-\alpha)$。

(2)系统抽样

按材料产品序列，在随机抽取第一个样本后，再每隔一定间隔连续随机抽取样本，为系统抽样。注意对具有某种周期性能总体中系统抽样可能会出现系统误差。

(3)分层抽样

将总体按性质化分为若干层，再从各层中随机抽样组成样本。

设将总体分成 k 层，在第 j 层$(j=1,2,\cdots,k)$中样品个数为 N_j，则总体中样品个数为

$$N = \sum_{j=1}^{k} N_j$$

若按比例分层抽样时，在第 j 层中抽样数量为 $n_j = n\frac{N_j}{N}$，$n = \sum_{j=1}^{k} n_j$。

设 $n_i \ll N_j$ 时，则总体平均值 $\hat{m}_x$ 的估计为：

$$\hat{m}_x = \sum_{j=1}^{k} \frac{n_j}{n}\bar{X}_j = \sum_{j=1}^{k} W_j \bar{X}_j$$

式中 $W_j = \frac{n_j}{n}$为各层次的权。

$$\bar{X}_j = \sum_{i=1}^{n_j} X_{ij}/n_j$$

$$\hat{m}_x = \sum_{j=1}^{k}\sum_{i=1}^{n_j} \frac{X_{ij}}{n}$$

标准差

$$\sigma_{m_x} = \sqrt{\sum_{j=1}^{k} \frac{W_j^2}{n_j(n_j-1)} \sum_{i=1}^{n_j}(X_{ij} - \bar{X}_j)^2}$$

(4)群集抽样

将总体分成各群集，尽可能使各群集内的变异性与总体相近，则只需抽取代表性群集进行统计分析，即代表了总体的特征。

(5)二段抽样

将总体划分为若干首次抽取单元，第一阶段从总体中抽取 m 个单元，第二阶段从已抽取的各个单元中各抽取几个二次抽取单元作为样本。若总体的平均值为 $\hat{m}_x$，在二段抽样中估计值为：

$$\hat{m}_x = \frac{1}{mn}\sum_{j=1}^{m}\sum_{i=1}^{n} X_{ij} = \frac{1}{m}\sum_{j=1}^{m}\bar{X}_j = \bar{X}$$

$$\sigma_{m_x} = \sqrt{\frac{\sigma_a^2}{m} + \frac{\sigma_w^2}{mn}}$$

式中单元间方差为：

$$\sigma_{\mathrm{a}}^{2}=\frac{1}{m-1}\sum_{j=1}^{m}(\bar{X}_{j}-\bar{X})^{2}$$

单元内方差为：

$$\sigma_{\mathrm{w}}^{2}=\frac{1}{m(n-1)}\sum_{j=1}^{m}\sum_{i=1}^{n}(X_{ij}-\bar{X}_{j})^{2}$$

σ_{mx}中 σ_{a}^{2} 所占比重大于 σ_{w}^{2},可采取增加 m 而减小 n 的方法提高估计精度。

为确定某种结构材料性能的统计分布型式及参数收集试验数据时,应根据材料的不同生产特点进行工作。对于天然材料,相同品种的材料由于产地不同其性能可能具有显著的差别,在同类材料的产地中按二段抽样方式选取部分产地或以某一产地为该材料所有产地的代表收集足够的数据,以对该材料的性能总体作出估计。对于人工生产的结构材料,在日常生产中积累了大量材料性能数据,不需另行抽样,为避免材料生产过程中受外界因素变动的影响而产生的系统性变异,因此要选取一个适当长的统计期,一般以一个年度作为统计期即可。相同规格的人工材料,由于生产工厂的工艺条件和管理水平的差别而使材料性能质量存在明显的差异,需将不同工厂的数据按质量高低划分类别,采用分层统计方法进行统计分析。

数据的处理可为两种方式:①对相同品种(或等级)的材料,不分产地(或工厂)将所有合格数据混合统计处理,可以得到材料性能总体的一个客观统计描述;②将质量水平不同的产地或工厂的数据分别处理,对天然材料按各产地不同品种的材料性能各自统计参数;对人工材料应选择生产长期比较稳定的工厂作为代表,以在正常条件下生产的材料质量水平为标准进行统计分析。

结构内的材料性能 f_j 与试件性能 f 间存在差异,其比值 $I_1=f_j/f$ 在各种影响因素下的变化规律代表了其间的差异变化规律,由于其变化规律在定量描述上的困难,常常采用直接在结构内进行抽样试验,所得到的材料性能更接近于结构的材料性能,或结合以往累积的研究成果和工程经验判断 I_1 的变化范围和规律,因此不定性 I_1 的精确性取决于经验判断的可靠程度,则结构内材料性能 f_j 的统计参数为:

$$f_j=f\cdot I_1$$

$$\begin{cases}m_{\mathrm{f}_j}=m_{\mathrm{f}}\cdot m_{\mathrm{I}_1}\\ \sigma_{\mathrm{f}_j}^{2}=m_{\mathrm{I}_1}^{2}\sigma_{\mathrm{f}}^{2}+m_{\mathrm{f}}^{2}\sigma_{\mathrm{I}_1}^{2}\end{cases}$$

2. 材料性能设计的质量要求

由于材料性能的不确定性,其质量要求均与材料性能的分布形式及其分布参数有关,材料性能中主要类型为材料强度,根据大量资料统计拟合的结果,可以认为其服从正态分布或对数正态分布,则材料性能的质量可用其分布的平均值 m_{f} 和标准差 σ_{f} 描述;或以规定的材料性能的标准值 f_{k} 及低于该值的比率 P_{k} 描述。

设 $F(x)$为材料性能 f 的分布函数,则由图 10-1(a)得到:

$$F(f_{\mathrm{k}})=P_{\mathrm{k}}$$

若 f 为正态分布,则由图 10-1(b)可得到:

$$\Phi(\alpha_{\mathrm{k}})=\Phi\left(\frac{f_{\mathrm{k}}-m_{\mathrm{f}}}{\sigma_{\mathrm{f}}}\right)=P_{\mathrm{k}}$$

式中 $\Phi(\cdot)$为标准正态分布函数,则可得到:

$$\begin{cases}m_{\mathrm{f}}=f_{\mathrm{k}}-\alpha_{\mathrm{k}}\sigma_{\mathrm{f}}\\ \alpha_{\mathrm{k}}=\Phi^{-1}(P_{\mathrm{k}})\end{cases}$$

α_k 称为材料性能的保证率系数，总为负值，因此只要规定了 m_f 和 σ_f 的关系即相当于规定了材料性能质量要求。

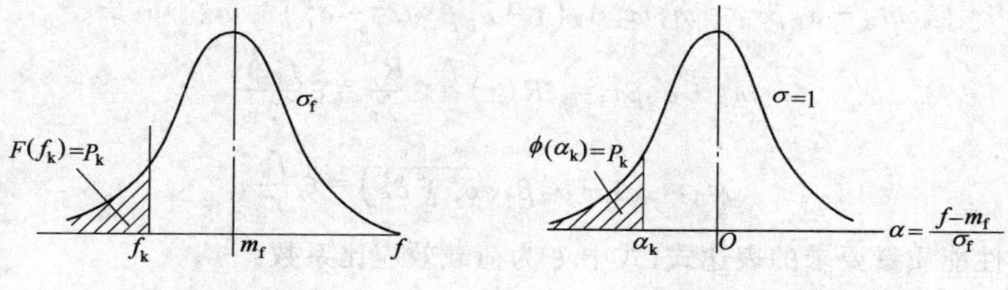

(a)正态分布密度 (b)标准正态分布密度

图 10-1 材料性能分布函数

同理，若 f 为对数正态分布，则

$$\Phi(\alpha_k)=\Phi\left(\frac{\ln f_k-m_{\ln f}}{\sigma_{\ln f}}\right)=P_k \tag{a}$$

其均值为 $$m_{\ln f}=\ln m_f-\frac{1}{2}\sigma_{\ln f}^2\approx\ln m_f$$

其方差为 $$\sigma_{\ln f}^2=\ln(1+\delta_f^2)\approx\delta_f^2$$

代入式(a)则可得到：

$$\ln m_f=\ln f_k-\alpha_k\delta_f$$

$$m_f=f_k\exp(-\alpha_k\delta_f)$$

根据结构可靠指标 β 的定义：

$$\beta=\frac{m_R-m_S}{\sqrt{\sigma_R^2+\sigma_S^2}}$$

当结构抗力 R 和荷载效应 S 均服从正态分布时，设

$$\alpha_R=\frac{\sigma_R}{\sqrt{\sigma_R^2+\sigma_S^2}}$$

$$\alpha_S=\frac{\sigma_S}{\sqrt{\sigma_R^2+\sigma_S^2}}$$

则 $$\sqrt{\sigma_R^2+\sigma_S^2}=\alpha_R\sigma_R+\alpha_S\sigma_S$$

$$m_R-\alpha_R\beta\sigma_R=m_S+\alpha_S\beta\sigma_S \tag{b}$$

式(b)表示当荷载效应 S 的统计参数 m_S、σ_S 已知时在规定的可靠指标 β 下结构抗力 R 的统计参数 m_R，σ_R 间的关系，对于简单受力单一材料典型构件的抗力不定性分析为：

$$R=f_j\cdot A\cdot I_3=(I_{1f})(I_2A_k)I_3=(I_1I_2I_3f)A_k=IfA_k$$

式中 A 为构件实际截面积，为随机变量，A_k 为构件设计截面积；I_2 为考虑施工及制作质量的几何尺寸不定性，$I_2=A/A_k$；I_3 为设计时采用的计算模式的不定性，$I_3=R/f_jA$。

则总的不定性 I 和结构抗力 R 的统计参数为：

$$\begin{cases}m_I=m_{I_1}\cdot m_{I_2}\cdot m_{I_3}\\ \delta_I^2=\delta_{I_1}^2+\delta_{I_2}^2+\delta_{I_3}^2\end{cases}$$

$$\begin{cases} m_R = m_I \cdot m_f \cdot A_k \\ \sigma_R^2 = (m_I^2 \sigma_f^2 + m_f^2 \sigma_I^2) A_k^2 = m_I^2 m_f^2 A_k^2 (\delta_f^2 + \delta_I^2) \end{cases}$$

则
$$m_R - \alpha_R \beta \sigma_R = m_I m_f A_k \left(1 - \alpha_R \beta \sqrt{\delta_f^2 + \delta_I^2}\right) = m_S + \alpha_S \beta \sigma_S$$

若令
$$m_S + \alpha_S \beta \sigma_S = \xi R(\cdot) = \xi \frac{R_n}{\gamma_R} = \xi \frac{f_k A_k}{\gamma_R}$$

$$m_I m_f \left(1 - \alpha_R \beta \sqrt{\delta_f^2 + \delta_S^2}\right) = \xi \frac{f_k}{\gamma_R}$$

上式为材料性能质量要求的表达式，式中 ξ 为荷载效应比系数：

$$\xi = (m_S + \alpha_S \beta \sigma_S) / [\gamma_0 (\gamma_G C_G G_k + \gamma_{Q1} C_{Q1} Q_{1k} + \cdots)];$$

若结构抗力 R 和荷载效应 S 为对数正态分布，则

$$\beta = \frac{\ln m_k - \ln m_x}{\sqrt{\delta_R^2 + \delta_S^2}}$$

同理，可导出对材料质量要求的表达式：

$$m_I m_f \exp\left(-\alpha_R \beta \sqrt{\delta_f^2 + \delta_I^2}\right) = \xi \frac{f_k}{\gamma_R}$$

式中
$$\alpha_R = \delta_R / \sqrt{\delta_R^2 + \delta_S^2}; \quad \alpha_S = \delta_S / \sqrt{\delta_R^2 + \delta_S^2}; \quad \delta_R = \sqrt{\delta_f^2 + \delta_I^2}。$$

上述质量表达式中 α_R 和 ξ 与荷载状况有关，从实用出发，可以对规定等级的材料给出质量方程式，表达形式为：

$$Q(m_f \cdot \sigma_f \cdot \beta) = 0$$

式中函数 Q 为材料性能的平均值 m_f 和标准差 σ_f（或变异系数 δ_f）及规定的可靠指标 β 的函数，m_f、σ_f（或 δ_f）表述了材料性能的质量状况，β 标志了材料的质量水平。

混凝土材料强度质量方程式如下：

以混凝土受压短柱作为典型构件；恒载 G 和活载 Q 的参数为：

$$m_G = 1.06 G_k, \quad \delta_G = 0.07$$

$$m_Q = 0.70 Q_k, \quad \delta_Q = 0.29$$

取荷载效应比 $\lambda = 0.1, 0.25, 0.50, 1.0, 2.0$，则荷载效应为：

$$S = \gamma_G C_G G_k + \gamma_Q C_Q Q_k = 1.2 C_G G_k + 1.4 C_Q Q_k$$

混凝土受压短柱的抗力为：

$$R = ICfA_k$$

$$\begin{cases} m_R = m_I \cdot m_C \cdot m_f \cdot A_k \\ \delta_R^2 = \delta_I^2 + \delta_C^2 + \delta_f^2 \end{cases}$$

设 R 和 S 都服从对数正态分布，则质量表达式为：

$$m_I m_C m_f \exp(-\alpha_R \beta \delta_R) = \xi \frac{f_k}{\gamma_R}$$

式中
$$\alpha_R = \delta_R / \sqrt{\delta_R^2 + \delta_S^2}$$

$$\xi = \frac{m_S \exp(\alpha_S \beta \delta_S)}{\gamma_G C_G G_K + \gamma_Q C_Q Q_K} = \frac{m_S \exp(\alpha_S \beta \delta_S)}{C_G G_K (\gamma_G + \lambda \gamma_Q)} = \frac{m_S \exp(\alpha_S \beta \delta_S)}{C_G G_K (1.2 + 1.4\lambda)}$$

抗力分项系数 γ_R 可表达为：

$$\gamma_R=\frac{K(1+\lambda)}{\gamma_G+\lambda\gamma_Q}=\frac{1.55(1+\lambda)}{1.2+1.4\lambda}\quad（式中 K 为安全系数取 1.55）$$

各统计参数为：

$$\begin{cases} m_S=m_{S_G}+m_{S_Q}=1.06C_GG_K+0.7C_QQ_K=C_GG_K(1.06+0.7\lambda) \\ \sigma_S^2=\sigma_{S_G}^2+\sigma_{S_Q}^2=(1.06C_GG_K\times0.07)^2+(0.7C_QQ_K\times0.29)^2 \\ \delta_S=\dfrac{\sigma_S}{m_S}=\dfrac{\sqrt{(0.074\,2)^2+(0.203\lambda)^2}}{1.06+0.7\lambda} \end{cases}$$

$$m_I=0.88\qquad\delta_I=0.107$$

$$m_C=0.88\qquad\delta_C=0.08$$

$$\delta_f=0.1,0.15,0.20,\beta=3.7$$

则 α_R、ξ、γ_R 计算表见表 10-1。

表 10-1　α_R、ξ、γ_R 的计算表

λ			0.1	0.25	0.50	1.00	2.00	
$\frac{m_S}{C_GG_K}=1.06+0.7\lambda$			1.130	1.235	1.410	1.760	2.460	
V_f	V_R	V_S	0.068	0.073	0.089	0.123	0.168	
0.1	0.167	α_R	0.926	0.916	0.882	0.805	0.705	
		α_S	0.377	0.401	0.470	0.593	0.709	
0.15	0.201	α_R	0.947	0.940	0.914	0.853	0.767	
		α_S	0.320	0.341	0.405	0.522	0.641	
0.20	0.241	α_R	0.962	0.957	0.938	0.891	0.820	
		α_S	0.272	0.290	0.346	0.455	0.572	
		$\bar{\alpha}_R$	0.945	0.938	0.911	0.850	0.764	
		$\bar{\alpha}_S$	0.323	0.344	0.407	0.523	0.641	
$\frac{m_S}{C_GG_K}\exp(\alpha_S\beta V_S)$			1.226	1.356	1.612	2.233	3.664	$\bar{\alpha}_R=0.88$ $\bar{\alpha}_S=0.45$
$\gamma_G+\lambda\gamma_Q$			1.34	1.55	1.90	2.60	4.00	
$\xi=\frac{m_S\exp(\alpha_S\beta V_S)}{C_GG_K(\gamma_G+\lambda\gamma_Q)}$			0.915	0.875	0.848	0.859	0.916	$\bar{\xi}=0.88$
$\gamma_R=\frac{1.55(1+\lambda)}{\gamma_G+\lambda\gamma_Q}$			1.272	1.250	1.224	1.192	1.163	$\bar{\gamma}_R=1.22$

由表得到　　$\alpha_R=0.88,\quad\xi=0.88,\quad\gamma_R=1.22$

则混凝土抗压强度的质量方程式为：

$$m_f=0.721f_k\exp\left(0.88\beta\sqrt{0.134^2+\delta_f^2}\right)$$

对于 C20 混凝土，$f_k=0.8f_c$ 则

$$m_f=0.577f_c\exp\left(0.88\beta\sqrt{0.134^2+\delta_f^2}\right)$$

根据上式在图 10-2 中分别给出 $\beta=3.7$、3.45 两条质量曲线。

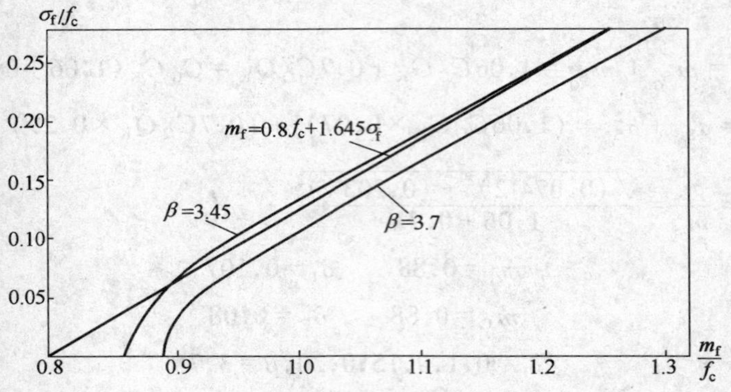

图 10-2 $\beta=3.7$ 和 $\beta=3.45$ 时的质量曲线

根据质量曲线则要求材料性能控制在曲线右侧范围内，以此作为材料生产控制的依据。

3. 材料性能特征值的定义和检验

至今人们已完全认识到结构安全性和质量检验间的密切关系。结构构件失效表示构件某一截面材料达到其承载能力或超过界限变形值而不能继续安全地使用，其表达式为：

$$R(x_1,x_2,\cdots,x_k)-S(x_n,x_1,\cdots,x_r)\leqslant 0$$

结构失效概率应满足下述条件：

$$P_f[R(\cdot)-S(\cdot)\leqslant 0]=P_{f最优}$$

上式追求的是结构失效达到最优失效概率，达到技术经济上的最佳，在结构设计规范中把上述失效面用失效点来代替。

$$\gamma_R R_N(x_{1N},x_{2N},\cdots)\geqslant\gamma_S S_N(x_{1N},x_{2N},\cdots)$$

上式中 x_{iN} 表示各随机变量的特征值，γ_R，γ_S 为大于 0 的安全系数，则安全度判别方程成为：

$$P_f[(R_N(x_1,\cdots,x_{i.})-S_N(x_n,\cdots,x_r)+\sum b_i)\leqslant 0]=P_{f最优}$$

因此需要对上述方程中各随机变量和安全系数从概率上给出定义和定量。

对应于某一超越概率(例如 5%)的分位值作为结构材料的特征值的定义，只能减弱不同的离散性对失效概率的影响，而不能消除其影响，因此特征值的定义与离散度有关。

(1)质量检验的原则

对于结构的质量检验，若在验收时被判断为不合格或误判，将会造成很大经济损失，因此主要应通过对生产过程的检验来降低结构拒收的危险性，在全部现有的以及少数附加和独立的试验结果的基础上作出判断，成为质量检验的一个正当的原则。例如对于钢筋的流限离散性很小(标准差 $\sigma\approx 1\ 500\ \mathrm{N/cm^2}$)，因此取 20%～50%分位值作为定义仍然可用，也可对钢筋的标准差进行检验；对于混凝土等材料，由于其离散性大，人们在制定检验标准时用一个比较宽裕的尺度以补偿由于较大离散性对结构可靠性的不利影响。

(2)验收标准

材料强度标准值的统计定义要求存在于结构中的材料强度总体(母体)的某分位值与材料强度的名义值相协调，即要求标准试样反映结构物强度的实际情况，但实际上往往由于经济原因，人们只能抽取数目较小的试件，使得材料强度名义值不能确切反映总体的实际状况。

从统计学角度下考核标准是合适的：

$$Z=\overline{X}(n)-\lambda\cdot\sigma(n)$$

式中 Z 为被考核的量，$\overline{X}(n)$、$\sigma(n)$ 为容量为 n 的样本的均值和标准差，λ 为接收系数。

当被考核的量 Z 服从正态分布时，其均值和标准差为：

$$\begin{cases}E(Z)=m_z=m_x-\lambda\cdot\sigma_x\\ D(Z)=\sigma_x=\sqrt{\left(1+\dfrac{\lambda^2}{2}\right)}\cdot\dfrac{\sigma_x}{\sqrt{n}}\end{cases}$$

则一个给定的性质为 P 的总体的接收概率 P_a 或拒收概率 P_r 应符合：

$$P_a(P)=1-P_r(P)=\frac{1}{\sqrt{2\pi}}\int_{\infty}^{t}e^{-\frac{x^2}{2}}dx$$

(3)生产检验

例如对于混凝土，判断其质量的试件需要一定的养护期才能得到，因此必须以其他材料特性(例如水灰比、水泥用量、坍落度等)来调节和控制生产质量，使其与材料生产验收标准相协调，对于工地生产，下述检验标准是适用的：

$$y_k\leqslant z=\overline{y}(3)$$

式中 y_k 为警告界限，$z=\overline{y}(3)$ 为被检验的量，取按先后顺序每三个一组的试件测定值均值，若测定的量分布在要求值 m_y 附近，其标准差为 σ_y，当所规定的验收标准为拒收风险 5% 时：

$$y_k=m_y-1.645\cdot\frac{\sigma_y}{\sqrt{3}}\approx m_y-\sigma_y$$

且检验标准与验收标准是互相协调的。

总之，上述质量控制目标只有在工程实践中比较容易掌握的安全度体系内进行控制才是有意义的，材料性能的离散性对结构可靠度的影响可以通过检验标准和验收标准予以考虑，按上述离散性的大小使材料特性标准值具有不同的超越概率。对一批人工材料的特征值应按下式进行设计：

$$m_x=x_N+K\sigma_X$$

而对生产过程则可利用对测定量 y 的检验标准：$y_k\approx m_y-\sigma_y\leqslant z=\overline{y}(3)$ 进行监督，最后以下述条件为准作出验收判断：

$$x_N\leqslant z=\overline{x}_{(6)}-\lambda\sigma_x$$

式中 $\overline{x}_{(6)}$ 为样品数 $n=6$ 时测定量的均值。

10.2.2 材料性能的质量控制

在规定了材料性能设计的质量要求后，结构材料的生产应从各方面来保证该要求的实现，为此，从生产开始到产品进入结构的整个过程，都应进行必要的质量控制，产品在生产完成前的控制为生产控制，产品交付验收时的控制为合格控制。质量控制是按规定的质量标准，对产品进行工程管理，即将实际测试的结果与标准相对照，并针对质量差异采取措施予以调整的管理过程。

1. 材料性能的初步检验

在工程正式施工之前，必须明确设计要求的质量水平，并以此为目标选择原材料及其配比、生产工艺参数，使生产具有可以遵循的生产工艺标准，因此，施工部门应通过现场足够数量的试验,按相关标准的要求确定这些参数,同时考虑试验与生产过程中可能存在的差异,需对生产人员、设备及有关生产条件进行检查和考核,估计生产水平的等级,并为生产控制和合格控制提供相应的材料和构件性能的统计参数。

2. 材料性能的生产控制

生产控制是在生产过程中,使产品能具有稳定的质量而建立的各项工序控制,并根据影响质量的各项指标和参数,在生产过程中抽样测试数据,绘制质量控制图,对明显影响质量的因素采取必要措施予以控制和改进,使生产水平维持在稳定的质量状态。

用于生产控制的统计工具主要有:

(1)频数分布图(直方图)、排列图——用于数据的整理和概括,分布状态和工序能力研究;

(2)控制图——根据对前期工序的检测控制后期工序质量;

(3)抽样检查——用于评定检验批的质量;

(4)假设检验——研究数据与假设分布间的适宜性和差异;

(5)回归及相关分析——研究各因素与质量特征间的关系。

质量控制图是一种对总体进行检验估计的统计方法,是一种把工序性能检测数据与统计计算控制界限线直接进行对比的图表,其基本思想是为了"预防缺陷",防止不合格品的产生。在生产过程中,造成工序特性数据的变异有两类原因:随机的(偶然的)原因——不可避免原因;异常原因——可查性原因或可避免原因。质量控制图中控制界限线可以帮助识别这两类原因以便采取对策。

根据数理统计原理,生产工序处于稳定的生产状态,从中抽样的平均值 $\bar{X}$ 出现在 $(\bar{\bar{X}} \pm 3\sigma_{\bar{x}})$ 区间内的概率为 99.73%,出现在区间外的概率只有 0.27%,称为"3σ"原理,这种小概率事件的出现,说明生产中出现了"异常"的可查性原因,平均值 $\bar{\bar{X}}$ 和平均极差 $\bar{W}$ 计算式为:

$$\begin{cases} \bar{\bar{X}} = \dfrac{1}{K}\sum\limits_{i=1}^{k}\bar{X}_{ni} \\ \bar{w} = \dfrac{1}{K}\sum\limits_{i=1}^{K} w_i \end{cases}$$

式中 $\bar{X}_{ni}$——第 i 批样组的平均值;

w_i——第 i 批样组极差(样组中最大值和最小值之差)。

$\bar{X}$ 控制图中的中心线 $CL = \bar{\bar{X}}$;上控制线 $UCL = \bar{\bar{X}} + A_2\bar{w}$;下控制线 $LCL = \bar{\bar{X}} - A_2\bar{w}$。

w 控制图中的中心线 $CL = \bar{w}$;上控制线 $UCL = D_4\bar{w}$;下控制线 $LCL = D_3\bar{w}$。式中系数 A_2、D_3、D_4 与 n 有关,见表 10-2。

表 10-2 系数 A_2、D_3、D_4

n	A_2	D_3	D_4
2	1.880	—	3.267
3	1.023	—	2.575
4	0.729	—	2.282
5	0.577	—	2.115
6	0.483	—	2.004
7	0.419	0.076	1.924
8	0.373	0.136	1.864

正常的生产至少要求所有点子落在控制线之内,当数据表明有异常现象时,应查明原因,剔除不正常数据后重新计算中心线和控制线。图 10-3 给出某工程混凝土块强度的 $\bar{X}$—w—X 控制图,由图可见,在 $\bar{X}$ 控制图中第 4、15 样组点超越 3σ 控制线外,若剔除该二点 $\bar{X}$ 值后,重新计算控制线,结果变化很小,即以此作为生产的控制;比较 $\bar{X}$ 和 X 控制图,可知在 $\bar{X}$ 图中

能发现的问题，在 X 图中不能发现，说明 $\bar{X}$ 控制图一般比 X 控制更敏感；在 X 控制图中多处出现单侧多点落在中心线一侧，应检查其质量是否出现异常，避免和减少出现第二类错误。

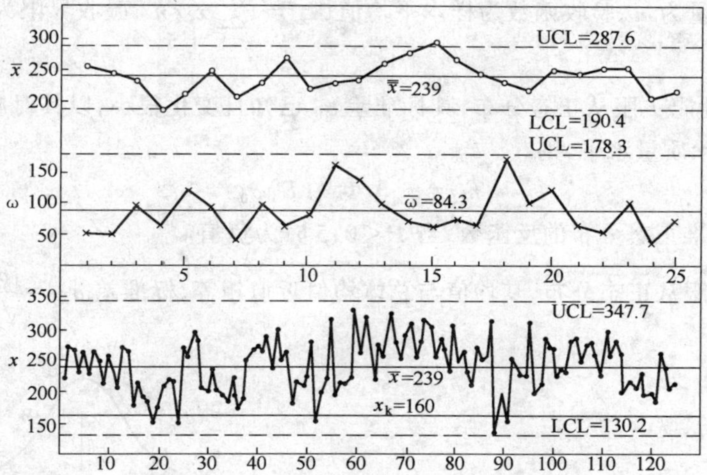

图 10-3　$\bar{X}$—w—X 控制图

3．材料性能的合格控制

合格控制（验收）是为了向用户提供某种保证而进行的一种控制方式，即通过共同商定的合格验收规则判断交付的产品是否合格，合格性检查可采用破损性或非破损性抽样检查方法，在合格控制中验收规则可包括下列内容：

（1）性能检验的标准方法；

（2）批量的规定；

（3）每批取样的数量（样本容量）；

（4）样本的验收函数；

（5）验收界限；

（6）对不合格品作进一步裁决的说明等。

抽样检验方案主要应明确规定样本容量的大小 n，样本的验收函数 $Z(x_1, x_2, \cdots, x_n)$ 和相应的验收界限 Z_G。

$x_1, x_2, \cdots, x_n$ 是容量为 n 的样本数据，且 $x_1 \leqslant x_2 \leqslant \cdots \leqslant x_n$，其为遵循某种分布的随机变量，则

当 $Z \geqslant Z_G$ 时，判产品合格；

当 $Z < Z_G$ 时，判产品不合格。

常用的样本统计量是样本的平均值 $\bar{X}_n = \sum_{i=1}^{n} X_i / n$，要求 $\bar{X}_n \geqslant a$，有时附加样本最小值 $X_1 \geqslant b$ 的条件。有时还引用样本方差信息：

$$\sigma_n = \sqrt{\frac{\sum_{i=1}^{n}(x_i - \bar{x}_n)^2}{n-1}}$$

一个好的抽样检验方案体现出：当产品质量较好时，以高概率接受这批产品；当产品质量较差时，接收概率迅速变小，见图 10-4 所示。

对任何一个确定的抽检方案，接收概率是产品质量指标 P(不合格品率)的函数 $L(P)$，以 P 为横坐标，$L(P)$ 为纵坐标所描绘的曲线称为抽检特性曲线。

(1)设样本容量为 n，验收函数为样本平均值 $\bar{X}_n=\sum_{i=1}^{n}x_i/n$，验收界限为 Z_G 的抽检方案的特性曲线。

设每批材料性能 f 服从正态分布，其标准差 σ_0 已知且变化很小，以其对应的标准值 f_k 的不合格品率 P 表示质量水平，则

$$m_f=f_k+\Phi^{-1}(P)\sigma_0$$

式中 $\Phi^{-1}(\cdot)$ 为标准正态分布的反函数，当 $P<0.5$ 时为负值。

$\bar{X}_n$ 的分布也服从正态分布，其均值与总体均值近似相等，标准差 $\sigma_{\bar{X}_n}=\dfrac{\sigma_0}{\sqrt{n}}$(见图 10-5)。

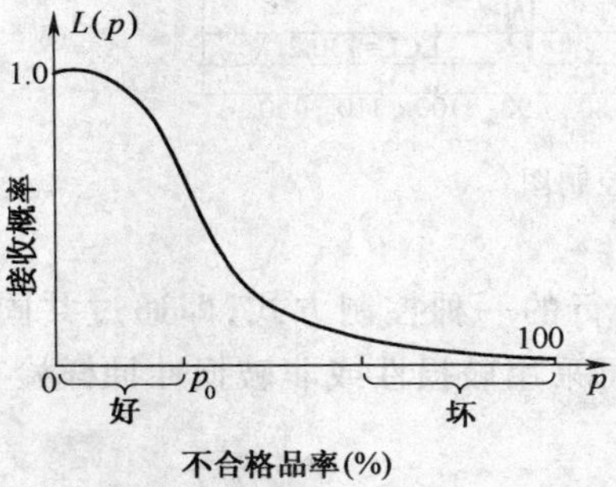

图 10-4 抽检特性曲线

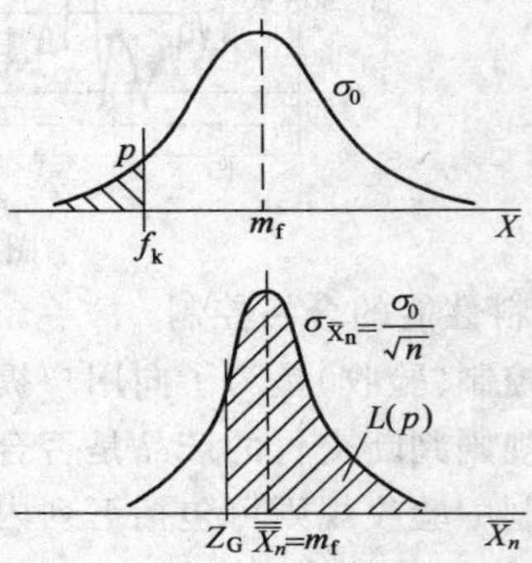

图 10-5 正态分布抽检特性曲线

设不合格品率为 P 的总体，由验收界限为 Z_G 的平均值抽检方案被接收的概率为 $L(P)$，则

$$L(P)=1-P\{\bar{X}_n<Z_G\}=1-\Phi\left(\frac{Z_G-m_f}{\sigma_0/\sqrt{n}}\right)$$

若令 $\sigma_0=0.1f_k$，$Z_G=1.1f_k$，则抽检特性曲线为图 10-6 中实线所示($n=3,6,9$)。

(2)设样本容量为 n，验收函数为样本最小值 x_1，验收界限为 Z_G 的抽检方案的特性曲线：

在与前者相同质量水平下，从总体中抽取的每个样本值超过 Z_G 的概率为：

$$P\{X\geqslant Z_G\}=1-\Phi\left(\frac{Z_G-m_f}{\sigma_0}\right)$$

按样本最小值方案被接收的概率(n 个样本都超过 Z_G 的概率)为：

$$L(P)=\left[1-\Phi\left(\frac{Z_G-m_f}{\sigma_0}\right)\right]^n$$

若取 $\sigma_0=0.1f_k$，$Z_G=f_k$ 则抽检特性曲线如图 10-6 中虚线所示($n=3,6,9$)。

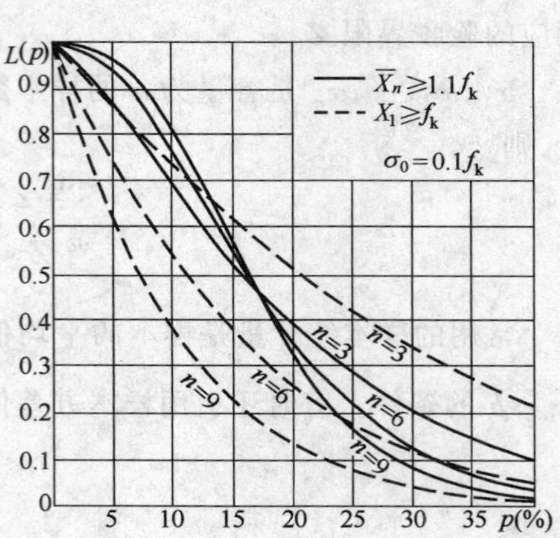

图 10-6 正态分布抽检特性曲线

由图可见，采用样本平均值作为验收函数时，随着样本容量 n 的增大，检验效果得到改

善；若采用最小值作为验收函数，随 n 的增大，检验加严，不仅限制了低质量产品的通过，也降低了优质产品的被接收概率。

产品质量水平，对于生产方从经济、技术上可以接受的界限水平用 AQL(Acceplable Quality Level)表示；对用户方为拒收质量水平 RQL(Refusable Quality Level)或极限质量水平 LQ(Limit Quality)。对 AQL 可能抽样到低质产品的错判概率为 α；对 RQL 可能抽样到高质产品的错判概率为 β，由对这两类错判风险来确定产品样本容量 n 和验收界限 Z_G。

对采用样本平均值 $\bar{x}_n$ 作为验收函数，根据样本标准差 σ_f 的差异进行分析：

(1)σ_f 已知的情况：可以根据长期生产资料比较精确地估计 σ_f 时，规定材料正常质量水平的 $m_f=m_0$，拒收质量的 $m_f=m_1$，两类风险概率为 α、β。

样本总体按正态分布 $N(m_f,\sigma_f^2)$，其样本均值也服从正态分布 $N(m_f,\sigma_f^2/n)$，则

$$\begin{cases} P\{\bar{x}_n < Z_G\} = \Phi\left(\dfrac{Z_G - m_0}{\sigma_f/\sqrt{n}}\right) = \alpha \\ P\{\bar{x}_n \geqslant Z_G\} = 1 - P\{\bar{x}_n < Z_G\} = 1 - \Phi\left(\dfrac{Z_G - m_1}{\sigma_f/\sqrt{n}}\right) = 1 - \beta \end{cases}$$

则

$$\frac{Z_G - m_0}{\sigma_f/\sqrt{n}} = \Phi^{-1}(\alpha)$$

$$\frac{Z_G - m_1}{\sigma_f/\sqrt{n}} = \Phi^{-1}(1-\beta)$$

求得：

$$\begin{cases} n = \left[\dfrac{\Phi^{-1}(\alpha) - \Phi^{-1}(1-\beta)}{m_1 - m_0}\sigma_f\right]^2 \\ Z_G = \dfrac{m_1\Phi^{-1}(\alpha) - m_0\Phi^{-1}(1-\beta)}{\Phi^{-1}(\alpha) - \Phi^{-1}(1-\beta)} \end{cases} \tag{a}$$

例：设 $m_0 = f_k + 1.645\sigma_f$，$m_1 = f_k$，$\alpha=\beta=0.05$，则由式(a)求得：

$$n = 4,\quad Z_G = f_k + 0.822\,5\sigma_f$$

即要求每批随机抽样 4 个，若满足 $\bar{x}_4 \geqslant f_k + 0.822\,5\sigma_f$，则认为产品合格。

由上式可见，所需抽样容量 n 与 σ_f^2 成正比，与 $(m_1 - m_0)^2$ 成反比，因此要适当选择 m_1，m_0 值以避免样本容量 n 增大；同时考虑材料生产质量水平的实际波动范围，当材料生产控制完善时，质量抽样方案为 AQL；但对生产质量水平控制不利或波动大时，以 RQL 为抽检方案，以判风险。所以，当材料性能 f 的实际平均值为 m_f 时，由上式所决定的一次抽检方案，其接受概率为：

$$L(m_f) = 1 - \Phi\left(\frac{Z_G - m_f}{\sigma_f/\sqrt{n}}\right)$$

(2)σ_f 未确知的情况：每批材料性能的标准差 σ_f 只能粗略的估计时，应把 σ_f 估计不准确度考虑进去，这时将利用每批样本的标准差 S_n 的信息。

正常总体不合格的概率等于生产方风险 α：

$$P\{\bar{X}_n < Z_G |_{m_f = m_0}\} = \alpha$$

或

$$P\left\{\frac{\bar{X}_n - m_f}{S_n/\sqrt{n}} < \frac{Z_G - m_f}{S_n/\sqrt{n}}\Big|_{m_f = m_0}\right\} = \alpha$$

统计量$\dfrac{\bar{X}_n - m_f}{S_n/\sqrt{n}}$服从自由度为 $n-1$ 的 t 分布，则

$$\frac{Z_G - m_0}{S_n/\sqrt{n}} = t_{\alpha, n-1} \tag{b}$$

及

$$\frac{Z_G - m_1}{S_n/\sqrt{n}} = t_{1-\beta, n-1} \tag{c}$$

在式(b)、(c)中，设 S_n 等于粗略估计值 σ_f，可用试算确定样本容量 n 和验收限界 Z_G。

例：设 $m_0 = f_k + 1.645\sigma_f$，$m_1 = f_k$，$\alpha = \beta = 0.05$，求得：

$$n = 6, \quad Z_G = f_k + 1.645\sigma_f - 0.822\,5S_n$$

即每批需随机抽样 6 个，若满足

$$\bar{x}_6 + 0.822\,5S_n \geqslant f_k + 1.645\sigma_f$$

则认为产品合格，说明当 σ_f 的估计比较粗略时需要较多的试样才能达到同样的效果。

10.3 结构耐久性和维护原则

为了满足结构可靠性的各项要求，结构耐久性是一项必要的条件。结构及其构件在所处环境中的耐久性是在其工作寿命期间，在适当的维护下必须正常的运营和使用。国际标准 ISO 2394:1998《结构可靠性总原则》中给出了结构设计工作寿命概念分类(表 10-3)。

表 10-3 设计工作寿命期概念分类

类别	概念设计工作寿命期(年)	举例
1	1～5	临时性建筑
2	25	替换结构备件，例如门式大梁、各种支承件
3	50	各种房屋和除下列的结构以外的其他普通结构
4	100 或以上	纪念性建筑和其他特殊的或重要的结构，大桥

结构耐久性须由下列两项之一来保证：

(1)一整套维护程序；

(2)当结构不能或不期望被维护时应设计成在结构材料退化时不会导致结构失效。

为了保证结构的耐久性需考虑下列相关因素的影响：

(1)结构的预期用途；

(2)要求的性能准则(例如外观变形、裂缝等)；

(3)期望的环境条件；

(4)各种材料的成分、性能和特性；

(5)结构体系；

(6)构件的形状和结构的细部构造；

(7)工艺质量和控制水平；

(8)特定的防护措施；

(9)设计工作寿命期间的维护。

维修是指在结构寿命期间的整套活动，以使结构满足耐久性的要求。维修工作包括常规

检查、特殊状况(例如地震后)检查、防护系统的改进和结构构件的修理,结构必须在连续各次检查的周期期间不发生显著的退化,结构设计需设置适用于结构检查、维修的设施,使结构在不必进行复杂拆卸条件下进行检查和维修。

10.3.1 结构耐久性评定标准

"判断运营结构能否在一定的使用条件下,在给定的后续使用期内满足一定功能要求或预测结构在相应条件下的剩余寿命"的工作程序叫做结构耐久性评定。结构耐久性研究需对将来可能发生的事件进行预测,与一般可靠性研究相比,包含更多的不确定性和不确知因素,各因素间相互影响、相互制约,总体表现为多种因素综合作用并随时间变化的随机过程。

结构耐久性变化规律可表示为:

$$P_f(t) = P\{R(t) - S(t) < 0\} = \int_0^{\infty} f_s(s,t)F_R(s,t)\mathrm{d}s$$
$$= \int_0^{\infty} f_R(r,t)[1 - F_s(r,t)]\mathrm{d}r \tag{a}$$

式中 $P_f(t)$为结构耐久性失效的概率;$R(t)$、$S(t)$分别为结构抗力和荷载效应随机过程;$f_s(s,t)$、$F_s(r,t)$分别为荷载效应分布密度函数和累积分布函数;$f_R(r,t)$、$F_R(s,t)$分别为抗力分布密度函数和累积分布函数。

式(a)亦可表示为:

$$R(t) = R_0[1 - g(t)]$$

式中 R_0 为结构初始抗力;$g(t)$为结构抗力衰减函数。

当结构可靠度降至一定值($\beta_F > 0$)时,结构若不进行维修、加固,已不能满足正常工作的要求称为"结构耐久性终结标准"。

长期以来,人们从实践中总结出大量结构耐久性(可靠性)评定、鉴定标准,依据结构的承载力安全性并结合结构其他使用状况制定等级划分标准,提出相应的维修建议,并结合结构系统可靠性分析方法将上述标准定量化,以弥补定性分析的不足。

结构耐久性评定标准除需考虑结构安全性要求外,还应考虑结构失效所造成的损失和风险,结构风险系数定义为:

$$\gamma = \ln\left(\frac{C_F}{C_E}\right)$$

式中 C_E 为完好结构的期望效益,对应于安全等级为 A 级的结构:

$$C_E = \sum_{t=0}^{T^*}\left[E(t) - \sum_{t=1}^{n}\alpha_E(K_i)E(t)P_i(t)\right]\Delta t$$

其中 T^* 为结构剩余使用寿命;$E(t)$为结构单位时间效益(对确定结构为一常数);$\alpha_E(K_i)$为不同结构安全等级 $K_i(K_i = A、B、C、D)$的效益折减因子,可通过大量的结构数据统计分析得到;$P_i(t)$为影响结构效益的事件 $i(i=1\sim n)$的发生概率。

C_F 为破损结构的期望损失(风险):

$$C_F = \sum_{t=0}^{T^*}\sum_{i=1}^{n}[D_S(k_i) + D_m(k_i) + D_H(k_i)]P_i(t)\Delta t$$

式中 $D_s(k_i)$为由结构造价决定的结构破坏直接经济损失;$D_m(k_i)$为结构破坏的间接经济损

失；$D_H(k_i)$为人员伤亡损失。

可以根据不同的结构剩余使用寿命 T^* 和风险系数 γ 确定结构耐久性评定标准。

10.3.2 提高桥梁结构的耐久性

桥梁结构发展历史证明，桥梁结构的耐久性随着材料性能、施工制造工艺及设计方法的不断改进和提高而提高，但为数众多的桥梁中存在着缺陷和不足以至病害，根据美国统计资料各类公路桥梁结构缺陷率及使用期望寿命为：钢筋混凝土桥 16.3% 和 83 年；预应力混凝土桥 3.3% 和 102 年；钢桥 19.4% 和 67 年。我国铁路桥梁中占全部桥梁 90% 以上的混凝土桥（包括 PC 桥），其病害率占全部病害桥梁的 43.6%，因此提高我国铁路桥梁结构的耐久性是一项重要的工作。

(1)耐久性设计作为桥梁结构建设的一个重要因素：桥梁设计不仅考虑建设期初期费用，还要考虑运营过程中维修养护费用和使用寿命进行经济技术比选。

(2)加强既有桥梁维修养护、病害整治及数据的分类统计分析工作：配备必要的技术力量和仪器设备对桥梁结构进行静力与动力定期检测作出耐久性评估和维修养护计划；对各类桥梁结构状态、环境条件、缺陷类型和退化程度进行统一分类记录，定期进行统计分析，为桥梁结构可靠性管理奠定基础，积累数据。

(3)采用各种高性能、耐久性的材料与工艺：高性能混凝土（HPC）、纤维加劲塑料（FRP）的开发研究应用；各种预应力筋和斜拉索防护系统和耐久性的调查、分析、改进；高性能耐候钢材的开发应用以及其他耐久性能高的材料和工艺的研究应用。

11 既有桥梁结构的可靠度评估

11.1 引　言

既有桥梁结构工程的可靠性评估和耐久性预测等问题受到世界各国工程界的关注。1981年4月由联合国经济合作与发展组织(OECD)主持召开了关于“道路桥梁维修与管理会议”,对桥梁结构提出六方面的问题需加以研究:

(1)如何正确评价既有桥梁的实际承载能力和安全度;

(2)如何及时检查发现桥梁的损伤和异常,正确地检定结构的损伤程度和采取合理的维修加固措施;

(3)桥梁损坏和维修加固实际应用;

(4)桥梁维修加固新技术和新方法;

(5)桥梁设计与维修管理的关系;

(6)桥梁维修加固技术的未来展望。

桥梁结构的安全性包含着桥梁设计、建造和整个运营过程的全过程。

德国标准 DS 805《德国联邦铁路既有铁路桥梁承载安全性评估和结构提示》中指出:

(1)为充分利用承载能力的储备和避免准许的运行荷载以及运行速度的降低,应用本规范把握既有桥梁结构物的实际的承载安全性。

(2)对建成不到十年的铁路桥梁,必须根据新建结构处理。

(3)评估等级分为:

1级:估计承载安全性;

2级:粗略的求算承载安全性;

3级:在不确定抗疲劳安全性情况下,验证承载安全性;

4级:在确定抗疲劳安全性情况下验证承载安全性;

5级:对3、4级的求算结果同时进行测试验证。

(4)作为对承载安全性的评价尺度必须设定承载能力值 β_{UIC} 及极限 r;作为对疲劳的评价尺度必须设定用一个随时间有关的安全系数而提高的损伤度。

(5)对结构物评估都是以对结构物的状态的了解为前提的。

(6)为了确定结构物的构造,必须要审查属于该结构物的重要技术资料。

(7)必须对所有的评价等级就地检查所确定的结构物状态。

(8)对结构物的测量:几何形状的测量,桥面自重,用于确定承载结构的沉降和桥墩的位移,静力或动力变形测量。

(9)对不能确认使用的材料种类和质量等级或有疑问时,应当检查材料和作材料试验。

因此,桥梁结构状态评估是一种动态监控过程,包括资料信息的收集、桥梁状态评估、加固维修或重建的决策过程。

11.2 既有桥梁结构的时变性

既有桥梁结构与新建结构有差异，首先运营桥梁结构已经是时空环境域中的实体，随着运营时间的推移($t\in[0,t_1]$)，结构自身的信息量不断增加，使人们可以更准确地预测结构的未来状态，其荷载应考虑($t\in[0,t_1]$)期间新增加的信息预测$[t_1,t_1+T']$期间的目标值，其概率模型及参数实际上是考虑了$[0,t_1]$期间自然信息之后的修正模型；例如当某随机过程的分布类型 $f_x(x,\theta)$已知，可以根据原始信息(结构运营之前 $t=0$)和$(0,t)$期间的新自然信息得到新的参数估计，从而得到新的模型分布 $f_x(x,\dot{\theta})$。其次运营结构的目标期起点 t_1 时的抗力客观上已是一个确定性的量，运营结构抗力概率模型$\{R'(t),t\in[t_1,t_1+T']\}$($t_1$ 为当前时刻，T'为评估目标期)应考虑结构当前时刻所具有的抗力 $\gamma'(t_1)$，满足：

$$\begin{cases}E[R'(t_1)]=\gamma'(t_1)\\D[R'(t_1)]=0\end{cases}$$

可以近似地取运营结构的抗力为：

$$R'(t)=\begin{cases}\gamma'(t_1)+R[\hat{t}+(t-t_1)]-R(\hat{t}), & \gamma'(t_1)<E[R(t_1)]\\ \gamma'(t_1)+R(t)-R(t_1), & \gamma'(t_1)\geqslant E[R(t_1)]\\ & t\in[t_1,t_1+T']\end{cases}$$

式中 $R(\cdot)$为新建结构的抗力；$\gamma'(t_1)$为运营结构当前抗力(为确定量)；t_1 为当前时刻；$\hat{t}$ 为满足$E[R(t)]=\gamma'(t_1)$的时刻 t，图 11-1 示出上述运营结构抗力的均值函数。

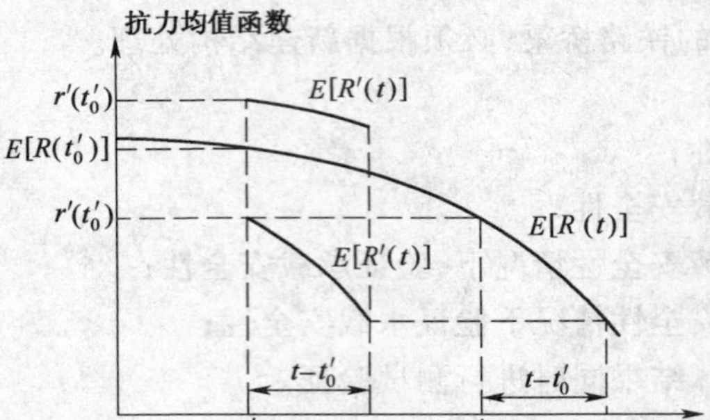

图 11-1 运营结构抗力的均值函数

$$E[R'(t)]=\begin{cases}\gamma'(t_1)+E[R(\hat{t}+t-t_1)]-E[R(\hat{t})], & \gamma'(t_1)<E[R(t_1)]\\ \gamma'(t_1)+E[R(t)]-E[R(t_1)], & \gamma'(t_1)\geqslant E[R(t_1)]\end{cases}$$

方差函数为：

$$D[R'(t)]=\begin{cases}D[R(\hat{t}+t-t_1)]-D[R(\hat{t})], & \gamma'(t_1)<E[R(t_1)]\\ D[R(t)-D[R(t_1)]], & \gamma'(t_1)\geqslant E[R(t_1)]\end{cases}$$

运营结构抗力的自相关函数与新建结构的相同：

$$\rho[R'(t)],R'(t+\Delta t)]=\begin{cases}\sqrt{\dfrac{D[R(\hat{t}+t-t_1)]}{D[R(\hat{t}+t+\Delta t-t_1)]}}, & \gamma'(t_1)<E[R(t_1)]\\ \sqrt{\dfrac{D[R(t)]}{D[R(t+\Delta t)]}} & \gamma'(t_1)\geqslant E[R(t_1)]\end{cases}$$

根据上述建立的运营结构的荷载和结构抗力概率模型可以推演出结构的状态模型进行可靠度评估。

11.3 既有桥梁结构的可靠性评估

既有桥梁结构的可靠性与新建结构有着不同的特点:其目标期、功能要求、荷载及抗力状态都具有当前性和时变性,因此其结构可靠性也具有时变性。

11.3.1 承载能力极限状态

设既有结构的目标期为 $\tau'=[t_1,t_1+T']$,荷载效应和抗力分别为 $\{S(t),t\in\tau'\}$、$\{R'(t),t\in\tau'\}$,则任意时点的功能函数为:

$$Z(t)=R'(t)-S(t),\qquad t\in\tau'$$

目标期功能函数为:

$$Z(\tau')=\min_{t\in\tau'}[R'(t)-S(t)]$$

结构可靠度为:

$$P_s(\tau')=P\{Z(\tau')>0\}$$
$$\beta=\Phi^{-1}[P_s(\tau')]$$

1. 根据随机向量极值分布计算

将目标期 $\tau'=[t_1,t_1+T']$等分为 L 个时段,时段长度为 Δ,令 $t_k=t_{k-1}+\Delta$,$k=1,2,\cdots,L$;可近似取时段 Δ_k 的抗力等于 t_k 时的抗力:

$$R'(\Delta_k)=R'(t_k)$$

目标期 τ'内最大荷载效应 $S(\tau')$和最小抗力 $R'(\tau')$的统计特性可根据随机向量的极值分布确定:

$$P\{S(\tau')\leqslant x\}=P\{\bigcap_{k=1}^{L}[F(\Delta_k)\leqslant x]\}$$
$$=\begin{cases}\{\prod_{k=1}^{L}P\{F(\Delta_k)\leqslant x\}\}; & \text{可变荷载、偶然荷载}\\ P\{S(\Delta)\leqslant x\}; & \text{永久荷载}\end{cases}$$

$$P\{R'(\tau')>x\}=P\{\bigcap_{k=1}^{L}[R'(\Delta_k)>x]\}=P\{R'(t_L)>x\}$$

目标期 τ'内的功能函数为:

$$Z(\tau')=R'(t_L)-S(\tau')$$

结构在目标期 τ'内的可靠度为:

$$P_s(\tau')=P\{Z(\tau')>0\}=P\{R'(t_L)-S(\tau')>0\}$$

可以根据 JC 法等计算结构可靠度 β。

2. 根据随机向量的联合分布计算

首先定义时段内的功能函数：

$$Z(\Delta_k)=R'(t)_k-S(\Delta_k),\qquad k=1,2,\cdots,L$$

目标期 τ'内的功能函数为：

$$Z(\tau')=\min\{Z(\Delta_1),Z(\Delta_2),\cdots,Z(\Delta_2)\}$$

其统计特性可根据随机向量的联合分布确定：

$$P\{Z(\tau')>x\}=P\{\bigcap_{k=1}^{L}[Z(\Delta_k)>x]\}$$

结构的可靠度为：

$$P_s(\tau')=P\{Z(\tau')>0\}=P\{\bigcap_{k=1}^{L}[Z(\Delta_k)>x]\}$$

$$=P\{\bigcap_{k=1}^{L}[R'(t_k)-S(\Delta_k)>0]\}\approx\Phi_L(\boldsymbol{B};\bar{\bar{\boldsymbol{\rho}}})$$

失效概率 $$P_f(\tau')=1-\Phi_L(\boldsymbol{B};\bar{\bar{\boldsymbol{\rho}}})$$

式中 $\boldsymbol{B}$——由各时段可靠指标组成的向量，$\boldsymbol{B}=[\beta(\Delta_1),\beta(\Delta_2),\cdots,\beta(\Delta_L)]^T$

其中 $\beta(\Delta_k)=\Phi^{-1}\{P[R'(t_k)-S(\Delta_k)>0]\}$

$\bar{\bar{\boldsymbol{\rho}}}$——$\{Z(\Delta_k),k=1,2,\cdots,L\}$的相关系数矩阵；$\bar{\bar{\boldsymbol{\rho}}}=[\rho[Z(\Delta_i),Z(\Delta_j)]]_{L\times L}$；

$i,j=1,2,\cdots,L$；

其中 $$\rho[Z(\Delta_i),Z(\Delta_j)]=\frac{\mathrm{cov}[R'(t_i),R'(t_j)]+D[S_G]}{\{D[Z(\Delta_i)]+D(Z(\Delta_j))\}^{1/2}}$$

$\Phi_L(\boldsymbol{B};\bar{\bar{\boldsymbol{\rho}}})$——$L$ 维标准正态分布函数。

当结构可靠度计算需要较高精度时可采用第二种方法进行分析。

11.3.2 正常使用极限状态

由于人们对既有结构使用功能的不同要求，以及结构可靠域的确定性不一致而采用不同的可靠度分析方法。

1.具有明晰的可靠域

设既有结构的当前状态为 $Z(0)$，可靠域 $D=\{1,2,\cdots,I\}$，$1\leqslant I\leqslant m$，则结构在目标期 τ'内的可靠度为：

$$P_S(\tau')=P\{\bigcap_{k=0}^{L}[Z(k)\in D]\}$$

$$=P\{\bigcap_{k=0}^{L}\bigcup_{i=0}^{I}[Z(k)=i]\}$$

若结构在可靠域 D 内的初始概率分布向量为：

$$\boldsymbol{P}_D(0)=[P_1(0),P_2(0),\cdots,P_I(0)]$$

则结构在可靠域 D 内经 K 步状态转移后的概率分布向量为：

$$\boldsymbol{P}_D(k)=[P'_1(k),P'_2(k),\cdots,P'_I(k)]$$

$$=P_D(0)\prod_{l=0}^{k-1}P_D(l)\qquad k=1,2,\cdots,L$$

在 D 内一步转移概率矩阵为：

$$\boldsymbol{P}_D(k)=[P_{ij}(k)]_{L\times I}\qquad \begin{array}{l}i,j=1,2,\cdots,I\\k=0,1,2,\cdots,L-1\end{array}$$

则
$$P_S(\tau')=\sum_{i=1}^{I}P'_I(L)$$

结构在目标期 τ'内的可靠度等于向量 $P_D(L)$的各元素之和，且

$$P_S(\tau')=\sum_{i=1}^{I}P'_i(L)\leqslant\sum_{i=1}^{I}P'_i(L)=P_S(t_L)$$

结构在目标期 τ'内的可靠度不会高于结构在整个目标期终止时刻的可靠度 $P_S(t_L)$，这是因为在$[0,t_L]$期内考虑结构的养护维修的因素。

2. 具有模糊的可靠域

设结构状态 i 对可靠域$\tilde{D}$的隶属度为 $\mu_{\tilde{D}}(i)$，$i=1,2,\cdots,m$，结构在目标期 τ'内的可靠度为：

$$P_s(\tau')=P\{\bigcap_{k=0}^{L}[Z(k)\in\tilde{D}]\}$$

令结构在可靠域 $\tilde{D}$内的初始概率分布向量为：

$$P_{\tilde{D}}(0)=[\mu_{\tilde{D}}(1)P_1(0),\mu_{\tilde{D}}(z)P_2(0),\cdots,\mu_{\tilde{D}}(m)P_m(0)]$$

则结构在可靠域 $\tilde{D}$内经过 k 步状态转移后的概率分布向量为：

$$\begin{aligned}P_{\tilde{D}}(k)&=[\tilde{P}_1(k),\tilde{P}_2(k),\cdots,\tilde{P}_m(k)]\\&=P_{\tilde{D}}(0)\prod_{l=0}^{k-1}P_{\tilde{D}}(l)\qquad k=1,2,\cdots,L\end{aligned}$$

在 D 内的一步转移概率矩阵为：

$$P_{\tilde{D}}(k)=[\tilde{P}_{ij}(k)]_{m\times m}\qquad\begin{aligned}&i,j=1,2,\cdots,m\\&k=0,1,2,\cdots,L-1\end{aligned}$$

$$\tilde{P}_{ij}=\left[1\wedge\frac{\mu_{\tilde{D}}(j)}{\mu_{\tilde{D}}(i)}\right]P_{ij}(k)\qquad\begin{aligned}&\mu_{\tilde{D}}(i)\neq0;i,j=1,2,\cdots,m\\&\mu_{\tilde{D}}(i)=0;k=0,1,2,\cdots,L-1\end{aligned}$$

则上、下界为
$$\sum_{i=1}^{m}\tilde{P}_1(L)\leqslant P_S(\tau')\leqslant\sum_{i=1}^{m}\mu_{\tilde{D}}(i)P_i(L)=P_S(t_L)$$

在一般情况下可近似地取下界：

$$P_S(\tau')\approx\sum_{l=1}^{m}\tilde{P}_i(L)$$

结构在目标期 τ'内的可靠度不会高于其在整个目标期终止时刻的可靠度$P_S(t_L)$，因考虑在$[0,t_L]$中的结构可修复性。

分段长度 Δ 的大小将影响结构可靠度的判别结果，Δ 越小，结构在目标期分段数越大，使误判的可能性增大；Δ 太大，会影响到使用的灵活性，一般可取 $\Delta=5$ 年或 10 年。

11.3.3 既有桥梁结构承载能力可靠性评估

既有桥梁结构在运营使用过程中，荷载是随时间变化的随机过程；结构抗力受到外界环境因素的影响在随时间而降低，也是与时间有关的随机过程。对既有桥梁结构承载力的可靠性评估需根据结构现状、已有信息，以及其他类似结构的资料等，对结构在剩余使用期内的失效概率作出估计，以此对桥梁的安全性、使用性作出估计；或按照一定标准对结构可继续使用年限作出预测，按这些评估的结果作出对结构维修、加固及报废的决策。

设以类似结构上荷载过程作为既有结构上在$[t_1, t_1 + T']$时段上的荷载过程；或以该结构在$[0, t_1]$时段的荷载过程作为$[t_1, t_1 + T']$时段上的荷载过程；

若将T'分为n个时段Δ，每时段上荷载分布为$f_\Delta(x)$，则在每时段内荷载都小于x的概率为：

$$\begin{aligned} P(S^* < x) &= P(S_1 < x)P(S_2 < x)\cdots P(S_n < x) \\ &= F_S^*(x) = [F_S(x)]^n \end{aligned}$$

以该时段荷载分布作为$[t_1, t_1 + T']$时段的荷载分布估计时，设抗力过程R_0的分布为$f_{R_0}(x)$，则$[t_1, t_1 + T']$时段上桥梁承载力可靠性估计为：

$$\begin{aligned} P_f(T') = F_{t1}(T') &= \int_0^\infty \{1 - [F_{S^*}(y)]^{T'/\Delta}\} f_{R_0}(y)\mathrm{d}y \\ &= \int_0^\infty \{1 - [1 - (T'/\Delta)\bar{F}_{S^*}(y)]\} f_{R_0}(y)\mathrm{d}y \\ &= (T'/\Delta)P_{f^*} \end{aligned}$$

式中P_{f^*}为结构在单元时段Δ内估计失效概率，T'为剩余使用期，Δ为单元时段长，则可以从单元时段的失效概率P_{f^*}对$[t_1, t_1 + T']$时段的失效概率$P_f(T')$作出粗略估计。

对于随机荷载，可以近似用泊松过程估计在时段$[t_1, t_1 + T']$内结构的失效概率：

$$P_f(T') = 1 - [1 - P_f(t_1)]e^{-\nu T'}$$

当$P_f(t_1) \to 0$时，

$$P_f(T') \approx 1 - e^{-\nu T'}$$

可以认为在$[t_1, t_1 + T']$内结构失效概率与平均失效率ν和T'有关。

对于结构抗力随时间退化的情况，设结构初始抗力为R_0，在t_1时刻的剩余抗力为$R(t) = R_0 G(t)$，设R_0的分布为$f_{R_0}(x)$，均值为γ；$G(t)$的均值为$g(t)$，则失效发生率为：

$$\begin{aligned} \nu_R^+ &= [1 - F_y(\gamma g(t))]\nu \\ &= \frac{1}{t}\int_0^t [1 - F_y(\gamma g(\tau))]\nu \mathrm{d}\tau \end{aligned}$$

则结构失效概率为：

$$P_f(t) = 1 - \int_0^\infty \exp\left\{-\left[\frac{1}{t}\int_0^t [1 - F_y(\gamma g(\tau))]\nu \mathrm{d}t\right]t\right\} f_{R_0}(x)\mathrm{d}x$$

图 11-2 为混凝土桥考虑抗力退化的失效概率例，其随时间的增长不同，在接近结构使用寿命时，失效概率增长迅速。

11.3.4 既有桥梁结构的疲劳可靠性评估

结构疲劳S—N曲线表示为：

$$N_f = AS^{-B}$$

或

$$\lg N_f = \lg A - B\lg S$$

式中N_f为常幅循环荷载下的失效次数；S为常幅拉应力幅；A为疲劳强度系数；B为疲劳强度指数。

对于变幅应力幅，根据 Miner 准则，累积损伤度

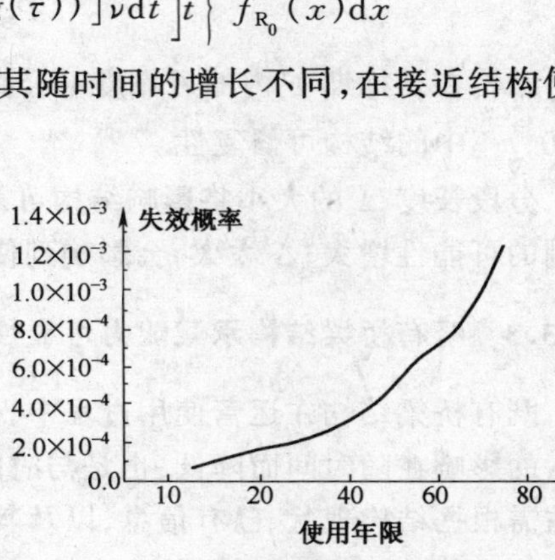

图 11-2

为：

$$D = \sum_{i=1}^{k} \Delta D_i = \sum_{i=1}^{k} \frac{n_i}{N_i} = \frac{N}{A} E(S^{\mathrm{B}})$$

$$E(S^{\mathrm{B}}) = \int_0^{\infty} S^{\mathrm{B}} f(S) \mathrm{d}s = \sum_i S_i^{\mathrm{B}} f_i$$

式中 n_i——应力幅 S_i 的次数；

N_i——在常幅应力幅作用下失效循环次数；

k——应力幅 S_i 的个数；

N——变幅应力幅总循环次数。

若变幅应力幅每年循环次数为 N_{e}，则使用年数为 $t = N/N_{\mathrm{e}}$，则

$$D(t) = \frac{N_{\mathrm{e}}}{\mathrm{A}} E\ (S^{\mathrm{B}})\ t$$

疲劳破坏定义为：

$$D(t) - \delta \geqslant 0$$

式中 δ 为结构损伤度限值。

当结构在 t_1 时刻对既有结构进行疲劳可靠性评定时，t_1 时刻结构损伤度为 $D(t_1)$，则在 $[t_1, t_1 + T']$期间结构疲劳可靠性极限状态方程：

$$D(t_1) - D(T') - \delta = 0$$

11.3.5 既有桥梁结构裂缝扩展可靠性评估

常用裂缝扩展模型为：

$$\frac{\mathrm{d}A}{\mathrm{d}N} = C(\Delta K)^m$$

式中 $A = A(t)$为 t 时刻的裂缝长度；C, m 为疲劳增长参数，可由实验得到；ΔK 为应力集中幅度，其值为：

$$\Delta K = K_{\max} - K_{\min} = F(A, y) S \sqrt{\pi A}$$

其中 S 为拉应力幅(或变程)；$F(A, y)$为考虑可能应力集中的几何尺寸函数，y 为随机向量，包括应力集中系数和构件尺寸等。

对模型式积分得到：

$$\int_{a_1}^{a_2} \frac{\mathrm{d}A}{C(\Delta K)^{\mathrm{m}}} = N_2 - N_1$$

式中 a_1、a_2 及 N_1、N_2 分别为裂缝尺寸积分上下限和相应应力循环次数。

对于承受变幅荷载的桥梁，可用等效等幅应力 S_{e} 代替真实应力 S：

$$S_{\mathrm{e}} = \left[\sum P_i S_i^m\right]^{1/m}$$

式中 P_i 为第 i 个应力变程 S_i 出现的频率，m 为裂缝增长曲线 $\lg \frac{\mathrm{d}A}{\mathrm{d}N} \sim \lg\Delta K$ 的斜率。

对于实际桥梁考虑模式不定性系数 C_{f} 和运营动力系数$(1+\mu)$，则

$$\Delta K = C_{\mathrm{f}} F(A, y) S_{\mathrm{e}} (1+\mu) \sqrt{\pi A}$$

对于既有桥梁，结构评估时裂缝最大长度为 a_1，已承受荷载循环次数为 N_1，则

$$\int_{a_1}^{a_c}\frac{\mathrm{d}A}{C(\Delta K)^m} = N_c - N_1$$

式中 N_c 为预计达到 T' 时的总循环次数，则结构极限状态函数为：

$$g(\cdot) = \int_{a_1}^{a_c}\frac{\mathrm{d}A}{C(\Delta K)^m} - (N_c - N_1)$$

当 $g(\cdot)<0$ 时，结构处于安全区，$g(\cdot)\geqslant 0$ 时处于失效区，应用蒙特卡洛法可得到结构可靠概率：

$$P_S = 1 - P_f = 1 - \frac{n_f}{n}$$

式中 n_f 为 $g(\cdot)\geqslant 0$ 的样本数，n 为总样本数。

11.3.6 既有桥梁结构状态评估分类

1. 根据可靠指标划分

综合考虑各种损伤因素和荷载情况对既有桥梁结构剩余寿命期内的可靠指标 β 进行分析计算，当 $\beta\geqslant\beta_K$（β_K 为既有桥梁结构当时可以接受的目标可靠指标）时结构处于正常运营状态。

$0.75\beta_K\leqslant\beta<\beta_K$　　结构处于正常维修养护状态

$0.55\beta_K\leqslant\beta<0.75\beta_K$　　结构处于需维修加固状态

$\beta<0.55\beta_K$　　结构处于需更换状态

2. 根据结构承载力等级划分

设桥梁结构初始承载力为 R_0，t 时承载力为 R_t，则 $\gamma = R_t/R_0$，则

$0.75<\gamma\leqslant 1$　　结构处于正常维修养护状态

$0.5<\gamma\leqslant 0.75$　　结构处于需维修加固状态

$\gamma\leqslant 0.5$　　结构处于需更换状态

对桥梁结构的动态管理，可以使结构时时处于受控状态，及时的养护维修可以减少结构损伤和延长结构使用寿命。

既有桥梁结构的鉴定验证可以采用分项安全系数的方法，表 11-1 列出不同评价类别时各荷载作用的分项系数，适用于结构荷载的不利影响，对有利影响的永久荷载，其分项系数为 1.0；对有利影响的可变作用可不考虑。

荷载效应设计值的组合可考虑：

基本组合

$$S_d = \sum\gamma_{Gi}\cdot C_{Gi}\cdot G_{ik} + \gamma_{Q1}C_{Q1}(1+\mu)Q_{1K} + \Psi\sum_j\gamma_{Qi}C_{Qj}Q_{jk}$$

对于多个其他可变荷载参与组合时，可用组合系数 Ψ：

$$\Psi = 1.0 - 0.1(n-1)\geqslant 0.7 \quad (n\text{ 为参与组合的其他可变荷载数})$$

当只有一个其他可变荷载参与组合时，$\Psi = 1.0$。

偶然组合（只有一个偶然荷载参与组合）

$$S_d = \sum C_{Gi}G_{ik} + C_{Q1}(1+\mu)Q_{1k} + A_k$$

结构的评价类别可划分为三类：

A 类结构（或构件）：全新的结构状态或具有很好养护的状态；

B 类结构(或构件):结构处在需要养护的状态;

C 类结构(或构件):结构(或构件)需要部分或整个更换的状态。

表 11-1 分项安全系数 γ_F 汇总

作用力			序号	准则	$\gamma_{F,G}$	$\gamma_{F,Q}$	$\gamma_{F,A}$
永久荷载	构件的自重荷载 G_1	钢结构	1	根据粗略的大量计算	1.20		
			2	根据准确的大量计算	1.15		
			3	同2;但有实地检验	1.10		
		混凝土和钢筋混凝土结构	4	粗略的测量求算	1.30		
			5	按设计测量	1.25		
			6	同5;实地检验	1.20		
	G_2 桥面板和道床的自重荷载		7	根据实际状态求算,但不限制填充高度	1.80		
			8	按照实际状态求算,通过控制被限制的填充高度	1.50		
			9	根据实际状态求算,从结构上限制填充高度	1.20 *		
	约束	基础位移	10	—	1.00		
		徐变+收缩	11	—	1.00		
		预应力	12	—	1.00		
可变荷载 Q	列车活载(含动力系数)		13	中—活载		1.30	
			14	特种活载		1.20	
	其他可变荷载	风载	15	—		1.10	
		温度影响	16	—		1.10	
		制动和起动荷载	17	—		1.10	
		其他的变化荷载	18	—		1.10	
特殊荷载			19	—			1.00

* 这个值也适用于所有评估等级中的没有道床的桥面板。

参 考 文 献

[1] 陈定外译．国际标准 ISO 2394:1998 结构可靠性总原则．

[2] 中华人民共和国国家标准 工程结构可靠度设计标准(GB 50153—92).

[3] 中华人民共和国国家标准 铁路工程结构可靠度设计统一标准(GB 50216—94).

[4] 中华人民共和国国家标准 工程结构设计基本术语和通用符号(GBJ 132—90).

[5] 中华人民共和国行业标准 铁路桥涵设计规范(荷载和抗力系数极限状态设计法)上册(报批稿).

[6] 中华人民共和国行业标准 铁路桥涵设计基本规范(TB 10002—1—99).
铁路桥梁钢结构设计规范(TB 10002—2—99).
铁路桥涵钢筋混凝土和预应力混凝土设计规范(TB 10002—3—99).
铁路桥涵混凝土和砌体结构设计规范(TB 10002—4—99).
铁路桥涵地基和基础设计规范(TB 10002—5—99).

[7] 西南交通大学译．英国标准 钢桥 混凝土桥及结合桥(BSA 5400).

[8] 交通部公路规划设计院译．公路、铁路、城市通路桥涵设计规范(снип 2.05.03—84).

[9] 中国建筑科学研究院结构所译．1990 CEB-FIP 模式规范(混凝土结构).

[10] 铁道第三勘察设计院编．研究资料汇编(以结构可靠性理论为基础的极限状态设计).

[11] Pearce H T, Wen Y K. A method for the Combination of stochastic time Varying Load ettects.

[12] Algredo H. S. Ang, wilson H Tang. Probability Concepts in Engineearing planning and Design, Volume Ⅰ Volume Ⅱ Decision, Risk And Reliability.

[13] 范水土,陈慰如,李学伟译．结构可靠性理论及其应用．1988.

[14] 林忠民．工程结构可靠性设计与估计(M). 北京:人民交通出版社,1990.

[15] 赵国藩,曹居易,张宽权．工程结构可靠度(M). 北京:水利电力出版社,1984.

[16] 余安东,叶润修．建筑结构的安全性与可靠性(M). 上海:上海科学技术文献出版社,1986.

[17] 李亚东．极值统计(M). 西南交大出版社,1988.

[18] 张新培．建筑结构可靠度分析与设计(M). 北京:科学出版社,2000.

[19] 李国强,黄宏伟,郑步全．工程结构荷载与可靠度设计原理(M). 北京:中国建筑工业出版社,2002.

[20] 高大钊．土力学可靠性原理(M). 北京:中国建筑工业出版社,1989.

[21] 万国朝,李扬海等译．地基工程学(可靠性设计的理论和实际)(M). 北京:人民交通出版社,1990.

[22] 包承钢,高大钊,张庆华．地基工程可靠度分析方法研究(M). 武汉:武汉测绘科技大学出版社,1997.

[23] 张健峰译．钢桥(第 7.10.11 分册). 北京:中国铁道出版社,1982.

[24] 钱冬生．钢桥疲劳设计(M). 成都:西南交大出版社,1986.

[25] 董聪．现代结构系统可靠性理论及其应用(M). 北京:科学出版社,2001.

[26] 李桂青,李秋胜．工程结构时变可靠度理论及其应用(G). 北京:科学出版社,2001.

[27] 中国土木工程学会第九届年会论文集.工程安全及耐久性(G).北京:中国水利水电出版社,2000.

[28] 王有志,王广洋,任锋等．桥梁的可靠性评估与加固(M). 北京:中国水利水电出版社,2002.

[29] 铁道部标准计量研究所．国外高速铁路标准及规程汇编(第十一册)(G).1997.

[30] 张宽权,曹居易.建筑工程质量管理(M).重庆:重庆大学出版社,1986.